„Stich"-Wort:

„Steuerreformen dienen dazu, die Steuerzahler so zu entlasten, dass sich die Staatskasse dabei füllt."

(Wolfram Weidner, geb. 1925, dt. Journalist)

Steuerrecht aktuell
Spezial Steuergesetzgebung 2013/2014

- Amtshilferichtlinie-Umsetzungsgesetz – AmtshilfeRLUmsG

- AIFM-Steuer-Anpassungsgesetz

- Gesetz zur Änderung des EStG in Umsetzung der Entscheidung des BFH vom 7. Mai 2013

- Altersvorsorge-Verbesserungsgesetz – AltvVerbG

- Gesetz zur Umsetzung des EuGH-Urteils vom 20. Oktober 2011 in der Rechtssache C-284/09

- Gesetz zur Stärkung des Ehrenamtes

- Elfte Verordnung zur Änderung der Umsatzsteuer-Durchführungsverordnung

- Gesetz zur Änderung und Vereinfachung der Unternehmensbesteuerung und des steuerlichen Reisekostenrechts

- Gesetz zum Abbau der kalten Progression

- Sonstige Gesetze/Gesetzesänderungen

- Gesetzesvorhaben 2014

Herausgeber:
Prof. Dr. Hans-Joachim Kanzler,
Rechtsanwalt und Steuerberater, Vors. Richter am BFH a. D.
Dr. Alois Th. Nacke, Richter am Niedersächsischen FG

Mitautoren:
Dipl.-Kfm. Walter Bode, Richter am BFH
Dipl.-Finanzwirt (FH) Dr. Sascha Bleschick
Dr. Martin Haisch, Rechtsanwalt
Dr. Thomas Keß, Richter am FG
Dipl.-Finanzwirt Karsten Kusch
Dr. Alexander Kratzsch, Richter am FG
Winfried Wende, Steuerberater
Horst-Günther Zaisch, Steuerberater und Wirtschaftsprüfer

Steuerrecht aktuell online

Drei Wochen nach Erscheinen der Ausgabe Steuerrecht aktuell Spezial Steuerge-setzgegung 2013/2014 steht Ihnen diese **kostenfrei** online zur Verfügung.

Über unsere Homepage www.nwb.de loggen Sie sich unter „**Produkt freischalten**" mit folgendem Freischaltcode ein:

QTMMWNDK

Sie haben dann die Möglichkeit im gesamten **Inhalt des Buches zu recherchieren**, **Rechtsprechung und Verwaltungsanweisungen** sowie zitierte **Gesetzestexte** abzurufen.

Folgen Sie dem Anmeldedialog und nach kurzer Zeit können Sie die Ausgabe Spezial Steuergesetzgebung 2013/2014 online nutzen. Bei Fragen wenden Sie sich bitte an unsere Hotline 02323.141-960 oder schicken Sie eine E-Mail an support@nwb.de.

Zitierweise: (*Bearbeiter*) in StRA, Spezial Steuergesetzgebung 2013/2014, Seite …

ISBN 978-3-482-**64736**-9

© NWB Verlag GmbH & Co. KG, Herne 2014
www.nwb.de

Satz: Griebsch & Rochol-Druck GmbH & Co. KG, Hamm
Druck: medienHaus Plump GmbH, Rheinbreitbach

VORWORT

Der Gesetzgeber hat im Jahr 2013 zwar wiederum keine grundlegenden Reformen umgesetzt, jedoch eine Vielzahl von Einzeländerungen in einer Reihe von Reformgesetzen vorgenommen.

Obwohl es sich nicht um ein Gesetz handelt, haben wir auch den Koalitionsvertrag zwischen CDU/CSU und SPD hinsichtlich seiner steuerrechtlichen Aspekte zum Gegenstand dieses Jahresbandes gemacht, weil er die zu erwartenden Gesetzesinitiativen anspricht und damit einen Blick in die steuerliche Zukunft der kommenden vier Jahre bietet. In diesem Zusammenhang sind aber auch die steuerlichen Fragen von Interesse, die während der Verhandlungen um den Koalitionsvertrag diskutiert wurden, sich aber seinerzeit nicht als mehrheitsfähig erwiesen. Dabei handelt es sich um aktuelle Fragen, die bei Bedarf und veränderter Abstimmungssituation jederzeit wieder aufgegriffen und gesetzlich umgesetzt werden können.

Der vorliegende Band zur Reformgesetzgebung bietet dem Steuerberater mit mittelständischer Mandantschaft zeitnah eine schnelle und fundierte Grundlage für seine Beratungspraxis. Steuerberater und Rechtsanwälte erhalten mit dem Spezialband einen verlässlichen Überblick zu den gesamten steuergesetzlichen Änderungen und Neuregelungen des Jahres 2012. Dabei wird auf weiterführende und vertiefende Literatur ebenso hingewiesen, wie auf mögliche Fußangeln und Stolpersteine der Gesetzgebung, sei es einfachgesetzlicher oder auch verfassungsrechtlicher Art. Dies wird durch Praxishinweise und Beispiele in den Beiträgen verdeutlicht, die dem Berater im Alltagsgeschäft eine Orientierung sein können.

Die an den Beginn des Bandes gestellte „Übersicht zu den geänderten und kommentierten Vorschriften" erleichtert das Auffinden einer bestimmten Änderungsvorschrift in einem Steuergesetz, ebenso wie das ausführliche Stichwortverzeichnis.

Waren die Autoren auch um eine weitgehend vollständige Darstellung der Gesetzesinitiativen bemüht, so zwingt das Anliegen einer praxisnahen Darstellung und die Rücksicht auf den Leserkreis doch zu einer gewissen Auswahl und unterschiedlichen Gewichtung der Themen. Wir bitten daher um Verständnis, wenn wir die für die Praxis nicht so bedeutsamen Änderungen weniger erschöpfend abgehandelt haben oder auf eine Darstellung ganz verzichten mussten.

Hannover, Juni 2014

Hans-Joachim Kanzler
Alois Th. Nacke

INHALTSVERZEICHNIS

ABKÜRZUNGSVERZEICHNIS

A

a. A.	anderer Ansicht
a. a. O.	am angegebenen Ort
ABl. EU	Amtsblatt der Europäischen Union
Abs.	Absatz
Abschn.	Abschnitt
a. F.	alte Fassung
AfA	Abschreibung für Abnutzung
AIFM-StAnpG	Gesetz zur Anpassung des InvStG und anderer Gesetze an das AIFM-Umsetzungsgesetz
AktG	Aktiengesetz
Alt.	Alternative
AltvVerbG	Gesetz zur Verbesserung der steuerlichen Förderung der privaten Altersvorsorge
AmtshilfeRLUmsG	Gesetz zur Umsetzung der Amtshilferichtlinie sowie zur Änderung steuerlicher Vorschriften
Anm.	Anmerkung
AO	Abgabenordnung
AO-StB	Der AO-Steuerberater (Zs.)
Art.	Artikel
AStG	Außensteuergesetz

B

BB	Betriebsberater (Zs.)
BBK	Buchführung, Bilanzierung, Kostenrechnung (Zs.)
BC	Bilanzbuchhalter und Controller (Zs.)
BdSt	Bund der Steuerzahler Deutschland e.V.
BeSt	Beratersicht zur Steuerrechtsprechung (Zs.)
BetrAVG	Betriebsrentengesetz
BewG	Bewertungsgesetz
BFH	Bundesfinanzhof
BFHE	Sammlung der Entscheidungen des Bundesfinanzhofs
BFH/NV	Sammlung amtlich nicht veröffentlichter Entscheidungen des Bundesfinanzhofs
BGB	Bürgerliches Gesetzbuch

BGBl I (II)	Bundesgesetzblatt Teil I (II)
BGH	Bundesgerichtshof
BGHSt	Entscheidungen des Bundesgerichtshofs in Strafsachen
BilMoG	Gesetz zur Modernisierung des Bilanzrechts
BKR	Zeitschrift für Bank- und Kapitalmarktrecht (Zs.)
Blümich	Einkommensteuergesetz, Körperschaftsteuergesetz Gewerbesteuergesetz, Loseblatt-Kommentar
BMF	Bundesministerium für Finanzen
BORA	Berufsordnung der Rechtsanwälte (BRAK-Mitt. 2011, 194)
BR-Drucks.	Bundesrats-Drucksache
BRAO	Bundesrechtsanwaltsordnung
BStBl	Bundessteuerblatt Teil I und II
BT-Drucks.	Bundestags-Drucksache
BUKG	Bundesumzugskostengesetz
BVerfG	Bundesverfassungsgericht
BVerfGE	Sammlung der Entscheidungen des Bundesverfassungsgerichts
BVerwG	Bundesverwaltungsgericht
BVerwGE	Entscheidungen des Bundesverwaltungsgerichts
bzgl.	Bezüglich
BZSt	Bundeszentralamt für Steuern
bzw.	beziehungsweise

D

DB	Der Betrieb (Zs.)
DBA	Doppelbesteuerungsabkommen
d. h.	das heißt
DStV	Deutscher Steuerberaterverband e.V.
DStR	Deutsches Steuerrecht (Zs.)
DStZ	Deutsche Steuerzeitung (Zs.)
DVStB	Verordnung zur Durchführung der Vorschriften über Steuerberater, Steuerbevollmächtigte und Steuerberatungsgesellschaften

E

EGHGB	Einführungsgesetz zum Handelsgesetzbuch
EFG	Entscheidungen der FG (Zs.)
EnWG	Energiewirtschaftsgesetz

ErbStB	Erbschaftsteuer-Berater (Zs.)
EStB	Der Ertrag-Steuer-Berater (Zs.)
EStDV	Einkommensteuerdurchführungsverordnung
EStR	Einkommensteuer-Richtlinien
EStH	Einkommensteuer-Hinweise
EUAHiG	EU-Amtshilfegestz
EuGH	Europäischer Gerichtshof
EuG	Gericht erster Instanz der Europäischen Gemeinschaft

F

F.	Fach
f.	folgende
ff.	fortfolgende
FG	Finanzgericht
FGO	Finanzgerichtsordnung
FinMin	Finanzministerium
FR	Finanzrundschau (Zs.)

G

GbR	Gesellschaft bürgerlichen Rechts
gem.	gemäß
GewStG	Gewerbesteuergesetz
GG	Grundgesetz
ggf.	gegebenenfalls
gl.A.	gleicher Ansicht
GmbH	Gesellschaft mit beschränkter Haftung
GmbHG	Gesetz betreffend die Gesellschaften mit beschränkter Haftung
GmbH-StB	Der GmbH-Steuer-Berater (Zs.)
GrESt	Grunderwerbsteuergesetz
GrS	Großer Senat des Bundesfinanzhofs
gWG	geringwertige Wirtschaftsgüter

H

HFR	Höchstrichterliche Finanzrechtsprechung (Zs.)
HGB	Handelsgesetzbuch

Herrmann/Heuer/ Raupach/Bearbeiter	Einkommensteuergesetz/Körperschaftsteuergesetz (Loseblatt)
HK	Herstellungskosten

I

i. d. F.	in der Fassung
i. d. R.	in der Regel
IFRS	International Financial Reporting Standards
i. H.v.	in Höhe von
InvStG	Investmentsteuergesetz
InsO	Insolvenzordnung
i. S. d.	im Sinne der/s
ISR	Internationale Steuer-Rundschau (Zs.)
IStR	Internationales Steuerrecht (Zs.)
i. S.v.	im Sinne von
i. V. m.	in Verbindung mit
IWB	Internationale Wirtschafts-Briefe (Zs.)

J

JbFfSt	Jahrbuch der Fachanwälte für Steuerrecht (Zs.)
JStG	Jahressteuergesetz

K

KG	Kommanditgesellschaft
Kirchhof/ Bearbeiter	Einkommensteuergesetz, 13. Aufl. 2014
KSR direkt	Kommentiertes Steuerrecht (Zs.)
KStG	Körperschaftsteuergesetz

L

LG	Landgericht
lt.	Laut
LStH	Lohnsteuer-Hinweise
LStR	Lohnsteuer-Richtlinien

M

MwStSystRL	Mehrwertsteuersystem-Richtlinie
MicroBilG	Kleinstkapitalgesellschaften-Bilanzrechtsänderungsgesetz

Mio.	Million
MoMiG	Gesetz zur Modernisierung des GmbH-Rechts und zur Bekämpfung von Missbräuchen
m. w. N.	mit weiteren Nachweisen

N

n. F.	neue Fassung
nrkr.	Nicht rechtskräftig
NWB	Neue Wirtschafts-Briefe (Zs.)
NWB DokID	NWB Dokumenten-Identifikationsnummer
NZG	Neue Zeitschrift für Gesellschaftsrecht (Zs.)

O

OFD	Oberfinanzdirektion
o. g.	oben genannt (e, es)
OLG	Oberlandesgericht
o. V.	ohne Verfasser

P

PiR	Praxis in der internationalen Rechnungslegung (Zs.)

R

R	Richtlinie
Rdnr.	Randnummer
Rev.	Revision
RFH	Reichsfinanzhof
rkr.	Rechtskräftig
RL	Richtlinie
Rn.	Randnummer
Rs.	Rechtssache
Rspr.	Rechtsprechung
Rz.	Randziffer

S

s.	siehe
S.	Seite
s. a.	siehe auch

Schmidt/Bearbeiter	Einkommensteuergesetz, 33. Aufl. 2014
SGB	Sozialgesetzbuch
sog.	so genannte (r, s)
StBerG	Steuerberatungsgesetz
StBVV	Steuerberatervergütungsverordnung
StBW	Die Steuer-Berater-Woche (Zs.)
StGB	Strafgesetzbuch
StEntlG	Steuerentlastungsgesetz
StRA	Steuerrecht aktuell, NWB Verlag
SteuK	Steuerrecht kurzgefasst (Zs.)
StuB	Steuern und Bilanzen (Zs.)

T

Tipke/Kruse/Bearbeiter	Abgabenordnung, Finanzgerichtsordnung (Loseblatt)
Tz.	Textziffer

U

u. a.	unter anderem
Ubg	Die Unternehmensbesteuerung (Zs.)
u.g	unten genannte(r, s)
UmwStG	Umwandlungssteuergesetz
UntStVerG	Gesetz zur Änderung und Vereinfachung der Unternehmens-besteuerung und des Reisekostenrechts
URV	Unternehmensregister-Verordnung
USt	Umsatzsteuer
UStDV	Umsatzsteuer-Durchführungsverordnung
UStG	Umsatzsteuergesetz
USt-IdNr.	Umsatzsteuer-Identifikationsnummer
UStR	Umsatzsteuer-Richtlinien
u.U.	unter Umständen

V

v.	vom
v.g.	vor genannte (n, r, s)
VGH	Verwaltungsgerichtshof
vgl.	vergleiche
VW	Versicherungswirtschaft (Zs.)

VwGO	Verwaltungsgerichtsordnung
VZ	Veranlagungszeitraum

W

WG	Wirtschaftsgut/Wirtschaftsgüter
Wj.	Wirtschaftsjahr

Z

z. B.	zum Beispiel
ZErb	Zeitschrift für die Steuer- und Erbrechtspraxis (Zs.)
ZfV	Zeitschrift für Versicherungswesen (Zs.)
ZPO	Zivilprozessordnung
Zs.	Zeitschrift
ZVK	Zusatzversorgungskasse
zz.	zurzeit
zzgl.	zuzüglich

GEÄNDERTE VORSCHRIFTEN

Übersicht zu den geänderten und kommentierten steuerrechtlichen Vorschriften (ohne Anwendungsvorschriften)

Geänderte und kommentierte Vorschrift	Teil	Seite
AO		
§ 30 Abs. 6	A	169
§ 30 Abs. 7	J	438
§ 53 Nr. 2	A, F	170, 326
§ 55 Abs. 1	F	328
§ 58	F	329
§ 60a	F	331
§ 62	F	333
§ 63	F	335
§ 67a	F	336
§ 68 Nr. 5	A	171
§ 87a	A	172
§ 87a Abs. 3	J	438
§ 88 Abs. 3	A	173
§ 89 Abs. 2	A	173
§ 90 Abs. 3	A	174
§ 97	A	175
§ 107	A	176
§ 117c	B	263
§ 139 Abs. 2	A	177
§ 141 Abs. 1	A	177
§ 150 Abs. 6	A	178
§ 152 Abs. 5	A	180
§ 156 Abs. 1	A	180
§ 171 Abs. 15	A	181
§ 224 Abs. 2	A	182
§ 259	A	183
§ 275	A	183
§ 288	A	184
§ 337 Abs. 2	A	184

Geänderte und kommentierte Vorschrift	Teil	Seite
§ 379 Abs. 2	B	267
AStG		
§ 1	A	129
§ 2	A	135
§ 8 Abs. 2	A	136
§ 15	A	137
§ 18 Abs. 4	A	140
BewG		
§ 11 Abs. 4	B	263
§ 48a	A	186
BGB		
§ 27	F	344
§ 31a	F	344
§ 31b	F	346
BRAO		
§ 51a	L	458
ErbStG		
§ 13a	A	190
§ 13b	A	192
EStG		
§ 2 Abs. 8	C	270
§ 2a Abs. 2a	A	41
§ 3 Nr. 5	A	42
§ 3 Nr. 13	H	364
§ 3 Nr. 16	H	365

Geänderte und kommentierte Vorschrift	Teil	Seite
§ 14	A	161
§ 14a	A	163
§ 15	A	165
§18d	A	169
§ 25a	A	168
§ 26	A	169

Geänderte und kommentierte Vorschrift	Teil	Seite
§ 26b	A	169
§ 27a	A	169
UStDV		
§ 17a	G	349
§ 74	G	359

Der Koalitionsvertrag – Voraussichtliche steuerrechtliche Änderungen

(Prof. Dr. Hans-Joachim Kanzler, Rechtsanwalt und Steuerberater, Vors. Richter am BFH a. D.)

LITERATUR:

Hechtner, Steuerpolitische Aspekte in der 18. Legislaturperiode, NWB 2013, 3932; *Welling*, Steuerpolitik der kleinen Schritte, Ubg 2014, 737; *o.V.*, Zum Koalitionsvertrag „Deutschlands Zukunft gestalten", SuP 2014, 17; *Middelberg*, Steuerpolitische Perspektiven der neuen Legislaturperiode aus Sicht der CDU, FR 2014, 98; *Binding*, Steuerpolitische Perspektiven der neuen Legislaturperiode aus Sicht der SPD, FR 2014, 98; *Schick*, Steuerpolitische Perspektiven der neuen Legislaturperiode aus Sicht von Bündnis 90/Die Grünen, FR 2014, 101; *Pitterle*, Steuerpolitische Perspektiven der neuen Legislaturperiode aus Sicht der Partei DIE LINKE, FR 2014, 102; *Waagschal/Simon*, Die Steuerpolitik der neuen Legislaturperiode, ifst-Schriften Nr. 496, 2014.

Rechtsquelle:

Der Koalitionsvertrag für die 18. Legislaturperiode findet sich u. a. auf der Seite des Deutschen - Bundestags: http://www.bundestag.de/dokumente/textarchiv/2013/48077057_kw48_koalitionsvertrag/". Zitate beziehen sich auf diese Fassung.

I. Vorbemerkung: Koalitionsverträge sind keine Verträge, die verbindliche Aussagen treffen

Nach zähen und länger als früher dauernden Verhandlungen einigten sich CDU/CSU und SPD am 27. 11. 2013 auf den Koalitionsvertrag für die 18. Legislaturperiode, der unter das Motto „Deutschlands Zukunft gestalten" gestellt wurde. Derartige Verträge werden zwischen zwei oder mehreren Parteien geschlossen und regeln die mittel- bis langfristige Zusammenarbeit einer Koalition während der anstehenden Legislaturperiode. Der Koalitionsvertrag gibt einen Überblick über das Regierungsprogramm und die Vorhaben der aus der Koalition hervorgehenden künftigen Regierung. Er tritt damit an die Stelle der Regierungserklärung des Bundeskanzlers und ist aus diesem Grund der Kritik von Staatsrechtlern und Politikwissenschaftlern ausgesetzt. So wird der Koalitionsvertrag etwa als eine Art Nebenregierung ohne parlamentarische Verantwortung bezeichnet (so *Woyke* in Andersen/Woyke, Handwörterbuch des politischen Systems der Bundesrepublik, S. 253).

Koalitionsverträge sind keine Verträge im zivilrechtlichen Sinne. Sie sind daher weder bindende Vereinbarungen zwischen den Beteiligten, die einklagbare Ansprüche begründen, noch setzen sie objektives Recht. Es handelt sich also um bloße Absichtserklärungen, die – wie die Vergangenheit gezeigt hat – oft nicht umgesetzt werden. Gleichwohl machen wir die steuerlichen Aspekte des aktuellen Koalitionsvertrags zwischen CDU/CSU und SPD zum Gegenstand dieses Jahresbandes, weil er die zu erwartenden Gesetzesinitiativen anspricht, keineswegs aber ein abschließendes Programm ankündigt und es daher auch nicht ausgeschlossen ist, dass aufgrund aktueller Entwicklungen auch andere gesetzliche Maßnahmen erforderlich werden können.

II. Steuerbezogene Aussagen des Koalitionsvertrags

Die Aussagen des Koalitionsvertrags zur Steuerpolitik sind eher dürftig, weisen weder ein Gesamtkonzept auf, noch deuten sie auch nur annäherungsweise einen grundlegenden Reformwillen an. Steuerreformaspekte finden sich vorrangig bei der nationalen und grenzüberschreitenden Bekämpfung politisch unerwünschter Umgehungen und Gestaltungen zur Vermeidung von Haushaltsrisiken und der Sicherung des Steueraufkommens.

Vereinfachung des Besteuerungsverfahrens

Steuererklärungen:

► Die vorausgefüllte Steuererklärung soll für alle Steuerpflichtigen bis zum Ver-anlagungszeitraum 2017 eingeführt werden. Für Rentner/Pensionäre soll es diese bereits ab dem Veranlagungszeitraum 2015 geben.

► Die elektronische Kommunikation mit dem Finanzamt soll ausgebaut werden.

► Es soll weitgehend auf eine verpflichtende Übersendung der Papierbelege mit der Steuererklärung verzichtet werden.

► Risikoorientierte Parameter sollen bei der Bearbeitung von Steuererklärungen zugrunde gelegt werden.

Faktorverfahren für Ehegatten: Die Festlegung des Faktors nach § 39f EStG soll für mehrere Jahre gelten. Änderungen soll es nur geben, wenn sich die Einkünfte oder die Einkünfteverteilung in nicht nur geringem Ausmaß ändern. Zudem sollen die Länder aufgefordert werden, das Faktorverfahren in Steuerklasse IV durch geeignete Maßnahmen der Steuerverwaltungen bekannter zu machen (Koalitionsvertrag S. 90).

Selbstveranlagungsverfahren: Das Steuerverfahrensrecht soll in Richtung eines Selbstveranlagungsverfahrens weiterentwickelt werden, begonnen werden soll mit der Körperschaftsteuer (Koalitionsvertrag S. 90).

Stärkung des Bundeszentralamtes für Steuern (BZSt):

► Das BZSt soll zur zentralen Anlaufstelle der Länder zur Unterstützung der Steuerfahndungsstellen werden.

► Das BZSt wird zentrale Anlaufstelle für Gebietsfremde.

Bekämpfung der Steuerhinterziehung: Zur Verbesserung der Bekämpfung der Steuerhinterziehung, des Sozialversicherungsbetrugs, der Schwarzarbeit und der illegalen Beschäftigung sollen die rechtlichen Rahmenbedingungen u. a. im Schwarzarbeitsbekämpfungsgesetz und in der Gewerbeordnung sowie die personelle und informationstechnologische Ausstattung der Finanzkontrolle Schwarzarbeit verbessert und wirkungsvoller ausgestaltet werden (Koalitionsvertrag S. 90).

Abgaben im grenzüberschreitenden Warenverkehr: Verbesserung der Rahmenbedingungen bei der Abgabenerhebung im grenzüberschreitenden Warenverkehr (Stärkung IT-gestützter Analyse).

Organisation der Familienkassen: Die Familienkassen des Bundes sollen bei der Bundesagentur für Arbeit zentriert werden. Dazu sollen die Länder eingeladen werden, im Rahmen ihrer Zuständigkeiten an einer Zentralisierung mitzuwirken.

Ausbau der steuerlichen IT:

Nichtanwendungsschreiben und Nichtanwendungsgesetze: Die sog. Nichtanwendungserlasse sollen restriktiv gehandhabt werden. Eine Rückwirkung von Steuergesetzen soll im verfassungsrechtlichen Rahmen auf die Sicherung von Steuersubstrat und die Verhinderung der missbräuchlichen Nutzung von Steuersparmodellen beschränkt sein.

Bekämpfung internationaler Steuerumgehungsstrukturen (Koalitionsvertrag S. 91 ff.):

▶ Der Kampf gegen grenzüberschreitende Gewinnverlagerungen soll vorangetrieben werden.

▶ Aktive Unterstützung der Arbeiten zur OECD-BEPS (Base Erosion and Profit Shifting)-Initiative im Jahre 2015, einem Vorhaben, um internationaler Steuervermeidung entgegenzuwirken. Soweit sich die Ziele im Rahmen der OECD-BEPS-Initiative in diesem Zeitraum nicht realisieren lassen, sollen nationale Maßnahmen ergriffen werden. Dazu zählt u. a. eine Beschränkung des Betriebsausgabenabzugs für Zahlungen an Briefkastenfirmen, die keine hinreichend aktive Geschäftstätigkeit nachweisen können und die Schaffung eines öffentlichen Registers für alle wirtschaftlich Beteiligten an Trust-Konstruktionen nach dem Vorbild des Geldwäschegesetzes. Auch soll der steuerliche Abzug von Lizenzaufwendungen mit einer angemessenen Besteuerung der Lizenzerträge im Empfängerland korrespondieren. Im Vorgriff auf internationale Regelungen soll der deutsche Gesetzgeber voranschreiten.

▶ Einführung einer länderspezifischen Berichterstattung (country-by-country reporting) insbesondere über Gewinne/Verluste und gezahlte Steuern im Bankenbereich und im Rohstoffhandel.

▶ Revision des OECD-Musterabkommens zum Informationsaustausch mit dem Ziel der Umsetzung des automatischen steuerlichen Informationsaustausches als internationalem Standard.

▶ Ausdehnung der EU-Zinsrichtlinie auf alle Kapitaleinkünfte und alle natürlichen und juristischen Personen.

▶ Verbesserte Abstimmung des Unternehmenssteuerrechts in der EU. Ausgangspunkt bilden dabei die Arbeiten für eine gemeinsame Körperschaftsteuer-Bemessungsgrundlage.

▶ Bekämpfung des Umsatzsteuerbetrugs.

▶ Fortsetzung der Arbeiten an der nationalen Verhandlungsgrundlage für DBAs. Diese sollen nicht nur eine Doppelbesteuerung vermeiden, sondern auch eine doppelte Nichtbesteuerung (sog. weiße Einkünfte) verhindern.

▶ Bekämpfung der Steuervermeidung durch Nutzung von Offshore-Finanzplätzen.

Bekämpfung nationaler Steuergestaltung und Steuerhinterziehung:

Porsche-Deal: Man will prüfen, wie Anteilstausch und Umwandlungen mit finanziellen Gegenleistungen nicht mehr systemwidrig steuerfrei gestaltet werden können.

Selbstanzeige: Die Regelungen zur strafbefreienden Selbstanzeige sollen bei Handlungsbedarf weiterentwickelt werden, z. B. indem die Wirkung der Selbstanzeige künftig von den vollständigen Angaben zu den steuerrechtlich unverjährten Zeiträumen (zehn Jahre) abhängig gemacht wird.

Banken und Steuerrecht: Bei systematischen Verstößen von Banken gegen das Steuerrecht sollen aufsichtsrechtliche Sanktionen bis hin zum Lizenzentzug in Betracht kommen.

BaFin und Steuerhinterziehung: Es soll überprüft werden, ob durch eine Verbesserung des Informationsflusses von der BaFin an die Finanzbehörden die Steuerhinterziehung wirksamer bekämpft werden kann.

Gewerbesteuer, Erbschaftsteuer, Grundsteuer (Koalitionsvertrag S. 92 f.):

▶ Die Kommunen sollen Planungssicherheit bei der Gewerbesteuer erhalten.

▶ Die Erbschaftsteuer ermöglicht in ihrer jetzigen Ausgestaltung den Generationswechsel in den Unternehmen und schützt Arbeitsplätze. Sie soll den Ländern als Einnahmequelle erhalten bleiben.

▶ Die Grundsteuer soll unter Beibehaltung des Hebesatzrechtes für Kommunen zeitnah modernisiert werden.

Sonstige Absichtserklärungen (Koalitionsvertrag S. 91):

▶ Die interkommunale Zusammenarbeit soll steuerrechtlich nicht behindert werden. Wir lehnen daher eine umsatzsteuerliche Belastung kommunaler Beistandsleistungen ab und werden uns – soweit erforderlich – EU-rechtlich für eine umfassende Freistellung solcher Leistungen von der Umsatzsteuer einsetzen.

▶ Mit der grundlegenden Reform der Investmentbesteuerung soll die künftige Steuerpflicht von Veräußerungsgewinnen aus Streubesitz ergebnisoffen aufgegriffen werden (vor allem für Business Angels und Startups soll nach Lösungen für besondere Belastungseffekte für den Fall gesucht werden, dass sich der Investor von seinem Engagement trennt).

Steuerliche Maßnahmen im Rahmen bestimmter Bereiche der Politik

Europäische Wirtschaftspolitik: Innerhalb der EU sollen Steuerdumping verhindert, Steueroasen ausgetrocknet und die Steuerharmonisierung voran-gebracht werden.

Mittelstand, Handwerk, Handel und Freie Berufe: Mittelstandsförderung wird zielgerichtet fortgesetzt. Thesaurierungsregelungen für Einzelunternehmen sollen einer Prüfung unterzogen werden.

Existenzgründer und Wachstumsfinanzierung: Rechtliche und steuerliche Rahmenbedingungen für Wagniskapital sollen international wettbewerbsfähig gestaltet und Deutschland als Fondsstandort attraktiv gemacht werden. Auch neue Finanzierungsformen wie Crowdfunding („Schwarmfinanzierung") sollen einen verlässlichen Rechtsrahmen erhalten.

Unternehmensnachfolge soll auch künftig durch die Erbschaftsbesteuerung nicht gefährdet werden. Notwendig ist daher eine verfassungsfeste und mittelstandsfreundlich ausgestaltete Erbschafts- und Schenkungsteuer, die einen steuerlichen Ausnahmetatbestand bei Erhalt von Arbeitsplätzen vorsieht (Koalitionsvertrag S. 25).

Konventionelle und alternative Antriebe und Kraftstoffe: Die bis Ende 2018 befristete Energiesteuerermäßigung für klimaschonendes Autogas und Erdgas soll verlängert werden.

Leistungsfähige Schifffahrt, Häfen und maritime Wirtschaft (Koalitionsvertrag S. 46 f.):

▶ Die Tonnagesteuer soll erhalten bleiben.

▶ Die Befreiung der Schiffserlöspools von der Versicherungsteuerpflicht soll bis Ende 2015 gelten. Für die Zeit danach soll eine pragmatische Lösung geprüft werden.

Regeln für die Finanzmärkte:

► Die Einführung einer Finanztransaktionssteuer auf europäischer Ebene stärkt die Beteiligung des Finanzsektors an den Kosten der Krise und an den Zukunftsaufgaben für Wachstum und Beschäftigung. Die Finanztransaktionssteuer soll daher mit breiter Bemessungsgrundlage und niedrigem Steuersatz zügig im Rahmen einer verstärkten Zusammenarbeit in der EU umgesetzt werden. Negative Auswirkungen auf die Altersversorgung, die Kleinanleger und die Realwirtschaft sollen verhindert werden.

► Intensivierung des Kampfs gegen Finanzbetrug, Geldwäsche und Steuerhinterziehung.

Finanzielle Situation Alleinerziehender und Geschiedener (Koalitionsvertrag S. 99):

► Der steuerliche Entlastungsbetrag für Alleinerziehende (§ 24b EStG)soll angehoben werden.

► Die Höhe des Entlastungsbetrags soll künftig nach der Zahl der Kinder gestaffelt werden.

Kirchen und Religionsgemeinschaften: Festhalten am System der Kirchensteuer, damit die Kirchen Planungssicherheit haben.

Steuern und Umwelt:

► Beibehaltung der Förderung des Agrardiesels aus Gründen der Wettbewerbsgleichheit (Koalitionsvertrag S. 124)

► Es sollen einheitliche europäische Regelungen über die Energiesteuerrichtlinie angestrebt werden (Koalitionsvertrag S. 125).

Kulturförderung:

► Festhalten an der steuerlichen Förderung von Baudenkmälern und Gebäuden in Sanierungsgebieten und städtebaulichen Entwicklungsbereichen (Koalitionsvertrag S. 131).

► Beibehaltung des verminderten Mehrwertsteuersatzes für Bücher, Zeitungen und Zeitschriften, der künftig auch für Hörbücher gelten soll.

► Auf europäischer Ebene soll darauf hingewirkt werden, dass auf E-Books, E-Paper und andere elektronische Informationsmedien künftig der ermäßigte Mehrwertsteuersatz Anwendung finden kann.

► An den Steuererleichterungen für kulturelle Leistungen wird auch in der Zukunft festgehalten und die bestehenden Standards der Steuererleichterungen für gemeinnützige Einrichtungen werden bewahrt.

► Prüfung, ob weitere Umsatzsteuererleichterungen für künstlerische Berufe möglich sind.

III. Steuerfragen, die erörtert aber fallengelassen wurden

Eine ganze Reihe weiterer steuerlicher Fragen wurden diskutiert; die vorgeschlagenen Lösungen waren aber offenbar nicht mehrheitsfähig. Weil es sich dabei aber sowohl um belastende wie begünstigende Maßnahmen handelt, die aktuell durchaus von Bedeutung sind, ist nicht auszuschließen, dass auch diese Punkte im Laufe der nächsten Jahre noch einmal Gegenstand gesetzlicher Vorhaben werden. Auch diese nicht mehrheitsfähigen Vorschläge kamen mit einiger Gewissheit aus dem BMF und sind daher jederzeit wieder abrufbar, wenn sich Handlungsbedarf ergeben sollte. Auch ist damit zu rechnen, dass die Koalitionspartner versuchen werden, ihre jeweiligen Vorschläge in der Steuerpolitik der begonnenen Legislaturperiode umzusetzen.

1. Vorteilhafte Steueränderungen, die nicht Gegenstand des Koalitionsvertrags wurden

Abbau der kalten Progression (eine Forderung die bereits in der letzten Legislaturperiode immer wieder erhoben wurde).

Einführung eines Familiensplittings: Diese Form der Familienbesteuerung war bereits von Helmut Kohl in seiner Regierungserklärung vom 13. 10. 1982 für den 1. 1. 1984 angekündigt worden (s. http://helmut-kohl.kas.de/index.php?msg=1934). Unklar bleibt bei dieser Forderung stets, ob die Politiker dabei an ein Familienrealsplitting nach dem Muster des begrenzten Realsplittings in § 10 Abs. 1 Nr. 1 EStG oder ein Familientarifsplitting nach französischem Vorbild denken.

Verkürzung der Aufbewahrungsfristen für Belege usw. Das Vorhaben ist an einer Blockade der Länder gescheitert, aus deren Sicht eine Verkürzung zu einer zu großen Belastung der Steuerverwaltungen führen würde.

Lifo-Methode: Gesetzliche Klarstellung und Bekräftigung, dass die Lifo-Methode zur Vorratsbewertung anwendbar bleibt.

Senkung der Stromsteuer um 25 %.

Steuerliche Förderung energetischer Gebäudesanierung.

Vereinfachung und Modernisierung der ertragsteuerlichen Organschaft: Das Projekt „Gruppenbesteuerung" war schon Gegenstand des Koalitionsvertrags der letzten Legislaturperiode zwischen CDU/CSU und FDP.

Grundsätzliches Festhalten an der Freistellungsmethode in DBA: Dieses Thema war bereits Gegenstand des Koalitionsvertrags vom 26. 10. 2009 zwischen CDU/CSU und FDP.

Umgestaltung des Investitionsabzugsbetrags zur Ansparrücklage.

Steuerliche Forschungsförderung für KMU: KMU = Kleine und mittlere Unternehmen.

Verbesserung der Instrumente zur Rechtsformneutralität: Ein Dauerbrenner.

GWG: Erhöhung der Grenze für geringwertige Wirtschaftsgüter (GWG) auf 500 €.

Anhebung der Kleinbetragsregelung in § 33 UStDV von 150 € auf 300 € (Rechnungen ohne Empfängerbezeichnung).

Steuerliche FuE-Förderung: FuE = Forschung und Entwicklung.

2. Nachteilige Steueränderungen, die diskutiert aber nicht mehrheitsfähig waren

Reform der Selbstanzeige: Beschränkung der strafbefreienden Selbstanzeige auf Bagatellfälle, sobald der automatische Informationsaustausch in Kraft ist.

Einkommensteuertarif: Erhöhung des Einkommensteuer-Spitzensatzes auf 49 %.

Besteuerung der Initiatoren von Kapitalbeteiligungsgesellschaften: Abschaffung der partiellen Steuerfreiheit von Carried Interest Vergütungen bei Private-Equity-Fonds.

Zinsschranke:

► Verringerung des Freigrenze der Zinsschranke auf 1 Mio. € (derzeit 3 Mio. €).

► Verringerung der Toleranzgrenze für den Eigenkapitalquotenvergleich der Zinsschranke (Escape-Klausel) auf 1 % (derzeit 2 %).

► Erweiterung der Zinsschranke auf sog. Finanzierungssurrogate (Lizenzen, Mieten usw.).

Verlustverrechnung: Veränderung der Verlustverrechnung zur Reduzierung von Haushaltsrisiken.

Beschränkung des Betriebsausgabenabzugs für Finanzierungssurrogate in Fällen nicht angemessener Besteuerung der korrespondierenden Erträge beim Empfänger.

Funktionsverlagerungen: Änderungen zur Gesamtbewertung von Transferpaketen bei konzerninternen Funktionsverlagerungen.

Hinzurechnungsbesteuerung: Schließung von Lücken bei der Hinzu-rechnungsbesteuerung.

Abgeltungssteuer:

► Erhöhung des Steuersatzes der Abgeltungsteuer von 25 % auf 32 %.

► Überprüfung der Abgeltungsteuer vor dem Hintergrund der Ausweitung des internationalen Informationsaustauschs.

Steuerliche Deckelung von Vorstandsbezügen: Einstufung der Gehälter von Vorständen, Geschäftsführern und anderen Organmitgliedern als (nicht abziehbare) Gewinnverwendung, soweit diese 500 000 € übersteigen.

Hotelsteuer: Aufhebung der Vergünstigungen für Beherbergungsleistungen im Umsatzsteuerrecht.

Abschaffung der Förderung von Agrardiesel.

Gewerbesteuer:

► Anhebung der gewerbesteuerlichen Hinzurechnung für Immobilienmieten auf effektiv 16,25 % (derzeit 12,5 %).

► Weiterentwicklung der Gewerbesteuer.

Vermögensteuer: Wiedereinführung einer Vermögensteuer.

Erbschaftsteuer: Abbau der Vergünstigung des Betriebsvermögens bei der Erbschaftsteuer.

IV. Fazit

Der bunte Strauß steuerlicher Einzelmaßnahmen im Koalitionsvertrag, die unverbindlichen Absichtserklärungen und Prüfaufträge sowie die Bekenntnisse, bestimmte steuerliche Regelungen beibehalten zu wollen, deren Abschaffung niemand gefordert hatte, lassen für die Steuergesetzgebung der nächsten Legislaturperiode nichts Gutes erwarten. Es wird, wie schon in den letzten Jahren, zu einer Vielzahl von Einzelregelungen im Reparaturbetrieb kommen, um verfassungsgerichtliche Neuregelungsgebote umzusetzen oder missliebigen höchstrichterlichen Entscheidungen entgegenzuwirken. Auch bei Abschluss dieses Manuskripts, am 20. 5. 2014, haben sich noch keine konkreten Vorhaben zu Steuergesetzen abgezeichnet. Lediglich der Referentenentwurf eines Jahressteuergesetzes 2015 soll in Vorbereitung sein.

Teil A: Gesetz zur Umsetzung der Amtshilferichtlinie sowie zur Änderung steuerlicher Vorschriften (Amtshilferichtlinie-Umsetzungsgesetz – AmtshilfeRLUmsG)

I. Vorbemerkung

(Dr. Alois Th. Nacke, Richter am FG)

LITERATUR ZUM AMTSHILFERLUMSG:

Kaminski, Änderungen des ErbStG durch das Amtshilferichtlinie-Umsetzungsgesetz, Stbg 2014, 6; *Viebrock/Loose/Oskamp*, Quellensteuerreduktion nach dem DBA-USA im Lichte der neueren BFH-Rechtsprechung zu Hybridgesellschaften, Ubg 2014, 765; *Milatz/Herbst*, Neues zur „Cash"-GmbH, GmbHR 2014, 18; *Moorkamp*, Photovoltaikanlagen im Gewerbsteuerrecht, StuB 2014, 61; *Krause*, Unternehmensnachfolge im Erbschafts- und Schenkungsteuerrecht: Die Änderungen durch das Amtshilferichtlinie-Umsetzungsgesetz und den gleichlautenden Ländererlass vom 10.10.2013, DStZ 2014, 115; *Schanko*, Der Anwendungserlass zum neuen Ergänzungstatbestand § 1 Abs. 3a GrEStG, UVR 2014, 44; *Weimann*, Entwarnung bei „Gutschrift & Co.": BMF löst alle Zweifelsfragen praxisgerecht, GStB 2013, 420; *Stahl/Mann*, Verfahrensrechtliche Fallstricke beim „Goldfinger-Modell" – Anmerkung zum Urteil des FG Rheinland-Pfalz vom 30.1.2013, 3 K 1185/12, DStR 2013, 1822; *Schießl*, Wichtige Änderungen des Umsatzsteuergesetzes durch das AmtshilfeRLUmsG, StuB 2013, 893; *Höreth/Stelzer*, Ende gut – alles gut? Das JStG 2013 endlich in trockenen Tüchern, DStZ 2013, 455; *Carl'e*, Amtshilferichtlinien-Umsetzungsgesetz – Ertragsteuerliche Änderungen, ErbStB 2013, 284; *Weber/Schwind*, Ausschluss der Cash-Gesellschaften vom begünstigten Unternehmensvermögen, ZEV 2013, 369; *Weber*, Änderungen des Umsatzsteuergesetzes durch das Amtshilferichtlinie-Umsetzungsgesetz, UVR 2013, 236; *Eisele*, Die Änderungen des Erbschaft- und Schenkungsteuergesetzes durch das AmtshilfeRLUmsG – Cash-Gesellschaften im Fokus, NWB 2013, 2292; *Pohl*, Die „vermögensverwaltende" Personengesellschaft im Abkommensrecht – Rechtsänderungen durch den neuen § 50i EStG, IStR 2013, 699; *Viebrock/Loose*, Erste Gedanken zu § 2 Abs. 4 Sätze 3 bis 6 UmwStG, DStR 2013, 1364; *Hechtner*, Ausgewählte Änderungen des EStG durch das Amtshilferichtlinie-Umsetzungsgesetz, BBK 2013, 713; *Brüggemann*, Ende der Cash-Gesellschaft, Unternehmen können aber weiter bis zu 70 % aus Finanzmitteln bestehen, ErbBstg 2013, 173; *Huschens*, Änderungen des UStG durch das Amtshilferichtlinie-Umsetzungsgesetz – Neufassung der Vorschriften über die Rechnungsstellung, den Vorsteuerabzug sowie den Ort der Dienstleistung, NWB 2013, 2132; *Viebrock/Loose/Oskamp*, Neuregelung des Entlastungsverfahrens für hybride Gesellschaften durch § 50d Abs. 1 Satz 11 EStG, Ubg 2013, 485; *Dißars*, Änderungen des steuerlichen Verfahrensrechts durch das Amtshilferichtlinie-Umsetzungsgesetz, StC 2013, 21; *Pfeifer/Hinkers*, Das Ende der Cash-GmbH - Risiken und Nebenwirkungen der Gesetzesänderung, DStZ 2013, 729; *Meyering/Portheine*, Amtshilferichtlinie-Umsetzungsgesetz formerly known as JStG 2013, StuB 2013, 525; *von Glasenapp*, Zinsberechnung nach § 233a AO bei rückwirkendem Wegfall einer Voraussetzung für den Investitionsabzugsbetrag, BB 2013, 2289; *Moser*, Zur Abschirmwirkung von EU/EWR-Stiftungen bei mehrstöckigen Strukturen im Kontext des § 15 AStG, Ubg 2013,

692; *Heuermann*, Start in die ELStAM ohne Rechtsgrundlage und Übergang? Umkehrung des verfassungsrechtlichen Vertrauensschutzes?, DStR 2013, 565; *Schröder/Jedicke*, Verzinsung vermeiden durch rechtzeitige Rückgängigmachung von Investitionsabzugsbeträgen Handlungsempfehlungen nach der Einfügung des § 7g Abs. 4 Satz 4 EStG durch das Amtshilferichtlinie-Umsetzungsgesetz, DStZ 2013, 793; *Kaminski*, Funktionsverlagerungen auf Betriebsstätten nach dem Amtshilferichtlinie-Umsetzungsgesetz, in: Festschrift für Gerrit Frotscher zum 70. Geburtstag 2013, 301; *Bolik/Hartmann*, Neuregleung des § 32b EStG durch das Amtshilferichtlinie-Umsetzungsgesetz, StuB 2013, 639; *Heine*, Ende der RETT-BLOCKER?, Stbg 2013, 490; *Huschens*, Änderungen des UStG durch das Amtshilferichtlinie-Umsetzungsgesetz - Kunstgegenstände, ERIC und redaktionelle Anpassungen, NWB 2013, 2314; *Liekenbrock*, „Steuerfreie" Entstrickung oder § 50i EStG? Besteuerung von Personengesellschaften mit ausländischen Gesellschaftern nach dem AmtshilfeRLUmsG, IStR 2013, 690; *Glutsch/Meining*, Umstrukturierungs- und Transaktionshindernisse für bestehende "RETT-Blocker-Strukturen" Erste Gedanken zum neuen § 1 Abs. 3a GrEStG, GmbHR 2013, 743; *Hörster*, Neuregelungen durch das Amtshilferichtlinie-Umsetzungsgesetz - Mehr als nur ein JStG mit „falschem Namen", NWB 2013, 1967; *Rohde/Fischer*, Wieder Änderungen bei der Erbschaftsteuer – Kleines Jahressteuergesetz – Große Wirkung, StuB 2013, 580; *Hagena/Klein*, Ergänzungen des § 50d EStG durch das Amtshilferichtlinie-Umsetzungsgesetz, ISR 2013, 267; *Töben*, § 50i EStG n. F. – Fälle und Unfälle - Wegzugbesteuerung nach neuen Regeln außerhalb des § 6 AStG, IStR 2013, 682; *Rehfeld/Goldner*, Gewinnabgrenzung zwischen Stammhaus und Betriebsstätte – Nationale Umsetzung des AOA in § 1 AStG n. F. durch das AmtshilfeRLUmsG, IWB 2013, 548; *Ortmann-Babel/Bolik/Griesfeller*, Ein Jahressteuergesetz namens Amtshilferichtlinie-Umsetzungsgesetz: Alter Wein in neuen Schläuchen, DB 2013, 1319; *Huschens*, Änderungen des UStG durch das Amtshilferichtlinie-Umsetzungsgesetz – Neufassung von Befreiungsvorschriften und Änderungen bei der Anwendung des Reverse-Charge-Verfahrens, NWB 2013, 2214; *Michelutti/Wohlfahrt*, Europaweite umsatzsteuerliche Registrierungspflicht bei der Dienstwagenüberlassung? Neuregelung zum Leistungsort, NWB 2013, 3215; *Behrendt/Klages*, Weitere Einschränkung der Verlustnutzung bei rückwirkenden Umwandlungen durch § 2 Abs. 4 Satz 3 bis 6 UmwStG, BB 2013, 1815; *Widmann*, Die durch das Amtshilferichtlinie-Umsetzungsgesetz angeordneten Änderungen des Umsatzsteuergesetzes, MwStR 2013, 321; *Sauer/Unterberg*, Korrektur einer Rechnung unter der Verwendung der Bezeichnung „Gutschrift" – unrichtiger oder unberechtigter Steuerausweis nach § 14c UStG, MwStR 2013, 366; *Neumann*, Das Verhältnis von § 1 Abs. 5 AStG zu den deutschen Doppelbesteuerungsabkommen, IStR 2013, 573; *Hechtner*, Ausweitung der Verzinsung beim Investitionsabzugsbetrag - Änderungen durch das Amtshilferichtlinie-Umsetzungsgesetz, BBK 2013, 1113; *Hilbert*, Die Lohnsteuer-Nachschau (§ 42g EStG) – Ein erster Überblick zu Regelungsgehalt und Problemfeldern der mit dem Amtshilferichtlinien-Umsetzungsgesetz eingeführten Vorschriften, StB 2013, 244; *Behrens*, Neue RETT-Blocker-Vermeidungsvorschrift in § 1 Abs. 3a GrEStG durch AmtshilfeRLUmsG, DStR 2013, 1405; *Warnke*, Überblick über das Amtshilferichtlinie-Umsetzungsgesetz (AmtshilfeRL-UmsG) – Die wesentlichen ertragsteuerlichen Änderungen, EStB 2013, 262; *Mannek*, Erweiterung des Verwaltungsvermögens auf Finanzmittel, ErbStB 2013, 343; *Jungblut*, Vermögensbildung der Arbeitnehmer nach den Änderungen durch das AmtshilfeRLUmsG – Elektronische Vermögensbildungsbescheinigung und Gleichstellung der Lebenspartnerschaften, NWB 2013, 2384; *Schulte-Frohlinde*, Gesetzgeberische Aktivitäten zur Verhinderung der „Goldfinger"-Gestaltungen, BB 2013, 1623; *Grune*, Umsatzsteuerbefreiung der Tätigkeit von Berufsbetreuern, AktStR 2013, 613; *Meurer*, AmtshilfeRLUmsG: Auswirkungen auf das Umsatzsteuergesetz, StBW 2013, 797; *Rohde*, Frage der Einbeziehung einer ausländischen Familienstiftung in ein Verfahren zur einheitlichen und gesonderten Gewinnfeststellung einer inländischen Personengesellschaft, an der sie beteiligt ist, IStR 2013, 584; *Grützner*, Zinslauf bei rückwirkendem Wegfall einer Voraussetzung für den Investitionsabzugsbetrag, StuB 2013, 855; *Milatz/Herbst*, Die Cash-GmbH ist tot: Es lebe die Cash-GmbH?, GmbHR 2013, 923; *Hubert*, Die Cash-GmbH auf dem steuerlichen Prüfstand – Änderungen durch das Amtshilferichtlinie-Umsetzungsgesetz, StuB 2013, 839; *Adrian/Franz*, Änderungen der Unternehmensbesteuerung durch das Amtshilferichtlinie-Umsetzungsgesetz, BB 2013, 1879; *Roth*, Änderungen bei der Unternehmensbesteuerung durch das Amtshilferichtlinie-Umsetzungsgesetz (AmtshilfeRLUmsG), Ubg 2013, 609; *Siegmund/Zipfel*, Änderung beim Umfang des Verwaltungsvermögens durch das AmtshilfeRLUmsG – Auswirkungen, Zweifelsfragen und Gestaltungsansätze, NWB 2013, 2302; *Monfort*, MwSt-Paket: Feinschliff durch das Amtshilferichtlinie-Umsetzungsgesetz, DStR 2013, 2245; *Ditz/Quilitzsch*, Die Änderungen im AStG durch das AmtshilfeRLUmsG – Quo vadis Außensteuergesetz?, DStR 2013, 1917; *Mitschke*, Grenzüberschreitende Sondervergütungen bei PersGes und gewerblich geprägte PersGes im internationalen Steuerrecht nach dem AmtshilfeRL-UmsG, FR 2013, 694; *Strahl*, Steuergesetzgebung 2013 Teil II, KÖSDI 2013, 18299; *Hörster*, Das Amtshilferichtlinie-Umsetzungsgesetz – ein Überblick – Regelungen des ehemaligen JStG 2013 unter neuem Gesetzestitel, NWB 2013, 2052; *Fleischer*, Aktuelle Änderungen im GrEStG durch das Amtshilferichtlinie-Umsetzungsgesetz – Wirtschaftliche Anteilsvereinigung und Erweiterung der Konzernklausel, StuB 2013, 765; *Hannes*, Erweiterung des erbschaftsteuerrechtlichen Verwaltungsvermögens um Geld und Forderungen, DStR 2013, 1417; *Nacke*, Gesetz zur Umsetzung der Amtshilferichtlinie sowie zur Änderung steuerlicher Vorschriften, StBW 2013, 649 (Teil1); 700 (Teil2); *Hechtner*, Neues zum JStG 2013 „light", NWB 2013, 588; *Hechtner*, Parlamentarische Aktivitäten in Berlin, StVereinfG 2013, JStG 2013 „reloaded", Streubesitzdividenden, NWB 2013, 663.

Literaturauswahl zum gescheiterten JStG 2013:

Geck, Geplante Änderungen des ErbStG im Rahmen des JStG 2013 - Gute und schlechte Nachrichten aus dem Bundesrat, ZEV 2012, 399; *Kirchhain*, Neues von der Zurechnungsbesteuerung – Gedanken zur geplanten Neufassung des § 15 AStG durch das Jahressteuergesetz 2013, IStR 2012, 602; *Korezkij*, Geplante Verschärfungen der Erbschaftsteuer: Zum Sinn und Unsinn der neuen Missbrauchsvorschriften, DStR 2012, 1640; *Kraft/Moser/Gebhardt*, Neukonzeption der Besteuerung ausländischer Familienstiftungen durch das JStG 2013 – Systematische Würdigung, strukturelle Defizite und Gestaltungsüberlegungen, DStR 2012, 1773; *Plewka/Pott*, Die Entwicklung des Steuerrechts, NJW 2012, 2558; *Nacke*, Entwurf des Jahressteuergesetzes 2013, DB 2012, 2117; *Quilitzsch*, Die Hinzurechnungsbesteuerung i. d. F. des JStG 2013 – Kritische Würdigung der geplanten Neuregelung in § 8 Abs. 2 AStG, IStR 2012, 645; *Seifert*, Referentenentwurf zum JStG 2013, StuB 2012, 276; *Hörster*, Regierungsentwurf eines JStG 2013: Die wichtigsten Änderungen gegenüber dem Referentenentwurf, NWB 2012, 1889; *Hörster*, Entwurf eines JStG 2013, NWB 2012, 1978; *Wilke*, Referentenentwurf des JStG 2009 durch das BMF – Die geplanten Änderungen in § 1 AStG, IWB 2012, 271; *Andresen*, Missverstandener Authorised OECD Approach bei inländischer Bankbetriebsstätte mit mehrjährigen Verlusten DB 2012, 879; *Meyering/Gerhard*, Das JStG 2013 aus Unternehmenssicht, StuB 2012, 440; *Meurer*, JStG 2013: Auswirkungen auf das Umsatzsteuergesetz, StBW 2012, 556; *Haisch/Helios/Niedling*, JStG 2013 – Geplante Änderungen im Finanzbereich, DB 2012, 2060; *Kirchhain*, Neues von der Zurechnungsbesteuerung – Gedanken zur geplanten Neufassung des § 15 AStG durch das Jahressteuergesetz 2013, IStR 2012, 602; *Dräger*, Änderungen des Außensteuerrechts im Entwurf des Jahressteuergesetzes 2013, StBW 2012, 755; *Könemann*, Ist die erweiterte beschränkte Einkommensteuerpflicht noch zu retten? Verfassungsrechtliche Überlegungen zu § 2 AStG, IStR 2012, 560 *Riedel*, Schon wieder Änderungen – geplante Anpassungen des ErbStG im Rahmen des Jahressteuergesetzes 2013, ZErb 2012, 267; *Schönfeld/Häck*, Verfassungsrechtliche Zulässigkeit „unecht" rückwirkender Steuergesetze – Dargestellt anhand der möglichen Steuerpflicht von Beteiligungserträgen aus Streubesitz durch das JStG 2013, DStR 2012, 1725.

Nachdem das vom Bundestag beschlossene Jahressteuergesetz 2013 im Vermittlungsausschuss am 17. 1. 2013 gescheitert ist (zum bisherigen Gesetzgebungsverfahren s. insbesondere den Überblick bei *Nacke*, DB 2012, 2117; StRA 1/2012, 17 und StRA 2/2012, 23), wurde von der Bundesregierung ein erneutes Gesetzgebungsverfahren zur Verabschiedung eines Jahressteuergesetzes 2013 in Gang gesetzt. Am 6. 2. 2013 verabschiedete sie eine abgespeckte Version des bisherigen JStG 2013 als Formulierungshilfe. Im Wesentlichen sollte mit dem Gesetzentwurf das deutsche Steuerrecht an das verbindliche Recht und die Rechtsprechung der Europäischen Union angepasst werden. Die Formulierungshilfe enthält das EU-Amtshilfegesetz, dass auch Teil des im Vermittlungsausschuss gescheiterten Gesetzes war, sowie einige Regelungen des im Bundesrat gescheiterten Jahressteuergesetzes 2013.

Im Einzelnen enthält der Gesetzesentwurf über das EU-Amtshilfegesetz hinaus Angleichungen an das Recht und die Rechtsprechung der Europäischen Union, um Vertragsverletzungsverfahren durch die EUKommission zu vermeiden. So z. B. die Umsetzung der EU-Rechnungsrichtlinie sowie die Anpassungen beim ermäßigten Steuersatz für Kunstgegenstände. Die übrigen enthaltenen steuerlichen Maßnahmen sichern das Steueraufkommen und gewährleisten eine weiterhin gleichmäßige Besteuerung durch die Finanzverwaltung. Hierzu gehören insbesondere die Einschränkungen im EStG beim Steuergestaltungsmodell „Goldfinger" und die Verhinderung von Umsatzsteuerbetrug durch die Erweiterung der umgekehrten Steuerschuldnerschaft auf Lieferungen von Erdgas und Elektrizität (sog. Reverse-Charge-Verfahren). Nach monatelangen Verhandlungen einigten sich Bund und Länder. Der Vermittlungsausschuss von Bundestag und Bundesrat beschloss am 5. 6. 2013 einen äußerst umfangreichen Kompromissvorschlag. Dieser ist als komplette Neufassung des Amtshilferichtlinie-Umsetzungsgesetzes formuliert. Er integriert den im Dezember 2012 gefundenen Kompromiss zum JStG 2013 – mit Ausnahme der damals vorgeschlagenen Gleichstellung von Lebenspartnerschaften, an der das Gesetzgebungsverfahren seinerzeit gescheitert war. Das neugefasste Gesetz tritt im Grundsatz am Tag nach der Verkündung in Kraft. Zahlreiche Elemente aus dem JStG 2013 finden allerdings – wie ursprünglich geplant – bereits für den gesamten Veranlagungszeitraum 2013 Anwendung.

Daten und Gesetzesmaterialien

19. 2. 2013	Gesetzentwurf der Fraktionen der CDU/CSU und FDP (BT-Drucks. 17/12375)
22. 2. 2013	Gesetzesantrag der Länder Rheinland-Pfalz, Hamburg, Nordrhein-Westfalen (BR-Drucks. 139/12)
21. 2. 2013	1. Lesung AmtshilfeRLUmsG im Bundestag

28. 2. 2013	2. und 3. Lesung AmtshilfeRLUmsG im Bundestag (auf Beschluss-empfehlung des Finanzausschusses – BT-Drucks. 17/12532)
22. 3. 2013	Bundesrat ruft wegen AmtshilfeRLUmsG Vermittlungsausschuss an
10. 4. 2013	Bundesrat bringt eigenen Gesetzentwurf für JStG 2013 in Bundestag ein
5. 6. 2013	Vermittlungsausschuss beschließt umfangreichen Kompromissvor-schlag (BT-Drucks. 17/13722)
6. 6. 2013	Bundestag nimmt Beschlussempfehlung des Vermittlungsausschus-ses an
7. 6. 2013	Bundesrat nimmt Beschlussempfehlung des Vermittlungsausschus-ses an
29. 6. 2013	Verkündung des Gesetzes v. 26. 6. 2013 im BGBl I 2013, 1809

II. EU-Amtshilfegesetz (Grundzüge)

(Walter Bode, Dipl.-Kfm., Richter am BFH)

Europarechtliche Vorgaben, Inkrafttreten: Das Gesetz über die Durchführung der gegenseitigen Amtshilfe in Steuersachen zwischen den Mitgliedstaaten der Europäischen Union (EU-Amtshil-fegesetz – EUAHiG) ist Regelungsgegenstand des **Art. 1 AmtshilfeRLUmsG**, der gemäß Art. 31 Abs. 3 AmtshilfeRLUmsG mit Wirkung vom **1. 1. 2013** in Kraft getreten ist. Mit ihm soll die Richt-linie 2011/16/ EU des Rates vom 15. 2. 2011 über die Zusammenarbeit der Verwaltungsbehör-den im Bereich der Besteuerung und zur Aufhebung der Richtlinie 77/799/EWG (**Amtshilfericht-linie**) (ABl. EU Nr. L 64 v. 11. 3. 2011, 1) in deutsches Recht umgesetzt werden. Die Amtshilfe-richtlinie ersetzt die Richtlinie 77/799/EWG des Rates vom 19. 12. 1977 über die gegenseitige Amtshilfe zwischen den zuständigen Behörden der Mitgliedstaaten im Bereich der direkten Steuern (EG-Amtshilfe-Richtlinie). Das damit überholte EG-Amtshilfe-Gesetz v. 19. 12. 1985 (BGBl I 1985, 2436, 2441), zuletzt geändert durch Art. 17 JStG 2008 v. 20. 12. 2007 (BGBl I 2007, 3150), ist gem. Art. 31 Abs. 9 AmtshilfeRLUmsG mit Wirkung vom 1. 1. 2013 – also gleichzeitig mit dem Inkrafttreten des EUAHiG – außer Kraft getreten.

Entstehungsgeschichte: Das **EUAHiG** war zunächst Gegenstand von Entwürfen eines **JStG 2013** (BT-Drucks. 17/10000, 7 ff., 35 f. und 42 ff.; 17/13033, 7 ff., 43 und 52 ff.). Verabschiedet wurde das Gesetz schließlich u. a. auf der Grundlage des Gesetzentwurfs der Fraktionen der CDU/CSU und FDP eines **AmtshilfeRLUmsG** (BT-Drucks. 17/12375, 3 ff., 21 und 26 ff.), von Bericht und Be-schlussempfehlung des Finanzausschusses des Deutschen Bundestags zum vorgenannten Ge-setzentwurf (BT-Drucks. 17/12532, 4 und 11 ff.; ohne Änderungen gegenüber der BT-Drucks. 17/12375) und der Beschlussempfehlung des Vermittlungsausschusses zum Amtshilfe-RLUmsG (BT-Drucks. 17/13722, 2 ff.).

Zweck der Neuregelung: In seiner Zielsetzung folgt das EUAHiG der **Amtshilferichtlinie**. Mit die-ser Richtlinie soll v. a. die effiziente – in Teilbereichen auch neue – Verwaltungszusammenarbeit zwischen den Steuerbehörden der Mitgliedstaaten gestärkt werden, um Steuern bei grenzüber-schreitenden Aktivitäten ordnungsgemäß festsetzen zu können (vgl. hierzu und zum Folgenden BT-Drucks. 17/12375, 21 und 26; 17/12532, 4). Dazu werden durch die Amtshilferichtlinie bestimmte Prüfungsmöglichkeiten und Mindeststandards festgelegt. Außerdem soll der **OECD-Standard** für Transparenz und effektiven Informationsaustausch für Besteuerungszwecke, wie er sich insbesondere aus Art. 26 des OECD-Musterabkommens (Informationsaustausch) ergibt, verbindlich für alle Mitgliedstaaten geregelt werden. Der OECD-Standard verpflichtet die Mitgliedstaaten, sich auf Ersuchen gegenseitig alle für ein Besteuerungsverfahren oder ein Steuerstrafverfahren erforderlichen Informationen zu erteilen. Zwar sollen dabei Beweisausforschungen („fishing expeditions") ausgeschlossen sein. Eine Übermittlung von Informationen kann allerdings nicht mehr mit Begründung abgelehnt werden, dass der übermittelnde Mitgliedstaat kein eigenes Interesse daran hat oder dass diese Informationen sich bei einer Bank, einem sonstigen Finanzinstitut, einem Bevollmächtigten, Vertreter oder Treuhänder befinden oder sich auf Eigentumsanteile einer Person beziehen (BT-Drucks. 17/12375, 26). Damit soll ein in sich schlüssiges System des zwischenstaatlichen Informationsaustauschs bei grenzüberschreitenden Steuersachverhalten eingerichtet werden (BT-Drucks. 17/12375, 21; 17/12532, 4).

Neuerungen: Eine **Verbesserung des Informationsaustauschs** soll – neben der vorgenannten **Anpassung an den OECD-Standard** -- durch eine Vielzahl weiterer Neuregelungen erreicht werden.

Zum einen wird die Amtshilfe **auf Steuern aller Art erweitert**. Während der bisherige Anwendungsbereich auf Steuern vom Einkommen, Ertrag und Vermögen (Einkommensteuer, Körperschaftsteuer, Gewerbesteuer, Grundsteuer und Vermögensteuer) sowie auf Steuern auf Versicherungsprämien begrenzt war, erstreckt sich nun die Amtshilfe grundsätzlich auf jede Art von Steuern, die von einem oder für einen Mitgliedstaat oder dessen Gebiets- oder Verwaltungseinheiten einschließlich der örtlichen Behörden erhoben werden (§ 1 EUAHiG). Hierdurch soll ein umfassender Anwendungsbereich des Gesetzes sichergestellt werden (BT-Drucks. 17/12375, 26). Auch der zunehmenden Vielfalt an Rechtsvereinbarungen soll Rechnung getragen werden, denn unter den **Begriff der Person** fallen herkömmliche Instrumente wie Trust und Stiftungen, aber auch neue rechtliche Konstruktionen, egal ob mit oder ohne allgemeine Rechtsfähigkeit (§ 2 Abs. 1 EUAHiG; vgl. auch BT-Drucks. 17/12375, 26).

Weitere Neuerungen betreffen neben der **Einrichtung sog. zentraler Verbindungsbüros** in allen Mitgliedstaaten sowie der Einführung elektronischer **Standardformblätter** und **Übermittlungsfristen** auch die stufenweise Entwicklung eines **automatischen Informationsaustauschs** und die Verbesserung der Verwaltungszusammenarbeit durch weitergehende **Anwesenheits- und Teilnahmemöglichkeiten** an behördlichen Ermittlungen (BT-Drucks. 17/12375, 21; 17/12532, 4).

Mit der Einrichtung eines zentralen **Verbindungsbüros** in allen Mitgliedstaaten soll eine **direkte Kontaktstelle** sowohl für eingehende als auch für ausgehende Informationen und Dokumente zwischen den Mitgliedstaaten geschaffen werden. Diese neue Organisationseinheit soll einen vereinfachten und beschleunigten Informationsaustausch mit den Steuerbehörden aller Mitgliedstaaten garantieren und durch direkte Kontaktstellen zu einer effizienten und beschleunigten Zusammenarbeit führen (BT-Drucks. 17/12375, 26).

Die Festlegung verbindlicher **Übermittlungsfristen** bei Ersuchen und spontanem Informationsaustausch und die Einführung elektronischer **Standardformblätter** soll zur Beschleunigung und „Effektuierung" des Informationsaustauschs beitragen (vgl. BT-Drucks. 17/12375, 26).

In der stufenweisen Einführung eines **automatischen Informationsaustauschs** sieht der Gesetzgeber eine weitere wesentliche Änderung, um Steuern korrekt festzusetzen und den Steuerbetrug zu bekämpfen (BT-Drucks. 17/12375, 26).

Als weitere Formen der Verwaltungszusammenarbeit können die zentralen Verbindungsbüros der Mitgliedstaaten die **Teilnahme und die Anwesenheit** ihrer Bediensteten bei behördlichen Ermittlungen in einem anderen Mitgliedstaat sowie die gleichzeitige Prüfung einer oder mehrerer Personen und die Zustellung aller Dokumente vereinbaren.

Eine Begründung der **einzelnen Vorschriften** des EUAHiG findet sich (nur) in BT-Drucks. 17/12375, 26 ff.

Ausblick: Die Funktionsfähigkeit der in der Amtshilferichtlinie vorgesehenen Zusammenarbeit der Mitgliedstaaten soll einer Evaluation durch die Europäische Kommission unterliegen (BT-Drucks. 17/12375, 21; 17/12532, 4).

III. Einkommensteuergesetz

1. § 2a Abs. 2a Satz 2 EStG

Negative Einkünfte mit Bezug zu Drittstaaten

...

(2a) [1]Bei der Anwendung der Absätze 1 und 2 sind

1. als Drittstaaten die Staaten anzusehen, die nicht Mitgliedstaaten der Europäischen Union sind;

2. Drittstaaten-Körperschaften und Drittstaaten-Kapitalgesellschaften solche, die weder ihre Geschäftsleitung noch ihren Sitz in einem Mitgliedstaat der Europäischen Union haben.

[2]Bei Anwendung des Satzes 1 sind den Mitgliedstaaten der Europäischen Union die Staaten gleichgestellt, auf die das Abkommen über den Europäischen Wirtschaftsraum anwendbar ist, sofern zwischen der Bundesrepublik Deutschland und dem anderen Staat auf Grund der **Amtshilferichtlinie gemäß § 2 Abs. 2 des EU-Amtshilfegesetzes** *[bisher: Richtlinie 77/799/EWG des Rates vom 19. 12. 1977 über die gegenseitige Amtshilfe zwischen den zuständigen Behörden der Mitgliedstaaten im Bereich der direkten Steuern und der Mehrwertsteuer (ABl. EG Nr. L 336 S. 15), die zuletzt durch die Richtlinie 2006/98/EWG des Rates vom 20. 11. 2006 (ABl. EU Nr. L 363 S. 129) geändert worden ist, in der jeweils geltenden Fassung]* oder einer vergleichbaren zwei- oder mehrseitigen Vereinbarung Auskünfte erteilt werden, die erforderlich sind, um die Besteuerung durchzuführen.

Anwendungsvorschriften:

▶ Art. 31 Abs. 3 AmtshilfeRLUmsG lautet:

(3) **Die Art. 1, 2 Nr. 1 Buchst. d, Nr. 2** *[hier: Art. 2 Nr. 2]*, **10, 20, 21, 23, 39 Buchst. a, Nr. 41, Art. 3 Nr. 2, 4 Buchst. b, Art. 4 Nr. 1 Buchst. a, Nr. 4 Buchst. a, Art. 6, 8 Nr. 2 und 3 Buchst. b, Art. 11 Nr. 12, Art. 21, 24 und 25 treten mit Wirkung vom 1. 1. 2013 in Kraft.**

▶ § 52 Abs. 1 EStG i. d. F. des AmtshilfeRLUmsG (Art. 2 Nr. 39 Buchst. a) lautet:

(1) Diese Fassung des Gesetzes ist, soweit in den folgenden Absätzen und in § 52a nichts anderes bestimmt ist, erstmals für den Veranlagungszeitraum **2013** anzuwenden. Beim Steuerabzug vom Arbeitslohn gilt Satz 1 mit der Maßgabe, dass diese Fassung erstmals auf den laufenden

Arbeitslohn anzuwenden ist, der für einen nach dem 31.12.**2012** endenden Lohnzahlungszeitraum gezahlt wird, und auf sonstige Bezüge, die nach dem 31.12.**2012** zufließen.

Erläuterungen

(Dr. Alois Th. Nacke, Richter am FG)

Es handelt sich um eine Folgeänderung aufgrund des neuen EU-Amtshilfegesetzes (s. oben zu I.) Die bisherige Formulierung nahm Bezug auf die EG-Amtshilfe-Richtlinie. Nunmehr erfolgt ein Verweis auf die Amtshilferichtlinie. Die genaue Fundstelle der Amtshilferichtlinie ergibt sich aus § 2 Absatz 2 EUAHiG.

Zeitlicher Anwendungsbereich: Nach Art. 31 Abs. 3 AmtshilfeRLUmsG i.V. m. § 52 Abs. 1 EStG i. d. F. des AmtshilfeRLUmsG (Art. 2 Nr. 39 Buchst. a) gilt die Änderung erstmals für **VZ 2013**.

2. § 3 Nr. 5 EStG

Steuerfreie Einnahmen

[1]Steuerfrei sind

…

5. die Geld- und Sachbezüge, die Wehrpflichtige während des Wehrdienstes nach § 4 des Wehrpflichtgesetzes erhalten,

…

    b) die Geld- und Sachbezüge, die Zivildienstleistende nach § 35 des Zivildienstgesetzes erhalten,

    c) der nach § 2 Abs. 1 des Wehrsoldgesetzes an Soldaten im Sinne des § 1 Abs. 1 des Wehrsoldgesetzes gezahlte Wehrsold,

    d) die an Reservistinnen und Reservisten der Bundeswehr im Sinne des § 1 des Reservistinnen- und Reservistengesetzes nach dem Wehrsoldgesetz gezahlten Bezüge,

    e) die Heilfürsorge, die Soldaten nach § 6 des Wehrsoldgesetzes und Zivildienstleistende nach § 35 des Zivildienstgesetzes erhalten,

    f) das an Personen, die einen in § 32 Abs. 4 Satz 1 Nr. 2 Buchst. d genannten Freiwilligendienst leisten, gezahlte Taschengeld oder eine vergleichbare Geldleistung;

[bisher: die Geld- und Sachbezüge sowie die Heilfürsorge, die Soldaten auf Grund des § 1 Abs. 1 Satz 1 des Wehrsoldgesetzes und Zivildienstleistende auf Grund des § 35 des Zivildienstgesetzes erhalten;]

Anwendungsvorschriften:

►Art. 31 Abs. 1 AmtshilfeRLUmsG lautet:

(1) Dieses Gesetz tritt vorbehaltlich der Absätze 2 bis 8 am Tag nach der Verkündung in Kraft.

►§ 52 Abs. 4g EStG i. d. F. des AmtshilfeRLUmsG (Art. 2 Nr. 39 Buchst. c) lautet:

(4g) § 3 Nr. 5 i. d. F. des Artikels 2 des Gesetzes vom 26. 6. 2013 (BGBl I 2013, 1809) ist vorbehaltlich des Satzes 2 erstmals für den Veranlagungszeitraum 2013 anzuwenden. § 3 Nr. 5 in der am

29. 6. 2013 geltenden Fassung ist weiterhin anzuwenden für freiwillig Wehrdienst Leistende, die das Dienstverhältnis vor dem 1. 1. 2014 begonnen haben.

Erläuterungen

(Dr. Alois Th. Nacke, Richter am FG)

LITERATUR:

Nacke, Entwurf des Jahressteuergesetzes 2013, DB 2012, 2117.

Der neue freiwillige Wehrdienst, der an die Stelle der Wehrpflicht getreten ist, sollte nach dem Referentenentwurf zum JStG 2013 in Zukunft nicht steuerfrei sein. Diese Steuerpflicht stieß in den Beratungen der Bundesregierung zum JStG 2013 am 25. 4. 2012 auf Widerstand der FDP. Das Gesetz beinhaltet nun eine Kompromisslösung.

Hintergrund der beabsichtigten Aufhebung der Steuerbefreiung nach dem Referentenentwurf zum JStG 2013 war der Wegfall der Wehrpflicht. Für eine Befreiung von der Einkommensteuer sah man in dieser Situation keinen Grund mehr. Nachdem die Wehrpflicht ab dem 1. 7. 2011 ausgesetzt wurde, enthielt daher der Referentenentwurf zum JStG 2013 eine Aufhebung der Steuerbefreiung.

Das Gesetz sieht nun eine Beibehaltung der Steuerfreiheit für den **Wehrsold** nach § 2 Abs. 1 WSG vor. Dagegen sollen die weiteren Bezüge, wie z. B. Wehrdienstzuschlag, besondere Zuwendungen sowie unentgeltliche Unterkunft und Verpflegung zukünftig steuerpflichtig werden (BR-Drucks. 302/12, 83). Daneben sollen weiterhin steuerfrei sein: **Geld- und Sachbezüge**, die **Wehrpflichtige** während des Wehrdienstes nach § 4 des Wehrpflichtgesetzes und **Zivildienstleistende** nach § 35 des Zivildienstgesetzes erhalten. Ebenso steuerfrei sollen die an **Reservistinnen und Reservisten** der Bundeswehr i. S. d. § 1 des Reservistinnen- und Reservistengesetzes nach dem Wehrsoldgesetz gezahlten Bezüge sein. Im Entwurf zum JStG 2013 war hier die Steuerbefreiung des Dienstgeldes nach § 8 WSG vorgesehen. Weiterhin sollen die **Heilfürsorge** und das **Taschengeld** nach § 2 Bundesfreiwilligendienstgesetz **oder eine vergleichbare Geldleistung** steuerfrei bleiben.

Waren bisher die Bezüge für den Bundesfreiwilligendienst zwar steuerpflichtig, jedoch durch eine Billigkeitsregelung der Verwaltung steuerfreigestellt, so sollen sie zukünftig auf gesetzlicher Grundlage steuerfrei bleiben.

Praktisch führt die geplante Neuregelung dazu, dass die Bezüge steuerfrei bleiben. Vereinnahmt der Wehrdienstleistende nämlich neben den genannten Zahlungen des Bundes keine weiteren Einkünfte, werden die steuerpflichtigen Bestandteile der Bezüge nicht den Grundfreibetrag übersteigen. Ansonsten dürfte der steuerpflichtige Anteil in Zukunft so gering sein, dass ein erheblicher Lohnsteuerabzug daraus nicht resultiert.

Nachteilig dürfte aber der hohe Verwaltungsaufwand sein, den jetzt die zuständigen Verwaltungsstellen der Bundeswehr und des Bundesfreiwilligendienstes trifft. Sie müssen den geldwerten Vorteil z. B. durch die Gewährung von Unterkunft und Verpflegung ermitteln.

Zeitlicher Anwendungsbereich: Die Steuerpflicht für die Nebenleistungen soll für Dienstverhältnisse ab **VZ 2013** beginnen (§ 52 Abs. 4g Satz 1 EStG). Für die Leistungen an freiwillig Wehrdienstleistende, deren Dienstverhältnisse vor dem VZ 2013 begonnen haben, soll die derzeitige Steuerfreiheit im vollen Umfang fortgelten (§ 52 Abs. 4g Satz 2 EStG). M. E. ergibt sich die Steuerfreiheit für das **Taschengeld** im Rahmen des Bundesfreiwilligendienstes aus § 52 Abs. 4g Satz 1 EStG, der die Anwendung des § 3 Nr. 5 EStG und damit auch die Steuerfreiheit des Taschengeldes ab dem VZ 2013 vorsieht. Für das Taschengeld des Bundesfreiwilligendienstes bedeutet dies, dass entsprechende Leistungen in den VZ 2011 und 2012 steuerpflichtig bleiben, wenn auch nach einer Billigkeitsregelung von einer Erhebung dieser Gelder abgesehen wird. Hier hätte m. E. im Gesetzgebungsverfahren eine Gleichbehandlung der Teilnehmer am Bundesfreiwilligendienst und der Wehrdienstleistenden erreicht werden können.

3. § 3 Nr. 40 Buchst. d EStG

Steuerfreie Einnahmen

¹Steuerfrei sind

...

40. 40 Prozent

   a) der Betriebsvermögensmehrungen oder Einnahmen aus der Veräußerung oder der Entnahme von Anteilen an Körperschaften, Personenvereinigungen und Vermögensmassen, deren Leistungen beim Empfänger zu Einnahmen im Sinne des § 20 Abs. 1 Nr. 1 und 9 gehören, oder an einer Organgesellschaft im Sinne der §§ 14, 17 oder 18 des Körperschaftsteuergesetzes, oder aus deren Auflösung oder Herabsetzung von deren Nennkapital oder aus dem Ansatz eines solchen Wirtschaftsguts mit dem Wert, der sich nach § 6 Abs. 1 Nr. 2 Satz 3 ergibt, soweit sie zu den Einkünften aus Land- und Forstwirtschaft, aus Gewerbebetrieb oder aus selbständiger Arbeit gehören. ²Dies gilt nicht, soweit der Ansatz des niedrigeren Teilwerts in vollem Umfang zu einer Gewinnminderung geführt hat und soweit diese Gewinnminderung nicht durch Ansatz eines Werts, der sich nach § 6 Abs. 1 Nr. 2 Satz 3 ergibt, ausgeglichen worden ist. ³Satz 1 gilt außer für Betriebsvermögensmehrungen aus dem Ansatz mit dem Wert, der sich nach § 6 Abs. 1 Nr. 2 Satz 3 ergibt, ebenfalls nicht, soweit Abzüge nach § 6b oder ähnliche Abzüge voll steuerwirksam vorgenommen worden sind,

   b) des Veräußerungspreises im Sinne des § 16 Abs. 2, soweit er auf die Veräußerung von Anteilen an Körperschaften, Personenvereinigungen und Vermögensmassen entfällt, deren Leistungen beim Empfänger zu Einnahmen im Sinne des § 20 Abs. 1 Nr. 1 und 9 gehören, oder an einer Organgesellschaft im Sinne der §§ 14, 17 oder 18 des Körperschaftsteuergesetzes. ²Satz 1 ist in den Fällen des § 16 Abs. 3 entsprechend anzuwenden. ³Buchst. a Satz 3 gilt entsprechend,

   c) des Veräußerungspreises oder des gemeinen Werts im Sinne des § 17 Abs. 2. 2Satz 1 ist in den Fällen des § 17 Abs. 4 entsprechend anzuwenden,

   d) der Bezüge im Sinne des § 20 Abs. 1 Nr. 1 und der Einnahmen im Sinne des § 20 Abs. 1 Nr. 9. ²**Dies gilt nur, soweit sie das Einkommen der leistenden Körperschaft nicht gemindert haben.** *[bisher: ²Dies gilt für sonstige Bezüge im Sinne des § 20 Abs. 1 Nr. 1 Satz 2 und der Einnahmen im Sinne des § 20 Abs. 1 Nr. 9 Satz 1 zweiter Halbsatz nur, soweit sie das Ein-*

kommen der leistenden Körperschaft nicht gemindert haben (§ 8 Abs. 3 Satz 2 des Körperschaftsteuergesetzes)] [3]Satz 1 Buchst. d Satz 2 gilt nicht, soweit **eine** [bisher: die] verdeckte Gewinnausschüttung das Einkommen einer dem Steuerpflichtigen nahe stehenden Person erhöht hat und § 32a des Körperschaftsteuergesetzes auf die Veranlagung dieser nahe stehenden Person keine Anwendung findet,

Anwendungsvorschriften:

►Art. 31 Abs. 1 AmtshilfeRLUmsG lautet:

(1) Dieses Gesetz tritt vorbehaltlich der Absätze 2 bis 8 am Tag nach der Verkündung in Kraft.

►§ 52 Abs. 4d Satz 4 und 5 EStG i. d. F. des AmtshilfeRLUmsG (Art. 2 Nr. 39 Buchst. b) lautet:

(4d) ... [4]§ 3 Nr. 40 Buchst. d Satz 2 i. d. F. des Artikels 2 des Gesetzes vom 26. 6. 2013 (BGBl I 2013, 1809) ist erstmals für den Veranlagungszeitraum 2014 anzuwenden. [5]Bei vom Kalenderjahr abweichenden Wirtschaftsjahren ist § 3 Nr. 40 Buchst. d Satz 2 i. d. F. des Artikels 2 des Gesetzes vom 26. 6. 2013 (BGBl I 2013, 1809) erstmals für den Veranlagungszeitraum anzuwenden, in dem das Wirtschaftsjahr endet, das nach dem 31. 12. 2013 begonnen hat.

Erläuterungen

(Dr. Alois Th. Nacke, Richter am FG)

LITERATUR:

Nacke, Gesetz zur Umsetzung der Amtshilferichtlinie sowie zur Änderung steuerlicher Vorschriften, StBW 2013, 651.

Hier wurde eine Maßnahme aus dem 12-Punkte-Programm der Koalitionsfraktionen der CDU/ CSU und FDP aufgegriffen. Bei einer **hybriden Finanzierung** handelt es sich um die Hingabe von Kapital, das wegen der Konditionen der Kapitalhingabe in einem Staat als Fremdkapital und im anderen Staat als Eigenkapital qualifiziert wird. Dies führt dazu, dass die Vergütungen für die Kapitalhingabe in einem Land als Betriebsausgaben berücksichtigt werden und in dem anderen Staat beim Empfänger als Dividende ermäßigt oder gar nicht besteuert werden. Nach den Änderungsvorschlägen des Bundesrates sollen nun die Dividenden nur dann von der Besteuerung (teilweise) befreit werden, wenn sie im Quellenstaat keine Betriebsausgaben darstellen (s. § 3 Nr. 40 Buchst. d Satz 2 EStG: „Dies gilt nur, soweit sie das Einkommen der leistenden Körperschaft nicht gemindert haben"). Entsprechend soll auch eine Regelung im Zusammenhang mit der Abgeltungssteuer erfolgen (s. § 32d Abs. 2 Nr. 4 EStG). Wurde die Zahlung bei der leistenden Körperschaft als Betriebsausgabe berücksichtigt, sollen die Erträge beim Empfänger dem tariflichen Einkommensteuersatz unterworfen werden (BR-Drucks. 302/12 (Beschluss), 5 ff.).

Zeitlicher Anwendungsbereich: Die Neuregelung gilt ab **VZ 2014.** Bei Kalenderjahr abweichenden Wirtschaftsjahren gilt die Neuregelung für **Wirtschaftsjahre, die nach dem 31. 12. 2013 begonnen haben** (§ 52 Abs. 4d Satz 4 u. 5 EStG).

4. § 4 Abs. 5 Satz 1 Nr. 6 Satz 3 EStG

Gewinnbegriff im Allgemeinen

(5) [1]Die folgenden Betriebsausgaben dürfen den Gewinn nicht mindern:

...

6. Aufwendungen für die Wege des Steuerpflichtigen zwischen Wohnung und Betriebsstätte und für Familienheimfahrten, soweit in den folgenden Sätzen nichts anderes bestimmt ist. [2]Zur Abgeltung dieser Aufwendungen ist § 9 Abs. 1 Satz 3 Nr. 4 Satz 2 bis 6 und Nr. 5 Satz 5 bis 7 und Abs. 2 entsprechend anzuwenden. [3]Bei der Nutzung eines Kraftfahrzeugs dürfen die Aufwendungen in Höhe des positiven Unterschiedsbetrags zwischen 0,03 Prozent des inländischen Listenpreises im Sinne des § 6 Abs. 1 Nr. 4 Satz 2 des Kraftfahrzeugs im Zeitpunkt der Erstzulassung je Kalendermonat für jeden Entfernungskilometer und dem sich nach § 9 Abs. 1 Satz 3 Nr. 4 Satz 2 bis 6 oder Abs. 2 ergebenden Betrag sowie Aufwendungen für Familienheimfahrten in Höhe des positiven Unterschiedsbetrags zwischen 0,002 Prozent des inländischen Listenpreises im Sinne des § 6 Abs. 1 Nr. 4 Satz 2 für jeden Entfernungskilometer und dem sich nach § 9 Abs. 1 Satz 3 Nr. 5 Satz 5 bis 7 oder Abs. 2 ergebenden Betrag den Gewinn nicht mindern; ermittelt der Steuerpflichtige die private Nutzung des Kraftfahrzeugs nach § 6 Abs. 1 Nr. 4 Satz 1 oder Satz 3, treten an die Stelle des mit 0,03 oder 0,002 Prozent des inländischen Listenpreises ermittelten Betrags für Fahrten zwischen Wohnung und Betriebsstätte und für Familienheimfahrten die auf diese Fahrten entfallenden tatsächlichen Aufwendungen; **§ 6 Abs. 1 Nr. 4 Satz 3 zweiter Halbsatz gilt sinngemäß;**

...

Anwendungsvorschriften:

►§ 52 Abs. 1 EStG i. d. F. des AmtshilfeRLUmsG (Art. 2 Nr. 39 Buchst. a) lautet:

(1) Diese Fassung des Gesetzes ist, soweit in den folgenden Absätzen und in § 52a nichts anderes bestimmt ist, erstmals für den Veranlagungszeitraum **2013** anzuwenden. Beim Steuerabzug vom Arbeitslohn gilt Satz 1 mit der Maßgabe, dass diese Fassung erstmals auf den laufenden Arbeitslohn anzuwenden ist, der für einen nach dem 31.12.**2012** endenden Lohnzahlungszeitraum gezahlt wird, und auf sonstige Bezüge, die nach dem 31.12.**2012** zufließen.

Erläuterungen

(Prof. Dr. Hans-Joachim Kanzler, Rechtsanwalt und Steuerberater, Vors. Richter am BFH a. D.)

LITERATUR:

Siehe die Nachweise zu 5. § 6 Abs. 1 Nr. 4 und Abs. 7 EStG.

I. Bedeutung der Gesetzesänderung

Mit der Verweisung auf § 6 Abs. 1 Nr. 4 Satz 3 EStG wird sichergestellt, dass die Neuregelung zur Bewertung der Nutzungsentnahme für Elektro- und Hybridfahrzeuge auch beim Ansatz der Aufwendungen für Fahrten zwischen Wohnung und Betriebsstätte und für Familienheimfahrten berücksichtigt wird.

II. Kommentierung der Gesetzesänderung

Es handelt sich um eine Folgeänderung zur Änderung des § 6 Abs. 1 Nr. 4 Satz 3 EStG. Ermittelt der Steuerpflichtige die auf die private Nutzung entfallenden Aufwendungen durch die Fahrtenbuchmethode, sind die nicht als Betriebsausgaben abziehbaren Aufwendungen für Fahrten zwischen Wohnung und Betriebsstätte der Unterschiedsbetrag zwischen tatsächlichen Aufwendungen und Entfernungspauschale (im Einzelnen dazu III.5).

III. Zeitlicher Anwendungsbereich

Die Neuregelung tritt ab dem VZ 2013 in Kraft (Art. 31 Abs. 2 AmtshilfeRLUmsG i.V.m. § 52 Abs. 1 EStG i. d. F. des AmtshilfeRLUmsG).

5. § 6 Abs. 1 Nr. 4 und Abs. 7 EStG

a) § 6 Abs. 1 Nr. 4 EStG

Bewertung

(1) Für die Bewertung der einzelnen Wirtschaftsgüter, die nach § 4 Abs. 1 oder nach § 5 als Betriebsvermögen anzusetzen sind, gilt das Folgende:

…

4. Entnahmen des Steuerpflichtigen für sich, für seinen Haushalt oder für andere betriebsfremde Zwecke sind mit dem Teilwert anzusetzen; in den Fällen des § 4 Abs. 1 Satz 3 ist die Entnahme mit dem gemeinen Wert anzusetzen. [2]Die private Nutzung eines Kraftfahrzeugs, das zu mehr als 50 Prozent betrieblich genutzt wird, ist für jeden Kalendermonat mit 1 Prozent des inländischen Listenpreises im Zeitpunkt der Erstzulassung zuzüglich der Kosten für Sonderausstattung einschließlich Umsatzsteuer anzusetzen; **bei der privaten Nutzung von Fahrzeugen mit Antrieb ausschließlich durch Elektromotoren, die ganz oder überwiegend aus mechanischen oder elektrochemischen Energiespeichern oder aus emissionsfrei betriebenen Energiewandlern gespeist werden (Elektrofahrzeuge), oder von extern aufladbaren Hybridelektrofahrzeugen, ist der Listenpreis dieser Kraftfahrzeuge um die darin enthaltenen Kosten des Batteriesystems im Zeitpunkt der Erstzulassung des Kraftfahrzeugs wie folgt zu mindern: für bis zum 31. 12. 2013 angeschaffte Kraftfahrzeuge um 500 € pro Kilowattstunde der Batteriekapazität, dieser Betrag mindert sich für in den Folgejahren angeschaffte Kraftfahrzeuge um jährlich 50 € pro Kilowattstunde der Batteriekapazität; die Minderung pro Kraftfahrzeug beträgt höchstens 10 000 €; dieser Höchstbetrag mindert sich für in den Folgejahren angeschaffte Kraftfahrzeuge um jährlich 500 €.** [3]Die private Nutzung kann abweichend von Satz 2 mit den auf die Privatfahrten entfallenden Aufwendungen angesetzt werden, wenn die für das Kraftfahrzeug insgesamt entstehenden Aufwendungen durch Belege und das Verhältnis der privaten zu den übrigen Fahrten durch ein ordnungsgemäßes Fahrtenbuch nachgewiesen werden; **bei der privaten Nutzung von Fahrzeugen mit Antrieb ausschließlich durch Elektromotoren, die ganz oder überwiegend aus mechanischen oder elektrochemischen Energiespeichern oder aus emissionsfrei betriebenen Energiewandlern gespeist werden (Elektrofahrzeuge), oder von extern aufladbaren Hybridelektrofahrzeugen, sind die der Berechnung der Entnahme zugrunde zu legenden insgesamt entstandenen Aufwendungen um die nach Satz 2 in pauschaler Höhe festgelegten Aufwendungen, die auf das**

Batteriesystem entfallen, zu mindern. [4]Wird ein Wirtschaftsgut unmittelbar nach seiner Entnahme einer nach § 5 Abs. 1 Nr. 9 des Körperschaftsteuergesetzes von der Körperschaftsteuer befreiten Körperschaft, Personenvereinigung oder Vermögensmasse oder einer juristischen Person des öffentlichen Rechts zur Verwendung für steuerbegünstigte Zwecke im Sinne des § 10b Abs. 1 Satz 1 unentgeltlich überlassen, so kann die Entnahme mit dem Buchwert angesetzt werden. [5]Satz 4 gilt nicht für die Entnahme von Nutzungen und Leistungen.

...

Anwendungsvorschriften:

► § 52 Abs. 1 EStG i. d. F. des AmtshilfeRLUmsG (Art. 2 Nr. 39 Buchst. a) lautet:

(1) Diese Fassung des Gesetzes ist, soweit in den folgenden Absätzen und in § 52a nichts anderes bestimmt ist, erstmals für den Veranlagungszeitraum **2013** anzuwenden. Beim Steuerabzug vom Arbeitslohn gilt Satz 1 mit der Maßgabe, dass diese Fassung erstmals auf den laufenden Arbeitslohn anzuwenden ist, der für einen nach dem 31. 12. **2012** endenden Lohnzahlungszeitraum gezahlt wird, und auf sonstige Bezüge, die nach dem 31. 12. **2012** zufließen.

► Ergänzend bestimmt § 52 Abs. 16 Satz 11 EStG i. d. F. vom 18. 12. 2013 Folgendes:

(16) ... [11]§ 6 Abs. 1 Nr. 4 Satz 2 und 3 i. d. F. des Artikels 2 des Gesetzes vom 26. 6. 2013 (BGBl I 2013, 1809) ist für Fahrzeuge mit Antrieb ausschließlich durch Elektromotoren, die ganz oder überwiegend aus mechanischen oder elektrochemischen Energiespeichern oder aus emissionsfrei betriebenen Energiewandlern gespeist werden (Elektrofahrzeuge), oder für extern aufladbare Hybridelektrofahrzeuge anzuwenden, die vor dem 1. 1. 2023 angeschafft werden. ...

Erläuterungen

(Prof. Dr. Hans-Joachim Kanzler, Rechtsanwalt und Steuerberater, Vors. Richter am BFH a. D.)

LITERATUR:

Zens, Förderung der Elektromobilität und Neuregelung zur Abgrenzung der Fahrzeugklassen- und Aufbauarten, NWB 2013, 204; *Balmes*, Elektromobilität: Steuerbremse lösen, BB 2013, 215; *Schneider*, 1 %-Regelung auf Grundlage der Bruttolistenneupreise verfassungsrechtlich unbedenklich, HFR 2013, 302.

I. Bedeutung der Gesetzesänderungen

Der Gesetzgeber sieht die Nutzung von Elektro- und extern aufladbaren Hybrid- elektrofahrzeugen als eine wesentliche Maßnahme zur Reduktion des CO_2-Ausstoßes an. Weil gerade Dienstwagenflotten als wichtiges Marktsegment für Elektrofahrzeuge gelten, soll die Verbreitung solcher Fahrzeuge durch den Ansatz des höheren Listenpreises nicht behindert werden. Die Gesetzesänderung dient daher dem Abbau der bis zum VZ 2012 bestehenden steuerlichen Wettbewerbsnachteile für diese Fahrzeuge gegenüber vergleichbaren Pkw mit Verbrennungsmotor (BT-Drucks. 17/12375, 36).

Die Neuregelung soll zu Mindereinnahmen führen, die nach der in der Entwurfsbegründung enthaltenen Prognose für die Jahre 2013 bis 2017 von 20 Mio. € auf 100 Mio. € jährlich ansteigen (BT-Drucks. 17/12375, 23).

II. Kommentierung der Gesetzesänderungen

Zu § 6 Abs. 1 Nr. 4 Satz 2 EStG: Die Bewertung der Entnahme für die private Nutzung eines Kraftfahrzeugs nach dem Listenpreis im Zeitpunkt der Erstzulassung zuzüglich der Kosten für Sonderausstattung einschließlich der Umsatzsteuer (1 %-Regelung) hatte bisher Elektro- und extern aufladbare Hybridelektrofahrzeuge benachteiligt, weil deren Listenpreis höher ist als der Listenpreis von Pkw mit Verbrennungsmotor.

In der Entwurfsbegründung werden die im Gesetz verwendeten Begriffe „Elektrofahrzeug" und „Hybridelektrofahrzeug" wie folgt definiert (BT-Drucks. 17/12375, 36):

Elektrofahrzeuge sind Kfz, die ausschließlich durch Elektromotoren angetrieben werden, die ganz oder überwiegend aus mechanischen oder elektrochemischen Energiespeichern gespeist werden. Brennstoffzellenfahrzeuge sind Elektrofahrzeuge.

Hybridelektrofahrzeuge sind Kfz i. S. von Art. 3 Nr. 15 der Richtlinie des Europäischen Parlaments und des Rates vom 5. 9. 2007 zur Schaffung eines Rahmens für die Genehmigung von Kraftfahrzeugen und Kraftfahrzeuganhängern sowie von Systemen, Bauteilen und selbständigen technischen Einheiten für diese Fahrzeuge (2007/46/EG vgl. ABl. L 263 vom 9. 10. 2007, S. 1). Regelungsgegenstand der Vorschrift sind nur Elektrofahrzeuge und Hybridelektrofahrzeuge, deren mechanische oder elektrochemische Speicher extern aufladbar sind.

Pauschalabzug für höhere Anschaffungskosten: Nach der Neuregelung bleibt die bisherige Systematik zur Bewertung der Entnahme für die private Nutzung eines betrieblichen Kraftfahrzeugs nach der 1-Prozent-Regelung erhalten. Der Listenpreis als Bemessungsgrundlage wird um die darin enthaltenen Kosten für das Batteriesystem gemindert. Zur Vereinfachung der Ermittlung dieser Kosten werden diese in pauschaler Höhe angesetzt. Dabei soll für bis zum 31. 12. 2013 angeschaffte Elektro- oder Hybridelektrofahrzeuge der Bruttolistenpreis i. H. v. 500 € pro kWh Speicherkapazität der Batterie gemindert werden. Durch diese Minderung des Listenpreises soll die Besteuerung der privaten Nutzung eines Elektro- oder Hybridelektrofahrzeugs mit einem Kraftfahrzeug mit Verbrennungsmotor gleichgestellt werden. Der Betrag mindert sich für in den Folgejahren angeschaffte Kraftfahrzeuge jährlich um 50 € pro kWh Speicherkapazität der Batterie, weil der Gesetzgeber davon ausgeht, dass sich die Kosten für die Batteriesysteme mit fortschreitender technischer Entwicklung und Übergang zur Serienproduktion von Elektro- und Hybridelektrofahrzeugen reduzieren. Dadurch soll eine ungerechtfertigte Begünstigung dieser Kraftfahrzeuge verhindert werden (BT-Drucks. 17/12375, 36).

Um eine Überkompensation des Nachteilsausgleichs zu verhindern, wurde der pauschale Abzug für bis zum 31. 12. 2013 angeschaffte Elektro- oder Hybridelektrofahrzeuge auf eine maximale Minderung des Bruttolistenpreises i. H. v. 10 000 € begrenzt. Dieser Höchstbetrag reduziert sich in den Folgejahren jährlich um 500 € (BT-Drucks. 17/12375, 36 f.).

Mietbatterien nicht begünstigt: Allerdings ist die Minderung des Listenpreises nur dann gerechtfertigt, wenn dieser durch die andere Antriebstechnologie gegenüber einem Kfz mit Verbrennungsmotor tatsächlich erhöht ist. Soweit daher Elektro- und Hybridelektrofahrzeuge angeboten werden, bei denen das Kraftfahrzeug angeschafft wird, der Akkumulator hingegen nur gegen ein zusätzliches Entgelt überlassen wird, bedarf es keiner Minderung des Listenpreises für die Berechnung der Entnahme (BT-Drucks. 17/12375, 37).

Zeitlicher Anwendungsbereich: Die Neuregelung ist **erstmals für den Veranlagungszeitraum 2013** anzuwenden (§ 52 Abs. 1 EStG). Sie gilt ab dem Zeitpunkt des Inkrafttretens des Gesetzes auch für Elektro- und Hybridelektrofahrzeuge, die bereits im Betriebsvermögen vorhanden sind und für die eine Entnahme oder ein geldwerter Vorteil zu versteuern ist. Die Regelung ist im Übrigen zeitlich beschränkt auf den Erwerb von Elektro- und Hybridelektrofahrzeugen, die **bis zum 31. 12. 2022 angeschafft** werden. Spätestens nach Ablauf von fünf Jahren soll die Regelung evaluiert werden, um zu prüfen, ob sie aufgrund der zu erwartenden schnell voranschreitenden technischen Entwicklung in diesem Sektor weiter erforderlich und ob sie dem Grunde und der Höhe nach weiterhin gerechtfertigt ist (BT-Drucks. 17/12375, 37).

Anwendung auf die Einkünfte aus nichtselbständiger Arbeit: Über den – weiterhin bestehenden – Verweis in § 8 Abs. 2 Satz 2 EStG ist die Regelung auch auf Arbeitnehmer anwendbar. Dies gilt sowohl für die Ermittlung des geldwerten Vorteils aus der Überlassung eines betrieblichen Kraftfahrzeugs zur privaten Nutzung, als auch in den Fällen des § 8 Abs. 2 Satz 3 EStG, wenn der Arbeitnehmer dieses Fahrzeug für Fahrten zwischen Wohnung und regelmäßiger Arbeitsstätte nutzen kann.

Zu § 6 Abs. 1 Nr. 4 Satz 3 EStG: Weist der Stpfl. die für das Fahrzeug insgesamt entstehenden Aufwendungen und das Verhältnis der privaten zu den übrigen Fahrten durch die Führung eines ordnungsgemäßen Fahrtenbuches nach, so entfällt die pauschale Bewertung nach der 1 %-Regelung. In diesem Fall erhöhen die höheren Anschaffungskosten eines Elektro- und Hybridelektrofahrzeugs die Gesamtkosten für das Kfz, weil z. B. die Absetzung für Abnutzung höher ist. Um die gleiche Wirkung zu erzielen wie bei Anwendung der 1 %-Regelung, sind die auf die Anschaffung des Batteriesystems entfallenden Kosten bei der Ermittlung der Gesamtkosten auszuscheiden, d. h. die Absetzungen für Abnutzung sind entsprechend zu mindern oder ein zusätzlich gezahltes Entgelt für den Akkumulator ist von den Gesamtkosten abzuziehen (BT-Drucks. 17/12375, 37).

b) § 6 Abs. 7 EStG

Bewertung

...

(7) Im Fall des § 4 Abs. 3 sind

1. bei der Bemessung der Absetzungen für Abnutzung oder Substanzverringerung die sich bei der Anwendung der Absätze 3 bis 6 ergebenden Werte als Anschaffungskosten zugrunde zu legen und

2. **die Bewertungsvorschriften des Absatzes 1 Nr. 1a und der Nummern 4 bis 7 entsprechend anzuwenden.** *[bisher: (7) Im Fall des § 4 Abs. 3 sind bei der Bemessung der Absetzungen für Abnutzung oder Substanzverringerung die sich bei Anwendung der Absätze 3 bis 6 ergebenden Werte als Anschaffungskosten zugrunde zu legen.]*

Anwendungsvorschriften:

▶ § 52 Abs. 1 EStG i. d. F. des AmtshilfeRLUmsG (Art. 2 Nr. 39 Buchst. a) lautet:

(1) Diese Fassung des Gesetzes ist, soweit in den folgenden Absätzen und in § 52a nichts anderes bestimmt ist, erstmals für den Veranlagungszeitraum **2013** anzuwenden. Beim Steuerabzug

vom Arbeitslohn gilt Satz 1 mit der Maßgabe, dass diese Fassung erstmals auf den laufenden Arbeitslohn anzuwenden ist, der für einen nach dem 31. 12. **2012** endenden Lohnzahlungszeitraum gezahlt wird, und auf sonstige Bezüge, die nach dem 31. 12. **2012** zufließen.

Erläuterungen

(*Prof. Dr. Hans-Joachim Kanzler, Rechtsanwalt und Steuerberater, Vors. Richter am BFH a. D.*)

LITERATUR:

Kanzler in Herrmann/Heuer/Raupach, § 4 EStG Anm. 584.

I. Bedeutung der Gesetzesänderung

Bei der Ergänzung des § 6 Abs. 7 um eine Nr. 2, die für die Gewinnermittlung durch Einnahmenüberschussrechnung auf die Bewertungsvorschriften verweist, handelt es sich um eine klarstellende Regelung, die der bisherigen Praxis in Verwaltung und Rechtsprechung entspricht (BR-Drucks. 139/13, 122). Die Anwendungsregelung des § 52 Abs. 1 EStG ist daher ohne Bedeutung.

II. Kommentierung der Gesetzesänderung

Bis zur Neuregelung des § 6 Abs. 7 Nr. 1 EStG fehlte ein Hinweis auf die Entnahmevorschriften. Dennoch waren auch bei der Einnahmenüberschussrechnung Entnahmen und Einlagen zur richtigen Ermittlung des Überschusses zu berücksichtigen, soweit, wie beim Geld, keine Besonderheiten bestehen. Dies entsprach ständiger Rechtsprechung (zuletzt BFH v. 14. 11. 2007 – XI R 37/06, BFH/NV 2008, 365, m. w. N.). Die Notwendigkeit der Einbeziehung von Entnahmen und Einlagen bei Erstellung der Einnahmenüberschussrechnung ergibt sich bereits aus dem Grundsatz der Gesamtgewinngleichheit. Danach muss über die Gesamtheit der Jahre hinweg die Gewinnermittlung nach § 4 Abs. 3 EStG letztlich zu demselben Ergebnis führen wie die Gewinnermittlung nach § 4 Abs. 1 EStG. Da aber für die Gewinnermittlung nach § 4 Abs. 1 EStG Entnahmen und Einlagen wesentlich sind, kann für die Einnahmenüberschussrechnung nichts anderes gelten. Für diese vereinfachte Gewinnermittlungsart ist der Zweck der Entnahmen- und Einlagenregelung, außerbetriebliche Vorgänge aus der Gewinnermittlung auszuscheiden, gleichermaßen von Bedeutung.

III. Zeitlicher Anwendungsbereich

Die Neuregelung tritt ab dem VZ 2013 in Kraft (Art. 31 Abs. 2 AmtshilfeRLUmsG i. V. m. § 52 Abs. 1 EStG i. d. F. des AmtshilfeRLUmsG).

6. § 6b Abs. 5 und 8 EStG

Übertragung stiller Reserven bei der Veräußerung bestimmter Anlagegüter

...

(5) An die Stelle der Anschaffungs- oder Herstellungskosten im Sinne des Absatzes 1 tritt in den Fällen, in denen das Wirtschaftsgut im Wirtschaftsjahr vor der Veräußerung angeschafft oder **hergestellt** [bisher: herstellt] worden ist, der Buchwert am Schluss des Wirtschaftsjahres der Anschaffung oder Herstellung.

...

(8) [1]Werden Wirtschaftsgüter im Sinne des Absatzes 1 zum Zweck der Vorbereitung oder Durchführung von städtebaulichen Sanierungs- oder Entwicklungsmaßnahmen an einen der in **Satz 2** *[bisher: Satz 3]* bezeichneten Erwerber übertragen, sind die Absätze 1 bis 7 mit der Maßgabe anzuwenden, dass ...

Anwendungsvorschriften:

► § 52 Abs. 1 EStG i. d. F. des AmtshilfeRLUmsG (Art. 2 Nr. 39 Buchst. a) lautet:

(1) Diese Fassung des Gesetzes ist, soweit in den folgenden Absätzen und in § 52a nichts anderes bestimmt ist, erstmals für den Veranlagungszeitraum **2013** anzuwenden. Beim Steuerabzug vom Arbeitslohn gilt Satz 1 mit der Maßgabe, dass diese Fassung erstmals auf den laufenden Arbeitslohn anzuwenden ist, der für einen nach dem 31. 12. **2012** endenden Lohnzahlungszeitraum gezahlt wird, und auf sonstige Bezüge, die nach dem 31. 12. **2012** zufließen.

Erläuterungen

(Prof. Dr. Hans-Joachim Kanzler, Rechtsanwalt und Steuerberater, Vors. Richter am BFH a. D.)

Bedeutung der Gesetzesänderungen: Die Änderungen sind ausschließlich redaktioneller Art. Nach der Entwurfsbegründung handelt es sich „lediglich um die Beseitigung eines Sprach- und eines Verweisungsfehlers" (BR-Drucks. 139/13, 122). In nicht amtlichen Gesetzestexten (z. B. von C.H. Beck) und in Kommentaren wurden diese Fehler immer schon stillschweigend korrigiert.

Zeitlicher Anwendungsbereich: Die Neuregelung tritt ab dem VZ 2013 in Kraft (Art. 31 Abs. 2 AmtshilfeRLUmsG i. V. m. § 52 Abs. 1 EStG i. d. F. des AmtshilfeRLUmsG).

7. § 7g Abs. 3 EStG

Investitionsabzugsbeträge und Sonderabschreibungen zur Förderung kleiner und mittlerer Betriebe

...

(3) [1]Soweit der Investitionsabzugsbetrag nicht bis zum Ende des dritten auf das Wirtschaftsjahr des Abzugs folgenden Wirtschaftsjahres nach Abs. 2 hinzugerechnet wurde, ist der Abzug nach Abs. 1 rückgängig zu machen. [2]Wurde der Gewinn des maßgebenden Wirtschaftsjahres bereits einer Steuerfestsetzung oder einer gesonderten Feststellung zugrunde gelegt, ist der entsprechende Steuer- oder Feststellungsbescheid insoweit zu ändern. [3]Das gilt auch dann, wenn der Steuer- oder Feststellungsbescheid bestandskräftig geworden ist; die Festsetzungsfrist endet insoweit nicht, bevor die Festsetzungsfrist für den Veranlagungszeitraum abgelaufen ist, in dem das dritte auf das Wirtschaftsjahr des Abzugs folgende Wirtschaftsjahr endet. [4]**§ 233a Abs. 2a der Abgabenordnung ist nicht anzuwenden.**

Anwendungsvorschriften:

► Art. 31 Abs. 3 AmtshilfeRLUmsG lautet:

(3) Die Art. 1, 2 Nr. 1 Buchst. d, Nr. 2, 10, 20, 21, 23, 39 Buchst. a *[hier: Art. 2 Nr. 39 Buchst. a]*, **Nr. 41, Art. 3 Nr. 2, 4 Buchst. b, Art. 4 Nr. 1 Buchst. a, Nr. 4 Buchst. a, Art. 6, 8 Nr. 2 und 3 Buchst. b, Art. 11 Nr. 12, Art. 21, 24 und 25 treten mit Wirkung vom 1. 1. 2013 in Kraft.**

► § 52 Abs. 1 EStG i. d. F. des AmtshilfeRLUmsG (Art. 2 Nr. 39 Buchst. a) lautet:

(1) Diese Fassung des Gesetzes ist, soweit in den folgenden Absätzen und in § 52a nichts anderes bestimmt ist, erstmals für den Veranlagungszeitraum **2013** anzuwenden. Beim Steuerabzug vom Arbeitslohn gilt Satz 1 mit der Maßgabe, dass diese Fassung erstmals auf den laufenden Arbeitslohn anzuwenden ist, der für einen nach dem 31. 12. **2012** endenden Lohnzahlungszeitraum gezahlt wird, und auf sonstige Bezüge, die nach dem 31. 12. **2012** zufließen.

Erläuterungen

(Dr. Alois Th. Nacke, Richter am FG)

LITERATUR:

Nacke, Gesetz zur Umsetzung der Amtshilferichtlinie sowie zur Änderung steuerlicher Vorschriften, StBW 2013, 652 *von Glasenapp*, Zinsberechnung nach § 233a AO bei rückwirkendem Wegfall einer Voraussetzung für den Investitionsabzugsbetrag, BB 2013, 2289; *Schröder/Jedicke*, Verzinsung vermeiden durch rechtzeitige Rückgängigmachung von Investitionsabzugsbeträgen Handlungsempfehlungen nach der Einfügung des § 7g Abs. 4 Satz 4 EStG durch das Amtshilferichtlinie-Umsetzungsgesetz, DStZ 2013, 793; *Hechtner*, Ausweitung der Verzinsung beim Investitionsabzugsbetrag – Änderungen durch das Amtshilferichtlinie-Umsetzungsgesetz, BBK 2013, 1113; *Bruschke*, § 7g EStG: Aufgabe der Investitionsabsicht als rückwirkendes Ereignis, StC 2013 Nr. 11, 22; *Grützner*, Zinslauf bei rückwirkendem Wegfall einer Voraussetzung für den Investitionsabzugsbetrag – Konsequenzen aus dem BFH-Urteil vom 11. 7. 2013 – IV R 9/12, StuB 2013, 855; *Loose*, Zinslauf bei rückwirkendem Wegfall einer Voraussetzung für den Investitionsabzugsbetrag, jurisPR-SteuerR 42/2013 Anm. 2.

Die Neuregelung geht auf einen Vorschlag des Bundesrates im ersten Gesetzgebungsverfahren zurück. Das Niedersächsische Finanzgericht hat im Jahr 2011 entschieden, dass es sich bei der Aufgabe der Investitionsabsicht um ein rückwirkendes Ereignis i. S. v. § 175 Abs. 1 Satz. 1 Nr. 2 AO i. V. m. § 233a Abs. 2a AO handelt (FG Niedersachsen v. 5. 5. 2011 – 1 K 266/10, DStR 2011, 1563). Damit kam es zum Zinslauf erst nach 15 Monaten nach Ablauf des Kalenderjahres, in dem das rückwirkende Ereignis (d. h. die Aufgabe der Investitionsabsicht) eingetreten war. Die Neuregelung in § 7g Abs. 3 Satz 4 EStG sieht die Nichtanwendung des § 233a Abs. 2a AO vor, so dass sich eine Verzinsung entsprechend der Auffassung der Finanzverwaltung nach § 233 Abs. 2 AO richtet und diese Verzinsung somit 15 Monate nach Ablauf des ursprünglichen Abzugsjahres beginnt (BR-Drucks. 139/13, 123).

Zeitlicher Anwendungsbereich: Die Neuregelung tritt ab dem **VZ 2013** in Kraft (Art. 31 Abs. 3 AmtshilfeRLUmsG i. V. m. § 52 Abs. 1 EStG i. d. F. des AmtshilfeRLUmsG). Für Zinszeiträume vor VZ 2013 gilt ein Zinslauf erst nach 15 Monaten nach Ablauf des Kalenderjahres, in dem das rückwirkende Ereignis (d. h. die Aufgabe der Investitionsabsicht) eingetreten war. Dies gilt insbesondere, weil der BFH die Rechtsauffassung des FG zwischenzeitlich bestätigt hat (BFH-Urt. v. 11. 7. 2013 – IV R 9/12, BFH/NV 2013, 1666). Der BFH folgte der am Gesetzeswortlaut orientierten Auffassung. Zu der Frage, ob und von welchem Zeitpunkt an die sich im Fall der Änderung nach § 7g Abs. 3 EStG aufgrund des geänderten Bescheids ergebende Steuernachzahlung zu verzinsen ist, gab das EStG in seiner vor VZ 2013 geltenden Fassung keine Antwort.

8. § 8 Abs. 2 Satz 4 EStG

Einnahmen

...

(2) [1]Einnahmen, die nicht in Geld bestehen (Wohnung, Kost, Waren, Dienstleistungen und sonstige Sachbezüge), sind mit den um übliche Preisnachlässe geminderten üblichen Endpreisen am Abgabeort anzusetzen. [2]Für die private Nutzung eines betrieblichen Kraftfahrzeugs zu privaten Fahrten gilt § 6 Abs. 1 Nr. 4 Satz 2 entsprechend. [3]Kann das Kraftfahrzeug auch für Fahrten zwischen Wohnung und erster Tätigkeitsstätte sowie Fahrten nach § 9 Abs. 1 Satz 3 Nr. 4a Satz 3 genutzt werden, erhöht sich der Wert in Satz 2 für jeden Kalendermonat um 0,03 Prozent des Listenpreises im Sinne des § 6 Abs. 1 Nr. 4 Satz 2 für jeden Kilometer der Entfernung zwischen Wohnung und erster Tätigkeitsstätte sowie der Fahrten nach § 9 Abs. 1 Satz 3 Nr. 4a Satz 3. [4]Der Wert nach den Sätzen 2 und 3 kann mit dem auf die private Nutzung und die Nutzung zu Fahrten zwischen Wohnung und erster Tätigkeitsstätte sowie Fahrten nach § 9 Abs. 1 Satz 3 Nr. 4a Satz 3 entfallenden Teil der gesamten Kraftfahrzeugaufwendungen angesetzt werden, wenn die durch das Kraftfahrzeug insgesamt entstehenden Aufwendungen durch Belege und das Verhältnis der privaten Fahrten und der Fahrten zwischen Wohnung und erster Tätigkeitsstätte sowie Fahrten nach § 9 Abs. 1 Satz 3 Nr. 4a Satz 3 zu den übrigen Fahrten durch ein ordnungsgemäßes Fahrtenbuch nachgewiesen werden; **§ 6 Abs. 1 Nr. 4 Satz 3 zweiter Halbsatz gilt entsprechend.** [5]Die Nutzung des Kraftfahrzeugs zu einer Familienheimfahrt im Rahmen einer doppelten Haushaltsführung ist mit 0,002 Prozent des Listenpreises im Sinne des § 6 Abs. 1 Nr. 4 Satz 2 für jeden Kilometer der Entfernung zwischen dem Ort des eigenen Hausstands und dem Beschäftigungsort anzusetzen; dies gilt nicht, wenn für diese Fahrt ein Abzug von Werbungskosten nach § 9 Abs. 1 Satz 3 Nr. 5 Satz 3 und 4 in Betracht käme; Satz 4 ist sinngemäß anzuwenden. [6]Bei Arbeitnehmern, für deren Sachbezüge durch Rechtsverordnung nach § 17 Abs. 1 Satz 1 Nr. 4 des Vierten Buches Sozialgesetzbuch Werte bestimmt worden sind, sind diese Werte maßgebend. [7]Die Werte nach Satz 6 sind auch bei Steuerpflichtigen anzusetzen, die nicht der gesetzlichen Rentenversicherungspflicht unterliegen. [8]Wird dem Arbeitnehmer während einer beruflichen Tätigkeit außerhalb seiner Wohnung und ersten Tätigkeitsstätte vom Arbeitgeber oder auf dessen Veranlassung von einem Dritten eine Mahlzeit zur Verfügung gestellt, ist diese Mahlzeit mit dem Wert nach Satz 6 (maßgebender amtlicher Sachbezugswert nach der Sozialversicherungsentgeltverordnung) anzusetzen, wenn der Preis für die Mahlzeit 60 € nicht übersteigt. [9]Der Ansatz einer nach Satz 8 bewerteten Mahlzeit unterbleibt, wenn beim Arbeitnehmer für ihm entstehende Mehraufwendungen für Verpflegung ein Werbungskostenabzug nach § 9 Abs. 4a Satz 1 bis 7 in Betracht käme. [10]Die oberste Finanzbehörde eines Landes kann mit Zustimmung des Bundesministeriums der Finanzen für weitere Sachbezüge der Arbeitnehmer Durchschnittswerte festsetzen. [11]Sachbezüge, die nach Satz 1 zu bewerten sind, bleiben außer Ansatz, wenn die sich nach Anrechnung der vom Steuerpflichtigen gezahlten Entgelte ergebenden Vorteile insgesamt 44 € im Kalendermonat nicht übersteigen.

Anwendungsvorschriften:

►Art. 31 Abs. 3 AmtshilfeRLUmsG lautet:

(3) Die Art. 1, 2 Nr. 1 Buchst. d, Nr. 2, 10, 20, 21, 23, 39 Buchst. a *[hier: Art. 2 Nr. 39 Buchst. a]***, Nr. 41, Art. 3 Nr. 2, 4 Buchst. b, Art. 4 Nr. 1 Buchst. a, Nr. 4 Buchst. a, Art. 6, 8 Nr. 2 und 3 Buchst. b, Art. 11 Nr. 12, Art. 21, 24 und 25 treten mit Wirkung vom 1. 1. 2013 in Kraft.**

►§ 52 Abs. 1 EStG i. d. F. des AmtshilfeRLUmsG (Art. 2 Nr. 39 Buchst. a) lautet:

(1) Diese Fassung des Gesetzes ist, soweit in den folgenden Absätzen und in § 52a nichts anderes bestimmt ist, erstmals für den Veranlagungszeitraum **2013** anzuwenden. Beim Steuerabzug vom Arbeitslohn gilt Satz 1 mit der Maßgabe, dass diese Fassung erstmals auf den laufenden Arbeitslohn anzuwenden ist, der für einen nach dem 31. 12. **2012** endenden Lohnzahlungszeitraum gezahlt wird, und auf sonstige Bezüge, die nach dem 31. 12. **2012** zufließen.

Erläuterungen

(Dr. Alois Th. Nacke, Richter am FG)

„Es handelt sich um eine Folgeänderung zur Änderung des § 6 Abs. 1 Nr. 4 Satz 3 EStG. Führt der Arbeitnehmer ein Fahrtenbuch, sollen die gleichen Rechtsfolgen eintreten wie bei Steuerpflichtigen mit Gewinneinkünften." (BR-Drucks. 302/12) Damit sollen auch hier bei der Fahrtenbuchmethode die Minderung in der Weise vorgenommen werden, in dem die Gesamtkosten nach den Regeln des § 6 Abs. 1 Nr. 4 Satz 2 EStG gemindert werden. Dadurch verringern sich die Anschaffungskosten und damit auch die AfA bei der Bemessung der Nutzungsentnahme.

Zeitlicher Anwendungsbereich: Die Neuregelung tritt ab dem **VZ 2013** in Kraft (Art. 31 Abs. 3 AmtshilfeRLUmsG i. V. m. § 52 Abs. 1 EStG i. d. F. des AmtshilfeRLUmsG).

9. § 10 EStG

Sonderausgaben

(1) Sonderausgaben sind die folgenden Aufwendungen, wenn sie weder Betriebsausgaben noch Werbungskosten sind oder wie Betriebsausgaben oder Werbungskosten behandelt werden:

. . .

3. Beiträge zu

   a) Krankenversicherungen, soweit diese zur Erlangung eines durch das Zwölfte Buch Sozialgesetzbuch bestimmten sozialhilfegleichen Versorgungsniveaus erforderlich sind **und sofern auf die Leistungen ein Anspruch besteht.** [2]Für Beiträge zur gesetzlichen Krankenversicherung sind dies die nach dem Dritten Titel des Ersten Abschnitts des Achten Kapitels des Fünften Buches Sozialgesetzbuch oder die nach dem Sechsten Abschnitt des Zweiten Gesetzes über die Krankenversicherung der Landwirte festgesetzten Beiträge. [3]Für Beiträge zu einer privaten Krankenversicherung sind dies die Beitragsanteile, die auf Vertragsleistungen entfallen, die, mit Ausnahme der auf das Krankengeld entfallenden Beitragsanteile, in Art, Umfang und Höhe den Leistungen nach dem Dritten Kapitel des Fünften Buches Sozialgesetzbuch vergleichbar sind *[bisher: ,auf die ein Anspruch besteht]*; § 12 Abs. 1d des Versicherungsaufsichtsgesetzes in der Fassung der Bekanntmachung vom 17. 12. 1992 (BGBl I 1993, 2), das zuletzt durch Art. 4 und 6 Abs. 2 des Gesetzes vom 17. 10. 2008 (BGBl I 2008, 1982) geändert worden ist, gilt entsprechend. [4]Wenn sich aus den Krankenversicherungsbeiträgen nach Satz 2 ein Anspruch auf Krankengeld oder ein Anspruch auf eine Leistung, die anstelle von Krankengeld gewährt wird, ergeben kann, ist der jeweilige Beitrag um 4 Prozent zu vermindern;

   . . .

(2) [1]Voraussetzung für den Abzug der in Abs. 1 Nr. 2, 3 und 3a bezeichneten Beträge (Vorsorgeaufwendungen) ist, dass sie

...

2. geleistet werden an

   a) [1]Versicherungsunternehmen,

   aa) die ihren Sitz oder ihre Geschäftsleitung in einem Mitgliedstaat der Europäischen Union oder einem Vertragsstaat des Abkommens über den Europäischen Wirtschaftsraum haben und das Versicherungsgeschäft im Inland betreiben dürfen, oder

   bb) denen die Erlaubnis zum Geschäftsbetrieb im Inland erteilt ist.

[2]Darüber hinaus werden Beiträge nur berücksichtigt, wenn es sich um Beträge im Sinne des Abs. 1 Nr. 3 Satz 1 Buchst. a an eine Einrichtung handelt, die eine anderweitige Absicherung im Krankheitsfall im Sinne des § 5 Abs. 1 Nr. 13 des Fünften Buches Sozialgesetzbuch oder eine der Beihilfe oder freien Heilfürsorge vergleichbare Absicherung im Sinne des § 193 Abs. 3 Satz 2 Nr. 2 des Versicherungsvertragsgesetzes gewährt. [3]Dies gilt entsprechend, wenn ein Steuerpflichtiger, der weder seinen Wohnsitz noch seinen gewöhnlichen Aufenthalt im Inland hat, mit den Beiträgen einen Versicherungsschutz im Sinne des Abs. 1 Nr. 3 Satz 1 erwirbt,

   b) berufsständische Versorgungseinrichtungen,

   c) einen Sozialversicherungsträger oder

   d) einen Anbieter im Sinne des § 80.

[bisher: 2. a) an Versicherungsunternehmen, die ihren Sitz oder ihre Geschäftsleitung in einem Mitgliedstaat der Europäischen Gemeinschaft oder einem anderen Vertragsstaat des Europäischen Wirtschaftsraums haben und das Versicherungsgeschäft im Inland betreiben dürfen, und Versicherungsunternehmen, denen die Erlaubnis zum Geschäftsbetrieb im Inland erteilt ist,

   b) an berufsständische Versorgungseinrichtungen,

   c) an einen Sozialversicherungsträger oder

   d) an einen Anbieter im Sinne des § 80

geleistet werden.]

...

(4b) [1]Erhält der Steuerpflichtige für die von ihm für einen anderen Veranlagungszeitraum geleisteten Aufwendungen im Sinne des Satzes 2 einen steuerfreien Zuschuss, ist dieser den erstatteten Aufwendungen gleichzustellen. [2]Übersteigen bei den Sonderausgaben nach Abs. 1 Nr. 2 bis 3a die im Veranlagungszeitraum erstatteten Aufwendungen die geleisteten Aufwendungen (Erstattungsüberhang), ist der Erstattungsüberhang mit anderen im Rahmen der jeweiligen Nummer anzusetzenden Aufwendungen zu verrechnen. [3]Ein verbleibender Betrag des sich bei den Aufwendungen nach Abs. 1 Nr. 3 und 4 ergebenden Erstattungsüberhangs ist dem Gesamtbetrag der Einkünfte hinzuzurechnen. [4]**Behörden im Sinne des § 6 Abs. 1 der Abgabenordnung und andere öffentliche Stellen, die einem Steuerpflichtigen für die von ihm geleisteten Beiträge im Sinne des Abs. 1 Nr. 2, 3 und 3a steuerfreie Zuschüsse gewähren oder Vorsorgeaufwendungen im Sinne dieser Vorschrift erstatten (übermittelnde Stelle), haben der zentralen**

Stelle jährlich die zur Gewährung und Prüfung des Sonderausgabenabzugs nach § 10 erforderlichen Daten nach amtlich vorgeschriebenem Datensatz durch Datenfernübertragung zu übermitteln. ⁵Ein Steuerbescheid ist zu ändern, soweit Daten nach Satz 4 vorliegen und sich hierdurch oder durch eine Korrektur oder Stornierung der entsprechenden Daten eine Änderung der festgesetzten Steuer ergibt. ⁶§ 22a Abs. 2 sowie § 150 Abs. 6 der Abgabenordnung gelten entsprechend.

Anwendungsvorschriften:

►Art. 31 Abs. 3 AmtshilfeRLUmsG lautet:

(3) Die Art. 1, 2 Nr. 1 Buchst. d, Nr. 2, 10, 20, 21, 23, 39 Buchst. a *[hier: Art. 2 Nr. 39 Buchst. a]*, Nr. 41, Art. 3 Nr. 2, 4 Buchst. b, Art. 4 Nr. 1 Buchst. a, Nr. 4 Buchst. a, Art. 6, 8 Nr. 2 und 3 Buchst. b, Art. 11 Nr. 12, Art. 21, 24 und 25 treten mit Wirkung vom 1. 1. 2013 in Kraft.

►§ 52 Abs. 1 EStG i. d. F. des AmtshilfeRLUmsG (Art. 2 Nr. 39 Buchst. a) lautet:

(1) Diese Fassung des Gesetzes ist, soweit in den folgenden Absätzen und in § 52a nichts anderes bestimmt ist, erstmals für den Veranlagungszeitraum **2013** anzuwenden. Beim Steuerabzug vom Arbeitslohn gilt Satz 1 mit der Maßgabe, dass diese Fassung erstmals auf den laufenden Arbeitslohn anzuwenden ist, der für einen nach dem 31. 12. **2012** endenden Lohnzahlungszeitraum gezahlt wird, und auf sonstige Bezüge, die nach dem 31. 12. **2012** zufließen.

►§ 52 Abs. 24b EStG i. d. F. des AmtshilfeRLUmsG (Art. 2 Nr. 39 Buchst. h) lautet:

(24b) ¹§ 10 Abs. 4b Satz 4 bis 6 i. d. F. des Artikels 2 des Gesetzes vom 26. 6. 2013 (BGBl I 2013, 1809) ist erstmals für die Übermittlung der Daten des Veranlagungszeitraums 2016 anzuwenden.

Erläuterungen

(Dr. Alois Th. Nacke, Richter am FG)

1. § 10 Abs. 1 Nr. 3 Satz 1 Buchst. a Satz 1 und 3 EStG

„Bei dem eingefügten Satzteil handelt es sich um eine lediglich klarstellende Ergänzung. Die Einfügung unterstreicht noch einmal, dass nur jene Beiträge für eine Absicherung im Krankheitsfall als Sonderausgaben abziehbar sind, die zu Leistungen führen, auf die der Steuerpflichtige einen Anspruch hat. Die zuvor in Satz 3 für den Bereich der privaten Krankenversicherung normierte Anforderung ist über die Einfügung in Satz 1 mit abgeckt und konnte daher gestrichen werden." (BR-Drucks. 302/12, 85 f.)

2. § 10 Abs. 2 Satz 1 Nr. 2 EStG

„Mit der Anforderung, dass der Sonderausgabenabzug nur dann in Betracht kommt, wenn die Beiträge an Versicherungsunternehmen geleistet werden, die das Versicherungsgeschäft im Inland betreiben dürfen bzw. denen die Erlaubnis zum Geschäftsbetrieb im Inland erteilt ist, wird dem Schutz der Versicherten Rechnung getragen. Werden die Beiträge an andere Einrichtungen geleistet, kann es sich bei den Beiträgen im Sinne des § 10 Abs. 1 Nr. 3 Satz 1 Buchst. a EStG daher nur dann um Sonderausgaben handeln, wenn mit ihnen ein anderweitiger Anspruch auf Absicherung im Krankheitsfall nach sozialrechtlichen Vorschriften oder ein der Beihilfe oder freien Heilfürsorge vergleichbarer Anspruch im Sinne des Versicherungsvertragsgesetzes erreicht wird. Der in Nr. 2 Buchst. a neu eingefügte Satz ermöglicht den Sonderausgabenabzug bei Vorliegen der übrigen Voraussetzungen auch für Beiträge zum Erwerb eines Basiskrankenversicherungs-schutzes an ein Versicherungsunternehmen oder eine andere Einrichtung außerhalb der Mitgliedstaaten der Europäischen Union oder der Vertragsstaaten des Abkommens über den Europäischen Wirtschaftsraum. Auch wenn der Steuerpflichtige weder seinen Wohnsitz noch seinen gewöhnlichen Aufenthalt im Inland hat, ist das Sozialrecht bzw. das Versicherungsvertragsrecht insoweit Maßstab. Dies gilt entsprechend für die Beiträge zum Erwerb eines Pflegeversicherungsschutzes im Sinne des § 10 Abs. 1 Nr. 3 Satz 1 Buchst. b EStG. Aus rechtsförmlichen Gesichtspunkten wurde im Übrigen die gesamte Nr. 2 neu gefasst." (BR-Drucks. 302/12, 86)

3. § 10 Abs. 4b Satz 4 bis 6 EStG

Die Neuregelung betrifft zunächst die öffentlichen Stellen, die Leistungen i. S. d. § 10 EStG an den Steuerpflichtigen erbringen. Sie beinhaltet in **Satz 4** die Verpflichtung der übermittelnden Stelle, d. h. Behörden i. S. d. § 6 Abs. 1 AO und andere öffentliche Stellen, die einem Steuerpflichtigen für die von ihm geleisteten Beiträge i. S. d. § 10 Abs. 1 Nr. 2, 3 und 3a EStG steuerfreie Zuschüsse gewähren oder Vorsorgeaufwendungen i. S. d. § 10 EStG erstatten, der zentralen Stelle, d. h. der Deutschen Rentenversicherung Bund (s. § 81 EStG) jährlich die zur Gewährung und Prüfung des Sonderausgabenabzugs nach § 10 EStG erforderlichen Daten nach amtlich vorgeschriebenen Datensatz durch Datenfernübertragung zu übermitteln. **Satz 5** beinhaltet eine spezielle Änderungsvorschrift für den Steuerbescheid des Steuerpflichtigen, wenn sich aufgrund von vorliegenden Daten eine Korrekturnotwendigkeit ergibt. Eine Änderung kommt nur in Betracht, wenn sich die Festsetzung der Steuer ändert. Nach **Satz 6** gelten § 22a Abs. 2 EStG und § 150 Abs. 6 AO entsprechend. Nach § 22a Abs. 2 Satz 1 EStG hat der Steuerpflichtige der Deutschen Rentenversicherung Bund seine ID-Nr. mitzuteilen. Kommt er dieser Verpflichtung nicht nach, übermittelt das BZSt dem Mitteilungspflichtigen auf dessen Anfrage die ID-Nr. (s. auch *Cöster* in Littmann/Bitz/Pust § 10 Rz. 450).

Zeitlicher Anwendungsbereich: Die Neuregelungen in Abs. 1 und 2 treten ab dem **VZ 2013** in Kraft (Art. 31 Abs. 3 AmtshilfeRLUmsG i. V. m. § 52 Abs. 1 EStG i. d. F. des AmtshilfeRLUmsG). Die Neuregelung zur Datenübermittlung in § 10 Abs. 4b EStG tritt erst ab **VZ 2016** in Kraft.

10. § 10b Abs. 1 Satz 4 EStG

Steuerbegünstigte Zwecke

(1) [1]Zuwendungen (Spenden und Mitgliedsbeiträge) zur Förderung steuerbegünstigter Zwecke im Sinne der §§ 52 bis 54 der Abgabenordnung können insgesamt bis zu

1. 20 Prozent des Gesamtbetrags der Einkünfte oder

2. 4 Promille der Summe der gesamten Umsätze und der im Kalenderjahr aufgewendeten Löhne und Gehälter

als Sonderausgaben abgezogen werden. [2]Voraussetzung für den Abzug ist, dass diese Zuwendungen

1. an eine juristische Person des öffentlichen Rechts oder an eine öffentliche Dienststelle, die in einem Mitgliedstaat der Europäischen Union oder in einem Staat belegen ist, auf den das Abkommen über den Europäischen Wirtschaftsraum (EWR-Abkommen) Anwendung findet, oder

2. an eine nach § 5 Abs. 1 Nr. 9 des Körperschaftsteuergesetzes steuerbefreite Körperschaft, Personenvereinigung oder Vermögensmasse oder

3. an eine Körperschaft, Personenvereinigung oder Vermögensmasse, die in einem Mitgliedstaat der Europäischen Union oder in einem Staat belegen ist, auf den das Abkommen über den Europäischen Wirtschaftsraum (EWR-Abkommen) Anwendung findet, und die nach § 5 Abs. 1 Nr. 9 des Körperschaftsteuergesetzes in Verbindung mit § 5 Abs. 2 Nr. 2 zweiter Halbsatz des Körperschaftsteuergesetzes steuerbefreit wäre, wenn sie inländische Einkünfte erzielen würde,

geleistet werden. ³Für nicht im Inland ansässige Zuwendungsempfänger nach Satz 2 ist weitere Voraussetzung, dass durch diese Staaten Amtshilfe und Unterstützung bei der Beitreibung geleistet werden. ⁴Amtshilfe ist der Auskunftsaustausch im Sinne oder entsprechend der **Amtshilferichtlinie gemäß § 2 Abs. 2 des EU-Amtshilfegesetzes** *[bisher: Richtlinie 77/799/EWG einschließlich der in diesem Zusammenhang anzuwendenden Durchführungsbestimmungen in den für den jeweiligen Veranlagungszeitraum geltenden Fassungen oder eines entsprechenden Nachfolgerechtsaktes].*

...

Anwendungsvorschriften:

►Art. 31 Abs. 3 AmtshilfeRLUmsG lautet:

(3) Die Art. 1, 2 Nr. 1 Buchst. d, Nr. 2, 10, 20, 21, 23, 39 Buchst. a *[hier: Art. 2 Nr. 39 Buchst. a]*, **Nr. 41, Art. 3 Nr. 2, 4 Buchst. b, Art. 4 Nr. 1 Buchst. a, Nr. 4 Buchst. a, Art. 6, 8 Nr. 2 und 3 Buchst. b, Art. 11 Nr. 12, Art. 21, 24 und 25 treten mit Wirkung vom 1. 1. 2013 in Kraft.**

►§ 52 Abs. 1 EStG i. d. F. des AmtshilfeRLUmsG (Art. 2 Nr. 39 Buchst. a) lautet:

(1) Diese Fassung des Gesetzes ist, soweit in den folgenden Absätzen und in § 52a nichts anderes bestimmt ist, erstmals für den Veranlagungszeitraum **2013** anzuwenden. Beim Steuerabzug vom Arbeitslohn gilt Satz 1 mit der Maßgabe, dass diese Fassung erstmals auf den laufenden Arbeitslohn anzuwenden ist, der für einen nach dem 31. 12. **2012** endenden Lohnzahlungszeitraum gezahlt wird, und auf sonstige Bezüge, die nach dem 31. 12. **2012** zufließen.

Erläuterungen

(Dr. Alois Th. Nacke, Richter am FG)

„Im Rahmen des Sonderausgabenabzugs erfährt § 10b Abs. 1 Satz 4 EStG eine redaktionell notwendige Anpassung der Verweisung auf die Amtshilferichtlinie." (BR-Drucks. 302/12, 86)

Zeitlicher Anwendungsbereich: Die Neuregelung tritt ab dem **VZ 2013** in Kraft (Art. 31 Abs. 3 AmtshilfeRLUmsG i. V. m. § 52 Abs. 1 EStG i. d. F. des AmtshilfeRLUmsG).

11. § 15 Abs. 4 Sätze 2 und 7 EStG

Einkünfte aus Gewerbebetrieb

...

(4) [1]Verluste aus gewerblicher Tierzucht oder gewerblicher Tierhaltung dürfen weder mit anderen Einkünften aus Gewerbebetrieb noch mit Einkünften aus anderen Einkunftsarten ausgeglichen werden; sie dürfen auch nicht nach § 10d abgezogen werden. [2]Die Verluste mindern jedoch nach Maßgabe des § 10d die Gewinne, die der Steuerpflichtige in dem unmittelbar vorangegangenen und in den folgenden Wirtschaftsjahren aus gewerblicher Tierzucht oder gewerblicher Tierhaltung erzielt hat oder erzielt; **§ 10d Abs. 4 gilt entsprechend**. [3]Die Sätze 1 und 2 gelten entsprechend für Verluste aus Termingeschäften, durch die der Steuerpflichtige einen Differenzausgleich oder einen durch den Wert einer veränderlichen Bezugsgröße bestimmten Geldbetrag oder Vorteil erlangt. [4]Satz 3 gilt nicht für die Geschäfte, die zum gewöhnlichen Geschäftsbetrieb bei Kreditinstituten, Finanzdienstleistungsinstituten und Finanzunternehmen im Sinne des Gesetzes über das Kreditwesen gehören oder die der Absicherung von Geschäften des gewöhnlichen Geschäftsbetriebs dienen. [5]Satz 4 gilt nicht, wenn es sich um Geschäfte handelt, die der Absicherung von Aktiengeschäften dienen, bei denen der Veräußerungsgewinn nach § 3 Nr. 40 Satz 1 Buchst. a und b in Verbindung mit § 3c Abs. 2 teilweise steuerfrei ist, oder die nach § 8b Abs. 2 des Körperschaftsteuergesetzes bei der Ermittlung des Einkommens außer Ansatz bleiben. [6]Verluste aus stillen Gesellschaften, Unterbeteiligungen oder sonstigen Innengesellschaften an Kapitalgesellschaften, bei denen der Gesellschafter oder Beteiligte als Mitunternehmer anzusehen ist, dürfen weder mit Einkünften aus Gewerbebetrieb noch aus anderen Einkunftsarten ausgeglichen werden; sie dürfen auch nicht nach § 10d abgezogen werden. [7]Die Verluste mindern jedoch nach Maßgabe des § 10d die Gewinne, die der Gesellschafter oder Beteiligte in dem unmittelbar vorangegangenen Wirtschaftsjahr oder in den folgenden Wirtschaftsjahren aus derselben stillen Gesellschaft, Unterbeteiligung oder sonstigen Innengesellschaft bezieht; **§ 10d Abs. 4 gilt entsprechend**. [8]Die Sätze 6 und 7 gelten nicht, soweit der Verlust auf eine natürliche Person als unmittelbar oder mittelbar beteiligter Mitunternehmer entfällt.

Anwendungsvorschriften:

▶ Art. 31 Abs. 1 AmtshilfeRLUmsG lautet:

(1) Dieses Gesetz tritt vorbehaltlich der Absätze 2 bis 8 am Tag nach der Verkündung in Kraft.

▶ § 52 Abs. 32b Satz 2 EStG i. d. F. des AmtshilfeRLUmsG (Art. 2 Nr. 39 Buchst. i) lautet:

(32b) ... [2]**§ 15 Abs. 4 Satz 2 und 7 i. d. F. des Artikels 2 des Gesetzes vom 26. 6. 2013 (BGBl I 2013, 1809) ist in allen Fällen anzuwenden, in denen am 30. 6. 2013 die Feststellungsfrist noch nicht abgelaufen ist.**

Erläuterungen

(Dr. Alois Th. Nacke, Richter am FG)

Das FG Düsseldorf (FG Düsseldorf v. 20. 4. 2010 – 6 K 7145/08 K, F, StE 2010, 581; die gegen das Urteil eingelegte Revision wurde als unzulässig verworfen, BFH v. 17. 1. 2011 – I R 48/10, n.v.) hat unter Bezugnahme auf ein BFH-Urteil zu § 23 Abs. 3 Satz 9 EStG (BFH v. 22. 9. 2005 – IX R 21/04, BStBl II 2007, 158) entschieden, dass § 15 Abs. 4 Satz 2 und 7 EStG keine **besondere Ver-**

lustfeststellung bei Verlusten aus **gewerblicher Tierzucht** nach § 10d Abs. 4 EStG vorsieht, so dass Verluste auch ohne gesondertes Feststellungsverfahren von den Gewinnen der vorangegangenen bzw. Folgejahre abgezogen werden können. Dies wird in Zukunft nicht mehr möglich sein. § 10d Abs. 4 EStG ist in Zukunft entsprechend bei Verlusten aus gewerblicher Tierzucht anzuwenden, so dass es einer gesonderten Feststellung bedarf. Zu beachten ist, dass die vom FG Düsseldorf vertretene Auffassung in der Rechtsprechung und Literatur nicht unwidersprochen geblieben ist. Zum Teil wird vertreten, dass der bisherige Gesetzeswortlaut ausreicht, um zu einer gesonderten Verlustfeststellung zu kommen, so dass es nach dieser Auffassung einer Gesetzesänderung nicht bedurft hätte (s. Hinweise bei *Nacke*, DB 2012, 2120, Fn. 37; s. auch *Nacke*, StBW 2012, 652).

Zeitlicher Anwendungsbereich: Die Neuregelung gilt in **allen Fällen, in denen die Feststellungsfrist am 30.6.2013 noch nicht abgelaufen** ist (§ 52 Abs. 32b Satz 2 EStG i. d. F. des Amtshilfe-RLUmsG – Art. 2 Nr. 39 Buchst. i).

12. § 20 Abs. 4a EStG

Kapitalvermögen

...

(4a) [1]Werden Anteile an einer Körperschaft, Vermögensmasse oder Personenvereinigung gegen Anteile an einer anderen Körperschaft, Vermögensmasse oder Personenvereinigung getauscht und wird der Tausch auf Grund gesellschaftsrechtlicher Maßnahmen vollzogen, die von den beteiligten Unternehmen ausgehen, treten abweichend von Abs. 2 Satz 1 und den §§ 13 und 21 des Umwandlungssteuergesetzes die übernommenen Anteile steuerlich an die Stelle der bisherigen Anteile, wenn das Recht der Bundesrepublik Deutschland hinsichtlich der Besteuerung des Gewinns aus der Veräußerung der erhaltenen Anteile nicht ausgeschlossen oder beschränkt ist oder die Mitgliedstaaten der Europäischen Union bei einer Verschmelzung Art. 8 der Richtlinie 90/434/EWG anzuwenden haben; in diesem Fall ist der Gewinn aus einer späteren Veräußerung der erworbenen Anteile ungeachtet der Bestimmungen eines Abkommens zur Vermeidung der Doppelbesteuerung in der gleichen Art und Weise zu besteuern, wie die Veräußerung der Anteile an der übertragenden Körperschaft zu besteuern wäre, und § 15 Abs. 1a Satz 2 entsprechend anzuwenden. [2]Erhält der Steuerpflichtige in den Fällen des Satzes 1 zusätzlich zu den Anteilen eine Gegenleistung, gilt diese als Ertrag im Sinne des Absatzes 1 Nr. 1. [3]Besitzt bei sonstigen Kapitalforderungen im Sinne des Abs. 1 Nr. 7 der Inhaber das Recht, bei Fälligkeit anstelle der Zahlung eines Geldbetrags vom Emittenten die Lieferung von Wertpapieren zu verlangen oder besitzt der Emittent das Recht, bei Fälligkeit dem Inhaber anstelle der Zahlung eines Geldbetrags Wertpapiere anzudienen und macht der Inhaber der Forderung oder der Emittent von diesem Recht Gebrauch, ist abweichend von Abs. 4 Satz 1 das Entgelt für den Erwerb der Forderung als Veräußerungspreis der Forderung und als Anschaffungskosten der erhaltenen Wertpapiere anzusetzen; Satz 2 gilt entsprechend. [4]Werden Bezugsrechte veräußert oder ausgeübt, die nach § 186 des Aktiengesetzes, § 55 des Gesetzes betreffend die Gesellschaften mit beschränkter Haftung oder eines vergleichbaren ausländischen Rechts einen Anspruch auf Abschluss eines Zeichnungsvertrags begründen, wird der Teil der Anschaffungskosten der Altanteile, der auf das Bezugsrecht entfällt, bei der Ermittlung des Gewinns nach Abs. 4 Satz 1 mit 0 €

angesetzt. [5]Werden einem Steuerpflichtigen Anteile im Sinne des Absatzes 2 Satz 1 Nr. 1 zugeteilt, ohne dass dieser eine gesonderte Gegenleistung zu entrichten hat, werden der Ertrag und die Anschaffungskosten dieser Anteile mit 0 € angesetzt, wenn die Voraussetzungen der Sätze 3 und 4 nicht vorliegen und die Ermittlung der Höhe des Kapitalertrags nicht möglich ist. [6]Soweit es auf die steuerliche Wirksamkeit einer Kapitalmaßnahme im Sinne der vorstehenden Sätze 1 bis 5 ankommt, ist auf den Zeitpunkt der Einbuchung in das Depot des Steuerpflichtigen abzustellen. **[7]Geht Vermögen einer Körperschaft durch Abspaltung auf andere Körperschaften über, gelten abweichend von Satz 5 und § 15 des Umwandlungssteuergesetzes die Sätze 1 und 2 entsprechend.**

...

Anwendungsvorschriften:

▶ § 52a Abs. 10 Satz 12 EStG i. d. F. des AmtshilfeRLUmsG (Art. 2 Nr. 40) lautet:

(10a) ...[12]§ 20 Abs. 4a Satz 7 i. d. F. des Artikels 2 des Gesetzes vom 26. 6. 2013 (BGBl I 2013, 1809) ist erstmals auf Abspaltungen anzuwenden, bei denen die Anmeldung zur Eintragung in das öffentliche Register, das für die Wirksamkeit des jeweiligen Vorgangs maßgebend ist, nach dem 31. 12. 2012 erfolgt.

Erläuterungen

(Karsten Kusch, Dipl.-Finanzwirt (FH))

1. Bisheriger Anwendungsbereich des § 20 Abs. 4a EStG

§ 20 Abs. 4a EStG dient dazu die Abgeltungsteuer in Fall eines Tausches von Anteilen an Kapitalgesellschaften praktikabel auszugestalten. Statt eines ansonsten grundsätzlich entstehenden Gewinns, treten nach Satz 1 der Vorschrift die übernommenen Anteile steuerlich an die Stelle der bisherigen Anteile ohne Gewinnrealisierung. Voraussetzung ist, dass das Recht der Bundesrepublik Deutschland hinsichtlich der Besteuerung des Gewinns aus der Veräußerung der erhaltenen Anteile hierbei nicht ausgeschlossen oder beschränkt wird (sog. „Fußstapfentheorie"). Hierdurch wird vermieden, dass für Zwecke der Abgeltungsteuer die gemeinen Werte der getauschten Anteile ermittelt werden müssen. Nur für die über die erhaltenen Anteile hinausgehenden Gegenleistungen soll es nach Satz 2 der Vorschrift zu einem Besteuerungstatbestand kommen. Dies sind insbesondere die Fälle des Tauschs mit Baraufgabe. Die sonstige Gegenleistung gilt in dem Fall dann als Ertrag i. S. d. § 20 Abs. 1 Nr. 1 EStG.

Die Vereinfachungsregelung des § 20 Abs. 4a EStG gilt nur für Anteile an Kapitalgesellschaften von unter 1 %. Sie gilt nicht im Anwendungsbereich des § 17 EStG.

2. Ausdehnung auf Abspaltungen

Mit dem neuen § 20 Abs. 4a Satz 7 EStG wird der Anwendungsbereich des § 20 Abs. 4a Sätze 1 und 2 EStG auch auf Abspaltungen ausgedehnt. Zwar war nach § 15 i. V. m. 13 UmwStG auch bisher eine steuerneutrale Abspaltung möglich. Dies galt aber nur, wenn ein Teilbetrieb übertragen wird und das zurückbleibende Vermögen ebenfalls aus Teilbetrieben besteht (sog. „doppeltes Ausschließlichkeitsgebot"), § 15 Abs. 1 Satz 2 UmwStG.

Durch § 20 Abs. 4a Satz 7 EStG ist für Anteilseigner mit einer Beteiligung unter 1 % eine Abspaltung nun stets steuerfrei, soweit keine sonstige Gegenleistung (sog. Spitzenausgleich) gewährt wird. Die Vorschrift des § 20 Abs. 4a Satz 7 EStG ist gegenüber dem UmwStG vorrangig, so dass die Buchwertfortführung zwingend ohne Antrag i. S. d. § 13 Abs. 2 UmwStG erfolgt.

3. Zeitlicher Anwendungsbereich

Die Vorschrift ist erstmals auf Abspaltungen anzuwenden, bei denen die Anmeldung zur Eintragung nach dem 31. 12. 2012 erfolgt ist. Sie ist somit frühestens für den **VZ 2013** anwendbar.

13. § 32 Abs. 4 EStG

Kinder, Freibeträge für Kinder

. . .

(4) [1]Ein Kind, das das 18. Lebensjahr vollendet hat, wird berücksichtigt, wenn es

1. noch nicht das 21. Lebensjahr vollendet hat, nicht in einem Beschäftigungsverhältnis steht und bei einer Agentur für Arbeit im Inland als Arbeitsuchender gemeldet ist oder

2. noch nicht das 25. Lebensjahr vollendet hat und

   a) für einen Beruf ausgebildet wird oder

   b) sich in einer Übergangzeit von höchstens vier Monaten befindet, die zwischen zwei Ausbildungsabschnitten oder zwischen einem Ausbildungsabschnitt und der Ableistung des gesetzlichen Wehr- oder Zivildienstes, einer vom Wehr- oder Zivildienst befreienden Tätigkeit als Entwicklungshelfer oder als Dienstleistender im Ausland nach § 14b des Zivildienstgesetzes oder der Ableistung eines freiwilligen Dienstes im Sinne des Buchst. d liegt, oder

   c) eine Berufsausbildung mangels Ausbildungsplatzes nicht beginnen oder fortsetzen kann oder

   d) ein freiwilliges soziales Jahr oder ein freiwilliges ökologisches Jahr im Sinne des Jugendfreiwilligendienstegesetzes oder einen Freiwilligendienst im Sinne des Beschlusses Nr. 1719/2006/EG des Europäischen Parlaments und des Rates vom 15. 11. 2006 zur Einführung des Programms „Jugend in Aktion" (ABl. EU Nr. L 327 S. 30) oder einen anderen Dienst im Ausland im Sinne von § 5 des Bundesfreiwilligendienstgesetzes [bisher: § 14b des Zivildienstgesetzes] oder einen entwicklungspolitischen Freiwilligendienst „weltwärts" im Sinne der Richtlinie des Bundesministeriums für wirtschaftliche Zusammenarbeit und Entwicklung vom 1. 8. 2007 (BAnz 2008, 1297) oder einen Freiwilligendienst aller Generationen im Sinne von § 2 Abs. 1a des Siebten Buches Sozialgesetzbuch oder einen Internationalen Jugendfreiwilligendienst im Sinne der Richtlinie des Bundesministeriums für Familie, Senioren, Frauen und Jugend vom 20. 12. 2010 (GMBl S. 1778) oder einen Bundesfreiwilligendienst im Sinne des Bundesfreiwilligendienstgesetzes leistet oder

3. wegen körperlicher, geistiger oder seelischer Behinderung außerstande ist, sich selbst zu unterhalten; Voraussetzung ist, dass die Behinderung vor Vollendung des 25. Lebensjahres eingetreten ist.

[2]Nach Abschluss einer erstmaligen Berufsausbildung **oder** *[bisher: und]* eines Erststudiums wird ein Kind in den Fällen des Satzes 1 Nr. 2 nur berücksichtigt, wenn das Kind keiner Erwerbstätig-

keit nachgeht. [3]Eine Erwerbstätigkeit mit bis zu 20 Stunden regelmäßiger wöchentlicher Arbeitszeit, ein Ausbildungsdienstverhältnis oder ein geringfügiges Beschäftigungsverhältnis im Sinne der §§ 8 und 8a des Vierten Buches Sozialgesetzbuch sind unschädlich.

(5) [1]In den Fällen des Absatzes 4 Satz 1 Nr. 1 oder Nr. 2 Buchst. a und b wird ein Kind, das

1. den gesetzlichen Grundwehrdienst oder Zivildienst geleistet hat, oder

2. sich anstelle des gesetzlichen Grundwehrdienstes freiwillig für die Dauer von nicht mehr als drei Jahren zum Wehrdienst verpflichtet hat, oder

3. eine vom gesetzlichen Grundwehrdienst oder Zivildienst befreiende Tätigkeit als Entwicklungshelfer im Sinne des § 1 Abs. 1 des Entwicklungshelfer-Gesetzes ausgeübt hat,

für einen der Dauer dieser Dienste oder der Tätigkeit entsprechenden Zeitraum, höchstens für die Dauer des inländischen gesetzlichen Grundwehrdienstes oder bei anerkannten Kriegsdienstverweigerern für die Dauer des inländischen gesetzlichen Zivildienstes über das 21. oder 25. Lebensjahr hinaus berücksichtigt. [2]Wird der gesetzliche Grundwehrdienst oder Zivildienst in einem Mitgliedstaat der Europäischen Union oder einem Staat, auf den das Abkommen über den Europäischen Wirtschaftsraum Anwendung findet, geleistet, so ist die Dauer dieses Dienstes maßgebend. [3]Absatz 4 Satz 2 und 3 gilt entsprechend.

…

Anwendungsvorschriften:

► Art. 31 Abs. 2 AmtshilfeRLUmsG lautet:

(2) Die Art. 2 Nr. 13 *[hier: Art. 2 Nr. 13]*, **29 und 39 Buchst. j** *[hier: Art. 2 Nr. 39 Buchst. j]*, **o und p, Nr. 44 sowie Art. 3 Nr. 1 Buchst. b, Art. 4 Nr. 1 Buchst. b und Art. 15 treten mit Wirkung vom 1. 1. 2012 in Kraft.**

► § 52 Abs. 40 Satz 10 EStG i. d. F. des AmtshilfeRLUmsG (Art. 2 Nr. 39 Buchst. j) lautet:

(40) … [10]§ 32 Abs. 5 ist letztmals für den Veranlagungszeitraum 2018 anzuwenden; Voraussetzung hierfür ist, dass das Kind den Dienst oder die Tätigkeit vor dem 1. 7. 2011 angetreten hat.

Erläuterungen

(Dr. Alois Th. Nacke, Richter am FG)

1. § 32 Abs. 4 Nr. 2 Buchst. d EStG

„Mit der Aussetzung der allgemeinen Wehrpflicht durch das Wehrrechtsänderungsgesetz 2011 (BGBl I 2011, 679) kann auch ein anderer Dienst im Ausland nicht mehr als Ersatzdienst für den Zivildienst abgeleistet werden. § 5 des Bundesfreiwilligendienstgesetzes führt den anderen Dienst im Ausland jedoch als Auslandsfreiwilligendienst fort, da der Bundesfreiwilligendienst nicht im Ausland geleistet werden kann. Für die Berücksichtigung bei den Freibeträgen für Kinder und die Kindergeldberechtigung wird daher der in diesem Zusammenhang stehende Verweis auf § 14b des Zivildienstgesetzes durch den Verweis auf § 5 des Bundesfreiwilligendienstgesetzes ersetzt. Die fortgeltende Berücksichtigung des anderen Dienstes im Ausland ist vor dem Hintergrund der weiterhin bestehenden qualitativen Standards gerechtfertigt. Dabei ist die obligatorische pädagogische Begleitung, die in Form von Seminaren im In- und Ausland, Sprachkursen und Rückkehrerseminaren geleistet wird, wesentlicher Bestandteil der qualitativen Standards." (BR-Drucks. 302/12, 87).

2. § 32 Abs. 4 Satz 2 EStG

„Die Änderung erfolgt, um die Formulierung an § 12 Nr. 5 EStG anzugleichen, der im Gesetz zur Umsetzung der Beitreibungsrichtlinie sowie zur Änderung steuerlicher Vorschriften vom 7. 12. 2011 (BGBl I 2011, 2592) geändert worden ist." (BR-Drucks. 302/12, 87).

3. Streichung des § 32 Abs. 5 EStG

„Mit der Aussetzung der allgemeinen Wehrpflicht durch das Wehrrechtsänderungsgesetz 2011 (BGBl I 2011, 679) kann eine Verlängerung der Berücksichtigung von Kindern nach § 32 Abs. 5 nur noch erfolgen, wenn der gesetzliche Grundwehr- oder Zivildienst vor dem Zeitpunkt der Aussetzung der allgemeinen Wehrpflicht (1. 7. 2011) angetreten wurde. Bei Kindern die als Arbeitsuchende gemeldet sind bzw. bei Kindern in Berufsausbildung treten die Auswirkungen der Verlängerung erst nach Vollendung des 21. bzw. 25. Lebensjahres ein. Bei einem Grundwehrdienstleistenden, der zum Zeitpunkt der Aussetzung der allgemeinen Wehrpflicht das 18. Lebensjahr vollendet hat und vor dem 1. 7. 2011 seinen Wehrdienst angetreten hat, wird der Berücksichtigungszeitraum über das 25. Lebensjahr hinaus, ggf. bis zum Jahr 2018, um sechs Monate verlängert, wenn er sich in Berufsausbildung befindet. Entsprechendes gilt für den Zivildienst und die Tätigkeit als Entwicklungshelfer." (BR-Drucks. 302/12, 96).

Zeitlicher Anwendungsbereich: Die Neuregelung tritt ab dem **VZ 2012** in Kraft (Art. 31 Abs. 2 AmtshilfeRLUmsG i. V. m. § 52 Abs. 1 EStG i. d. F. des AmtshilfeRLUmsG). § 32 Abs. 5 EStG ist letztmalig für **VZ 2018** anzuwenden (§ 52 Abs. 40 Satz 10 EStG).

14.   § 32b Abs. 2 Nr. 2 Buchst. c EStG

Progressionsvorbehalt

...

(2) [1]Der besondere Steuersatz nach Abs. 1 ist der Steuersatz, der sich ergibt, wenn bei der Berechnung der Einkommensteuer das nach § 32a Abs. 1 zu versteuernde Einkommen vermehrt oder vermindert wird um

1. im Fall des Absatzes 1 Nr. 1 die Summe der Leistungen nach Abzug des Arbeitnehmer-Pauschbetrags (§ 9a Satz 1 Nr. 1), soweit er nicht bei der Ermittlung der Einkünfte aus nichtselbständiger Arbeit abziehbar ist;

2. im Fall des Absatzes 1 Nr. 2 bis 5 die dort bezeichneten Einkünfte, wobei die darin enthaltenen außerordentlichen Einkünfte mit einem Fünftel zu berücksichtigen sind. [2]Bei der Ermittlung der Einkünfte im Fall des Absatzes 1 Nr. 2 bis 5

   a) ist der Arbeitnehmer-Pauschbetrag (§ 9a Satz 1 Nr. 1 Buchst. a) abzuziehen, soweit er nicht bei der Ermittlung der Einkünfte aus nichtselbständiger Arbeit abziehbar ist;

   b) sind Werbungskosten nur insoweit abzuziehen, als sie zusammen mit den bei der Ermittlung der Einkünfte aus nichtselbständiger Arbeit abziehbaren Werbungskosten den Arbeitnehmer-Pauschbetrag (§ 9a Satz 1 Nr. 1 Buchst. a) übersteigen;

   c) **sind bei Gewinnermittlung nach § 4 Abs. 3 die Anschaffungs- oder Herstellungskosten für Wirtschaftsgüter des Umlaufvermögens im Zeitpunkt des Zuflusses des Veräuße-**

rungserlöses oder bei Entnahme im Zeitpunkt der Entnahme als Betriebsausgaben zu berücksichtigen. [2]§ 4 Abs. 3 Satz 5 gilt entsprechend.

[2]Ist der für die Berechnung des besonderen Steuersatzes maßgebende Betrag höher als 250 000 € und sind im zu versteuernden Einkommen Einkünfte im Sinne des § 2 Abs. 1 Satz 1 Nr. 1 bis 3 enthalten, ist für den Anteil dieser Einkünfte am zu versteuernden Einkommen der Steuersatz im Sinne des Satzes 1 nach § 32a mit der Maßgabe zu berechnen, dass in Abs. 1 Satz 2 die Angabe „§ 32b" und die Nr. 5 entfallen sowie die Nr. 4 in folgender Fassung anzuwenden ist:

„4. von 52 152 € an: 0,42 · x − 7 914."

[3]Für die Bemessung des Anteils im Sinne des Satzes 2 gilt § 32c Abs. 1 Satz 2 und 3 entsprechend.

...

Anwendungsvorschriften:

►Art. 31 Abs. 1 AmtshilfeRLUmsG lautet:

(1) Dieses Gesetz tritt vorbehaltlich der Absätze 2 bis 8 am Tag nach der Verkündung in Kraft.

►§ 52 Abs. 43a EStG i. d. F. des AmtshilfeRLUmsG (Art. 2 Nr. 39 Buchst. k) lautet:

(43a) ... [11]§ 32b Abs. 2 Satz 1 Nr. 2 Satz 2 Buchst. c ist erstmals auf Wirtschaftsgüter des Umlaufvermögens anzuwenden, die nach dem 28. 2. 2013 angeschafft, hergestellt oder in das Betriebsvermögen eingelegt werden. ...

Erläuterungen

(Dr. Alois Th. Nacke, Richter am FG)

LITERATUR:

Bolik/Hartmann, Neuregleung des § 32b EStG durch das Amtshilferichtlinie-Umsetzungsgesetz, StuB 2013, 639; *Schulte-Frohlinde*, Gesetzgeberische Aktivitäten zur Verhinderung der „Goldfinger"-Gestaltungen, BB 2013, 1623.

„Die vorgesehene Ergänzung des § 32b Abs. 2 EStG dient der besseren Verwirklichung des mit dem Progressionsvorbehalts verfolgten Ziels der Besteuerung nach der wirtschaftlichen Leistungsfähigkeit. Einkünfte, die − z. B. aufgrund eines Doppelbesteuerungsabkommens − in Deutschland steuerfrei gestellt sind, wirken sich über den sog. Progressionsvorbehalt auf den persönlichen Steuersatz des Steuerpflichtigen aus. Jedoch können die steuerpflichtigen inländischen Einkünfte maximal mit dem Spitzensteuersatz besteuert werden. Werden bereits die inländischen steuerpflichtigen Einkünfte mit dem Spitzensteuersatz besteuert, wirken sich positive Progressionseinkünfte steuerlich nicht mehr aus. Aufgrund dieser technischen Wirkungsweise des § 32b EStG ist es erforderlich, bei der Ermittlung des besonderen Steuersatzes nach § 32b Abs. 2 EStG für dem Progressionsvorbehalt unterliegende Gewinneinkünfte die Anschaffungs- oder Herstellungskosten für Umlaufvermögen nicht sofort zum Betriebsausgabenabzug zuzulassen. Den Ausgaben für den Erwerb der entsprechenden Wirtschaftsgüter des Umlaufvermögens steht deren Wert gegenüber, so dass sich keine sofortige Minderung der wirtschaftlichen Leistungsfähigkeit ergibt. Diese für den Erwerb entstehenden Kosten können künftig erst in dem Zeitpunkt gewinnmindernd berücksichtigt werden, in dem der Veräußerungserlös vereinnahmt wurde oder die Wirtschaftsgüter entnommen wurden. Durch diese zeitlich versetzte Berücksichtigung von Betriebsausgaben bei Progressionseinkünften wird insbesondere erreicht, dass sich die Gewinne aus dem Erwerb und dem späteren Verkauf von Umlaufvermögen in dem Veranlagungszeitraum, in dem sie erzielt werden, im erforderlichen Maße durch Erhöhung des persönlichen Steuersatzes des Steuerpflichtigen steuerlich auswirken. Nur dadurch ist sichergestellt, dass auch bei ausländischen Einkünften, die dem Progressionsvorbehalt unterliegen, der Grundsatz der Besteuerung nach der Leistungsfähigkeit - also die Besteuerung der im Inland steuerpflichtigen Einkünfte mit dem Steuersatz, der für das Welteinkommen anzuwenden wäre (vgl. BFH-Urteil v. 12. 1. 2011, BStBl II 2011, 494) – eingehalten wird." (BT-Drucks. 17/12375, 37 f.).

Die Neuregelung soll dazu dienen, Steuersparmodelle, die als „**Goldfinger**"- oder „**negative Progressionsvorbehalts-Modelle**" bezeichnet werden, zu verhindern. Dadurch das Anschaffungs- oder Herstellungskosten für Wirtschaftsgüter des Umlaufvermögens ausländischer Betriebsstätten den Effekt eines negativen Progressionsvorbehalts nach § 32b EStG in einem VZ erzeugen (im extremen Fall bis zum Steuersatz Null) und die Veräußerungen des Umlaufvermögens in einem späteren VZ keinen Progressionseffekt auslösen, weil bereits der Höchststeuersatz erreicht ist, sollen nun die Anschaffungs- oder Herstellungskosten erst im Zeitpunkt der Veräußerung berücksichtigt werden (s. hierzu die ausführliche Darstellung der Modelle und die Versuche des Gesetzgebers, diese zu verhindern, bei *Schulte-Frohlinde*, BB 2013, 1623).

Zeitlicher Anwendungsbereich: Die Neuregelung ist erstmals anzuwenden auf **Wirtschaftsgüter des Umlaufvermögens, die nach dem 28. 2. 2013 angeschafft, hergestellt oder in das Betriebsvermögen eingelegt werden** (Art. 31 Abs. 1 AmtshilfeRLUmsG i.V. m. § 52 Abs. 43a Satz 11 EStG i. d. F. des AmtshilfeRLUmsG).

15. § 32d EStG

...

(2) Absatz 1 gilt nicht

...

4. für *[bisher: sonstige]* Bezüge im Sinne des § 20 Abs. 1 Nr. 1 *[bisher: Satz 2]* und für Einnahmen im Sinne des § 20 Abs. 1 Nr. 9 *[bisher: Satz 1 zweiter Halbsatz]*, soweit sie das Einkommen der leistenden Körperschaft gemindert haben; dies gilt nicht, soweit **eine** *[bisher: die]* verdeckte Gewinnausschüttung das Einkommen einer dem Steuerpflichtigen nahe stehenden Person erhöht hat und § 32a des Körperschaftsteuergesetzes auf die Veranlagung dieser nahe stehenden Person keine Anwendung findet.

...

Anwendungsvorschriften:

►Art. 31 Abs. 1 AmtshilfeRLUmsG lautet:

(1) Dieses Gesetz tritt vorbehaltlich der Absätze 2 bis 8 am Tag nach der Verkündung in Kraft.

▶§ 52 Abs. 44a EStG i. d. F. des AmtshilfeRLUmsG (Art. 2 Nr. 39 Buchst. l) lautet:

(44a) § 32d Abs. 2 Nr. 4 i. d. F. des Artikels 2 des Gesetzes vom 26. 6. 2013 (BGBl I 2013, 1809) gilt für Bezüge oder Einnahmen, die nach dem 31. 12. 2013 zufließen.

Erläuterungen

(Dr. Alois Th. Nacke, Richter am FG)

Der Gesetzgeber hat durch das AmthilfeRLUmsG § 3 Nr. 40 Buchst. d EStG geändert. Es erfolgt nun durch Änderung des § 32d Abs. 2 Nr. 4 EStG eine entsprechende Anpassung im Rahmen der Abgeltungsteuer.

Zeitlicher Anwendungsbereich: Die Neuregelung gilt für **Bezüge oder Einnahmen, die nach dem 31. 12. 2013 zufließen** (Art. 31 Abs. 1 AmtshilfeRLUmsG i. V. m. § 52 Abs. 44a EStG i. d. F. des AmtshilfeRLUmsG).

16.   § 33 Abs. 2 Satz 4 EStG

Außergewöhnliche Belastungen

. . .

(2) [1]Aufwendungen erwachsen dem Steuerpflichtigen zwangsläufig, wenn er sich ihnen aus rechtlichen, tatsächlichen oder sittlichen Gründen nicht entziehen kann und soweit die Aufwendungen den Umständen nach notwendig sind und einen angemessenen Betrag nicht übersteigen. [2]Aufwendungen, die zu den Betriebsausgaben, Werbungskosten oder Sonderausgaben gehören, bleiben dabei außer Betracht; das gilt für Aufwendungen im Sinne des § 10 Abs. 1 Nr. 7 und 9 nur insoweit, als sie als Sonderausgaben abgezogen werden können. [3]Aufwendungen, die durch Diätverpflegung entstehen, können nicht als außergewöhnliche Belastung berücksichtigt werden. [4]**Aufwendungen für die Führung eines Rechtsstreits (Prozesskosten) sind vom Abzug ausgeschlossen, es sei denn, es handelt sich um Aufwendungen ohne die der Steuerpflichtige Gefahr liefe, seine Existenzgrundlage zu verlieren und seine lebensnotwendigen Bedürfnisse in dem üblichen Rahmen nicht mehr befriedigen zu können.**

Anwendungsvorschriften:

▶Art. 31 Abs. 1 des AmtshilfeRLUmsG lautet:

(1) Dieses Gesetz tritt vorbehaltlich der Absätze 2 bis 8 am Tag nach der Verkündung in Kraft.

▶§ 52 Abs. 1 EStG i. d. F. von Art. 2 Nr. 39 Buchst. a des AmtshilfeRLUmsG lautet:

(1) Diese Fassung des Gesetzes ist, soweit in den folgenden Absätzen und in § 52a nichts anderes bestimmt ist, erstmals für den Veranlagungszeitraum **2013** anzuwenden. Beim Steuerabzug vom Arbeitslohn gilt Satz 1 mit der Maßgabe, dass diese Fassung erstmals auf den laufenden Arbeitslohn anzuwenden ist, der für einen nach dem 31. 12. **2012** endenden Lohnzahlungszeitraum gezahlt wird, und auf sonstige Bezüge, die nach dem 31. 12. **2012** zufließen.

Erläuterungen

(Dr. Sascha Bleschick)

Bleschick, Steuerrecht aktuell 2/2013, 30; *Bleschick,* FR 2013, 932; *Bron/Ruzik,* DStR 2011, 2069; *Geserich,* HFR 2011, 985; *Heim,* DStZ 2014, 165; *Hennigfeld,* EFG 2013, 428; *Heuermann,* StBp 2011, 265; *Kanzler,* FR 2012, 1163; *Kanzler,* FR 2011, 822; *Kanzler,* NWB 2011, 2433, NWB DokID: TAAAD-86768; *Kanzler,* FR 2014, 209; *G. Kirchhof,* DStR 2013, 1867, 1871; *Laws,* FamRB 2011, 382; *Leitner,* EFG 2013, 452; *Rosenke,* EFG 2013, 454; *Schmitz-Herscheidt,* NWB 2013, 112, NWB DokID: TAAAE-26283; *Steinhauff,* jurisPR-SteuerR 33/2011, Anm. 5; *Trossen,* EFG 2013, 43.

1. Gesetzgebungsgeschichte zum JStG 2013 und zum AmtshilfeRLUmsG

Den Versuch einer Neuregelung zur Abzugsfähigkeit von Prozesskosten als außergewöhnliche Belastungen enthielt die BR-Drucks. 302/12 (Beschluss) zum JStG 2013. Danach sollte in § 33 EStG folgender Abs. 3a eingefügt werden (BR-Drucks. 302/12 (Beschluss), 34):

„Prozesskosten sind nicht als außergewöhnliche Belastungen zu berücksichtigen, unabhängig davon, ob der Steuerpflichtige Kläger oder Beklagter ist. Abweichend von Satz 1 können die notwendigen und angemessenen Prozesskosten berücksichtigt werden, wenn der Steuerpflichtige ohne den Rechtsstreit Gefahr liefe, seine Existenzgrundlage zu verlieren und seine lebensnotwendigen Bedürfnisse in dem üblichen Rahmen nicht mehr befriedigen zu können. Satz 2 gilt für die unmittelbaren und unvermeidbaren Kosten eines Scheidungsprozesses entsprechend."

Diese Bestimmung sollte in allen Fällen anzuwenden sein, in denen die Steuer noch nicht bestandskräftig festgesetzt ist (§ 52 Abs. 46 EStG-E, BR-Drucks. 302/12 (Beschluss), 34).

Zur Begründung der Abzugsbeschränkung wird ausgeführt, dass die generelle steuermindernde Berücksichtigung von Prozesskosten nicht den sonst bei außergewöhnlichen Belastungen geltenden Grundsätzen der Zwangsläufigkeit und Außergewöhnlichkeit entspreche. Es sei daher angezeigt, die Anwendbarkeit auf den bisherigen engen Rahmen zu beschränken (BR-Drucks. 302/12 (Beschluss), 34).

Diesen Vorschlag lehnte die Bundesregierung ab (BT-Drucks. 17/10605, 45 f.): Derzeit seien beim BFH mehrere Verfahren anhängig, die sich mit der Berücksichtigung von Prozesskosten als außergewöhnliche Belastungen beschäftigten. Er werde daher kurzfristig Gelegenheit erhalten, die Rechtsfrage erneut zu beurteilen. Über den Gesetzgebungsbedarf könne nach Abschluss der Verfahren entschieden werden. Dabei teile die Bundesregierung die Auffassung des Bundesrates, die Berücksichtigung von Prozesskosten auf einen engen Rahmen zu beschränken.

In der Beschlussempfehlung des Vermittlungsausschusses zum AmtshilfeRLUmsG regte der Vermittlungsausschuss an, § 33 Abs. 2 EStG um den folgenden Satz 4 zu ergänzen (BT-Drucks. 17/13722, 18):

„Aufwendungen für die Führung eines Rechtsstreits (Prozesskosten) sind vom Abzug ausgeschlossen, es sei denn es handelt sich um Aufwendungen ohne die der Steuerpflichtige Gefahr liefe, seine Existenzgrundlage zu verlieren und seine lebensnotwendigen Bedürfnisse in dem üblichen Rahmen nicht mehr befriedigen zu können."

Nachdem der Bundestag den Vermittlungsvorschlag angenommen hat (BR-Drucks. 477/13) und auch der Bundesrat den Änderungsvorschlägen zugestimmt hat (BR-Drucks. 477/13 – Beschluss), ist § 33 Abs. 2 Satz 4 EStG erstmals für den Veranlagungszeitraum 2013 anzuwenden (§ 52 Abs. 1 Satz 1 EStG n. F.). Die noch im § 52 Abs. 46 EStG des Entwurfs zum JStG 2013 vorgesehene Anwendung auf alle noch nicht bestandskräftig festgesetzten Fälle ist in das AmtshilfeRLUmsG nicht übernommen worden.

Damit hat der Gesetzgeber erneut eine ihm missliebige Rechtsprechung des BFH (Urteil v. 12. 5. 2011 – VI R 42/10, BStBl II 2011, 1015, NWB DokID: IAAAD-86750) abgeändert. Diese Rechtsprechung hatte das BMF bereits „[i] *m Hinblick auf eine mögliche gesetzliche Neuregelung der steuerlichen Berücksichtigung von Zivilprozesskosten* [Hervorhebung durch den Verfasser], *die auch die rückwirkende Anknüpfung an die bisher geltende Rechtslage einschließt*" mit einem Nichtanwendungserlass belegt (BMF-Schreiben v. 20. 12. 2011, BStBl I 2011, 1286, NWB DokID: ZAAAD-98563).

2. Bisherige Rechtslage

Die bisherige BFH-Rechtsprechung hat die Abzugsfähigkeit der Prozesskosten als außergewöhnliche Belastungen stark eingeschränkt (vgl. *Kanzler*, FR 2014, 209, 211 f.; *Bleschick*, Steuerrecht aktuell 2/2013, 30, 31 ff.; *Bleschick*, FR 2013, 932, 934 ff., jeweils m. w. N.). Grundsätzlich galt hiernach, dass in jedem der Gerichtszweige entstandene Prozesskosten abzugsfähig sein konnten; Einschränkungen erfolgten dabei über die in § 33 Abs. 2 Satz 1 EStG enthaltenen Tatbestandsmerkmale der „Zwangsläufigkeit" und der „Angemessenheit" bzw. der „Notwendigkeit".

Voraussetzung der Abzugsfähigkeit von nicht im Zusammenhang mit einer Ehescheidung stehenden **Prozesskosten** als außergewöhnliche Belastungen war, dass der Steuerpflichtige

1. **Verfahrensgegenstand dient der Sicherung der Existenz bzw. der lebensnotwendigen Bedürfnisse,**

2. dem Steuerpflichtigen darf **außerprozessual kein vorwerfbares Verhalten** zur Last gelegt werden und

3. es müssen **hinreichende Erfolgsaussichten** für die im Verfahren geltend gemachten Ansprüche bzw. für deren Abwehr bestehen.

Die Materialen zur Reform der Abzugsfähigkeit von Prozesskosten als außergewöhnliche Belastungen (BT-Drucks. 17/13033, 67 f.; BR-Drucks. 139/13, 128) sind knapp gehalten. Sie verweisen auf einen steuersystematischen Ansatz (vgl. auch *Kanzler*, FR 2014, 209):

„Der BFH hat mit Urteil vom 12. 5. 2011 (BStBl II 2011, 1015) entschieden, dass Zivilprozesskosten als außergewöhnliche Belastungen nach § 33 EStG zu berücksichtigen sind, wenn der Steuerpflichtige darlegen kann, dass die Rechtsverfolgung oder -verteidigung eine hinreichende Aussicht auf Erfolg bietet und nicht mutwillig erscheint. Die generelle steuermindernde Berücksichtigung von Prozesskosten entspricht nicht den sonst bei außergewöhnlichen Belastungen geltenden Grundsätzen der Zwangsläufigkeit und Außergewöhnlichkeit. Es ist daher angezeigt, die Anwendbarkeit auf einen engen Rahmen zu beschränken."

Es kann allerdings davon ausgegangen werden, dass an die bisherige Rechtslage angeknüpft werden sollte (*Kanzler*, FR 2014, 209, 211 f.; *G. Kirchhof*, DStR 2013, 1867, 1871).

3. Auslegung des § 33 Abs. 2 Satz 4 EStG n. F.

Die Neufassung des § 33 Abs. 4 Satz 2 EStG knüpft an die bisherige BFH-Rechtsprechung an (*Kanzler*, FR 2014, 209, 211 f.; *G. Kirchhof*, DStR 2013, 1867, 1871), wonach Prozesskosten deshalb als außergewöhnliche Belastungen anzuerkennen sein können, wenn der Steuerpflichtige, ohne sich auf den Rechtsstreit trotz unsicheren Ausgangs einzulassen, Gefahr liefe, seine **Existenzgrundlage** zu verlieren und seine **lebensnotwendigen Bedürfnisse in dem üblichen Rahmen** nicht mehr befriedigen zu können (BFH-Urteile v. 4. 12. 2001 – III R 31/00, BStBl II 2002, 382, NWB DokID: AAAAA-89225, elterliches Umgangsrecht mit Kindern; v. 18. 3. 2004 – III R 24/03, BStBl II 2004, 726, NWB DokID: OAAAB-23521, Vaterschaftsfeststellungsprozess; v. 20. 4. 2006 – III R 23/05, BStBl II 2007, 41, NWB DokID: DAAAB-92960, Verwaltungsgerichtsbarkeit; v. 4. 12. 2001 – III R 31/00, BStBl II 2002, 382, NWB DokID: AAAAA-89225, Verfassungsbeschwerde).

Wie bei durch Diätverpflegung entstandenen Aufwendungen auch (vgl. § 33 Abs. 2 Satz 3 EStG) hat der Gesetzgeber die Zwangsläufigkeit i. S. d. § 33 Abs. 2 Satz 1 EStG konkretisieren wollen. Nach dem danach in § 33 Abs. 2 Satz 4 EStG etablierten Regel-Ausname-Verhältnis sind Prozesskosten grundsätzlich nicht abzugsfähig.

„Aufwendungen für die Führung eines Rechtsstreits (Prozesskosten)": Zunächst enthält die Neuregelung eine Legaldefinition für sämtliche **Prozesskosten**.

Anders als nach der Annahme in dem Nichtanwendungserlass des BMF v. 20. 12. 2011, BStBl I 2011, 1286, NWB DokID: ZAAAD-98563 betrifft die Neuregelung nicht nur die Zivilprozesskosten, sondern die im Zusammenhang mit der Führung von Verfahren in sämtlichen Gerichtsbarkeiten anfallenden Aufwendungen.

Prozesskosten sind die nicht näher eingegrenzten Aufwendungen für die Führung eines Rechtsstreits. Das sind nicht nur die Rechtsanwalts- und Prozesskosten. Es sind insbesondere auch sonstige Kosten wie Fahrtkosten des Steuerpflichtigen zum Gericht bzw. zum Anwalt, Bürokosten und Telefonkosten. Nach a. A. sind Prozesskosten auch die Kosten aller gerichtlicher und außergerichtlicher Verfahren; dann fallen auch die entsprechenden Kosten unter das Abzugsverbot des § 33 Abs. 2 Satz 4 EStG n. F. (*Kanzler*, FR 2014, 209, 212 f.).

„sind vom Abzug ausgeschlossen": Es kommt grundsätzlich kein Abzug als außergewöhnliche Belastungen in Betracht. Aufgrund der systematischen Stellung der Neuregelung gilt das Abzugsverbot nicht für den Bereich der Werbungskosten und Betriebsausgaben. Prozesskosten können daher unter weiteren Voraussetzungen als Erwerbsaufwendungen abgezogen werden (vgl. dazu im Einzelnen BFH v. 18. 10. 2007 – VI R 42/04, BStBl II 2008, 223, NWB DokID: PAAAC-64823, m. w. N.).

„es sei denn, es handelt sich um Aufwendungen ohne der Steuerpflichtige Gefahr liefe": Die Prozesskosten müssen vom Steuerpflichtigen zur Rettung seiner Lebensgrundlagen eingesetzt werden. Gerät der Steuerpflichtige erst infolge des Rechtsstreits in Existenznot und ist der Verfahrensgegenstand selbst nicht von daseinsbedingender Bedeutung, sind die Aufwendungen nicht von § 33 Abs. 2 Satz 4 EStG umfasst.

„seine Existenzgrundlage zu verlieren und seine lebensnotwendigen Bedürfnisse in dem üblichen Rahmen nicht mehr befriedigen zu können": Mit dieser Wortfolge bezieht sich die Neufassung auf die bisherige BFH-Rechtsprechung, wonach Aufwendungen für außergewöhnliche Belastungen nur in ganz besonderen Ausnahmefällen abgezogen werden konnten, wenn die Existenz des Steuerpflichtigen oder seine lebensnotwendigen Bedürfnisse bedroht waren.

Kumulative Bedrohung der Daseinsgrundlage? Unklar ist das Verhältnis der beiden Tatbestandsmerkmale „Existenzgrundlage" und „lebensnotwendige Bedürfnisse". Nach dem Wortlaut („und") muss der Verfahrensgegenstand beide der genannten Tatbestandsmerkmale kumulativ umfassen. Dies wird auch in der Literatur gefordert (*Kanzler*, FR 2014, 209, 215). In der Regel sind die beiden Alternativen gleichzeitig erfüllt. Denn eine trennscharfe Unterscheidung zwischen der Wahrung der Existenzgrundlage und der Erhaltung der lebensnotwendigen Bedürfnisse ist regelmäßig nicht möglich.

Es dürften jedoch auch Fälle denkbar sein, in denen der Steuerpflichtige gerichtlich um seine Existenz kämpft, seine lebensnotwendigen Bedürfnisse jedoch ansonsten noch befriedigen kann. Gleichwohl sind die Aufwendungen für die Führung eines Verfahrens auch dann abzugsfähig, wenn er allein zur Rettung der Existenzgrundlage geführt wird (a. A. *Kanzler*, FR 2014, 209, 215, unter Hinweis auf die Eindeutigkeit des Wortlauts des § 33 Abs. 2 Satz 4 EStG n. F.). Gleiches gilt für den umgekehrten Fall. Denn in beiden Fällen ist die Führung des Verfahrens zwangsläufig i. S. d. § 33 Abs. 2 Satz 1 EStG, dessen Konkretisierung § 33 Abs. 2 Satz 4 EStG ist (a. A. *Kanzler*, a. a. O.).

Gefahr des Verlustes der Existenzgrundlage: Nicht definiert ist, was unter den Begriff der Existenzgrundlage fällt. Nach Kanzler ist die Existenzgrundlage rein wirtschaftlich auszulegen, so dass insoweit alle Einkunftsquellen und das gesamte Vermögen einzubeziehen sind (*Kanzler*, FR 2014, 209, 216). Demzufolge wären Scheidungskosten nur bei Gefährdung der wirtschaftlichen Existenz als außergewöhnliche Belastungen abzugsfähig (*Kanzler*, a. a. O.; *Heim*, DStZ 2015, 165, unter V.). Fasst man die Freiheit des Menschen, von einer u. U. mit Fürsorge- und Unterhaltspflichten verbundenen, zerrütteten Partnerschaft unter das Tatbestandsmerkmal "der lebensnotwendigen Bedürfnisse" und fordert entgegen dem eindeutigen Wortlaut des § 33 Abs. 2 Satz 4 EStG n. F., dass die Gefährdung der lebensnotwendigen Bedürfnisse allein für eine Abzugsfähigkeit ausreicht, sind Ehescheidungskosten nach wie vor abzugsfähig (*Bleschick*, FR 2013, 932, 936).

Gefahr, seine lebensnotwendigen Bedürfnisse in dem üblichen Rahmen nicht mehr befriedigen zu können: Dieser Begriff ist in den Gesetzesmaterialien nicht definiert (*Kanzler*, FR 2014, 209, 217). Geht man von einem wirtschaftswissenschaftlichen Begriff der Grundbedürfnisse aus, fallen darunter physiologische Bedürfnisse (Atmung, Wärme, Essen und Trinken sowie Schlaf), Sicherheitsbedürfnisse (Wohnung und Gesundheit, Ordnung durch Gesetze und Schutz vor Gefahren) und soziale Bedürfnisse (Freunde, Partnerschaft, Liebe, Sexualität, Fürsorge und Kommunikation; vgl. dazu *Kanzler*, FR 2014, 209, 217). Jedenfalls können die individuellen Bedürfnisse nicht maßgeblich sein, da es sich um diejenigen Bedürfnisse handeln muss, die im üblichen Rahmen liegen (*Kanzler*, FR 2014, 209, 217).

Kein Verschulden sowie Erfolg versprechendes Verfahren: Die BFH-Rechtsprechung hat die nunmehr in § 33 Abs. 2 Satz 4 EStG genannten Extremfälle bisher nur unter Berücksichtigung der Umstände des Einzelfalles bejaht und darüber hinaus umfassende Restriktionen eingezogen. Insoweit durfte dem Steuerpflichtigen an der Entstehung des gerichtlichen Verfahrens kein Verschulden zur Last fallen und das Verfahren musste bei objektiver Würdigung Erfolg versprechend sein.

4. Vereinbarkeit mit bisheriger BFH-Rechtsprechung

Es fragt sich, ob auch nach der Neuregelung die bisher anerkannten Fallgruppen abzugsfähiger Prozesskosten unter die Neuregelung fassen lassen.

Zivilprozesskosten: Da die Umgestaltung des § 33 Abs. 2 EStG an die bisher auch zu den Zivilprozesskosten ergangene BFH-Rechtsprechung anknüpft, ist sie auf den ersten Blick mit der vor der BFH-Entscheidung v. 12. 5. 2011 – VI R 42/10, BStBl II 2011, 1015, NWB DokID: IAAAD-86750 ergangenen Rechtslage ohne weiteres vereinbar.

Allerdings wurden diese Kriterien bisher nicht auf die für einen Ehescheidungsprozess entfallenden Kosten angewandt. Insbesondere ein Verschulden wurde wegen der einzig durch Gestaltungsurteil möglichen Scheidung einer Ehe nicht geprüft (vgl. BFH v. 8. 11. 1974 – VI R 22/72, BStBl II 1975, 111, NWB DokID: MAAAB-00178). Da die Neuregelung auf sämtliche Prozesskosten Anwendung findet, müsste in Anknüpfung an die bisherige Rechtsprechung grundsätzlich auch geprüft werden, ob der die Aufwendung geltend machende Steuerpflichtige sich denn bei der Scheidungsursache „nichts hat zu Schulden kommen lassen". Zur Vermeidung eines unzumutbaren Eindringens in die Privatsphäre ist es hier jedoch geboten, in typisierender Betrachtung von einem fehlenden Verschulden auszugehen. Dieser Rechtsgedanke wird auch bei der Abzugsfähigkeit von Krankheitskosten als außergewöhnliche Belastungen herangezogen (vgl. etwa BFH v. 19. 4. 2012 – VI R 74/10, BStBl II 2012, 577, NWB DokID: SAAAE-12298, m. w. N.). Eine solche Wertung lässt sich auch für Ehescheidungskosten heranziehen, da sich die Ehescheidung zur Wahrung der Intimsphäre der Ehegatten (*P. Blank* in Erman, BGB, Kommentar, § 1565 Rz. 8 sowie § 1566 Rz. 1) unter Abkehr von dem Verschuldensprinzip nunmehr grundsätzlich nach dem Zerrüttungsprinzip richtet (vgl. § 1565 BGB). Denn wenn das Recht der außergewöhnlichen Belastungen schon die Privatsphäre schützt, dann muss dies erst recht für die Intimsphäre gelten. Des Weiteren müsste in Anwendung des § 33 Abs. 2 Satz 4 EStG eigentlich zu prüfen sein, ob der Fortbestand einer zerrütteten Ehe die Existenz des Steuerpflichtigen bedroht oder der Steuerpflichtige während einer gescheiterten Ehe seine lebensnotwendigen Bedürfnisse in dem üblichen Rahmen nicht mehr befriedigen kann. Allerdings ist die Freiheit des Menschen von einer u. U. mit Fürsorge- und Unterhaltpflichten verbundenen, zerrütteten Partnerschaft ein elementares menschliches Bedürfnis, so dass der Verfahrensgegenstand die Existenzgrundlage und die Befriedigung der lebensnotwendigen Bedürfnisse im üblichen Rahmen betrifft. Da mithin bei einer Ehescheidung sämtliche Voraussetzungen des § 33 Abs. 2 Satz 4 EStG erfüllt sind, sind auch die damit in Zusammenhang stehenden Prozesskosten weiterhin als außergewöhnliche Belastungen abzugsfähig (differenzierend *Kanzler*, FR 2014, 209, 216: stets müsse auch die wirtschaftliche Existenzgrundlage gefährdet sein; ebenso *Heim*, DStZ 2014, 165, unter V.).

Strafprozesskosten: Eine Vereinbarkeit mit der bisherigen BFH-Rechtsprechung ist gegeben. Verteidigungskosten im Strafprozess dienen stets der Abwehr von Existenzgefährdungen, da nicht nur die unmittelbaren Folgen einer Verurteilung, sondern auch die damit einhergehende Ächtung im Berufs- und Privatleben die Lebensgrundlagen zerstören können. Da § 33 Abs. 2 Satz 4 EStG allerdings eine gesetzliche Konkretisierung der Zwangsläufigkeit i. S. d. § 33 Abs. 2 Satz 1 EStG ist, wird hierbei auch zu berücksichtigen sein, dass im Falle einer rechtskräftigen Verurteilung entstandene Kosten die Folge eines sozial inadäquaten Verhaltens und mithin nicht zwangsläufig sind. Im Sinne der bisherigen BFH-Rechtsprechung dürfte dem Steuerpflichtigen in diesem Fall ein Verschulden zur Last gelegt werden können. Im Zusammenhang mit einem Freispruch ausnahmsweise anfallende Kosten sind dagegen abzugsfähig.

Verfassungsbeschwerde: Da die bisherige BFH-Rechtsprechung die jetzt in § 33 Abs. 2 Satz 4 EStG enthaltenen Kriterien auch bei den Verfahrenskosten im Zusammenhang mit einer Verfassungsbeschwerde geprüft hat, bildet § 33 Abs. 2 Satz 4 EStG auch insoweit die bisherige restriktive BFH-Rechtsprechung ab.

5. Zeitlicher Anwendungsbereich

Keine Rückwirkung: Der Gesetzgeber hat die in dem BFH-Urteil v. 12. 5. 2011 – VI R 42/10, BStBl II 2011, 1015, NWB DokID: IAAAD-86750, entwickelten Rechtsmaßstäbe für Veranlagungszeiträume bis einschließlich 2012 nicht korrigiert.

Denn nach dem Wortlaut des § 52 Abs. 1 Satz 1 EStG ist das durch das AmtshilfeRLUmsG geänderte EStG *„erstmals für den Veranlagungszeitraum 2013 anzuwenden"*. Eine sonst übliche Rückwirkung (wie etwa in § 84 Abs. 3f EStDV zu den qualifizierten Nachweiserfordernissen nach § 33 Abs. 4 EStG i. V. m. § 64 Abs. 1 EStDV) hat der Gesetzgeber nicht angeordnet. Gleiches folgt auch aus der Gesetzgebungsgeschichte. Denn nach dem gescheiterten Entwurf zum JStG 2013 sollte die in § 33 Abs. 3a EStG-E in allen noch nicht bestandskräftig festgesetzten Fällen anzuwenden sein (§ 52 Abs. 46 EStG-E), woran es bei dem AmtshilfeRLUmsG fehlt. Daher trat die Änderung dagegen ohne Rückwirkung in Kraft (*Kanzler*, FR 2014, 209 f.; *Bleschick*, FR 2013, 932, 937; FG Münster v. 27. 11. 2013 – 11 K 2519/12 E, BB 2014, 537, NWB DokID: JAAAE-55196; vgl. auch die Beantwortung der Anfrage der Abgeordneten Susanna Karawanskij -DIE LINKE-, BT-Drucks. 18/412, 30).

17. § 33a EStG

Außergewöhnliche Belastung in besonderen Fällen

(1) [1]Erwachsen einem Steuerpflichtigen Aufwendungen für den Unterhalt und eine etwaige Berufsausbildung einer dem Steuerpflichtigen oder seinem Ehegatten gegenüber gesetzlich unterhaltsberechtigten Person, so wird auf Antrag die Einkommensteuer dadurch ermäßigt, dass die Aufwendungen bis zu 8 354 € im Kalenderjahr vom Gesamtbetrag der Einkünfte abgezogen werden. ... [4]Voraussetzung ist, dass weder der Steuerpflichtige noch eine andere Person Anspruch auf einen Freibetrag nach § 32 Abs. 6 oder auf Kindergeld für die unterhaltene Person hat und die unterhaltene Person kein oder nur ein geringes Vermögen besitzt; **ein angemessenes Hausgrundstück im Sinne von § 90 Abs. 2 Nr. 8 des Zwölften Buches Sozialgesetzbuch bleibt unberücksichtigt**. [5]Hat die unterhaltene Person andere Einkünfte oder Bezüge, so vermindert sich die Summe der nach Satz 1 und Satz 2 ermittelten Beträge um den Betrag, um den diese Einkünfte und Bezüge den Betrag von 624 € im Kalenderjahr übersteigen, sowie um die von der unterhaltenen Person als Ausbildungshilfe aus öffentlichen Mitteln oder von Förderungseinrichtungen, die hierfür öffentliche Mittel erhalten, bezogenen Zuschüsse; zu den Bezügen gehören auch steuerfreie Gewinne nach den §§ 14, 16 Abs. 4, § 17 Abs. 3 und § 18 Abs. 3, die nach § 19 Abs. 2 steuerfrei bleibenden Einkünfte sowie Sonderabschreibungen und erhöhte Absetzungen, soweit sie die höchstmöglichen Absetzungen für Abnutzung nach § 7 übersteigen. [6]Ist die unterhaltene Person nicht unbeschränkt einkommensteuerpflichtig, so können die Aufwendungen nur abgezogen werden, soweit sie nach den Verhältnissen des Wohnsitzstaates der unterhaltenen Person notwendig und angemessen sind, höchstens jedoch der Betrag, der sich nach den Sätzen 1 bis 5 ergibt; ob der Steuerpflichtige zum Unterhalt gesetzlich verpflichtet ist, ist nach

inländischen Maßstäben zu beurteilen. [7]Werden die Aufwendungen für eine unterhaltene Person von mehreren Steuerpflichtigen getragen, so wird bei jedem der Teil des sich hiernach ergebenden Betrags abgezogen, der seinem Anteil am Gesamtbetrag der Leistungen entspricht. [8]**Nicht auf Euro lautende Beträge sind entsprechend dem für Ende September des Jahres vor dem Veranlagungszeitraum von der Europäischen Zentralbank bekannt gegebenen Referenzkurs umzurechnen.**

...

Anwendungsvorschriften:

▶Art. 31 Abs. 1 des AmtshilfeRLUmsG lautet:

(1) Dieses Gesetz tritt vorbehaltlich der Absätze 2 bis 8 am Tag nach der Verkündung in Kraft.

▶§ 52 Abs. 46 EStG i. d. F. von Art. 2 Nr. 39 Buchst. m des AmtshilfeLUmsG lautet:

(46) § 33a Abs. 1 Satz 4 und 8 i. d. F. des Artikels 2 des Gesetzes vom 26. 6. 2013 (BGBl I 2013, 1809) ist in allen Fällen anzuwenden, in denen die Einkommensteuer noch nicht bestandskräftig veranlagt ist.

Erläuterungen

(Dr. Sascha Bleschick)

LITERATUR:

Nacke, StBW 2013, 649.

Es handelt sich um ein die Rechtsprechung des BFH änderndes Gesetz. Denn der BFH hatte entschieden, dass bei der Ermittlung des eigenen Vermögens der unterhaltenen Person auch ein Hausgrundstück des Unterhaltsempfängers berücksichtigt werden muss, so dass der Abzug außergewöhnlicher Belastungen nach § 33a EStG nicht oder nur teilweise in Betracht kam (BFH v. 30. 6. 2010 – VI R 35/09, BStBl II 2011, 267, NWB DokID: TAAAD-55216). Wie im Sozialrecht ist jetzt auch im Einkommensteuerrecht ein angemessenes Hausgrundstück unschädlich. Mithin kann eine Unterhaltszahlung nach § 33a EStG berücksichtigt werden, obwohl der Unterhaltsempfänger Eigentümer eines angemessenen Hausgrundstücks ist.

Zeitlicher Anwendungsbereich: § 33a Abs. 1 Satz 4 und 8 ist in allen Fällen anzuwenden, in denen die Einkommensteuer noch nicht bestandskräftig veranlagt ist (§ 52 Abs. 46 EStG).

18. § 33b Abs. 6 Satz 5 EStG

Pauschbeträge für behinderte Menschen, Hinterbliebene und Pflegepersonen

...

(6) [1]Wegen der außergewöhnlichen Belastungen, die einem Steuerpflichtigen durch die Pflege einer Person erwachsen, die nicht nur vorübergehend hilflos ist, kann er anstelle einer Steuerermäßigung nach § 33 einen Pauschbetrag von 924 € im Kalenderjahr geltend machen (Pflege-Pauschbetrag), wenn er dafür keine Einnahmen erhält. [2]Zu diesen Einnahmen zählt unab-

hängig von der Verwendung nicht das von den Eltern eines behinderten Kindes für dieses Kind empfangene Pflegegeld. [3]Hilflos im Sinne des Satzes 1 ist eine Person, wenn sie für eine Reihe von häufig und regelmäßig wiederkehrenden Verrichtungen zur Sicherung ihrer persönlichen Existenz im Ablauf eines jeden Tages fremder Hilfe dauernd bedarf. [4]Diese Voraussetzungen sind auch erfüllt, wenn die Hilfe in Form einer Überwachung oder einer Anleitung zu den in Satz 3 genannten Verrichtungen erforderlich ist oder wenn die Hilfe zwar nicht dauernd geleistet werden muss, jedoch eine ständige Bereitschaft zur Hilfeleistung erforderlich ist. [5]**Voraussetzung ist, dass der Steuerpflichtige die Pflege entweder in seiner Wohnung oder in der Wohnung des Pflegebedürftigen persönlich durchführt und diese Wohnung in einem Mitgliedstaat der Europäischen Union oder in einem Staat belegen ist, auf den das Abkommen über den Europäischen Wirtschaftsraum anzuwenden ist.** *[bisher: [5]Voraussetzung ist, dass der Steuerpflichtige die Pflege im Inland entweder in seiner Wohnung oder in der Wohnung des Pflegebedürftigen persönlich durchführt.]* [6]Wird ein Pflegebedürftiger von mehreren Steuerpflichtigen im Veranlagungszeitraum gepflegt, wird der Pauschbetrag nach der Zahl der Pflegepersonen, bei denen die Voraussetzungen der Sätze 1 bis 5 vorliegen, geteilt.

Anwendungsvorschriften:

►Art. 31 Abs. 3 AmtshilfeRLUmsG lautet:

(3) Die Art. 1, 2 Nr. 1 Buchst. d, Nr. 2, 10, 20, 21, 23, 39 Buchst. a *[hier: Art. 2 Nr. 39 Buchst. a]*, **Nr. 41, Art. 3 Nr. 2, 4 Buchst. b, Art. 4 Nr. 1 Buchst. a, Nr. 4 Buchst. a, Art. 6, 8 Nr. 2 und 3 Buchst. b, Art. 11 Nr. 12, Art. 21, 24 und 25 treten mit Wirkung vom 1. 1. 2013 in Kraft.**

►§ 52 Abs. 1 EStG i. d. F. des AmtshilfeRLUmsG (Art. 2 Nr. 39 Buchst. a) lautet:

(1) Diese Fassung des Gesetzes ist, soweit in den folgenden Absätzen und in § 52a nichts anderes bestimmt ist, erstmals für den Veranlagungszeitraum **2013** anzuwenden. Beim Steuerabzug vom Arbeitslohn gilt Satz 1 mit der Maßgabe, dass diese Fassung erstmals auf den laufenden Arbeitslohn anzuwenden ist, der für einen nach dem 31. 12. **2012** endenden Lohnzahlungszeitraum gezahlt wird, und auf sonstige Bezüge, die nach dem 31. 12. **2012** zufließen.

Erläuterungen

(Dr. Alois Th. Nacke, Richter am FG)

Mit der Änderung des § 33b Abs. 6 Satz 5 EStG soll die Europatauglichkeit der Norm hergestellt werden. Während bisher nur die Pflege im Inland in der Wohnung des Steuerpflichtigen. oder in der Wohnung des Pflegebedürftigen, die der Steuerpflichtige persönlich erbringt, berücksichtigt wurde und die Gewährung des Pauschbetrages i. H. v. 924 € ermöglichte, soll dies nun EU/EWR-weit gelten. Voraussetzung ist u. a. bisher, dass der Steuerpflichtige die Pflege im Inland entweder in seiner Wohnung oder in der Wohnung des Pflegebedürftigen persönlich durchführt (§ 33b Abs. 6 Satz 5 EStG). Ziel der Einführung des Pflege-Pauschbetrages mit dem Steuerreformgesetz 1990 war es, „die häusliche Pflege zu stärken und die vielfältigen Belastungen, die die persönliche Pflege eines Schwerstpflegebedürftigen mit sich bringt, in angemessenem Rahmen steuerlich anzuerkennen" (BT-Drucks. 11/2157). Der Pflege-Pauschbetrag i. H. v. 924 € soll daher in erster Linie die nicht bezifferbaren Aufwendungen des Pflegenden für die persönliche Pflege abdecken. Diese Regelung wird nun auch auf das EU/EWR-Ausland übertragen.

Voraussetzung für die Inanspruchnahme des Pflege-Pauschbetrags ist auch für das EU/EWR-Ausland, dass die Hilflosigkeit der im Ausland pflegebedürftigen Person nachgewiesen wird. Für das Inland wird der Nachweis über die Vorlage eines Schwerbehindertenausweises mit Merkzeichen „H" oder Nachweis der Einstufung als Schwerstpflegebedürftiger in Pflegestufe III nach dem SGB XI geführt. Die Anerkennung einer im Ausland festgestellten Schwerbehinderung kann über ein im Schwerbehindertengesetz geregeltes Verfahren durch inländische deutsche Behörden herbeigeführt werden (BR-Drucks. 139/13, 129).

Zeitlicher Anwendungsbereich: Die Neuregelung gilt ab **VZ 2013** (Art. 31 Abs. 3 Amtshife-RLUmsG i. V. m. § 52 Abs. 1 EStG i. d. F. des AmtshilfeRLUmsG).

19. § 35 EStG

Steuerermäßigung bei Einkünften aus Gewerbebetrieb

(1) ¹Die tarifliche Einkommensteuer, vermindert um die sonstigen Steuerermäßigungen mit Ausnahme der §§ 34f, 34g und 35a, ermäßigt sich, soweit sie anteilig auf im zu versteuernden Einkommen enthaltene gewerbliche Einkünfte entfällt (Ermäßigungshöchstbetrag),

1. bei Einkünften aus gewerblichen Unternehmen im Sinne des § 15 Abs. 1 Satz 1 Nr. 1 um das 3,8-fache des jeweils für den dem Veranlagungszeitraum entsprechenden Erhebungszeitraum nach § 14 des Gewerbesteuergesetzes für das Unternehmen festgesetzten Steuermessbetrags (Gewerbesteuer-Messbetrag); Absatz 2 Satz 5 ist entsprechend anzuwenden;

2. bei Einkünften aus Gewerbebetrieb als Mitunternehmer im Sinne des § 15 Abs. 1 Satz 1 Nr. 2 oder als persönlich haftender Gesellschafter einer Kommanditgesellschaft auf Aktien im Sinne des § 15 Abs. 1 Satz 1 Nr. 3

um das 3,8-fache des jeweils für den dem Veranlagungszeitraum entsprechenden Erhebungszeitraum festgesetzten anteiligen Gewerbesteuer-Messbetrags.

²Der Ermäßigungshöchstbetrag ist wie folgt zu ermitteln:

$$\frac{\text{Summe der positiven gewerblichen Einkünfte}}{\text{Summe aller positiven Einkünfte}} \cdot \text{geminderte tarifliche Steuer.}$$

³Gewerbliche Einkünfte im Sinne der Sätze 1 und 2 sind die der Gewerbesteuer unterliegenden Gewinne und Gewinnanteile, soweit sie nicht nach anderen Vorschriften von der Steuerermäßigung nach § 35 ausgenommen sind. ⁴Geminderte tarifliche Steuer ist die tarifliche Steuer nach Abzug von Beträgen auf Grund der Anwendung zwischenstaatlicher Abkommen und nach Anrechnung der ausländischen Steuern nach **§ 32d Abs. 6 Satz 2**, § 34c Abs. 1 und 6 dieses Gesetzes und § 12 des Außensteuergesetzes. ⁵Der Abzug des Steuerermäßigungsbetrags ist auf die tatsächlich zu zahlende Gewerbesteuer beschränkt.

...

Anwendungsvorschriften:

►Art. 31 Abs. 3 AmtshilfeRLUmsG lautet:

(3) Die Art. 1, 2 Nr. 1 Buchst. d, Nr. 2, 10, 20, 21, 23, 39 Buchst. a *[hier: Art. 2 Nr. 39 Buchst. a]*, **Nr. 41, Art. 3 Nr. 2, 4 Buchst. b, Art. 4 Nr. 1 Buchst. a, Nr. 4 Buchst. a, Art. 6, 8 Nr. 2 und 3 Buchst. b, Art. 11 Nr. 12, Art. 21, 24 und 25 treten mit Wirkung vom 1. 1. 2013 in Kraft.**

▶ § 52 Abs. 1 EStG i. d. F. des AmtshilfeRLUmsG (Art. 2 Nr. 39 Buchst. a) lautet:

(1) Diese Fassung des Gesetzes ist, soweit in den folgenden Absätzen und in § 52a nichts anderes bestimmt ist, erstmals für den Veranlagungszeitraum **2013** anzuwenden. Beim Steuerabzug vom Arbeitslohn gilt Satz 1 mit der Maßgabe, dass diese Fassung erstmals auf den laufenden Arbeitslohn anzuwenden ist, der für einen nach dem 31. 12. **2012** endenden Lohnzahlungszeitraum gezahlt wird, und auf sonstige Bezüge, die nach dem 31. 12. **2012** zufließen.

Erläuterungen

(Dr. Alois Th. Nacke, Richter am FG)

„§ 35 Abs. 1 Satz 4 EStG definiert für Zwecke der Ermittlung des Ermäßigungshöchstbetrags gem. § 35 Abs. 1 Satz 2 EStG als „geminderte tarifliche Steuer" die tarifliche Steuer nach Abzug von Beträgen auf Grund der Anwendung zwischenstaatlicher Abkommen und nach Anrechnung der ausländischen Steuern nach § 34c Abs. 1 und 6 EStG und § 12 AStG. § 34c Abs. 1 und 6 EStG gilt gem. § 34c Abs. 1 Satz 1, 2. Halbsatz EStG nicht für Einkünfte aus Kapitalvermögen, auf die § 32d Abs. 1 und 3 bis 6 EStG anzuwenden ist, so dass ausländische Steuern insoweit bislang ausschließlich nach Maßgabe des § 32d Abs. 5 und 6 Satz 2 EStG auf die Einkommensteuer angerechnet werden.

Systematisch ist jedwede Anrechnung ausländischer Steuern der Anwendung des § 35 EStG – mit einer entsprechenden nachteiligen Auswirkung auf die Ermittlung des Ermäßigungshöchstbetrags i. S. d. § 35 Abs. 1 Satz 2 EStG – vorzuziehen. Daher ist § 35 Abs. 1 Satz 4 EStG dahingehend zu ändern, dass auch die nach § 32d Abs. 6 Satz 2 EStG angerechnete ausländische Steuer in den Katalog der Minderungsbeträge i. S. d. § 35 Abs. 1 Satz 4 EStG aufzunehmen ist. Es handelt sich um eine bislang nicht vorgenommene Folgeänderung aus der Einführung der Abgeltungsteuer." (BR-Drucks. 302/12, 89)

Zeitlicher Anwendungsbereich: Die Neuregelung gilt **ab VZ 2013** (Art. 31 Abs. 3 Amtshilfe-RLUmsG i. V. m. § 52 Abs. 1 EStG i. d. F. des AmtshilfeRLUmsG).

20. § 36 Abs. 5 Satz 1 EStG

Entstehung und Tilgung der Einkommensteuer

. . .

(5) [1]In den Fällen des § 16 Abs. 3a kann auf Antrag des Steuerpflichtigen die festgesetzte Steuer, die auf den Aufgabegewinn und den durch den Wechsel der Gewinnermittlungsart erzielten Gewinn entfällt, in fünf gleichen Jahresraten entrichtet werden, wenn die Wirtschaftsgüter einem Betriebsvermögen des Steuerpflichtigen in einem anderen Mitgliedstaat der Europäischen Union oder des Europäischen Wirtschaftsraums zuzuordnen sind, sofern durch diese Staaten Amtshilfe entsprechend oder im Sinne der **Amtshilferichtlinie gemäß § 2 Abs. 2 des EU-Amtshilfegesetzes** *[bisher: Richtlinie 77/799/EWG einschließlich der in diesem Zusammenhang anzuwendenden Durchführungsbestimmungen in den für den jeweiligen Veranlagungszeitraum geltenden Fassungen oder eines entsprechenden Nachfolgerechtsakts]* und gegenseitige Unterstützung bei der Beitreibung im Sinne der Beitreibungsrichtlinie einschließlich der in diesem Zusammenhang anzuwendenden Durchführungsbestimmungen in den für den jeweiligen Veranlagungszeitraum geltenden Fassungen oder eines entsprechenden Nachfolgerechtsakts geleistet werden. [2] . . . .

Anwendungsvorschriften:

▶Art. 31 Abs. 3 AmtshilfeRLUmsG (hier betreffend Art. 2 Nr. 20 AmtshilfeRLUmsG) lautet:

Die Art. 1, 2 Nr. 1 Buchst. d, Nr. 2, 10, 20, 21, 23, 39 Buchst. a, Nr. 41, Art. 3 Nr. 2, 4 Buchst. b, Art. 4 Nr. 1 Buchst. a, Nr. 4 Buchst. a, Art. 6, 8 Nr. 2 und 3 Buchst. b, Art. 11 Nr. 12, Art. 21, 24 und 25 treten mit Wirkung vom 1. 1. 2013 in Kraft.

▶§ 52 Abs. 1 Satz 1 EStG i. d. F. von Art. 2 Nr. 39 Buchst. a AmtshilfeRLUmsG (in Kraft mit Wirkung vom 1. 1. 2013) lautet:

(1) Diese Fassung des Gesetzes ist, soweit in den folgenden Absätzen und in § 52a nichts anderes bestimmt ist, erstmals für den Veranlagungszeitraum **2013** anzuwenden.

Erläuterungen

(Walter Bode, Dipl.-Kfm., Richter am BFH)

In § 36 Abs. 5 Satz 1 EStG wurde eine redaktionelle Anpassung der Verweisung auf die Amtshilferichtlinie vorgenommen. Die Änderung war im Gesetzentwurf zum AmtshilfeRLUmsG enthalten (BT-Drucks. 17/12375, 9 und 38) und wurde in die Beschlussempfehlung des Vermittlungsausschusses übernommen (BT-Drucks. 17/13722, 10).

Zeitlicher Anwendungsbereich: Anzuwenden **ab dem VZ 2013.**

21. § 39 Abs. 9 Satz 1 EStG
Lohnsteuerabzugsmerkmale

. . .

(8) ¹Der Arbeitgeber darf die Lohnsteuerabzugsmerkmale nur für die Einbehaltung der Lohn- und Kirchensteuer verwenden. ²Er darf sie ohne Zustimmung des Arbeitnehmers nur offenbaren, soweit dies gesetzlich zugelassen ist.

(9) ¹Ordnungswidrig handelt, wer vorsätzlich oder leichtfertig entgegen Absatz 8 ein **Lohnsteuerabzugsmerkmal** *[bisher: Lohnsteuermerkmal]* verwendet. ²Die Ordnungswidrigkeit kann mit einer Geldbuße bis zu zehntausend Euro geahndet werden.

Anwendungsvorschriften:

▶Art. 31 Abs. 3 AmtshilfeRLUmsG (hier betreffend Art. 2 Nr. 21 AmtshilfeRLUmsG) lautet:

Die Art. 1, 2 Nr. 1 Buchst. d, Nr. 2, 10, 20, 21, 23, 39 Buchst. a, Nr. 41, Art. 3 Nr. 2, 4 Buchst. b, Art. 4 Nr. 1 Buchst. a, Nr. 4 Buchst. a, Art. 6, 8 Nr. 2 und 3 Buchst. b, Art. 11 Nr. 12, Art. 21, 24 und 25 treten mit Wirkung vom 1. 1. 2013 in Kraft.

▶§ 52 Abs. 1 Satz 1 EStG i. d. F. von Art. 2 Nr. 39 Buchst. a AmtshilfeRLUmsG (in Kraft mit Wirkung vom 1. 1. 2013) lautet:

(1) Diese Fassung des Gesetzes ist, soweit in den folgenden Absätzen und in § 52a nichts anderes bestimmt ist, erstmals für den Veranlagungszeitraum **2013** anzuwenden. Beim Steuerabzug vom Arbeitslohn gilt Satz 1 mit der Maßgabe, dass diese Fassung erstmals auf den laufenden Arbeitslohn anzuwenden ist, der für einen nach dem 31. 12. **2012** endenden Lohnzahlungszeitraum gezahlt wird, und auf sonstige Bezüge, die nach dem 31. 12. **2012** zufließen.

Erläuterungen

(Walter Bode, Dipl.-Kfm., Richter am BFH)

Es handelt sich um eine redaktionelle Änderung im Zusammenhang mit den elektronischen Lohnsteuerabzugsmerkmalen (ELStAM). Die Änderung war im Gesetzentwurf zum Amtshilfe-RLUmsG enthalten (BT-Drucks. 17/12375, 9 und 38) und wurde in die Beschlussempfehlung des Vermittlungsausschusses übernommen (BT-Drucks. 17/13722, 10).

Zeitlicher Anwendungsbereich: Anzuwenden **ab dem VZ 2013**.

22. § 39a Abs. 1 EStG

Freibetrag und Hinzurechnungsbetrag

(1) [1]Auf Antrag des unbeschränkt einkommensteuerpflichtigen Arbeitnehmers ermittelt das Finanzamt die Höhe eines vom Arbeitslohn insgesamt abzuziehenden Freibetrags aus der Summe der folgenden Beträge:

1. Werbungskosten, die bei den Einkünften aus nichtselbständiger Arbeit anfallen, soweit sie den Arbeitnehmer-Pauschbetrag (§ 9a Satz 1 Nr. 1 Buchst. a) oder bei Versorgungsbezügen den Pauschbetrag (§ 9a Satz 1 Nr. 1 Buchst. b) übersteigen,

2. Sonderausgaben im Sinne des § 10 Abs. 1 Nr. 1, 1a, 1b, 4, 5, 7 und 9 und des § 10b, soweit sie den Sonderausgaben-Pauschbetrag von 36 € übersteigen,

3. der Betrag, der nach den §§ 33, 33a und 33b Abs. 6 wegen außergewöhnlicher Belastungen zu gewähren ist,

4. die Pauschbeträge für behinderte Menschen und Hinterbliebene (§ 33b Abs. 1 bis 5),

5. die folgenden Beträge, wie sie nach § 37 Abs. 3 bei der Festsetzung von Einkommensteuer-Vorauszahlungen zu berücksichtigen sind:

   a) die Beträge, die nach § 10d Abs. 2, §§ 10e, 10f, 10g, 10h, 10i, nach § 15b des Berlinförderungsgesetzes oder nach § 7 des Fördergebietsgesetzes abgezogen werden können,

   b) die negative Summe der Einkünfte im Sinne des § 2 Abs. 1 Satz 1 Nr. 1 bis 3, 6 und 7 und der negativen Einkünfte im Sinne des § 2 Abs. 1 Satz 1 Nr. 5,

   c) das Vierfache der Steuerermäßigung nach den §§ 34f und 35a,

6. die Freibeträge nach § 32 Abs. 6 für jedes Kind im Sinne des § 32 Abs. 1 bis 4, für das kein Anspruch auf Kindergeld besteht. [2]Soweit für diese Kinder Kinderfreibeträge nach § 38b Abs. 2 berücksichtigt worden sind, ist die Zahl der Kinderfreibeträge entsprechend zu vermindern. [3]Der Arbeitnehmer ist verpflichtet, den nach Satz 1 ermittelten Freibetrag ändern zu lassen, wenn für das Kind ein Kinderfreibetrag nach § 38b Abs. 2 berücksichtigt wird,

7. ein Betrag für ein zweites oder ein weiteres Dienstverhältnis insgesamt bis zur Höhe des auf volle Euro abgerundeten zu versteuernden Jahresbetrags nach § 39b Abs. 2 Satz 5, bis zu dem nach der Steuerklasse des Arbeitnehmers, die für den Lohnsteuerabzug vom Arbeitslohn aus dem ersten Dienstverhältnis anzuwenden ist, Lohnsteuer nicht zu erheben ist. [2]Voraussetzung ist, dass

a) der Jahresarbeitslohn aus dem ersten Dienstverhältnis geringer ist als der nach Satz 1 maßgebende Eingangsbetrag und

b) in Höhe des Betrags für ein zweites oder ein weiteres Dienstverhältnis zugleich für das erste Dienstverhältnis ein Betrag ermittelt wird, der dem Arbeitslohn hinzuzurechnen ist (Hinzurechnungsbetrag).

³Soll für das erste Dienstverhältnis auch ein Freibetrag nach den Nummern 1 bis 6 und 8 ermittelt werden, ist nur der diesen Freibetrag übersteigende Betrag als Hinzurechnungsbetrag zu berücksichtigen. ⁴Ist der Freibetrag höher als der Hinzurechnungsbetrag, ist nur der den Hinzurechnungsbetrag übersteigende Freibetrag zu berücksichtigen,

8. der Entlastungsbetrag für Alleinerziehende (§ 24b) bei Verwitweten, die nicht in Steuerklasse II gehören.

²Der insgesamt abzuziehende Freibetrag und der Hinzurechnungsbetrag gelten mit Ausnahme von Satz 1 Nr. 4 und vorbehaltlich der Sätze 3 bis 5 für die gesamte Dauer eines Kalenderjahres. ³Die Summe der nach Satz 1 Nr. 1 bis 3 sowie 5 bis 8 ermittelten Beträge wird längstens für einen Zeitraum von zwei Kalenderjahren ab Beginn des Kalenderjahres, für das der Freibetrag erstmals gilt, berücksichtigt. ⁴Der Arbeitnehmer kann eine Änderung des Freibetrags innerhalb dieses Zeitraums beantragen, wenn sich die Verhältnisse zu seinen Gunsten ändern. ⁵Ändern sich die Verhältnisse zu seinen Ungunsten, ist er verpflichtet, dies dem Finanzamt umgehend anzuzeigen. *[bisher: ²Der insgesamt abzuziehende Freibetrag und der Hinzurechnungsbetrag gelten mit Ausnahme von Satz 1 Nr. 4 für die gesamte Dauer eines Kalenderjahres.]*

...

Anwendungsvorschriften:

▶ Art. 31 Abs. 1 AmtshilfeRLUmsG (hier betreffend Art. 2 Nr. 22 AmtshilfeRLUmsG) lautet:

(1) Dieses Gesetz tritt vorbehaltlich der Absätze 2 bis 8 am Tag nach der Verkündung in Kraft.

▶ § 52 Abs. 50h EStG i. d. F. von Art. 2 Nr. 39 Buchst. n AmtshilfeRLUmsG (in Kraft getreten am Tag nach der Verkündung) lautet:

Das Bundesministerium der Finanzen kann im Einvernehmen mit den obersten Finanzbehörden der Länder in einem Schreiben mitteilen, ab wann die Regelungen in § 39a Abs. 1 Satz 3 bis 5 erstmals anzuwenden sind. Dieses Schreiben ist im Bundessteuerblatt zu veröffentlichen.

Erläuterungen

(Walter Bode, Dipl.-Kfm., Richter am BFH)

Die Änderung des § 39a EStG durch Art. 2 Nr. 22 AmtshilfeRLUmsG war ursprünglich in der Regierungsvorlage und dem Gesetzentwurf des Bundesrats eines JStG 2013 enthalten (vgl. BT-Drucks. 17/10000, 14; 17/13033, 15), nicht hingegen im Gesetzentwurf des AmtshilfeRLUmsG (BT-Drucks. 17/12375). Aufgrund der Beschlussempfehlung des Vermittlungsausschusses wurde sie in das AmtshilfeRLUmsG aufgenommen (BT-Drucks. 17/13722, 10).

Aufgrund der Neuregelung des § 39a Abs. 1 EStG kann ein Arbeitnehmer beantragen, dass ein im Lohnsteuerabzugsverfahren zu berücksichtigender Freibetrag nach § 39a Abs. 1 Satz 2 EStG für zwei Kalenderjahre statt für ein Kalenderjahr gilt (§ 39a Abs. 1 Satz 3 EStG).

Die **längere Geltungsdauer eines Freibetrags** (zwei Kalenderjahre statt für ein Kalenderjahr) soll zu einer Verfahrensvereinfachung für den Arbeitnehmer und auch für die Finanzverwaltung führen, weil der Arbeitnehmer nicht mehr jährlich den Antrag auf Lohnsteuer-Ermäßigung beim Finanzamt zu stellen braucht (BT-Drucks. 17/13033, 68).

Es soll auch in den Fällen der zweijährigen Geltungsdauer eines Freibetrags die **vereinfachte Beantragung eines Freibetrags für das Folgejahr** möglich sein (BT-Drucks. 17/10000, 56; 17/13033, 68). Bei der vereinfachten Beantragung kann das Finanzamt unter der Voraussetzung, dass die Verhältnisse des Arbeitnehmers im Wesentlichen gleich geblieben sind, auf nähere Angaben des Arbeitnehmers verzichten (§ 39a Abs. 2 Satz 5 EStG). Für einen Freibetrag mit zweijähriger Geltungsdauer bedeutet dies, dass nach Ablauf der zweijährigen Geltungsdauer des Freibetrags für die darauf folgenden zwei Jahre die weitere Berücksichtigung des Freibetrags im Lohnsteuerabzugsverfahren mit einem vereinfachten Antrag auf Lohnsteuer-Ermäßigung beantragt werden kann (BT-Drucks. 17/10000, 56; 17/13033, 68). Auch bei dieser vereinfachten Beantragung gilt für den Arbeitnehmer die gesetzliche Verpflichtung, bei Veränderungen zu seinen Ungunsten die Höhe des Freibetrags ändern zu lassen (s. unten).

Die Eintragung eines Freibetrags bei den elektronischen Lohnsteuerabzugsmerkmalen (ELStAM) steht unter dem Vorbehalt der Nachprüfung und der Arbeitnehmer ist grundsätzlich nach § 46 Abs. 2 Nr. 4 EStG verpflichtet, eine Einkommensteuererklärung beim Finanzamt abzugeben.

Da der Arbeitnehmer im Falle der Änderung der tatsächlichen Verhältnisse zu seinen Gunsten den Freibetrag ändern lassen kann (**§ 39a Abs. 1 Satz 4 EStG**), ist er nicht für den gesamten Zweijahreszeitraum gebunden. Ändern sich die Verhältnisse des Arbeitnehmers zu seinen Ungunsten, ist er gesetzlich verpflichtet, den Freibetrag ändern zu lassen (**§ 39a Abs. 1 Satz 5 EStG**). Eine Änderung innerhalb des Geltungszeitraums eines Freibetrags kann sich zum Beispiel ergeben bei Arbeitgeberwechsel, wenn sich die Entfernung zur Arbeits- oder Tätigkeitsstätte wesentlich erhöht oder verringert oder eine doppelte Haushaltsführung begründet wird oder wegfällt.

Die mehrjährige Geltungsdauer der Freibeträge für behinderte Menschen und Hinterbliebene wurde beibehalten. Für die Berechnungen im Lohnsteuerermäßigungsverfahren nach Abs. 2 soll weiterhin eine jährliche Betrachtungsweise gelten (BT-Drucks. 17/10000, 56; 17/13033, 68).

Zeitlicher Anwendungsbereich: Neuregelung in Kraft getreten am **30. 6. 2013**. Die in § 52 Abs. 50h EStG vorgesehene Mitteilung eines „Starttermins" durch das BMF liegt allerdings noch nicht vor (zu Zweifeln, ob das System überhaupt kommt s. *Hechtner*, BBK 2013, 713, 717).

23. § 39f Abs. 1 Satz 1 EStG

Faktorverfahren anstelle Steuerklassenkombination III/V

(1) [1]Bei Ehegatten, die in die Steuerklasse IV gehören (§ 38b Abs. 1 Satz 2 Nr. 4), hat das Finanzamt auf Antrag beider Ehegatten nach § 39a anstelle der Steuerklassenkombination III/V (**§ 38b Abs. 1 Satz 2 Nr. 5**) *[bisher: (§ 38b Satz 2 Nr. 5)]* als Lohnsteuerabzugsmerkmal jeweils die Steuerklasse IV in Verbindung mit einem Faktor zur Ermittlung der Lohnsteuer zu bilden, wenn der Faktor kleiner als 1 ist. [2]...

Anwendungsvorschriften:

► Art. 31 Abs. 3 AmtshilfeRLUmsG (hier betreffend Art. 2 Nr. 23 AmtshilfeRLUmsG) lautet:

Die Art. 1, 2 Nr. 1 Buchst. d, Nr. 2, 10, 20, 21, 23, 39 Buchst. a, Nr. 41, Art. 3 Nr. 2, 4 Buchst. b, Art. 4 Nr. 1 Buchst. a, Nr. 4 Buchst. a, Art. 6, 8 Nr. 2 und 3 Buchst. b, Art. 11 Nr. 12, Art. 21, 24 und 25 treten mit Wirkung vom 1. 1. 2013 in Kraft.

► § 52 Abs. 1 Satz 1 EStG i. d. F. von Art. 2 Nr. 39 Buchst. a AmtshilfeRLUmsG (in Kraft mit Wirkung vom 1. 1. 2013) lautet:

(1) Diese Fassung des Gesetzes ist, soweit in den folgenden Absätzen und in § 52a nichts anderes bestimmt ist, erstmals für den Veranlagungszeitraum 2013 anzuwenden. Beim Steuerabzug vom Arbeitslohn gilt Satz 1 mit der Maßgabe, dass diese Fassung erstmals auf den laufenden Arbeitslohn anzuwenden ist, der für einen nach dem 31. 12. 2012 endenden Lohnzahlungszeitraum gezahlt wird, und auf sonstige Bezüge, die nach dem 31. 12. 2012 zufließen.

Erläuterungen

(Walter Bode, Dipl.-Kfm., Richter am BFH)

Die Änderung war im Gesetzentwurf zum AmtshilfeRLUmsG enthalten (BT-Drucks. 17/12375, 9 und 38) und wurde in die Beschlussempfehlung des Vermittlungsausschusses übernommen (BT-Drucks. 17/13722, 10). Es handelt sich um eine redaktionelle Änderung des Gesetzestextes in Zusammenhang mit den elektronischen Lohnsteuerabzugsmerkmalen (ELStAM) (vgl. BT-Drucks. 17/12375, 38).

Zeitlicher Anwendungsbereich: Anzuwenden **ab dem VZ 2013.**

24. § 40 Abs. 2 Satz 1 Nr. 5 EStG

Pauschalierung der Lohnsteuer in besonderen Fällen

(1) [1]Das Betriebsstättenfinanzamt (§ 41a Abs. 1 Satz 1 Nr. 1) kann auf Antrag des Arbeitgebers zulassen, dass die Lohnsteuer mit einem unter Berücksichtigung der Vorschriften des § 38a zu ermittelnden Pauschsteuersatz erhoben wird, soweit …

(2) [1]Abweichend von Absatz 1 kann der Arbeitgeber die Lohnsteuer mit einem Pauschsteuersatz von 25 Prozent erheben, soweit er …

5. den Arbeitnehmern zusätzlich zum ohnehin geschuldeten Arbeitslohn unentgeltlich oder verbilligt *[bisher: Personalcomputer]* **Datenverarbeitungsgeräte** übereignet; das gilt auch für Zubehör und Internetzugang. [2]Das Gleiche gilt für Zuschüsse des Arbeitgebers, die zusätzlich zum ohnehin geschuldeten Arbeitslohn zu den Aufwendungen des Arbeitnehmers für die Internetnutzung gezahlt werden.

Anwendungsvorschriften:

► Art. 31 Abs. 1 AmtshilfeRLUmsG (hier betreffend Art. 2 Nr. 24 AmtshilfeRLUmsG) lautet:

(1) Dieses Gesetz tritt vorbehaltlich der Absätze 2 bis 8 am Tag nach der Verkündung in Kraft.

Erläuterungen

(Walter Bode, Dipl.-Kfm., Richter am BFH)

Die Änderung in § 40 Abs. 2 Satz 1 Nr. 5 EStG durch Art. 2 Nr. 24 AmtshilfeRLUmsG wurde im Gesetzentwurf des Bundesrats zu einem JStG 2013 vorgeschlagen (BT-Drucks. 17/13033, 15 und 68) und in die Beschlussempfehlung des Vermittlungsausschusses zum AmtshilfeRLUmsG übernommen (BT-Drucks. 17/13722, 10). Entsprechend der Änderung des § 3 Nr. 45 EStG durch das Gesetz zur Änderung des Gemeindefinanzreformgesetzes und von steuerlichen Vorschriften vom 8. 5. 2012 (BGBl I 2012, 1030) wurde auch für die Pauschalbesteuerung von Sachzuwendungen des Arbeitgebers der Begriff „Personalcomputer" durch den allgemeineren Begriff „Datenverarbeitungsgerät" ersetzt (Folgeänderung) (vgl. BT-Drucks. 17/13033, 68). Während § 3 Nr. 45 EStG neben Datenverarbeitungsgeräten auch Telekommunikationsgeräte erfasst, werden letztere in § 40 Abs. 2 Satz 1 Nr. 5 EStG nicht genannt, so dass hier – technisch mitunter schwierig (zu Recht kritisch *Hechtner*, BBK 2013, 713, 717 f.) – abzugrenzen ist.

Zeitlicher Anwendungsbereich: Anzuwenden **ab dem 30. 6. 2013** (a. A. *Hechtner*, BBK 2013, 713, 718, wonach die Änderung mangels expliziter Anwendungsregel nach § 52 Abs. 1 EStG erstmals für den VZ 2013 gilt; zudem schlägt *Hechtner* im Ergebnis eine analoge Anwendung des die Anwendung des § 3 Nr. 45 EStG betreffenden § 52 Abs. 4g EStG vor).

25. § 40a Abs. 6 EStG

Pauschalierung der Lohnsteuer für Teilzeitbeschäftigte und geringfügig Beschäftigte

...

(6) [1]Für die Erhebung der einheitlichen Pauschsteuer nach Absatz 2 ist die Deutsche Rentenversicherung Knappschaft-Bahn-See [*gestrichen: /Verwaltungsstelle Cottbus*] zuständig. [2]Die Regelungen zum Steuerabzug vom Arbeitslohn sind entsprechend anzuwenden. [3]Für die Anmeldung, Abführung und Vollstreckung der einheitlichen Pauschsteuer **sowie die Erhebung eines Säumniszuschlags und das Mahnverfahren für die einheitliche Pauschsteuer** gelten dabei die Regelungen für die Beiträge nach § 168 Absatz 1 Nummer 1b oder 1c oder nach § 172 Absatz 3 oder 3a des Sechsten Buches Sozialgesetzbuch. [4]Die Deutsche Rentenversicherung Knappschaft-Bahn-See [*gestrichen: /Verwaltungsstelle Cottbus*] hat die einheitliche Pauschsteuer auf die erhebungsberechtigten Körperschaften aufzuteilen; dabei entfallen aus Vereinfachungsgründen 90 Prozent der einheitlichen Pauschsteuer auf die Lohnsteuer, 5 Prozent auf den Solidaritätszuschlag und 5 Prozent auf die Kirchensteuern. [5]Die erhebungsberechtigten Kirchen haben sich auf eine Aufteilung des Kirchensteueranteils zu verständigen und diesen der Deutschen Rentenversicherung Knappschaft-Bahn-See [*gestrichen: /Verwaltungsstelle Cottbus*] mitzuteilen. [6]Die Deutsche Rentenversicherung Knappschaft-Bahn-See [*gestrichen: /Verwaltungsstelle Cottbus*] ist berechtigt, die einheitliche Pauschsteuer nach Absatz 2 zusammen mit den Sozialversicherungsbeiträgen beim Arbeitgeber einzuziehen.

Anwendungsvorschriften:

►Art. 31 Abs. 1 AmtshilfeRLUmsG (hier betreffend Art. 2 Nr. 25 AmtshilfeRLUmsG) lautet:

(1) Dieses Gesetz tritt vorbehaltlich der Absätze 2 bis 8 am Tag nach der Verkündung in Kraft.

Erläuterungen

(Walter Bode, Dipl.-Kfm., Richter am BFH)

Die Änderungen in § 40a Abs. 6 EStG durch Art. 2 Nr. 25 AmtshilfeRLUmsG wurden in der Regierungsvorlage und im Gesetzentwurf des Bundesrats zu einem JStG 2013 vorgeschlagen (BT-Drucks. 17/10000, 14 und 56; 17/13033, 15 und 68) und in die Beschlussempfehlung des Vermittlungsausschusses zum AmtshilfeRLUmsG übernommen (BT-Drucks. 17/13722, 10).

§ 40a Abs. 6 Satz 1, 4, 5 und 6 EStG: Es handelt sich um redaktionelle Folgeänderungen und Anpassungen an die Änderung des § 28i des Vierten Buches Sozialgesetzbuch (SGB IV) durch das Dritte Gesetz zur Änderung des Vierten Buches Sozialgesetzbuch und anderer Gesetze vom 5. 8. 2010 (BGBl I 2010, 1127) (vgl. hierzu und zum Folgenden BT-Drucks. 17/10000, 56; 17/13033, 68). § 28i SGB IV bestimmt nunmehr die Deutsche Rentenversicherung Knappschaft-Bahn-See als bundesweit zuständige Einzugsstelle für die Sozialabgaben aus den Arbeitsentgelten für geringfügige Beschäftigungsverhältnisse. Weil die Deutsche Rentenversicherung Knappschaft-Bahn-See auch die einheitliche Pauschsteuer einzieht, sind die steuerrechtlichen Regelungen entsprechend anzupassen.

§ 40a Abs. 6 Satz 3 EStG: Der Arbeitgeber kann für das Arbeitsentgelt aus einer geringfügigen Beschäftigung im Sinne des SGB IV die Lohnsteuer mit einem einheitlichen Pauschsteuersatz i. H. v. insgesamt 2 % des Arbeitsentgelts erheben (§ 40a Abs. 2 EStG) (vgl. hierzu und zum Folgenden BT-Drucks. 17/10000, 56; 17/13033, 68 f.). Diese einheitliche Pauschsteuer ist zusammen mit den Beiträgen zur gesetzlichen Sozialversicherung an die Deutsche Rentenversicherung Knappschaft-Bahn-See zu entrichten. Diese vereinnahmt die einheitliche Pauschsteuer sowie die Beiträge, leitet sie an die zuständigen Stellen weiter, überwacht die Zahlungseingänge und bearbeitet evtl. Meldungs- und Zahlungsrückstände. Für die zu erhebende einheitliche Pauschsteuer gelten grundsätzlich die allgemeinen Verfahrensvorschriften der Abgabenordnung. Hiervon abweichend sind zur Arbeitserleichterung für die Anmeldung, Abführung und Vollstreckung der einheitlichen Pauschsteuer die sozialrechtlichen Regelungen anzuwenden (§ 40a Abs. 6 Satz 3 EStG). Der Bundesrechnungshof hat in seinen Bemerkungen zur Haushalts- und Wirtschaftsführung des Bundes v. 15. 11. 2010 (BT-Drucks. 17/3650, 37 und 169 ff.) vorgeschlagen, für das Erhebungsverfahren der einheitlichen Pauschsteuer die sozialrechtlichen Verfahrensvorschriften umfassend anzuwenden. Es sei sehr aufwändig, wenn die Minijob-Zentrale steuerrechtliche und sozialrechtliche Verfahrensvorschriften nebeneinander anzuwenden habe. Diesen Vorschlag hat der Gesetzgeber mit der Änderung in § 40a Abs. 6 Satz 3 EStG umgesetzt. Danach sind im Bereich der geringfügigen Beschäftigung und der einheitlichen Pauschsteuer (§ 40a Abs. 2 EStG) auch für die Erhebung von Säumniszuschlägen, Mahngebühren sowie für das Mahnverfahren die sozialrechtlichen Regelungen anzuwenden.

Zeitlicher Anwendungsbereich: Anzuwenden **ab dem 30. 6. 2013.**

26. § 42d Abs. 6 Satz 1 EStG

Haftung des Arbeitgebers und Haftung bei Arbeitnehmerüberlassung

...

(6) [1]Soweit einem Dritten (Entleiher) Arbeitnehmer **im Sinne des § 1 Abs. 1 Satz 1 des Arbeitnehmerüberlassungsgesetzes i. d. F. der Bekanntmachung vom 3. 2. 1995 (BGBl I 1995, 158), das zuletzt durch Art. 26 des Gesetzes vom 20. 12. 2011 (BGBl I 2011, 2854) geändert worden ist** *[bisher: gewerbsmäßig]*, zur Arbeitsleistung überlassen werden, haftet er mit Ausnahme der Fälle,

in denen eine Arbeitnehmerüberlassung nach § 1 Abs. 3 des Arbeitnehmerüberlassungsgesetzes vorliegt, neben dem Arbeitgeber. [2]Der Entleiher haftet nicht, wenn der Überlassung eine Erlaubnis nach § 1 des Arbeitnehmerüberlassungsgesetzes *[bisher: in der Fassung der Bekanntmachung vom 3. 2. 1995 (BGBl I 1995, 158), das zuletzt durch Art. 11 Nr. 21 des Gesetzes vom 30. 7. 2004 (BGBl I 2004, 1950) geändert worden ist,]* in der jeweils geltenden Fassung zugrunde liegt und soweit er nachweist, dass er den nach § 51 Abs. 1 Nr. 2 Buchst. d vorgesehenen Mitwirkungspflichten nachgekommen ist. [3]Der Entleiher haftet ferner nicht, wenn er über das Vorliegen einer Arbeitnehmerüberlassung ohne Verschulden irrte. [4]Die Haftung beschränkt sich auf die Lohnsteuer für die Zeit, für die ihm der Arbeitnehmer überlassen worden ist. [5]Soweit die Haftung des Entleihers reicht, sind der Arbeitgeber, der Entleiher und der Arbeitnehmer Gesamtschuldner. [6]Der Entleiher darf auf Zahlung nur in Anspruch genommen werden, soweit die Vollstreckung in das inländische bewegliche Vermögen des Arbeitgebers fehlgeschlagen ist oder keinen Erfolg verspricht; § 219 Satz 2 der Abgabenordnung ist entsprechend anzuwenden. [7]Ist durch die Umstände der Arbeitnehmerüberlassung die Lohnsteuer schwer zu ermitteln, so ist die Haftungsschuld mit 15 % des zwischen Verleiher und Entleiher vereinbarten Entgelts ohne Umsatzsteuer anzunehmen, solange der Entleiher nicht glaubhaft macht, dass die Lohnsteuer, für die er haftet, niedriger ist. [8]Die Absätze 1 bis 5 sind entsprechend anzuwenden. [9]Die Zuständigkeit des Finanzamts richtet sich nach dem Ort der Betriebsstätte des Verleihers.

…

Anwendungsvorschriften:

▶ Art. 31 Abs. 3 AmtshilfeRLUmsG lautet:

(3) Die Art. 1, 2 Nr. 1 Buchst. d, Nr. 2, 10, 20, 21, 23, 39 Buchst. a *[hier: Art. 2 Nr. 39 Buchst. a]*, **Nr. 41, Art. 3 Nr. 2, 4 Buchst. b, Art. 4 Nr. 1 Buchst. a, Nr. 4 Buchst. a, Art. 6, 8 Nr. 2 und 3 Buchst. b, Art. 11 Nr. 12, Art. 21, 24 und 25 treten mit Wirkung vom 1. 1. 2013 in Kraft.**

▶ § 52 Abs. 1 EStG i. d. F. des AmtshilfeRLUmsG (Art. 2 Nr. 39 Buchst. a) lautet:

(1) Diese Fassung des Gesetzes ist, soweit in den folgenden Absätzen und in § 52a nichts anderes bestimmt ist, erstmals für den Veranlagungszeitraum **2013** anzuwenden. Beim Steuerabzug vom Arbeitslohn gilt Satz 1 mit der Maßgabe, dass diese Fassung erstmals auf den laufenden Arbeitslohn anzuwenden ist, der für einen nach dem 31. 12. **2012** endenden Lohnzahlungszeitraum gezahlt wird, und auf sonstige Bezüge, die nach dem 31. 12. **2012** zufließen.

Erläuterungen

(Dr. Alois Th. Nacke, Richter am FG)

Die bisherige Rechtslage sah eine Haftung des Entleihers nach § 42d Abs. 6 EStG vor, wenn eine gewerbsmäßige Arbeitnehmerüberlassung nach § 1 Abs. 1 Satz 1 Arbeitnehmerüberlassungsgesetz (AÜG) vorlag. Mit der Neuregelung des § 42d Abs. 6 Satz 1 EStG wird der **Anwendungsbereich erweitert.** Sie beruht auf der Erweiterung des AÜG durch das Gesetz zur Änderung des AÜG v. 28. 4. 2011 (BGBl I 2011, 642). Der Anwendungsbereich der Leiharbeitsrichtlinie wurde erweitert und erfasst natürliche und juristische Personen, die eine **wirtschaftliche Tätigkeit ausüben, unabhängig davon, ob sie Erwerbszwecke verfolgen** oder nicht. Daher stellt § 1 Abs. 1 Satz 1 AÜG nunmehr darauf ab, ob eine wirtschaftliche Tätigkeit ausgeübt wird. Auf die Gewerbsmäßigkeit der Arbeitnehmerüberlassung im Sinne des Gewerberechts kommt es für die Erlaubnispflicht der Arbeitnehmerüberlassung nicht mehr an. Aus Gründen der Gleichbehandlung soll der erweiterte Verleiherkreis in die steuerlichen Regelungen einbezogen werden (BR-Drucks. 139/13, 132).

Zeitlicher Anwendungsbereich: Die Neuregelung gilt ab **VZ 2013** (Art. 31 Abs. 3 Amtshilfe-RLUmsG i. V. m. § 52 Abs. 1 EStG i. d. F. des AmtshilfeRLUmsG).

27. § 42g EStG

Lohnsteuer-Nachschau

(1) [1]Die Lohnsteuer-Nachschau dient der Sicherstellung einer ordnungsgemäßen Einbehaltung und Abführung der Lohnsteuer. [2]Sie ist ein besonderes Verfahren zur zeitnahen Aufklärung steuererheblicher Sachverhalte.

(2) [1]Eine Lohnsteuer-Nachschau findet während der üblichen Geschäfts- und Arbeitszeiten statt. [2]Dazu können die mit der Nachschau Beauftragten ohne vorherige Ankündigung und außerhalb einer Lohnsteuer-Außenprüfung Grundstücke und Räume von Personen, die eine gewerbliche oder berufliche Tätigkeit ausüben, betreten. [3]Wohnräume dürfen gegen den Willen des Inhabers nur zur Verhütung dringender Gefahren für die öffentliche Sicherheit und Ordnung betreten werden.

(3) [1]Die von der Lohnsteuer-Nachschau betroffenen Personen haben dem mit der Nachschau Beauftragten auf Verlangen Lohn- und Gehaltsunterlagen, Aufzeichnungen, Bücher, Geschäftspapiere und andere Urkunden über die der Lohnsteuer-Nachschau unterliegenden Sachverhalte vorzulegen und Auskünfte zu erteilen, soweit dies zur Feststellung einer steuerlichen Erheblichkeit zweckdienlich ist. [2]§ 42f Abs. 2 Satz 2 und 3 gilt sinngemäß.

(4) [1]Wenn die bei der Lohnsteuer-Nachschau getroffenen Feststellungen hierzu Anlass geben, kann ohne vorherige Prüfungsanordnung (§ 196 der Abgabenordnung) zu einer Lohnsteuer-Außenprüfung nach § 42f übergegangen werden. [2]Auf den Übergang zur Außenprüfung wird schriftlich hingewiesen.

(5) Werden anlässlich einer Lohnsteuer-Nachschau Verhältnisse festgestellt, die für die Festsetzung und Erhebung anderer Steuern erheblich sein können, so ist die Auswertung der Feststellungen insoweit zulässig, als ihre Kenntnis für die Besteuerung der in Absatz 2 genannten Personen oder anderer Personen von Bedeutung sein kann.

Anwendungsvorschriften:

▶ Art. 31 Abs. 1 AmtshilfeRLUmsG (hier betreffend Art. 2 Nr. 27 AmtshilfeRLUmsG) lautet:

(1) Dieses Gesetz tritt vorbehaltlich der Absätze 2 bis 8 am Tag nach der Verkündung in Kraft.

Erläuterungen

(Walter Bode, Dipl.-Kfm., Richter am BFH)

LITERATUR (AUSWAHL):

Apitz, Lohnsteuer-Nachschau – § 42g EStG, StBp 2014, 33; *Beyer*, Neuregelung der LSt-Nachschau und Selbstanzeigen, AO-StB 2013, 232; *Dißars*, Die neue Lohnsteuer-Nachschau nach

§ 42g EStG, NWB 2013, 3210; *Hechtner*, Ausgewählte Änderungen des EStG durch das Amtshilferichtlinie-Umsetzungsgesetz, BBK 2013, 713; *Hilbert*, Die Lohnsteuer-Nachschau (§ 42g EStG), StB 2013, 244; *Markl/Eisele*, Die neue Lohnsteuer-Nachschau nach § 42g EStG, Prüfung vor Ort und ohne Ankündigung, BBK 2013, 864; *Steinhauff*, Lohnsteuer-Nachschau – § 42g EStG, AO-StB 2014, 77.

Verwaltungsanweisungen:

OFD Frankfurt am Main v. 31. 1. 2014 - S 2386 A-70-St 211, Lohnsteuer-Nachschau (§ 42g EStG); Einführung der Lohnsteuer-Nachschau, juris.

Der durch Art. 2 Nr. 27 AmtshilfeRLUmsG neu eingefügte, an die Umsatzsteuer-Nachschau nach § 27b UStG angelehnte § 42g EStG wurde im Gesetzentwurf des Bundesrats zu einem JStG 2013 vorgeschlagen (BT-Drucks. 17/13033, 15 und 69) und in die Beschlussempfehlung des Vermittlungsausschusses zum AmtshilfeRLUmsG übernommen (BT-Drucks. 17/13722, 7 und 10).

Der Gesetzentwurf des Bundesrats zum JStG 2013 knüpft zur Begründung des neuen § 42g EStG daran an, dass die **Lohnsteuer** neben der Umsatzsteuer die wichtigste Einnahmequelle des Staates sei (vgl. hierzu und zum Folgenden BT-Drucks. 17/13033, 69). Hier seien wirksame Prüfungsinstrumente von besonderer Bedeutung. Die Lohnsteuer-Nachschau schaffe für eine **Prüfung ohne vorherige Ankündigung** eine Rechtsgrundlage. Insbesondere bei gemeinsamen Prüfungen von Zoll- und Finanzverwaltung fehle bisher eine sichere Rechtsgrundlage, weil auch im Rahmen der Amtshilfe weder Beamte der Zollverwaltung noch Beamte der Finanzverwaltungen befugt seien, unangekündigt die Erfüllung lohnsteuerrechtlicher Pflichten zu prüfen. Mit der Einfügung des neuen § 42g EStG werde eine gesicherte Rechtsgrundlage für eine schnelle und effektive Prüfung durch die Finanzämter geschaffen. Damit werde auch die Beteiligung von Lohnsteuer-Außenprüfern an Einsätzen der Finanzkontrolle Schwarzarbeit erleichtert.

Wegen der Einzelheiten knüpft die Gesetzesbegründung an das **Gesetzes zur Bekämpfung der Schwarzarbeit** (SchwarzArbG) v. 23. 6. 2004 (BGBl I 2004, 1842) an (vgl. hierzu und zum Folgenden BT-Drucks. 17/13033, 69). Damit sei in der Zollverwaltung der Arbeitsbereich Finanzkontrolle Schwarzarbeit mit dem Ziel der Bekämpfung von Schwarzarbeit und illegaler Beschäftigung eingerichtet worden. Nach § 2 Abs. 1 Satz 2 SchwarzArbG obliege die Prüfung der Erfüllung steuerlicher Pflichten den zuständigen Landesfinanzbehörden. Die Behörden der Zollverwaltung seien grundsätzlich nicht zur Prüfung der Erfüllung steuerlicher Pflichten berechtigt. Ergäben sich jedoch bei der Durchführung von Aufgaben der Zollverwaltung Anhaltspunkte für Verstöße u. a. gegen das Steuerrecht, hätten die Behörden der Zollverwaltung gem. § 6 Abs. 3 Satz 1 Nr. 4 SchwarzArbG darüber die zuständige Landesfinanzbehörde zu unterrichten. Hierzu gehörten auch Feststellungen zur Auftraggeber-, Arbeitgeber- oder Arbeitnehmereigenschaft. Nur hinsichtlich dieser Mitteilungspflicht seien die Behörden der Zollverwaltung nach § 2 Abs. 1 Satz 4 SchwarzArbG berechtigt zu prüfen, ob Anhaltspunkte dafür bestünden, dass Steuerpflichtige den sich aus den Dienst- oder Werkleistungen ergebenden steuerlichen Pflichten, wie z. B. der Anmeldung und Abführung von Lohnsteuern, nicht nachgekommen seien.

Die Beachtung lohnsteuerrechtlicher Pflichten werde regelmäßig in Zusammenarbeit der Prüfer der Bundeszollverwaltung mit Lohnsteuer-Außenprüfern der Landessteuerverwaltungen kontrolliert. Rechtsgrundlage hierfür seien die Regelungen über die Lohnsteuer-Außenprüfung (§ 42f EStG). Eine Außenprüfung müsse nach § 197 AO rechtzeitig vor Prüfungsbeginn angekündigt werden. Eine derartige Ankündigung gebe **steuerunehrlichen Unternehmen** jedoch die **Zeit, Vorkehrungen zu treffen**, um gegenüber den Steuerbehörden einen normalen Geschäftsbetrieb vorzutäuschen oder den Geschäftsbetrieb einzustellen. Die Steuerbehörden seien nach geltendem Recht (§ 42f EStG i.V. m. den §§ 193 bis 207 AO) nicht in dem notwendigen Maße in der Lage, sich spontan ein zuverlässiges Bild über ein Unternehmen zu machen. Eine wirksame Bekämpfung von Schwarzarbeit und die Feststellung von Scheinarbeitsverhältnissen mache die Kenntnis der tatsächlichen Sachverhalte im Unternehmen erforderlich. Das Finanzamt müsse in die Lage versetzt werden, sich insbesondere einen Eindruck über die räumlichen Verhältnisse, das tatsächlich eingesetzte Personal und den üblichen Geschäftsbetrieb zu verschaffen. Dies diene auch der Vermeidung von Wettbewerbsverzerrungen auf dem Arbeitnehmersektor. Die Steuerbehörden seien auch außerhalb von Kontrollen der Zollbehörden zur Durchführung einer Lohnsteuer-Nachschau befugt.

Die in § 42g Abs. 2 EStG genannte „Zielgruppe" sind Personen, die eine gewerbliche oder berufliche Tätigkeit ausüben. Im Rahmen der Lohnsteuer-Nachschau dürfen deshalb grundsätzlich nur Grundstücke und Räume betreten werden, die gewerblich oder beruflich selbstständig genutzt werden, wobei die Finanzverwaltung (OFD Frankfurt am Main v. 31.1.2014, juris) es als unschädlich ansieht, wenn sie auch zu Wohnzwecken genutzt werden. Dabei ist der Begriff der „gewerblichen oder beruflichen Tätigkeit" allerdings auslegungsbedürftig (kritisch z. B. *Hechtner*, BBK 2014, 713, 718). Die Finanzverwaltung geht davon aus, dass die Lohnsteuer-Nachschau kein Durchsuchungsrecht gewährt; das bloße Betreten oder Besichtigen von Grundstücken und Räumen sei noch keine Durchsuchung (OFD Frankfurt am Main v. 31.1.2014, juris).

Die allgemeine Nachschau soll keine Prüfung i. S. d. §§ 193 ff. AO sein (BT-Drucks. 17/13033, 69). Sie soll der zeitnahen kursorischen Kontrolle dienen, die die **Außenprüfung nicht verdrängen** soll. Vertiefte Ermittlungen sollen weiterhin einer Außenprüfung vorbehalten sein. Die von der allgemeinen Nachschau betroffenen Personen haben – wie dies bereits heute für den Bereich der Zölle und Verbrauchsteuern der Fall ist – die im Gesetzentwurf genannten Unterlagen vorzulegen. Insbesondere um Erkenntnisse der Nachschau nicht zu gefährden, soll ein nahtloser Übergang von der allgemeinen Nachschau zu einer Außenprüfung ermöglicht weden, wie es für den Zoll und die Verbrauchsteuern bereits vorgesehen ist. Geben die getroffenen Feststellungen hierzu Anlass, kann von der allgemeinen Nachschau **zu einer Außenprüfung übergegangen** werden. In diesem Fall ist in dem schriftlichen Hinweis der Prüfungsumfang festzulegen.

Zeitlicher Anwendungsbereich: Anzuwenden **ab dem 30.6.2013**. Daraus kann allerdings nicht gefolgert werden, dass sich die Lohnsteuer-Nachschau nur auf Lohnsteuerabrechnungszeiträume ab 2013 beziehen kann (in diesem Sinne auch *Hechtner*, BBK 2013, 713, 719, der im Übrigen die allgemeine Anwendungsregelung des § 52 Abs. 1 EStG anwenden will; ohne konkrete Aussage OFD Frankfurt am Main v. 31.1.2014, juris).

28. § 43 EStG

Kapitalerträge mit Steuerabzug

(1) [1]Bei den folgenden inländischen und in den Fällen der Nrn. 6, 7 Buchst. a und Nrn. 8 bis 12 sowie Satz 2 auch ausländischen Kapitalerträgen wird die Einkommensteuer durch Abzug vom Kapitalertrag (Kapitalertragsteuer) erhoben:

...

1a. Kapitalerträgen im Sinne des § 20 Abs. 1 Nr. 1 aus Aktien **und Genussscheinen**, die entweder gemäß § 5 des Depotgesetzes zur Sammelverwahrung durch eine Wertpapiersammelbank zugelassen sind und dieser zur Sammelverwahrung im Inland anvertraut wurden, bei denen eine Sonderverwahrung gemäß § 2 Satz 1 des Depotgesetzes erfolgt oder bei denen die Erträge gegen Aushändigung der Dividendenscheine **oder sonstigen Erträgnisscheine** ausgezahlt oder gutgeschrieben werden;

2. Zinsen aus Teilschuldverschreibungen, bei denen neben der festen Verzinsung ein Recht auf Umtausch in Gesellschaftsanteile (Wandelanleihen) oder eine Zusatzverzinsung, die sich nach der Höhe der Gewinnausschüttungen des Schuldners richtet (Gewinnobligationen), eingeräumt ist, und Zinsen aus Genussrechten, die nicht in § 20 Abs. 1 Nr. 1 genannt sind. [2]Zu den Gewinnobligationen gehören nicht solche Teilschuldverschreibungen, bei denen der Zinsfuß nur vorübergehend herabgesetzt und gleichzeitig eine von dem jeweiligen Gewinnergebnis des Unternehmens abhängige Zusatzverzinsung bis zur Höhe des ursprünglichen Zinsfußes festgelegt worden ist. [3]Zu den Kapitalerträgen im Sinne des Satzes 1 gehören nicht die Bundesbankgenussrechte im Sinne des § 3 Abs. 1 des Gesetzes über die Liquidation der Deutschen Reichsbank und der Deutschen Golddiskontbank in der im Bundesgesetzblatt Teil III, Gliederungsnummer 7620-6, veröffentlichten bereinigten Fassung, das zuletzt durch das Gesetz vom 17. 12. 1975 (BGBl I 1975, 3123) geändert worden ist. [4]**Beim Steuerabzug auf Kapitalerträge sind die für den Steuerabzug nach Nr. 1a geltenden Vorschriften entsprechend anzuwenden, wenn**

   a) die Teilschuldverschreibungen und Genussrechte gemäß § 5 des Depotgesetzes zur Sammelverwahrung durch eine Wertpapiersammelbank zugelassen sind und dieser zur Sammelverwahrung im Inland anvertraut wurden,

   b) die Teilschuldverschreibungen und Genussrechte gemäß § 2 Satz 1 des Depotgesetzes gesondert aufbewahrt werden oder

   c) die Erträge der Teilschuldverschreibungen und Genussrechte gegen Aushändigung der Erträgnisscheine ausgezahlt oder gutgeschrieben werden;

...

Anwendungsvorschriften:

►Art. 31 Abs. 1 AmtshilfeRLUmsG (hier betreffend Art. 2 Nr. 27 AmtshilfeRLUmsG) lautet:

(1) Dieses Gesetz tritt vorbehaltlich der Absätze 2 bis 8 am Tag nach der Verkündung in Kraft.

►§ 52a Abs. 16c Satz 1 EStG i. d. F. des AmtshilfeRLUmsG lautet:

(16c) [1]**§ 43 Abs. 1 i. d. F. des Artikels 2 des Gesetzes vom 26. 6. 2013 (BGBl I 2013, 1809) ist erstmals anzuwenden auf Kapitalerträge, die dem Gläubiger nach dem 31. 12. 2012 zufließen.** ...

Erläuterungen

(Winfred Wende, Steuerberater)

Paintner, Das Gesetz zur Umsetzung der Amtshilferichtlinie sowie zur Änderung steuerlicher Vorschriften im Überblick, DStR 2013, 1629.

Hintergrund und Inhalt der Gesetzesänderung

Durch das Gesetz vom 22. 6. 2011 zur Umsetzung der Richtlinie 2009/65/EG zur Koordinierung der Rechts- und Verwaltungsvorschriften betreffend bestimmte Organismen für gemeinsame Anlagen in Wertpapieren (OGAW-IV-UmsG) wurde durch die Einfügung des § 43 Abs. 1 Satz 1 Nr. 1a und des § 44 Abs. 1 Satz 4 Nr. 3 EStG die Abzugsverpflichtung von Kapitalertragsteuer auf Dividenden inländischer sammel- und streifbandverwahrter Aktien von der Aktiengesellschaft auf die auszahlende Stelle verlagert. Grund für die Änderung waren befürchtete Steuerausfälle durch Gestaltungen bei Leerverkäufen von Aktien über den Dividendenstichtag (vgl. hierzu BT-Drucks. 17/4510, 89 f.).

Aufgrund des AmtshilfeRLUmsG gilt die Zuständigkeitsverlagerung künftig auch für den Steuerabzug bei Kapitalerträgen aus Genussscheinen i. S. d. § 20 Abs. 1 Nr. 1 EStG (Erweiterung des § 43 Abs. 1 Satz 1 Nr. 1a EStG) sowie für Kapitalerträge aus Teilschuldverschreibungen und Genussrechten, die nicht in § 20 Abs. 1 Nr. 1 EStG genannt sind (Einfügung von § 43 Abs. 1 Satz 1 Nr. 2 Satz 4 Buchst. a bis c), sofern die Genussscheine, Teilschuldverschreibungen und Genussrechte zur Sammelverwahrung durch eine Wertpapiersammelbank gem. § 5 DepotG zugelassen sind und dieser zur Sammelverwahrung im Inland anvertraut wurden oder gem. § 2 Satz 1 DepotG gesondert aufbewahrt werden (Streifbandverwahrung) oder die Erträge gegen Aushändigung der Dividenden- bzw. Erträgnisscheine ausgezahlt oder gutgeschrieben werden (Tafelgeschäfte).

Zeitlicher Anwendungsbereich: Gemäß § 52a Abs. 16c Satz 1 EStG gelten die Neuregelungen erstmalig **für Kapitalerträge, die nach dem 31. 12. 2012 zufließen.**

29. § 43b EStG

Bemessung der Kapitalertragsteuer bei bestimmten Gesellschaften

...

(2) [1]**Muttergesellschaft im Sinne des Absatzes 1 ist jede Gesellschaft, die die in der Anlage 2 zu diesem Gesetz bezeichneten Voraussetzungen erfüllt und nach Art. 3 Abs. 1 Buchst. a der Richtlinie 2011/96/EU des Rates vom 30. 11. 2011 über das gemeinsame Steuersystem der Mutter- und Tochtergesellschaften verschiedener Mitgliedstaaten (ABl. L 345 vom 29. 12. 2011, S. 8) zum Zeitpunkt der Entstehung der Kapitalertragsteuer nach § 44 Abs. 1 Satz 2 nachweislich mindestens zu 10 Prozent unmittelbar am Kapital der Tochtergesellschaft (Mindestbeteiligung) beteiligt ist.** *[bisher: [1]Muttergesellschaft im Sinne des Absatzes 1 ist jede Gesellschaft, die die in der Anlage 2 zu diesem Gesetz bezeichneten Voraussetzungen erfüllt und nach Art. 3 Abs. 1 Buchst. a der Richtlinie 90/435/EWG des Rates vom 23. 7. 1990 über das gemeinsame Steuersystem der Mutter- und Tochtergesellschaften verschiedener Mitgliedstaaten (ABl. EG Nr. L 225 S. 6, Nr. L 266 S. 20, 1997 Nr. L 16 S. 98), zuletzt geändert durch die Richtlinie 2006/98/EG des Rates*

vom 20.11.2006 (ABl.EU Nr. L 363 S.129), im Zeitpunkt der Entstehung der Kapitalertragsteuer nach § 44 Abs.1 Satz 2 nachweislich mindestens zu 15% unmittelbar am Kapital der Tochtergesellschaft (Mindestbeteiligung) beteiligt ist.] [2]Ist die Mindestbeteiligung zu diesem Zeitpunkt nicht erfüllt, ist der Zeitpunkt des Gewinnverteilungsbeschlusses maßgeblich. [3]Tochtergesellschaft im Sinne des Absatzes 1 sowie des Satzes 1 ist jede unbeschränkt steuerpflichtige Gesellschaft, die die in der Anlage 2 zu diesem Gesetz und in Art. 3 Abs. 1 Buchst. b der **Richtlinie 2011/96/EU** *[bisher: Richtlinie 90/435/EWG]* bezeichneten Voraussetzungen erfüllt. [4]Weitere Voraussetzung ist, dass die Beteiligung nachweislich ununterbrochen zwölf Monate besteht. [5]Wird dieser Beteiligungszeitraum nach dem Zeitpunkt der Entstehung der Kapitalertragsteuer gemäß § 44 Abs. 1 Satz 2 vollendet, ist die einbehaltene und abgeführte Kapitalertragsteuer nach § 50d Abs. 1 zu erstatten; das Freistellungsverfahren nach § 50d Abs. 2 ist ausgeschlossen.

...

(3) (weggefallen)

Anwendungsvorschriften:

▶Art. 31 Abs. 1 AmtshilfeRLUmsG (hier betreffend Art. 2 Nr. 27 AmtshilfeRLUmsG) lautet:

(1) Dieses Gesetz tritt vorbehaltlich der Absätze 2 bis 8 am Tag nach der Verkündung in Kraft.

Erläuterungen

(Winfred Wende, Steuerberater)

LITERATUR:

Siehe Literatur zu § 43 EStG.

Hintergrund und Inhalt der Gesetzesänderung

Die Mutter-Tochter-Richtline 90/435/EWG ist durch die Mutter-Tochter-Richtlinie 2011/96/EU vom 30.11.2011 (ABl.EUL 345 S. 8) ersetzt worden. Mit dem AmtshilfeRLUmsG ist Abs.3 wegen Zeitablaufs aufgehoben und Abs. 2 redaktionell an die neue Mutter-Tochter-Richtlinie angepasst worden. Ferner wurde die Anlage 2 zu § 43b EStG geändert.

Zeitlicher Anwendungsbereich: § 52a EStG enthält keine Anwendungsregelungen für die redaktionellen Änderungen, so dass sie nach § 52 Abs. 1 EStG **erstmals ab VZ 2013** anzuwenden sind.

30. § 44 Abs. 1a EStG

Entrichtung der Kapitalertragsteuer

...

(1a) [1]**Werden inländische Aktien über eine ausländische Stelle mit Dividendenberechtigung erworben, aber ohne Dividendenanspruch geliefert und leitet die ausländische Stelle auf die Erträge im Sinne des § 20 Abs. 1 Nr. 1 Satz 4 einen einbehaltenen Steuerbetrag im Sinne des § 43a Abs. 1 Satz 1 Nr. 1 an eine inländische Wertpapiersammelbank weiter, ist diese zur Abführung**

der einbehaltenen Steuer verpflichtet. [2]Bei Kapitalerträgen im Sinne des § 43 Abs. 1 Satz 1 Nr. 1 und 2 gilt Satz 1 entsprechend.

...

Anwendungsvorschriften:

►Art. 31 Abs. 1 AmtshilfeRLUmsG (hier betreffend Art. 2 Nr. 27 AmtshilfeRLUmsG) lautet:

(1) Dieses Gesetz tritt vorbehaltlich der Absätze 2 bis 8 am Tag nach der Verkündung in Kraft.

►§ 52a Abs. 16c Satz 2 EStG i. d. F. des AmtshilfeRLUmsG lautet:

(16c) ... [2]§ 44 Abs. 1a i. d. F. des Artikels 2 des Gesetzes vom 26. 6. 2013 (BGBl I 2013, 1809) ist erstmals anzuwenden auf Kapitalerträge, die dem Gläubiger nach dem 31. 12. 2012 zufließen.

...

Erläuterungen

(Winfred Wende, Steuerberater)

LITERATUR:

Siehe Literatur zu § 43 EStG.

Hintergrund und Inhalt der Gesetzesänderung

Der neu einfügte Abs. 1a betrifft den Kapitalertragsteuerabzug auf Erträge i. S. d. § 20 Abs. 1 Nr. 1 Satz 4 EStG. Hierbei handelt es sich um Dividendenkompensationszahlung an den Erwerber einer Aktie, wenn die Aktie zwar mit Dividendenberechtigung erworben, aber erst nach Ausschüttung der Dividende vom Veräußerer geliefert wird (sog. Cum-/Ex-Geschäfte). Dividendenkompensationszahlungen unterliegen im Falle eines inländischen depotführenden Kreditinstituts dem Einbehalt der Kapitalertragsteuer. Eine ausländische depotführende Bank kann dagegen nicht durch deutsche Steuergesetze zum Einbehalt der Kapitalertragsteuer verpflichtet werden. Behält die ausländische Stelle des Käufers die Kapitalertragsteuer jedoch freiwillig ein und nimmt nur eine Gutschrift in Höhe des Nettoanteils der Dividendenkompensationszahlung zugunsten des Käufers vor, so wird die einbehaltene Steuer von der ausländischen Stelle an eine inländische Wertpapiersammelbank weitergeleitet. Die inländische Wertpapiersammelbank ist dann zur Abführung der einbehaltenen Steuer verpflichtet. Handelt es sich bei dem Käufer der Aktie um einen deutschen Privatanleger kann so eine Veranlagungspflicht für die Kompensationszahlung vermieden werden.

Zeitlicher Anwendungsbereich: Gemäß § 52a Abs. 16c Satz 2 EStG gelten die Neuregelungen erstmalig für **Kapitalerträge, die dem Gläubiger nach dem 31. 12. 2012 zufließen**.

31. § 44a EStG

Abstandnahme vom Steuerabzug

(1) [1]Soweit die Kapitalerträge zusammen mit den Kapitalerträgen, für die die Kapitalertragsteuer nach § 44b zu erstatten ist oder nach Abs. 10 kein Steuerabzug vorzunehmen ist, den Sparer-

Pauschbetrag nach § 20 Abs. 9 nicht übersteigen, ist ein Steuerabzug nicht vorzunehmen bei Kapitalerträgen im Sinne des

1. § 43 Abs. 1 Satz 1 Nr. 1 und 2 aus Genussrechten oder

2. § 43 Abs. 1 Satz 1 Nr. 1 und 2 aus Anteilen, die von einer Kapitalgesellschaft ihren Arbeitnehmern überlassen worden sind und von ihr, einem von der Kapitalgesellschaft bestellten Treuhänder, einem inländischen Kreditinstitut oder einer inländischen Zweigniederlassung einer der in § 53b Abs. 1 oder 7 des Kreditwesengesetzes genannten Institute oder Unternehmen verwahrt werden, und

3. § 43 Abs. 1 Satz 1 Nr. 3 bis 7 und 8 bis 12 sowie Satz 2, die einem unbeschränkt einkommensteuerpflichtigen Gläubiger zufließen.

[2]Den Arbeitnehmern im Sinne des Satzes 1 stehen Arbeitnehmer eines mit der Kapitalgesellschaft verbundenen Unternehmens nach § 15 des Aktiengesetzes sowie frühere Arbeitnehmer der Kapitalgesellschaft oder eines mit ihr verbundenen Unternehmens gleich. [3]Den von der Kapitalgesellschaft überlassenen Anteilen stehen Aktien gleich, die den Arbeitnehmern bei einer Kapitalerhöhung auf Grund ihres Bezugsrechts aus den von der Kapitalgesellschaft überlassenen Aktien zugeteilt worden sind oder die den Arbeitnehmern auf Grund einer Kapitalerhöhung aus Gesellschaftsmitteln gehören. [4]Bei Kapitalerträgen im Sinne des § 43 Abs. 1 Satz 1 Nr. 1, 2 bis 7 und 8 bis 12 sowie Satz 2, die einem unbeschränkt einkommensteuerpflichtigen Gläubiger zufließen, ist der Steuerabzug nicht vorzunehmen, wenn anzunehmen ist, dass auch für Fälle der Günstigerprüfung nach § 32d Abs. 6 keine Steuer entsteht. *[bisher: (1) Bei Kapitalerträgen im Sinne des § 43 Abs. 1 Satz 1 Nr. 3, 4, 6, 7 und 8 bis 12 sowie Satz 2, die einem unbeschränkt einkommensteuerpflichtigen Gläubiger zufließen, ist der Steuerabzug nicht vorzunehmen,*

1. *soweit die Kapitalerträge zusammen mit den Kapitalerträgen, für die die Kapitalertragsteuer nach § 44b zu erstatten ist oder nach Abs. 10 kein Steuerabzug vorzunehmen ist, den Sparer-Pauschbetrag nach § 20 Abs. 9 nicht übersteigen,*

2. *wenn anzunehmen ist, dass auch für Fälle der Günstigerprüfung nach § 32d Abs. 6 keine Steuer entsteht.]*

(2) [1]Voraussetzung für die Abstandnahme vom Steuerabzug nach Abs. 1 ist, dass dem nach § 44 Abs. 1 zum Steuerabzug Verpflichteten in den Fällen

1. des Absatzes 1 **Satz** *[bisher: Nr.]* 1 ein Freistellungsauftrag des Gläubigers der Kapitalerträge nach amtlich vorgeschriebenem Muster oder

2. des Absatzes 1 **Satz 4** *[bisher: Nr. 2]* eine Nichtveranlagungs-Bescheinigung des für den Gläubiger zuständigen Wohnsitzfinanzamts

vorliegt. [2]In den Fällen des Satzes 1 Nr. 2 ist die Bescheinigung unter dem Vorbehalt des Widerrufs auszustellen. [3]Ihre Geltungsdauer darf höchstens drei Jahre betragen und muss am Schluss eines Kalenderjahres enden. [4]Fordert das Finanzamt die Bescheinigung zurück oder erkennt der Gläubiger, dass die Voraussetzungen für ihre Erteilung weggefallen sind, so hat er dem Finanzamt die Bescheinigung zurückzugeben.

...

(5) [1]Bei Kapitalerträgen im Sinne des **§ 43 Abs. 1 Satz 1 Nr. 1, 2, 6, 7 und 8 bis 12 sowie Satz 2** *[bisher: § 43 Abs. 1 Satz 1 Nr. 6, 7 und 8 bis 12 sowie Satz 2]*, die einem unbeschränkt oder be-

schränkt einkommensteuerpflichtigen Gläubiger zufließen, ist der Steuerabzug nicht vorzunehmen, wenn die Kapitalerträge Betriebseinnahmen des Gläubigers sind und die Kapitalertragsteuer bei ihm auf Grund der Art seiner Geschäfte auf Dauer höher wäre als die gesamte festzusetzende Einkommensteuer oder Körperschaftsteuer. [2]Ist der Gläubiger ein Lebens- oder Krankenversicherungsunternehmen als Organgesellschaft, ist für die Anwendung des Satzes 1 eine bestehende Organschaft im Sinne des § 14 des Körperschaftsteuergesetzes nicht zu berücksichtigen, wenn die beim Organträger anzurechnende Kapitalertragsteuer, einschließlich der Kapitalertragsteuer des Lebens- oder Krankenversicherungsunternehmens, die auf Grund von § 19 Abs. 5 des Körperschaftsteuergesetzes anzurechnen wäre, höher wäre, als die gesamte festzusetzende Körperschaftsteuer. [3]Für die Prüfung der Voraussetzung des Satzes 2 ist auf die Verhältnisse der dem Antrag auf Erteilung einer Bescheinigung im Sinne des Satzes 4 vorangehenden drei Veranlagungszeiträume abzustellen. [4]Die Voraussetzung des Satzes 1 ist durch eine Bescheinigung des für den Gläubiger zuständigen Finanzamts nachzuweisen. [5]Die Bescheinigung ist unter dem Vorbehalt des Widerrufs auszustellen. [6]Die Voraussetzung des Satzes 2 ist gegenüber dem für den Gläubiger zuständigen Finanzamt durch eine Bescheinigung des für den Organträger zuständigen Finanzamts nachzuweisen.

…

(7) [1]Ist der Gläubiger eine inländische

1. Körperschaft, Personenvereinigung oder Vermögensmasse im Sinne des § 5 Abs. 1 Nr. 9 des Körperschaftsteuergesetzes oder

2. Stiftung des öffentlichen Rechts, die ausschließlich und unmittelbar gemeinnützigen oder mildtätigen Zwecken dient, oder

3. juristische Person des öffentlichen Rechts, die ausschließlich und unmittelbar kirchlichen Zwecken dient,

so ist der Steuerabzug bei Kapitalerträgen im Sinne des **§ 43 Abs. 1 Satz 1 Nr. 1, 2, 3 und 7a bis 7c** *[bisher: § 43 Abs. 1 Satz 1 Nr. 7a bis 7c]* nicht vorzunehmen. *[aufgehoben: Satz 2 und Satz 3]* [2]Voraussetzung für die Anwendung **des Satzes 1** *[bisher: „der Sätze 1 und 2]* ist, dass der Gläubiger durch eine Bescheinigung des für seine Geschäftsleitung oder seinen Sitz zuständigen Finanzamts nachweist, dass er eine Körperschaft, Personenvereinigung oder Vermögensmasse nach Satz 1 ist. [3]Absatz 4 gilt entsprechend.

(8) [1]Ist der Gläubiger

1. eine nach § 5 Abs. 1 mit Ausnahme der Nr. 9 des Körperschaftsteuergesetzes oder nach anderen Gesetzen von der Körperschaftsteuer befreite Körperschaft, Personenvereinigung oder Vermögensmasse oder

2. eine inländische juristische Person des öffentlichen Rechts, die nicht in Abs. 7 bezeichnet ist,

so ist der Steuerabzug bei Kapitalerträgen im Sinne des **§ 43 Abs. 1 Satz 1 Nr. 1, 2, 3 und 7a** *[bisher: § 43 Abs. 1 Satz 1 Nr. 1, soweit es sich um Erträge aus Anteilen an Gesellschaften mit beschränkter Haftung und Namensaktien nicht börsennotierter Aktiengesellschaften handelt, sowie von Erträgen aus Genussrechten im Sinne des § 43 Abs. 1 Satz 1 Nr. 1 und Kapitalerträgen im Sinne des § 43 Abs. 1 Satz 1 Nr. 2 und 3 unter der Voraussetzung, dass diese Wirtschaftsgüter nicht sammelverwahrt werden, und bei Kapitalerträgen im Sinne des § 43 Abs. 1 Satz 1 Nr. 7a]* nur in Höhe von drei Fünfteln vorzunehmen. *[aufgehoben: Satz 2]* [2]Voraussetzung für die Anwendung des Satzes 1 ist, dass der Gläubiger durch eine Bescheinigung des für seine Geschäftsleitung oder seinen Sitz zuständigen Finanzamts nachweist, dass er eine Körperschaft, Personenvereinigung oder Vermögensmasse im Sinne des Satzes 1 ist. [3]Absatz 4 gilt entsprechend.

...

(9) [1]Ist der Gläubiger der Kapitalerträge im Sinne des § 43 Abs. 1 eine beschränkt steuerpflichtige Körperschaft im Sinne des § 2 Nr. 1 des Körperschaftsteuergesetzes, so werden zwei Fünftel der einbehaltenen und abgeführten Kapitalertragsteuer erstattet. [2]**§ 50d Abs. 1 Satz 3 bis 12** *[bisher: § 50d Abs. 1 Satz 3 bis 11]* Absatz 3 und 4 ist entsprechend anzuwenden. [3]Der Anspruch auf eine weitergehende Freistellung und Erstattung nach § 50d Abs. 1 in Verbindung mit § 43b oder § 50g oder nach einem Abkommen zur Vermeidung der Doppelbesteuerung bleibt unberührt. [4]Verfahren nach den vorstehenden Sätzen und nach § 50d Abs. 1 soll das Bundeszentralamt für Steuern verbinden.

(10) [1]Werden Kapitalerträge im Sinne des § 43 Abs. 1 Satz 1 Nr. 1a gezahlt, hat die auszahlende Stelle keinen Steuerabzug vorzunehmen, wenn

1. der auszahlenden Stelle eine Nichtveranlagungs-Bescheinigung nach Abs. 2 Satz 1 Nr. 2 für den Gläubiger vorgelegt wird,

2. der auszahlenden Stelle eine Bescheinigung nach Abs. 5 für den Gläubiger vorgelegt wird,

3. der auszahlenden Stelle eine Bescheinigung nach **Abs. 7 Satz 2** *[bisher: Abs. 7 Satz 4]* für den Gläubiger vorgelegt wird oder

4. der auszahlenden Stelle eine Bescheinigung nach **Abs. 8 Satz 2** *[bisher: Abs. 8 Satz 3]* für den Gläubiger vorgelegt wird; in diesen Fällen ist ein Steuereinbehalt in Höhe von drei Fünfteln vorzunehmen.

[2]Wird der auszahlenden Stelle ein Freistellungsauftrag erteilt, der auch Kapitalerträge im Sinne des Satzes 1 erfasst, oder führt diese einen Verlustausgleich nach § 43a Abs. 3 Satz 2 unter Einbeziehung von Kapitalerträgen im Sinne des Satzes 1 durch, so hat sie den Steuerabzug nicht vorzunehmen, soweit die Kapitalerträge zusammen mit den Kapitalerträgen, für die nach Abs. 1 kein Steuerabzug vorzunehmen ist oder die Kapitalertragsteuer nach § 44b zu erstatten ist, den mit dem Freistellungsauftrag beantragten Freistellungsbetrag nicht übersteigen. [3]Absatz 6 ist entsprechend anzuwenden. [4]Werden Kapitalerträge im Sinne des § 43 Abs. 1 Satz 1 Nr. 1a von einer auszahlenden Stelle im Sinne des § 44 Abs. 1 Satz 4 Nr. 3 an eine ausländische Stelle ausgezahlt, hat diese auszahlende Stelle über den von ihr vor der Zahlung in das Ausland von diesen Kapitalerträgen vorgenommenen Steuerabzug der letzten inländischen auszahlenden Stelle in der Wertpapierverwahrkette, welche die Kapitalerträge auszahlt oder gutschreibt, auf deren Antrag eine Sammel-Steuerbescheinigung für die Summe der eigenen und der für Kunden verwahrten Aktien nach amtlich vorgeschriebenem Muster auszustellen. [5]Der Antrag darf nur für Aktien gestellt werden, die mit Dividendenberechtigung erworben und mit Dividendenanspruch geliefert wurden. [6]Wird eine solche Sammel-Steuerbescheinigung beantragt, ist die Ausstellung von Einzel-Steuerbescheinigungen oder die Weiterleitung eines Antrags auf Ausstellung einer Einzel-Steuerbescheinigung über den Steuerabzug von denselben Kapitalerträgen ausgeschlossen; die Sammel-Steuerbescheinigung ist als solche zu kennzeichnen. [7]Auf die ihr ausgestellte Sammel-Steuerbescheinigung wendet die letzte inländische auszahlende Stelle § 44b Abs. 6 mit

der Maßgabe an, dass sie von den ihr nach dieser Vorschrift eingeräumten Möglichkeiten Gebrauch zu machen hat.

Anwendungsvorschriften:

▶Art. 31 Abs. 1 AmtshilfeRLUmsG (hier betreffend Art. 2 Nr. 27 AmtshilfeRLUmsG) lautet:

(1) Dieses Gesetz tritt vorbehaltlich der Absätze 2 bis 8 am Tag nach der Verkündung in Kraft.

▶ § 52a Abs. 16c Satz 3 EStG i. d. F. des AmtshilfeRLUmsG lautet:

(16c) ... [3]**§ 44a Abs. 1, 2, 5, 7, 8 und 10 i. d. F. des Artikels 2 des Gesetzes vom 26. 6. 2013 (BGBl I 2013, 1809) ist erstmals anzuwenden auf Kapitalerträge, die dem Gläubiger nach dem 31. 12. 2012 zufließen.** ...

Erläuterungen

(Winfred Wende, Steuerberater)

LITERATUR:

Siehe Literatur zu § 43 EStG.

Hintergrund und Inhalt der Gesetzesänderung

Durch das AmtshilfeRLUmsG wird die Abstandnahme vom Abzug der Kapitalertragsteuer auf weitere Kapitalerträge erweitert. Dies soll den Betroffenen Liquiditätsvorteile sichern und den bürokratischen Aufwand der Erstattung von einbehaltener Kapitalertragsteuer mindern. Die Abstandnahme wegen Nichtüberschreitung des Sparer-Pauschbetrages nach § 20 Abs. 9 EStG und bei sog. Dauerüberzahlern, d. h. Gläubigern bei denen Kapitalerträge Betriebseinnahmen sind und die Kapitalertragsteuer aufgrund der Art ihrer Geschäfte auf Dauer höher wäre als die gesamte festzusetzende Einkommensteuer oder Körperschaftsteuer, ist künftig auch zulässig bei:

▶ Kapitalerträgen i. S. d. § 43 Abs. 1 Nr. 1 und 2 EStG aus Genussrechten. Gemeint sind hier jedoch nicht nur Kapitalerträge aus Genussrechten, sondern alle Erträge aus den Nummern 1 und 2. Dies ergibt sich zum einen aus der Gesetzesbegründung, in der das Tatbestandsmerkmal „Genussrechte" nicht erwähnt wird (BT-Drucks. 17/13033, 70 f.) Des Weiteren ergibt sich dies aus der Aufhebung des § 44b Abs. 1 bis 4 EStG. Hier war bislang die Erstattung der Kapitalertragsteuer auf diese Kapitalerträge geregelt, was künftig angesichts Erweiterung der Abstandnahme entbehrlich ist. Bedeutung hat die Neuregelung insbesondere für Holdinggesellschaften, die Dividenden nach § 8b Abs. 1 KStG steuerfrei vereinnahmen können.

▶ Kapitalerträgen i. S. d. § 43 Abs. 1 Nr. 1 und 2 EStG aus Anteilen, die von einer Kapitalgesellschaft ihren Arbeitnehmern oder den Arbeitnehmern eines verbundenen Unternehmens nach § 15 AktG überlassen worden sind und von der Kapitalgesellschaft selbst, einem Treuhänder, einem inländischen Kreditinstitut oder der inländischen Zweigniederlassung einer der in § 53b Abs. 1 oder 7 KWG genannten Institute verwahrt werden.

Zeitlicher Anwendungsbereich: Gemäß § 52a Abs. 16c Satz 3 EStG gelten die Neuregelungen erstmalig für **Kapitalerträge, die dem Gläubiger nach dem 31. 12. 2012 zufließen.**

32. § 44b EStG

Erstattung der Kapitalertragsteuer

(1) bis (4) (weggefallen)

...

(6) [1]Werden Kapitalerträge im Sinne des § 43 Abs. 1 Satz 1 Nr. 1 und 2 durch ein inländisches Kredit- oder Finanzdienstleistungsinstitut im Sinne des § 43 Abs. 1 Satz 1 Nr. 7 Buchst. b, das die Wertpapiere, Wertrechte oder sonstigen Wirtschaftsgüter unter dem Namen des Gläubigers verwahrt oder verwaltet, als Schuldner der Kapitalerträge oder für Rechnung des Schuldners gezahlt, kann das Kredit- oder Finanzdienstleistungsinstitut die einbehaltene und abgeführte Kapitalertragsteuer dem Gläubiger der Kapitalerträge bis zur Ausstellung einer Steuerbescheinigung, längstens bis zum 31. 3. des auf den Zufluss der Kapitalerträge folgenden Kalenderjahres, unter den folgenden Voraussetzungen erstatten:

1. dem Kredit- oder Finanzdienstleistungsinstitut wird eine Nichtveranlagungs-Bescheinigung nach § 44a Abs. 2 Satz 1 Nr. 2 für den Gläubiger vorgelegt,

2. dem Kredit- oder Finanzdienstleistungsinstitut wird eine Bescheinigung nach § 44a Abs. 5 für den Gläubiger vorgelegt,

3. dem Kredit- oder Finanzdienstleistungsinstitut wird eine Bescheinigung nach **§ 44a Abs. 7 Satz 2** *[bisher: „§ 44a Abs. 7 Satz 4]* für den Gläubiger vorgelegt und eine Abstandnahme war nicht möglich oder

4. dem Kredit- oder Finanzdienstleistungsinstitut wird eine Bescheinigung nach **§ 44a Abs. 8 Satz 2** *[bisher: § 44a Abs. 8 Satz 3]* für den Gläubiger vorgelegt und die teilweise Abstandnahme war nicht möglich; in diesen Fällen darf die Kapitalertragsteuer nur in Höhe von zwei Fünfteln erstattet werden.

[2]Das erstattende Kredit- oder Finanzdienstleistungsinstitut haftet in sinngemäßer Anwendung des § 44 Abs. 5 für zu Unrecht vorgenommene Erstattungen; für die Zahlungsaufforderung gilt § 219 Satz 2 der Abgabenordnung entsprechend. [3]Das Kredit- oder Finanzdienstleistungsinstitut hat die Summe der Erstattungsbeträge in der Steueranmeldung gesondert anzugeben und von der von ihm abzuführenden Kapitalertragsteuer abzusetzen. [4]Wird dem Kredit- oder Finanzdienstleistungsinstitut ein Freistellungsauftrag erteilt, der auch Kapitalerträge im Sinne des Satzes 1 erfasst, oder führt das Institut einen Verlustausgleich nach § 43a Abs. 3 Satz 2 unter Einbeziehung von Kapitalerträgen im Sinne des Satzes 1 aus, so hat es bis zur Ausstellung der Steuerbescheinigung, längstens bis zum 31. 3. des auf den Zufluss der Kapitalerträge folgenden Kalenderjahres, die einbehaltene und abgeführte Kapitalertragsteuer auf diese Kapitalerträge zu erstatten; Satz 2 ist entsprechend anzuwenden.

(7) [1]**Eine Gesamthandsgemeinschaft kann für ihre Mitglieder im Sinne des § 44a Abs. 7 oder Abs. 8 eine Erstattung der Kapitalertragsteuer bei dem für die gesonderte Feststellung ihrer Einkünfte zuständigen Finanzamt beantragen.** [2]**Die Erstattung ist unter den Voraussetzungen des § 44a Abs. 4, 7 oder Abs. 8 und in dem dort bestimmten Umfang zu gewähren.**

Anwendungsvorschriften:

▶Art. 31 Abs. 1 AmtshilfeRLUmsG (hier betreffend Art. 2 Nr. 27 AmtshilfeRLUmsG) lautet:

(1) Dieses Gesetz tritt vorbehaltlich der Absätze 2 bis 8 am Tag nach der Verkündung in Kraft.

▶§ 52a Abs. 16c Satz 4 und Abs. 16d EStG i. d. F. des AmtshilfeRLUmsG lautet:

(16c) ... [4]§ 44b Abs. 1 bis 4 ist letztmals anzuwenden auf Kapitalerträge, die dem Gläubiger vor dem 1. 1. 2013 zufließen. § 45b ist letztmals anzuwenden auf Kapitalerträge, die dem Gläubiger vor dem 1. 1. 2013 zufließen. ...

(16d) § 44b Abs. 6 und 7 i. d. F. des Artikels 2 des Gesetzes vom 26. 6. 2013 (BGBl I 2013, 1809) ist erstmals anzuwenden auf Kapitalerträge, die dem Gläubiger nach dem 31. 12. 2012 zufließen.

Erläuterungen

(Winfred Wende, Steuerberater)

LITERATUR:

Siehe Literatur zu § 43 EStG.

Hintergrund und Inhalt der Gesetzesänderung

Durch die Erweiterung der Abstandnahme vom Steuerabzug in § 44a Abs. 1 EStG ist das Erstattungsverfahren nicht mehr erforderlich, so dass die Absätze 1 bis 4 entfallen und der Abs. 6 redaktionell angepasst wird. Der neue Absatz 7 lässt eine gegenüber der bisherigen Regelung vereinfachte Erstattung der Kapitalertragsteuer an eine Gesamthandsgemeinschaft, z. B. GbR, oHG oder KG, zu. Eine Abstandnahme vom Steuerabzug kommt für eine Gesamthandsgemeinschaft nicht in Betracht, da die Erträge zunächst an die Gemeinschaft als solche fließen und eine Aufteilung der Erträge auf die Mitglieder der Gesamthand erst im Rahmen der einheitlichen und gesonderten Feststellung erfolgt. Nach bisheriger Rechtslage konnte die Gesamthandsgemeinschaft für ihre Mitglieder nach § 45b Abs. 2a EStG Sammelanträge auf volle oder teilweise Erstattung beim Bundeszentralamt für Steuern stellen. Künftig kann die Gesamthandsgemeinschaft für ihre Mitglieder die Erstattung der Kapitalertragsteuer bei dem für die gesonderte und einheitliche Feststellung ihrer Einkünfte zuständigen Finanzamt beantragen, da dem Finanzamt bereits die für die Erstattung notwendigen Unterlagen vorliegen.

Zeitlicher Anwendungsbereich: Gemäß § 52a Abs. 16c Satz 4 EStG sind die Absätze 1 bis 4 letztmals anzuwenden auf Kapitalerträge, die dem Gläubiger vor dem 1. 1. 2013 zufließen. Gemäß § 52a Abs. 16d EStG gelten die Neuregelungen der Abs. 6 und 7 **erstmalig für Kapitalerträge, die dem Gläubiger nach dem 31. 12. 2012 zufließen.**

33. § 45a EStG

Anmeldung und Bescheinigung der Kapitalertragsteuer

...

(2) [1]Folgende Stellen sind verpflichtet, dem Gläubiger der Kapitalerträge auf Verlangen eine Bescheinigung nach amtlich vorgeschriebenem Muster auszustellen, die die nach § 32d erforderlichen Angaben enthält; bei Vorliegen der Voraussetzungen des

1. § 43 Abs. 1 Satz 1 Nr. 1, 2 bis 4, 7a und 7b der Schuldner der Kapitalerträge,

2. **§ 43 Abs. 1 Satz 1 Nr. 1a, 6, 7 und 8 bis 12 sowie Satz 2 die die Kapitalerträge auszahlende Stelle vorbehaltlich des Absatzes 3 und**

3. **§ 44 Abs. 1a die zur Abführung der Steuer verpflichtete Stelle.**

[2]Die Bescheinigung braucht nicht unterschrieben zu werden, wenn sie in einem maschinellen Verfahren ausgedruckt worden ist und den Aussteller erkennen lässt. [3]§ 44a Abs. 6 gilt sinngemäß; über die zu kennzeichnenden Bescheinigungen haben die genannten Institute und Unternehmen Aufzeichnungen zu führen. [4]Diese müssen einen Hinweis auf den Buchungsbeleg über die Auszahlung an den Empfänger der Bescheinigung enthalten.

Anwendungsvorschriften:

►Art. 31 Abs. 1 AmtshilfeRLUmsG (hier betreffend Art. 2 Nr. 27 AmtshilfeRLUmsG) lautet:

(1) Dieses Gesetz tritt vorbehaltlich der Absätze 2 bis 8 am Tag nach der Verkündung in Kraft.

►§ 52a Abs. 16c Satz 6 EStG i. d. F. des AmtshilfeRLUmsG lautet:

(16c) ...[6]**§ 45a Abs. 2 Satz 1 i. d. F. des Artikels 2 des Gesetzes vom 26. 6. 2013 (BGBl I 2013, 1809) ist erstmals anzuwenden auf Kapitalerträge, die dem Gläubiger nach dem 31. 12. 2012 zufließen.** ...

Erläuterungen

(Winfred Wende, Steuerberater)

LITERATUR:

Siehe Literatur zu § 43 EStG.

Hintergrund und Inhalt der Gesetzesänderung: Die Änderung durch das AmtshilfeRLUmsG regelt die Verpflichtung zur Ausstellung der Steuerbescheinigung durch die zum Steuerabzug verpflichtete inländische Wertpapiersammelbank nach § 44 Abs. 1a EStG (ebenfalls eingeführt durch das AmtshilfeRLUmsG). Die zum Steuerabzug verpflichtete Stelle haftet gem. Abs. 7 für unrichtige Bescheinigungen.

Zeitlicher Anwendungsbereich: Gemäß § 52a Abs. 16c Satz 6 EStG gelten die Neuregelungen **erstmalig für Kapitalerträge, die dem Gläubiger nach dem 31. 12. 2012 zufließen.**

34. § 45b EStG

(weggefallen)

Anwendungsvorschriften:

►Art. 31 Abs. 1 AmtshilfeRLUmsG (hier betreffend Art. 2 Nr. 27 AmtshilfeRLUmsG) lautet:

(1) Dieses Gesetz tritt vorbehaltlich der Absätze 2 bis 8 am Tag nach der Verkündung in Kraft.

►§ 52a Abs. 16c Satz 5 EStG i. d. F. des AmtshilfeRLUmsG lautet:

(16c) ...[5]§ 45b ist letztmals anzuwenden auf Kapitalerträge, die dem Gläubiger vor dem 1. 1. 2013 zufließen. ...

Erläuterungen

(Winfred Wende, Steuerberater)

LITERATUR:

Siehe Literatur zu § 43 EStG.

Hintergrund und Inhalt der Gesetzesänderung

Die Vorschriften sind durch das AmtshilfeRLUmsG aufgehoben worden. Durch die Erweiterung der Abstandnahme vom Steuerabzug bei Mitarbeiterbeteiligungsmodellen gem. § 44a EStG und durch das neue Erstattungsverfahren für Gesamthandsgemeinschaften nach § 44b Abs. 7 EStG sind die Vorschriften zur Erstattung von Kapitalertragsteuer auf Grund von Sammelanträgen nicht mehr erforderlich.

Zeitlicher Anwendungsbereich: Gemäß § 52a Abs. 16c Satz 5 EStG sind die Vorschriften letztmals anzuwenden für **Kapitalerträge, die dem Gläubiger vor dem 1. 1. 2013 zufließen**.

35. § 45d EStG

Mitteilungen an das Bundeszentralamt für Steuern

(1) [1]Wer nach § 44 Abs. 1 dieses Gesetzes und § 7 des Investmentsteuergesetzes zum Steuerabzug verpflichtet ist *[bisher: oder auf Grund von Sammelanträgen nach § 45b Abs. 1 und 2 die Erstattung von Kapitalertragsteuer beantragt]* (Meldestelle), hat dem Bundeszentralamt für Steuern bis zum 1. 3. des Jahres, das auf das Jahr folgt, in dem die Kapitalerträge den Gläubigern zufließen, folgende Daten zu übermitteln:

1. Vor- und Zuname, Identifikationsnummer (§ 139b der Abgabenordnung) sowie das Geburtsdatum des Gläubigers der Kapitalerträge; bei einem gemeinsamen Freistellungsauftrag sind die Daten beider Ehegatten zu übermitteln,

2. Anschrift des Gläubigers der Kapitalerträge,

3. bei den Kapitalerträgen, für die ein Freistellungsauftrag erteilt worden ist,

   a) die Kapitalerträge, bei denen vom Steuerabzug Abstand genommen worden ist oder bei denen auf Grund des Freistellungsauftrags gemäß § 44b Abs. 6 Satz 4 dieses Gesetzes oder gemäß § 7 Abs. 5 Satz 1 des Investmentsteuergesetzes Kapitalertragsteuer erstattet wurde,

   b) die Kapitalerträge, bei denen die Erstattung von Kapitalertragsteuer beim Bundeszentralamt für Steuern beantragt worden ist,

4. die Kapitalerträge, bei denen auf Grund einer Nichtveranlagungs-Bescheinigung einer natürlichen Person nach § 44a Abs. 2 Satz 1 Nr. 2 vom Steuerabzug Abstand genommen oder eine Erstattung vorgenommen wurde,

5. Name und Anschrift der Meldestelle.

²Die Daten sind nach amtlich vorgeschriebenem Datensatz durch Datenfernübertragung zu übermitteln; im Übrigen ist § 150 Abs. 6 der Abgabenordnung entsprechend anzuwenden.

Anwendungsvorschriften:

►Art. 31 Abs. 1 AmtshilfeRLUmsG (hier betreffend Art. 2 Nr. 27 AmtshilfeRLUmsG) lautet:

(1) Dieses Gesetz tritt vorbehaltlich der Absätze 2 bis 8 am Tag nach der Verkündung in Kraft.

►§ 52a Abs. 16c Satz 7 EStG i. d. F. des AmtshilfeRLUmsG lautet:

(16c) ...⁷§ 45d Abs. 1 i. d. F. des Artikels 2 des Gesetzes vom 26. 6. 2013 (BGBl I 2013, 1809) ist erstmals anzuwenden auf Kapitalerträge, die dem Gläubiger nach dem 31. 12. 2012 zufließen.

Erläuterungen

(Winfred Wende, Steuerberater)

LITERATUR:

Siehe Literatur zu § 43 EStG.

Hintergrund und Inhalt der Gesetzesänderung

Es handelt sich um eine redaktionelle Änderung aufgrund des Wegfalls des Sammelantragsverfahren nach § 45b EStG.

Zeitlicher Anwendungsbereich: Gemäß § 52a Abs. 16c Satz 7 EStG gelten die Neuregelungen erstmalig für **Kapitalerträge, die dem Gläubiger nach dem 31. 12. 2012 zufließen.**

36. § 50d EStG

Besonderheiten im Fall von Doppelbesteuerungsabkommen und der §§ 43b und 50g

(1) ¹Können Einkünfte, die dem Steuerabzug vom Kapitalertrag oder dem Steuerabzug auf Grund des § 50a unterliegen, nach den §§ 43b, 50g oder nach einem Abkommen zur Vermeidung der Doppelbesteuerung nicht oder nur nach einem niedrigeren Steuersatz besteuert werden, so sind die Vorschriften über die Einbehaltung, Abführung und Anmeldung der Steuer ungeachtet der §§ 43b und 50g sowie des Abkommens anzuwenden. ²Unberührt bleibt der Anspruch des Gläubigers der Kapitalerträge oder Vergütungen auf völlige oder teilweise Erstattung der einbehaltenen und abgeführten oder der auf Grund Haftungsbescheid oder Nachforderungsbescheid entrichteten Steuer. ³Die Erstattung erfolgt auf Antrag des Gläubigers der Kapitalerträge oder Vergütungen auf der Grundlage eines Freistellungsbescheids; der Antrag ist nach amtlich vorgeschriebenem Vordruck bei dem Bundeszentralamt für Steuern zu stellen. ⁴Dem Vordruck ist in den Fällen des § 43 Abs. 1 Satz 1 Nr. 1a eine Bescheinigung nach § 45a Abs. 2 beizufügen. ⁵Der zu erstattende Betrag wird nach Bekanntgabe des Freistellungsbescheids ausgezahlt. ⁶Hat der Gläubiger der Vergütungen im Sinne des § 50a nach § 50a Abs. 5 Steuern für Rechnung beschränkt steuerpflichtiger Gläubiger einzubehalten, kann die Auszahlung des Erstattungsanspruchs davon abhängig gemacht werden, dass er die Zahlung der von ihm einzubehaltenden Steuer nachweist, hierfür Sicherheit leistet oder unwiderruflich die Zu-

stimmung zur Verrechnung seines Erstattungsanspruchs mit seiner Steuerzahlungsschuld erklärt. [7]Das Bundeszentralamt für Steuern kann zulassen, dass Anträge auf maschinell verwertbaren Datenträgern gestellt werden. [8]Der Antragsteller hat in den Fällen des § 43 Abs. 1 Satz 1 Nr. 1a zu versichern, dass ihm eine Bescheinigung im Sinne des § 45a Abs. 2 vorliegt oder, soweit er selbst die Kapitalerträge als auszahlende Stelle dem Steuerabzug unterworfen hat, nicht ausgestellt wurde; er hat die Bescheinigung zehn Jahre nach Antragstellung aufzubewahren. [9]Die Frist für den Antrag auf Erstattung beträgt vier Jahre nach Ablauf des Kalenderjahres, in dem die Kapitalerträge oder Vergütungen bezogen worden sind. [10]Die Frist nach Satz 9 endet nicht vor Ablauf von sechs Monaten nach dem Zeitpunkt der Entrichtung der Steuer. [11]**Ist der Gläubiger der Kapitalerträge oder Vergütungen eine Person, der die Kapitalerträge oder Vergütungen nach diesem Gesetz oder nach dem Steuerrecht des anderen Vertragsstaats nicht zugerechnet werden, steht der Anspruch auf völlige oder teilweise Erstattung des Steuerabzugs vom Kapitalertrag oder nach § 50a auf Grund eines Abkommens zur Vermeidung der Doppelbesteuerung nur der Person zu, der die Kapitalerträge oder Vergütungen nach den Steuergesetzen des anderen Vertragsstaats als Einkünfte oder Gewinne einer ansässigen Person zugerechnet werden.** [12]Für die Erstattung der Kapitalertragsteuer gilt § 45 entsprechend. [13]Der Schuldner der Kapitalerträge oder Vergütungen kann sich vorbehaltlich des Absatzes 2 nicht auf die Rechte des Gläubigers aus dem Abkommen berufen.

...

(9) [1]Sind Einkünfte eines unbeschränkt Steuerpflichtigen nach einem Abkommen zur Vermeidung der Doppelbesteuerung von der Bemessungsgrundlage der deutschen Steuer auszunehmen, so wird die Freistellung der Einkünfte ungeachtet des Abkommens nicht gewährt, wenn

1. der andere Staat die Bestimmungen des Abkommens so anwendet, dass die Einkünfte in diesem Staat von der Besteuerung auszunehmen sind oder nur zu einem durch das Abkommen begrenzten Steuersatz besteuert werden können, oder

2. die Einkünfte in dem anderen Staat nur deshalb nicht steuerpflichtig sind, weil sie von einer Person bezogen werden, die in diesem Staat nicht auf Grund ihres Wohnsitzes, ständigen Aufenthalts, des Ortes ihrer Geschäftsleitung, des Sitzes oder eines ähnlichen Merkmals unbeschränkt steuerpflichtig ist.

[2]Nummer 2 gilt nicht für Dividenden, die nach einem Abkommen zur Vermeidung der Doppelbesteuerung von der Bemessungsgrundlage der deutschen Steuer auszunehmen sind, es sei denn, die Dividenden sind bei der Ermittlung des Gewinns der ausschüttenden Gesellschaft abgezogen worden. [3]**Bestimmungen eines Abkommens zur Vermeidung der Doppelbesteuerung sowie Abs. 8 und § 20 Abs. 2 des Außensteuergesetzes bleiben unberührt, soweit sie jeweils die Freistellung von Einkünften in einem weitergehenden Umfang einschränken.** *[bisher:* [3]*Bestimmungen eines Abkommens zur Vermeidung der Doppelbesteuerung, die die Freistellung von Einkünften in einem weitergehenden Umfang einschränken, sowie Abs. 8 und § 20 Abs. 2 des Außensteuergesetzes bleiben unberührt.]*

(10) [1]**Sind auf eine Vergütung im Sinne des § 15 Abs. 1 Satz 1 Nr. 2 Satz 1 zweiter Halbsatz und Nr. 3 zweiter Halbsatz die Vorschriften eines Abkommens zur Vermeidung der Doppelbesteuerung anzuwenden und enthält das Abkommen keine solche Vergütungen betreffende ausdrückliche Regelung, gilt die Vergütung für Zwecke der Anwendung des Abkommens zur Vermeidung der Doppelbesteuerung ausschließlich als Teil des Unternehmensgewinns des ver-**

gütungsberechtigten Gesellschafters. [2]Satz 1 gilt auch für die durch das Sonderbetriebsvermögen veranlassten Erträge und Aufwendungen. [3]Die Vergütung des Gesellschafters ist ungeachtet der Vorschriften eines Abkommens zur Vermeidung der Doppelbesteuerung über die Zuordnung von Vermögenswerten zu einer Betriebsstätte derjenigen Betriebsstätte der Gesellschaft zuzurechnen, der der Aufwand für die der Vergütung zugrunde liegende Leistung zuzuordnen ist; die in Satz 2 genannten Erträge und Aufwendungen sind der Betriebsstätte zuzurechnen, der die Vergütung zuzuordnen ist. [4]Die Sätze 1 bis 3 gelten auch in den Fällen des § 15 Abs. 1 Satz 1 Nr. 2 Satz 2 sowie in den Fällen des § 15 Abs. 1 Satz 2 entsprechend. [5]Sind Einkünfte im Sinne der Sätze 1 bis 4 einer Person zuzurechnen, die nach einem Abkommen zur Vermeidung der Doppelbesteuerung als im anderen Staat ansässig gilt, und weist der Steuerpflichtige nach, dass der andere Staat die Einkünfte besteuert, ohne die darauf entfallende deutsche Steuer anzurechnen, ist die in diesem Staat nachweislich auf diese Einkünfte festgesetzte und gezahlte und um einen entstandenen Ermäßigungsanspruch gekürzte, der deutschen Einkommensteuer entsprechende, anteilige ausländische Steuer bis zur Höhe der anteilig auf diese Einkünfte entfallenden deutschen Einkommensteuer anzurechnen. [6]Satz 5 gilt nicht, wenn das Abkommen zur Vermeidung der Doppelbesteuerung eine ausdrückliche Regelung für solche Einkünfte enthält. [7]Die Sätze 1 bis 6

1. sind nicht auf Gesellschaften im Sinne des § 15 Abs. 3 Nr. 2 anzuwenden;

2. gelten entsprechend, wenn die Einkünfte zu den Einkünften aus selbständiger Arbeit im Sinne des § 18 gehören; dabei tritt der Artikel über die selbständige Arbeit an die Stelle des Artikels über die Unternehmenseinkünfte, wenn das Abkommen zur Vermeidung der Doppelbesteuerung einen solchen Artikel enthält.

[8]Absatz 9 Satz 1 Nr. 1 bleibt unberührt.

[bisher: (10) [1]Sind auf Vergütungen im Sinne des § 15 Abs. 1 Satz 1 Nr. 2 Satz 1 zweiter Halbsatz und Nummer 3 zweiter Halbsatz die Vorschriften eines Abkommens zur Vermeidung der Doppelbesteuerung anzuwenden und enthält das Abkommen keine solche Vergütungen betreffende ausdrückliche Regelung, gelten diese Vergütungen für Zwecke der Anwendung des Abkommens ausschließlich als Unternehmensgewinne. [2]Absatz 9 Nr. 1 bleibt unberührt.]

Anwendungsvorschriften:

►Art. 31 Abs. 1 AmtshilfeRLUmsG lautet:

(1) Dieses Gesetz tritt vorbehaltlich der Absätze 2 bis 8 am Tag nach der Verkündung in Kraft.

►§ 52 Abs. 59a EStG i. d. F. des AmtshilfeRLUmsG (Art. 2 Nr. 39 Buchst. q) lautet:

(59a) ...[7]§ 50d Abs. 1 i. d. F. des Artikels 2 des Gesetzes vom 26. 6. 2013 (BGBl I 2013, 1809) ist erstmals auf Zahlungen anzuwenden, die nach dem 30. 6. 2013 erfolgen. ...[9]§ 50d Abs. 9 Satz 3 i. d. F. des Artikels 2 des Gesetzes vom 26. 6. 2013 (BGBl I 2013, 1809) ist in allen Fällen anzuwenden, in denen die Einkommensteuer noch nicht bestandskräftig festgesetzt worden ist. [10]§ 50d Abs. 10 i. d. F. des Artikels 2 des Gesetzes vom 26. 6. 2013 (BGBl I 2013, 1809) ist in allen Fällen anzuwenden, in denen die Einkommen- und Körperschaftsteuer noch nicht bestandskräftig festgesetzt worden ist.

Erläuterungen

(Dr. Alois Th. Nacke, Richter am FG)

1. § 50d Abs 1 Satz 11 EStG

„§ 50d Abs. 1 Satz 11 – neu – EStG regelt den Fall, dass zwar ein Anspruch auf völlige oder teilweise Erstattung der Kapitalertrags- und Abzugsteuer aufgrund eines Abkommens zur Vermeidung der Doppelbesteuerung (DBA) besteht, der Erstattungsanspruch jedoch infolge der für Besteuerungszwecke unterschiedlichen Qualifikation des Gläubigers („hybride" Gesellschaftsformen) der Kapitalerträge bzw. Vergütungen durch die beteiligten Vertragsstaaten ins Leere läuft. Vorbehaltlich der in der Anlage zum BMF-Schreiben vom 16. 4. 2010 (BStBl I 2010, 354) genannten Sonderregelungen folgt die Neuregelung den Grundsätzen des OECDMusterkommentars (vgl. Nr. 5 zu Art. 1 OECD-Musterkommentar). Denn es entspricht dem Sinn und Zweck der DBA, dass der Quellenstaat die Entlastung von Kapitalertrags- und Abzugsteuern der Person gewährt, der die Einkünfte nach dem Steuerrecht des anderen Staates zugerechnet werden. Der nach § 50d Abs. 1 Satz 2 EStG bestehende Anspruch eines Gesellschafters einer hybriden Gesellschaft auf Entlastung geht für Zwecke seiner Geltendmachung auf die hybride Gesellschaft über, und zwar auch in den Fällen, in denen der Gesellschafter in einem anderen Staat als dem Quellenstaat oder dem Sitz- bzw. Geschäftsleitungsstaat einer ausländischen Gesellschaft ansässig ist. Die Neuregelung berührt nicht das Recht zur Teilnahme am Freistellungsverfahren nach § 50d Abs. 2 EStG. Ist eine Person erstattungsberechtigt, kann sie unter den Voraussetzungen des § 50d Abs. 2 EStG auch am Freistellungsverfahren teilnehmen." (BR-Drucks. 302/12, 95)

2. § 50d Abs. 9 Satz 3 EStG

Nach § 50d Abs. 8 EStG muss Deutschland die Freistellungsmethode auf Arbeitslöhne nach den entsprechenden DBA nur anwenden, wenn die Besteuerung im anderen Staat nachgewiesen wird bzw. der andere Staat auf sein Besteuerungsrecht verzichtet hat. Der BFH hatte einen Fall zu entscheiden, in dem der andere Staat auf sein Besteuerungsrecht verzichtet hatte, obwohl diesem Staat abkommensrechtlich ein Besteuerungsrecht zustand (BFH v. 11. 1. 2012 – I R 27/11, NWB DokID: XAAAE-05754). Nach § 50d Abs. 9 Satz 1 Nr. 2 EStG wäre eine Besteuerung in Deutschland möglich gewesen. Der BFH lehnt aber eine Anwendung des § 50d Abs. 9 EStG ab. Denn § 50d Abs. 9 Satz 3 EStG ordnet ausdrücklich an, dass (u. a.) "Abs. 8 … unberührt (bleibt)". Dies führte im Streitfall zur Steuerbefreiung der Einkünfte in Deutschland und auch in dem anderen Staat.

Die gesetzliche Änderung in § 50d Abs. 9 Satz 3 EStG sieht nun vor, dass eine kumulative Anwendbarkeit von § 50d Abs. 8 und Abs. 9 EStG möglich ist. Damit werden unversteuerte Einkünfte – wie es das Ergebnis der oben dargestellten Entscheidung des BFH war – in Zukunft bei grenzüberschreitenden Betätigungen verhindert.

3. § 50d Abs. 10 EStG

Auch bei dieser Änderung handelt es sich um eine Beseitigung der Rechtsfolgen, die sich aus einer BFH-Entscheidung ergeben. Nach den Gesetzesmaterialien zu dem im Rahmen des JStG 2009 in das EStG eingefügten § 50d Abs. 10 EStG (s. BT-Drucks. 16/11108) sollte es nach Auffassung des Gesetzgebers dabei bleiben, dass Vergütungen i. S. d. § 15 Abs. 1 Satz 1 Nr. 2 Satz 1 2. Halbsatz und Nr. 3 2. Halbsatz EStG, die eine inländische Personengesellschaft an ihre ausländischen Gesellschafter zahlt, als Teil des Gewinns der Personengesellschaft besteuert werden können, weil die Behandlung dieser Vergütungen als gewerbliche Einkünfte ein tragender Grundsatz der Besteuerung der Mitunternehmerschaften im deutschen Steuerrecht sei und dies zur Gleichbehandlung von Einzelunternehmen und Mitunternehmerschaften führe (BR-Drucks. 139/13, 140). Der BFH hat nun entschieden, dass Sondervergütungen und die Veräußerungsgewinne an einen Gesellschafter der Personengesellschaft, der im Ausland ansässig ist, nicht als gewerbliche Einkünfte behandelt werden können, die Teil des Gewinns einer inländischen Betriebsstätte des Gesellschafters sind (BFH v. 8. 9. 2010 – I R 74/09, BFH/NV 2011, 138). Dies hat letztlich zur Folge, dass auf Sondervergütungen keine Gewerbesteuer erhoben werden kann. Ferner entfällt auch die Erhebung der sonstigen Ertragssteuern.

Hier soll durch die Neufassung des § 50d Abs. 10 EStG erreicht werden, dass § 50d EStG nicht ins Leere läuft und eine Klarstellung des gesetzgeberischen Willens erreicht wird (BR-Drucks. 139/13, 140).

Zeitlicher Anwendungsbereich: Die Neuregelung des **§ 50d Abs. 1 Satz 11 EStG** ist erstmals auf Zahlungen anzuwenden, die nach dem **30. 6. 2013** erfolgen. Die Neuregelungen des **§ 50d Abs. 9 Satz 3 EStG** und des **§ 50d Abs. 10 EStG** sind auf alle Fälle anzuwenden, in denen die **Einkommensteuer bzw. die Körperschaftsteuer noch nicht bestandskräftig festgesetzt** worden ist (§ 52 Abs. 59a Satz 9 EStG).

37. § 50i EStG

Besteuerung bestimmter Einkünfte und Anwendung von Doppelbesteuerungsabkommen

[1]Sind Wirtschaftsgüter des Betriebsvermögens oder sind Anteile im Sinne des § 17 vor dem 29. 6. 2013 in das Betriebsvermögen einer Personengesellschaft im Sinne des § 15 Abs. 3 übertragen oder überführt worden, und ist eine Besteuerung der stillen Reserven im Zeitpunkt der Übertragung oder Überführung unterblieben, so ist der Gewinn, den ein Steuerpflichtiger, der im Sinne eines Abkommens zur Vermeidung der Doppelbesteuerung im anderen Vertragsstaat ansässig ist, aus der späteren Veräußerung oder Entnahme dieser Wirtschaftsgüter oder Anteile erzielt, ungeachtet entgegenstehender Bestimmungen des Abkommens zur Vermeidung der Doppelbesteuerung zu versteuern. [2]Auch die laufenden Einkünfte aus der Beteiligung an der Personengesellschaft, auf die die in Satz 1 genannten Wirtschaftsgüter oder Anteile übertragen oder überführt wurden, sind ungeachtet entgegenstehender Bestimmungen des Abkommens zur Vermeidung der Doppelbesteuerung zu versteuern. [3]Die Sätze 1 und 2 gelten sinngemäß, wenn Wirtschaftsgüter vor dem 29. 6. 2013 Betriebsvermögen einer Personengesellschaft geworden sind, die deswegen Einkünfte aus Gewerbebetrieb erzielt, weil der Steuerpflichtige sowohl im überlassenden Betrieb als auch im nutzenden Betrieb allein oder zusammen mit anderen Gesellschaftern einen einheitlichen geschäftlichen Betätigungswillen durchsetzen kann und dem nutzenden Betrieb eine wesentliche Betriebsgrundlage zur Nutzung überlässt.

Anwendungsvorschriften:

►Art. 31 Abs. 1 AmtshilfeRLUmsG lautet:

(1) Dieses Gesetz tritt vorbehaltlich der Absätze 2 bis 8 am Tag nach der Verkündung in Kraft.

▶ § 52 Abs. 59d EStG i. d. F. des AmtshilfeRLUmsG (Art. 2 Nr. 39 Buchst. r) lautet:

(59d) ¹§ 50i ist auf die Veräußerung von Wirtschaftsgütern oder Anteilen oder ihrer Entnahme anzuwenden, die nach dem 29. 6. 2013 stattfinden. ²Hinsichtlich der laufenden Einkünfte aus der Beteiligung an der Personengesellschaft ist die Vorschrift in allen Fällen anzuwenden, in denen die Einkommensteuer noch nicht bestandskräftig festgesetzt worden ist.

Erläuterungen

(Dr. Alois Th. Nacke, Richter am FG)

Hier hat der Gesetzgeber ebenfalls auf eine Entscheidung des BFH reagiert und mit der Schaffung des § 50i EStG eine Sicherung der Besteuerung von Beteiligungsveräußerungsgewinnen erreicht. Zur Vermeidung der Aufdeckung stiller Reserven bei einem Wegzug ins Ausland (§ 6 AStG), bei einer Umstrukturierung (§ 20 UmwStG) oder beim Ausschluss oder einer Beschränkung des Besteuerungsrechts hinsichtlich des Gewinns aus der Veräußerung eines Wirtschaftsguts nach § 4 Abs. 1 Satz 3 und 4 EStG sind Anteile an Kapitalgesellschaften und andere Wirtschaftsgüter in der Vergangenheit häufig auf eine gewerblich geprägte Personengesellschaft i. S. d. § 15 Abs. 3 Nr. 2 EStG übertragen worden (typischerweise auf eine GmbH & Co. KG). Das deutsche Steuerrecht fingierte hier die Gewerblichkeit der GmbH & Co. KG. Damit wurden die in die KG eingebrachten Beteiligungen zu Betriebsvermögen. Damit war sichergestellt, dass bei evtl. späteren Veräußerungen die Veräußerungsgewinne auch nach dem Wegzug besteuert werden konnten. Denn Gewinne aus der Veräußerung von Betriebsvermögen und auch die laufenden Erträge nach den DBA von dem Staat besteuert werden können, in dem die KG betrieben wurde.

Nach Ansicht des BFH (BFH v. 28. 4. 2010 - I R 81/09, StBW 2010, 534, BFH/NV 2010, 1550) lässt sich aber die Gewerblichkeit nach deutschem Steuerrecht nicht auf die DBA-Ebene übertragen. Die Fiktion der Gewerblichkeit von vermögensverwaltenden Personengesellschaften schlägt nicht auf die DBA-Ebene durch.

Hier versucht der § 50i EStG eine Besteuerung sicherzustellen. Er erfasst alle Wirtschaftsgüter des Betriebsvermögens, die in das Betriebsvermögen einer Personengesellschaft i. S. d. § 15 Abs. 3 EStG übertragen oder überführt worden sind, und deren Besteuerung der stillen Reserven im Zeitpunkt der Übertragung oder Überführung unterblieben ist. Den Gewinn hieraus, den ein Steuerpflichtiger, der im Sinne eines DBA im anderen Vertragsstaat ansässig ist, aus der späteren Veräußerung oder Entnahme dieser Wirtschaftsgüter oder Anteile erzielt, unterwirft er nun der deutschen Besteuerung. Diese Versteuerung soll ungeachtet entgegenstehender Bestimmungen eines DBA geschehen.

Zeitlicher Anwendungsbereich: Die Neuregelung ist auf Veräußerungen von Wirt-schaftsgütern oder Anteilen oder ihrer Entnahme anzuwenden, die **nach dem Tag der Verkündung** des AmtshilfeRLUmsG stattfinden (§ 52 Abs. 59d Satz 1 EStG). Bei laufenden Einkünften gilt die Neuregelung in allen Fällen, in denen die **Einkommensteuer nicht bestandskräftig** ist (§ 52 Abs. 59d Satz 2 EStG). Damit gilt für Veräußerungen vor diesem Zeitpunkt die Rechtsprechung des BFH v. 28. 4. 2010 (BFH v. 28. 4. 2010 - I R 81/09, StBW 2010, 534).

38. § 51a Abs. 2c Nr. 3 und Abs. 2e EStG

Festsetzung und Erhebung von Zuschlagsteuern

...

(2c) [1]Der zur Vornahme des Steuerabzugs vom Kapitalertrag Verpflichtete (Kirchensteuerabzugsverpflichteter) hat die auf die Kapitalertragsteuer nach Abs. 2b entfallende Kirchensteuer nach folgenden Maßgaben einzubehalten: ...

3. der Kirchensteuerabzugsverpflichtete hat unter Angabe der Identifikationsnummer **und des Geburtsdatums** des Schuldners der Kapitalertragsteuer einmal jährlich im Zeitraum vom 1. 9. bis 31. 10. beim Bundeszentralamt für Steuern anzufragen, ob der Schuldner der Kapitalertragsteuer am 31. 8. des betreffenden Jahres (Stichtag) kirchensteuerpflichtig ist (Regelabfrage). [2]Für Kapitalerträge im Sinne des § 43 Abs. 1 Nr. 4 aus Versicherungsverträgen hat der Kirchensteuerabzugsverpflichtete eine auf den Zuflusszeitpunkt der Kapitalerträge bezogene Abfrage (Anlassabfrage) an das Bundeszentralamt für Steuern zu richten. [3]**Im Übrigen kann der Kirchensteuerabzugsverpflichtete eine Anlassabfrage bei Begründung einer Geschäftsbeziehung oder auf Veranlassung des Kunden an das Bundeszentralamt für Steuern richten.** [4]Auf die Anfrage hin teilt das Bundeszentralamt für Steuern dem Kirchensteuerabzugsverpflichteten die rechtliche Zugehörigkeit zu einer steuererhebenden Religionsgemeinschaft und den für die Religionsgemeinschaft geltenden Kirchensteuersatz zum Zeitpunkt der Anfrage als automatisiert abrufbares Merkmal nach Nr. 1 mit. [5]Rechtzeitig vor Regel- oder Anlassabfrage ist der Schuldner der Kapitalertragsteuer vom Kirchensteuerabzugsverpflichteten auf die bevorstehende Datenabfrage sowie das gegenüber dem Bundeszentralamt für Steuern bestehende Widerspruchsrecht, das sich auf die Übermittlung von Daten zur Religionszugehörigkeit bezieht (Abs. 2e Satz 1), schriftlich oder in anderer geeigneter Form hinzuweisen. [6]**Anträge auf das Setzen der Sperrvermerke, die im aktuellen Kalenderjahr für eine Regelabfrage berücksichtigt werden sollen, müssen bis zum 30. 6. beim Bundeszentralamt für Steuern eingegangen sein. [7]Alle übrigen Sperrvermerke können nur berücksichtigt werden, wenn sie spätestens zwei Monate vor der Abfrage des Kirchensteuerabzugsverpflichteten eingegangen sind. [8]Dies gilt für den Widerruf entsprechend.** [9]Der Hinweis hat individuell zu erfolgen. [10]Gehört der Schuldner der Kapitalertragsteuer keiner steuererhebenden Religionsgemeinschaft an oder hat er dem Abruf von Daten zur Religionszugehörigkeit widersprochen (Sperrvermerk), so teilt das Bundeszentralamt für Steuern dem Kirchensteuerabzugsverpflichteten zur Religionszugehörigkeit einen neutralen Wert (Nullwert) mit. [11]Der Kirchensteuerabzugsverpflichtete hat die vorhandenen Daten zur Religionszugehörigkeit unverzüglich zu löschen, wenn ein Nullwert übermittelt wurde;

...

(2e) [1]Der Schuldner der Kapitalertragsteuer kann unter Angabe seiner Identifikationsnummer **nach amtlich vorgeschriebenem Vordruck** schriftlich beim Bundeszentralamt für Steuern beantragen, dass der automatisierte Datenabruf seiner rechtlichen Zugehörigkeit zu einer steuererhebenden Religionsgemeinschaft bis auf schriftlichen Widerruf unterbleibt (Sperrvermerk). [2]Das Bundeszentralamt für Steuern kann für die Abgabe der Erklärungen nach Satz 1 ein anderes sicheres Verfahren zur Verfügung stellen. [3]**Der Sperrvermerk verpflichtet den Kirchensteuerpflichtigen für jeden Veranlagungszeitraum, in dem Kapitalertragsteuer einbehalten worden ist, zur Abgabe einer Steuererklärung zum Zwecke der Veranlagung nach Abs. 2d Satz 1.** [4]**Das Bundes-**

zentralamt für Steuern übermittelt für jeden Veranlagungszeitraum, in dem der Sperrvermerk abgerufen worden ist, an das Wohnsitzfinanzamt Name und Anschrift des Kirchensteuerabzugsverpflichteten, an den im Fall des Absatzes 2c Nr. 3 auf Grund des Sperrvermerks ein Nullwert im Sinne des Absatzes 2c Satz 1 Nr. 3 Satz 6 mitgeteilt worden ist. [5]Das Wohnsitzfinanzamt fordert den Kirchensteuerpflichtigen zur Abgabe einer Steuererklärung nach § 149 Abs. 1 Satz 1 und 2 der Abgabenordnung auf. *[bisher: [3]Der Sperrvermerk verpflichtet den Kirchensteuerpflichtigen zur Abgabe einer Steuererklärung zum Zwecke der Veranlagung nach Abs. 2d Satz 1. [4]Den Sperrvermerk übermittelt das Bundeszentralamt für Steuern dem für den Kirchensteuerpflichtigen zuständigen Wohnsitz-Finanzamt, das diesen zur Abgabe einer Steuererklärung auffordert (§ 149 Abs. 1 Satz 2 der Abgabenordnung).]*

Anwendungsvorschriften:

▶Art. 31 Abs. 1 AmtshilfeRLUmsG (hier betreffend Art. 2 Nr. 38 AmtshilfeRLUmsG) lautet:

(1) Dieses Gesetz tritt vorbehaltlich der Absätze 2 bis 8 am Tag nach der Verkündung in Kraft.

Erläuterungen

(Walter Bode, Dipl.-Kfm., Richter am BFH)

Die Änderungen des § 51a EStG durch Art. 2 Nr. 38 AmtshilfeRLUmsG wurden im Gesetzentwurf für das AmtshilfeRLUmsG vorgeschlagen (BT-Drucks. 17/12375, 9 und 39 f.) und in die Beschlussempfehlung des Vermittlungsausschusses zum AmtshilfeRLUmsG übernommen (BT-Drucks. 17/13722, 13).

§ 51a Abs. 2c Nr. 3 Satz 3 EStG: Die **Anlassabfrage** stand technisch bedingt bisher nur Versicherungen offen (vgl. hierzu und zum Folgenden BT-Drucks. 17/12375, 39). Banken hatten ein Kirchensteuermerkmal, das sie in der Regelabfrage stichtagsbezogen erhalten haben, im gesamten Folgejahr zu verwenden. Unterjährige Änderungen, wie Kirchenein- und -austritte oder auch der Wechsel des Kreditinstituts bzw. die Kirchenzugehörigkeit von Neukunden blieben in dem betreffenden Jahr unberücksichtigt und wurden erst bei der nächsten Regelabfrage erfasst. Die Anlassabfrage für alle Kirchensteuerabzugsverpflichteten soll es **insbesondere** den **Kreditinstituten** erlauben, den aktuellen Religionsstatus des Kunden auch auf seinen Wunsch hin zu erhalten. Das soll den Vollzug des Kirchensteuerabzugs für alle Beteiligten erleichtern, da die Korrektur wegen unzutreffend abgeführter Kirchensteuer über das Veranlagungsverfahren entfällt.

§ 51a Abs. 2c Nr. 3 Satz 6 bis 8 EStG: Nach § 30 Abs. 2 Nr. 2 AO ist eine Offenbarung von Steuerdaten zulässig, soweit sie durch Gesetz ausdrücklich zugelassen ist. Die **Offenbarung der Daten zur Religionszugehörigkeit** an die Kirchensteuerabzugsverpflichteten ist gem. § 51a Abs. 2c Nr. 3 und Abs. 2e EStG begrenzt durch das Widerspruchsrecht der bei der anfragenden Stelle geführten Personen. Sollten Religionsmerkmale trotz des im Sperrvermerk erklärten gegenteiligen Willens des Berechtigten an Dritte offenbart werden, kann darin ein Verstoß gegen das Steuergeheimnis liegen (BT-Drucks. 17/12375, 39).

§ 51a Abs. 2c Nr. 3 Satz 1 und 3 EStG stellt auf die gespeicherten Merkmale und Erklärungen zum 31. 8. eines Jahres (Regelabfrage) bzw. zum Zeitpunkt der Anfrage (Anlassabfrage) ab. Anträge sind aber nur dann technisch und organisatorisch von der Verwaltung zu verarbeiten, wenn die betreffende Information rechtzeitig vor den Stichtagen der Regel- und Anlassabfrage eingeht (§ 51a Abs. 2c Nr. 3 Satz 6 EStG). Ein Zeitraum von zwei Monaten soll die Verarbeitung der eingegangenen Sperrvermerke sicherstellen, so dass für die Regelanfrage nur die Sperren für den aktuellen Veranlagungszeitraum Wirkung entfalten, die bis zum Ausschlusstermin 30. 6. eingehen. Sperren, die innerhalb des nachfolgenden Zweimonatszeitraumes eingehen, entfalten erst für das Folgejahr ihre Wirkung (näher hierzu BT-Drucks. 17/12375, 39).

Für die **Anlassabfrage** soll der Zweimonatszeitraum entsprechend gelten (vgl. § 51a Abs. 2c Nr. 3 Satz 7 EStG), so dass die Sperre zwei Monate vor dem Auszahlungstermin z. B. eines Versicherungsvertrages eingelegt werden muss, um berücksichtigt werden zu können. Nur mit diesen Vorläufen könne das Datenschutzinteresse sichergestellt werden (BT-Drucks. 17/12375, 39).

Das Bundeszentralamt für Steuern muss damit die Sperrvermerke bei der Beantwortung der Anfragen der Kapitalertragsteuerabzugsverpflichteten berücksichtigen, die bis zu den Ausschlussterminen für die Regel- bzw. Anlassabfrage vorliegen. Sperrvermerke, die die Steuerpflichtigen nach dem Ausschlusstermin veranlassen, sind für diese Abfrage unwirksam. Die Offenbarung der Informationen an die Kapitalertragsteuerabzugsverpflichteten entgegen dem nach dem Ausschlusstermin erklärten Willen der Steuerpflichtigen führt zu keiner Verletzung des Steuergeheimnisses (BT-Drucks. 17/12375, 39).

§ 51a Abs. 2e Satz 1 EStG: Die gesetzliche Verpflichtung, **Sperrvermerke** ausschließlich auf einem amtlich vorgeschriebenen, scanfähigem Formular beim Bundeszentralamt für Steuern einzureichen, soll Steuerpflichtigen und Verwaltung die Steuerung der Abläufe erleichtern (BT-Drucks. 17/12375, 39). Der Vordruck soll im Internetauftritt des BZSt zum Ausdruck bereitgestellt und bei Kirchensteuerabzugsverpflichteten und Finanzämtern ausgelegt werden.

§ 51a Abs. 2e Satz 3 bis 5 EStG: Das durch das Gesetzes zur Umsetzung der Beitreibungsrichtlinie sowie zur Änderung steuerlicher Vorschriften (Beitreibungsrichtlinie-Umsetzungsgesetz) vom 7. 12. 2011 (BGBl I 2012, 2592) geregelte Verfahren zum automationsgestützten Kirchensteuerabzug auf Kapitalertragsteuer enthält die Möglichkeit eines Sperrvermerks. Veranlasst der Kirchensteuerpflichtige einen Sperrvermerk, dann unterrichtet das Bundeszentralamt für Steuern das Wohnsitzfinanzamt, das dann für die zutreffende Erhebung der Kirchensteuer auf die abgeltend besteuerten Kapitalerträge sorgen muss. Der Sperrvermerk wird unabhängig davon an das Finanzamt übermittelt, ob der Steuerpflichtige überhaupt Kapitalerträge erzielt. Die in § 51a Abs. 2e EStG eingefügte Ergänzung soll für den Kirchensteuerpflichtigen klarstellen, dass eine Verpflichtung zur Abgabe einer Steuererklärung nur für diejenigen Veranlagungszeiträume besteht, in denen für ihn auch tatsächlich Kapitalertragsteuer erhoben und abgeführt worden ist, d. h. die Kapitalerträge oberhalb des Sparerfreibetrags liegen (BT-Drucks. 17/12375, 39 f.). Neu geregelt wird, dass das Finanzamt nicht von dem gesetzten Sperrvermerk Kenntnis erhält, sondern vom Abruf des Sperrvermerks in dem Kalenderjahr nebst Namen und Anschrift des abrufenden Kirchensteuerabzugsverpflichteten. Mithilfe dieser Information soll das Finanzamt effizient sicherstellen können, dass die vom Kirchensteuerpflichtigen vorgelegten Steuerbescheinigungen vollständig sind bzw. erforderlichenfalls bei dem jeweiligen Kirchensteuerabzugsverpflichteten eine Auskunft gem. § 93 Abs. 1 AO einholen können (BT-Drucks. 17/12375, 40). Dadurch sollen Bürger und Verwaltung von zusätzlicher Belegvorlage und aufwendiger Nachweisführung entlastet werden.

Zeitlicher Anwendungsbereich: Anzuwenden **ab dem 30. 6. 2013.**

39. § 52b EStG

Übergangsregelungen bis zur Anwendung der elektronischen Lohnsteuerabzugsmerkmale

(1) [1]Die Lohnsteuerkarte 2010 und die Bescheinigung für den Lohnsteuerabzug (Abs. 3) gelten mit den eingetragenen Lohnsteuerabzugsmerkmalen auch für den Steuerabzug vom Arbeitslohn ab dem 1. 1. 2011 bis zur erstmaligen Anwendung der elektronischen Lohnsteuerabzugsmerkmale durch den Arbeitgeber (Übergangszeitraum). [2]Voraussetzung ist, dass dem Arbeitgeber entweder die Lohnsteuerkarte 2010 oder die Bescheinigung für den Lohnsteuerabzug vorliegt. [3]In diesem Übergangszeitraum hat der Arbeitgeber die Lohnsteuerkarte 2010 und die Bescheinigung für den Lohnsteuerabzug

1. während des Dienstverhältnisses aufzubewahren, er darf sie nicht vernichten;

2. dem Arbeitnehmer zur Vorlage beim Finanzamt vorübergehend zu überlassen sowie

3. nach Beendigung des Dienstverhältnisses innerhalb einer angemessenen Frist herauszugeben.

[4]Nach Ablauf des auf den Einführungszeitraum (Abs. 5 Satz 2) folgenden Kalenderjahres darf der Arbeitgeber die Lohnsteuerkarte 2010 und die Bescheinigung für den Lohnsteuerabzug vernichten. [5]Ist auf der Lohnsteuerkarte 2010 eine Lohnsteuerbescheinigung erteilt und ist die Lohnsteuerkarte an den Arbeitnehmer herausgegeben worden, kann der Arbeitgeber bei fortbestehendem Dienstverhältnis die Lohnsteuerabzugsmerkmale der Lohnsteuerkarte 2010 im Übergangszeitraum weiter anwenden, wenn der Arbeitnehmer schriftlich erklärt, dass die Lohnsteuerabzugsmerkmale der Lohnsteuerkarte 2010 weiterhin zutreffend sind.

(2) [1]Für Eintragungen auf der Lohnsteuerkarte 2010 und in der Bescheinigung für den Lohnsteuerabzug im Übergangszeitraum ist das Finanzamt zuständig. [2]Der Arbeitnehmer ist verpflichtet, die Eintragung der Steuerklasse und der Zahl der Kinderfreibeträge auf der Lohnsteuerkarte 2010 und in der Bescheinigung für den Lohnsteuerabzug umgehend durch das Finanzamt ändern zu lassen, wenn die Eintragung von den Verhältnissen zu Beginn des jeweiligen Kalenderjahres im Übergangszeitraum zu seinen Gunsten abweicht. [3]Diese Verpflichtung gilt auch in den Fällen, in denen die Steuerklasse II bescheinigt ist und die Voraussetzungen für die Berücksichtigung des Entlastungsbetrags für Alleinerziehende (§ 24b) im Laufe des Kalenderjahres entfallen. [4]Kommt der Arbeitnehmer seiner Verpflichtung nicht nach, so hat das Finanzamt die Eintragung von Amts wegen zu ändern; der Arbeitnehmer hat die Lohnsteuerkarte 2010 und die Bescheinigung für den Lohnsteuerabzug dem Finanzamt auf Verlangen vorzulegen.

(3) [1]Hat die Gemeinde für den Arbeitnehmer keine Lohnsteuerkarte für das Kalenderjahr 2010 ausgestellt oder ist die Lohnsteuerkarte 2010 verloren gegangen, unbrauchbar geworden oder zerstört worden, hat das Finanzamt im Übergangszeitraum auf Antrag des Arbeitnehmers eine Bescheinigung für den Lohnsteuerabzug nach amtlich vorgeschriebenem Muster (Bescheinigung für den Lohnsteuerabzug) auszustellen. [2]Diese Bescheinigung tritt an die Stelle der Lohnsteuerkarte 2010.

(4) [1]Beginnt ein nach § 1 Abs. 1 unbeschränkt einkommensteuerpflichtiger lediger Arbeitnehmer im Übergangszeitraum ein Ausbildungsdienstverhältnis als erstes Dienstverhältnis, kann der Arbeitgeber auf die Vorlage einer Bescheinigung für den Lohnsteuerabzug verzichten. [2]In diesem Fall hat der Arbeitgeber die Lohnsteuer nach der Steuerklasse I zu ermitteln; der Arbeitnehmer hat dem Arbeitgeber seine Identifikationsnummer sowie den Tag der Geburt und die

rechtliche Zugehörigkeit zu einer steuererhebenden Religionsgemeinschaft mitzuteilen und schriftlich zu bestätigen, dass es sich um das erste Dienstverhältnis handelt. [3]Der Arbeitgeber hat die Erklärung des Arbeitnehmers bis zum Ablauf des Kalenderjahres als Beleg zum Lohnkonto aufzubewahren.

(5) [1]Das Bundesministerium der Finanzen hat im Einvernehmen mit den obersten Finanzbehörden der Länder den Zeitpunkt der erstmaligen Anwendung der ELStAM für die Durchführung des Lohnsteuerabzugs ab dem Kalenderjahr 2013 oder einem späteren Anwendungszeitpunkt sowie den Zeitpunkt des erstmaligen Abrufs der ELStAM durch den Arbeitgeber (Starttermin) in einem Schreiben zu bestimmen, das im Bundessteuerblatt zu veröffentlichen ist. [2]Darin ist für die Einführung des Verfahrens der elektronischen Lohnsteuerabzugsmerkmale ein Zeitraum zu bestimmen (Einführungszeitraum). [3]Der Arbeitgeber oder sein Vertreter (§ 39e Abs. 4 Satz 6) hat im Einführungszeitraum die nach § 39e gebildeten ELStAM abzurufen und für die auf den Abrufzeitpunkt folgende nächste Lohnabrechnung anzuwenden. [4]Für den Abruf der ELStAM hat sich der Arbeitgeber oder sein Vertreter zu authentifizieren und die Steuernummer der Betriebsstätte oder des Teils des Betriebs des Arbeitgebers, in dem der für die Durchführung des Lohnsteuerabzugs maßgebende Arbeitslohn des Arbeitnehmers ermittelt wird (§ 41 Abs. 2), die Identifikationsnummer und den Tag der Geburt des Arbeitnehmers sowie, ob es sich um das erste oder ein weiteres Dienstverhältnis handelt, mitzuteilen. [5]Er hat ein erstes Dienstverhältnis mitzuteilen, wenn auf der Lohnsteuerkarte 2010 oder der Bescheinigung für den Lohnsteuerabzug eine der Steuerklassen I bis V (§ 38b Abs. 1 Satz 2 Nr. 1 bis 5) eingetragen ist oder wenn die Lohnsteuerabzugsmerkmale nach Absatz 4 gebildet worden sind. [6]Ein weiteres Dienstverhältnis (§ 38b Abs. 1 Satz 2 Nr. 6) ist mitzuteilen, wenn die Voraussetzungen des Satzes 5 nicht vorliegen. [7]Der Arbeitgeber hat die ELStAM in das Lohnkonto zu übernehmen und gemäß der übermittelten zeitlichen Gültigkeitsangabe anzuwenden.

(5a) [1]Nachdem der Arbeitgeber die ELStAM für die Durchführung des Lohnsteuerabzugs angewandt hat, sind die Übergangsregelungen in Abs. 1 Satz 1 und in den Absätzen 2 bis 5 nicht mehr anzuwenden. [2]Die Lohnsteuerabzugsmerkmale der vorliegenden Lohnsteuerkarte 2010 und der Bescheinigung für den Lohnsteuerabzug gelten nicht mehr. [3]Wenn die nach § 39e Abs. 1 Satz 1 gebildeten Lohnsteuerabzugsmerkmale den tatsächlichen Verhältnissen des Arbeitnehmers nicht entsprechen, hat das Finanzamt auf dessen Antrag eine besondere Bescheinigung für den Lohnsteuerabzug (Besondere Bescheinigung für den Lohnsteuerabzug) mit den Lohnsteuerabzugsmerkmalen des Arbeitnehmers auszustellen sowie etwaige Änderungen einzutragen (§ 39 Abs. 1 Satz 2) und die Abrufberechtigung des Arbeitgebers auszusetzen. [4]Die Gültigkeit dieser Bescheinigung ist auf längstens zwei Kalenderjahre zu begrenzen. [5]§ 39e Abs. 5 Satz 1 und Abs. 7 Satz 6 gilt entsprechend. [6]Die Lohnsteuerabzugsmerkmale der Besonderen Bescheinigung für den Lohnsteuerabzug sind für die Durchführung des Lohnsteuerabzugs nur dann für den Arbeitgeber maßgebend, wenn ihm gleichzeitig die Lohnsteuerkarte 2010 vorliegt oder unter den Voraussetzungen des Absatzes 1 Satz 5 vorgelegen hat oder eine Bescheinigung für den Lohnsteuerabzug für das erste Dienstverhältnis des Arbeitnehmers vorliegt. [7]Abweichend von Abs. 5 Satz 3 und 7 kann der Arbeitgeber nach dem erstmaligen Abruf der ELStAM die Lohnsteuer im Einführungszeitraum längstens für die Dauer von sechs Kalendermonaten weiter nach den Lohnsteuerabzugsmerkmalen der Lohnsteuerkarte 2010, der Bescheinigung für den Lohnsteuerabzug oder den nach Abs. 4 maßgebenden Lohnsteuerabzugsmerkmalen erheben, wenn der Arbeitnehmer zustimmt. [8]Dies gilt auch, wenn der Arbeitgeber die ELStAM im Einführungszeitraum erstmals angewandt hat.

(6) bis (8) (weggefallen)

(9) Ist der unbeschränkt einkommensteuerpflichtige Arbeitnehmer seinen Verpflichtungen nach Abs. 2 Satz 2 und 3 nicht nachgekommen und kommt eine Veranlagung zur Einkommensteuer nach § 46 Abs. 2 Nr. 1 bis 7 nicht in Betracht, kann das Finanzamt den Arbeitnehmer zur Abgabe einer Einkommensteuererklärung auffordern und eine Veranlagung zur Einkommensteuer durchführen.

Anwendungsvorschriften:

▶Art. 31 Abs. 3 AmtshilfeRLUmsG (hier betreffend Art. 2 Nr. 41 AmtshilfeRLUmsG) lautet:

Die Art. 1, 2 Nr. 1 Buchst. d, Nr. 2, 10, 20, 21, 23, 39 Buchst. a, Nr. 41, Art. 3 Nr. 2, 4 Buchst. b, Art. 4 Nr. 1 Buchst. a, Nr. 4 Buchst. a, Art. 6, 8 Nr. 2 und 3 Buchst. b, Art. 11 Nr. 12, Art. 21, 24 und 25 treten mit Wirkung vom 1. 1. 2013 in Kraft.

▶§ 52 Abs. 1 EStG i. d. F. von Art. 2 Nr. 39 Buchst. a AmtshilfeRLUmsG (in Kraft mit Wirkung vom 1. 1. 2013) lautet:

(1) [1]Diese Fassung des Gesetzes ist, soweit in den folgenden Absätzen und in § 52a nichts anderes bestimmt ist, erstmals für den Veranlagungszeitraum **2013** anzuwenden. [2]Beim Steuerabzug vom Arbeitslohn gilt Satz 1 mit der Maßgabe, dass diese Fassung erstmals auf den laufenden Arbeitslohn anzuwenden ist, der für einen nach dem 31. 12. **2012** endenden Lohnzahlungszeitraum gezahlt wird, und auf sonstige Bezüge, die nach dem 31. 12. **2012** zufließen.

Erläuterungen

(Walter Bode, Dipl.-Kfm., Richter am BFH)

LITERATUR (AUSWAHL):

Hartmann, Einführungszeitraum für die Elektronische Steuerkarte ab 2013, DStR 2013, 10; *Heuermann*, Start in die ELStAM ohne Rechtsgrundlage und Übergang? Umkehrung des verfassungsrechtlichen Vertrauensschutzes?, DStR 2013, 565; *Hechtner*, Ausgewählte Änderungen des EStG durch das Amtshilferichtlinie-Umsetzungsgesetz, BBK 2013, 713; *Schaffhausen/Plenker*, Einführung der elektronischen LSt-Abzugsmerkmale (ELStAM), DB 2012, 2476; *Schramm/Harder-Buschner*, ELStAM – Das neue Verfahren beim Lohnsteuerabzug steht vor der Tür, NWB 2012, 3526.

Verwaltungsanweisungen:

BMF v. 7. 8. 2013 - IV C 5-S 2363/13/10003, 2013/0755076, Elektronische Lohnsteuerabzugsmerkmale (ELStAM); Lohnsteuerabzug ab dem Kalenderjahr 2013 im Verfahren der elektronischen Lohnsteuerabzugsmerkmale, BStBl I 2013, 951.

Der durch Art. 2 Nr. 41 AmtshilfeRLUmsG eingefügte § 52b EStG wurde im Gesetzentwurf zum AmtshilfeRLUmsG und im Gesetzentwurf des Bundesrats zu einem JStG 2013 vorgeschlagen (BT-Drucks. 17/12375, 10 f. und 40 ff.; 17/13033, 20 ff. und 77 ff.) und in die Beschlussempfehlung des Vermittlungsausschusses zum AmtshilfeRLUmsG übernommen (BT-Drucks. 17/13722, 15 ff.).

§ 52b EStG enthält die Vorschriften zur **Einführung des Verfahrens der elektronischen Lohnsteuerabzugsmerkmale** (ELStAM-Verfahren) sowie für den sich bis dahin ergebenden (Übergangs-)Zeitraum (vgl. hierzu und zum Folgenden BT-Drucks. 17/12375, 40 f. bzw. 17/13033, 77 f.). Zugleich werden die Regelungen an die aktuellen Abläufe der Finanzverwaltung zur Einführung des ELStAM-Verfahrens angepasst. Außerdem werden Einzelheiten zur weiteren Anwendung der Lohnsteuerkarten 2010 sowie der von den Finanzämtern ausgestellten Bescheinigungen für den Lohnsteuerabzug (Papierverfahren) im Kalenderjahr 2013 geregelt. Eine **Neufassung** des § 52b EStG war **erforderlich**, weil diese Vorschrift durch Art. 25 Abs. 5 des Gesetzes zur Umsetzung der Beitreibungsrichtlinie sowie zur Änderung steuerlicher Vorschriften (Beitreibungsrichtlinie-Umsetzungsgesetz) vom 7.12.2011 (BGBl I 2012, 2592) **ab dem 1.1.2013 aufgehoben** worden ist (kritisch zur fehlenden Rechtsgrundlage *Heuermann*, DStR 2013, 565). Die Finanzverwaltung hat den neuen § 52b EStG, der das Verfahren für alle Beteiligten vereinfacht, bereits im Vorgriff auf die gesetzliche Neuregelung angewendet (vgl. BMF v. 19.12.2012, BStBl I 2012, 1258).

Die Änderungen und Ergänzungen des § 52b EStG im Vergleich zu der bis zum 31.12.2012 gültigen Fassung werden in BT-Drucks. 17/12375, 41 ff. bzw. in BT-Drucks. 17/13033, 78 ff. ausführlich beschrieben.

Das BMF hat nach § 52b Abs. 5 Satz 2 EStG das Kalenderjahr 2013 als Einführungszeitraum für die ELStAM bestimmt. BMF v. 7.8.2013 (BStBl I 2013, 951) nimmt zur neuen Rechtslage ausführlich Stellung.

Zeitlicher Anwendungsbereich: Anzuwenden auf laufenden Arbeitslohn, der für einen nach dem 31.12.2012 endenden Lohnzahlungszeitraum gezahlt wird. Hinsichtlich der Rückwirkung des § 52b EStG bestehen keine verfassungsrechtlichen Bedenken (näher *Heuermann*, DStR 2013, 565).

II. Körperschaftsteuergesetz

1. § 8b KStG

Beteiligung an anderen Körperschaften und Personenvereinigungen

(1) [1]Bezüge im Sinne des § 20 Abs. 1 Nr. 1, 2, 9 und 10 Buchst. a des Einkommensteuergesetzes bleiben bei der Ermittlung des Einkommens außer Ansatz. [2]**Satz 1 gilt nur, soweit die Bezüge das Einkommen der leistenden Körperschaft nicht gemindert haben.** *[bisher: [2]Satz 1 gilt für sonstige Bezüge im Sinne des § 20 Abs. 1 Nr. 1 Satz 2 des Einkommensteuergesetzes und der Einnahmen im Sinne des § 20 Abs. 1 Nr. 9 Satz 1 zweiter Halbsatz sowie des § 20 Abs. 1 Nr. 10 Buchstabe a zweiter Halbsatz des Einkommensteuergesetzes nur, soweit sie das Einkommen der leistenden Körperschaft nicht gemindert haben (§ 8 Abs. 3 Satz 2).]* [3]Sind die Bezüge im Sinne des Satzes 1 nach einem Abkommen zur Vermeidung der Doppelbesteuerung von der Bemessungsgrundlage für die Körperschaftsteuer auszunehmen, gilt Satz 2 ungeachtet des Wortlauts des Abkommens für diese Freistellung entsprechend. [4]Satz 2 gilt nicht, soweit die verdeckte Gewinnausschüttung das Einkommen einer dem Steuerpflichtigen nahe stehenden Person erhöht hat und § 32a des

Körperschaftsteuergesetzes auf die Veranlagung dieser nahe stehenden Person keine Anwendung findet. [5]Bezüge im Sinne des Satzes 1 sind auch Einnahmen aus der Veräußerung von Dividendenscheinen und sonstigen Ansprüchen im Sinne des § 20 Abs. 2 Satz 1 Nr. 2 Buchst. a des Einkommensteuergesetzes sowie Einnahmen aus der Abtretung von Dividendenansprüchen oder sonstigen Ansprüchen im Sinne des § 20 Abs. 2 Satz 2 des Einkommensteuergesetzes.

...

(9) Die Absätze 7 und 8 gelten nicht für Bezüge im Sinne des Absatzes 1, auf die die Mitgliedstaaten der Europäischen Union Art. 4 Abs. 1 der **Richtlinie 2011/96/EU des Rates vom 30. November 2011 über das gemeinsame Steuersystem der Mutter- und Tochtergesellschaften verschiedener Mitgliedstaaten (ABl. L 345 vom 29. 12. 2011, S. 8)** *[bisher: Richtlinie 90/435/EWG des Rates vom 23. 7. 1990 über das gemeinsame Steuersystem der Mutter- und Tochtergesellschaften verschiedener Mitgliedstaaten (ABl. EG Nr. L 225 S. 6, Nr. L 266 S. 20, 1997 Nr. L 16 S. 98), zuletzt geändert durch die Richtlinie 2003/123/EG des Rates vom 22. 12. 2003 (ABl. EU 2004 Nr. L 7 S. 41)]*, anzuwenden haben.

(10) [1]Überlässt eine Körperschaft (überlassende Körperschaft) Anteile, auf die bei ihr Abs. 4, 7 oder 8 anzuwenden ist oder auf die bei ihr aus anderen Gründen die Steuerfreistellungen der Absätze 1 und 2 oder vergleichbare ausländische Vorschriften nicht anzuwenden sind, an eine Körperschaft (andere Körperschaft), bei der auf die Anteile Abs. 4, 7 oder 8 nicht anzuwenden ist, und hat die andere Körperschaft, der die Anteile zuzurechnen sind, diese oder gleichartige Anteile zurückzugeben, dürfen die für die Überlassung gewährten Entgelte bei der anderen Körperschaft nicht als Betriebsausgabe abgezogen werden. [2]Überlässt die andere Körperschaft für die Überlassung der Anteile Wirtschaftsgüter an die überlassende Körperschaft, aus denen diese Einnahmen oder Bezüge erzielt, gelten diese Einnahmen oder Bezüge als von der anderen Körperschaft bezogen und als Entgelt für die Überlassung an die überlassende Körperschaft gewährt. [3]Absatz 3 Satz 1 und 2 sowie Abs. 5 sind nicht anzuwenden. [4]Die Sätze 1 bis 3 gelten auch für Wertpapierpensionsgeschäfte im Sinne des § 340b Abs. 2 des Handelsgesetzbuchs. [5]Die Sätze 1 bis 4 gelten nicht, wenn die andere Körperschaft keine Einnahmen oder Bezüge aus den ihr überlassenen Anteilen erzielt. [6]Zu den Einnahmen und Bezügen aus den überlassenen Anteilen im Sinne des Satzes 5 gehören auch Entgelte, die die andere Körperschaft dafür erhält, dass sie die entliehenen Wertpapiere weiterverleiht. [7]Die Sätze 1 bis 6 gelten entsprechend, wenn die Anteile an eine Personengesellschaft oder von einer Personengesellschaft überlassen werden, an der die überlassende oder die andere Körperschaft unmittelbar oder mittelbar über eine Personengesellschaft oder mehrere Personengesellschaften beteiligt ist. [8]In diesen Fällen gelten die Anteile als an die Körperschaft oder von der Körperschaft überlassen. [9]Die Sätze 1 bis 8 gelten entsprechend, wenn Anteile, die die Voraussetzungen des Absatzes 7 erfüllen, von einer Personengesellschaft überlassen werden. [10]Die Sätze 1 bis 8 gelten nicht, soweit § 2 Nr. 2 zweiter Halbsatz oder § 5 Abs. 2 Nr. 1 zweiter Halbsatz auf die überlassende Körperschaft Anwendung findet. 11Als Anteil im Sinne der Sätze 1 bis 10 gilt auch der Investmentanteil im Sinne von § 1 Abs. 1 des Investmentsteuergesetzes vom 15. 12. 2003 (BGBl I 2003, 2676, 2724), das zuletzt durch Artikel 2 des Gesetzes vom 21. 3. 2013 (BGBl I 2013, 561) geändert worden ist, in der jeweils geltenden Fassung, soweit daraus Einnahmen erzielt werden, auf die § 8b anzuwenden ist.

[bisher: (10) [1]Überlässt eine Körperschaft (überlassende Körperschaft) Anteile, auf die bei ihr Abs. 4, 7 oder 8 anzuwenden ist oder auf die bei ihr aus anderen Gründen die Steuerfreistellungen der

Absätze 1 und 2 oder vergleichbare ausländische Vorschriften nicht anzuwenden sind, an eine andere Körperschaft, bei der auf die Anteile Abs. 4, 7 oder 8 nicht anzuwenden ist, und hat die andere Körperschaft, der die Anteile zuzurechnen sind, diese oder gleichartige Anteile zurückzugeben, dürfen die für die Überlassung gewährten Entgelte bei der anderen Körperschaft nicht als Betriebsausgabe abgezogen werden. ²Überlässt die andere Körperschaft für die Überlassung der Anteile Wirtschaftsgüter an die überlassende Körperschaft, aus denen diese Einnahmen oder Bezüge erzielt, gelten diese Einnahmen oder Bezüge als von der anderen Körperschaft bezogen und als Entgelt für die Überlassung an die überlassende Körperschaft gewährt. ³Absatz 3 Satz 1 und 2 sowie Abs. 5 sind nicht anzuwenden. ⁴Die Sätze 1 bis 3 gelten auch für Wertpapierpensionsgeschäfte im Sinne des § 340b Abs. 2 des Handelsgesetzbuchs. ⁵Die Sätze 1 bis 4 gelten nicht, wenn die andere Körperschaft keine Einnahmen oder Bezüge aus den ihr überlassenen Anteilen erzielt. ⁶Die Sätze 1 bis 5 gelten entsprechend, wenn die Anteile an eine Personengesellschaft oder von einer Personengesellschaft überlassen werden, an der die überlassende oder die andere Körperschaft unmittelbar oder mittelbar über eine Personengesellschaft oder mehrere Personengesellschaften beteiligt ist. ⁷In diesen Fällen gelten die Anteile als an die Körperschaft oder von der Körperschaft überlassen. ⁸Die Sätze 1 bis 7 gelten nicht, soweit § 2 Nr. 2 zweiter Halbsatz oder § 5 Abs. 2 Nr. 1 zweiter Halbsatz auf die überlassende Körperschaft Anwendung findet. ⁹Als Anteil im Sinne der Sätze 1 bis 8 gilt auch der Investmentanteil im Sinne von § 1 Abs. 1 des Investmentsteuergesetzes vom 15. 12. 2003 (BGBl I 2003, 2676, 2724), das zuletzt durch Artikel 23 des Gesetzes vom 20. 12. 2007 (BGBl I 2007, 3150) geändert worden ist, in der jeweils geltenden Fassung, soweit daraus Einnahmen erzielt werden, auf die § 8b anzuwenden ist.]

Anwendungsvorschriften:

►Art. 31 Abs. 1 AmtshilfeRLUmsG lautet:

(1) Dieses Gesetz tritt vorbehaltlich der Absätze 2 bis 8 am Tag nach der Verkündung in Kraft.

►Art. 31 Abs. 2 AmtshilfeRLUmsG lautet:

(2) Artikel 2 Nr. 13, 29 und 39 Buchst. j, o und p, Nr. 44 sowie Art. 3 Nr. 1 Buchst. b *[hier Art. 3 Nr. 1 Buchst. b]*, **Art. 4 Nr. 1 Buchst. b und Art. 15 treten mit Wirkung vom 1. 1. 2012 in Kraft.**

►§ 34 Abs. 7 Sätze 13 ff. i. d. F. des AmtshilfeRLUmsG (Art. 3 Nr. 4) lautet:

(7) ... ¹³§ 8b Abs. 1 Satz 2 i. d. F. des Artikels 3 des Gesetzes vom 26. 6. 2013 (BGBl I 2013, 1809) ist erstmals für den Veranlagungszeitraum 2014 anzuwenden. ¹⁴Bei vom Kalenderjahr abweichenden Wirtschaftsjahren ist § 8b Abs. 1 Satz 2 i. d. F. des Artikels 3 des Gesetzes vom 26. 6. 2013 (BGBl I 2013, 1809) erstmals für den Veranlagungszeitraum anzuwenden, in dem das Wirtschaftsjahr endet, das nach dem 31. 12. 2013 begonnen hat. ¹⁵§ 8b Abs. 10 Satz 1 bis 5 und 7 bis 11 i. d. F. des Artikels 3 des Gesetzes vom 26. 6. 2013 (BGBl I 2013, 1809) ist erstmals für nach dem 31. 12. 2013 überlassene Anteile anzuwenden. ¹⁶§ 8b Abs. 10 Satz 6 i. d. F. des Artikels 3 des Gesetzes vom 26. 6. 2013 (BGBl I 2013, 1809) ist auf alle offenen Fälle anzuwenden.

Erläuterungen

(Karsten Kusch, Dipl.-Finanzwirt (FH))

1. Ausdehnung des materiellen Korrespondenzprinzips

Das bisherige materielle Korrespondenzprinzip für die Steuerfreistellung von empfangenen verdeckten Gewinnausschüttungen ist durch das Amtshilferichtlinien-Umsetzungsgesetz erheblich ausgeweitet worden. Nunmehr besteht eine umfassende materielle Korrespondenz zwischen der Behandlung bei der leistenden Körperschaft und der Behandlung bei der empfangenden Körperschaft. Die Steuerfreistellung gilt nach dem neuen § 8b Abs. 1 Satz 2 KStG nur noch, soweit die Bezüge das Einkommen der leistenden Körperschaft nicht gemindert haben.

Die Anwendung des § 8b Abs. 1 KStG scheidet beim Anteilseigner deshalb nunmehr auch dann aus, wenn die Zahlung bei der leistenden Gesellschaft als Betriebsausgabe abgezogen wurde. Die Ausweitung des materiellen Korrespondenzprinzips erfolgte zur Verhinderung einer „missbräuchlichen Ausnutzung von Qualifikationskonflikten bei hybriden Finanzierungen".

BEISPIEL: ▶ Eine ausländische Tochtergesellschaft leistet Zahlungen auf ein Genussrecht der Muttergesellschaft. Das konkrete Genussrecht wird nach ausländischem Recht als fremdkapitalähnlich qualifiziert (=Betriebsausgabe), in Deutschland aber als eigenkapitalähnlich (=steuerfreie Dividende).

Die ausländische Tochter zieht die Zahlungen zutreffend als Betriebsausgabe ab, während bei der Mutter die Einnahme systemwidrig nach § 8b Abs. 1 KStG freizustellen wäre. Dies verhindert nun das ausgeweitete materielle Korrespondenzprinzip (§ 8b Abs. 1 Satz 2 KStG).

Zeitlicher Anwendungsbereich: Die Vorschrift ist erstmals für den VZ 2014 anzuwenden. Bei einem vom Kalenderjahr abweichenden Wirtschaftsjahr ist § 8b Abs. 1 Satz 2 KStG n. F. in der Regel erstmals für den **VZ 2015** anzuwenden.

2. Redaktionelle Änderung in § 8b Abs. 9 KStG

§ 8b Abs. 9 KStG wurde lediglich redaktionell an die Neufassung der Mutter-Tochter-Richtlinie angepasst (BT-Drucks. 17/12375, 43).

3. Weitere Einschränkungen bei der Wertpapierleihe

Auch wenn die Vorschrift des § 8b Abs. 10 KStG im Rahmen des Amtshilferichtlinien-Umsetzungsgesetzes insgesamt neu verabschiedet wurde, so sind inhaltlich lediglich die neuen Sätze 6 und 9 hinzugekommen.

Durch die Vorschrift des § 8b Abs. 10 KStG ist der Gesetzgeber bereits seit dem VZ 2007 den missbräuchlich betriebenen rein steuerlich motivierten Wertpapierleihgeschäften begegnet. Im Rahmen des Amtshilferichtlinien-Umsetzungsgesetz wurden noch bestehende Gesetzeslücken geschlossen.

Durch die Zwischenschaltung einer in der Rechtsform einer Personengesellschaft betriebenen Bank ließ sich die Vorschrift nach der bisherigen Rechtslage umgehen.

BEISPIEL: ▶ Variante a:

Die A-Bank AG überlässt im Rahmen einer Wertpapierleihe Anteile an der C-AG kurzfristig über den Dividendenstichtag an die B-GmbH. Diese zahlt neben der Kompensationszahlung in Höhe der entgangenen Dividende von 50 eine „Leihgebühr" von 5.

Die für die Überlassung gewährten Entgelte von 55 sind nach § 8b Abs. 10 Satz 1 KStG bei der B-GmbH nicht abzugsfähig. Die von der B-GmbH vereinnahmte Dividende von 50 ist bei dieser nach § 8b Abs. 1 KStG steuerfrei. Nach § 8b Abs. 5 KStG gelten hiervon 5 % als nichtabzugsfähige Betriebsausgabe.

Variante b:

Die A-Bank AG überlässt die Wertpapiere nicht unmittelbar an die B-GmbH, sondern an die D-Bank KG. Diese wiederum schließt mit der B-GmbH das Wertpapierleihgeschäft.

Nach bisheriger Rechtslage konnte so die B-GmbH die Abzugsfähigkeit der gezahlten Entgelte erreichen, da die überlassende Bank keine Körperschaft war.

Durch den neunen § 8b Abs. 10 Satz 9 KStG wird der Anwendungsbereich des § 8b Abs. 10 KStG auch auf die Überlassung von Anteilen, die die Voraussetzungen des § 8b Abs. 7 KStG erfüllen, durch Personengesellschaften ausgeweitet.

Von der Regelung des § 8b Abs. 10 KStG sind nach § 8b Abs. 10 Satz 5 KStG die Entleiher ausgenommen, die aus den überlassenen Anteilen keine Einnahmen oder Bezüge erzielt haben. Durch den neunen § 8b Abs. 10 Satz 6 KStG wird klargestellt, dass zu diesen Einnahmen oder Bezügen auch Entgelte aus der Weiterverleihung der entliehenen Anteile gehören. Hierdurch wird sichergestellt, dass der Entleiher die Rechtsfolgen des § 8b Abs. 10 KStG nicht durch eine Weiterverleihung umgehen kann.

Zeitlicher Anwendungsbereich: Die Vorschrift ist erstmals für **nach dem 31. 12. 2013 überlassene Anteile** anzuwenden. Die klarstellende Änderung in § 8b Abs. 10 Satz 6 KStG ist **in allen noch offenen Fällen** anzuwenden.

2. § 9 Abs. 1 Nr. 2 Satz 4 KStG

Abziehbare Abfindungen

(1) Abziehbare Aufwendungen sind auch:

...

2. vorbehaltlich des § 8 Abs. 3 Zuwendungen (Spenden und Mitgliedsbeiträge) zur Förderung steuerbegünstigter Zwecke im Sinne der §§ 52 bis 54 der Abgabenordnung bis zur Höhe von insgesamt

   a) 20 Prozent des Einkommens oder

   b) 4 Promille der Summe der gesamten Umsätze und der im Kalenderjahr aufgewendeten Löhne und Gehälter.

[2]Voraussetzung für den Abzug ist, dass diese Zuwendungen

   a) an eine juristische Person des öffentlichen Rechts oder an eine öffentliche Dienststelle, die in einem Mitgliedstaat der Europäischen Union oder in einem Staat belegen ist, auf den das Abkommen über den Europäischen Wirtschaftsraum (EWR-Abkommen) Anwendung findet, oder

   b) an eine nach § 5 Abs. 1 Nr. 9 steuerbefreite Körperschaft, Personenvereinigung oder Vermögensmasse oder

   c) an eine Körperschaft, Personenvereinigung oder Vermögensmasse, die in einem Mitgliedstaat der Europäischen Union oder in einem Staat belegen ist, auf den das Abkommen über den Europäischen Wirtschaftsraum (EWR-Abkommen) Anwendung findet, und die nach § 5 Abs. 1 Nr. 9 in Verbindung mit § 5 Abs. 2 Nr. 2 zweiter Halbsatz steuerbefreit wäre, wenn sie inländische Einkünfte erzielen würde,

geleistet werden (Zuwendungsempfänger). [3]Für nicht im Inland ansässige Zuwendungsempfänger nach Satz 2 ist weitere Voraussetzung, dass durch diese Staaten Amtshilfe und Unterstützung bei der Beitreibung geleistet werden. [4]Amtshilfe ist der Auskunftsaustausch im Sinne oder entsprechend der **Amtshilferichtlinie gemäß § 2 Abs. 2 des EU-Amtshilfegesetzes** *[bisher: Richtlinie 77/799/EWG des Rates vom 19. 12. 1977 über die gegenseitige Amtshilfe zwischen den zu-*

ständigen Behörden der Mitgliedstaaten im Bereich der direkten Steuern und der Mehrwertsteuer (ABl. L 336 vom 27. 12. 1977, S. 15), die zuletzt durch die Richtlinie 2006/98/EG (ABl. L 363 vom 20. 12. 2006, S. 129) geändert worden ist, einschließlich der in diesem Zusammenhang anzuwendenden Durchführungsbestimmungen in den für den jeweiligen Veranlagungszeitraum geltenden Fassungen oder eines entsprechenden Nachfolgerechtsaktes]. [5]Beitreibung ist die gegenseitige Unterstützung bei der Beitreibung von Forderungen im Sinne oder entsprechend der Beitreibungsrichtlinie einschließlich der in diesem Zusammenhang anzuwendenden Durchführungsbestimmungen in den für den jeweiligen Veranlagungszeitraum geltenden Fassungen oder eines entsprechenden Nachfolgerechtsaktes. [6]Werden die steuerbegünstigten Zwecke des Zuwendungsempfängers im Sinne von Satz 2 Buchst. a nur im Ausland verwirklicht, ist für die Abziehbarkeit der Zuwendungen Voraussetzung, dass natürliche Personen, die ihren Wohnsitz oder ihren gewöhnlichen Aufenthalt im Geltungsbereich dieses Gesetzes haben, gefördert werden oder dass die Tätigkeit dieses Zuwendungsempfängers neben der Verwirklichung der steuerbegünstigten Zwecke auch zum Ansehen der Bundesrepublik Deutschland beitragen kann. [7]Abziehbar sind auch Mitgliedsbeiträge an Körperschaften, die Kunst und Kultur gemäß § 52 Abs. 2 Nr. 5 der Abgabenordnung fördern, soweit es sich nicht um Mitgliedsbeiträge nach Satz 8 Nr. 2 handelt, auch wenn den Mitgliedern Vergünstigungen gewährt werden. [8]Nicht abziehbar sind Mitgliedsbeiträge an Körperschaften, die

1. den Sport (§ 52 Abs. 2 Nr. 21 der Abgabenordnung),

2. kulturelle Betätigungen, die in erster Linie der Freizeitgestaltung dienen,

3. die Heimatpflege und Heimatkunde (§ 52 Abs. 2 Nr. 22 der Abgabenordnung) oder

4. Zwecke im Sinne des § 52 Abs. 2 Nr. 23 der Abgabenordnung

fördern.

[9]Abziehbare Zuwendungen, die die Höchstbeträge nach Satz 1 überschreiten, sind im Rahmen der Höchstbeträge in den folgenden Veranlagungszeiträumen abzuziehen. [10]§ 10d Abs. 4 des Einkommensteuergesetzes gilt entsprechend.

...

Anwendungsvorschriften:

▶ Art. 31 Abs. 3 AmtshilfeRLUmsG lautet:

(3) Die Art. 1, 2 Nr. 1 Buchst. d, Nr. 2, 10, 20, 21, 23, 39 Buchst. a, Nr. 41, Art. 3 Nr. 2 [hier: Art. 3 Nr. 2], 4 Buchst. b, Art. 4 Nr. 1 Buchst. a, Nr. 4 Buchst. a, Art. 6, 8 Nr. 2 und 3 Buchst. b, Art. 11 Nr. 12, Art. 21, 24 und 25 treten mit Wirkung vom 1. 1. 2013 in Kraft.

▶ § 34 Abs. 8a Satz 6. i. d. F. des AmtshilfeRLUmsG (Art. 3 Nr. 4) lautet:

(8a) ... [6]§ 9 Abs. 1 Nr. 2 Satz 4 in der Fassung des Artikels 3 des Gesetzes vom 26. 6. 2013 (BGBl I 2013 1809) ist erstmals für den Veranlagungszeitraum 2013 anzuwenden.

Erläuterungen

(Karsten Kusch, Dipl.-Finanzwirt (FH))

In § 9 Abs. 1 Nr. 2 Satz 4 KStG wird lediglich eine redaktionell notwendige Anpassung der Verweisung auf die Amtshilferichtlinie vorgenommen (BT-Drucks. 17/12375, 43).

Zeitlicher Anwendungsbereich: Die Vorschrift ist erstmals für den VZ 2013 anzuwenden.

3. § 26 Abs. 2 KStG

Besteuerung ausländischer Einkunftsteile

...

(2) § 50d Abs. 10 des Einkommensteuergesetzes gilt entsprechend.

Anwendungsvorschriften:

▶Art. 31 Abs. 1 AmtshilfeRLUmsG lautet:

(1) Dieses Gesetz tritt vorbehaltlich der Absätze 2 bis 8 am Tag nach der Verkündung in Kraft.

▶§ 34 Abs. 11c i. d. F. des AmtshilfeRLUmsG (Art. 3 Nr. 4) lautet:

(11c) ... § 26 Abs. 2 i. d. F. des Artikels 3 des Gesetzes vom 26. 6. 2013 (BGBl I 2013, 1809) ist in allen Fällen anzuwenden, in denen § 50d Abs. 10 des Einkommensteuergesetzes i. d. F. des Artikels 3 des Gesetzes vom 26. 6. 2013 (BGBl I 2013, 1809) anzuwenden ist.

Erläuterungen

(Karsten Kusch, Dipl.-Finanzwirt (FH))

Durch den Verweis auf den neuen § 50d Abs. 10 EStG in § 26 Abs. 2 KStG wird die entsprechende Anwendbarkeit im Körperschaftsteuerrecht sichergestellt.

Zeitlicher Anwendungsbereich: Die Anwendung der Vorschrift folgt der zeitlichen Anwendung des neuen § 50d Abs. 10 EStG. Sie ist damit auf alle Fälle anzuwenden, in denen die Körperschaftsteuer noch nicht bestandskräftig festgesetzt worden ist (§ 52 Abs. 59a Satz 9 EStG).

III. Gewerbesteuergesetz

1. § 9 GewStG

Kürzungen

Die Summe des Gewinns und der Hinzurechnungen wird gekürzt um

...

5. die aus den Mitteln des Gewerbebetriebs geleisteten Zuwendungen (Spenden und Mitgliedsbeiträge) zur Förderung steuerbegünstigter Zwecke im Sinne der §§ 52 bis 54 der Abgabenordnung bis zur Höhe von insgesamt 20 Prozent des um die Hinzurechnungen nach § 8 Nr. 9 erhöhten Gewinns aus Gewerbebetrieb (§ 7) oder 4 Promille der Summe der gesamten Umsätze und der im Wirtschaftsjahr aufgewendeten Löhne und Gehälter. [2]Voraussetzung für die Kürzung ist, dass diese Zuwendungen

   a) an eine juristische Person des öffentlichen Rechts oder an eine öffentliche Dienststelle, die in einem Mitgliedstaat der Europäischen Union oder in einem Staat belegen ist, auf den das Abkommen über den Europäischen Wirtschaftsraum (EWR-Abkommen) Anwendung findet, oder

   b) an eine nach § 5 Abs. 1 Nr. 9 des Körperschaftsteuergesetzes steuerbefreite Körperschaft, Personenvereinigung oder Vermögensmasse oder

c) an eine Körperschaft, Personenvereinigung oder Vermögensmasse, die in einem Mitgliedstaat der Europäischen Union oder in einem Staat belegen ist, auf den das Abkommen über den Europäischen Wirtschaftsraum (EWR-Abkommen) Anwendung findet, und die nach § 5 Abs. 1 Nr. 9 des Körperschaftsteuergesetzes in Verbindung mit § 5 Abs. 2 Nr. 2 zweiter Halbsatz des Körperschaftsteuergesetzes steuerbefreit wäre, wenn sie inländische Einkünfte erzielen würde,

geleistet werden (Zuwendungsempfänger). ³Für nicht im Inland ansässige Zuwendungsempfänger nach Satz 2 ist weitere Voraussetzung, dass durch diese Staaten Amtshilfe und Unterstützung bei der Beitreibung geleistet werden. ⁴Amtshilfe ist der Auskunftsaustausch im Sinne oder entsprechend der **Amtshilferichtlinie gemäß § 2 Abs. 2 des EU-Amtshilfegesetzes** *[bisher: Richtlinie 77/799/EWG des Rates vom 19. 12. 1977 über die gegenseitige Amtshilfe zwischen den zuständigen Behörden der Mitgliedstaaten im Bereich der direkten Steuern und der Mehrwertsteuer (ABl. L 336 vom 27. 12. 1977, S. 15), die zuletzt durch die Richtlinie 2006/98/EG (ABl. L 363 vom 20. 12. 2006, S. 129) geändert worden ist, einschließlich der in diesem Zusammenhang anzuwendenden Durchführungsbestimmungen in den für den jeweiligen Veranlagungszeitraum geltenden Fassungen oder eines entsprechenden Nachfolgerechtsaktes].* ⁵Beitreibung ist die gegenseitige Unterstützung bei der Beitreibung von Forderungen im Sinne oder entsprechend der Beitreibungsrichtlinie einschließlich der in diesem Zusammenhang anzuwendenden Durchführungsbestimmungen in den für den jeweiligen Veranlagungszeitraum geltenden Fassungen oder eines entsprechenden Nachfolgerechtsaktes. ⁶Werden die steuerbegünstigten Zwecke des Zuwendungsempfängers im Sinne von Satz 2 Buchst. a nur im Ausland verwirklicht, ist für eine Kürzung nach Satz 1 Voraussetzung, dass natürliche Personen, die ihren Wohnsitz oder ihren gewöhnlichen Aufenthalt im Geltungsbereich dieses Gesetzes haben, gefördert werden oder dass die Tätigkeit dieses Zuwendungsempfängers neben der Verwirklichung der steuerbegünstigten Zwecke auch zum Ansehen der Bundesrepublik Deutschland beitragen kann. ⁷In die Kürzung nach Satz 1 sind auch Mitgliedsbeiträge an Körperschaften einzubeziehen, die Kunst und Kultur gemäß § 52 Abs. 2 Nr. 5 der Abgabenordnung fördern, soweit es sich nicht um Mitgliedsbeiträge nach Satz 11 Nr. 2 handelt, auch wenn den Mitgliedern Vergünstigungen gewährt werden. ⁸Überschreiten die geleisteten Zuwendungen die Höchstsätze nach Satz 1, kann die Kürzung im Rahmen der Höchstsätze nach Satz 1 in den folgenden Erhebungszeiträumen vorgenommen werden. ⁹Einzelunternehmen und Personengesellschaften können auf Antrag neben der Kürzung nach Satz 1 eine Kürzung um die im Erhebungszeitraum in das zu erhaltende Vermögen (Vermögensstock) einer Stiftung, die die Voraussetzungen der Sätze 2 bis 6 erfüllt, geleisteten Spenden in diesem und in den folgenden neun Erhebungszeiträumen bis zu einem Betrag von 1 Million Euro vornehmen. ¹⁰Nicht abzugsfähig nach Satz 9 sind Spenden in das verbrauchbare Vermögen einer Stiftung. ¹¹Der besondere Kürzungsbetrag nach Satz 9 kann der Höhe nach innerhalb des Zehnjahreszeitraums nur einmal in Anspruch genommen werden. ¹²Eine Kürzung nach den Sätzen 1 bis 10 ist ausgeschlossen, soweit auf die geleisteten Zuwendungen § 8 Abs. 3 des Körperschaftsteuergesetzes anzuwenden ist oder soweit Mitgliedsbeiträge an Körperschaften geleistet werden, die

1. den Sport (§ 52 Abs. 2 Nr. 21 der Abgabenordnung),

2. kulturelle Betätigungen, die in erster Linie der Freizeitgestaltung dienen,

3. die Heimatpflege und Heimatkunde (§ 52 Abs. 2 Nr. 22 der Abgabenordnung) oder

4. Zwecke im Sinne des § 52 Abs. 2 Nr. 23 der Abgabenordnung

fördern. [13]§ 10b Abs. 3 und 4 Satz 1 sowie § 10d Abs. 4 des Einkommensteuergesetzes und § 9 Abs. 2 Satz 2 bis 5 und Abs. 3 Satz 1 des Körperschaftsteuergesetzes, sowie die einkommensteuerrechtlichen Vorschriften zur Abziehbarkeit von Zuwendungen gelten entsprechend. [14]Wer vorsätzlich oder grob fahrlässig eine unrichtige Bestätigung über Spenden und Mitgliedsbeiträge ausstellt oder veranlasst, dass entsprechende Zuwendungen nicht zu den in der Bestätigung angegebenen steuerbegünstigten Zwecken verwendet werden (Veranlasserhaftung), haftet für die entgangene Gewerbesteuer. [15]In den Fällen der Veranlasserhaftung ist vorrangig der Zuwendungsempfänger in Anspruch zu nehmen; die natürlichen Personen, die in diesen Fällen für den Zuwendungsempfänger handeln, sind nur in Anspruch zu nehmen, wenn die entgangene Steuer nicht nach § 47 der Abgabenordnung erloschen ist und Vollstreckungsmaßnahmen gegen den Zuwendungsempfänger nicht erfolgreich sind; § 10b Abs. 4 Satz 5 des Einkommensteuergesetzes gilt entsprechend. [16]Der Haftungsbetrag ist mit 15 Prozent der Zuwendungen anzusetzen und fließt der für den Spendenempfänger zuständigen Gemeinde zu, die durch sinngemäße Anwendung des § 20 der Abgabenordnung bestimmt wird. [17]Der Haftungsbetrag wird durch Haftungsbescheid des Finanzamts festgesetzt; die Befugnis der Gemeinde zur Erhebung der entgangenen Gewerbesteuer bleibt unberührt. 18§ 184 Abs. 3 der Abgabenordnung gilt sinngemäß.

...

7. die Gewinne aus Anteilen an einer Kapitalgesellschaft mit Geschäftsleitung und Sitz außerhalb des Geltungsbereichs dieses Gesetzes, an deren Nennkapital das Unternehmen seit Beginn des Erhebungszeitraums ununterbrochen mindestens zu 15 Prozent beteiligt ist (Tochtergesellschaft) und die ihre Bruttoerträge ausschließlich oder fast ausschließlich aus unter § 8 Abs. 1 Nr. 1 bis 6 des Außensteuergesetzes fallenden Tätigkeiten und aus Beteiligungen an Gesellschaften bezieht, an deren Nennkapital sie mindestens zu einem Viertel unmittelbar beteiligt ist, wenn die Beteiligungen ununterbrochen seit mindestens zwölf Monaten vor dem für die Ermittlung des Gewinns maßgebenden Abschlussstichtag bestehen und das Unternehmen nachweist, dass

   1. diese Gesellschaften Geschäftsleitung und Sitz in demselben Staat wie die Tochtergesellschaft haben und ihre Bruttoerträge ausschließlich oder fast ausschließlich aus den unter § 8 Abs. 1 Nr. 1 bis 6 des Außensteuergesetzes fallenden Tätigkeiten beziehen oder

   2. die Tochtergesellschaft die Beteiligungen in wirtschaftlichem Zusammenhang mit eigenen unter Absatz 1 Nr. 1 bis 6 fallenden Tätigkeiten hält und die Gesellschaft, an der die Beteiligung besteht, ihre Bruttoerträge ausschließlich oder fast ausschließlich aus solchen Tätigkeiten bezieht,

wenn die Gewinnanteile bei der Ermittlung des Gewinns (§ 7) angesetzt worden sind; das gilt auch für Gewinne aus Anteilen an einer Gesellschaft, die die in der Anlage 2 zum Einkommensteuergesetz genannten Voraussetzungen des Artikels 2 der **Richtlinie 2011/96/EU des Rates vom 30. 11. 2011 über das gemeinsame Steuersystem der Mutter- und Tochtergesellschaften verschiedener Mitgliedstaaten (ABl. L 345 vom 29. 12. 2011, S. 8)** *[bisher: Richtlinie 90/435/EWG des Rates vom 23. 7. 1990 über das gemeinsame Steuersystem der Mutter- und Tochtergesellschaften verschiedener Mitgliedstaaten (ABl. EG Nr. L 225 S. 6, Nr. L 266 S. 20, 1997 Nr. L 16 S. 98), zuletzt geändert durch Richtlinie 2006/98/EG des Rates vom 20. 11. 2006 (ABl. EU Nr. L 363 S. 129)],* erfüllt, weder Geschäftsleitung noch Sitz im Inland hat und an deren Nennkapital das Unternehmen zu Beginn des Erhebungszeitraums mindestens zu einem Zehntel beteiligt ist. [2]§ 9 Nr. 2a Satz 3 gilt entsprechend. [3]§ 9 Nr. 2a Satz 4 gilt entsprechend. [4]Bezieht ein Unternehmen, das über eine Tochtergesellschaft mindestens zu 15 Prozent an einer Kapitalgesellschaft mit Geschäftsleitung und Sitz außerhalb des Geltungsbereichs dieses Gesetzes (Enkelgesellschaft) mittelbar beteiligt ist, in einem Wirtschaftsjahr Gewinne aus Anteilen an der Tochtergesellschaft und schüttet die Enkelgesellschaft zu einem Zeitpunkt, der in dieses Wirtschaftsjahr fällt, Gewinne an die Tochtergesellschaft aus, so gilt auf Antrag des Unternehmens das Gleiche für den Teil der von ihm bezogenen Gewinne, der der nach seiner mittelbaren Beteiligung auf das Unternehmen entfallenden Gewinnausschüttung der Enkelgesellschaft entspricht. [5]Hat die Tochtergesellschaft in dem betreffenden Wirtschaftsjahr neben den Gewinnanteilen einer Enkelgesellschaft noch andere Erträge bezogen, so findet Satz 4 nur Anwendung für den Teil der Ausschüttung der Tochtergesellschaft, der dem Verhältnis dieser Gewinnanteile zu der Summe dieser Gewinnanteile und der übrigen Erträge entspricht, höchstens aber in Höhe des Betrags dieser Gewinnanteile. [6]Die Anwendung des Satzes 4 setzt voraus, dass

1. die Enkelgesellschaft in dem Wirtschaftsjahr, für das sie die Ausschüttung vorgenommen hat, ihre Bruttoerträge ausschließlich oder fast ausschließlich aus unter § 8 Abs. 1 Nr. 1 bis 6 des Außensteuergesetzes fallenden Tätigkeiten oder aus unter Satz 1 Nr. 1 fallenden Beteiligungen bezieht und

2. die Tochtergesellschaft unter den Voraussetzungen des Satzes 1 am Nennkapital der Enkelgesellschaft beteiligt ist.

[7]Die Anwendung der vorstehenden Vorschriften setzt voraus, dass das Unternehmen alle Nachweise erbringt, insbesondere

1. durch Vorlage sachdienlicher Unterlagen nachweist, dass die Tochtergesellschaft ihre Bruttoerträge ausschließlich oder fast ausschließlich aus unter § 8 Abs. 1 Nr. 1 bis 6 des Außensteuergesetzes fallenden Tätigkeiten oder aus unter Satz 1 Nr. 1 und 2 fallenden Beteiligungen bezieht,

2. durch Vorlage sachdienlicher Unterlagen nachweist, dass die Enkelgesellschaft ihre Bruttoerträge ausschließlich oder fast ausschließlich aus unter § 8 Abs. 1 Nr. 1 bis 6 des Außensteuergesetzes fallenden Tätigkeiten oder aus unter Satz 1 Nr. 1 fallenden Beteiligungen bezieht,

3. den ausschüttbaren Gewinn der Tochtergesellschaft oder Enkelgesellschaft durch Vorlage von Bilanzen und Erfolgsrechnungen nachweist; auf Verlangen sind diese Unterlagen mit dem im Staat der Geschäftsleitung oder des Sitzes vorgeschriebenen oder üblichen Prüfungsvermerk einer behördlich anerkannten Wirtschaftsprüfungsstelle oder einer vergleichbaren Stelle vorzulegen. [8]Die Sätze 1 bis 7 sind bei Lebens- und Krankenversicherungsunternehmen auf Gewinne aus Anteilen, die den Kapitalanlagen zuzurechnen sind, nicht anzuwenden; für Pensionsfonds gilt Entsprechendes;

...

Anwendungsvorschriften:

▶Art. 31 Abs. 1 AmtshilfeRLUmsG lautet:

(1) Dieses Gesetz tritt vorbehaltlich der Absätze 2 bis 8 am Tag nach der Verkündung in Kraft.

▶ § 36 Abs. 8b Satz 4 GewStG i. d. F. des AmtshilfeRLUmsG (Art. 4 Nr. 4a) lautet:

(8b) ... [4]§ 9 Nr. 5 Satz 4 i. d. F. des Artikels 4 des Gesetzes vom 26. 6. 2013 (BGBl I 2013, 1809) ist erstmals für den Erhebungszeitraum 2013 anzuwenden.

Erläuterungen

(Dr. Alexander Kratzsch, Richter am FG)

Bedeutung der Neuregelung

Gründe des Gesetzgebers für die Neuregelung: In § 9 Nr. 5 Satz 4 GewStG wurde eine redaktionell notwendige Anpassung der Verweisung auf die Amtshilferichtlinie vorgenommen. § 9 Nr. 7 Satz 1 GewStG wurde ebenfalls lediglich redaktionell angepasst, und zwar an die Neufassung der Mutter-Tochter-Richtlinie.

Zeitlicher Anwendungsbereich: § 9 Nr. 5 Satz 4 in der geänderten Fassung ist erstmals für den **Erhebungszeitraum 2013** anzuwenden.

2.   § 29 Abs. 1 Nr. 2 GewStG

Zerlegungsmaßstab

(1) Zerlegungsmaßstab ist

1. vorbehaltlich der Nr. 2 das Verhältnis, in dem die Summe der Arbeitslöhne, die an die bei allen Betriebsstätten (§ 28) beschäftigten Arbeitnehmer gezahlt worden sind, zu den Arbeitslöhnen steht, die an die bei den Betriebsstätten der einzelnen Gemeinden beschäftigten Arbeitnehmer gezahlt worden sind;

2. bei Betrieben, die ausschließlich Anlagen zur Erzeugung von Strom und anderen Energieträgern sowie Wärme aus Windenergie und solarer Strahlungsenergie im Sinne des § 3 Nr. 3 des Erneuerbare-Energien-Gesetzes vom 25. 10. 2008 (BGBl I 2008, 2074), das zuletzt durch Art. 5 des Gesetzes vom 20. 12. 2012 (BGBl I 2012, 2730) geändert worden ist, in der jeweils geltenden Fassung betreiben, zu drei Zehntel das in Nr. 1 bezeichnete Verhältnis und zu sieben Zehntel das Verhältnis, in dem die Summe der steuerlich maßgebenden Ansätze des Sachanlagevermögens mit Ausnahme der Betriebs- und Geschäftsausstattung, der geleisteten Anzahlungen und der Anlagen im Bau in allen Betriebsstätten (§ 28) zu dem Ansatz in den einzelnen Betriebsstätten steht. *[bisher: bei Betrieben, die Anlagen zur Erzeugung von Windenergie betreiben, zu drei Zehntel das in Nr. 1 bezeichnete Verhältnis und zu sieben Zehntel das Verhältnis, in dem die Summe der steuerlich maßgebenden Ansätze des Sachanlagevermögens mit Ausnahme der Betriebs- und Geschäftsausstattung, der geleisteten Anzahlungen und der Anlagen im Bau in allen Betriebsstätten (§ 28) zu dem Ansatz in den einzelnen Betriebsstätten steht.]*

Anwendungsvorschriften:

▶ Art. 31 Abs. 1 AmtshilfeRLUmsG lautet:

(1) Dieses Gesetz tritt vorbehaltlich der Absätze 2 bis 8 am Tag nach der Verkündung in Kraft.

▶ § 36 Abs. 9d GewStG i. d. F. des AmtshilfeRLUmsG (Art. 4 Nr. 4b) lautet:

(9d) § 29 Abs. 1 Nr. 2 i. d. F. des Artikels 4 des Gesetzes vom 26. 6. 2013 (BGBl I 2013, 1809) ist vorbehaltlich des Satzes 2 erstmals für den Erhebungszeitraum 2014 anzuwenden. Für die Erhebungszeiträume 2014 bis 2023 ist § 29 Abs. 1 Nr. 2 bei Betrieben, die ausschließlich Anlagen zur Erzeugung von Strom und anderen Energieträgern sowie Wärme aus solarer Strahlungsenergie im Sinne des § 3 Nr. 3 des Erneuerbare-Energien-Gesetzes betreiben, in folgender Fassung anzuwenden:

„2. bei Betrieben, die ausschließlich Anlagen zur Erzeugung von Strom und anderen Energieträgern sowie Wärme aus solarer Strahlungsenergie im Sinne des § 3 Nr. 3 des Erneuerbare-Energien-Gesetzes betreiben,

a) für den auf Neuanlagen im Sinne von Satz 3 entfallenden Anteil am Steuermessbetrag zu drei Zehntel das in Nr. 1 bezeichnete Verhältnis und zu sieben Zehntel das Verhältnis, in dem die Summe der steuerlich maßgebenden Ansätze des Sachanlagevermögens mit Ausnahme der Betriebs- und Geschäftsausstattung, der geleisteten Anzahlungen und der Anlagen im Bau (maßgebendes Sachanlagenvermögen) in allen Betriebsstätten (§ 28) zu dem Ansatz in den einzelnen Betriebsstätten steht, und

b) für den auf die übrigen Anlagen im Sinne von Satz 4 entfallenden Anteil am Steuermessbetrag das in Nr. 1 bezeichnete Verhältnis.

Der auf Neuanlagen und auf übrige Anlagen jeweils entfallende Anteil am Steuermessbetrag ermittelt sich aus dem Verhältnis, in dem

a) die Summe des maßgebenden Sachanlagevermögens für Neuanlagen und

b) die Summe des übrigen maßgebenden Sachanlagevermögens für die übrigen Anlagen

zum gesamten maßgebenden Sachanlagevermögen des Betriebs steht. Neuanlagen sind Anlagen, die nach dem 30. 6. 2013 zur Erzeugung von Strom und anderen Energieträgern sowie Wärme aus solarer Strahlungsenergie genehmigt wurden. Die übrigen Anlagen umfassen das übrige maßgebende Sachanlagenvermögen des Betriebs."

Erläuterungen

(Dr. Alexander Kratzsch, Richter am FG)

LITERATUR:

Stöbener/Gach, DStR 2012, 1376; *Hofmeister* in Blümich, Kommentar zum GewStG, Kommentierung zu § 29 GewStG.

I. Bedeutung der Neuregelung

Gründe des Gesetzgebers für die Neuregelung: Der Gesetzgeber führte insoweit in der Gesetzesbegründung aus (BT-Drucks. 17/13033, 158):

„Die Regelung sieht die Ausdehnung der seit dem Erhebungszeitraum 2009 bei der Zerlegung des Gewerbesteuermessbetrags von Windkraftanlagenbetreibern bestehenden Sonderregelung auf die Energieerzeugung aus solarer Strahlungsenergie i. S. d. § 3 Nr. 3 EEG (erneuerbare Energien) vor."

Wirtschaftliche Bedeutung der Neuregelung: Die allgemeine Beschränkung auf Gewerbetreibende, die ausschließlich Anlagen zur Energieerzeugung aus Windenergie und solarer Strahlungsenergie betreiben, vermeidet Verwerfungen bei den kommunalen Messbetragsanteilen im Falle von Unternehmen, die neben diesen Anlagen noch andere betriebliche Tätigkeiten ausüben (z. B. Unternehmen mit industrieller Fertigung und einer Solaranlage auf einem Fabrikdach, vgl. (BT-Drucks. 17/13033, 159).

Zeitlicher Anwendungsbereich: Zur zeitweisen Vermeidung ggf. eintretender Verteilungseffekte im derzeitigen Gewerbesteueraufkommen wird bestimmt, dass die Ausdehnung der Sonderregelung auf solare Strahlungsenergie für eine **Übergangszeit von zehn Jahren (Erhebungszeiträume 2014 bis 2023) zunächst nur für Neuanlagen** Anwendung findet.

II. Kommentierung der Neuregelung

Die Übergangsregelung in § 36 Abs. 9d GewStG stellt sicher, dass den beteiligten Kommunen bei Betrieben mit bestehenden Anlagen zur Energiegewinnung mittels solarer Strahlungsenergie (Altanlagen) ein ausreichender Zeitrahmen zur Verfügung steht, sich im Einzelfall auf die sich ändernde Rechtslage einzustellen. Im Übrigen soll die für den Bereich der Windkraftanlagenbetreiber seit 2009 bestehende Sonderregelung weiterhin in der geltenden Fassung anzuwenden sein. Bis 2009 war Maßstab der Zerlegung nach § 29 GewStG das Verhältnis der Arbeitslöhne, die auf die einzelnen Betriebsstätten des Unternehmens entfallen. Die Gewerbesteuer war zwar nach § 33 Abs. 1 Satz 1 GewStG, wenn die Anwendung der §§ 28 bis 31 GewStG zu einem offenbar unbilligen Ergebnis führte, nach einem sachgerechteren Maßstab zu zerlegen. Das setzte jedoch voraus, dass im konkreten Einzelfall die sich aus dem groben Maßstab des § 29 GewStG allgemein ergebende Unbilligkeit offenbar übertroffen wird (BFH v. 24. 5. 2006 - I R 102/04, BFH/NV 2007, 270; v. 4. 4. 2007 - I R 23/06, BStBl II 2007, 836). Seit 2009 galt – als Reaktion des Gesetzgebers auf die genannte BFH-Rechtsprechung – der besondere Zerlegungsmaßstab gem. § 29 Abs. 1 Nr. 2 GewStG zunächst nur für Betriebe, die Anlagen zur Erzeugung von Windenergie betreiben. Durch die Zerlegung sollen die Gemeinden, in denen der Gewerbebetrieb im Erhebungszeitraum Betriebsstätten unterhielt, einen finanziellen Ausgleich für die Lasten erhalten, die ihnen durch die Betriebsstätten erwachsen. Die Anwendung des Regelmaßstabes gem. § 29 Abs. 1 Nr. 1 GewStG würde bei Betreibern von Photovoltaik- und Solarthermieanlagen ebenso wie bei Betreibern von Windkraftanlagen i. d. R. dazu führen, dass den Standortgemeinden der Anlagen keine Zerlegungsanteile zugewiesen werden würden, obwohl Photovoltaik- und Solarthermieanlagen wie Windenergieanlagen das Orts- und Landschaftsbild negativ beeinträchtigen können.

Die Ausdehnung des besonderen Zerlegungsmaßstabs in § 29 GewStG auf Betriebe, die Anlagen zur Erzeugung von Strom, anderen Energieträgern und/oder Wärme aus solarer Strahlungsenergie betreiben, wird für die Erhebungszeiträume 2014 bis 2023 durch eine Übergangsregelung in § 36 Abs. 9d Satz 2 eingeschränkt.

Die Ausweitung auf andere Anlagen als Windenergieanlagen ist folgerichtig. Schon vor der Gesetzesänderung wurde vertreten, dass aufgrund der vergleichbaren Situation bei Windkraftanlagen und Solaranlagen die gewerbesteuerliche Zerlegung bei Solaranlagen analog § 29 Abs. 1 Nr. 2 GewStG vorzunehmen ist. (*Stöbener/Gach*, DStR 2012, 1376).

Die Sonderregelungen der §§ 30 ff. GewStG bleiben von den vorstehenden Ausführungen unberührt. Für die wegen mehrgemeindlichen Betriebsstätten (Betriebsstätte in mehreren Gemeinden) notwendigen Zerlegungen bzw. Unterzerlegungen gilt § 29 GewStG nicht (§ 30 GewStG). Ebenso sind die Zerlegungsmaßstäbe des § 29 Abs. 1 GewStG auch dann nicht anzuwenden, wenn sie zu einem offenbar unbilligen Ergebnis führen würden (§ 33 Abs. 1 GewStG).

Die Aufteilung des einheitlichen Gewerbesteuermessbetrags bei gleichzeitigem Vorliegen von Alt- und Neuanlagen gilt: „Das mit der Übergangsregelung einhergehende Erfordernis der Unterscheidung von Neuanlagen und Altanlagen macht die Aufteilung des einheitlichen Gewerbesteuermessbetrags anhand eines geeigneten Maßstabs, erforderlich. Die Regelung bestimmt, dass die Aufteilung nach den jeweiligen Verhältnissen des maßgebenden Sachanlagevermögens anzuwenden ist. Damit knüpft der Gesetzgeber bewusst an eine Größe an, die er auch in § 29 Abs. 1 Nr. 2 GewStG verwendet bzw. die auch in Zerlegungsfällen nach §§ 30 oder 33 Abs. 1 GewStG seit Jahrzehnten relevant ist" (BT-Drucks. 17/13033, 82). Neuanlagen sind Anlagen, die nach dem 30. 6. 2013 zur Erzeugung von Strom usw. aus solarer Strahlungsenergie genehmigt wurden (§ 36 Abs. 9d Satz 2 Nr. 2 Satz 3 GewStG), Altanlagen sind die vorher genehmigten Solaranlagen. Nicht geregelt und bisher nicht geklärt ist, ob als „genehmigt" erst die Erteilung der Bau- oder der Betriebsgenehmigung anzusehen ist. Der Zweck der Regelung könnte dafür sprechen, auf den i. d. R. früheren Zeitpunkt der Baugenehmigung abzustellen.

III. Gestaltungsmöglichkeiten

Im Bedarfsfalle kann – einzelfallabhängig – die Möglichkeit bestehen, die Höhe des Sachanlagevermögens anzupassen, um ggf. die Aufteilung des einheitlichen Gewerbesteuermessbetrags für das Unternehmen vorteilhaft zu beeinflussen.

3. § 35c Abs. 1 Nr. 2 Buchst. f GewStG

Ermächtigung

Die Bundesregierung wird ermächtigt, mit Zustimmung des Bundesrates

...

Nr. 2 Vorschriften durch Rechtsverordnung zu erlassen

...

f. über die Beschränkung der Hinzurechnung von Entgelten für Schulden und ihnen gleichgestellte Beträge (§ 8 Nr. 1 Buchst. a) bei

aa) Finanzdienstleistungsinstituten, soweit sie Finanzdienstleistungen im Sinne des § 1 Abs. 1a Satz 2 des Kreditwesengesetzes tätigen,

bb) Zahlungsinstituten, soweit sie Zahlungsdienste im Sinne des § 1 Abs. 2 Nr. 2 Buchst. c und Nr. 6 des Zahlungsdiensteaufsichtsgesetzes erbringen.

Voraussetzung für die Umsetzung von Satz 1 ist, dass die Umsätze des Finanzdienstleistungsinstituts zu mindestens 50 Prozent auf Finanzdienstleistungen und die Umsätze des Zahlungsinstituts zu mindestens 50 Prozent auf Zahlungsdienste entfallen. *[bisher: f. über die Beschränkung der Hinzurechnung von Entgelten für Schulden und ihnen gleichgestellte Beträge (§ 8 Nr. 1*

Buchst. a) bei Finanzdienstleistungsinstituten, soweit sie Finanzdienstleistungen im Sinne des § 1 Abs. 1a Satz 2 des Gesetzes über das Kreditwesen tätigen. ²Voraussetzung für die Umsetzung von Satz 1 ist, dass die Umsätze des Finanzdienstleistungsinstituts zu mindestens 50 Prozent auf Finanzdienstleistungen entfallen,]

Anwendungsvorschriften:

► Art. 31 Abs. 1 AmtshilfeRLUmsG lautet:

(1) Dieses Gesetz tritt vorbehaltlich der Absätze 2 bis 8 am Tag nach der Verkündung in Kraft.

► § 36 Abs. 10a Satz 3 und 4 GewStG i. d. F. des AmtshilfeRLUmsG (Art. 4 Nr. 4c) lautet:

(10a) ... ³§ 35c Abs. 1 Nr. 2 Buchst. f Satz 1 i. d. F. des Artikels 4 des Gesetzes vom 26. 6. 2013 (BGBl I 2013, 1809) ist erstmals für den Erhebungszeitraum 2009 anzuwenden. ⁴§ 35c Abs. 1 Nr. 2 Buchst. f Satz 2 i. d. F. des Artikels 4 des Gesetzes vom 26. 6. 2013 (BGBl I 2013, 1809) ist erstmals für den Erhebungszeitraum 2011 anzuwenden.

Erläuterungen

(Dr. Alexander Kratzsch, Richter am FG)

LITERATUR:

Hofmeister in Blümich, Kommentar zum GewStG, § 35c GewStG Rz. 1 ff.

I. Bedeutung der Neuregelung

Gründe des Gesetzgebers für die Neuregelung: Der Gesetzgeber führte insoweit in der Gesetzesbegründung aus (BT-Drucks. 17/13033, 82): „Durch Artikel 2 des Gesetzes zur Umsetzung aufsichtsrechtlicher Vorschriften der Zahlungsdienstrichtlinie (Zahlungsdiensteumsetzungsgesetz) vom 25. 6. 2009 (BGBl I 2009, 1506) wurde § 1 Abs. 1a Satz 2 Nr. 6 und 8 des Kreditwesengesetzes aufgehoben. Die betreffenden Unternehmen wurden den Vorgaben der Zahlungsdiensterichtlinie folgend als Zahlungsinstitute den aufsichtsrechtlichen Bestimmungen eines Zahlungsdiensteaufsichtsgesetzes (ZAG) unterworfen (§ 1 Abs. 1 Nr. 5 i. V. m. Abs. 2 Nr. 2 Buchst. c und Nr. 6 ZAG). "

Wirtschaftliche Bedeutung der Neuregelung: Die Regelung stellt eine redaktionelle Folgeänderung dar, die sicherstellen soll, dass sich die bereits bestehende Ermächtigung zur Schaffung einer Sonderregelung beim Verzicht auf die gewerbesteuerliche Hinzurechnung bestimmter Finanzierungsaufwendungen auch auf die genannten Zahlungsdienste erstreckt.

Zeitlicher Anwendungsbereich: Der neu eingefügte § 36 Abs. 10a Satz 3 GewStG regelt, dass die Änderung des § 35c Abs. 1 Nr. 2 Buchst. f GewStG erstmals für den **Erhebungszeitraum 2009** anzuwenden ist. § 36 Abs. 10a Satz 4 GewStG wurde in der Folge redaktionell angepasst.

II. Kommentierung der Neuregelung

Durch § 35c wird die Rechtssetzungsbefugnis des Gesetzgebungsorgans BT in einem beschränkten und vom Gesetzgeber festgelegten Umfang auf die Bundesregierung bzw. das BMF übertragen. Sofern das Unternehmen unter die Sonderregelung für Banken und Finanzdienstleister nach § 19 GewStDV fällt, greift das sog. Bankenprivileg. Dann kommt es nicht zu einer Hinzurechnung. Dies galt bisher, wenn ein Kreditinstitut i. S. d. § 1 Abs. 1 KWG bzw. ein Finanzdienstleistungsinstitut i. S. d. § 1 Abs. 1a KWG vorliegt. Indem in § 35c Abs. 1 Nr. 2 Buchst. f Doppelbuchst. bb GewStG nunmehr auch Zahlungsinstitute aufgeführt werden, die Zahlungsdienste i. S. d. § 1 Abs. 2 Nr. 2 Buchst. c und Nr. 6 des Zahlungsdiensteaufsichtsgesetzes erbringen, wird die Ausweitung auf Zahlungsinstitute i. S. d. § 1 Abs. 1 Nr. 5 des Zahlungsdiensteaufsichtsgesetzes sichergestellt.

III. Folgeänderungen durch die Neuregelung

§ 19 Abs. 4 GewStDV (Ausführungsgesetz zu § 35c GewStG) wurde wie folgt angepasst:

„**(4)** Bei Finanzdienstleistungsinstituten im Sinne des § 1 Abs. 1a des Kreditwesengesetzes, die mit Ausnahme der Unternehmen im Sinne des § 2 Abs. 6 Nr. 17 des Kreditwesengesetzes nicht der Ausnahmeregelung des § 2 Abs. 6 des Kreditwesengesetzes unterliegen, **sowie bei Zahlungsinstituten im Sinne des § 1 Abs. 1 Nr. 5 des Zahlungsdiensteaufsichtsgesetzes** unterbleibt eine Hinzurechnung von Entgelten für Schulden und ihnen gleichgestellten Beträgen nach § 8 Nr. 1 Buchst. a des Gesetzes, soweit die Entgelte und ihnen gleichgestellten Beträge unmittelbar auf Finanzdienstleistungen im Sinne des § 1 Abs. 1a Satz 2 des Kreditwesengesetzes **oder Zahlungsdienste im Sinne des § 1 Abs. 2 Nr. 2 Buchst. c und Nr. 6 des Zahlungsdiensteaufsichtsgesetzes** entfallen. Satz 1 ist nur anzuwenden, wenn die Umsätze des Finanzdienstleistungsinstituts zu mindestens 50 Prozent auf Finanzdienstleistungen **und die Umsätze des Zahlungsinstituts zu mindestens 50 Prozent auf Zahlungsdienste** entfallen.“

Die Anpassung wurde auch für das Ausführungsgesetz zu § 35c GewStG erforderlich, damit die bislang in § 1 Abs. 1a Satz 2 Nr. 6 und 8 des Kreditwesengesetzes a. F. genannten Unternehmen weiterhin sowie Zahlungsinstitute i. S. d. § 1 Abs. 1 Nr. 5 des Zahlungsdiensteaufsichtsgesetzes die Sonderregelung des § 19 GewStDV beanspruchen können, soweit die dortigen Voraussetzungen erfüllt sind.

IV. Außensteuergesetz

1. § 1 AStG

Berichtigung von Einkünften

(1) [1]Werden Einkünfte eines Steuerpflichtigen aus einer Geschäftsbeziehung zum Ausland mit einer ihm nahe stehenden Person dadurch gemindert, dass er seiner Einkünfteermittlung andere Bedingungen, insbesondere Preise (Verrechnungspreise), zugrunde legt, als sie voneinander unabhängige Dritte unter gleichen oder vergleichbaren Verhältnissen vereinbart hätten (Fremdvergleichsgrundsatz), sind seine Einkünfte unbeschadet anderer Vorschriften so anzusetzen, wie sie unter den zwischen voneinander unabhängigen Dritten vereinbarten Bedingungen angefallen wären. [2]**Steuerpflichtiger im Sinne dieser Vorschrift ist auch eine Personengesellschaft oder eine Mitunternehmerschaft; eine Personengesellschaft oder Mitunternehmerschaft ist selbst nahestehende Person, wenn sie die Voraussetzungen des Absatzes 2 erfüllt.** [3]Für die Anwendung des Fremdvergleichsgrundsatzes ist davon auszugehen, dass die voneinander unabhängigen Dritten alle wesentlichen Umstände der Geschäftsbeziehung kennen und nach den Grundsätzen ordentlicher und gewissenhafter Geschäftsleiter handeln. [4]Führt die Anwendung des Fremdvergleichsgrundsatzes zu weitergehenden Berichtigungen als die anderen Vorschriften,

sind die weitergehenden Berichtigungen neben den Rechtsfolgen der anderen Vorschriften durchzuführen.

...

(3) [1]Für eine Geschäftsbeziehung im Sinne des Absatzes 1 Satz 1 ist der Verrechnungspreis vorrangig nach der Preisvergleichsmethode, der Wiederverkaufspreismethode oder der Kostenaufschlagsmethode zu bestimmen, wenn Fremdvergleichswerte ermittelt werden können, die nach Vornahme sachgerechter Anpassungen im Hinblick auf die ausgeübten Funktionen, die eingesetzten Wirtschaftsgüter und die übernommenen Chancen und Risiken (Funktionsanalyse) für diese Methoden uneingeschränkt vergleichbar sind; mehrere solche Werte bilden eine Bandbreite. [2]Sind solche Fremdvergleichswerte nicht zu ermitteln, sind eingeschränkt vergleichbare Werte nach Vornahme sachgerechter Anpassungen der Anwendung einer geeigneten Verrechnungspreismethode zugrunde zu legen. [3]Sind in den Fällen des Satzes 2 mehrere eingeschränkt vergleichbare Fremdvergleichswerte feststellbar, ist die sich ergebende Bandbreite einzuengen. [4]Liegt der vom Steuerpflichtigen für seine Einkünfteermittlung verwendete Wert in den Fällen des Satzes 1 außerhalb der Bandbreite oder in den Fällen des Satzes 2 außerhalb der eingeengten Bandbreite, ist der Median maßgeblich. [5]Können keine eingeschränkt vergleichbaren Fremdvergleichswerte festgestellt werden, hat der Steuerpflichtige für seine Einkünfteermittlung einen hypothetischen Fremdvergleich unter Beachtung des Absatzes 1 **Satz 3** *[bisher: Satz 2]* durchzuführen. [6]Dazu hat er auf Grund einer Funktionsanalyse und innerbetrieblicher Planrechnungen den Mindestpreis des Leistenden und den Höchstpreis des Leistungsempfängers **unter Berücksichtigung funktions- und risikoadäquater Kapitalisierungszinssätze** zu ermitteln (Einigungsbereich); der Einigungsbereich wird von den jeweiligen Gewinnerwartungen (Gewinnpotenzialen) bestimmt. [7]Es ist der Preis im Einigungsbereich der Einkünfteermittlung zugrunde zu legen, der dem Fremdvergleichsgrundsatz mit der höchsten Wahrscheinlichkeit entspricht; wird kein anderer Wert glaubhaft gemacht, ist der Mittelwert des Einigungsbereichs zugrunde zu legen. [8]Ist der vom Steuerpflichtigen zugrunde gelegte Einigungsbereich unzutreffend und muss deshalb von einem anderen Einigungsbereich ausgegangen werden, kann auf eine Einkünfteberichtigung verzichtet werden, wenn der vom Steuerpflichtigen zugrunde gelegte Wert innerhalb des anderen Einigungsbereichs liegt. [9]Wird eine Funktion einschließlich der dazugehörigen Chancen und Risiken und der mit übertragenen oder überlassenen Wirtschaftsgüter und sonstigen Vorteile verlagert (Funktionsverlagerung) und ist auf die verlagerte Funktion Satz 5 anzuwenden, weil für das Transferpaket als Ganzes keine zumindest eingeschränkt vergleichbare Fremdvergleichswerte vorliegen, hat der Steuerpflichtige den Einigungsbereich auf der Grundlage des Transferpakets *[bisher: unter Berücksichtigung funktions- und risikoadäquater Kapitalisierungszinssätze]* zu bestimmen. [10]In den Fällen des Satzes 9 ist die Bestimmung von Einzelverrechnungspreisen für alle betroffenen Wirtschaftsgüter und Dienstleistungen nach Vornahme sachgerechter Anpassungen anzuerkennen, wenn der Steuerpflichtige glaubhaft macht, dass keine wesentlichen immateriellen Wirtschaftsgüter und Vorteile Gegenstand der Funktionsverlagerung waren, oder dass die Summe der angesetzten Einzelverrechnungspreise, gemessen an der Bewertung des Transferpakets als Ganzes, dem Fremdvergleichsgrundsatz entspricht; macht der Steuerpflichtige glaubhaft, dass zumindest ein wesentliches immaterielles Wirtschaftsgut Gegenstand der Funktionsverlagerung ist, und bezeichnet er es genau, sind Einzelverrechnungspreise für die Bestandteile des Transferpakets anzuerkennen. [11]Sind in den Fällen der Sätze 5 und 9 wesentliche immaterielle Wirtschaftsgüter und Vorteile Gegenstand einer

Geschäftsbeziehung und weicht die tatsächliche spätere Gewinnentwicklung erheblich von der Gewinnentwicklung ab, die der Verrechnungspreisbestimmung zugrunde lag, ist widerlegbar zu vermuten, dass zum Zeitpunkt des Geschäftsabschlusses Unsicherheiten im Hinblick auf die Preisvereinbarung bestanden und unabhängige Dritte eine sachgerechte Anpassungsregelung vereinbart hätten. [12]Wurde eine solche Regelung nicht vereinbart und tritt innerhalb der ersten zehn Jahre nach Geschäftsabschluss eine erhebliche Abweichung im Sinne des Satzes 11 ein, ist für eine deshalb vorzunehmende Berichtigung nach Abs. 1 Satz 1 einmalig ein angemessener Anpassungsbetrag auf den ursprünglichen Verrechnungspreis der Besteuerung des Wirtschaftsjahres zugrunde zu legen, das dem Jahr folgt, in dem die Abweichung eingetreten ist. [*gestrichen: Um eine einheitliche Rechtsanwendung und die Übereinstimmung mit den internationalen Grundsätzen zur Einkunftsabgrenzung sicherzustellen, wird das Bundesministerium der Finanzen ermächtigt, mit Zustimmung des Bundesrates durch Rechtsverordnung Einzelheiten zur Anwendung des Fremdvergleichsgrundsatzes im Sinne des Absatzes 1 und der Sätze 1 bis 12 zu bestimmen.*]

[*gestrichen: (4) Ist bei den in Abs. 1 genannten Einkünften in Fällen des § 162 Abs. 2 der Abgabenordnung eine Schätzung vorzunehmen, so ist mangels anderer geeigneter Anhaltspunkte eine durchschnittliche Umsatzrendite oder Verzinsung für das im Unternehmen eingesetzte Kapital anzusetzen, die unter Berücksichtigung der ausgeübten Funktionen, eingesetzten Wirtschaftsgüter und übernommenen Risiken zu erwarten ist. Schätzungen nach § 162 Abs. 3 der Abgabenordnung bleiben unberührt.*]

(4) Geschäftsbeziehungen im Sinne dieser Vorschrift sind

1. einzelne oder mehrere zusammenhängende wirtschaftliche Vorgänge (Geschäftsvorfälle) zwischen einem Steuerpflichtigen und einer nahestehenden Person,

   a) die Teil einer Tätigkeit sind, auf die die §§ 13, 15, 18 oder 21 des Einkommensteuergesetzes anzuwenden sind oder im Fall einer ausländischen nahestehenden Person anzuwenden wären, wenn sich der Geschäftsvorfall im Inland ereignet hätte, und

   b) denen keine gesellschaftsvertragliche Vereinbarung zugrunde liegt;

2. Geschäftsvorfälle zwischen einem Unternehmen eines Steuerpflichtigen und seiner in einem anderen Staat gelegenen Betriebsstätte (anzunehmende schuldrechtliche Beziehungen).

Liegen einer Geschäftsbeziehung keine schuldrechtlichen Vereinbarungen zugrunde, ist davon auszugehen, dass voneinander unabhängige ordentliche und gewissenhafte Geschäftsleiter schuldrechtliche Vereinbarungen getroffen hätten oder bestehende Rechtspositionen geltend machen würden, die der Besteuerung zugrunde zu legen sind, es sei denn, der Steuerpflichtige macht im Einzelfall etwas anderes glaubhaft.

(5) Die Absätze 1, 3 und 4 sind entsprechend anzuwenden, wenn für eine Geschäftsbeziehung im Sinne des Absatzes 4 Satz 1 Nr. 2 die Bedingungen, insbesondere die Verrechnungspreise, die der Aufteilung der Einkünfte zwischen einem inländischen Unternehmen und seiner ausländischen Betriebsstätte oder der Ermittlung der Einkünfte der inländischen Betriebsstätte eines ausländischen Unternehmens steuerlich zugrunde gelegt werden, nicht dem Fremdvergleichsgrundsatz entsprechen und dadurch die inländischen Einkünfte eines beschränkt Steuerpflichtigen gemindert oder die ausländischen Einkünfte eines unbeschränkt Steuerpflichtigen erhöht werden. Zur Anwendung des Fremdvergleichsgrundsatzes ist eine Betriebsstätte wie ein eigen-

ständiges und unabhängiges Unternehmen zu behandeln, es sei denn, die Zugehörigkeit der Betriebsstätte zum Unternehmen erfordert eine andere Behandlung. Um die Betriebsstätte wie ein eigenständiges und unabhängiges Unternehmen zu behandeln, sind ihr in einem ersten Schritt zuzuordnen:

1. die Funktionen des Unternehmens, die durch ihr Personal ausgeübt werden (Personalfunktionen),

2. die Vermögenswerte des Unternehmens, die sie zur Ausübung der ihr zugeordneten Funktionen benötigt,

3. die Chancen und Risiken des Unternehmens, die sie auf Grund der ausgeübten Funktionen und zugeordneten Vermögenswerte übernimmt, sowie

4. ein angemessenes Eigenkapital (Dotationskapital).

Auf der Grundlage dieser Zuordnung sind in einem zweiten Schritt die Art der Geschäftsbeziehungen zwischen dem Unternehmen und seiner Betriebsstätte und die Verrechnungspreise für diese Geschäftsbeziehungen zu bestimmen. Die Sätze 1 bis 4 sind entsprechend auf ständige Vertreter anzuwenden. Die Möglichkeit, einen Ausgleichsposten nach § 4g des Einkommensteuergesetzes zu bilden, wird nicht eingeschränkt. Auf Geschäftsbeziehungen zwischen einem Gesellschafter und seiner Personengesellschaft oder zwischen einem Mitunternehmer und seiner Mitunternehmerschaft sind die Sätze 1 bis 4 nicht anzuwenden, unabhängig davon, ob die Beteiligung unmittelbar besteht oder ob sie nach § 15 Abs. 1 Satz 1 Nr. 2 Satz 2 des Einkommensteuergesetzes mittelbar besteht; für diese Geschäftsbeziehungen gilt Abs. 1. Ist ein Abkommen zur Vermeidung der Doppelbesteuerung anzuwenden und macht der Steuerpflichtige geltend, dass dessen Regelungen den Sätzen 1 bis 7 widersprechen, so hat das Abkommen nur Vorrang, soweit der Steuerpflichtige nachweist, dass der andere Staat sein Besteuerungsrecht entsprechend diesem Abkommen ausübt und deshalb die Anwendung der Sätze 1 bis 7 zu einer Doppelbesteuerung führen würde.

(6) Das Bundesministerium der Finanzen wird ermächtigt, mit Zustimmung des Bundesrates durch Rechtsverordnung Einzelheiten des Fremdvergleichsgrundsatzes im Sinne der Absätze 1, 3 und 5 und Einzelheiten zu dessen einheitlicher Anwendung zu regeln sowie Grundsätze zur Bestimmung des Dotationskapitals im Sinne des Absatzes 5 Satz 3 Nr. 4 festzulegen.

Anwendungsvorschriften:

►Art. 31 Abs. 3 AmtshilfeRLUmsG lautet:

(3) Die Art. 1, 2 Nr. 1 Buchst. d, Nr. 2, 10, 20, 21, 23, 39 Buchst. a, Nr. 41, Art. 3 Nr. 2, 4 Buchst. b, Art. 4 Nr. 1 Buchst. a, Nr. 4 Buchst. a, Art. 6 *[hier: Art. 6]*, 8 Nr. 2 und 3 Buchst. b, Art. 11 Nr. 12, Art. 21, 24 und 25 treten mit Wirkung vom 1. 1. 2013 in Kraft.

►§ 21 Abs. 20 AStG i. d. F. des AmtshilfeRLUmsG (Art. 6 Nr. 6) lautet:

(20) [1]§ 1 Abs. 1 Satz 2 erster Halbsatz und Absatz 3 und 6 i. d. F. des Artikels 6 des Gesetzes vom 26. 6. 2013 (BGBl I 2013, 1809) ist erstmals für den Veranlagungszeitraum 2013 anzuwenden. [2]§ 1 Abs. 1 Satz 2 zweiter Halbsatz in der Fassung des Artikels 6 des Gesetzes vom 26. 6. 2013 (BGBl I 2013, 1809) gilt für alle noch nicht bestandskräftigen Veranlagungen. [3]§ 1 Abs. 4 und 5 in der Fassung des Artikels 6 des Gesetzes vom 26. 6. 2013 (BGBl I 2013, 1809) ist erstmals für Wirtschaftsjahre anzuwenden, die nach dem 31. 12. 2012 beginnen.

Erläuterungen

(Dr. Alois Th. Nacke, Richter am FG)

1. Anpassung an OECD-Standard zum Fremdvergleichsgrundsatz (§ 1 AStG)

Um den international anerkannten Fremdvergleichsgrundsatz (OECD-Standard) uneingeschränkt auf internationale Betriebsstättenfälle anwenden zu können, ist die Schaffung einer innerstaatlichen Rechtsgrundlage in § 1 AStG notwendig. § 1 AStG wurde deshalb geändert, um die Besteuerung grenzüberschreitender Vorgänge im Hinblick auf die Gewinnabgrenzung bzw. Gewinnverteilung klar und für alle Investitionsalternativen (KapGes, PersGes, Betriebsstätten) einheitlich zu regeln. Die Änderung bewirkt, dass vor allem der neue Art. 7 des OECD-Musterabkommens 2010 und dessen Musterkommentierung inhaltlich innerstaatliches Recht wurde. Damit soll die bisher weitgehend uneinheitliche Praxis der internationalen Betriebsstättenbesteuerung auf einen einheitlichen Standard (Fremdvergleichsgrundsatz) gebracht werden.

a) Übertragung des Fremdvergleichsgrundsatzes auf Personengesellschaften und Mitunternehmerschaften (§ 1 Abs. 1 Satz 2 AStG)

Nach § 1 Abs. 1 Satz 2 AStG ist der Fremdvergleichsgrundsatz nunmehr unmittelbar für Personengesellschaften und Mitunternehmerschaften anzuwenden. Zwar ist nach langjähriger Praxis in Deutschland § 1 Abs. 1 AStG auch auf grenzüberschreitende Geschäftsbeziehungen von beteiligten Personengesellschaften anwendbar (s. z. B. Anwendungsschreiben zum AStG, BMF v. 14. 5. 2004, BStBl I 2004, Sondernr. 1/2004, Rdn. 1. 4. 3.); jedoch wurde dies nun auch gesetzlich geregelt. Betroffen sind danach neben Personengesellschaften und Mitunternehmerschaften, die Einkünfte aus §§ 13, 15 oder 18 EStG erzielen, auch Personengesellschaften ohne Gewinneinkünfte, die z. B. ausschließlich Einkünfte nach § 21 EStG haben (s. BR-Drucks. 139/13139, 162). Weiterhin sind Personengesellschaften oder Mitunternehmerschaften nach § 1 Abs. 1 Satz 2 2. Halbsatz AStG selbst nahestehende Personen i. S. d. es § 1 Abs. 1 AStG, wenn sie die Voraussetzungen des § 1 Abs. 2 AStG erfüllen. Beide Änderungen beruhen auf bisherigen Verwaltungsauffassungen (BMF v. 23. 2. 1983, BStBl I 1983, 218).

Zeitlicher Anwendungsbereich: Die Neuregelung ist erstmals für den **VZ 2013** anzuwenden (§ 21 Abs. 20 Satz 1 AStG). § 1 Abs. 1 Satz 2 2. Halbsatz AStG ist **auf alle noch nicht bestandskräftigen Veranlagungen** anzuwenden (§ 21 Abs. 20 Satz 2 AStG).

b) Änderungen in § 1 Abs. 3 AStG

Die Änderungen in § 1 Abs. 3 AStG sind redaktioneller Art:

Zu § 1 Abs. 3 Satz 5

„Es handelt sich um eine redaktionelle Folgeänderung. Da in Absatz 1 ein neuer Satz 2 eingefügt wird, wird die Zitierung entsprechend angepasst." (BR-Drucks. 302/12, 102)

Zu § 1 Abs. 3 Satz 6

„Es handelt sich um eine technische Klarstellung. Für die Bestimmung des Mindestpreises für den Leistenden und des Höchstpreises für den Leistungsempfänger ist es im hypothetischen Fremdvergleich betriebswirtschaftlich notwendig, funktions- und risikoadäquate Kapitalisierungszinssätze zu berücksichtigen. Dies ist bisher ausdrücklich nur in Satz 9 enthalten, gilt aber allgemein." (BR-Drucks. 302/12, 102)

Zu § 1 Abs. 3 Satz 9

„Es handelt sich um eine redaktionelle Folgeänderung zur oben genannten Änderung des § 1 Abs. 3 Satz 6 AStG. Der in Satz 9 gestrichene Satzteil wäre nach der technischen Ergänzung von Satz 6 eine unnötige Wiederholung." (BR-Drucks. 302/12, 102)

§ 1 Abs. 3 Satz 13 - aufgehoben -

„Der bisherige Satz 13 des Absatzes 3 wird zum neuen Abs. 6 und ist daher in Abs. 3 aufzuheben." (BR-Drucks. 302/12, 102)

Zeitlicher Anwendungsbereich: Die Neuregelung ist erstmals für den **VZ 2013** anzuwenden (§ 21 Abs. 20 Satz 1 AStG).

2. Neudefinition der Geschäftsbeziehung in § 1 Abs. 4 AStG

In § 1 Abs. 4 AStG wurde der Begriff der Geschäftsbeziehung für den Anwendungsbereich des § 1 AStG neu definiert. Dies dient dazu, um die Anwendung des Fremdvergleichsgrundsatzes i. S. d. § 1 Abs. 1 AStG zu verbessern. Denn Tatbestandsvoraussetzung für die Anwendung dieses Grundsatzes ist, dass eine Geschäftsbeziehung mit einer nahe stehenden Person vorliegt. Bisher werden Geschäftsbeziehungen in § 1 Abs. 5 AStG als schuldrechtliche Beziehungen definiert, denen keine gesellschaftsvertraglichen Regelung zugrunde liegt. Der Begriff „schuldrechtliche Beziehung" wurde durch den Begriff „wirtschaftlicher Vorgang" ersetzt. Hiermit werden die Fälle erfasst, die das Verhältnis zwischen einem Unternehmen und seiner Betriebsstätte betreffen. Denn in diesen Fällen sind schuldrechtliche Beziehungen nicht möglich. Der neue Begriff umfasst nämlich nicht nur alle rechtlichen Beziehungen, sondern auch tatsächliche Handlungen.

Zeitlicher Anwendungsbereich: Die Neuregelung ist auf alle **Wirtschaftsjahre anzuwenden, die nach dem 31.12.2012 beginnen** (§ 21 Abs. 20 Satz 3 AStG).

a) Grundsätze des Fremdvergleichsgrundsatzes in § 1 Abs. 5 AStG

In § 1 Abs. 5 AStG sind nun in Übereinstimmung mit den Überlegungen der OECD (Authorised OECD-Approach) die Grundsätze des Fremdvergleichs geregelt. „Satz 1 regelt die Anwendung des Fremdvergleichsgrundsatzes im Sinne des § 1 AStG auf Geschäftsbeziehungen i. S. des § 1 Abs. 4 Satz 1 Nr. 2 AStG, d. h. auf anzunehmende schuldrechtliche Beziehungen zwischen einem Unternehmen und dessen rechtlich unselbstständiger Betriebsstätte (§ 12 AO), z. B.

► für unbeschränkt Steuerpflichtige, deren ausländische Betriebsstätteneinkünfte nach einem DBA freizustellen sind, oder bei denen ausländische Steuern auf ausländische Betriebsstätteneinkünfte anzurechnen sind, oder

► für beschränkt Steuerpflichtige, deren inländische Betriebsstätteneinkünfte gemindert werden." (BR-Drucks. 139/13, 166).

§ 1 Abs. 5 Satz 2 AStG sieht vor, dass eine Betriebsstätte für die Anwendung des Fremdvergleichsgrundsatzes als unabhängiges Unternehmen zu fingieren ist (Selbstständigkeitsfiktion - BR-Drucks. 139/13, 166). Durch § 1 Abs. 5 Satz 3 AStG wird geregelt, dass zur Aufteilung bzw. zur Ermittlung der Einkünfte in einem ersten Schritt entsprechend dem OECD-Betriebsstättenbericht festzustellen ist, welche Funktionen die Betriebsstätte im Verhältnis zum restlichen Unternehmen durch ihr Personal (Personalfunktionen – people functions) tatsächlich ausübt (BR-Drucks. 139/13, 167). Nach Satz 4 kann nun in einem weiteren Schritt für Geschäftsvorfälle zwischen der unselbstständigen Betriebsstätte und dem Unternehmen oder zwischen unselbstständigen Betriebsstätten grundsätzlich jedwede schuldrechtliche Beziehung angenommen werden. Auf diese schuldrechtliche Beziehung können dann die Grundsätze der OECD-Verrechnungspreisleitlinien angewandt werden, sodass der Besteuerung Verrechnungspreise nach dem Fremdvergleichsgrundsatz zugrunde gelegt werden können.

Zeitlicher Anwendungsbereich: Die Neuregelung ist auf alle **Wirtschaftsjahre anzuwenden, die nach dem 31. 12. 2012 beginnen** (§ 21 Abs. 20 Satz 3 AStG).

b) Verordnungsermächtigung (§ 1 Abs. 6 AStG)

§ 1 Abs. 6 EStG sieht eine umfassende Verordnungsermächtigung für alle Bereiche der Anwendung des Fremdvergleichsgrundsatzes im Sinne des § 1 AStG vor.

Zeitlicher Anwendungsbereich: Die Neuregelung ist erstmals für den **VZ 2013** anzuwenden (§ 21 Abs. 20 Satz 1 AStG).

2. § 2 AStG

Einkommensteuer

...

(5) [1]Ist Absatz 1 anzuwenden, kommt der Steuersatz zur Anwendung, der sich für sämtliche Einkünfte der Person ergibt; für die Ermittlung des Steuersatzes bleiben Einkünfte aus Kapitalvermögen außer Betracht, die dem gesonderten Steuersatz nach § 32d Abs. 1 des Einkommensteuergesetzes unterliegen. [2]Auf Einkünfte, die dem Steuerabzug auf Grund des § 50a des Einkommensteuergesetzes unterliegen, ist § 50 Abs. 2 des Einkommensteuergesetzes nicht anzuwenden. [3]§ 43 Abs. 5 des Einkommensteuergesetzes bleibt unberührt.

Anwendungsvorschriften:

▶Art. 31 Abs. 3 AmtshilfeRLUmsG lautet:

(3) Die Art. 1, 2 Nr. 1 Buchst. d, Nr. 2, 10, 20, 21, 23, 39 Buchst. a, Nr. 41, Art. 3 Nr. 2, 4 Buchst. b, Art. 4 Nr. 1 Buchst. a, Nr. 4 Buchst. a, Art. 6 *[hier: Art. 6]*, 8 Nr. 2 und 3 Buchst. b, Art. 11 Nr. 12, Art. 21, 24 und 25 treten mit Wirkung vom 1. 1. 2013 in Kraft.

▶§ 21 Abs. 21 AStG i. d. F. des AmtshilfeRLUmsG (Art. 6 Nr. 6) lautet:

(21) [1]§ 2 Abs. 5 i. d. F. des Artikels 6 des Gesetzes vom 26. 6. 2013 (BGBl I 2013, 1809) ist erstmals für den Veranlagungszeitraum 2013 anzuwenden. [2]Auf Antrag ist § 2 Abs. 5 Satz 1 und 3 i. d. F. des Artikels 6 des Gesetzes vom 26. 6. 2013 (BGBl I 2013, 1809) bereits für Veranlagungszeiträume vor 2013 anzuwenden, bereits ergangene Steuerfestsetzungen sind aufzuheben oder zu ändern. ...

Erläuterungen

(Dr. Alois Th. Nacke, Richter am FG)

Die Neuregelung stellt die Beachtung der Abgeltungsteuer auch für die Fälle der erweitert beschränkten Einkommensteuerpflicht sicher. Einkünfte aus Kapitalvermögen unterliegen seit 2009 grundsätzlich der Abgeltungsteuer, es sei denn, sie unterfallen § 20 Abs. 8 EStG oder § 32d Abs. 2 und 6 EStG. Rechtssystematisch soll dies für die erweitert beschränkte Steuerpflicht erhalten bleiben (BR-Drucks. 139/13, 170). Deshalb sieht Satz 1 vor, dass Einkünfte aus Kapitalvermögen, auf die Abgeltungsteuer entfällt, ausdrücklich vom Progressionsvorbehalt ausgenommen werden.

Zeitlicher Anwendungsbereich: Die Neuregelung gilt ab **VZ 2013** (§ 21 Abs. 21 Satz 1 AStG). **Auf Antrag gilt dies bereits für Zeiträume davor** (§ 21 Abs. 21 Satz 2 AStG), auch wenn Steuerfestsetzungen bereits ergangen sind. Diese können nach dem Gesetzeswortlaut aufgehoben oder geändert werden. Auf die Bestandskraft kommt es daher nicht an, so dass eine Überprüfung der Höhe der Steuerpflicht für den Zeitraum vor VZ 2013 in einschlägigen Fällen anzuraten ist.

3. § 8 Abs. 2 AStG

Einkünfte von Zwischengesellschaften

...

(2) Ungeachtet des Absatzes 1 ist eine Gesellschaft, die ihren Sitz oder ihre Geschäftsleitung in einem Mitgliedstaat der Europäischen Union oder einem Vertragsstaat des EWR-Abkommens hat, nicht Zwischengesellschaft für Einkünfte, für die unbeschränkt Steuerpflichtige, die im Sinne des § 7 Abs. 2 **oder Abs. 6** an der Gesellschaft beteiligt sind, nachweisen, dass die Gesellschaft insoweit einer tatsächlichen wirtschaftlichen Tätigkeit in diesem Staat nachgeht. Weitere Voraussetzung ist, dass zwischen der Bundesrepublik Deutschland und diesem Staat auf Grund der **Amtshilferichtlinie gemäß § 2 Abs. 2 des EU-Amtshilfegesetzes** *[bisher: Richtlinie 77/799/EWG des Rates vom 19. 12. 1977 über die gegenseitige Amtshilfe zwischen den zuständigen Behörden der Mitgliedstaaten im Bereich der direkten Steuern und der Mehrwertsteuer (ABl. EG Nr. L 336 S. 15), die zuletzt durch die Richtlinie 2006/98/EWG des Rates vom 20. 11. 2006 (ABl. EU Nr. L 363 S. 129)]* geändert worden ist, in der jeweils geltenden Fassung,"oder einer vergleichbaren zwei- oder mehrseitigen Vereinbarung, Auskünfte erteilt werden, die erforderlich sind, um die Besteuerung durchzuführen. Satz 1 gilt nicht für die der Gesellschaft nach § 14 zuzurechnenden Einkünfte einer Untergesellschaft, die weder Sitz noch Geschäftsleitung in einem Mitgliedstaat der Europäischen Union oder einem Vertragsstaat des EWR-Abkommens hat. Das gilt auch für Zwischeneinkünfte, die einer Betriebsstätte der Gesellschaft außerhalb der Europäischen Union oder der Vertragsstaaten des EWR-Abkommens zuzurechnen sind. Der tatsächlichen wirtschaftlichen Tätigkeit der Gesellschaft sind nur Einkünfte der Gesellschaft zuzuordnen, die durch diese Tätigkeit erzielt werden und dies nur insoweit, als der Fremdvergleichsgrundsatz (§ 1) beachtet worden ist.

Anwendungsvorschriften:

►Art. 31 Abs. 3 AmtshilfeRLUmsG lautet:

(3) Die Art. 1, 2 Nr. 1 Buchst. d, Nr. 2, 10, 20, 21, 23, 39 Buchst. a, Nr. 41, Art. 3 Nr. 2, 4 Buchst. b, Art. 4 Nr. 1 Buchst. a, Nr. 4 Buchst. a, Art. 6 *[hier: Art. 6]*, **8 Nr. 2 und 3 Buchst. b, Art. 11 Nr. 12, Art. 21, 24 und 25 treten mit Wirkung vom 1. 1. 2013 in Kraft.**

►§ 21 Abs. 21 AStG i. d. F. des AmtshilfeRLUmsG (Art. 6 Nr. 6) lautet:

(21) ... [3]**§ 8 Abs. 2 i. d. F. des Artikels 6 des Gesetzes vom 26. 6. 2013 (BGBl I 2013, 1809) ist erstmals anzuwenden**

1. für die Einkommen- und Körperschaftsteuer für den Veranlagungszeitraum,

2. für die Gewerbesteuer für den Erhebungszeitraum,

für den Zwischeneinkünfte hinzuzurechnen sind, die in einem Wirtschaftsjahr der Zwischengesellschaft oder der Betriebsstätte entstanden sind, das nach dem 31.12.2012 beginnt.

Erläuterungen

(Dr. Alois Th. Nacke, Richter am FG)

Nach dem bestehenden § 8 Abs. 2 AStG unterbleibt die Hinzurechnungsbesteuerung, wenn nachgewiesen wird, dass die inländisch beherrschte ausländische Gesellschaft einer „ tatsächlichen wirtschaftlichen Tätigkeit" nachgeht und weitere Voraussetzungen erfüllt sind (Motivtest). Der Motivtest soll nach dem Entwurf auch für Gesellschaften zugelassen werden, die nicht inländisch beherrscht sind, aber Einkünfte mit Kapitalanlagecharakter erzielen (§ 7 Abs. 6 AStG). Die Änderung stellt eine europarechtliche Anpassung der Vorschrift dar (Ss. zu an sonst bestehenden europarechtlichen Konflikten EuGH v. 12.9.2006 – Rs. C-196/04, Cadbury Schweppes, BFH/NV 2007, Beil. 4, 365).

Zeitlicher Anwendungsbereich: Die Neuregelung ist auf **hinzurechnungspflichtige Einkünfte** anzuwenden, die in einem Wirtschaftsjahr der ausländischen Zwischengesellschaft oder der Betriebsstätte entstanden sind, dass **nach dem 31.12.2012** beginnt (§ 21 Abs. 21 Satz 3 AStG).

4. § 15 AStG

Steuerpflicht von Stiftern, Bezugsberechtigten und Anfallsberechtigten

(1) [1]Vermögen und Einkünfte einer Familienstiftung, die Geschäftsleitung und Sitz außerhalb des Geltungsbereichs dieses Gesetzes hat (ausländische Familienstiftung), werden dem Stifter, wenn er unbeschränkt steuerpflichtig ist, sonst den unbeschränkt steuerpflichtigen Personen, die bezugsberechtigt oder anfallsberechtigt sind, entsprechend ihrem Anteil zugerechnet. *[bisher: Vermögen und Einkommen einer Familienstiftung, die Geschäftsleitung und Sitz außerhalb des Geltungsbereichs dieses Gesetzes hat, werden dem Stifter, wenn er unbeschränkt steuerpflichtig ist, sonst den unbeschränkt steuerpflichtigen Personen, die bezugsberechtigt oder anfallsberechtigt sind, entsprechend ihrem Anteil zugerechnet.]* Dies gilt nicht für die Erbschaftsteuer.

. . .

(5) § 12 Abs. 1 und 2 ist entsprechend anzuwenden. Für Steuern auf die nach Abs. 11 befreiten Zuwendungen gilt § 12 Abs. 3 entsprechend. *[bisher: (5) Die §§ 5 und 12 sind entsprechend anzuwenden. Im Übrigen finden, soweit Abs. 1 anzuwenden ist, die Vorschriften des Vierten Teils dieses Gesetzes keine Anwendung.]*

(6) Hat eine Familienstiftung Geschäftsleitung oder Sitz in einem Mitgliedstaat der Europäischen Union oder einem Vertragsstaat des EWR-Abkommens, ist Abs. 1 nicht anzuwenden, wenn

1. nachgewiesen wird, dass das Stiftungsvermögen der Verfügungsmacht der in den Absätzen 2 und 3 genannten Personen rechtlich und tatsächlich entzogen ist und

2. zwischen der Bundesrepublik Deutschland und dem Staat, in dem die Familienstiftung Geschäftsleitung oder Sitz hat, auf Grund der **Amtshilferichtlinie gemäß § 2 Abs. 2 des EU-Amtshilfegesetzes** *[bisher: Richtlinie 77/799/EWG]* oder einer vergleichbaren zwei- oder mehrseitigen Vereinbarung, Auskünfte erteilt werden, die erforderlich sind, um die Besteuerung durchzuführen.

(7) Die Einkünfte der Stiftung nach Abs. 1 werden in entsprechender Anwendung der Vorschriften des Körperschaftsteuergesetzes und des Einkommensteuergesetzes ermittelt. Bei der Ermittlung der Einkünfte gilt § 10 Abs. 3 entsprechend. Ergibt sich ein negativer Betrag, entfällt die Zurechnung.

(8) Die nach Absatz 1 dem Stifter oder der bezugs- oder anfallsberechtigten Person zuzurechnenden Einkünfte gehören bei Personen, die ihre Einkünfte nicht nach dem Körperschaftsteuergesetz ermitteln, zu den Einkünften im Sinne des § 20 Abs. 1 Nr. 9 des Einkommensteuergesetzes. § 20 Abs. 8 des Einkommensteuergesetzes bleibt unberührt; § 3 Nr. 40 Satz 1 Buchst. d und § 32d des Einkommensteuergesetzes sind nur insoweit anzuwenden, als diese Vorschriften bei unmittelbarem Bezug der zuzurechnenden Einkünfte durch die Personen im Sinne des Absatzes 1 anzuwenden wären. Soweit es sich beim Stifter oder der bezugs- oder anfallsberechtigten Person um Personen handelt, die ihre Einkünfte nach dem Körperschaftsteuergesetz ermitteln, bleibt § 8 Abs. 2 des Körperschaftsteuergesetzes unberührt; § 8b Abs. 1 und 2 des Körperschaftsteuergesetzes ist nur insoweit anzuwenden, als diese Vorschrift bei unmittelbarem Bezug der zuzurechnenden Einkünfte durch die Personen im Sinne des Absatzes 1 anzuwenden wäre.

(9) Ist eine ausländische Familienstiftung oder eine andere ausländische Stiftung im Sinne des Absatzes 10 an einer Körperschaft, Personenvereinigung oder Vermögensmasse im Sinne des Körperschaftsteuergesetzes, die weder Geschäftsleitung noch Sitz im Geltungsbereich dieses Gesetzes hat und die nicht gemäß § 3 Abs. 1 des Körperschaftsteuergesetzes von der Körperschaftsteuerpflicht ausgenommen ist (ausländische Gesellschaft), beteiligt, so gehören die Einkünfte dieser Gesellschaft in entsprechender Anwendung der §§ 7 bis 14 mit dem Teil zu den Einkünften der Familienstiftung, der auf die Beteiligung der Stiftung am Nennkapital der Gesellschaft entfällt. Auf Gewinnausschüttungen der ausländischen Gesellschaft, denen nachweislich bereits nach Satz 1 zugerechnete Beträge zugrunde liegen, ist Abs. 1 nicht anzuwenden.

(10) Einer ausländischen Familienstiftung werden Vermögen und Einkünfte einer anderen ausländischen Stiftung, die nicht die Voraussetzungen des Absatzes 6 Satz 1 erfüllt, entsprechend ihrem Anteil zugerechnet, wenn sie allein oder zusammen mit den in den Absätzen 2 und 3 genannten Personen zu mehr als der Hälfte unmittelbar oder mittelbar bezugsberechtigt oder anfallsberechtigt ist. Auf Zuwendungen der ausländischen Stiftung, denen nachweislich bereits nach Satz 1 zugerechnete Beträge zugrunde liegen, ist Abs. 1 nicht anzuwenden.

(11) Zuwendungen der ausländischen Familienstiftung unterliegen bei Personen im Sinne des Absatzes 1 nicht der Besteuerung, soweit die den Zuwendungen zugrunde liegenden Einkünfte nachweislich bereits nach Abs. 1 zugerechnet worden sind.

[bisher: (7) Das nach Abs. 1 zuzurechnende Einkommen ist in entsprechender Anwendung der Vorschriften des deutschen Steuerrechts zu ermitteln. Ergibt sich ein negativer Betrag, entfällt die Zurechnung. § 10d des Einkommensteuergesetzes ist entsprechend anzuwenden.]

Anwendungsvorschriften:

▶Art. 31 Abs. 3 AmtshilfeRLUmsG lautet:

(3) Die Art. 1, 2 Nr. 1 Buchst. d, Nr. 2, 10, 20, 21, 23, 39 Buchst. a, Nr. 41, Art. 3 Nr. 2, 4 Buchst. b, Art. 4 Nr. 1 Buchst. a, Nr. 4 Buchst. a, Art. 6 [hier: Art. 6], 8 Nr. 2 und 3 Buchst. b, Art. 11 Nr. 12, Art. 21, 24 und 25 treten mit Wirkung vom 1. 1. 2013 in Kraft.

▶§ 21 Abs. 21 AStG i. d. F. des AmtshilfeRLUmsG (Art. 6 Nr. 6) lautet:

(21) ... [4]**§ 15 Abs. 1, 5 bis 11 sowie § 18 Abs. 4 sind i. d,. F. des Artikels 6 des Gesetzes vom 26. 6. 2013 (BGBl I 2013, 1809) für die Einkommen- und Körperschaftsteuer erstmals anzuwenden für den Veranlagungszeitraum 2013.**

Erläuterungen

(Dr. Alois Th. Nacke, Richter am FG)

Nachdem der BFH entschieden hat, dass sich nach dem Gesetzeswortlaut die Zurechnung auf das nach den Vorschriften für juristische Personen ermittelte Einkommen der Stiftung bezieht und nicht auf die darin enthaltenen Einkünfte (BFH v. 5. 11. 1992 - I R 39/92, BStBl II 1993, 388; v. 8. 4. 2009 - I B 223/08, BFH/NV 2009, 1437), wird vergleichbar zu § 10 AStG in Zukunft nicht das Einkommen, sondern die Einkünfte auf der Ebene der Stiftung gesondert festgestellt. Des Weiteren bleiben bei der Ermittlung der Einkünfte steuerliche Vergünstigungen oder Steuerbefreiungen unberücksichtigt, die sich allein aus der spezifischen Systematik der Besteuerung der Körperschaften ergeben (z. B. § 8b Abs. 1 und 2 KStG). Hiermit sollen Gestaltungen zur Umgehung der Hinzurechnungsbesteuerung verhindert werden.

Die Abs. 7 bis 11 des § 15 AStG enthalten weitere Änderungen für ausländische Familienstiftungen. Hierzu enthalten die Gesetzesmaterialien folgende Hinweise: „**Abs. 7**: Die nach Absatz 1 zurechnungspflichtigen Einkünfte der ausländischen Familienstiftung sind nach den Vorschriften des Körperschaftsteuergesetzes und des Einkommensteuergesetzes zu ermitteln (§ 8 Absatz 1 KStG). Die entsprechende Anwendung des § 10 Abs. 3 AStG bedeutet jedoch, dass bei der Ermittlung der Einkünfte bestimmte Steuerbefreiungen nicht anzuwenden sind, z. B. die Steuerbefreiungen nach § 8b Abs. 1 und 2 KStG. Satz 3 entspricht dem bisherigen Satz 2 in der Fassung des Gesetzes vom 19. 12. 2008, BGBl I 2008, 2794. **Abs. 8 – neu:** Nach Satz 1 gehören die zuzurechnenden Einkünfte zu den Einkünften aus Kapitalvermögen (§ 20 Abs. 1 Nr. 9 EStG i. d. F. des JStG 2010), soweit sie bei einer natürlichen Person als Zurechnungsverpflichtete nicht zu den Einkünften aus Land- und Forstwirtschaft, aus Gewerbebetrieb, selbständiger Arbeit oder aus Vermietung und Verpachtung gehören (§ 20 Abs. 8 EStG) oder soweit sie nicht als Einkünfte aus Gewerbebetrieb gelten, weil der Zurechnungsverpflichtete keine Körperschaft i. S. d. § 1 Abs. 1 Nr. 1 bis 3 KStG ist (§ 8 Abs. 2 KStG). Auf Seiten des Zurechnungsverpflichteten soll die Besteuerung der Einkünfte so erfolgen, wie sie bei unmittelbarem Bezug der Einkünfte durch den Stifter oder die Begünstigten erfolgen würde. Daher sind § 8b Abs. 1 und 2 KStG, § 3 Nr. 40 Satz 1 Buchst. d und § 32d EStG auf die Einkünfte der Stiftung für anwendbar erklärt, soweit sie anwendbar wären, wenn der unbeschränkt steuerpflichtige Stifter oder die Begünstigten die Einkünfte unmittelbar bezögen. **Abs. 9 – neu:** Durch den neuen Abs. 9 werden die Grundsätze der Hinzurechnungsbesteuerung nach den §§ 7 bis 14 AStG für § 15 AStG für anwendbar erklärt. Ist eine ausländische Familienstiftung an einer ausländischen Gesellschaft i. S. d. § 7 AStG beteiligt, sind der Stiftung die Einkünfte der Gesellschaft zuzurechnen, für die diese Gesellschaft nach § 8

AStG Zwischengesellschaft ist. Das gilt entsprechend für Gesellschaften, an denen die ausländische Gesellschaft unmittelbar oder mittelbar beteiligt ist. Durch diese Ergänzung soll die Möglichkeit der Umgehung der Vorschriften über die Hinzurechnungsbesteuerung durch Zwischenschaltung einer Stiftung ausgeschlossen werden. Werden Beträge, die einer Stiftung bereits nach Abs. 9 zugerechnet worden sind, von einer ausländischen Gesellschaft ausgeschüttet, sind sie von einer Zurechnung nach Abs. 1 ausgeschlossen, um eine doppelte Erfassung zu vermeiden. Vom Steuerpflichtigen wird verlangt, dass er nachweist, dass ausgeschüttete Beträge bereits nach Abs. 9 zugerechnet wurden, um die Zurechnung nach Abs. 1 zu vermeiden, denn dies kann die Finanzbehörde regelmäßig nicht eigenständig feststellen. Die Anwendung der Grundsätze der Hinzurechnungsbesteuerung gilt auch in Bezug auf andere ausländische Stiftungen i. S. d. Absatzes 10, die Beteiligungen an ausländischen Gesellschaften halten. **Abs. 10 – neu:** Ist eine ausländische Familienstiftung allein oder zusammen mit den Personen, die in den Absätzen 2 und 3 genannt sind, zu mehr als der Hälfte unmittelbar oder mittelbar Bezugs- oder Anfallsberechtigte einer anderen ausländischen Stiftung, sind deren Einkünfte der Familienstiftung zuzurechnen. Die Regelung soll verhindern, dass der Zweck des § 15 AStG nicht erreicht wird, weil Einkünfte in einer anderen ausländischen Stiftung anfallen. Die Zurechnung entfällt, wenn die andere Stiftung Geschäftsleitung oder Sitz in einem Mitgliedstaat der Europäischen Union oder einem Vertragsstaat des EWR-Abkommens hat und die weiteren Voraussetzungen des Absatzes 6 gegeben sind. Werden Beträge, die einer Familienstiftung bereits nach Abs. 10 zugerechnet worden sind, von einer ausländischen Stiftung zugewendet, sind sie von einer Zurechnung nach Abs. 1 ausgeschlossen, um eine doppelte Erfassung zu vermeiden. Vom Steuerpflichtigen wird verlangt, dass er nachweist, dass zugewendete Beträge bereits nach Abs. 10 zugerechnet wurden, um die Zurechnung nach Absatz 1 zu vermeiden, denn dies kann die Finanzbehörde regelmäßig nicht eigenständig feststellen. **Abs. 11 – neu:** Abs. 11 regelt, dass Zuwendungen einer ausländischen Stiftung an den unbeschränkt steuerpflichtigen Stifter oder die unbeschränkt steuerpflichtigen Bezugs- oder Anfallsberechtigten nicht der Besteuerung unterliegen, wenn die zugrunde liegenden Einkünfte bereits nach Abs. 1 zugerechnet worden sind. Dadurch soll eine doppelte Erfassung vermieden werden. Das entspricht schon der bisherigen Praxis nach Tz. 15.1.1 des Anwendungsschreibens zum AStG vom 14. 5. 2004 (BStBl I Sondernummer 1). Vom Steuerpflichtigen wird verlangt, dass er nachweist, dass die zugewendeten Beträge bereits nach Absatz 1 zugerechnet worden sind, denn dies kann die Finanzbehörde regelmäßig nicht eigenständig feststellen." (BR- Drucks. 302/12, 111 f.)

Zeitlicher Anwendungsbereich: Die Neuregelungen gelten für die Einkommensteuer und Körperschaftsteuer **ab VZ 2013** (§ 21 Abs. 21 Satz 4 AStG).

5. § 18 Abs. 4 AStG

Gesonderte Feststellung von Besteuerungsgrundlagen

...

(4) Die Absätze 1 bis 3 gelten für Einkünfte und Vermögen im Sinne des § 15 entsprechend. *[bisher: (4) Ist das Einkommen im Sinne des § 15 Abs. 1 mehreren Personen zuzurechnen, werden die Besteuerungsgrundlagen in entsprechender Anwendung der Absätze 1 bis 3 einheitlich und gesondert festgestellt.]*

Anwendungsvorschriften:

▶ Art. 31 Abs. 3 AmtshilfeRLUmsG lautet:

(3) Die Art. 1, 2 Nr. 1 Buchst. d, Nr. 2, 10, 20, 21, 23, 39 Buchst. a, Nr. 41, Art. 3 Nr. 2, 4 Buchst. b, Art. 4 Nr. 1 Buchst. a, Nr. 4 Buchst. a, Art. 6 *[hier: Art. 6]*, 8 Nr. 2 und 3 Buchst. b, Art. 11 Nr. 12, Art. 21, 24 und 25 treten mit Wirkung vom 1. 1. 2013 in Kraft.

▶ § 21 Abs. 21 AStG i. d. F. des AmtshilfeRLUmsG (Art. 6 Nr. 6) lautet:

(21) ... [4]§ 15 Abs. 1, 5 bis 11 sowie § 18 Abs. 4 sind i. d. F. des Artikels 6 des Gesetzes vom 26. 6. 2013 (BGBl I 2013, 1809) für die Einkommen- und Körperschaftsteuer erstmals anzuwenden für den Veranlagungszeitraum 2013.

Erläuterungen

(Dr. Alois Th. Nacke, Richter am FG)

„Absatz 4 sieht vor, dass die Besteuerungsgrundlagen für die Anwendung des § 5 AStG gesondert festzustellen sind, ebenso wie dies für die Anwendung der §§ 7 bis 14 AStG vorgeschrieben ist. Dadurch wird verhindert, dass für die jeweiligen Bezugs- oder Anfallsberechtigten unterschiedliche steuerliche Ergebnisse eintreten. In die gesonderte Feststellung sind außerdem die Gewinnausschüttungen im Sinne des Absatzes 9 Satz 2, Zuwendungen im Sinne des Absatzes 10 Satz 2 sowie tatsächliche Zuwendungen im Sinne des Absatzes 11 einzubeziehen." (BR-Drucks. 302/12, 111 f.) Mit der Gesetzesänderung werden nunmehr die Besteuerungsgrundlagen nicht nur bei Mehrheit von Personen (so die bisherige Regelung), sondern generell gesondert festgestellt.

Zeitlicher Anwendungsbereich: Die Neuregelungen gelten für die Einkommensteuer und Körperschaftsteuer **ab VZ 2013** (§ 21 Abs. 21 Satz 4 AStG).

V. Investmentsteuergesetz

1. § 11 InvStG

Steuerbefreiung und Außenprüfung

...

(2) [1]Die von den Kapitalerträgen des inländischen Investmentvermögens einbehaltene und abgeführte Kapitalertragsteuer wird dem Investmentvermögen unter Einschaltung der Depotbank erstattet, soweit nicht nach § 44a des Einkommensteuergesetzes vom Steuerabzug Abstand zu nehmen ist; dies gilt auch für den als Zuschlag zur Kapitalertragsteuer einbehaltenen und abgeführten Solidaritätszuschlag. [2]Bei Kapitalerträgen im Sinne des § 43 Abs. 1 Satz 1 Nr. 1 und 2 des Einkommensteuergesetzes wendet die Depotbank § 44b Abs. 6 des Einkommensteuergesetzes entsprechend an; bei den übrigen Kapitalerträgen außer Kapitalerträgen im Sinne des § 43 Abs. 1 Satz 1 Nr. 1a des Einkommensteuergesetzes erstattet das Finanzamt, an das die Kapitalertragsteuer abgeführt worden ist, die Kapitalertragsteuer und den Solidaritätszuschlag auf Antrag an die Depotbank. [3]Im Übrigen sind die Vorschriften des Einkommensteuergesetzes über die Abstandnahme vom Steuerabzug und über die Erstattung von Kapitalertragsteuer bei unbeschränkt einkommensteuerpflichtigen Gläubigern sinngemäß anzuwenden. [4]An die Stelle der

nach dem Einkommensteuergesetz erforderlichen [*bisher: in § 44b Abs. 1 Satz 2 des Einkommensteuergesetzes bezeichneten*] Nichtveranlagungs-Bescheinigung tritt eine Bescheinigung des für das Investmentvermögen zuständigen Finanzamts, in der bestätigt wird, dass ein Zweckvermögen oder eine Investmentaktiengesellschaft im Sinne des Absatzes 1 vorliegt.

...

Anwendungsvorschriften:

►Art. 31 Abs. 1 AmtshilfeRLUmsG lautet:

(1) Dieses Gesetz tritt vorbehaltlich der Absätze 2 bis 8 am Tag nach der Verkündung in Kraft.

► § 18 Abs. 21 Satz 3 InvStG lautet:

(21) ... § 11 Abs. 2 Satz 4 in der Fassung des Artikels 8 des Gesetzes vom 26. 6. 2013 (BGBl I 2013, 1809) ist erstmals anzuwenden auf Erträge aus Investmentanteilen, die dem Anleger nach dem 31. 12. 2012 zufließen oder als ihm zugeflossen gelten.

Erläuterungen

(Dr. Martin Haisch, Rechtsanwalt)

Änderung: Bei der Änderung in Satz 4 der Vorschrift handelt es ich um eine redaktionell Anpassung der Verweisung auf die Vorschriften des EStG im Bezug auf die NV-Bescheinigung. Die Verweisung wird als dynamische ausgestaltet.

Zeitliche Anwendung: Die Änderung ist erstmals auf Erträge **aus Investmentanteilen, die dem Anleger nach dem 31. 12. 2012 zufließen oder als ihm zugeflossen gelten**, anzuwenden, § 18 Abs. 21 Satz 3 InvStG.

2. § 17a InvStG

Auswirkungen der Verschmelzung von ausländischen Investmentvermögen und Teilen eines solchen Investmentvermögens auf ein anderes ausländisches Investmentvermögen oder Teile eines solchen Investmentvermögens

...

[2]Den Mitgliedstaaten der Europäischen Union stehen die Staaten gleich, auf die das Abkommen über den Europäischen Wirtschaftsraum anwendbar ist, sofern zwischen der Bundesrepublik Deutschland und dem anderen Staat auf Grund der **Amtshilferichtlinie gemäß § 2 Abs. 2 des EU-Amtshilfegesetzes** [*bisher: Richtlinie 77/799/EWG des Rates vom 19. 12. 1977 über die gegenseitige Amtshilfe zwischen den zuständigen Behörden der Mitgliedstaaten im Bereich der direkten Steuern und der Mehrwertsteuer (ABl. EG Nr. L 336 S. 15), die zuletzt durch die Richtlinie 2006/98/EWG des Rates vom 20. 11. 2006 (ABl. EU Nr. L 363 S. 129) geändert worden ist, in der jeweils geltenden Fassung*] oder einer vergleichbaren zwei- oder mehrseitigen Vereinbarung Auskünfte erteilt werden, die erforderlich sind, um die Besteuerung durchzuführen. [3]Die Bescheinigungen nach Satz 1 sind dem Bundeszentralamt für Steuern vorzulegen. [4]§ 5 Abs. 1 Satz 1 Nr. 5 gilt entsprechend. [5]Die Sätze 1 bis 4 sind entsprechend anzuwenden, wenn alle Vermögensgegenstände eines nach dem Investmentrecht des Sitzstaates abgegrenzten Teils eines Investmentvermögens übertragen werden oder ein solcher Teil eines Investmentvermögens alle Ver-

mögensgegenstände eines anderen Investmentvermögens oder eines nach dem Investmentrecht des Sitzstaates abgegrenzten Teils eines Investmentvermögens übernimmt. [6]§ 14 Abs. 7 Satz 2 und Abs. 8 gilt entsprechend; dies gilt bei § 14 Abs. 7 Satz 2 nicht für die Übertragung aller Vermögensgegenstände eines Sondervermögens auf ein anderes Sondervermögen.

Anwendungsvorschriften:

► Art. 31 Abs. 3 AmtshilfeRLUmsG lautet:

(3) Die Art. 1, 2 Nr. 1 Buchst. d, Nr. 2, 10, 20, 21, 23, 39 Buchst. a, Nr. 41, Art. 3 Nr. 2, 4 Buchst. b, Art. 4 Nr. 1 Buchst. a, Nr. 4 Buchst. a, Art. 6, 8 Nr. 2 und 3 Buchst. b *[hier: Art. 8 Nr. 2 u. 3 Buchst. b]*, **Art. 11 Nr. 12, Art. 21, 24 und 25 treten mit Wirkung vom 1. 1. 2013 in Kraft.**

► § 18 Abs. 23 InvStG lautet:

(23) § 17a Satz 2 i. d. F. des Artikels 8 des Gesetzes vom 26. 6. 2013 (BGBl I 2013, 1809) ist ab dem 1. 1. 2013 anzuwenden.

Erläuterungen

(Dr. Martin Haisch, Rechtsanwalt)

Änderung: Bei der Änderung in Satz 2 der Vorschrift handelt es ich um eine redaktionell notwendige Anpassung der Verweisung auf die Amtshilferichtlinie.

Zeitliche Anwendung: Die Änderung findet **ab dem 1. 1. 2013** Anwendung, § 18 Abs. 23 InvStG.

VI. Umwandlungssteuergesetz

1. § 2 Abs. 4 UmwStG

Steuerliche Rückwirkung

...

(4) [1]Der Ausgleich oder die Verrechnung eines Übertragungsgewinns mit verrechenbaren Verlusten, verbleibenden Verlustvorträgen, nicht ausgeglichenen negativen Einkünften, einem Zinsvortrag nach § 4h Abs. 1 Satz 5 des Einkommensteuergesetzes und einem EBITDA-Vortrag nach § 4h Abs. 1 Satz 3 des Einkommensteuergesetzes (Verlustnutzung) des übertragenden Rechtsträgers ist nur zulässig, wenn dem übertragenden Rechtsträger die Verlustnutzung auch ohne Anwendung der Absätze 1 und 2 möglich gewesen wäre. [2]Satz 1 gilt für negative Einkünfte des übertragenden Rechtsträgers im Rückwirkungszeitraum entsprechend. [3]**Der Ausgleich oder die Verrechnung von positiven Einkünften des übertragenden Rechtsträgers im Rückwirkungszeitraum mit verrechenbaren Verlusten, verbleibenden Verlustvorträgen, nicht ausgeglichenen negativen Einkünften und einem Zinsvortrag nach § 4h Abs. 1 Satz 5 des Einkommensteuergesetzes des übernehmenden Rechtsträgers ist nicht zulässig.** [4]**Ist übernehmender Rechtsträger eine Organgesellschaft, gilt Satz 3 auch für einen Ausgleich oder eine Verrechnung beim Organträger entsprechend.** [5]**Ist übernehmender Rechtsträger eine Personengesellschaft, gilt Satz 3 auch für einen Ausgleich oder eine Verrechnung bei den Gesellschaftern entsprechend.** [6]**Die Sätze 3 bis 5 gelten nicht, wenn übertragender Rechtsträger und übernehmender Rechtsträger vor Ablauf des steuerlichen Übertragungsstichtags verbundene Unternehmen im Sinne des § 271 Abs. 2 des Handelsgesetzbuches sind.**

Anwendungsvorschriften:

► Art. 31 Abs. 1 AmtshilfeRLUmsG lautet:

(1) Dieses Gesetz tritt vorbehaltlich der Absätze 2 bis 8 am Tag nach der Verkündung in Kraft.

► § 27 Abs. 12 i. d. F. des AmtshilfeRLUmsG (Art. 9 Nr. 3) lautet:

(12) [1]§ 2 Abs. 4 Satz 3 bis 6 i. d. F. des Artikels 9 des Gesetzes vom 26. 6. 2013 (BGBl I 2013, 1809) ist erstmals auf Umwandlungen und Einbringungen anzuwenden, bei denen die Anmeldung zur Eintragung in das für die Wirksamkeit des jeweiligen Vorgangs maßgebende Register nach dem 6. 6. 2013 erfolgt. [2]Für Einbringungen, deren Wirksamkeit keine Eintragung in ein öffentliches Register voraussetzt, ist § 20 i. d. F. des Artikels 9 des Gesetzes vom 26. 6. 2013 (BGBl I 2013, 1809) erstmals anzuwenden, wenn das wirtschaftliche Eigentum an den eingebrachten Wirtschaftsgütern nach dem 6. 6. 2013 übergegangen ist.

Erläuterungen

(Karsten Kusch, Dipl.-Finanzwirt (FH))

Im Rahmen von aggressiven Steuergestaltungen wurden komplexe Modelle gefahren, mit denen es ermöglicht werden sollte, Gewinne mit Verlustvorträgen fremder Unternehmen zu verrechnen. Im Rahmen dieser Modelle konnten Verlustunternehmen Ihre Verlustvorträge quasi gegen Entgelt zur Verfügung stellen (sog. „Monetarisierung von Verlusten").

Auch wenn die Finanzverwaltung diesen Modellen dem Vernehmen nach schon aufgrund missbräuchlicher Steuergestaltungen nach § 42 AO die Anerkennung versagt, hat der Gesetzgeber zur rechtlichen Absicherung reagiert und in § 2 Abs. 4 Sätze 3 bis 6 UmwStG die Verlustverrechnung von Gewinnen im Rückwirkungszeitraum mit Verlusten des übernehmenden Rechtsträgers ausgeschlossen.

Um zielgerichteter nur die missbräuchlich betriebenen Modelle zur „Monetarisierung von Verlusten" zu treffen, sind nach § 2 Abs. 4 Satz 6 UmwStG Umstrukturierungen innerhalb verbundener Unternehmen von den Beschränkungen ausgenommen. Diese können auch weiterhin in vollem Umfang Gewinne des übertragenden Rechtsträgers mit Verlusten des übernehmenden Rechtsträgers verrechnen.

Zeitlicher Anwendungsbereich: Die Neuregelung ist erstmals für Umwandlungen und Einbringungen, bei denen die Anmeldung zur Eintragung nach dem 6. 6. 2013 erfolgt ist, abzuwenden. Ist eine Eintragung in das Handelsregister nicht erforderlich, ist die Vorschrift erstmals für Einbringungen, bei denen das wirtschaftliche Eigentum nach dem 6. 6. 2013 übergegangen ist, anzuwenden.

VII. Umsatzsteuergesetz

1. § 3a UStG

Ort der sonstigen Leistung

(2) [1]Eine sonstige Leistung, die an einen Unternehmer für dessen Unternehmen ausgeführt wird, wird vorbehaltlich der Absätze 3 bis 8 und der §§ 3b, 3e und 3f an dem Ort ausgeführt, von dem aus der Empfänger sein Unternehmen betreibt. [2]Wird die sonstige Leistung an die Be-

triebsstätte eines Unternehmers ausgeführt, ist stattdessen der Ort der Betriebsstätte maßgebend. [3]Die Sätze 1 und 2 gelten entsprechend bei einer sonstigen Leistung an eine **ausschließlich** nicht unternehmerisch tätige juristische Person, der eine Umsatzsteuer-Identifikationsnummer erteilt worden ist, **und bei einer sonstigen Leistung an eine juristische Person, die sowohl unternehmerisch als auch nicht unternehmerisch tätig ist; dies gilt nicht für sonstige Leistungen, die ausschließlich für den privaten Bedarf des Personals oder eines Gesellschafters bestimmt sind.**

(3) Abweichend von den Absätzen 1 und 2 gilt:

...

2. Die kurzfristige Vermietung eines Beförderungsmittels wird an dem Ort ausgeführt, an dem dieses Beförderungsmittel dem Empfänger tatsächlich zur Verfügung gestellt wird. Als kurzfristig im Sinne des Satzes 1 gilt eine Vermietung über einen ununterbrochenen Zeitraum

   a) von nicht mehr als 90 Tagen bei Wasserfahrzeugen,

   b) von nicht mehr als 30 Tagen bei anderen Beförderungsmitteln.

Die Vermietung eines Beförderungsmittels, die nicht als kurzfristig im Sinne des Satzes 2 anzusehen ist, an einen Empfänger, der weder ein Unternehmer ist, für dessen Unternehmen die Leistung bezogen wird, noch eine nicht unternehmerisch tätige juristische Person, der eine Umsatzsteuer-Identifikationsnummer erteilt worden ist, wird an dem Ort erbracht, an dem der Empfänger seinen Wohnsitz oder Sitz hat. Handelt es sich bei dem Beförderungsmittel um ein Sportboot, wird abweichend von Satz 3 die Vermietungsleistung an dem Ort ausgeführt, an dem das Sportboot dem Empfänger tatsächlich zur Verfügung gestellt wird, wenn sich auch der Sitz, die Geschäftsleitung oder eine Betriebsstätte des Unternehmers, von wo aus diese Leistung tatsächlich erbracht wird, an diesem Ort befindet.

...

Anwendungsvorschriften:

▶Art. 31 Abs. 1 AmtshilfeRLUmsG lautet:

(1) Dieses Gesetz tritt vorbehaltlich der Absätze 2 bis 8 am Tag nach der Verkündung in Kraft.

Erläuterungen

(Horst G. Zaisch, Wirtschaftsprüfer und Steuerberater)

LITERATUR:

Paintner, Das Gesetz zur Umsetzung der Amtshilferichtlinie sowie zur Änderung steuerlicher Vorschriften im Überblick, DStR 2013, 1693; *Monfort*, MwSt-Paket: Feinschliff durch das Amtshilferichtlinie-Umsetzungsgesetz, DStR 2013, 2245; *Huschens*, Änderungen des UStG durch das Amtshilferichtlinien-Umsetzungsgesetz, NWB 2013, 2132.

Verwaltungsanweisungen:

BMF-Schreiben v. 12. 9. 2013, BStBl I 2013, 1176.

I. Grund und Inhalt der Gesetzesänderung

§ 3a Abs. 2 Satz 3: Bislang wurden Leistungen, die der Art nach grundsätzlich unter die Ortsregelung des § 3a Abs. 2 UStG fallen, und an den nicht unternehmerischen Bereich einer juristischen Person erbracht wurden, die sowohl unternehmerisch als auch nicht unternehmerisch tätig ist, an dem Ort besteuert, an dem der leistende Unternehmer seinen Sitz oder eine Betriebsstätte hat, von der aus der Umsatz tatsächlich erbracht wurde (§ 3a Abs. 1 UStG). Auf EU-Ebene konnte Übereinstimmung erzielt werden, dass sich bei Leistungen an juristische Personen, die sowohl unternehmerisch und darüber hinaus auch nicht unternehmerisch tätig sind, der Leistungsort insgesamt nach ihrem Sitz (§ 3a Abs. 2 Satz 1 UStG) richtet, soweit keine andere Ortsregelung vorgeht. Dies gilt sowohl beim Bezug für den unternehmerischen als auch für den nicht unternehmerischen Bereich. Etwas anderes gilt nur, wenn der Bezug ausschließlich für den privaten Bedarf des Personals oder eines Gesellschafters erfolgt; insoweit bestimmt sich der Leistungsort nach dem Sitz des leistenden Unternehmers (§ 3a Abs. 1 UStG). Deshalb wurde der bisherige Satz 3 entsprechend ergänzt.

§ 3a Abs. 3 Nr. 2 Satz 3 und 4: Die langfristige Vermietung eines Beförderungsmittels an Nichtunternehmer unterlag bislang der Umsatzbesteuerung am Sitz oder der Betriebsstätte des leistenden Unternehmers, wenn die Leistung von dieser tatsächlich erbracht wird (§ 3a Abs. 1 UStG). Durch die Neufassung von § 3a Abs. 3 Nr. 2 Satz 1 UStG wird dieser Leistungsort grundsätzlich an den Ort verlagert, an dem der Leistungsempfänger seinen Sitz oder seinen Wohnsitz hat, bei der langfristigen Vermietung von Sportbooten an den Ort, an dem das Boot dem Leistungsempfänger zur Verfügung gestellt wird und der leistende Unternehmer an diesem Ort auch seinen Sitz oder eine Betriebsstätte hat und die Vermietungsleistung dort erbringt. Dadurch soll insoweit eine Besteuerung am Verbrauchsort erreicht werden.

Zeitlicher Anwendungsbereich: Nach Art. 31 Abs. 1 AmtshilfeRLUmsG ist das Gesetz am Tag nach der Verkündung in Kraft getreten, das war der **30. 6. 2013**.

II. Kommentierung

Die Neuregelung zum Leistungsort von Dienstleistungen an juristische Personen führt zu einer **Vereinfachung** und auch zu einem unionsrechtlich systematisch richtigen Ergebnis. Das Empfängerortprinzip ist das geeignete Mittel die Verwirklichung des Binnenmarktes durch die Besteuerung von Dienstleistungen am Ort des tatsächlichen Verbrauchs zu erreichen.

Bei der **nicht kurzfristigen Vermietung von Beförderungsmitteln** an Nichtunternehmer handelt es sich um die dritte Stufe des MwSt-Pakets. Art. 4 der Richtlinie 2008/8/EG sieht die Erweiterung des Empfängerortsprinzips zum 1. 1. 2013 auf die nicht kurzfristige Vermietung von Beförderungsmitteln an Nichtunternehmer vor. Seit dem 1. 1. 2010 wird die kurzfristige Vermietung eines Beförderungsmittels sowohl an Unternehmer als auch an Nichtunternehmer nach § 3a Abs. 3 Nr. 2 Satz 1 UStG an dem Ort ausgeführt, an dem das Beförderungsmittel dem Empfänger tatsächlich zur Verfügung gestellt wird. § 3a Abs. 3 Nr. 2 Satz 2 UStG definiert als kurzfristig eine Vermietung über einen ununterbrochenen Zeitraum von nicht mehr als 90 Tagen bei Wasserfahrzeugen und von nicht mehr als 30 Tagen bei anderen Beförderungsmitteln. Hinsichtlich der nicht kurzfristigen Vermietung von Beförderungsmitteln ist seit dem 1. 1. 2010 zwischen Unternehmern und Nichtunternehmern zu unterscheiden. Gegenüber Unternehmern galt bereits das Empfängerortprinzip nach § 3a Abs. 2 UStG, während gegenüber Nichtunternehmern das Sitzortprinzip nach § 3a Abs. 1 UStG noch anwendbar war. Eine Ausnahme zum Empfängerortprinzip, die eine Abweichung vom bisher geltenden Sitzortprinzip darstellt, besteht nach § 3a Abs. 3 Nr. 2 Satz 4 UStG für die nicht kurzfristige Vermietung von Sportbooten (d. h. über einen ununterbrochenen Zeitraum von mehr als 90 Tagen).

Die Bundesrepublik Deutschland hat die **Umsetzungsfrist** für die neue Ortsvorschrift um **sechs Monate überschritten**. Für eine Besteuerung nach dem Empfängerortprinzip gem. § 3a Abs. 3 Nr. 2 Sätze 3 und 4 UStG für Leistungen zwischen dem 1. 1. und dem 29. 6. 2013, deren Ort sich nach Art. 56 Abs. 2 MwStSystRL in Deutschland befindet, entbehrt es einer gesetzlichen Grundlage. Eine Besteuerung nach dem Sitzortprinzip in dem Mitgliedstaat des Leistungserbringers entfällt auch, da nach Art. 56 Abs. 2 MwStSystRL die nicht kurzfristige Vermietung von Beförderungsmitteln an Nichtunternehmer seit dem 1. 1. 2013 im Mitgliedstaat des Leistungsempfängers zu besteuern ist. Die verspätete Umsetzung kann deshalb zu einer Nichtbesteuerung führen. Zu beachten ist, dass der Leistungserbringer die USt aber nach § 14c Abs. 1 UStG schuldet, wenn er sie in Rechnung gestellt hat.

2.　§ 4 Nr. 14, 16, 19, 20, 25 UStG

§ 4 Steuerbefreiungen bei Lieferungen und sonstigen Leistungen

Von den unter § 1 Abs. 1 Nr. 1 fallenden Umsätzen sind steuerfrei:

14. ...

　　c)　Leistungen nach den Buchstaben a und b, die von

　　　　aa)　Einrichtungen, mit denen Verträge zur hausarztzentrierten Versorgung nach § 73b des Fünften Buches Sozialgesetzbuch oder zur besonderen ambulanten ärztlichen Versorgung nach § 73c des Fünften Buches Sozialgesetzbuch bestehen, oder

　　　　bb)　Einrichtungen **nach § 140b Abs. 1 des Fünften Buches Sozialgesetzbuch, mit denen Verträge zur integrierten Versorgung nach § 140a des Fünften Buches Sozialgesetzbuch bestehen,**

erbracht werden. *[bisher: Leistungen nach den Buchst. a und b, die von Einrichtungen nach § 140b Abs. 1 des Fünften Buches Sozialgesetzbuch erbracht werden, mit denen Verträge zur integrierten Versorgung nach § 140a des Fünften Buches Sozialgesetzbuch bestehen];*

　　...

　　e)　die zur Verhütung von nosokomialen Infektionen und zur Vermeidung der Weiterverbreitung von Krankheitserregern, insbesondere solcher mit Resistenzen, erbrachten Leistungen eines Arztes oder einer Hygienefachkraft, an in den Buchstaben a, b und d genannte Einrichtungen, die diesen dazu dienen, ihre Heilbehandlungsleistungen ordnungsgemäß unter Beachtung der nach dem Infektionsschutzgesetz und den Rechtsverordnungen der Länder nach § 23 Abs. 8 des Infektionsschutzgesetzes bestehenden Verpflichtungen zu erbringen.

　　...

16. Die mit dem Betrieb von Einrichtungen zur Betreuung oder Pflege körperlich, geistig oder seelisch hilfsbedürftiger Personen eng verbundenen Leistungen, die von

　　...

i) Einrichtungen, mit denen ein Vertrag nach § 8 Abs. 3 des Gesetzes zur Errichtung der Sozialversicherung für Landwirtschaft, Forsten und Gartenbau über die Gewährung von häuslicher Krankenpflege oder Haushaltshilfe nach den §§ 10 und 11 des Zweiten Gesetzes über die Krankenversicherung der Landwirte, § 10 des Gesetzes über die Alterssicherung der Landwirte oder nach § 54 Abs. 2 des Siebten Buches Sozialgesetzbuch besteht, *[bisher: Einrichtungen, mit denen ein Vertrag nach § 16 des Zweiten Gesetzes über die Krankenversicherung der Landwirte, nach § 53 Abs. 2 Nr. 1 in Verbindung mit § 10 des Gesetzes über die Alterssicherung der Landwirte oder nach § 143e Abs. 4 Nr. 2 in Verbindung mit § 54 Abs. 2 des Siebten Buches Sozialgesetzbuch über die Gewährung von häuslicher Krankenpflege oder Haushaltshilfe, besteht,]*

...

k) Einrichtungen, die als Betreuer nach § 1896 Abs. 1 des BGB bestellt worden sind, sofern es sich nicht um Leistungen handelt, die nach § 1908 i Abs. 1 in Verbindung mit § 1835 Abs. 3 des BGB vergütet werden, oder

l) Einrichtungen, bei denen im vorangegangenen Kalenderjahr die Betreuungs- oder Pflegekosten in mindestens **25 Prozent** *[bisher: 40 Prozent]* der Fälle von den gesetzlichen Trägern der Sozialversicherung oder der Sozialhilfe oder der für die Durchführung der Kriegsopferversorgung zuständigen Versorgungsverwaltung einschließlich der Träger der Kriegsopferfürsorge ganz oder zum überwiegenden Teil vergütet worden sind,

erbracht werden.

...

19.

a) die Umsätze der Blinden, die nicht mehr als zwei Arbeitnehmer beschäftigen. Nicht als Arbeitnehmer gelten der Ehegatte, **der eingetragene Lebenspartner**, die minderjährigen Abkömmlinge, die Eltern des Blinden und die Lehrlinge. Die Blindheit ist nach den für die Besteuerung des Einkommens maßgebenden Vorschriften nachzuweisen. Die Steuerfreiheit gilt nicht für die Lieferungen von Energieerzeugnissen im Sinne des § 1 Abs. 2 und 3 des Energiesteuergesetzes und Branntweinen, wenn der Blinde für diese Erzeugnisse Energiesteuer oder Branntweinabgaben zu entrichten hat, und für Lieferungen im Sinne der Nr. 4a Satz 1 Buchst. a Satz 2,

...

20.

a) die Umsätze folgender Einrichtungen des Bundes, der Länder, der Gemeinden oder der Gemeindeverbände: Theater, Orchester, Kammermusikensembles, Chöre, Museen, botanische Gärten, zoologische Gärten, Tierparks, Archive, Büchereien sowie Denkmäler der Bau- und Gartenbaukunst. Das Gleiche gilt für die Umsätze gleichartiger Einrichtungen anderer Unternehmer, wenn die zuständige Landesbehörde bescheinigt, dass sie die gleichen kulturellen Aufgaben wie die in Satz 1 bezeichneten Einrichtungen erfüllen. **Steuerfrei sind auch die Umsätze von Bühnenregisseuren und Bühnenchoreographen an Einrichtungen im Sinne der Sätze 1 und 2, wenn die zuständige Landesbehörde bescheinigt, dass deren künstlerische Leistungen diesen Einrichtungen unmittelbar dienen.** Für die Erteilung der Bescheinigung gilt § 181 Abs. 1 und 5 der Abgabenordnung entsprechend. Museen im Sinne dieser Vorschrift sind wissenschaftliche Sammlungen und Kunstsammlungen.

...

25. ...

Steuerfrei sind auch

...

c) Leistungen, die von Einrichtungen erbracht werden, die als Vormünder nach § 1773 des BGB oder als Ergänzungspfleger nach § 1909 des BGB bestellt worden sind, sofern es sich nicht um Leistungen handelt, die nach § 1835 Abs. 3 des BGB vergütet werden.

Anwendungsvorschriften:

►Art. 31 Abs. 4 AmtshilfeRLUmsG lautet:

(4) Artikel 10 Nr. 3 Buchst. a, b Doppelbuchst. aa Dreifachbuchst. bbb bis ddd, Doppelbuchst. bb, Buchst. d und e und Nr. 4 tritt am 1. 7. 2013 in Kraft.

Erläuterungen

(Horst G. Zaisch, Wirtschaftsprüfer und Steuerberater)

LITERATUR:

Paintner, Das Gesetz zur Umsetzung der Amtshilferichtlinie sowie zur Änderung steuerlicher Vorschriften im Überblick, DStR 2013, 1693; *Pfefferle/Renz,* Umsatzsteuerbefreiung für private Pflegedienste, NWB 2014, 525; *Heinke,* Umsatzsteuerfreiheit für Berufsbetreuer, NWB 2013, 2456; *Pfefferle/Renz,* Berufsbetreuerleistungen – Ende einer never-ending-story, NWB 2013, 4119; *Koch,* Umsatzsteuerbefreiung für kulturelle Leistungen, NWB 2014, 60.

Verwaltungsanweisungen:

BMF-Schreiben v. 23. 10. 2013 zur Änderung des § 4 Nr. 16 Satz 1 Buchst. i UStG durch das Amtshilferichtlinie-Umsetzungsgesetz, BStBl I 2013, 1303; v. 8. 11. 2013 zur Änderung des § 4 Nr. 14 Buchst. c UStG durch das Amtshilferichtlinie-Umsetzungsgesetz, BStBl I 2013, 1389; v. 15. 11. 2013 zur Änderung des § 4 Nr. 16 Satz 1 Buchst. l UStG durch das Amtshilferichtlinie-Umsetzungsgesetz, BStBl I 2013, 1477; zur umsatzsteuerlichen Behandlung von Leistungen im Rahmen der rechtlichen Betreuung v. 22. 11. 2013, BStBl I 2013, 1590.

I. Grund und Inhalt der Gesetzesänderung

§ 4 Nr. 14: Buchst. c wird dahin gehend erweitert, dass künftig auch Leistungen i. S. d. Nr. 14 Buchst. a und b steuerbefreit sind, die von Einrichtungen erbracht werden, mit denen Verträge zur hausarztzentrierten Versorgung nach § 73b SGB V oder zur besonderen ambulanten ärztlichen Versorgung nach § 73c SGB V bestehen (Nr. 14 Buchst. c Doppelbuchst. aa). Nr. 14 Buchst. c Doppelbuchst. bb entspricht dem bisherigen Wortlaut der Nr. 14 Buchst. c.

Darüber hinaus wird Nr. 14 um einen neuen Buchst. e ergänzt. Diese Erweiterung des Steuerbefreiungstatbestandes betrifft infektionshygienische Leistungen. Anlass für die Ergänzung ist das

BFH-Urteil v. 18. 8. 2011 - V R 27/10 (BFH/NV 2011, 2214). In dem Urteilsfall hatte ein selbständig tätiger Facharzt für Mikrobiologie, Virologie und Infektionsepidemie mit dem Tätigkeitsschwerpunkt Krankenhaushygiene Beratungsleistungen an eine Laborpraxis erbracht. Nach Auffassung des BFH gehören zu den nach § 4 Nr 14 UStG steuerfreien Heilbehandlungsleistungen eines Arztes auch infektionshygienische Leistungen, die sicherstellen sollen, dass Ärzte und Krankenhäuser die für sie bestehenden Verpflichtungen nach dem IfSG im jeweiligen Einzelfall erfüllen. Diese BFH-Rspr. wird durch Nr. 14 Buchst. e gesetzlich umgesetzt.

§ 4 Nr. 16 Buchst. k und l: Diese Steuerbefreiung betrifft die mit dem Betrieb von Einrichtungen zur Betreuung und Pflege körperlich, geistig oder seelisch hilfsbedürftiger Personen eng verbundenen Leistungen. Es wird ein neuer Buchst. k eingefügt: Ab 1. 7. 2013 sind Leistungen, die von Einrichtungen erbracht werden, die als Betreuer nach § 1896 Abs. 1 BGB bestellt worden sind, steuerbefreit, sofern diese Leistungen nicht nach § 1908i Abs. 1 BGB i. V. m. § 1835 Abs. 3 BGB (Dienste des Betreuers, die zu seinem Gewerbe oder Beruf gehören) vergütet werden. Auch natürliche Personen können gem. Abschn. 4.21.2 Abs. 1 Satz 6 UStAE Einrichtungen i. S. d. UStG sein.

Die Steuerbefreiung nach dem bisherigen Buchst. k – jetzt Buchst. l – greift künftig bereits dann ein, wenn die Leistung von einer Einrichtung erbracht wird, bei der im vorausgegangenen Kalenderjahr die Betreuungs- oder Pflegekosten in **mindestens 25 %** der Fälle von den dort genannten Sozialversicherungs- und Sozialhilfeträgern ganz oder zum überwiegenden Teil vergütet worden sind. Bisher betrug der Mindestanteil 40 %.

§ 4 Nr. 19 Buchst. a: Steuerfrei sind Umsätze der Blinden, die nicht mehr als zwei Arbeitnehmer beschäftigen. Nicht als Arbeitnehmer galten bisher der Ehegatte, die minderjährigen Abkömmlinge, die Eltern des Blinden und die Lehrlinge. Die Vorschrift wurde dahingehend ergänzt, dass künftig auch ein eingetragener Lebenspartner i. S. d. § 1 Lebenspartnerschaftsgesetz nicht als Arbeitnehmer anzusehen ist.

Die Vorschrift ist am Tage nach der Verkündung des AmtshilfeRL-UmsG in Kraft getreten, somit am **30. 6. 2013**.

§ 4 Nr. 20 Buchst. a Satz 3: Ab 1. 7. 2013 sind auch die Umsätze von Bühnenregisseuren und Bühnenchoreographen an einer der in Nr. 20 Buchst. a Sätze 1 und 2 genannten Einrichtung steuerbefreit, wenn die zuständige Landesbehörde bescheinigt, dass deren künstlerische Leistungen diesen Einrichtungen unmittelbar dienen. Nach bisheriger Rechtslage bestand beispielsweise für die Inszenierung einer Oper durch einen selbständig tätigen Regisseur gegen Honorar keine Steuerbefreiung (BFH-Urteil v. 4. 5. 2011 - XI R 44/08, BFH/NV 2011, 1460).

§ 4 Nr. 25 Satz 3 Buchst. c: Die Steuerbefreiung betrifft bestimmte Leistungen der Jugendhilfe. Sie ist auf Leistungen ausgedehnt worden, die von Einrichtungen – dieser Begriff umfasst auch natürliche Personen – erbracht werden, die als Vormünder nach § 1773 BGB oder als Ergänzungspfleger nach § 1909 BGB bestellt worden sind, sofern diese Leistungen nicht nach § 1835 Abs. 3 BGB (Dienste des Vormunds, die zu seinem Gewerbe oder Beruf gehören) vergütet werden.

Zeitlicher Anwendungsbereich: Die Änderungen treten **am 1. 7. 2013** in Kraft (Art. 31 Abs. 4 AmtshilfeRLUmsG).

II. Kommentierung

Mit Schreiben v. 8.11.2013 (BStBl I 2013, 1389) hat die Finanzverwaltung die **Änderung des § 4 Nr. 14 Buchst. c UStG** in den UStAE eingearbeitet. Geändert wurden Abschn. 4.14.5 und 4.14.7, neu gefasst Abschn. 4.14.9. **Für vor dem 1.7.2013 erbrachte Umsätze** wird es von der Finanzverwaltung nicht beanstandet, wenn sie unter den Voraussetzungen des § 4 Nr. 14 Buchst. a und b UStG bzw. Art. 132 Abs. 1 Buchst. b und c MwStSystRL umsatzsteuerfrei behandelt werden.

Durch die **Änderungen des § 4 Nr. 16 UStG und des § 4 Nr. 25 Satz 3 Buchst. c UStG** sind insbesondere die Vereinsbetreuer, Betreuungsvereine sowie die Berufs- und Einzelbetreuer, die nach § 1896 Abs. 1 BGB bestellt worden sind, großflächig von der USt freigestellt. Für entsprechende **Betreuungsleistungen vor der Gesetzesänderung** kann sich eine zum Betreuer bestellte Einrichtung unmittelbar auf die Steuerfreiheit in Art. 132 Abs. 1 Buchst. g MwStSystRL berufen, sofern die Leistungen nicht bereits nach dem nationalen Recht steuerfrei sind. Die Steuerbefreiung nach § 4 Nr. 16 Satz 1 Buchst. i UStG ist nach dem BMF-Schreiben v. 23.10.2013 (BStBl I 2013, 1303) auf Antrag bereits auf Umsätze anwendbar, die aufgrund eines nach dem 31.12.2012 abgeschlossenen Vertrages nach § 8 Abs. 3 Satz 2 SVLFGG erbracht werden. Dadurch können USt-Erstattungen für Zeiträume vor der Gesetzesänderung beantragt werden solange diese nicht durch **Steuerausweis gem. § 14c UStG** verhindert werden. Es müsste dann zunächst eine Rechnungsberichtigung erfolgen. Zu beachten sind aber auch mögliche **Berichtigungen des Vorsteuerabzugs** bei langfristig genutztem Anlagevermögen und Fälle, bei denen wegen anderer steuerpflichtiger Umsätze die Kleinunternehmerregelung eingreift.

Die **Umsätze der Bühnenregisseure und -choreographen** an Einrichtungen i.S.d. § 4 Nr. 20 Buchst. a Satz 1 und 2 UStG sind gem. § 4 Nr. 20 Buchst. a Satz 3 UStG ab 1.7.2013 in die Steuerbefreiung einbezogen worden, wenn die zuständige Landesbehörde bescheinigt, dass deren künstlerische Leistungen diesen Einrichtungen unmittelbar dienen. Die Befreiung gilt ausdrücklich nur für die genannten Berufsgruppen und kann nicht auf andere Berufsgruppen ausgedehnt werden. **Die rechtshängigen Streitfälle** der jetzt begünstigten Berufsgruppen erledigen sich durch die Gesetzesänderung nicht, denn für Umsätze bis 30.6.2013 bleibt streitig, ob sie schon bisher eine Steuerbefreiung beanspruchen konnten. Von den zuständigen Landesbehörden werden Bescheinigungen erst ab 1.7.2013 ausgestellt. Zu beachten ist, dass die für die Steuerbefreiung nach § 4 Nr. 20 UStG erforderliche **Bescheinigung** der zuständigen Landesbehörde **auch im Nachhinein durch die Finanzverwaltung beantragt werden** kann. Dadurch können erhebliche Steuernachforderungen durch die rückwirkende Versagung des Vorsteuerabzuges entstehen. Andererseits kommt es zu keiner finanziellen Entlastung, weil der Unternehmer die ausgewiesene USt nach § 14c UStG schuldet oder bei Rechnungsberichtigung den USt-Betrag an den Leistungsempfänger zurückzahlen muss, denn dieser verliert den Vorsteuerabzug. Bestehen Zweifel, ob die Landesbehörde eine **Bescheinigung** ausstellen wird, empfiehlt es sich diese **frühzeitig anzufordern, um** dadurch hinsichtlich der Voraussetzungen für die Steuerbefreiung **Rechtssicherheit zu erlangen.**

3. § 8 Abs. 2 Nr. 1 UStG

§ 8 UStG

Umsätze für die Seeschifffahrt und für die Luftfahrt

(2) Umsätze für die Luftfahrt (§ 4 Nr. 2) sind:

1. die Lieferungen, Umbauten, Instandsetzungen, Wartungen, Vercharterungen und Vermietungen von Luftfahrzeugen, die zur Verwendung durch Unternehmer bestimmt sind, die im entgeltlichen Luftverkehr überwiegend grenzüberschreitende Beförderungen oder Beförderungen auf ausschließlich im Ausland gelegenen Strecken und nur in unbedeutendem Umfang nach § 4 Nr. 17 Buchst. b steuerfreie, auf das Inland beschränkte Beförderungen durchführen. *[bisher: die Lieferungen, Umbauten, Instandsetzungen, Wartungen, Vercharterungen und Vermietungen von Luftfahrzeugen, die zur Verwendung durch Unternehmer bestimmt sind, die im entgeltlichen Luftverkehr überwiegend grenzüberschreitende Beförderungen oder Beförderungen auf ausschließlich im Ausland gelegenen Strecken und keine nach § 4 Nr. 17 Buchst. b steuerfreien Beförderungen durchführen;]*

...

Anwendungsvorschriften:

►Art. 31 Abs. 4 AmtshilfeRLUmsG lautet:

(4) Artikel 10 Nr. 3 Buchst. a, b Doppelbuchst. aa Dreifachbuchst. bbb bis ddd, Doppelbuchst. bb, Buchst. d und e und Nr. 4 tritt am 1. 7. 2013 in Kraft.

Erläuterungen

(Horst G. Zaisch, Wirtschaftsprüfer und Steuerberater)

LITERATUR:

Paintner, Das Gesetz zur Umsetzung der Amtshilferichtlinie sowie zur Änderung steuerlicher Vorschriften im Überblick, DStR 2013, 1693.

Verwaltungsanweisungen:

BMF-Schreiben v. 13. 9. 2013, BStBl I 2013, 1179.

I. Grund und Inhalt der Gesetzesänderung

Der Anwendungsbereich der Steuerbefreiung für Umsätze an Unternehmer, die ausschließlich oder überwiegend internationalen Luftverkehr betreiben, wurde geändert. Die Steuerbefreiung nach § 8 Abs. 2 Nr. 1 UStG ist jetzt davon abhängig, dass der Unternehmer nur in unbedeutendem Umfang nach § 4 Nr. 17 Buchst. b UStG steuerfreie, auf das Inland beschränkte Beförderungen mit Luftfahrzeugen durchführt. Bisher waren die in § 8 Abs. 2 Nr. 1 UStG genannten Vorumsätze für die Luftfahrt nur dann steuerfrei, wenn sie zur Verwendung durch Unternehmen bestimmt waren, die im entgeltlichen Luftverkehr überwiegend grenzüberschreitende Beförderungen auf ausschließlich im Ausland gelegenen Strecken und keine nach § 4 Nr. 17 Buchst. b UStG steuerfreien Beförderungen von kranken und verletzten Personen mit einem hierfür besonders eingerichteten Fahrzeug durchführten. Durch die Änderung ab 1.7.2013 ist der Anwendungsbereich der Steuerbefreiung erweitert worden.

Zeitlicher Anwendungsbereich: Die Änderungen treten **am 1.7.2013** in Kraft (Art. 31 Abs. 4 AmtshilfeRLUmsG).

II. Kommentierung

Nach Abschn. 8.2 Abs. 2 UStAE i.d.F. des BMF-Schreibens v. 13.9.2013 (BStBl I 2013, 1179) führt der Unternehmer dann steuerfreie, auf das Inland beschränkte Beförderungen mit Luftfahrzeugen in unbedeutendem Umfang durch, wenn die Entgelte für diese Umsätze im vorangegangenen Kalenderjahr **nicht mehr als 1% der Entgelte** seiner im jeweiligen Zeitraum ausgeführten Personenbeförderungen im Binnenluftverkehr und im internationalen Luftverkehr betragen oder die Anzahl der Flüge, bei denen nach § 4 Nr. 17 Buchst. b UStG steuerfreie, auf das Inland beschränkte Beförderungen ausgeführt werden, im vorangegangenen Kalenderjahr **nicht mehr als 1% der Gesamtzahl** der ausgeführten Flüge des Unternehmers im Personenverkehr beträgt.

Bei Luftverkehrsunternehmen mit Sitz im Ausland ist davon auszugehen, dass sie nur in unbedeutendem Umfang nach § 4 Nr. 17 Buchst. b UStG steuerfreie, auf das Inland beschränkte Beförderungen durchführen (Abschn. 8.2 Abs. 3 Satz 5 UStAE).

4. § 12 Abs. 2 UStG

§ 12 UStG

Steuersätze

...

(2) Die Steuer ermäßigt sich auf 7 Prozent für die folgenden Umsätze:

1. die Lieferungen, die Einfuhr und der innergemeinschaftliche Erwerb der in Anlage 2 bezeichneten Gegenstände mit Ausnahme der in der Nr. 49 Buchst. f, den Nrn. 53 und 54 bezeichneten Gegenstände; *[bisher: die Lieferungen, die Einfuhr und den innergemeinschaftlichen Erwerb der in der Anlage 2 bezeichneten Gegenstände;]*

2. die Vermietung der in Anlage 2 bezeichneten Gegenstände mit Ausnahme der in der Nr. 49 Buchst. f, den Nrn. 53 und 54 bezeichneten Gegenstände; *[bisher: die Vermietung der in der Anlage 2 bezeichneten Gegenstände;]*

...

12. die Einfuhr der in Nr. 49 Buchst. f, den Nrn. 53 und 54 der Anlage 2 bezeichneten Gegenstände;

13. die Lieferungen und der innergemeinschaftliche Erwerb der in Nr. 53 der Anlage 2 bezeichneten Gegenstände, wenn die Lieferungen

    a) vom Urheber der Gegenstände oder dessen Rechtsnachfolger bewirkt werden oder

    b) von einem Unternehmer bewirkt werden, der kein Wiederverkäufer (§ 25a Abs. 1 Nr. 1 Satz 2) ist, und die Gegenstände aa) vom Unternehmer in das Gemeinschaftsgebiet eingeführt wurden,

    bb) von ihrem Urheber oder dessen Rechtsnachfolger an den Unternehmer geliefert wurden oder

    cc) den Unternehmer zum vollen Vorsteuerabzug berechtigt haben.

Anwendungsvorschriften:

▶ Art. 31 Abs. 7 AmtshilfeRLUmsG lautet:

(7) Artikel 10 Nr. 5 und 12, Art. 11 Nr. 4 und 5 sowie Art. 14 Nr. 2 Buchst. b treten am 1. 1. 2014 in Kraft.

Erläuterungen

(Horst G. Zaisch, Wirtschaftsprüfer und Steuerberater)

LITERATUR:

Paintner, Das Gesetz zur Umsetzung der Amtshilferichtlinie sowie zur Änderung steuerlicher Vorschriften im Überblick, DStR 2013, 1693.

I. Grund und Inhalt der Gesetzesänderung

Art. 103 der MwStSystRL gibt den Mitgliedstaaten die Möglichkeit, Umsätze mit bestimmten Kunstgegenständen und Sammlungsstücken (einschließlich Briefmarken) bei Vorliegen weiterer Voraussetzungen ermäßigt zu besteuern. Die bisher geltende Umsatzsteuerermäßigung nach § 12 Abs. 2 Nr. 1 und 2 i. V. m. den Nr. 49 Buchst. f, 53 und 54 der Anlage 2 zum UStG verstieß gegen die verbindlichen Vorgaben des Unionsrechts, indem sie uneingeschränkt auf sämtliche Umsätze und die Vermietung dieser Gegenstände anwendbar war. Diese Unionsrechtswidrigkeit betraf insbesondere den gewerblichen Kunsthandel sowie die Vermietung von Kunstgegenständen und Sammlungsstücken. Mit den Änderungen wird die im UStG enthaltene Steuerermäßigung für Kunstgegenstände und Sammlungsstücke auf das unionsrechtlich zulässige Maß beschränkt. Die Änderungen schließen insbesondere die Lieferungen von Sammlungsstücken sowie die Vermietung von Sammlungsstücken und Kunstgegenständen von der Anwendung des ermäßigten Umsatzsteuersatzes aus. Diese Umsätze unterliegen ab 1. 1. 2014 dem Regelsteuersatz.

§ 12 Abs. 2 Nr. 1: Lieferungen, die Einfuhr und der innergemeinschaftliche Erwerb von Kunstgegenständen und Sammlungsstücken sind aus dem Anwendungsbereich der Nr. 1 herausgenommen und gesondert in Nr. 12 und 13 geregelt worden.

§ 12 Abs. 2 Nr. 2: Die Vermietung von Kunstgegenständen und Sammlungsstücken unterliegt ab 1. 1. 2014 nicht mehr dem ermäßigten Steuersatz.

§ 12 Abs. 2 Nr. 12: Die Vorschrift regelt die Anwendung des ermäßigten Umsatzsteuersatzes auf die Einfuhr von Kunstgegenständen und Sammlungsstücken ab 1. 1. 2014. Der ermäßigte Steuersatz ist weiterhin anwendbar.

§ 12 Abs. 2 Nr. 13: Die Vorschrift regelt die Anwendung des ermäßigten Umsatzsteuersatzes auf die Lieferungen und innergemeinschaftlichen Erwerbe von Kunstgegenständen. Die Umsatzsteuerermäßigung ist auf die Lieferungen und innergemeinschaftlichen Erwerbe von Kunst-gegenständen anwendbar, wenn der Gegenstand vom Urheber selbst bzw. seinem Rechtsnach-folger oder – bei Vorliegen weiterer Voraussetzungen – von einem Unternehmer geliefert wird, der kein Wiedervekäufer ist. Im gewerblichen Kunsthandel (z. B. Galeristen und Kunsthändler) wird der ermäßigte Umsatzsteuersatz nicht mehr regelmäßig Anwendung finden.

Zeitlicher Anwendungsbereich: Die Änderungen treten **am 1. 1. 2014** in Kraft (Art. 31 Abs. 7 AmtshilfeRLUmsG).

II. Kommentierung

Für die Einfuhr der in Anlage 2 Nr. 49 Buchst. f (Briefmarken und dergleichen als Sammlungsstü-cke), Nr. 53 (Kunstgegenstände) und Nr. 54 (Sammlungsstücke) bezeichneten Gegenstände kann der ermäßigte Steuersatz weiterhin in Anspruch genommen werden. Dies steht in Einklang mit Art. 103 Abs. 1 MwStSystRL und ist ab 1. 1. 2014 in § 12 Nr. 12 UStG geregelt.

Die Lieferung und der innergemeinschaftliche Erwerb von Kunstgegenständen (Anlage 2 Nr. 53) sind künftig nur noch unter den Voraussetzungen des § 12 Abs. 2 Nr. 13 UStG steuerermäßigt. Nach Nr. 13 Buchst. a wird der ermäßigte Steuersatz dem Urheber der Gegenstände oder dessen Rechtsnachfolger gewährt. Ein anderer Unternehmer kann die Steuerermäßigung nur in An-spruch nehmen, wenn er kein Wiederverkäufer (§ 25a Abs. 1 Nr. 1 Satz 2 UStG) ist und die Ge-genstände entweder vom Unternehmer in das Gemeinschaftsgebiet eingeführt wurden, von ih-rem Urheber oder dessen Rechtsnachfolger an den Unternehmer geliefert wurden oder den Un-ternehmer zum vollen Vorsteuerabzug berechtigt haben. Für die Vermietung der in der Anlage 2 Nr. 49 Buchst. f, Nr. 53 und 54 genannten Gegenstände wird der ermäßigte Steuersatz ab 1. 1. 2014 nicht mehr gewährt.

5. § 13b UStG

Leistungsempfänger als Steuerschuldner

. . .

(2) Für folgende steuerpflichtige Umsätze entsteht die Steuer mit Ausstellung der Rechnung, spätestens jedoch mit Ablauf des der Ausführung der Leistung folgender Kalendermonats:

5. Lieferungen

a) der in § 3g Abs. 1 Satz 1 genannten Gegenstände eines im Ausland ansässigen Unterneh-mers unter den Bedingungen des § 3g und

b) **von Gas über das Erdgasnetz und von Elektrizität, die nicht unter Buchst. a fallen;** *[bisher: Lieferungen der in § 3g Abs. 1 Satz 1 genannten Gegenstände eines im Ausland ansässigen Unternehmers unter den Bedingungen des § 3g;]*

. . .

(5) In den in den Absätzen 1 und 2 Nr. 1 bis 3 genannten Fällen schuldet der Leistungsempfän-ger die Steuer, wenn er ein Unternehmer oder eine juristische Person ist; in den in Abs. 2 Nr. 5 Buchst. a, Nr. 6, 7, 9 und 10 genannten Fällen schuldet der Leistungsempfänger die Steuer, wenn er ein Unternehmer ist. In den in Abs. 2 Nr. 4 Satz 1 genannten Fällen schuldet der Leis-

tungsempfänger die Steuer, wenn er ein Unternehmer ist, der Leistungen im Sinne des Absatzes 2 Nr. 4 Satz 1 erbringt. Bei den in Abs. 2 Nr. 5 Buchst. b genannten Lieferungen von Erdgas schuldet der Leistungsempfänger die Steuer, wenn er ein Unternehmer ist, der Lieferungen von Erdgas erbringt. Bei den in Abs. 2 Nr. 5 Buchst. b genannten Lieferungen von Elektrizität schuldet der Leistungsempfänger in den Fällen die Steuer, in denen der liefernde Unternehmer und der Leistungsempfänger Wiederverkäufer von Elektrizität im Sinne des § 3g sind. In den in Abs. 2 Nr. 8 Satz 1 genannten Fällen schuldet der Leistungsempfänger die Steuer, wenn er ein Unternehmer ist, der Leistungen im Sinne des Absatzes 2 Nr. 8 Satz 1 erbringt. Die Sätze 1 bis 5 gelten auch, wenn die Leistung für den nichtunternehmerischen Bereich bezogen wird. Die Sätze 1 bis 6 gelten nicht, wenn bei dem Unternehmer, der die Umsätze ausführt, die Steuer nach § 19 Abs. 1 nicht erhoben wird. *[bisher: (5) In den in den Absätzen 1 und 2 Nr. 1 bis 3 genannten Fällen schuldet der Leistungsempfänger die Steuer, wenn er ein Unternehmer oder eine juristische Person ist; in den in Abs. 2 Nr. 5 bis 7 sowie 9 und 10 genannten Fällen schuldet der Leistungsempfänger die Steuer, wenn er ein Unternehmer ist. In den in Abs. 2 Nr. 4 Satz 1 genannten Fällen schuldet der Leistungsempfänger die Steuer, wenn er ein Unternehmer ist, der Leistungen im Sinne des Absatzes 2 Nr. 4 Satz 1 erbringt; in den in Abs. 2 Nr. 8 Satz 1 genannten Fällen schuldet der Leistungsempfänger die Steuer, wenn er ein Unternehmer ist, der Leistungen im Sinne des Absatzes 2 Nr. 8 Satz 1 erbringt. Die Sätze 1 und 2 gelten auch, wenn die Leistung für den nichtunternehmerischen Bereich bezogen wird. Die Sätze 1 bis 3 gelten nicht, wenn bei dem Unternehmer, der die Umsätze ausführt, die Steuer nach § 19 Abs. 1 nicht erhoben wird.]*

(6) Die Absätze 1 bis 5 finden keine Anwendung, wenn die Leistung des im Ausland ansässigen Unternehmers besteht

...

2. in einer Personenbeförderung, die mit einem **Fahrzeug im Sinne des § 1b Abs. 2 Satz 1 Nr. 1** *[bisher: Taxi]* durchgeführt worden ist,

...

(7) Ein im Ausland ansässiger Unternehmer im Sinne des Absatzes 2 Nr. 1 und 5 ist ein Unternehmer, der im Inland, auf der Insel Helgoland und in einem der in § 1 Abs. 3 bezeichneten Gebiete weder einen Wohnsitz, seinen gewöhnlichen Aufenthalt, seinen Sitz, seine Geschäftsleitung noch eine Betriebsstätte hat; dies gilt auch, wenn der Unternehmer ausschließlich einen Wohnsitz oder einen gewöhnlichen Aufenthaltsort im Inland, aber seinen Sitz, den Ort der Geschäftsleitung oder eine Betriebsstätte im Ausland hat. Ein im übrigen Gemeinschaftsgebiet ansässiger Unternehmer ist ein Unternehmer, der in den Gebieten der übrigen Mitgliedstaaten, der Europäischen Union, die nach dem Gemeinschaftsrecht als Inland dieser Mitgliedstaaten gelten, einen Wohnsitz, seinen gewöhnlichen Aufenthalt, seinen Sitz, seine Geschäftsleitung oder eine Betriebsstätte hat; dies gilt nicht, wenn der Unternehmer ausschließlich einen Wohnsitz oder einen gewöhnlichen Aufenthaltsort in den Gebieten der übrigen Mitgliedstaaten der Europäischen Union, die nach dem Gemeinschaftsrecht als Inland dieser Mitgliedstaaten gelten, aber seinen Sitz, den Ort der Geschäftsleitung oder eine Betriebsstätte im Drittlandsgebiet hat. Hat der Unternehmer im Inland eine Betriebsstätte und führt er einen Umsatz nach Abs. 1 oder Abs. 2 Nr. 1 oder Nr. 5 aus, gilt er hinsichtlich dieses Umsatzes als im Ausland oder im übrigen Gemeinschaftsgebiet ansässig, wenn die Betriebsstätte an diesem Umsatz nicht beteiligt ist. *[bisher: (7) [1]Ein im Ausland ansässiger Unternehmer im Sinne des Absatzes 2 Nr. 1 und 5 ist ein*

Unternehmer, der weder im Inland noch auf der Insel Helgoland oder in einem der in § 1 Abs. 3 bezeichneten Gebiete einen Wohnsitz, seinen Sitz, seine Geschäftsleitung oder eine Betriebsstätte hat; ein im übrigen Gemeinschaftsgebiet ansässiger Unternehmer ist ein Unternehmer, der in den Gebieten der übrigen Mitgliedstaaten der Europäischen Gemeinschaft, die nach dem Gemeinschaftsrecht als Inland dieser Mitgliedstaaten gelten, einen Wohnsitz, einen Sitz, eine Geschäftsleitung oder eine Betriebsstätte hat. [2]Hat der Unternehmer im Inland eine Betriebsstätte und führt er einen Umsatz nach Abs. 1 oder Abs. 2 Nr. 1 oder Nr. 5 aus, gilt er hinsichtlich dieses Umsatzes als im Ausland oder im übrigen Gemeinschaftsgebiet ansässig, wenn der Umsatz nicht von der Betriebsstätte ausgeführt wird.] Maßgebend ist der Zeitpunkt, in dem die Leistung ausgeführt wird. Ist zweifelhaft, ob der Unternehmer diese Voraussetzungen erfüllt, schuldet der Leistungsempfänger die Steuer nur dann nicht, wenn ihm der Unternehmer durch eine Bescheinigung des nach den abgabenrechtlichen Vorschriften für die Besteuerung seiner Umsätze zuständigen Finanzamts nachweist, dass er kein Unternehmer im Sinne des Satzes 1 ist.

Anwendungsvorschriften:

►Art. 31 Abs. 1 AmtshilfeRLUmsG lautet:

(1) Dieses Gesetz tritt vorbehaltlich der Absätze 2 bis 8 am Tag nach der Verkündung in Kraft.

►Art. 31 Abs. 5 AmtshilfeRLUmsG lautet:

(5) Artikel 10 Nr. 6 Buchst. a und b tritt in Kraft zu Beginn des zweiten Monats, der dem Tag der Veröffentlichung entweder des Durchführungsbeschlusses des Rates der Europäischen Union zur Ermächtigung der Bundesrepublik Deutschland oder der Änderung der Richtlinie 2006/112/EG, mit der diese Regelung unionsrechtlich abgesichert wird, je nach dem, was früher vorliegt, im Amtsblatt der Europäischen Union Reihe L folgt. Der Tag der entsprechenden Veröffentlichung ist vom Bundesministerium der Finanzen im Bundesgesetzblatt Teil II bekannt zu geben.

►Art. 31 Abs. 6 AmtshilfeRLUmsG lautet:

(6) Art. 10 Nr. 6 Buchst. c tritt am 1. 10. 2013 in Kraft.

Erläuterungen

(Horst G. Zaisch, Wirtschaftsprüfer und Steuerberater)

LITERATUR:

Paintner, Das Gesetz zur Umsetzung der Amtshilferichtlinie sowie zur Änderung steuerlicher Vorschriften im Überblick, DStR 2013, 1693; *Huschens*, Änderungen des UStG durch das Amtshilferichtlinien-Umsetzungsgesetz, NWB 2013, 2214; *Monfort*, Mehrwertsteuer-Paket: Feinschliff durch das Amtshilferichtlinien-Umsetzungsgesetz, DStR 2013, 2245.

Verwaltungsanweisungen:

BMF-Schreiben v. 26. 7. 2013 zum Inkrafttreten der Änderungen von § 13b Abs. 2 Nr. 5 und Abs. 5 UStG, BStBl I 2013, 1175 und BMF-Schreiben v. 19. 9. 2013 zum Begriff des ausländischen Unternehmers, BStBl I 2013, 1212.

I. Grund und Inhalt der Gesetzesänderung

§ 13b Abs. 2 Nr. 5 Buchst. b: Nach der bisherigen Regelung des § 13b Abs. 2 Nr. 5 UStG gilt die Steuerschuldnerschaft des Leistungsempfängers für Lieferungen von Gas über das Erdgasnetz, von Elektrizität sowie von Wärme und Kälte über ein Wärme- oder Kältenetz an einen anderen Unternehmer unter den Bedingungen des § 3g UStG. Voraussetzung ist, dass der liefernde Unternehmer im Ausland ansässig ist.

Diese Steuerschuldnerschaft des Leistungsempfängers wird erweitert auf die entsprechenden Lieferungen von Gas über das Erdgasnetz und von Elektrizität durch einen im Inland ansässigen Unternehmer an einen anderen Unternehmer, der selbst derartige Leistungen erbringt bzw. – bei Lieferung von Elektrizität – Wiederverkäufer i. S. v. § 3g UStG ist. Geregelt wurde dies in § 13b Abs. 2 Nr. 5 Buchst. b UStG. Die bisherige Regelung des § 13b Abs. 2 Nr. 5 UStG wurde zu Buchst. a.

Zweck der Erweiterung ist, Umsatzsteuerausfälle – insbesondere durch Umsatzsteuerbetrug – zu verhindern. Diese treten ein, weil bei den vorgenannten Umsätzen nicht sichergestellt werden kann, dass diese von den liefernden Unternehmern vollständig im allgemeinen Besteuerungsverfahren erfasst werden bzw. der Fiskus den Steueranspruch beim Liefernden realisieren kann: wird bei den vorgenannten Leistungen die Steuer dem Leistungsempfänger in Rechnung gestellt, kann dieser die in Rechnung gestellte Steuer als Vorsteuer abziehen, während der leistende Unternehmer die in Rechnung gestellte Steuer tatsächlich nicht an das FA abführt. Die FÄ konnten vielfach – in den meisten Fällen wegen Zahlungsunfähigkeit des liefernden Unternehmers – den Umsatzsteueranspruch nicht mehr durchsetzen. Dies wird bei einer Steuerschuldnerschaft des Leistungsempfängers vermieden.

Die Erweiterung der Steuerschuldnerschaft des Leistungsempfängers auf die Lieferung von Gas über das Erdgasnetz und von Elektrizität durch im Inland ansässige Unternehmer an Unternehmer, die selbst derartige Leistungen erbringen bzw. – bei Lieferung von Elektrizität – Wiederverkäufer i. S. v. § 3g UStG sind, bedurfte der unionsrechtlichen Absicherung. Diese wurde durch einen neuen Buchst. e in Art. 199a Abs. 1 der MwStSystRL geschaffen, der durch die RL 2013/43/EU des Rates v. 22. 7. 2013 eingefügt wurde (veröffentlicht im Amtsblatt der Europäischen Union L 201 v. 26. 7. 2013 S. 4). Dadurch ist die Neuregelung gem. Art. 31 Abs. 5 des AmtshilfeRLUmsG am 1. 9. 2013 in Kraft getreten.

§ 13b Abs. 5: § 13b Abs. 5 Satz 1 UStG ist unverändert. Der bisherige § 13b Abs. 5 Satz 2 1. Halbsatz UStG wurde neuer Satz 2 der Vorschrift. § 13b Abs. 5 Satz 3 und 4 UStG wurden neu aufgenommen. Nach § 13b Abs. 5 Satz 3 UStG – neu – ist bei Lieferungen von Gas über das Erdgasnetz durch im Inland ansässige Unternehmer an Unternehmer, die selbst derartige Leistungen erbringen, der Leistungsempfänger Steuerschuldner. Als Leistungsempfänger, die selbst Gas über das Erdgasnetz liefern, sind insbesondere die Unternehmer anzusehen, die eine Bestätigung des zuständigen Hauptzollamtes über eine Anmeldung nach § 38 Abs. 5 Energiesteuergesetz erhalten haben, nach der sie Erdgas im Inland liefern wollen.

Nach § 13b Abs. 5 Satz 4 UStG – neu – ist bei Lieferungen von Elektrizität durch im Inland ansässige Unternehmer an Unternehmer, die Wiederverkäufer i. S. v. § 3g UStG sind, der Leistungsempfänger Steuerschuldner. Als Wiederverkäufer von Elektrizität i. S. v. § 3g UStG sind Unternehmer anzusehen, deren Haupttätigkeit in Bezug auf den Erwerb von Elektrizität in dessen Lieferung besteht und deren eigener Verbrauch von Elektrizität von untergeordneter Bedeutung ist.

Die **Haupttätigkeit** des Unternehmers in Bezug auf den Erwerb von Elektrizität besteht dann in dessen Lieferung, wenn der Unternehmer **mehr als die Hälfte** der von ihm erworbenen Menge **weiterveräußert**. Der eigene **Elektrizitätsverbrauch** des Unternehmers ist dann **von untergeordneter Bedeutung**, wenn **nicht mehr als 5 %** der erworbenen Menge zu eigenen (unternehmerischen oder nicht unternehmerischen) Zwecken verwendet wird. Maßgeblich sind die Verhältnisse im vorangegangenen Kalenderjahr. Damit **fallen** insbesondere **Betreiber von Photovoltaikanlagen nicht unter die Regelung.**

Der bisherige § 13b Abs. 5 Satz 2 Halbsatz 2 UStG wurde neuer Satz 5 der Vorschrift. Die bisherigen Sätze 3 und 4 von § 13b Abs. 5 UStG wurden die neuen Sätze 6 und 7 der Vorschrift.

§ 13b Abs. 6 Nr. 2: Erbringt ein im Ausland ansässiger Unternehmer Personenbeförderungsleistungen mit Landfahrzeugen ist nach bisherigem Recht – mit Ausnahme der in § 13b Abs. 6 Nr. 1 und 2 UStG aufgeführten Leistungen – der Leistungsempfänger Steuerschuldner, wenn er ein Unternehmer oder eine juristische Person ist. Sinn und Zweck dieser Regelung ist in erster Linie, eine Vereinfachung des Steuerrechts zu erreichen. Dieses Ziel soll dadurch erreicht werden, dass sich der im Ausland ansässige leistende Unternehmer nicht für im Inland ausgeführte Umsätze steuerlich registrieren lassen muss. In der Vergangenheit hat diese Regelung jedoch zu nicht unerheblichen Anwendungsschwierigkeiten für die leistenden Unternehmer geführt, wenn die Fahrgäste sowohl Unternehmer als auch Privatpersonen waren. Daneben führte die Regelung ebenso in den Fällen, in denen auch der Leistungsempfänger im Ausland ansässig ist, zu Nachteilen. Jeder einzelne ausländische Leistungsempfänger muss sich für meist nur wenige Beförderungsleistungen umsatzsteuerrechtlich im Inland erfassen lassen und USt-VA bzw. USt-Erklärungen für das Kalenderjahr abgegeben. Dies hatte in der Praxis insgesamt zu nicht unerheblichen Anwendungsschwierigkeiten und zu einem erheblichen Mehraufwand geführt. Gleichzeitig wurden auch die für die ausländischen Unternehmer nach der Umsatzsteuerzuständigkeitsverordnung zuständigen zentralen FÄ mehr belastet.

Diese Mehrbelastung wird durch die neue Regelung vermieden. Die Personenbeförderung mit Fahrzeugen i. S. v. § 1b Abs. 2 Satz 1 Nr. 1 UStG wird nunmehr aus dem Anwendungsbereich der Steuerschuldnerschaft des Leistungsempfängers herausgenommen. Steuerschuldner wird der leistende Unternehmer. Nur dieser muss sich im Inland erfassen lassen.

§ 13b Abs. 7 Satz 1 bis 3: Der Begriff des im Ausland ansässigen Unternehmers wurde aus dem bisherigen § 13b Abs. 7 Satz 1 erster Halbsatz UStG inhaltlich in den neuen § 13b Abs. 7 Satz 1 UStG übernommen und an die EuGH-Rspr. angepasst (vgl. EuGH-Urteil v. 6. 10. 2011 Rs. C-421/10, DStR 2011, 1947). Danach ist ein Unternehmer auch dann im Ausland ansässig, wenn er dort den Sitz seiner wirtschaftlichen Tätigkeit, seine Geschäftsleitung oder eine feste Niederlassung und im Inland nur einen Wohnsitz hat. Hat der Unternehmer aber weder den Sitz der wirtschaftlichen Tätigkeit, noch die Geschäftsleitung oder eine Betriebsstätte im Ausland, von wo aus die Umsätze ausgeführt worden sind, im Inland aber einen Wohnsitz, ist er im Inland ansässig.

Der neue Satz 2 des § 13b Abs. 7 UStG übernimmt die Definition des im übrigen Gemeinschaftsgebiet ansässigen Unternehmers und wurde ebenfalls an die EuGH-Rspr. angepasst.

Außerdem wurde § 13b Abs. 7 Satz 2 UStG neuer Satz 3 der Vorschrift redaktionell an die Auslegung von Art. 192a der MwStSystRL durch Art. 53 der DVO (EU) Nr. 282/2011 des Rates v. 15. 11. 2011 (ABl. EU 2011 Nr. 1177 v. 23. 3. 2011 S. 1) angepasst.

Zeitlicher Anwendungsbereich: Art. 31 Abs. 5 i.V. m. der RL 2013/43/EU des Rates v. 22. 7. 2013, veröffentlicht am 26. 7. 2013 in ABl. L 201 v. 26. 7. 2013 S. 4; damit ist Art. 10 Nr. 6 Buchst. a und b des AmtshilfeRLUmsG (**Änderung von § 13b Abs. 2 Nr. 5 und Abs. 5 UStG**) am 1. 9. 2013 in Kraft getreten. Art. 10 Nr. 6 Buchst. c tritt **am 1. 10. 2013** in Kraft (**Änderung des § 13b Abs. 6 Nr. 2 UStG**). Nach Art. 31 Abs. 1 ist das AmtshilfeRLUmsG **am 30. 6. 2013** in Kraft getreten (**Änderung § 13b Abs. 7 Sätze 1 bis 3 UStG**).

II. Kommentierung

Die Umkehrung der Steuerschuld für Lieferungen von Gas, Elektrizität, Wärme oder Kälte auf Lieferungen inländischer Unternehmer ist eine Reaktion des Gesetzgebers auf die Pleitewelle bei inländischen Billiganbietern von Strom und Gas. Während in diesen Fällen der Strom- und Gasabnehmer die auf der Rechnung ausgewiesene Vorsteuer als Erstattungsanspruch gegenüber dem FA geltend machen kann, ist die Finanzverwaltung nicht in der Lage, die damit korrespondierenden USt-Verbindlichkeiten der insolventen Strom- und Gasversorger zu realisieren. Durch das Reverse-Charge-Verfahren kommt es zu keinen Steuerausfällen mehr, weil USt-Verbindlichkeit und Vorsteuererstattungsanspruch in der Person des Leistungsempfängers entstehen. Die Neuregelung beschränkt sich allerdings bei Erdgaslieferungen auf Leistungsempfänger, die selbst Erdgaslieferungen erbringen und bei Elektrizitätslieferungen auf Fälle, in denen der liefernde Unternehmer und der Leistungsempfänger Wiederverkäufer von Elektrizität sind. **Betreiber von Photovoltaikanlagen sind** damit von der Neuregelung **ausgenommen**, die Gefahr von Steuerausfällen ist bei ihnen aber auch gering.

Die bisherige Ausnahme von Reverse-Charge-Verfahren des § 13b Abs. 6 Nr. 2 UStG (ein im Ausland ansässiger Unternehmer erbringt Personenbeförderungsleistungen mit einem Taxi) wurde erweitert. Es reicht jetzt, dass die Personenbeförderung durch den im Ausland ansässigen Unternehmer mit irgendeinem Motor betriebenen Landfahrzeug mit mehr als 48 ccm Hubraum oder einer Leistung von mehr als 7,2 KW erbracht wird. Die Beschränkung der Ausnahmeregelung auf Personenbeförderungsleistungen mit einem Taxi wurde aufgegeben.

Nach der Rspr. des EuGH und des BFH ist ein Unternehmer bereits dann im Ausland ansässig, wenn er den Sitz seiner wirtschaftlichen Tätigkeit im Ausland hat. Nach Auffassung der Rspr. bietet diese Auslegung die größte Rechtssicherheit. Weist der Leistungsempfänger nach, dass der Dienstleistende den Sitz seiner wirtschaftlichen Tätigkeit im Ausland hat, dann werden ihm Nachforschungen über dessen privaten Wohnsitz erspart. Deshalb ist § 13b Abs. 7 Sätze 1 bis 3 UStG an diese nach der Rspr. ohnehin bestehende Rechtslage angepasst worden. Wenn der Unternehmer im Inland nur eine Betriebsstätte hat und einen Umsatz nach § 13b Abs. 1 oder Abs. 2 Nr. 1 oder 5 UStG ausführt, gilt der Unternehmer nach dem neuen § 13b Abs. 7 Satz 3 UStG bezüglich dieses Umsatzes als im Ausland oder im übrigen Gemeinschaftsgebiet ansässig, wenn die **inländische Betriebsstätte an diesen Umsatz nicht beteiligt** ist. Nach dem bisherigen Gesetzeswortlaut durfte der Umsatz **von der inländischen Betriebsstätte nicht ausgeführt** worden sein.

6. § 14 UStG

Ausstellung von Rechnungen

(4) Eine Rechnung muss folgende Angaben enthalten:

...

10. in den Fällen der Ausstellung der Rechnung durch den Leistungsempfänger oder durch einen von ihm beauftragten Dritten gemäß Abs. 2 Satz 2 die Angabe „Gutschrift".

...

(7) Führt der Unternehmer einen Umsatz im Inland aus, für den der Leistungsempfänger die Steuer nach § 13b schuldet, und hat der Unternehmer im Inland weder seinen Sitz noch seine Geschäftsleitung, eine Betriebsstätte, von der aus der Umsatz ausgeführt wird oder die an der Erbringung dieses Umsatzes beteiligt ist, oder in Ermangelung eines Sitzes seinen Wohnsitz oder gewöhnlichen Aufenthalt im Inland, so gelten abweichend von den Absätzen 1 bis 6 für die Rechnungserteilung die Vorschriften des Mitgliedstaats, in dem der Unternehmer seinen Sitz, seine Geschäftsleitung, eine Betriebsstätte, von der aus der Umsatz ausgeführt wird, oder in Ermangelung eines Sitzes seinen Wohnsitz oder gewöhnlichen Aufenthalt hat. Satz 1 gilt nicht, wenn eine Gutschrift gemäß Abs. 2 Satz 2 vereinbart worden ist.

Anwendungsvorschriften:

►Art. 31 Abs. 1 AmtshilfeRLUmsG lautet:

(1) Dieses Gesetz tritt vorbehaltlich der Absätze 2 bis 8 am Tag nach der Verkündung in Kraft.

Erläuterungen

(Horst G. Zaisch, Wirtschaftsprüfer und Steuerberater)

LITERATUR:

Paintner, Das Gesetz zur Umsetzung der Amtshilferichtlinie sowie zur Änderung steuerlicher Vorschriften im Überblick, DStR 2013, 1693; *Huschens,* Änderungen des UStG durch das Amtshilferichtlinien-Umsetzungsgesetz, NWB 2013, 2132; *Rathke/Ritter,* Kaufmännische Gutschrift vs. umsatzsteuerliche Gutschrift, NWB 2013, 2534; *Langer/Hammerl,* Rechnungspflichtangaben: Neues BMF-Schreiben relativiert Regelungen im Einzelnen, NWB 2013, 3674.

Verwaltungsanweisungen:

BMF-Schreiben v. 25. 10. 2013 zu Änderungen der §§ 14, 14a UStG durch das Amtshilferichtlinien-Umsetzungsgesetz, BStBl I 2013, 1305.

I. Grund und Inhalt der Gesetzesänderung

§ 14 Abs. 1 Satz 1 Nr. 10: Die Erweiterung des Katalogs der Rechnungsangaben nach § 14 Abs. 4 UStG beruht auf Art. 226 Nr. 10a MwStSystRL. Danach ist in der Rechnung anzugeben, wenn der Leistungsempfänger mit einer Gutschrift über die erhaltene Leistung abrechnet.

§ 14 Abs. 7: Durch § 14 Abs. 7 UStG wird Art. 219a Nr. 2 MwStSystRL umgesetzt.

Art. 219a Nr. 1 MwStSystRL regelt, dass sich das maßgeblich anzuwendende Recht für die Rechnungsstellung nach den Vorschriften des Mitgliedstaates richtet, in dem der Umsatz nach den Vorschriften der MwStSystRL ausgeführt wird. Diese Regelung entspricht bereits § 14 Abs. 2 Satz 1 UStG. Von diesem Grundsatz wird folgender Fall nach Art. 219a Nr. 2 Buchst. a MwStSystRL ausgenommen: Der Unternehmer ist nicht im Mitgliedstaat ansässig, in dem der Umsatz ausgeführt wird, aber in einem anderen Mitgliedstaat und die Mehrwertsteuer wird von dem Leistungsempfänger geschuldet. In diesem Fall unterliegt die Rechnungsstellung den Vorschriften des Mitgliedstaates, in dem der Unternehmer ansässig ist. Sofern kein Sitz oder feste Niederlassung vorhanden ist, gilt das Recht des Mitgliedstaates, in dem der Unternehmer seinen Wohnsitz oder gewöhnlichen Aufenthalt hat. Diese Rechtslage wird durch § 14 Abs. 7 UStG in nationales Recht umgesetzt.

Zeitlicher Anwendungsbereich: Nach Art. 31 Abs. 1 ist das Gesetz am Tag nach der Verkündung in Kraft getreten, das war der **30. 6. 2013**.

II. Kommentierung

Wird über eine umsatzsteuerliche Leistung vom Leistungsempfänger abgerechnet, hat das Abrechnungspapier zwingend den Begriff „Gutschrift" zu enthalten. Es handelt sich um eine Pflichtangabe deren Fehlen zur Folge hat, dass dem Leistungsempfänger kein Vorsteuerabzug zusteht.

Nach dem BMF-Schreiben v. 25. 10. 2013 (BStBl I 2013, 1305) muss der Begriff „Gutschrift" zwingend verwendet werden. Der identische Begriff in einer anderen Amtssprache ist aber auch ausreichend. Das BMF-Schreiben enthält deshalb eine Tabelle mit allen Sprachfassungen. Insbesondere der englische Begriff „Selfbilling" wird häufig verwendet, da zahlreiche Unternehmen mit Sitz in Deutschland ihre Rechnungen in englischer Sprache ausstellen.

Das BMF-Schreiben v. 25. 10. 2013 enthält eine **Übergangsregelung:** Danach wird es für Rechnungen, die **bis einschließlich 31. 12. 2013** ausgestellt werden, nicht beanstandet, wenn die Rechnungsangabe „Gutschrift" in dem Abrechnungspapier fehlt.

Wird zwischen zwei Unternehmen in einem Dokument sowohl über geleistete (Rechnung) als auch über erhaltene (Gutschrift) Umsätze abgerechnet, z. B. **bei Tauschumsätzen**, hat das Abrechnungspapier zwingend auch den Begriff „Gutschrift" zu enthalten. Dabei muss sich eindeutig ergeben, über welchen Umsatz als Leistender und über welchen als Leistungsempfänger abgerechnet wird. Zutreffend führt das BMF-Schreiben v. 25. 10. 2013 aus, dass eine Saldierung und Verrechnung der gegenseitigen Leistungen unzulässig ist. Aus dem Abrechnungspapier muss sich eindeutig ergeben, welcher Teil der Abrechnung die eigene Leistung des Abrechnenden und welcher Teil die von ihm empfangene Leistung betrifft, in dem der Begriff „Gutschrift" verwendet werden muss.

Klar gestellt wird in dem BMF-Schreiben v. 25. 10. 2013, dass die im allgemeinen Sprachgebrauch bezeichnete Stornierung oder Korrektur der ursprünglichen Rechnung als „Gutschrift" keine umsatzsteuerliche Gutschrift darstellt. Es ist eine sog. **kaufmännische Gutschrift** die **keine Steuerschuld nach § 14c UStG** auslöst.

7. § 14a UStG

Zusätzliche Pflichten bei der Ausstellung von Rechnungen in besonderen Fällen

(1) Hat der Unternehmer seinen Sitz, seine Geschäftsleitung, eine Betriebsstätte, von der aus der Umsatz ausgeführt wird, oder in Ermangelung eines Sitzes seinen Wohnsitz oder gewöhnlichen Aufenthalt im Inland und führt er einen Umsatz in einem anderen Mitgliedstaat aus, an dem eine Betriebsstätte in diesem Mitgliedstaat nicht beteiligt ist, so ist er zur Ausstellung einer Rechnung mit der Angabe „Steuerschuldnerschaft des Leistungsempfängers" verpflichtet, wenn die Steuer in dem anderen Mitgliedstaat von dem Leistungsempfänger geschuldet wird und keine Gutschrift gemäß § 14 Abs. 2 Satz 2 vereinbart worden ist. Führt der Unternehmer eine sonstige Leistung im Sinne des § 3a Abs. 2 in einem anderen Mitgliedstaat aus, so ist die Rechnung bis zum fünfzehnten Tag des Monats, der auf den Monat folgt, in dem der Umsatz ausgeführt worden ist, auszustellen. In dieser Rechnung sind die Umsatzsteuer-Identifikationsnummer des Unternehmers und die des Leistungsempfängers anzugeben. Wird eine Abrechnung durch Gutschrift gemäß § 14 Abs. 2 Satz 2 über eine sonstige Leistung im Sinne des § 3a Abs. 2 vereinbart, die im Inland ausgeführt wird und für die der Leistungsempfänger die Steuer nach § 13b Abs. 1 und 5 schuldet, sind die Sätze 2 und 3 und Abs. 5 Satz 1 und 3 entsprechend anzuwenden. *[bisher: (1) Führt der Unternehmer eine sonstige Leistung im Sinne des § 3a Abs. 2 im Inland aus und schuldet für diese Leistung der Leistungsempfänger die Steuer nach § 13b Abs. 1 und 5 Satz 1, ist er zur Ausstellung einer Rechnung verpflichtet, in der auch die Umsatzsteuer-Identifikationsnummer des Unternehmers und die des Leistungsempfängers anzugeben sind.]*

...

(3) Führt der Unternehmer eine innergemeinschaftliche Lieferung aus, ist er zur Ausstellung einer Rechnung bis zum fünfzehnten Tag des Monats, der auf den Monat folgt, in dem der Umsatz ausgeführt worden ist, verpflichtet. In der Rechnung sind auch die Umsatzsteuer-Identifikationsnummer des Unternehmers und die des Leistungsempfängers anzugeben. *[bisher: (3) ¹Führt der Unternehmer eine innergemeinschaftliche Lieferung aus, ist er zur Ausstellung einer Rechnung verpflichtet. ²Darin sind auch die Umsatzsteuer-Identifikationsnummer des Unternehmers und die des Leistungsempfängers anzugeben.]* Satz 1 gilt auch für Fahrzeuglieferer (§ 2a). Satz 2 gilt nicht in den Fällen der §§ 1b und 2a.

...

(5) Führt der Unternehmer eine Leistung im Sinne des § 13b Abs. 2 aus, für die der Leistungsempfänger nach § 13b Abs. 5 die Steuer schuldet, ist er zur Ausstellung einer Rechnung mit der Angabe „Steuerschuldnerschaft des Leistungsempfängers" verpflichtet; Abs. 1 bleibt unberührt. Die Vorschrift über den gesonderten Steuerausweis in einer Rechnung nach § 14 Abs. 4 Satz 1 Nr. 8 wird nicht angewendet. *[bisher: (5) Führt der Unternehmer eine Leistung im Sinne des § 13b Abs. 1 und 2 aus, für die der Leistungsempfänger nach § 13b Abs. 5 die Steuer schuldet, ist er zur Ausstellung einer Rechnung verpflichtet. In der Rechnung ist auch auf die Steuerschuldnerschaft des Leistungsempfängers hinzuweisen. Die Vorschrift über den gesonderten Steuerausweis in einer Rechnung (§ 14 Abs. 4 Satz 1 Nr. 8) findet keine Anwendung.]*

(6) In den Fällen der Besteuerung von Reiseleistungen nach § 25 hat die Rechnung die Angabe „Sonderregelung für Reisebüros" und in den Fällen der Differenzbesteuerung nach § 25a die Angabe „Gebrauchtgegenstände/Sonderregelung", „Kunstgegenstände/Sonderregelung" oder

„Sammlungsstücke und Antiquitäten/Sonderregelung" zu enthalten. *[bisher: (6) [1]In den Fällen der Besteuerung von Reiseleistungen (§ 25) und der Differenzbesteuerung (§ 25a) ist in der Rechnung auch auf die Anwendung dieser Sonderregelungen hinzuweisen.]* In den Fällen des § 25 Abs. 3 und des § 25a Abs. 3 und 4 findet die Vorschrift über den gesonderten Steuerausweis in einer Rechnung (§ 14 Abs. 4 Satz 1 Nr. 8) keine Anwendung.

. . .

Anwendungsvorschriften:

►Art. 31 Abs. 1 AmtshilfeRLUmsG lautet:

(1) Dieses Gesetz tritt vorbehaltlich der Absätze 2 bis 8 am Tag nach der Verkündung in Kraft.

Erläuterungen

(Horst G. Zaisch, Wirtschaftsprüfer und Steuerberater)

LITERATUR:

Paintner, Das Gesetz zur Umsetzung der Amtshilferichtlinie sowie zur Änderung steuerlicher Vorschriften im Überblick, DStR 2013, 1693; *Huschens,* Änderungen des UStG durch das Amtshilferichtlinien-Umsetzungsgesetz, NWB 2013, 2132; *Langer/Hammerl,* Rechnungspflichtangaben: Neues BMF-Schreiben relativiert Regelungen im Einzelnen, NWB 2013, 3674.

Verwaltungsanweisungen:

BMF-Schreiben v. 25. 10. 2013 zu Änderungen der § 14, 14a UStG durch das Amtshilferichtlinien-Umsetzungsgesetz, BStBl I 2013, 1305.

I. Grund und Inhalt der Gesetzesänderung

§ 14a Abs. 1: Die Neufassung des § 14a Abs. 1 UStG beruht auf Art. 219a Nr. 2 Buchst. a und Art. 222 MwStSystRL. Nach Art. 222 Unterabs. 1 MwStSystRL ist für innergemeinschaftliche Lieferungen (§ 6a UStG) und für im Inland steuerpflichtige Leistungen eines im übrigen Gemeinschaftsgebiet ansässigen Unternehmers (§ 13b Abs. 1 UStG) spätestens am 15. Tag des Monats, der auf dem Monat folgt, in dem der Steuertatbestand eingetreten ist, eine Rechnung auszustellen.

§ 14a Abs. 3 Satz 1: Die Änderung in § 14a Abs. 3 Satz 1 UStG setzt Art. 222 MwStSystRL um. § 14a Abs. 3 Satz 2 UStG wurde lediglich redaktionell geändert.

§ 14a Abs. 5: Die Neufassung des § 14a Abs. 5 UStG beruht auf Art. 219a Nr. 2 Buchst. a und Art. 226 Nr. 11a MwStSystRL. Nach Art. 226 Nr. 11a MwStSystRL muss die Rechnung im Fall der Steuerschuldnerschaft des Leistungsempfängers die Angabe „Steuerschuldnerschaft des Leistungsempfängers" enthalten.

§ 14a Abs. 6 Satz 1: Durch § 14a Abs. 6 Satz 1 UStG wird Art. 226 Nr. 13 und 14 MwStSystRL umgesetzt.

Nach Art. 226 Nr. 13 und 14 MwStSystRL muss die Rechnung in Fällen der Besteuerung von Reiseleistungen und der Differenzbesteuerung die Angabe „Sonderregelung für Reisebüros" bzw.

„Gebrauchtgegenstände/Sonderregelung", „Kunstgegenstände/Sonderregelung" oder „Sammlungsstücke und Antiquitäten/Sonderregelung" enthalten.

Zeitlicher Anwendungsbereich: Nach Art. 31 Abs. 1 ist das Gesetz am Tag nach der Verkündung in Kraft getreten, das war der **30. 6. 2013**.

II. Kommentierung

§ 14a Abs. 1 Satz 1 UStG betrifft den Fall, dass ein im Inland ansässiger Unternehmer einen Umsatz in einem anderen Mitgliedstaat ohne Beteiligung einer Betriebsstätte in diesem Mitgliedstaat ausführt, eine Steuerschuldnerschaft des Leistungsempfängers für diesen Umsatz besteht und nicht die Erteilung einer Gutschrift durch den Leistungsempfänger vereinbart ist. Aus dem UStG dieses Mitgliedstaats, der auch Art. 219a Nr. 2 Buchst. a MwStSystRL in nationales Recht umgesetzt hat, ergibt sich, dass auf die Rechnungsstellung deutsches Recht anzuwenden ist. Das deutsche Recht wiederum schreibt für diesen Fall nunmehr vor, dass der Unternehmer zur Ausstellung einer Rechnung mit der Angabe „Steuerschuldnerschaft des Leistungsempfängers" verpflichtet ist. § 14a Abs. 1 Satz 2 und 3 UStG schreibt vor, dass ein Unternehmer, der eine sonstige Leistung i. S. d. § 3a Abs. 2 UStG in einem anderen Mitgliedstaat ausführt, die Rechnung bis zum 15. Tag des Folgemonats unter Angabe seiner USt-IdNr. und der des Leistungsempfängers ausstellen muss. Dies gilt gem. § 14a Abs. 1 Satz 4 UStG entsprechend auch für eine Gutschrift i. S. d. § 14 Abs. 2 Satz 2 UStG, die für eine sonstige im Inland ausgeführte Leistung i. S. d. § 3a Abs. 2 UStG vereinbart ist, und für die der Leistungsempfänger die Steuer nach § 13b Abs. 1 und 5 UStG schuldet.

Mit § 14a Abs. 3 Satz 1 UStG wird für den Fall der innergemeinschaftlichen Lieferung die Rechnungsstellung bis zum 15. Tag des auf die Ausführung des Umsatzes folgenden Monats vorgeschrieben. Nach Satz 2 ist wie bisher die USt-IdNr. des Unternehmers und die des Leistungsempfängers anzugeben.

8. § 15 UStG

Vorsteuerabzug

(1) Der Unternehmer kann die folgenden Vorsteuerbeträge abziehen:

...

2. die entstandene Einfuhrumsatzsteuer für Gegenstände, die für sein Unternehmen nach § 1 Abs. 1 Nr. 4 eingeführt worden sind; *[bisher: die entrichtete Einfuhrumsatzsteuer für Gegenstände, die für sein Unternehmen nach § 1 Abs. 1 Nr. 4 eingeführt worden sind;]*

3. die Steuer für den innergemeinschaftlichen Erwerb von Gegenständen für sein Unternehmen, wenn der innergemeinschaftliche Erwerb nach § 3d Satz 1 im Inland bewirkt wird. *[bisher: die Steuer für den innergemeinschaftlichen Erwerb von Gegenständen für sein Unternehmen;]*

...

(3) Der Ausschluss vom Vorsteuerabzug nach Abs. 2 tritt nicht ein, wenn die Umsätze

1. in den Fällen des Absatzes 2 Satz 1 Nr. 1

   ...

   b) **nach § 4 Nr. 8 Buchst. a bis g, Nr. 10 oder Nr. 11 steuerfrei sind und sich unmittelbar auf Gegenstände beziehen, die in das Drittlandsgebiet ausgeführt werden;** *[bisher: nach § 4 Nr. 8 Buchst. a bis g oder Nr. 10 Buchst. a steuerfrei sind und sich unmittelbar auf Gegenstände beziehen, die in das Drittlandsgebiet ausgeführt werden;]*

2. in den Fällen des Absatzes 2 Satz 1 Nr. 2

   (b) **nach Nr. 8 Buchst. a bis g, Nr. 10 oder Nr. 11 steuerfrei wären und der** Leistungsempfänger im Drittlandsgebiet ansässig ist oder diese Umsätze sich unmittelbar auf Gegenstände beziehen, die in das Drittlandsgebiet ausgeführt werden. *[bisher: nach § 4 Nr. 8 Buchst. a bis g oder Nr. 10 Buchst. a steuerfrei wären und der Leistungsempfänger im Drittlandsgebiet ansässig ist.]*

Anwendungsvorschriften:

▶Art. 31 Abs. 1 AmtshilfeRLUmsG lautet:

(1) Dieses Gesetz tritt vorbehaltlich der Absätze 2 bis 8 am Tag nach der Verkündung in Kraft.

Erläuterungen

(Horst G. Zaisch, Wirtschafstprüfer und Steuerberater)

LITERATUR:

Paintner, Das Gesetz zur Umsetzung der Amtshilferichtlinie sowie zur Änderung steuerlicher Vorschriften im Überblick, DStR 2013, 1693; *Huschens*, Änderungen des UStG durch das Amtshilferichtlinien-Umsetzungsgesetz, NWB 2013, 2132.

Verwaltungsanweisungen:

BMF-Schreiben v. 15. 11. 2013 zu Änderungen des § 15 Abs. 1 Satz 1 Nr. 2, Nr. 3 und Abs. 3 UStG durch das Amtshilferichtlinien-Umsetzungsgesetz, BStBl I 2013, 1475.

I. Grund und Inhalt der Gesetzesänderung

§ 15 Abs. 1 Satz 1 Nr. 2: Die Änderung dient der Umsetzung des EuGH-Urteils v. 29. 3. 2012 Rs. C-414/10 (DStR 2012, 697). Der EuGH hatte entschieden, dass das Recht zum Vorsteuerabzug bei der Einfuhr von Gegenständen aus dem Drittlandsgebiet nicht davon abhängig gemacht werden kann, dass die Einfuhrumsatzsteuer bereits entrichtet worden ist. Dies gilt selbst dann, wenn der Steuerschuldner der Einfuhrumsatzsteuer und der zu ihrem Abzug Berechtigte ein und dieselbe Person ist. Deshalb wird durch das Amtshilferichtlinien-Umsetzungsgesetz in § 15 Abs. 1 Satz 1 Nr. 2 UStG die Voraussetzung „entrichtete Einfuhrumsatzsteuer" durch die Voraussetzung „entstandene Einfuhrumsatzsteuer" ersetzt.

Als Folgeänderung wurde § 16 Abs. 2 Satz 3 und 4 UStG gestrichen. Für diese Vereinfachungsregelung, wonach die Einfuhrumsatzsteuer in Fällen des Zahlungsaufschubs bereits im Zeitpunkt des Entstehens als Vorsteuer abgezogen werden kann, besteht ab 30. 6. 2013 kein Bedarf mehr. Eine EUSt-Schuld entsteht in sinngemäßer Anwendung der Vorschriften für Zölle mit der Zollschuld (§ 13 Abs. 2, § 21 Abs. 2 UStG i. V. m. Art. 201 ff. Zollkodex). Dies geschieht regelmäßig durch die ordnungsgemäße Überführung der angemeldeten Waren in den zoll- und steuerrechtlich freien Verkehr.

§ 15 Abs. 1 Satz 1 Nr. 3: Im Anschluss an die Rspr. des BFH (Urteil v. 1. 9. 2010 - V R 39/08, BStBl II 2011, 658; v. 8. 9. 2010 XI R 40/08, BStBl II 2011, 661) hat die Verwaltung schon bisher den Anwendungsbereich des § 15 Abs. 1 Nr. 3 UStG (Vorsteuerabzug im Falle des innergemeinschaftlichen Erwerbs) eingeschränkt. Nach Abschn. 15.10 Abs. 2 Satz 2 UStAE ist ein Vorsteuerabzug nach § 15 Abs. 1 Satz 1 Nr. 3 UStG für die Steuer ausgeschlossen, die der Erwerber schuldet, weil er gegenüber dem Lieferer eine ihm von einem anderen Mitgliedstaat als dem, in dem sich der erworbene Gegenstand am Ende der Beförderung oder Versendung befindet, erteilte USt-IdNr. verwendet und der innergemeinschaftliche Erwerb deshalb nach § 3d Satz 2 UStG im Gebiet dieses Mitgliedstaats als bewirkt gilt.

Diese Beschränkung des Vorsteuerabzugs wurde nun im Gesetzeswortlaut nachvollzogen. Demnach setzt der neu gefasste § 15 Abs. 1 Satz 1 Nr. 3 UStG für den Vorsteuerabzug voraus, dass der innergemeinschaftliche Erwerb nach § 3d Satz 1 UStG im Inland bewirkt wird.

§ 15 Abs. 3 Nr. 1 Buchst. b und Nr. 2 Buchst b: § 15 Abs. 3 UStG regelt den Ausschluss vom Ausschluss des Vorsteuerabzugs. Bisher griff das in § 15 Abs. 2 UStG geregelte Vorsteuerabzugsverbot u. a. dann nicht ein, wenn sich in Fällen steuerfreier Umsätze die Steuerfreiheit aus § 4 Nr. 8 Buchst. a bis g oder Nr. 10 Buchst. a UStG ergab und sich die Umsätze unmittelbar auf Gegenstände bezog, die in das Drittlandsgebiet ausgeführt wurden. Diese Regelung wurde nun erweitert auf Umsätze, die nach § 4 Nr. 10 Buchst. b UStG (Leistungen, die darin bestehen, dass anderen Personen Versicherungsschutz verschafft wird) und nach § 4 Nr. 11 UStG (Umsätze aus der Tätigkeit als Bausparkassenvertreter, Versicherungsvertreter und Versicherungsmakler) steuerfrei sind.

In gleicher Weise wurde auch § 15 Abs. 3 Nr. 2 Buchst. b UStG erweitert (betrifft Ausnahmen vom Vorsteuerabzugsverbot für Lieferungen und sonstige Leistungen, die der Erwerber für Umsätze im Ausland verwendet, die steuerfrei wären, wenn sie im Inland ausgeführt würden).

Zeitlicher Anwendungsbereich: Nach Art. 31 Abs. 1 ist das Gesetz am Tag nach der Verkündung in Kraft getreten, das war der **30. 6. 2013.**

II. Kommentierung

Die Neuregelung zum Abzug der Einfuhrumsatzsteuer in § 15 Abs. 1 Satz 1 Nr. 2 UStG gilt mit dem Inkrafttreten des Amtshilferichtlinien-Umsetzungsgesetzes ab 30. 6. 2013. Für vorhergehende Zeiträume kann der Unternehmer in offenen Fällen unter Berufung auf das EuGH-Urteil v. 29. 3. 2012 Rs. C-414/10 (BStBl II 2013, 941) den Abzug der entstandenen Einfuhrumsatzsteuer unmittelbar aus Art. 168 Buchst. e MwStSystRL geltend machen.

Das Gleiche gilt für die Erweiterung des Vorsteuerabzuges gem. § 15 Abs. 3 UStG um die Steuerbefreiungsvorschriften des § 4 Nr. 10 Buchst. b und Nr. 11 UStG. In offenen Fällen kann sich der Unternehmer unmittelbar auf Art. 169 Buchst. c MwStSystRL berufen (so auch BMF-Schreiben v. 15. 11. 2013, BStBl I 2013, 1475).

9. § 25a UStG

Differenzbesteuerung

(3) Der Umsatz wird nach dem Betrag bemessen, um den der Verkaufspreis den Einkaufspreis für den Gegenstand übersteigt; bei Lieferungen im Sinne des § 3 Abs. 1b und in den Fällen des § 10 Abs. 5 tritt an die Stelle des Verkaufspreises der wert nach § 10 Abs. 4 Satz 1 Nr. 1. **Lässt sich der Einkaufspreis eines Kunstgegenstandes (Nr. 53 der Anlage 2) nicht ermitteln oder ist der Einkaufspreis unbedeutend, wird der Betrag, nach dem sich der Umsatz bemisst, mit 30 Prozent des Verkaufspreises angesetzt.** Die Umsatzsteuer gehört nicht zur Bemessungsgrundlage. Im Fall des Absatzes 2 Satz 1 Nr. 1 gilt als Einkaufspreis der Wert im Sinne des § 11 Abs. 1 zuzüglich der Einfuhrumsatzsteuer. Im Fall des Absatzes 2 Satz 1 Nr. 2 schließt der Einkaufspreis die Umsatzsteuer des Lieferers ein.

Anwendungsvorschriften:

► Art. 31 Abs. 7 AmtshilfeRLUmsG lautet:

(7) Artikel 10 Nr. 5 und 12, Art. 11 Nr. 4 und 5 sowie Art. 14 Nr. 2 Buchst. b treten am 1. 1. 2014 in Kraft.

Erläuterungen

(Horst G. Zaisch, Wirtschaftsprüfer und Steuerberater)

LITERATUR:

Paintner, Das Gesetz zur Umsetzung der Amtshilferichtlinie sowie zur Änderung steuerlicher Vorschriften im Überblick, DStR 2013, 1693.

I. Grund und Inhalt der Gesetzesänderung

Die im Rahmen der Differenzbesteuerung anfallende USt wird grundsätzlich nach dem Betrag bemessen, um den der Verkaufspreis den Einkaufspreis eines Gegenstands übersteigt (§ 25a Abs. 3 Satz 1 UStG). Nach einer Protokollerklärung des Rates und der Kommission zur Richtlinie 94/5/EG des Rates v. 14. 2. 1994, mit der die unionsrechtlichen Grundlagen für die Anwendung der Differenzbesteuerung geschaffen wurden, können die Mitgliedstaaten in bestimmten Fällen vorsehen, dass die der Berechnung der USt zugrunde zu legende Differenz mindestens 30 % des Verkaufspreises beträgt (sog. „Pauschalmarge"). Zwingende Voraussetzung für die Anwendung der Pauschalmarge ist, dass sich der Einkaufspreis für den Kunstgegenstand nicht genau ermitteln lässt oder der Einkaufspreis unbedeutend ist. Mit der Änderung wurde von dieser Möglichkeit Gebrauch gemacht. Die Änderung soll somit Nachteile ausgleichen, die dem gewerblichen Kunsthandel durch den Wegfall des ermäßigten USt-Satzes auf die Lieferung von Kunstgegenständen entstehen. Eine Schwächung des Kunststandorts Deutschland soll hierdurch vermieden werden. Die Vorschrift entspricht einer in Frankreich geltenden Regelung.

Zeitlicher Anwendungsbereich: Die Änderungen treten am **1. 1. 2014** in Kraft.

II. Kommentierung

Für die Lieferung und den innergemeinschaftlichen Erwerb von Kunstgegenständen (Anlage 2 Nr. 53) gilt der ermäßigte Steuersatz von 7 % ab 1. 1. 2014 nur noch unter bestimmten Voraussetzungen (vgl. § 12 Abs. 2 Nr. 13 UStG). Deshalb wird die Differenzbesteuerung gem. § 25a UStG in Abs. 3 um einen Steuersubventionstatbestand erweitert, der unionsrechtlich zulässig ist.

10. Redaktionelle Änderungen des UStG in §§ 1, 4 Satz 1 Nr. 3, 5, 11, 18d, 26, 26b und 27a

Erläuterungen

(Horst G. Zaisch, Wirtschaftsprüfe und Steuerberater)

Das UStG ist in den o. g. Paragraphen geändert worden. Es handelt sich dabei um redaktionelle Anpassungen an den Vertrag von Lissabon und weitere redaktionelle Änderungen. Die materielle Rechtslage ist dadurch nicht verändert worden.

VIII. Abgabenordnung

1. § 30 Abs. 6 Satz 4 AO

Steuergeheimnis

…

(6) Der automatisierte Abruf von Daten, die für eines der in Abs. 2 Nr. 1 genannten Verfahren in einer Datei gespeichert sind, ist nur zulässig, soweit er der Durchführung eines Verfahrens im Sinne des Absatzes 2 Nr. 1 Buchst. a und b oder der zulässigen Weitergabe von Daten dient. Zur Wahrung des Steuergeheimnisses kann das Bundesministerium der Finanzen durch Rechtsverordnung mit Zustimmung des Bundesrates bestimmen, welche technischen und organisatorischen Maßnahmen gegen den unbefugten Abruf von Daten zu treffen sind. Insbesondere kann es nähere Regelungen treffen über die Art der Daten, deren Abruf zulässig ist, sowie über den Kreis der Amtsträger, die zum Abruf solcher Daten berechtigt sind. **Die Rechtsverordnung bedarf nicht der Zustimmung des Bundesrates, soweit sie die Kraftfahrzeugsteuer, die Luftverkehrsteuer, die Versicherungsteuer sowie Einfuhr- und Ausfuhrabgaben und Verbrauchsteuern, mit Ausnahme der Biersteuer, betrifft.**

Anwendungsvorschriften:

►Art. 31 Abs. 1 AmtshilfeRLUmsG lautet:

(1) Dieses Gesetz tritt vorbehaltlich der Absätze 2 bis 8 am Tag nach der Verkündung in Kraft.

Erläuterungen

(Dr. Alois Th. Nacke, Richter am FG)

„Die Gesetzesänderung erfolgt auf Grund des im Rahmen des Haushaltsbegleitgesetzes 2011 in Kraft getretenen Luftverkehrsteuergesetzes. Wie das Gesetz selbst bedarf auch eine Rechtsverordnung nicht der Zustimmung des Bundesrates. Die Ausnahme von der Zustimmungspflicht ist in der Verordnungsermächtigung festzulegen. Da die Verwaltungskompetenz für die Versicherungsteuer und die Verwaltungs- und Ertragskompetenz der Kraftfahrzeugsteuer zwischenzeitlich auf den Bund übergegangen sind, bedürfen Rechtsverordnungen insoweit gleichfalls nicht der Zustimmung des Bundesrates." (BR-Drucks. 302/12, 127)

Zeitlicher Anwendungsbereich: Die Neuregelung gilt **ab 30. 6. 2013** (Art. 31 Abs. 1 AmtshilfeRL-UmsG).

2. § 53 Nr. 2 AO

Mildtätige Zwecke

[1]Eine Körperschaft verfolgt mildtätige Zwecke, wenn ihre Tätigkeit darauf gerichtet ist, Personen selbstlos zu unterstützen,

1. die infolge ihres körperlichen, geistigen oder seelischen Zustands auf die Hilfe anderer angewiesen sind oder

2. deren Bezüge nicht höher sind als das Vierfache des Regelsatzes der Sozialhilfe im Sinne des § 28 des Zwölften Buches Sozialgesetzbuch; beim Alleinstehenden oder **Alleinerziehenden** *[bisher: Haushaltsvorstand]* tritt an die Stelle des Vierfachen das Fünffache des Regelsatzes. [2]Dies gilt nicht für Personen, deren Vermögen zur nachhaltigen Verbesserung ihres Unterhalts ausreicht und denen zugemutet werden kann, es dafür zu verwenden. [3]Bei Personen, deren wirtschaftliche Lage aus besonderen Gründen zu einer Notlage geworden ist, dürfen die Bezüge oder das Vermögen die genannten Grenzen übersteigen. [4]Bezüge im Sinne dieser Vorschrift sind

   a) Einkünfte im Sinne des § 2 Abs. 1 des Einkommensteuergesetzes und

   b) andere zur Bestreitung des Unterhalts bestimmte oder geeignete Bezüge,

aller Haushaltsangehörigen *[bisher: die der Alleinstehende oder der Haushaltsvorstand und die sonstigen Haushaltsangehörigen haben].* Zu berücksichtigen sind auch gezahlte und empfangene Unterhaltsleistungen. Die wirtschaftliche Hilfebedürftigkeit im vorstehenden Sinne ist bei Empfängern von Leistungen nach dem Zweiten oder Zwölften Buch Sozialgesetzbuch, des Wohngeldgesetzes, bei Empfängern von Leistungen nach § 27a des Bundesversorgungsgesetzes oder nach § 6a des Bundeskindergeldgesetzes als nachgewiesen anzusehen. Die Körperschaft kann den Nachweis mit Hilfe des jeweiligen Leistungsbescheids, der für den Unterstützungszeitraum maßgeblich ist, oder mit Hilfe der Bestätigung des Sozialleistungsträgers führen. Auf Antrag der Körperschaft kann auf einen Nachweis der wirtschaftlichen Hilfebedürftigkeit verzichtet werden, wenn auf Grund der besonderen Art der gewährten Unterstützungsleistung sichergestellt ist, dass nur wirtschaftlich hilfebedürftige Personen im vorstehenden Sinne unterstützt werden; für den Bescheid über den Nachweisverzicht gilt § 60a Abs. 3 bis 5 entsprechend.

Anwendungsvorschriften:

►Art. 31 Abs. 1 AmtshilfeRLUmsG lautet:

(1) Dieses Gesetz tritt vorbehaltlich der Absätze 2 bis 8 am Tag nach der Verkündung in Kraft.

► Art. 31 Abs. 7 AmtshilfeRLUmsG lautet:

(7) Art. 10 Nr. 5 und 12, Art. 11 Nr. 4 und 5 *[hier: Art. 11 Nr. 4]* **sowie Art. 14 Nr. 2 Buchst. b treten am 1. 1. 2014 in Kraft.**

Erläuterungen

(Dr. Alois Th. Nacke, Richter am FG)

„**§ 53 Nr. 2 Satz 1**: Durch das Gesetz zur Ermittlung von Regelbedarfen und zur Änderung des Zweiten und Zwölften Buches Sozialgesetzbuch vom 24. 3. 2011 wurde das bisherige System aus Eckregelsatz für einen Haushaltsvorstand und einem abgeleiteten Regelsatzanteil für Haushaltsangehörige durch die Regelbedarfsstufen nach der Anlage zu § 28 SGB XII ersetzt. Danach erhalten Alleinlebende und Alleinerziehende einen Regelsatz in Höhe der Regelbedarfsstufe 1. Führen zwei erwachsene Leistungsberechtigte als Ehegatten oder in eheähnlicher oder lebenspartnerschaftsähnlicher Gemeinschaft einen Haushalt, so erhalten beide einen Regelsatz in Höhe der Regelbedarfsstufe 2. Da § 53 Nr. 2 AO auf das Zwölfte Buch Sozialgesetzbuch verweist und den Haushaltsvorstand ausdrücklich nennt, ist der Gesetzestext anzupassen und der Verweis auf den Haushaltsvorstand zu streichen. **§ 53 Nr. 2 Satz 4:** Auch hier ist der Begriff des Haushaltsvorstandes zu streichen und die Gesetzesformulierung anzupassen. Maßgeblich für die Beurteilung der wirtschaftlichen Hilfebedürftigkeit sind die Bezüge aller Haushaltsangehörigen." (BR-Drucks. 302/12, 128)

Zeitlicher Anwendungsbereich: Die Neuregelung gilt **ab 1. 1. 2014** (Art. 31 Abs. 7 AmtshilfeRL-UmsG).

3. § 68 Nr. 5 AO

Einzelne Zweckbetriebe

Zweckbetriebe sind auch:

...

1. **Einrichtungen über Tag und Nacht (Heimerziehung) oder sonstige betreute Wohnformen,**
   [bisher: Einrichtungen der Fürsorgeerziehung und der freiwilligen Erziehungshilfe,]

...

Anwendungsvorschriften:

►Art. 31 Abs. 1 AmtshilfeRLUmsG lautet:

(1) Dieses Gesetz tritt vorbehaltlich der Absätze 2 bis 8 am Tag nach der Verkündung in Kraft.

► Art. 31 Abs. 7 AmtshilfeRLUmsG lautet:

(7) Art. 10 Nr. 5 und 12, Art. 11 Nr. 4 und 5 *[hier: Art. 11 Nr. 5]* **sowie Art. 14 Nr. 2 Buchst. b treten am 1. 1. 2014 in Kraft.**

Erläuterungen

(Dr. Alois Th. Nacke, Richter am FG)

„Durch Einführung des Sozialgesetzbuch (SGB) - Achtes Buch (VIII) - Kinder- und Jugendhilfe - (Art. 1 des Gesetzes vom 26. 6. 1990, BGBl I 1990, 1163), das das Gesetz für Jugendwohlfahrt ersetzte, änderten sich die Bezeichnungen in der Kinder- und Jugendhilfe. Die Begrifflichkeiten „Einrichtungen der Erziehungshilfe" und „freiwillige Erziehungshilfe" wurden von der Formulierung „Einrichtungen über Tag und Nacht (Heimerziehung) oder sonstigen betreuten Wohnformen" abgelöst. Da im Zweckbetriebskatalog des § 68 Nr. 5 AO auf Einrichtungen nach dem Gesetz für Jugendwohlfahrt verwiesen wird, ist dieser Verweis an die Begrifflichkeiten des SGB VIII anzupassen." (BR-Drucks. 302/12, 128)

Zeitlicher Anwendungsbereich: Die Neuregelung gilt **ab 1.1.2014** (Art. 31 Abs. 7 AmtshilfeRL-UmsG).

4. § 87a AO

Elektronische Kommunikation

(5) Ist ein elektronisches Dokument Gegenstand eines Beweises, wird der Beweis durch Vorlegung oder Übermittlung der Datei angetreten; befindet diese sich nicht im Besitz des Steuerpflichtigen oder der Finanzbehörde, gilt § 97 *[bisher: Abs. 1 und 3]* entsprechend. Der Anschein der Echtheit eines mit einer qualifizierten elektronischen Signatur nach dem Signaturgesetz übermittelten Dokuments, der sich auf Grund der Prüfung nach dem Signaturgesetz ergibt, kann nur durch Tatsachen erschüttert werden, die ernstliche Zweifel daran begründen, dass das Dokument mit dem Willen des Signaturschlüssel-Inhabers übermittelt worden ist.

(6) ¹Das Bundesministerium der Finanzen kann im Benehmen mit dem Bundesministerium des Innern durch Rechtsverordnung mit Zustimmung des Bundesrates für die Fälle der Absätze 3 und 4 neben der qualifizierten elektronischen Signatur auch ein anderes sicheres Verfahren zulassen, das den Datenübermittler (Absender der Daten) authentifiziert und die Integrität des elektronisch übermittelten Datensatzes gewährleistet. ²Zur Authentifizierung des Datenübermittlers kann auch der elektronische Identitätsnachweis des Personalausweises genutzt werden; die dazu erforderlichen Daten dürfen zusammen mit den übrigen übermittelten Daten gespeichert und verwendet werden. ³**Die Rechtsverordnung nach Satz 1 bedarf nicht der Zustimmung des Bundesrates, soweit sie die Kraftfahrzeugsteuer, die Luftverkehrsteuer, die Versicherungsteuer oder Verbrauchsteuern, mit Ausnahme der Biersteuer, betrifft.** *[bisher: Einer Zustimmung des Bundesrates bedarf es nicht, soweit Kraftfahrzeugsteuer, Versicherungsteuer und Verbrauchsteuern mit Ausnahme der Biersteuer betroffen sind.]*

Anwendungsvorschriften:

►Art 31 Abs. 1 AmtshilfeRLUmsG lautet:

(1) Dieses Gesetz tritt vorbehaltlich der Absätze 2 bis 8 am Tag nach der Verkündung in Kraft.

Erläuterungen

(Dr. Alois Th. Nacke, Richter am FG)

„**§ 87a Abs. 5 Satz 1:** Es handelt sich um eine redaktionelle Folgeänderung zur Änderung des § 97 AO. **§ 87a Abs. 6 Satz 3:** Vgl. Begründung zur Änderung von § 30 Abs. 6 Satz 4 AO." (BR-Drucks. 302/12, 129)

Zeitlicher Anwendungsbereich: Die Neuregelung gilt **ab 30.6.2013** (Art. 31 Abs. 1 AmtshilfeRL-UmsG).

5. § 88 Abs. 3 Satz 2 AO

Untersuchungsgrundsatz

...

(3) Zur Sicherstellung einer gleichmäßigen und gesetzmäßigen Festsetzung und Erhebung der Steuern kann das Bundesministerium der Finanzen durch Rechtsverordnung mit Zustimmung des Bundesrates Anforderungen an Art und Umfang der Ermittlungen bei Einsatz automatischer Einrichtungen bestimmen. **Einer Zustimmung des Bundesrates bedarf es nicht, soweit die Kraftfahrzeugsteuer, die Luftverkehrsteuer, die Versicherungsteuer oder Verbrauchsteuern, mit Ausnahme der Biersteuer, betroffen sind.** *[bisher: Einer Zustimmung des Bundesrates bedarf es nicht, soweit Verbrauchsteuern mit Ausnahme der Biersteuer betroffen sind.]*

Anwendungsvorschriften:

►Art. 31 Abs. 1 AmtshilfeRLUmsG lautet:

(1) Dieses Gesetz tritt vorbehaltlich der Absätze 2 bis 8 am Tag nach der Verkündung in Kraft.

Erläuterungen

(Dr. Alois Th. Nacke, Richter am FG)

„Vgl. Begründung zur Änderung von § 30 Abs. 6 Satz 4 AO." (BR-Drucks. 302/12, 129)

Zeitlicher Anwendungsbereich: Die Neuregelung gilt **ab 30. 6. 2013** (Art. 31 Abs. 1 AmtshilfeRLUmsG).

6. § 89 Abs. 2 AO

Beratung, Auskunft

...

(2) Die Finanzämter und das Bundeszentralamt für Steuern können auf Antrag verbindliche Auskünfte über die steuerliche Beurteilung von genau bestimmten, noch nicht verwirklichten Sachverhalten erteilen, wenn daran im Hinblick auf die erheblichen steuerlichen Auswirkungen ein besonderes Interesse besteht. Zuständig für die Erteilung einer verbindlichen Auskunft ist die Finanzbehörde, die bei Verwirklichung des dem Antrag zugrunde liegenden Sachverhalts örtlich zuständig sein würde. Bei Antragstellern, für die im Zeitpunkt der Antragstellung nach den §§ 18 bis 21 keine Finanzbehörde zuständig ist, ist auf dem Gebiet der Steuern, die von den Landesfinanzbehörden im Auftrag des Bundes verwaltet werden, abweichend von Satz 2 das Bundeszentralamt für Steuern zuständig; in diesem Fall bindet die verbindliche Auskunft auch die Finanzbehörde, die bei der Verwirklichung des der Auskunft zugrunde liegenden Sachverhalts zuständig ist. Das Bundesministerium der Finanzen wird ermächtigt, mit Zustimmung des Bundesrates durch Rechtsverordnung nähere Bestimmungen zu Form, Inhalt und Voraussetzungen des Antrages auf Erteilung einer verbindlichen Auskunft und zur Reichweite der Bindungswirkung zu treffen. **Die Rechtsverordnung bedarf nicht der Zustimmung des Bundesrates, soweit sie die Versicherungsteuer betrifft.**

...

Anwendungsvorschriften:

▶Art. 31 Abs. 1 AmtshilfeRLUmsG lautet:

(1) Dieses Gesetz tritt vorbehaltlich der Absätze 2 bis 8 am Tag nach der Verkündung in Kraft.

Erläuterungen

(Dr. Alois Th. Nacke, Richter am FG)

„Nachdem die Verwaltung der Versicherungsteuer auf den Bund übergegangen ist, bedarf die Rechtsverordnung nach § 89 Abs. 2 Satz 4 AO nach dem neuen Satz 5 künftig nicht mehr der Zustimmung des Bundesrates, soweit sie Versicherungsteuer betrifft." (BR-Drucks. 302/12, 129)

Zeitlicher Anwendungsbereich: Die Neuregelung gilt **ab 30. 6. 2013** (Art. 31 Abs. 1 AmtshilfeRL-UmsG).

7. § 90 Abs. 3 Satz 7 AO

. . .

(3) [1]Bei Sachverhalten, die Vorgänge mit Auslandsbezug betreffen, hat ein Steuerpflichtiger über die Art und den Inhalt seiner Geschäftsbeziehungen mit nahe stehenden Personen im Sinne des § 1 Abs. 2 des Außensteuergesetzes Aufzeichnungen zu erstellen. [2]Die Aufzeichnungspflicht umfasst auch die wirtschaftlichen und rechtlichen Grundlagen für eine den Grundsatz des Fremdvergleichs beachtende Vereinbarung von Preisen und anderen Geschäftsbedingungen mit den Nahestehenden. [3]Bei außergewöhnlichen Geschäftsvorfällen sind die Aufzeichnungen zeitnah zu erstellen. [4]Die Aufzeichnungspflichten gelten entsprechend für Steuerpflichtige, die für die inländische Besteuerung Gewinne zwischen ihrem inländischen Unternehmen und dessen ausländischer Betriebsstätte aufzuteilen oder den Gewinn der inländischen Betriebsstätte ihres ausländischen Unternehmens zu ermitteln haben. [5]Um eine einheitliche Rechtsanwendung sicherzustellen, wird das Bundesministerium der Finanzen ermächtigt, mit Zustimmung des Bundesrates durch Rechtsverordnung Art, Inhalt und Umfang der zu erstellenden Aufzeichnungen zu bestimmen. [6]Die Finanzbehörde soll die Vorlage von Aufzeichnungen in der Regel nur für die Durchführung einer Außenprüfung verlangen. [7]**Die Vorlage richtet sich nach § 97.** *[bisher: Die Vorlage richtet sich nach § 97 mit der Maßgabe, dass Absatz 2 dieser Vorschrift keine Anwendung findet.]* Sie hat jeweils auf Anforderung innerhalb einer Frist von 60 Tagen zu erfolgen. [8]Soweit Aufzeichnungen über außergewöhnliche Geschäftsvorfälle vorzulegen sind, beträgt die Frist 30 Tage. In begründeten Einzelfällen kann die Vorlagefrist verlängert werden.

Anwendungsvorschriften:

▶Art. 31 Abs. 1 AmtshilfeRLUmsG lautet:

(1) Dieses Gesetz tritt vorbehaltlich der Absätze 2 bis 8 am Tag nach der Verkündung in Kraft.

Erläuterungen

(Dr. Alois Th. Nacke, Richter am FG)

Es handelt sich um eine redaktionelle Anpassung an § 97 AO.

Zeitlicher Anwendungsbereich: Die Neuregelung gilt **ab 30.6.2013** (Art. 31 Abs. 1 AmtshilfeRL-UmsG).

8. § 97 AO

Vorlage von Urkunden

(1) Die Beteiligten und andere Personen haben der Finanzbehörde auf Verlangen Bücher, Aufzeichnungen, Geschäftspapiere und andere Urkunden zur Einsicht und Prüfung vorzulegen. Im Vorlageverlangen ist anzugeben, ob die Urkunden für die Besteuerung des zur Vorlage Aufgeforderten oder für die Besteuerung anderer Personen benötigt werden. § 93 Abs. 1 Satz 2 und 3 gilt entsprechend. *[bisher: (1) Die Finanzbehörde kann von den Beteiligten und anderen Personen die Vorlage von Büchern, Aufzeichnungen, Geschäftspapieren und anderen Urkunden zur Einsicht und Prüfung verlangen. Dabei ist anzugeben, ob die Urkunden für die Besteuerung des zur Vorlage Aufgeforderten oder für die Besteuerung anderer Personen benötigt werden. § 93 Abs. 1 Satz 2 gilt entsprechend.]*

[aufgehoben: (2) Die Vorlage von Büchern, Aufzeichnungen, Geschäftspapieren und anderen Urkunden soll in der Regel erst dann verlangt werden, wenn der Vorlagepflichtige eine Auskunft nicht erteilt hat, wenn die Auskunft unzureichend ist oder Bedenken gegen ihre Richtigkeit bestehen. Diese Einschränkungen gelten nicht gegenüber dem Beteiligten, soweit dieser eine steuerliche Vergünstigung geltend macht, oder wenn die Finanzbehörde eine Außenprüfung nicht durchführen will oder wegen der erheblichen steuerlichen Auswirkungen eine baldige Klärung für geboten hält.]

(2) *[bisher: (3)]* Die Finanzbehörde kann die Vorlage der in Absatz 1 genannten Urkunden an Amtsstelle verlangen oder sie bei dem Vorlagepflichtigen einsehen, wenn dieser einverstanden ist oder die Urkunden für eine Vorlage an Amtsstelle ungeeignet sind. § 147 Abs. 5 gilt entsprechend.

Anwendungsvorschriften:

►Art. 31 Abs. 1 AmtshilfeRLUmsG lautet:

(1) Dieses Gesetz tritt vorbehaltlich der Absätze 2 bis 8 am Tag nach der Verkündung in Kraft.

Erläuterungen

(Dr. Alois Th. Nacke, Richter am FG)

Die Neuregelung stellt eine Reaktion auf eine Entscheidung des BFH dar. Der BFH hatte entschieden, dass ein FA im Besteuerungsverfahren eines Bankkunden von einem Kreditinstitut auf der Grundlage von § 97 AO im Regelfall erst dann die Vorlage von Kontoauszügen verlangen kann, wenn die Bank eine nach § 93 AO zuvor geforderte Auskunft über das Konto nicht erteilt hat, wenn die Auskunft unzureichend ist oder Bedenken gegen ihre Richtigkeit bestehen. Dieses Verfahren soll nach der Gesetzesbegründung „unnötig verwaltungsaufwändig" sein. Deshalb sieht – so die Begründung (BR-Drucks. 302/12, 129) – die geplante Neuregelung vor, dass das Auskunftsersuchen nach § 93 Abs. 1 AO und das Vorlageersuchen nach § 97 AO als gleichwertige Ermittlungsinstrumente der Verwaltung zur Verfügung stehen. Sie soll unter Beachtung des Verhältnismäßigkeitsgrundsatzes zwischen diesen Instrumenten wählen können. Die Entscheidung soll nach den Umständen des Einzelfalles getroffen werden. Im neuen Satz 3 des § 97 Abs. 1 AO soll durch die Verweisung auf die Regelung in § 93 Abs. 1 Satz 3 AO erreicht werden, dass Dritte (z. B. die Bank) erst dann zur Vorlage von Urkunden angehalten werden, wenn die Sachverhaltsaufklärung durch den Beteiligten nicht zum Ziel führt oder keinen Erfolg verspricht.

Diese Gesetzesänderung (Möglichkeit unmittelbar ohne vorheriges Auskunftsersuchen ein Vorlageverlangen an z. B. eine Bank zu richten) stößt zu Recht in der Fachwelt bereits auf erhebliche Kritik. So lehnt der DStV wegen Beachtung des Grundrechts der informationellen Selbstbestimmung die geplante Neuregelung ab. Den Bedenken ist aus verfassungsrechtlichen Gründen zuzustimmen, denn ein Auskunftsersuchen an eine Bank ist das mildere und auch verhältnismäßigere Mittel als die Vorlage von Kontoauszügen, in denen möglicherweise weitergehende Informationen des Stpfl. enthalten sind, die für die Besteuerung nicht benötigt werden. Das Grundrecht der informationellen Selbstbestimmung sollte insoweit wegen der Schwere des Eingriffs beachtet werden. Der Grundsatz der Verhältnismäßigkeit als Ausfluss des Rechtsstaatsprinzips in Art. 20 GG ist betroffen. Bereits der BFH wies darauf hin, dass eine verfassungsrechtliche Ausgestaltung des bisherigen § 97 Abs. 2 Satz 1 AO zu beachten ist. Er erkannte, dass das vorherige Auskunftsersuchen eine Ausgestaltung des verfassungsrechtlich verankerten Grundsatzes der Erforderlichkeit darstellt. Das Auskunftsersuchen sei ein weniger belastendes Mittel als die Verpflichtung zur Vorlage von Urkunden. Es sei im Streitfall auch nicht zu erkennen, dass mit unzureichenden oder unrichtigen Angaben bei der Auskunft zu rechnen gewesen wäre. M. E. dürfte diese Beurteilung des BFH auch für die Überprüfung des § 97 Abs. 1 AO n. F. herangezogen werden können. Zwar steht dem Gesetzgeber bei der Beurteilung der Eignung und Erforderlichkeit des gewählten Mittels zur Erreichung des angestrebten Zwecks ein weiter Beurteilungsspielraum zu; jedoch ist sehr fraglich, ob die gesetzliche Regelung eines direkten Vorlageverlangens erforderlich ist. Ein vorhergehendes Auskunftsersuchen dürfte als milderes Mittel zum Einsatz kommen können (s. *Nacke*, DB 2012, 2128).

Zeitlicher Anwendungsbereich: Die Neuregelung gilt **ab 30. 6. 2013** (Art. 31 Abs. 1 AmtshilfeRL-UmsG).

9. § 107 AO

Entschädigung der Auskunftspflichtigen und der Sachverständigen

Auskunftspflichtige, **Vorlagepflichtige** und Sachverständige, die die Finanzbehörde zu Beweiszwecken herangezogen hat, erhalten auf Antrag eine Entschädigung oder Vergütung in entsprechender Anwendung des Justizvergütungs- und -entschädigungsgesetzes. Dies gilt nicht für die Beteiligten und für die Personen, die für die Beteiligten die **Auskunfts- oder Vorlagepflicht** *[bisher: Auskunftspflicht]* zu erfüllen haben.

Anwendungsvorschriften:

►Art. 31 Abs. 1 AmtshilfeRLUmsG lautet:

(1) Dieses Gesetz tritt vorbehaltlich der Absätze 2 bis 8 am Tag nach der Verkündung in Kraft.

Erläuterungen

(Dr. Alois Th. Nacke, Richter am FG)

In die AO wurde mit dieser Gesetzesänderung aufgenommen, dass auch Vorlagepflichtige eine Entschädigung für den Aufwand verlangen können. Nach der Gesetzesbegründung soll der erweiterte Satz 2 (Erweiterung um „Vorlageverpflichtete") klarstellen, dass – wie bereits nach geltendem Recht bei Auskunftsersuchen – kein Entschädigungsanspruch besteht, wenn eine Person die Vorlagepflicht für den Beteiligten, z. B. als gesetzlicher Vertreter des Stpfl. zu erfüllen hat. Nach bisheriger Rechtslage erhielten die Vorlagepflichtigen keine Entschädigung, da sie nicht in § 107 AO benannt werden. Eine Entschädigung ist jedoch dann auch nach geltender Rechtslage zu gewähren, wenn ein Auskunftsersuchen mit einem Vorlageverlangen kombiniert wird (BFH-Urteil v. 24. 3. 1987 - VII R 113/84, BStBl II 1988, 163).

Zeitlicher Anwendungsbereich: Die Neuregelung gilt **ab 30. 6. 2013** (Art. 31 Abs. 1 AmtshilfeRL-UmsG).

10. § 139 Abs. 2 Satz 2 AO

Anmeldung von Betrieben in besonderen Fällen

. . .

(2) [1]Durch Rechtsverordnung können Bestimmungen über den Zeitpunkt, die Form und den Inhalt der Anmeldung getroffen werden. [2]Die Rechtsverordnung erlässt die Bundesregierung, soweit es sich um Verkehrsteuern **mit Ausnahme der Luftverkehrsteuer** handelt, im Übrigen das Bundesministerium der Finanzen. [3]Die Rechtsverordnung des Bundesministeriums der Finanzen bedarf der Zustimmung des Bundesrates nur, soweit sie die Biersteuer betrifft.

Anwendungsvorschriften:

▶ Art. 31 Abs. 1 AmtshilfeRLUmsG lautet:

(1) Dieses Gesetz tritt vorbehaltlich der Absätze 2 bis 8 am Tag nach der Verkündung in Kraft.

Erläuterungen

(Dr. Alois Th. Nacke, Richter am FG)

Vgl. die Begründung zur Änderung von § 30 Abs. 6 Satz 4 AO.

Zeitlicher Anwendungsbereich: Die Neuregelung gilt **ab 30. 6. 2013** (Art. 31 Abs. 1 AmtshilfeRL-UmsG).

11. § 141 Abs. 1 Satz 4 AO

Buchführungspflicht bestimmter Steuerpflichtiger

(1) Gewerbliche Unternehmer sowie Land- und Forstwirte, die nach den Feststellungen der Finanzbehörde für den einzelnen Betrieb

1. Umsätze einschließlich der steuerfreien Umsätze, ausgenommen die Umsätze nach § 4 Nr. 8 bis 10 des Umsatzsteuergesetzes, von mehr als 500 000 Euro im Kalenderjahr oder

2. (weggefallen)

3. selbstbewirtschaftete land- und forstwirtschaftliche Flächen mit einem Wirtschaftswert (§ 46 des Bewertungsgesetzes) von mehr als 25 000 Euro oder

4. einen Gewinn aus Gewerbebetrieb von mehr als 50 000 Euro im Wirtschaftsjahr oder

5. einen Gewinn aus Land- und Forstwirtschaft von mehr als 50 000 Euro im Kalenderjahr

gehabt haben, sind auch dann verpflichtet, für diesen Betrieb Bücher zu führen und auf Grund jährlicher Bestandsaufnahmen Abschlüsse zu machen, wenn sich eine Buchführungspflicht nicht aus § 140 ergibt. Die §§ 238, 240, 241, 242 Abs. 1 und die §§ 243 bis 256 des Handelsgesetzbuchs gelten sinngemäß, sofern sich nicht aus den Steuergesetzen etwas anderes ergibt. Bei der Anwendung der Nr. 3 ist der Wirtschaftswert aller vom Land- und Forstwirt selbstbewirtschafteten Flächen maßgebend, unabhängig davon, ob sie in seinem Eigentum stehen oder nicht. *[aufgehoben: Bei Land- und Forstwirten, die nach Nrn. 1, 3 oder 5 zur Buchführung verpflichtet sind, braucht sich die Bestandsaufnahme nicht auf das stehende Holz zu erstrecken.]*

Anwendungsvorschriften:

▶Art. 31 Abs. 1 AmtshilfeRLUmsG lautet:

(1) Dieses Gesetz tritt vorbehaltlich der Absätze 2 bis 8 am Tag nach der Verkündung in Kraft.

Erläuterungen

(Dr. Alois Th. Nacke, Richter am FG)

„Für einen buchführungspflichtigen land- und forstwirtschaftlichen Betrieb gelten die allgemeinen Bewertungsgrundsätze des Handels- bzw. Steuerrechts. Danach hat die Bewertung des stehenden Holzes als nicht abnutzbares Anlagevermögen nach § 6 Abs. 1 Nr. 2 EStG grundsätzlich mit den Anschaffungs- und Herstellungskosten zu erfolgen. Ein Gewinn ist erst bei Veräußerung oder Entnahme des Holzes ggf. nach dem Einschlag und der Aufbereitung auszuweisen. Ein Wahlrecht besteht insoweit nicht. Für Wirtschaftsjahre, die vor dem 31. 12. 1998 endeten, konnten Land- und Forstwirte auch den höheren Teilwert ansetzen, wenn das den Grundsätzen ordnungsgemäßer Buchführung entsprach. Diese Bewertungsmöglichkeit ist mit dem Steuerentlastungsgesetz 1999/2000/2002 mit Wirkung für Wirtschaftsjahre, die nach dem 31. 12. 1998 enden, abgeschafft worden. Die jährliche Bestandsaufnahme braucht sich daher aus steuerlichen Gründen nicht auf das stehende Holz zu erstrecken. Da sich dies bereits aus den allgemeinen Bewertungsvorschriften ergibt, bedarf es keiner zusätzlichen Regelung in § 141 Abs. 1 Satz 4 AO." (BR-Drucks. 302/12, 131 f.)

Zeitlicher Anwendungsbereich: Die Neuregelung gilt **ab 30. 6. 2013** (Art. 31 Abs. 1 AmtshilfeRL-UmsG).

12. § 150 Abs. 6 Satz 7 AO

Form und Inhalt der Steuererklärungen

. . .

(6) Zur Erleichterung und Vereinfachung des automatisierten Besteuerungsverfahrens kann das Bundesministerium der Finanzen durch Rechtsverordnung mit Zustimmung des Bundesrates bestimmen, dass und unter welchen Voraussetzungen Steuererklärungen oder sonstige für das

Besteuerungsverfahren erforderliche Daten ganz oder teilweise durch Datenfernübertragung oder auf maschinell verwertbaren Datenträgern übermittelt werden können. Dabei können insbesondere geregelt werden:

1. das Nähere über Form, Inhalt, Verarbeitung und Sicherung der zu übermittelnden Daten,

2. die Art und Weise der Übermittlung der Daten,

3. die Zuständigkeit für die Entgegennahme der zu übermittelnden Daten,

4. die Mitwirkungspflichten Dritter und deren Haftung, wenn auf Grund unrichtiger Erhebung, Verarbeitung oder Übermittlung der Daten Steuern verkürzt oder Steuervorteile erlangt werden,

5. der Umfang und die Form der für dieses Verfahren erforderlichen besonderen Erklärungspflichten des Steuerpflichtigen.

Bei der Datenübermittlung ist ein sicheres Verfahren zu verwenden, das den Datenübermittler (Absender der Daten) authentifiziert und die Vertraulichkeit und Integrität des elektronisch übermittelten Datensatzes gewährleistet. Zur Authentifizierung des Datenübermittlers kann auch der elektronische Identitätsnachweis des Personalausweises genutzt werden; die dazu erforderlichen Daten dürfen zusammen mit den übrigen übermittelten Daten gespeichert und verwendet werden. Das Verfahren wird vom Bundesministerium der Finanzen im Benehmen mit dem Bundesministerium des Innern durch Rechtsverordnung mit Zustimmung des Bundesrates bestimmt. Die Rechtsverordnung kann auch Ausnahmen von der Pflicht zur Verwendung dieses Verfahrens vorsehen. **Einer Zustimmung des Bundesrates zu einer Rechtsverordnung nach Satz 1 und 5 bedarf es nicht, soweit die Kraftfahrzeugsteuer, die Luftverkehrsteuer, die Versicherungsteuer und Verbrauchsteuern, mit Ausnahme der Biersteuer, betroffen sind.** *[bisher: Einer Zustimmung des Bundesrates zu einer Rechtsverordnung nach den Sätzen 1 und 5 bedarf es nicht, soweit Kraftfahrzeugsteuer, Versicherungsteuer und Verbrauchsteuern mit Ausnahme der Biersteuer betroffen sind.]* Zur Regelung der Datenübermittlung kann in der Rechtsverordnung auf Veröffentlichungen sachverständiger Stellen verwiesen werden. Hierbei sind das Datum der Veröffentlichung, die Bezugsquelle und eine Stelle zu bezeichnen, bei der die Veröffentlichung archivmäßig gesichert niedergelegt ist. § 87a Abs. 3 Satz 2 ist nicht anzuwenden.

Anwendungsvorschriften:

►Art. 31 Abs. 1 AmtshilfeRLUmsG lautet:

(1) Dieses Gesetz tritt vorbehaltlich der Absätze 2 bis 8 am Tag nach der Verkündung in Kraft.

Erläuterungen

(Dr. Alois Th. Nacke, Richter am FG)

Vgl. Begründung zur Änderung von § 30 Abs. 6 Satz 4 AO

Zeitlicher Anwendungsbereich: Die Neuregelung gilt **ab 30. 6. 2013** (Art. 31 Abs. 1 AmtshilfeRLUmsG).

13. § 152 Abs. 5 AO

Verspätungszuschlag

...

[aufgehoben: (5) Das Bundesministerium der Finanzen kann zum Verspätungszuschlag, insbesondere über die Festsetzung im automatisierten Besteuerungsverfahren, allgemeine Verwaltungsvorschriften mit Zustimmung des Bundesrates erlassen. Diese können auch bestimmen, unter welchen Voraussetzungen von der Festsetzung eines Verspätungszuschlags abgesehen werden soll. Die allgemeinen Verwaltungsvorschriften bedürfen nicht der Zustimmung des Bundesrates, soweit sie Einfuhr- und Ausfuhrabgaben und Verbrauchsteuern betreffen.]

Anwendungsvorschriften:

▶Art. 31 Abs. 1 AmtshilfeRLUmsG lautet:

(1) Dieses Gesetz tritt vorbehaltlich der Absätze 2 bis 8 am Tag nach der Verkündung in Kraft.

Erläuterungen

(Dr. Alois Th. Nacke, Richter am FG)

Durch das Steuerbereinigungsgesetz 1986 vom 19.12.1985 (BGBl I 1985, 2436) war in § 152 Abs. 5 Satz 1 AO eine Ermächtigung für das Bundesministerium der Finanzen geschaffen worden, mit Zustimmung des Bundesrates allgemeine Verwaltungsvorschriften zum Verspätungszuschlag zu erlassen. Da sich kein „entsprechendes Regelungsbedürfnis ergeben hat" (BR-Drucks. 302/12, 134) wurde die Vorschrift aufgehoben.

Zeitlicher Anwendungsbereich: Die Neuregelung gilt **ab 30.6.2013** (Art. 31 Abs. 1 AmtshilfeRL-UmsG).

14. § 156 Abs. 1 Satz 2 AO

Absehen von Steuerfestsetzung

(1) Das Bundesministerium der Finanzen kann zur Vereinfachung der Verwaltung durch Rechtsverordnung bestimmen, dass Steuern und steuerliche Nebenleistungen nicht festgesetzt werden, wenn der Betrag, der festzusetzen ist, einen durch diese Rechtsverordnung zu bestimmenden Betrag voraussichtlich nicht übersteigt; der zu bestimmende Betrag darf 10 Euro nicht überschreiten. **Die Rechtsverordnung bedarf nicht der Zustimmung des Bundesrates, soweit sie die Kraftfahrzeugsteuer, die Luftverkehrsteuer, die Versicherungsteuer, Einfuhr- und Ausfuhrabgaben oder Verbrauchsteuern, mit Ausnahme der Biersteuer, betrifft.** *[bisher: Die Rechtsverordnung bedarf nicht der Zustimmung des Bundesrates, soweit sie Einfuhr- und Ausfuhrabgaben und Verbrauchsteuern, mit Ausnahme der Biersteuer, betrifft.]*

Anwendungsvorschriften:

▶Art. 31 Abs. 1 AmtshilfeRLUmsG lautet:

(1) Dieses Gesetz tritt vorbehaltlich der Absätze 2 bis 8 am Tag nach der Verkündung in Kraft.

Erläuterungen

(Dr. Alois Th. Nacke, Richter am FG)

Vgl. Begründung zur Änderung von § 30 Abs. 6 Satz 4 AO

Zeitlicher Anwendungsbereich: Die Neuregelung gilt **ab 30. 6. 2013** (Art. 31 Abs. 1 AmtshilfeRL-UmsG).

15. § 171 Abs. 15 AO

Ablaufhemmung

...

(15) Soweit ein Dritter Steuern für Rechnung des Steuerschuldners einzubehalten und abzuführen oder für Rechnung des Steuerschuldners zu entrichten hat, endet die Festsetzungsfrist gegenüber dem Steuerschuldner nicht vor Ablauf der gegenüber dem Steuerentrichtungspflichtigen geltenden Festsetzungsfrist.

Anwendungsvorschriften:

►Art. 31 Abs. 1 AmtshilfeRLUmsG lautet:

(1) Dieses Gesetz tritt vorbehaltlich der Absätze 2 bis 8 am Tag nach der Verkündung in Kraft.

Erläuterungen

(Dr. Alois Th. Nacke, Richter am FG)

LITERATUR:

Nacke, Ungeklärte Rechtsfragen des steuerlichen Haftungsrechts, DStR 2013, 335; *Drüen*, Vom Steuerabzug zur Zahlungsgarantie? – Geplante Korrekturgesetzgebung zur Entrichtungsschuld, DStR-Beihefter 41/2012, 85; *Nacke*, Entwurf des Jahressteuergesetzes 2013, DB 2012, 2117, 2129; *Musil* in seiner Stellungnahme v. 9. 10. 2012 zur öffentlichen Anhörung im Finanzausschuss am 15. 10. 2012.

Die durch zwei Urteile des BFH zum VersStG ausgelösten Neuregelungen im Versicherungssteuergesetz betreffen vor allem die Beseitigung der Rechtsfolgen dieser Entscheidungen. So hat der II. Senat des BFH in seinen Urteilen vom 13. 12. 2011 (II R 52/09, BFH/NV 2012, 695 u. II R 26/10, DStR 2012, 406) zu Reiseversicherungspaketen hinsichtlich des Verfahrensrechts entschieden, dass die Finanzbehörde durch Erlass eines Nachforderungsbescheides nach § 167 Abs. 1 Satz 1 AO materiell-rechtlich einen Haftungsanspruch geltend mache. Dies führe dazu, dass der Grundsatz der Akzessorietät des Haftungsrechts zu berücksichtigen sei, so dass eine Haftung insbesondere nur dann in Betracht komme, wenn die Steuerschuld noch besteht. Darum könne ein Nachforderungsbescheid gegen den Versicherer nicht mehr ergehen, wenn der Steueranspruch, für den der Versicherer haftet, festsetzungsverjährt ist. Dies war im beim BFH anhängigen Verfahren der Fall.

Im Gesetzgebungsverfahren zum JStG 2013 wurde in Reaktion auf diese Rechtsprechung in § 191 Abs. 5 AO eine Änderung bei den Regeln zur Festsetzungsfrist von Haftungsbescheiden vorgeschlagen. Diesem Änderungsvorschlag wurde von der Bundesregierung in ihrer Gegenäußerung zugestimmt. So sollte in § 191 Abs. 5 AO normiert werden, dass ein Haftungsbescheid oder ein Steuerbescheid nach § 167 Abs. 1 Satz 1 AO bis zum Ablauf der gegenüber dem Entrichtungspflichtigen geltenden Festsetzungsfrist erlassen werden können, auch wenn gegenüber dem Steuerschuldner die Festsetzungsfrist abgelaufen ist. Diese Regelung wäre m. E. nicht mit dem Grundsatz der Akzessorietät der Haftung vereinbar und spiegelt gleichzeitig die ungeklärte Rechtslage zur Einstandspflicht des Steuerabzugsverpflichteten wider.

Die entsprechende Kritik im Rahmen der Sachverständigenanhörung im Finanzausschuss blieb aber wohl dann nicht ohne Reaktion. Jedenfalls wurde im AmtshilfeRLUmsG der Weg zur dogmatischen Grundstruktur des Haftungsrechts zurückgefunden. Im neuen § 171 Abs. 15 AO ist geregelt, dass nun die Festsetzungsverjährung der Steuerschuld nicht vor Ablauf der Festsetzungsverjährung des Steuerentrichtungspflichtigen eintritt. Damit bleibt der Grundsatz der Akzessorietät erhalten.

Zeitlicher Anwendungsbereich: Die Neuregelung gilt **ab 30. 6. 2013** (Art. 31 Abs. 1 AmtshilfeRLUmsG).

16.   § 224 Abs. 2 Nr. 2 AO

Leistungsort, Tag der Zahlung

…

(2) Eine wirksam geleistete Zahlung gilt als entrichtet:

1. bei Übergabe oder Übersendung von Zahlungsmitteln am Tag des Eingangs, bei Hingabe oder Übersendung von Schecks jedoch drei Tage nach dem Tag des Eingangs,

2. bei Überweisung oder Einzahlung auf ein Konto der Finanzbehörde und bei Einzahlung mit Zahlschein *[bisher: oder Postanweisung]*

an dem Tag, an dem der Betrag der Finanzbehörde gutgeschrieben wird,

1. bei Vorliegen einer Einzugsermächtigung

am Fälligkeitstag.

…

Anwendungsvorschriften:

►Art. 31 Abs. 1 AmtshilfeRLUmsG lautet:

(1) Dieses Gesetz tritt vorbehaltlich der Absätze 2 bis 8 am Tag nach der Verkündung in Kraft.

Erläuterungen

(Dr. Alois Th. Nacke, Richter am FG)

„Bereits im Jahr 2002 wurde von der Deutschen Post AG die Möglichkeit der Zahlung durch Postanweisung abgeschafft. Durch die redaktionelle Änderung wird diesem Umstand nunmehr Rechnung getragen." (BR-Drucks. 302/12, 134)

Zeitlicher Anwendungsbereich: Die Neuregelung gilt **ab 30. 6. 2013** (Art. 31 Abs. 1 AmtshilfeRLUmsG).

17. § 259 Satz 2 AO

Mahnung

Der Vollstreckungsschuldner soll in der Regel vor Beginn der Vollstreckung mit einer Zahlungs-frist von einer Woche gemahnt werden.*[aufgehoben: Als Mahnung gilt auch ein Postnachnahme-auftrag.]* Einer Mahnung bedarf es nicht, wenn der Vollstreckungsschuldner vor Eintritt der Fäl-ligkeit an die Zahlung erinnert wird. An die Zahlung kann auch durch öffentliche Bekannt-machung allgemein erinnert werden.

Anwendungsvorschriften:

►Art. 31 Abs. 1 AmtshilfeRLUmsG lautet:

(1) Dieses Gesetz tritt vorbehaltlich der Absätze 2 bis 8 am Tag nach der Verkündung in Kraft.

Erläuterungen

(Dr. Alois Th. Nacke, Richter am FG)

„Gemäß § 259 Satz 1 AO soll der Vollstreckungsschuldner in der Regel vor Beginn der Vollstre-ckung mit einer Zahlungsfrist von einer Woche gemahnt werden. Dieses Mahnverfahren wird in der Praxis in einem automatisierten Verfahren von den Finanzbehörden selbst durchgeführt. Die Möglichkeit der Mahnung durch einen Postnachnahmeauftrag spielt im Besteuerungsver-fahren der Finanzbehörden daher keinerlei praktische Rolle. Mangels praktischer Relevanz und vor dem Hintergrund von Normenklarheit und Normenkontrolle ist der Satz 2 daher zu strei-chen." (BR-Drucks. 302/12, 134)

Zeitlicher Anwendungsbereich: Die Neuregelung gilt **ab 30. 6. 2013** (Art. 31 Abs. 1 AmtshilfeRL-UmsG).

18. § 275 AO

Abrundung

[aufgehoben: Der aufzuteilende Betrag ist auf volle Euro abzurunden. Die errechneten aufgeteilten Beträge sind so auf den nächsten durch 10 Cent teilbaren Betrag auf- oder abzurunden, dass ihre Summe mit dem der Aufteilung zugrunde liegenden Betrag übereinstimmt.]

Anwendungsvorschriften:

►Art. 31 Abs. 1 AmtshilfeRLUmsG lautet:

(1) Dieses Gesetz tritt vorbehaltlich der Absätze 2 bis 8 am Tag nach der Verkündung in Kraft.

Erläuterungen

(Dr. Alois Th. Nacke, Richter am FG)

Die Aufhebung dieser unnötigen bürokratischen Spezialnorm dürfte der Steuernormenanwen-der begrüßen.

Zeitlicher Anwendungsbereich: Die Neuregelung gilt **ab 30. 6. 2013** (Art. 31 Abs. 1 AmtshilfeRL-UmsG).

19. § 288 AO

Zuziehung von Zeugen

Wird bei einer Vollstreckungshandlung Widerstand geleistet oder ist bei einer Vollstreckungshandlung in den Wohn- oder Geschäftsräumen des Vollstreckungsschuldners weder der Vollstreckungsschuldner noch ein erwachsener Familienangehöriger, **ein erwachsener ständiger Mitbewohner oder eine beim Vollstreckungsschuldner beschäftigte Person** *[bisher: eine Person, die zu seiner Familie gehört oder bei ihm beschäftigt ist,]* gegenwärtig, so hat der Vollziehungsbeamte zwei Erwachsene oder einen Gemeinde- oder Polizeibeamten als Zeugen zuzuziehen.

Anwendungsvorschriften:

►Art. 31 Abs. 1 AmtshilfeRLUmsG lautet:

(1) Dieses Gesetz tritt vorbehaltlich der Absätze 2 bis 8 am Tag nach der Verkündung in Kraft.

Erläuterungen

(Dr. Alois Th. Nacke, Richter am FG)

„§ 288 AO vollzieht in der Abgabenordnung nach, was § 759 ZPO in der Zwangsvollstreckung nach der Zivilprozessordnung hinsichtlich der Zuziehung von Zeugen im Vollstreckungsverfahren regelt. Mithin sind die Vorschriften inhaltlich identisch. Durch die Anpassung des § 288 AO an die Änderung des § 759 ZPO (vgl. Art. 21) wird der bereits bestehende Gleichklang der Vorschriften beibehalten und ein Auseinanderdriften der Verfahrensvorschriften für die Zwangsvollstreckung nach der Abgabenordnung und der Zivilprozessordnung verhindert" (BR-Drucks. 302/12, 135)

Zeitlicher Anwendungsbereich: Die Neuregelung gilt **ab 30. 6. 2013** (Art. 31 Abs. 1 AmtshilfeRL-UmsG).

20. § 337 Abs. 2 Satz 2 AO

Kosten der Vollstreckung

. . .

(2) Für das Mahnverfahren werden keine Kosten erhoben. *[aufgehoben: Jedoch hat der Vollstreckungsschuldner die Kosten zu tragen, die durch einen Postnachnahmeauftrag (§ 259 Satz 2) entstehen.]*

Anwendungsvorschriften:

►Art. 31 Abs. 1 AmtshilfeRLUmsG lautet:

(1) Dieses Gesetz tritt vorbehaltlich der Absätze 2 bis 8 am Tag nach der Verkündung in Kraft.

Erläuterungen

(Dr. Alois Th. Nacke, Richter am FG)

Es handelt sich um eine redaktionelle Folgeänderung aufgrund der Aufhebung des § 259 Satz 2 AO (s. dort).

Zeitlicher Anwendungsbereich: Die Neuregelung gilt **ab 30. 6. 2013** (Art. 31 Abs. 1 AmtshilfeRL-UmsG).

IX. Steuerberatungsgesetz

(Prof. Dr. Hans-Joachim Kanzler, Rechtsanwalt und Steuerberater, Vors. Richter am BFH a. D.)

Das Steuerberatungsgesetz ist in 2013 mehrfach geändert worden. Im Folgenden werden nur die Änderungen durch das Amtshilferichtlinie-Umsetzungsgesetz – AmtshilfeRLUmsG v. 26. 6. 2013 (BGBl I 2013, 1809) behandelt. Weitere Änderungen haben sich durch folgende Gesetze ergeben (s. Teil L):

Gesetz zur Einführung einer Partnerschaftsgesellschaft mit beschränkter Berufshaftung und zur Änderung des Berufsrechts der Rechtsanwälte, Patentanwälte, Steuerberater und Wirtschaftsprüfer v. 15. 7. 2013 (BGBl I 2013, 2386);

Gesetz zur Strukturreform des Gebührenrechts des Bundes v. 7. 8. 2013 (BGBl I 2013, 3154);

Gesetz zur Änderung des Prozesskostenhilfe- und Beratungshilferechts v. 31. 8. 2013 (BGBl I 2013, 3533)

1. § 1 Abs. 1 Nr. 1 und § 37 Abs. 3 Satz 1 Nr. 5 StBerG

Erläuterungen

(Prof. Dr. Hans-Joachim Kanzler, Rechtsanwalt und Steuerberater, Vors. Richter am BFH a. D.)

In beiden Vorschriften wurde der Begriff der „Europäischen Gemeinschaft" durch den Begriff der „Europäischen Union" ersetzt. Damit wird berücksichtigt, dass nach Art. 1 des Vertrags über die Europäische Union (EUV) in der Fassung des Vertrags von Lissabon die Europäische Union als Rechtsnachfolgerin an die Stelle der Europäischen Gemeinschaft getreten ist.

2. § 4 Nr. 11 Satz 3 StBerG

Befugnis zu beschränkter Hilfeleistung in Steuersachen

Zur geschäftsmäßigen Hilfeleistung in Steuersachen sind ferner befugt:

...

11. ... [2]Die Befugnis erstreckt sich nur auf die Hilfeleistung bei der Einkommensteuer und ihren Zuschlagsteuern. [3]Soweit zulässig, berechtigt sie auch zur Hilfeleistung bei der Eigenheimzulage und der Investitionszulage nach den §§ 3 bis 4 des Investitionszulagengesetzes 1999, bei mit Kinderbetreuungskosten im Sinne von **§ 10 Abs. 1 Nr. 5** *[bisher: § Abs. 5, § 9c Abs. 2 und 3]* des Einkommensteuergesetzes sowie bei mit haushaltsnahen Beschäftigungsverhältnissen im Sinne des § 35a des Einkommensteuergesetzes zusammenhängenden Arbeitgeberaufgaben sowie zur Hilfe bei Sachverhalten des Familienleistungsausgleichs im Sinne des Einkommensteuergesetzes und der sonstigen Zulagen und Prämien, auf die die Vorschriften der Abgabenordnung anzuwenden sind. Mitglieder, die arbeitslos geworden sind, dürfen weiterhin beraten werden.

Erläuterungen

(Prof. Dr. Hans-Joachim Kanzler, Rechtsanwalt und Steuerberater, Vors. Richter am BFH a. D.)

Es handelt sich um eine redaktionelle Folgeänderung aufgrund der Neuregelung der Kinderbetreuungskosten im Einkommensteuergesetz.

3. § 164c StBerG

Laufbahngruppenregelungen der Länder

[1]Soweit in diesem Gesetz die Bezeichnung gehobener und höherer Dienst verwendet wird, richtet sich die Zuordnung der Beamten zu einer dieser Laufbahngruppen in den Ländern, die durch landesrechtliche Regelungen die zuvor bezeichneten Laufbahngruppen zusammengefasst oder abweichend bezeichnet haben, nach den Zugangsvoraussetzungen für die Einstellung als Inspektor oder Regierungsrat. [2]Beamte, die durch eine Qualifizierungsmaßnahme die Voraussetzungen für die Verleihung des Amtes eines Oberinspektors erfüllen oder denen auf Grund einer Qualifizierungsmaßnahme ein Amt verliehen worden ist, das vor Verleihung des Amtes eines Oberinspektors durchlaufen werden muss, sind dem gehobenen Dienst, Beamte, die durch eine Qualifizierungsmaßnahme die Voraussetzungen für die Verleihung des Amtes eines Oberregierungsrates erfüllen, sind dem höheren Dienst zuzuordnen.

Erläuterungen

(Prof. Dr. Hans-Joachim Kanzler, Rechtsanwalt und Steuerberater, Vors. Richter am BFH a. D.)

I. Bedeutung der Gesetzesänderung

Die Neuregelung führt zu einer Anpassung an die Änderung der Laufbahngruppen im öffentlichen Dienst (BR-Drucks. 139/13, 201).

II. Kommentierung

Im Steuerberatungsgesetz wird an mehreren Stellen Bezug auf den gehobenen oder den höheren Dienst der Finanzverwaltung genommen. In letzter Zeit wurden durch Dienstrechtsreformen in einigen Bundesländern die Laufbahngruppen geändert, so dass die Bezeichnungen gehobener und höherer Dienst nicht mehr zur Anwendung kommen. Solche Bezeichnungen finden sich etwa in § 35 StBerG, der die Zusammensetzung des Prüfungsausschusses für die Steuerberaterprüfung regelt und in § 38 StBerG, der bestimmt, welche Voraussetzungen für die Befreiung von der Steuerberaterprüfung zu erfüllen sind. Durch die im neuen § 164c StBerG enthaltene klare Definition der Begriffe soll weiterhin eine bundesweit einheitliche Handhabung gewährleistet werden.

X. Bewertungsgesetz

§ 48a BewG

Einheitswert bestimmter intensiv genutzter Flächen

Werden Betriebsflächen durch einen anderen Nutzungsberechtigten als den Eigentümer bewirtschaftet, so ist

1. bei der Sonderkultur Spargel (§ 52),

2. bei den gärtnerischen Nutzungsteilen Gemüse, Blumen- und Zierpflanzenbau sowie Baumschulen (§ 61),

3. bei der Saatzucht (§ 62 Abs. 1 Nr. 6)

der Unterschiedsbetrag zwischen dem für landwirtschaftliche Nutzung maßgebenden Vergleichswert und dem höheren Vergleichswert, der durch die unter den Nrn. 1 bis 3 bezeichneten Nutzungen bedingt ist, bei der Feststellung des Einheitswerts des Eigentümers nicht zu berücksichtigen und für den Nutzungsberechtigten als selbständiger Einheitswert festzustellen. Ist ein Einheitswert für land- und forstwirtschaftliches Vermögen des Nutzungsberechtigten festzustellen, so ist der Unterschiedsbetrag in diesen Einheitswert einzubeziehen. **Die Sätze 1 und 2 gelten nicht, wenn der Eigentümer die Flächen bereits intensiv im Sinne der Nrn. 1 bis 3 genutzt hat.**

Anwendungsvorschriften:

▶Art. 31 Abs. 1 des AmtshilfeRLUmsG lautet:

(1) Dieses Gesetz tritt vorbehaltlich der Absätze 2 bis 8 am Tag nach der Verkündung in Kraft.

▶§ 205 Abs. 6 BewG i. d. F. von Art. 20 Nr. 2 des AmtshilfeRLUmsG lautet:

(6) § 48a i. d. F. des Artikels 20 des Gesetzes vom 26. 6. 2013 (BGBl I 2013, 1809) ist auf Bewertungsstichtage ab dem 1. 1. 2014 anzuwenden.

LITERATUR:

Eisele, in Rössler/Troll, BewG, § 48a Rz 5; *Herlinghaus*, BFH/PR 2011, 202; *Marfels*, StBW 2011, 158.

Erläuterungen

(Dr. Sascha Bleschick)

Nach der Rechtsprechung des BFH war der Einheitswert intensiv genutzter landwirtschaftlicher Betriebsflächen vor der Änderung des § 48a BewG durch das AmtshilfeRLUmsG auch dann nach Maßgabe des § 48 a BewG teilweise beim Nutzungsberechtigten zu berücksichtigen, wenn bereits der Eigentümer die Flächen intensiv genutzt hatte (BFH v. 6. 10. 2010 - II R 73/09, BStBl II 2014, 54, NWB DokID: JAAAD-60308). Weder aus dem Wortlaut noch der Entstehungsgeschichte der Norm ließe sich nach Ansicht des BFH ein anderes Ergebnis ableiten.

Zur Änderung des § 48a BewG heißt es in BR-Drucks. 139/13, 216 dagegen: „Mit der Anfügung des § 48a Satzes 3 **wird klargestellt** [Hervorhebung durch den Verfasser], welche Fälle der Gesetzgeber im Rahmen des Gesetzes zur Änderung bewertungsrechtlicher Vorschriften vom 27. 7. 1971 (BGBl I 1971, 1157) mit der speziellen Regelung des § 48a BewG erfassen wollte. Mit der Regelung wird auf das Urteil des BFH vom 6. 10. 2010 (Az. II R 73/09) reagiert und die langjährige Verwaltungspraxis rechtlich abgesichert."

Die in der Begründung angesprochene bisherige Verwaltungspraxis ergibt sich etwa aus dem Erlass des Nds. Finanzministeriums v. 17. 10. 1972, Bew-Kartei NI, § 48a BewG Karte 1). Mithin bleibt nunmehr der Intensivwert beim Verpächter erfasst (*Eisele*, in Rössler/Troll, BewG, § 48a Rz 5).

Zeitlicher Anwendungsbereich: Art. 20 Nr. 1 des AmtshilfeRLUmsG tritt gemäß Art. 31 Abs. 1 des AmtshilfeRLUmsG am 30. 6. 2013 in Kraft. Nach der allgemeinen Anwendungsregelung in § 205 Abs. 6 BewG i. d. F. des Art. 20 Nr. 2 des AmtshilfeRLUmsG ist § 48a Satz 3 EStG n. F. **erstmals auf Bewertungsstichtage ab dem 1. 1. 2014 anzuwenden.**

XI. Grunderwerbsteuergesetz

1. § 1 Abs. 3a GrEStG
Erwerbsvorgänge

...

(3a) ¹Soweit eine Besteuerung nach Abs. 2a und Abs. 3 nicht in Betracht kommt, gilt als Rechtsvorgang im Sinne des Absatzes 3 auch ein solcher, aufgrund dessen ein Rechtsträger unmittelbar oder mittelbar oder teils unmittelbar, teils mittelbar eine wirtschaftliche Beteiligung in Höhe von mindestens 95 vom Hundert an einer Gesellschaft, zu deren Vermögen ein inländisches Grundstück gehört, innehat. ²Die wirtschaftliche Beteiligung ergibt sich aus der Summe der unmittelbaren und mittelbaren Beteiligungen am Kapital oder am Vermögen der Gesellschaft. ³Für die Ermittlung der mittelbaren Beteiligungen sind die Vomhundertsätze am Kapital oder am Vermögen der Gesellschaften zu multiplizieren.

...

Anwendungsvorschriften:

►Art. 31 Abs. 1 AmtshilfeRLUmsG lautet:

(1) Dieses Gesetz tritt vorbehaltlich der Absätze 2 bis 8 am Tag nach der Verkündung in Kraft.

►§ 23 Abs. 11 GrEStG i.d. F. des AmtshilfeRLUmsG (Art. 26 Nr. 10) lautet:

(11) § 1 Abs. 3a und 6 Satz 1, § 4 Nr. 4 und 5, § 6a Satz 1, § 8 Abs. 2 Satz 1 Nr. 3, § 13 Nr. 7, § 16 Abs. 5, § 17 Abs. 3 Satz 1 Nr. 2, § 19 Abs. 1 Satz 1 Nr. 7a und Abs. 2 Nr. 5, § 20 Abs. 2 Nr. 3 i. d. F. des Artikels 26 des Gesetzes vom 26. 6. 2013 (BGBl I 2013, 1809) sind erstmals auf Erwerbsvorgänge anzuwenden, die nach dem 6.6. 2013 verwirklicht werden.

Erläuterungen

(Dr. Alois Th. Nacke, Richter am FG)

Unter RETT-Blocker versteht man in der Praxis Strukturen zum Erwerb von grundbesitzhaltenden Gesellschaften, die ein Co-Investment einer zwischengeschalteten Personengesellschaft vorsehen (Real Estate Transfer Tax Blocker, „RETT-Blocker"). Erwerbsvorgänge von Beteiligungen an Gesellschaften mit inländischem Grundbesitz unter Verwendung solcher RETT-Blocker lösen bisher keine Grunderwerbsteuer aus. Dies soll sich nun durch das AmtshilfeRLUmsG ändern. Zur Schaffung einer Besteuerung sog. RETT-Blocker-Strukturen bei der Grunderwerbsteuer wurde in § 1 Abs. 3a GrEStG nun eine Ausweitung der grunderwerbsteuerlichen Ergänzungstatbestände vorgenommen. § 1 Nr. 3a GrEStG fingiert nun einen grunderwerbsteuerlichen Erwerbsvorgang in Fällen, in denen ein Rechtsträger unmittelbar und/oder mittelbar eine wirtschaftliche Beteiligung von mindestens 95 % an einer Gesellschaft erwirbt, zu deren Vermögen ein inländisches Grundstück gehört.

Zeitlicher Anwendungsbereich: Die Änderungen sind erstmals auf Erwerbsvorgänge anzuwenden, die nach dem Tag des Beschlusses des Deutschen Bundestages über die Empfehlung des Vermittlungsausschusses zu dem vorliegenden Änderungsgesetz verwirklicht werden (§ 23 Abs. 11 GrEStG). Damit sind **Erwerbe nach dem 6. 6. 2013** von der neuen Rechtslage betroffen.

2. § 6a Satz 1 GrEStG

Steuervergünstigung bei Umstrukturierungen im Konzern

[1]Für einen nach § 1 Abs. 1 Nr. 3 Satz 1, Abs. 2, 2a, 3 oder Abs. 3a steuerbaren Rechtsvorgang aufgrund einer Umwandlung im Sinne des § 1 Abs. 1 Nr. 1 bis 3 des Umwandlungsgesetzes, bei Einbringungen sowie bei anderen Erwerbsvorgängen auf gesellschaftsvertraglicher Grundlage wird die Steuer nicht erhoben. *[bisher: Für einen nach § 1 Abs. 1 Nr. 3, Abs. 2a oder 3 steuerbaren Rechtsvorgang aufgrund einer Umwandlung im Sinne des § 1 Abs. 1 Nr. 1 bis 3 des Umwandlungsgesetzes wird die Steuer nicht erhoben; für die aufgrund einer Umwandlung übergehende Verwertungsbefugnis wird die Steuer nach § 1 Abs. 2 insoweit nicht erhoben.]* [2]Satz 1 gilt auch für entsprechende Umwandlungen aufgrund des Rechts eines Mitgliedstaats der Europäischen Union oder eines Staats, auf den das Abkommen über den Europäischen Wirtschaftsraum Anwendung findet. Satz 1 gilt nur, wenn an dem Umwandlungsvorgang ausschließlich ein herrschendes Unternehmen und ein oder mehrere von diesem herrschenden Unternehmen abhängige Gesellschaften oder mehrere von einem herrschenden Unternehmen abhängige Gesellschaften beteiligt sind. Im Sinne von Satz 3 abhängig ist eine Gesellschaft, an deren Kapital oder Gesellschaftsvermögen das herrschende Unternehmen innerhalb von fünf Jahren vor dem Rechtsvorgang und fünf Jahren nach dem Rechtsvorgang unmittelbar oder mittelbar oder teils unmittelbar, teils mittelbar zu mindestens 95 vom Hundert ununterbrochen beteiligt ist.

Anwendungsvorschriften:

►Art. 31 Abs. 1 AmtshilfeRLUmsG lautet:

(1) Dieses Gesetz tritt vorbehaltlich der Absätze 2 bis 8 am Tag nach der Verkündung in Kraft.

► § 23 Abs. 11 GrEStG i. d. F. des AmtshilfeRLUmsG (Art. 26 Nr. 10) lautet:

(11) § 1 Abs. 3a und 6 Satz 1, § 4 Nr. 4 und 5, § 6a Satz 1, § 8 Abs. 2 Satz 1 Nr. 3, § 13 Nr. 7, § 16 Abs. 5, § 17 Abs. 3 Satz 1 Nr. 2, § 19 Abs. 1 Satz 1 Nr. 7a und Abs. 2 Nr. 5, § 20 Abs. 2 Nr. 3 i. d. F. des Artikels 26 des Gesetzes vom 26. 6. 2013 (BGBl I 2013, 1809) sind erstmals auf Erwerbsvorgänge anzuwenden, die nach dem 6. 6. 2013 verwirklicht werden.

Erläuterungen

(Dr. Alois Th. Nacke, Richter am FG)

Bei Umwandlungen i. S. v. § 1 Abs. 1 Nr. 1 bis 3 UmwG entfällt nach § 6a Satz 1 GrEStG die Besteuerung mit Grunderwerbsteuer, damit konzernrechtliche Umstrukturierungen nicht verhindert werden. Diese Regelung wird nunmehr erweitert auf Einbringungen und andere Erwerbsvorgänge auf gesellschaftsvertraglicher Grundlage (§ 6a Satz 1 GrEStG n. F.).

Zeitlicher Anwendungsbereich: Die Änderungen sind erstmals auf Erwerbsvorgänge anzuwenden, die nach dem Tag des Beschlusses des Deutschen Bundestages über die Empfehlung des Vermittlungsausschusses zu dem vorliegenden Änderungsgesetz verwirklicht werden (§ 23 Abs. 11 GrStG). Damit sind **Erwerbe nach dem 6. 6. 2013** von der neuen Rechtslage betroffen.

XII. Erbschaft- und Schenkungsteuergesetz

1. § 13a ErbStG

Steuerbefreiung für Betriebsvermögen, Betriebe der Land- und Forstwirtschaft und Anteile an Kapitalgesellschaften

(1) [1]Der Wert von Betriebsvermögen, land- und forstwirtschaftlichem Vermögen und Anteilen an Kapitalgesellschaften im Sinne des § 13b Abs. 4 bleibt insgesamt außer Ansatz (Verschonungsabschlag). [2]Voraussetzung ist, dass die Summe der maßgebenden jährlichen Lohnsummen (Abs. 4) des Betriebs, bei Beteiligungen an einer Personengesellschaft oder Anteilen an einer Kapitalgesellschaft des Betriebs der jeweiligen Gesellschaft, innerhalb von fünf Jahren nach dem Erwerb (Lohnsummenfrist) insgesamt 400 Prozent der Ausgangslohnsumme nicht unterschreitet (Mindestlohnsumme). [3]Ausgangslohnsumme ist die durchschnittliche Lohnsumme der letzten fünf vor dem Zeitpunkt der Entstehung der Steuer endenden Wirtschaftsjahre. [4]**Satz 2 ist nicht anzuwenden, wenn die Ausgangslohnsumme 0 Euro beträgt oder der Betrieb unter Einbeziehung der in Abs. 4 Satz 5 genannten Beteiligungen und der nach Maßgabe dieser Bestimmung anteilig einzubeziehenden Beschäftigten nicht mehr als 20 Beschäftigte hat.** *[bisher: Satz 2 ist nicht anzuwenden, wenn die Ausgangslohnsumme 0 Euro beträgt oder der Betrieb nicht mehr als 20 Beschäftigte hat.]* [5]Unterschreitet die Summe der maßgebenden jährlichen Lohnsummen die Mindestlohnsumme, vermindert sich der nach Satz 1 zu gewährende Verschonungsabschlag mit Wirkung für die Vergangenheit in demselben prozentualen Umfang, wie die Mindestlohnsumme unterschritten wird.

...

(4) [1]Die Lohnsumme umfasst alle Vergütungen (Löhne und Gehälter und andere Bezüge und Vorteile), die im maßgebenden Wirtschaftsjahr an die auf den Lohn- und Gehaltslisten erfassten Beschäftigten gezahlt werden; außer Ansatz bleiben Vergütungen an solche Arbeitnehmer, die nicht ausschließlich oder überwiegend in dem Betrieb tätig sind. ...[5]Gehören zum Betriebsvermögen des Betriebs, bei Beteiligungen an einer Personengesellschaft und Anteilen an einer Kapitalgesellschaft des Betriebs der jeweiligen Gesellschaft, unmittelbar oder mittelbar Beteiligungen an Personengesellschaften, die ihren Sitz oder ihre Geschäftsleitung im Inland, einem Mitgliedstaat der Europäischen Union oder in einem Staat des Europäischen Wirtschaftsraums haben, oder Anteile an Kapitalgesellschaften, die ihren Sitz oder ihre Geschäftsleitung im Inland, einem Mitgliedstaat der Europäischen Union oder in einem Staat des Europäischen Wirtschaftsraums haben, wenn die unmittelbare oder mittelbare Beteiligung mehr als 25 Prozent beträgt, sind die Lohnsummen **und die Anzahl der Beschäftigten** dieser Gesellschaften einzubeziehen zu dem Anteil, zu dem die unmittelbare und mittelbare Beteiligung besteht.

Anwendungsvorschriften:

► Art. 31 Abs. 1 des AmtshilfeRLUmsG lautet:

(1) Dieses Gesetz tritt vorbehaltlich der Absätze 2 bis 8 am Tag nach der Verkündung in Kraft.

▶ § 37 Abs. 8 ErbStG i. d. F. von Art. 30 Nr. 3 des AmtshilfeRLUmsG lautet:

(8) § 13a Abs. 1 Satz 4, Abs. 4 Satz 5 und § 13b Abs. 2 i. d. F. des Artikels 30 des Gesetzes vom 26. 6. 2013 (BGBl I 2013, 1809) sind auf Erwerbe anzuwenden, für die die Steuer nach dem 6. 6. 2013 entsteht.

LITERATUR:

Eisele, NWB 2013, 2292, NWB DokID: DAAAE-40102; *Erkis/Mannek/van Lishaut*, FR 2013, 245; *Kaminski*, Stbg 2014, 6; *Nacke*, StBW 2013, 700.

Erläuterungen

(Dr. Sascha Bleschick)

Lohnsumme im Konzern maßgeblich: Die Ergänzung in § 13a Abs. 1 Satz 4 ErbStG ordnet an, dass bei der Lohnsummenregelung die Zahl der Beschäftigten der Tochtergesellschaften des übertragenen Unternehmens (anteilig) zu berücksichtigen sind. Diese bisher in R E 13a.4 Abs. 1 Satz 9 ErbStR 2011 enthaltene Regelung wird damit in das ErbStG übernommen.

Nach den Gesetzesmaterialien (BT-Drucks. 302/12 (Beschluss), 115) und nach Ansicht der Finanzverwaltung (Gleich lautende Erlasse der obersten Finanzbehörden der Länder v. 10. 10. 2013, BStBl I 2013, 1272, Tz. 1, NWB DokID: RAAAE-48489) handelt es sich bei § 13a Abs. 1 Satz 4 ErbStG n. F. um eine auch vor dem 7. 6. 2013 anzuwendende Klarstellung, weshalb diese Regelung auch für vor dem 7. 6. 2013 liegende Erwerbe gelten soll. Dies wird jedoch bezweifelt; es läge eine konstitutive Änderung vor (*Kaminski*, Stbg 2014, 6, 11).

§ 13a Abs. 4 Satz 5 ErbStG n. F. bestimmt nunmehr neu, dass die Zahl der Beschäftigten nur in Höhe der Beteiligungsquote zu berücksichtigen ist. Mit dieser Änderung soll solchen Gestaltungen die Grundlage entzogen werden, die darauf abzielen, durch die Verlagerung von Mitarbeitern von der Konzernobergesellschaft auf Tochtergesellschaften den Anwendungsbereich der Lohnklausel zu umgehen (*Kaminski*, Stbg 2014, 6, 14). Nach den Gleich lautenden Erlassen der obersten Finanzbehörden der Länder v. 10. 10. 2013, BStBl I 2013, 1272, Tz. 1, NWB DokID: RAAAE-48489 soll auch insoweit eine Anwendung für vor dem 7.6. 2013 liegende Erwerbe in Betracht kommen (kritisch *Kaminski*, Stbg 2014, 6, 15).

Zeitlicher Anwendungsbereich: Art. 30 Nr. 3 des AmtshilfeRLUmsG tritt gemäß Art. 31 Abs. 1 des AmtshilfeRLUmsG am 30. 6. 2013 in Kraft. Nach der allgemeinen Anwendungsregelung in § 37 Abs. 8 ErbStG i. d. F. des Art. 30 Nr. 3 des AmtshilfeRLUmsG ist § 13a Absatz 1 Satz 4, Absatz 4 Satz 5 ErbStG n. F. **erstmals auf Erwerbe anzuwenden, für die die Steuer nach dem 6. 6. 2013 entsteht**.

2. § 13b ErbStG

Begünstigtes Vermögen

(1) Zum begünstigten Vermögen gehören vorbehaltlich Abs. 2 …

(2) [1]Ausgenommen bleibt Vermögen im Sinne des Absatzes 1, wenn das land- und forstwirtschaftliche Vermögen oder das Betriebsvermögen der Betriebe oder der Gesellschaften zu mehr als 50 Prozent aus Verwaltungsvermögen besteht. [2]Zum Verwaltungsvermögen gehören …

4a. der gemeine Wert des nach Abzug des gemeinen Werts der Schulden verbleibenden Bestands an Zahlungsmitteln, Geschäftsguthaben, Geldforderungen und anderen Forderungen, soweit er 20 Prozent des anzusetzenden Werts des Betriebsvermögens des Betriebs oder der Gesellschaft übersteigt. Satz 1 gilt nicht, wenn die genannten Wirtschaftsgüter dem Hauptzweck des Gewerbebetriebs eines Kreditinstitutes oder eines Finanzdienstleistungsinstitutes im Sinne des § 1 Abs. 1 und 1a des Kreditwesengesetzes i. d. F. der Bekanntmachung vom 9. 9. 1998 (BGBl I 1998, 2776), das zuletzt durch Artikel 2 des Gesetzes vom 7. 5. 2013 (BGBl I 2013, 1162) geändert worden ist, oder eines Versicherungsunternehmens, das der Aufsicht nach § 1 Abs. 1 Nr. 1 des Versicherungsaufsichtsgesetzes i. d. F. der Bekanntmachung vom 17. 12. 1992 (BGBl I 1993, 2), das zuletzt durch Art. 1 des Gesetzes vom 24. 4. 2013 (BGBl I 2013, 932) geändert worden ist, unterliegt, zuzurechnen sind. Satz 1 gilt ferner nicht für Gesellschaften, deren Hauptzweck in der Finanzierung einer Tätigkeit im Sinne des § 15 Abs. 1 Nr. 1 des Einkommensteuergesetzes von verbundenen Unternehmen (§ 15 des Aktiengesetzes) besteht;

[3]Kommt Satz 1 nicht zur Anwendung, gehört solches Verwaltungsvermögen im Sinne des Satzes 2 Nr. 1 bis 5 nicht zum begünstigten Vermögen im Sinne des Absatzes 1, welches dem Betrieb im Besteuerungszeitpunkt weniger als zwei Jahre zuzurechnen war (junges Verwaltungsvermögen); **bei Zahlungsmitteln, Geschäftsguthaben, Geldforderungen und anderen Forderungen (Satz 2 Nr. 4a) ergibt sich die Zurechnung aus dem positiven Saldo der eingelegten und der entnommenen Wirtschaftsgüter.** [4]Der Anteil des Verwaltungsvermögens am gemeinen Wert des Betriebs bestimmt sich nach dem Verhältnis der Summe der gemeinen Werte der Einzelwirtschaftsgüter des Verwaltungsvermögens zum gemeinen Wert des Betriebs; **für Grundstücksteile des Verwaltungsvermögens ist der ihnen entsprechende Anteil am gemeinen Wert des Grundstücks anzusetzen.** [5]Bei Betrieben der Land- und Forstwirtschaft ist als Vergleichsmaßstab der Wert des Wirtschaftsteils (§ 168 Abs. 1 Nr. 1 des Bewertungsgesetzes) anzuwenden. [6]Der Anteil des Verwaltungsvermögens am gemeinen Wert des Betriebs einer Kapitalgesellschaft bestimmt sich nach dem Verhältnis der Summe der gemeinen Werte der Einzelwirtschaftsgüter des Verwaltungsvermögens zum gemeinen Wert des Betriebs; für Grundstücksteile des Verwaltungsvermögens ist der ihnen entsprechende Anteil am gemeinen Wert des Grundstücks anzusetzen. [7]Soweit zum Vermögen der Kapitalgesellschaft Wirtschaftsgüter gehören, die nach Satz 3 nicht in das begünstigte Vermögen einzubeziehen sind, ist der Teil des Anteilswerts nicht begünstigt, der dem Verhältnis der Summe der Werte dieser Wirtschaftsgüter zum gemeinen Wert des Betriebs der Kapitalgesellschaft entspricht; **bei der rechnerischen Ermittlung der Quote des Verwaltungsvermögens erfolgt keine Beschränkung auf den Wert des Anteils.**

Anwendungsvorschriften:

► Art. 31 Abs. 1 des AmtshilfeRLUmsG lautet:

(1) Dieses Gesetz tritt vorbehaltlich der Absätze 2 bis 8 am Tag nach der Verkündung in Kraft.

► § 37 Abs. 8 ErbStG i. d. F. von Art. 30 Nr. 3 des AmtshilfeRLUmsG lautet:

(8) § 13a Abs. 1 Satz 4, Abs. 4 Satz 5 und § 13b Abs. 2 i. d. F. des Artikels 30 des Gesetzes vom 26. 6. 2013 (BGBl I 2013, 1809) sind auf Erwerbe anzuwenden, für die die Steuer nach dem 6. 6. 2013 entsteht.

LITERATUR:

Eisele, NWB 2013, 2292, NWB DokID: DAAAE-40102; *Erkis/Mannek/van Lishaut*, FR 2013, 245; *Kaminski*, Stbg 2014, 6; *Nacke*, StBW 2013, 700.

Erläuterungen

(Dr. Sascha Bleschick)

Die Neuregelung richtet sich gegen die sog. Cash-GmbH (Drucks. 302/12 (Beschluss), 115), mittels derer Barvermögen steuerfrei übertragen werden konnten. Insbesondere hiergegen wandte sich der BFH in seinem Vorlagebeschluss v. 27. 9. 2012 - II R 9/11, BStBl I 2012, 899 (Az. des BVerfG: 1 BvL 21/12): Ein dem Gleichheitssatz widersprechender Überhang der Verschonungsregelungen für das Betriebsvermögen ergebe sich daraus, dass Geldforderungen wie etwa Sichteinlagen, Sparanlagen und Festgeldkonten bei Kreditinstituten sowie Forderungen aus Lieferungen und Leistungen sowie Forderungen an verbundene Unternehmen nicht zum Verwaltungsvermögen i. S. d. § 13b Abs. 2 ErbStG gehörten. Ein Anteil an einer GmbH, deren Vermögen ausschließlich aus solchen Forderungen bestehe (sog. Cash-GmbH), könne deshalb durch freigebige Zuwendung oder von Todes wegen erworben werden, ohne dass Erbschaftsteuer anfalle, wenn die Voraussetzungen des § 13b Abs. 1 Satz 2 Nr. 3 ErbStG erfüllt seien und der Erwerber gem. § 13a Abs. 8 ErbStG für die völlige Steuerbefreiung optiert und für sieben Jahre die Behaltensregelungen des § 13a Abs. 5 ErbStG beachten würde. Auf die Erreichung bestimmter Lohnsummen und somit die Erhaltung von Arbeitsplätzen nach dem Erwerb komme es nicht an, weil eine derartige GmbH jedenfalls in aller Regel nicht mehr als 20 Beschäftigte habe.

§ 13b Abs. 2 Satz 2 Nr. 4a ErbStG erweitert das nicht begünstigten Verwaltungsvermögen um Geldforderungen und andere Finanzmittel, soweit diese nicht betriebsnotwendig sind. Der Bestand der betriebsnotwendigen Finanzmittel wird typisierend mit 20 % des gemeinen Werts des Unternehmens angenommen (sog. Finanzmitteltest, *Eisele*, NWB 2013, 2292, 2294, NWB DokID: DAAAE-40102); hierbei handelt es sich um einen Freibetrag (*Eisele*, NWB 2013, 2292, 2295, NWB DokID: DAAAE-40102). Ursprünglich sollte der Freibetrag auf 10 % des gemeinen Wertes des Vermögens betragen (BR-Drucks. 139/13, 76).

Andere Forderungen: Nach § 13b Abs. 2 Satz 2 Nr. 4a Satz 2 ErbSt sind von der Begünstigung u. a. auch "andere Forderungen" ausgenommen. Hierzu zählen – vorbehaltlich des § 13b Abs. 2 Satz 2 Nr. 4a Sätze 2 und 3 ErbStG – (sonstige) auf Geld gerichtete Forderungen wie z. B. Kundenforderungen, Steuerforderungen, geleistete Anzahlungen, Forderungen der Gesellschaft gegenüber dem Gesellschafter, Forderungen eines Mitunternehmers gegenüber seiner Personengesellschaft im Sonderbetriebsvermögen, nicht jedoch Sachleistungsansprüche (*Eisele*, NWB 2013, 2292, 2294, NWB DokID: DAAAE-40102; *Erkis/Mannek/van Lishaut*, FR 2013, 245, 246; Gleich lautende Erlasse der obersten Finanzbehörden der Länder v. 10.10.2013, BStBl I 2013, 1272, Tz. 2.1, NWB DokID: RAAAE-48489).

Nach der sog. **Netto-Betrachtungsweise** (*Eisele*, NWB 2013, 2292, 2296, NWB DokID: DAAAE-40102) ist nach § 13b Abs. 2 Satz 2 Nr. 4a Satz 1 ErbStG von dem nicht begünstigten Vermögen der gemeine Wert der Schulden abzuziehen. Hierzu zählen die Gleich lautenden Erlasse der obersten Finanzbehörden der Länder v. 10.10.2013, BStBl I 2013, 1272, Tz. 2.2.1, NWB DokID: RAAAE-48489 alle Schulden, die bei der ertragsteuerlichen Gewinnermittlung zum Betriebsvermögen gehören, nicht dagegen sonstige Abzüge, z. B. Rechnungsabgrenzungsposten, Rückstellungen, auch wenn für sie ein steuerliches Passivierungsverbot besteht. Ist der Saldo aus positiven und negativen Werten insgesamt negativ, liegt kein Verwaltungsvermögen i. S. d. § 13b Abs. 2 Satz 2 Nr. 4a ErbStG vor (*Kaminski*, Stbg 2014, 6, 9). Von der Netto-Betrachtungsweise dürften Cash-Gesellschaften regelmäßig nicht profitieren, da sie üblicherweise jedenfalls nur geringe Schulden aufweisen (*Eisele*, NWB 2013, 2292, 2296, NWB DokID: DAAAE-40102).

Kein Finanzmitteltest für Kreditinstitute, Versicherungsunternehmen und Cash-Pooling: Für Kreditinstitute und Versicherungsunternehmen sieht § 13b Abs. 2 Satz 2 Nr. 4a Satz 2 ErbStG eine Ausnahmeregelung vor: Dienen Finanzmittel dem Hauptzweck des Unternehmens, handelt es sich nicht um von der Begünstigung ausgenommenes Vermögen.

Eine weitere Ausnahme gilt nach § 13b Abs. 2 Satz 3 ErbStG für konzerninterne Finanzierungsgesellschaften. Danach gilt der Finanzmitteltest nicht für Gesellschaften, deren Hauptzweck in der Finanzierung einer Tätigkeit i. S. d. § 15 Abs. 1 Satz 1 Nr. 1 EStG von verbundenen Unternehmen (§ 15 AktG) besteht. Damit soll dem Cash-Pooling (Liquiditätsbündelung) im Unternehmensverbund mittelständischer Betriebe Rechnung getragen werden (*Eisele*, NWB 2013, 2292, 2297, NWB DokID: DAAAE-40102): Es wirkt sich also nicht schädlich aus, wenn im Rahmen des sog. Cash-Poolings einzelnen Konzernunternehmen überschüssige Liquidität entzogen wird bzw. Liquiditätsunterdeckungen durch die Rückführung von Guthaben oder die Bereitstellung von Krediten ausgeglichen werden.

§ 13b Abs. 2 Satz 3 ErbStG (Neuerungen bei jungem Verwaltungsvermögen): Im sachlichen Zusammenhang zu § 13b Abs. 2 Satz 2 Nr. 4a ErbStG steht die Erweiterung des Umfangs des sog. jungen Verwaltungsvermögens durch § 13b Abs. 2 Satz 3 2. Halbsatz ErbStG. Schon bisher gehörte nach § 13b Abs. 2 Satz 3 ErbStG Verwaltungsvermögen i. S. d. § 13b Abs. 2 Satz 2 Nr. 1 bis 5 ErbStG nicht zum begünstigten Vermögen, wenn es dem Betrieb im Besteuerungszeitpunkt weniger als zwei Jahre zuzurechnen war (sog. junges Verwaltungsvermögen). Die Vorschrift des § 13b Abs. 2 Satz 3 ErbStG dient damit allgemein der Vermeidung von Gestaltungen, die darauf abzielen, durch kurzfristige Einlagen vor dem Besteuerungszeitpunkt Vermögen in den steuerlich privilegierten Bereich zu verlagern (*Eisele*, NWB 2013, 2292, 2298, NWB DokID: DAAAE-40102).

Durch die Erweiterung des § 13b Abs. 1 Satz 2 ErbStG um die Nr. 4a bedurfte es einer Regelung, die Fälle erfasst, in denen die in § 13b Abs. 1 Satz 2 Nr. 4a ErbStG genannten Wirtschaftsgüter in den Betrieb eingelegt wurden (*Kaminski*, Stbg 2014, 6, 13): Nach § 13b Abs. 2 Satz 3 2. Halbsatz werden sie nur als junges Verwaltungsvermögen erfasst, soweit sie innerhalb der letzten zwei Jahre vor dem Besteuerungszeitpunkt dem Betrieb durch Einlagen zugeführt worden sind. Anzustellen ist auch hier eine sog. Saldobetrachtung (*Eisele*, NWB 2013, 2292, 2298, NWB DokID: DAAAE-40102), weil nur der positive Saldo zwischen Einlagen und Entnahmen maßgeblich ist. Ist dieser Saldo positiv, wird der Überhang der getätigten Einlagen über die vorgenommenen Entnahmen als junges Verwaltungsvermögen qualifiziert und die Schulden und der Freibetrag spielen bei der Ermittlung dieses Betrags keine Rolle; wird die 20 %-Grenze nicht überschritten, liegt auch kein junges Verwaltungsvermögen vor, weil es bereits an der Eigenschaft als Verwaltungsvermögen fehlt (*Kaminski*, Stbg 2014, 6, 13; *Eisele*, NWB 2013, 2292, 2298, NWB DokID: DAAAE-40102).

§ 13b Abs. 1 Satz 7 2. Halbsatz ErbStG: Bisher war die Höchstgrenze des für einen Konzern zu bestimmenden jungen Verwaltungsvermögens auf den Wert der Beteiligung an der nachgelagerten Gesellschaft (Tochtergesellschaft) begrenzt. Diese Begrenzung ist durch Anfügung des 2. Halbsatzes an § 13b Abs. 1 Satz 7 ErbStG aufgehoben geworden. Demnach ist bei einer Konzernobergesellschaft in den Verwaltungsvermögenstest nach § 13b Abs. 2 Satz 1 ErbStG das junge Verwaltungsvermögen einer Tochtergesellschaft einzubeziehen, ohne dass es auf den Wert der Beteiligung an dieser Tochtergesellschaft ankäme. Das bedeutet, dass eine Beteiligung im Wert von 100 junges Verwaltungsvermögen mit einem Wert von mehr als 100 vermitteln kann (*Kaminski*, Stbg 2014, 6, 14).

Zeitlicher Anwendungsbereich: Art. 30 Nr. 3 des AmtshilfeRLUmsG tritt gemäß Art. 31 Abs. 1 des AmtshilfeRLUmsG am 30. 6. 2013 in Kraft. Nach der allgemeinen Anwendungsregelung in § 37 Abs. 8 ErbStG i. d. F. des Art. 30 Nr. 3 des AmtshilfeRLUmsG ist § 13b Abs. 2 ErbStG n. F. erstmals auf Erwerbe anzuwenden, für die die Steuer nach dem 6. 6. 2013 entsteht.

Teil B: AIFM-Steuer-Anpassungsgesetz

I. Vorbemerkung

(Prof. Dr. Hans-Joachim Kanzler, Rechtsanwalt und Steuerberater, Vors. Richter am BFH a. D.)

LITERATUR:

Klein, IV. AIFM: Internationale Aspekte des geänderten Investmentsteuergesetzes, JbFfSt 2013/2014, 564; *Höring*, Investmentbesteuerung und das AIFM-Steueranpassungsgesetz, StC 2013, Nr 12, 19; *Benz/Placke*, Die neue gesetzliche Regelung durch das AIFM-Steuer-Anpassungsgesetz zur „angeschafften Drohverlustrückstellung" in § 4f und § 5 Abs. 7 EStG, DStR 2013, 2653; *Elser/Stadler*, Einschneidende Änderungen der Investmentbesteuerung nach dem nunmehr in Kraft getretenen AIFM-Steuer-Anpassungsgesetz, DStR 2014, 233; *Fiand*, Die neuen Besteuerungssysteme im aktuellen Investmentsteuergesetz, NWB 2014, 500; *S. Fuhrmann*, Rechtsprechungsbrechende Gesetzgebung zur steuerrechtlichen Behandlung von Verpflichtungsübernahmen durch das AIFM-StAnpG, DB 2014, 9; *Förster/Staaden*, Übertragung von Verpflichtungen mit Ansatz- und Bewertungsvorbehalten (§§ 4f, 5 Abs. 7 EStG), Ubg 2014, 1; *Müller/Dorn*, Umsatzsteuerfreie Verwaltung von Investmentvermögen durch außenstehende Dritte?, BB 2014, 30; *Gottschling/Schatz*, Praktische Auswirkungen des AIFM-StAnpG insbesondere hinsichtlich ausländischer geschlossener Private Equity-, Immobilien- und Infrastrukturfonds, ISR 2014, 30; *Simonis/Grabbe/Faller*, Neuregelung der Fondsbesteuerung durch das AIFM-StAnpG, DB 2014, 16; *Schultz/Debnar*, Übertragungen von Passiva im AIFM-StAnpG: Steuerliche Anschaffungserträge und Aufwandsverteilungen sind Realität, BB 2014, 107; *Bäuml*, Das neue Investmentsteuerrecht nach dem AIFM-Steueranpassungsgesetz: Was lange währt, wird (zumindest bis auf Weiteres) gut! BB 2014, Heft 6, I; *Riedel*, Die Neuregelung der sog. angeschafften Rückstellungen nach § 4f und § 5 Abs. 7 EStG, FR 2014, 6; *Hörhammer/Pitzke*, Verpflichtungsübernahme: Ansatzverbote, -beschränkungen und Bewertungsvorbehalte – Der neue § 4f EStG und der neue Abs. 7 in § 5 EStG, NWB 2014, 426.

Neues Kapitalanlagegesetzbuch: Mit dem AIFM-Umsetzungsgesetz wird ein Kapitalanlagegesetzbuch geschaffen, in dem

▶ die Richtlinie 2011/61/EU des Europäischen Parlaments und des Rates v. 8. 6. 2011 über die Verwalter alternativer Investmentfonds und zur Änderung der Richtlinien 2003/41/EG und 2009/65/EG und der Verordnungen (EG) Nr. 1060/2009 und (EU) Nr. 1095/2010 (ABl. L 174 vom 1. 7. 2011, S. 1) – AIFM-Richtlinie – umgesetzt wird,

▶ unter Aufhebung des Investmentgesetzes die Regelungen der Richtlinie 2009/65/EG des Europäischen Parlaments und des Rates v. 13. 7. 2009 zur Koordinierung der Rechts- und Verwaltungsvorschriften betreffend bestimmte Organismen für gemeinsame Anlagen in Wertpapieren – OGAW- Richtlinie – integriert werden und

▶ die Regelungen aufgenommen werden, die für die Anwendung der Verordnung über Europäische Risikokapitalfonds und der Verordnung über Europäische Fonds für soziales Unternehmertum erforderlich sind.

Dies hat zur Folge, dass verschiedene Gesetze, die bisher Bezug auf das Investmentgesetz genommen haben, geändert werden müssen.

Regelungen zum Pension-Asset-Pooling: Im Übrigen gab der Gesetzgeber dem Drängen der Wirtschaft nach, endlich eine Gesellschaftsform einzuführen, deren Gegenstand das Pension-Asset-Pooling sein kann.

Pooling-Modelle sind in Konzernen beliebt. Besonders bekannt sind sie als „Cash-Pooling"-Modelle im Bereich des Cash-Managements. Auch im Bereich der betrieblichen Altersversorgung sind Pooling-Modelle verbreitet. Damit wird das Deckungsvermögen für die betriebliche Altersversorgung zentral gebündelt und verwaltet, um Synergie- und Skaleneffekte bei der Kapitalanlage zu nutzen. Je größer das Deckungsvermögen, desto kosten- aber auch zinsgünstiger können Konzerne ihre Mittel anlegen.

Bisher traf die Bündelung von betrieblichen Altersvorsorgevermögen über ein in Deutschland ansässiges Vehikel auf erhebliche Hindernisse. Hauptgrund dafür war das Fehlen eines steuerlich transparenten Pension Asset Pooling Investment-Fonds. Der Gesetzgeber folgte daher dem Vorschlag zur Einführung einer steuertransparenten Personengesellschaft, einer „Investmentkommanditgesellschaft", die nun mit dem Kapitalanlagegesetzbuch in Deutschland eingeführt wurde.

Sonstige steuerrechtliche Regelungen, die nicht mit dem Investmentsteuerrecht im Zusammenhang stehen, enthielt der ursprüngliche Gesetzentwurf noch nicht. Sie wurden erst auf Anregung des Finanzausschusses in das Gesetzgebungsverfahren eingeführt. Außer redaktionellen Änderungen in § 32b Abs. 1 Satz 3 und § 43 Abs. 2 Satz 2 EStG handelt es sich dabei um folgende Regelungen:

► §§ 4f, 5 Abs. 7 EStG, die die entgeltliche Übertragung von Verpflichtungen regeln (II. 1 und 2)

► § 9b EStG zu den Auswirkungen der Vorsteuerberichtigung (II. 3)

► § 15b Abs. 3a EStG zu Steuerstundungsmodellen mit Umlaufvermögen (Goldfinger)

► § 33a Abs. 1 EStG zur Anpassung des Unterhaltshöchstbetrags an den Grundfreibetrag

Daten und Gesetzesmaterialien

8. 2. 2013	Referentenentwurf eines Gesetzes zur Anpassung des Investmentsteuergesetzes und anderer Gesetze an das AIFM-Umsetzungsgesetz (AIFM-Steuer-Anpassungsgesetz - AIFM-StAnpG als pdf-Datei).
8. 2. 2013	Zuleitung des Gesetzentwurfs an den Bundesrat (BR-Drucks. 95/13)
4. 3. 2013	Zuleitung des Gesetzentwurfs an den Bundestag (BT-Drucks. 17/12603)
8. 3. 2013	Empfehlungen der Ausschüsse des Bundesrats (BR-Drucks. 95/1/13)
15. 3. 2013	Erste Lesung im Bundestag und Überweisung an den Finanzausschuss
22. 3. 2013	Stellungnahme des Bundesrats (BR-Drucks. 95/13 Beschluss)
17. 4. 2013	Öffentliche Anhörung von Sachverständigen vor dem Finanzausschuss (Pressemitteilung des Bundestags und BT-Drucks. 17/13562)
15. 5. 2013	Beschlussempfehlung des Finanzausschusses (BT-Drucks. 17/13522) und Bericht (BT-Drucks. 17/13562)

16. 5. 2013	Annahme des Gesetzentwurfs durch den Bundestag und Unterrichtung des Bundesrats (BR-Drucks. 376/13)
27. 5. 2013	Ausschüsse des Bundesrats empfehlen die Anrufung des Vermittlungsausschusses (BR-Drucks. 376/1/13)
7. 6. 2013	Beschluss zur Anrufung des Vermittlungsausschusses (BR-Drucks. 376/13 Beschluss)
26. 6. 2013	Vertagung durch Vermittlungsausschuss und Ankündigung einer Übergangsregelung durch Verwaltungserlass an (Pressemitteilung, hinterlegt auf den Seiten des BMF)
18. 7. 2013	BMF-Schreiben, wonach das geltende Investmentsteuergesetz bis zum Abschluss des Gesetzgebungsvorhabens unverändert Anwendung findet (GZ IV C 1 - S1980-1/12/10011, pdf-Datei, hinterlegt auf den Seiten des BMF)
24. 10. 2013	Neue Gesetzesinitiative der Länder Nordrhein-Westfalen, Baden-Württemberg, Bremen, Hamburg, Hessen, Niedersachsen und Rheinland-Pfalz für ein Gesetz zur Anpassung des Investmentsteuergesetzes und anderer Gesetze an das AIFM-Umsetzungsgesetz (BR-Drucks. 740/13)
8. 11. 2013	Beschluss des Bundesrats über den Gesetzentwurf (BR-Drucks. 740/13 Beschluss)
15. 11. 2013	Berichtigung des Gesetzentwurfs durch den Bundesrat (BR-Drucks. zu 740/13 Beschluss)
20. 11. 2013	Zuleitung des Gesetzentwurfs an den Bundestag (BT-Drucks. 18/68) – positive Stellungnahme der Bundesregierung
28. 11. 2013	Vorlage des Berichts durch den Hauptausschuss (BT-Drucks. 18/113) – Annahme des Gesetzentwurfs durch den Bundestag (BR-Drucks. 784/13)
29. 11. 2013	Annahme des Gesetzentwurfs durch den Bundesrat (BR-Drucks. 784/13 Beschluss)
23. 12. 2013	Verkündung des AIFM-Steuer-Anpassungsgesetzes v. 18. 12. 2013 (BGBl I 2013, 4318)

II. Einkommensteuergesetz

1. § 4f EStG

Verpflichtungsübernahmen, Schuldbeitritte und Erfüllungsübernahmen

(1) [1]Werden Verpflichtungen übertragen, die beim ursprünglich Verpflichteten Ansatzverboten, -beschränkungen oder Bewertungsvorbehalten unterlegen haben, ist der sich aus diesem Vorgang ergebende Aufwand im Wirtschaftsjahr der Schuldübernahme und den nachfolgenden 14 Jahren gleichmäßig verteilt als Betriebsausgabe abziehbar. [2]Ist auf Grund der Übertragung einer Verpflichtung ein Passivposten gewinnerhöhend aufzulösen, ist Satz 1 mit der Maßgabe anzuwenden, dass der sich ergebende Aufwand im Wirtschaftsjahr der Schuldübernahme in Höhe des aufgelösten Passivpostens als Betriebsausgabe abzuziehen ist; der den aufgelösten

Passivposten übersteigende Betrag ist in dem Wirtschaftsjahr der Schuldübernahme und den nachfolgenden 14 Wirtschaftsjahren gleichmäßig verteilt als Betriebsausgabe abzuziehen. [3]Eine Verteilung des sich ergebenden Aufwands unterbleibt, wenn die Schuldübernahme im Rahmen einer Veräußerung oder Aufgabe des ganzen Betriebes oder des gesamten Mitunternehmeranteils im Sinne der §§ 14, 16 Abs. 1, 3 und 3a sowie des § 18 Abs. 3 erfolgt; dies gilt auch, wenn ein Arbeitnehmer unter Mitnahme seiner erworbenen Pensionsansprüche zu einem neuen Arbeitgeber wechselt oder wenn der Betrieb am Schluss des vorangehenden Wirtschaftsjahres die Größenmerkmale des § 7g Abs. 1 Satz 2 Nr. 1 Buchst. a bis c nicht überschreitet. [4]Erfolgt die Schuldübernahme in dem Fall einer Teilbetriebsveräußerung oder -aufgabe im Sinne der §§ 14, 16 Abs. 1, 3 und 3a sowie des § 18 Abs. 3, ist ein Veräußerungs- oder Aufgabeverlust um den Aufwand im Sinne des Satzes 1 zu vermindern, soweit dieser den Verlust begründet oder erhöht hat. [5]Entsprechendes gilt für den einen aufgelösten Passivposten übersteigenden Betrag im Sinne des Satzes 2. [6]Für den hinzugerechneten Aufwand gelten Satz 2 zweiter Halbsatz und Satz 3 entsprechend. [7]Der jeweilige Rechtsnachfolger des ursprünglichen Verpflichteten ist an die Aufwandsverteilung nach den Sätzen 1 bis 6 gebunden.

(2) Wurde für Verpflichtungen im Sinne des Absatzes 1 ein Schuldbeitritt oder eine Erfüllungsübernahme mit ganzer oder teilweiser Schuldfreistellung vereinbart, gilt für die vom Freistellungsberechtigten an den Freistellungsverpflichteten erbrachten Leistungen Abs. 1 Satz 1, 2 und 7 entsprechend.

Anwendungsvorschriften:

► § 52 Abs. 12c EStG in der Fassung vom 18. 12. 2013 lautet:

(12c) § 4f i. d. F. des Gesetzes vom 18. 12. 2013 (BGBl I 2013, 4318) ist erstmals für Wirtschaftsjahre anzuwenden, die nach dem 28. 11. 2013 enden.

Erläuterungen

(Prof. Dr. Hans-Joachim Kanzler, Rechtsanwalt und Steuerberater, Vors. Richter am BFH a. D.)

LITERATUR:

Hoffmann, Licht und Schatten beim Nichtanwendungsgesetz zur Übertragung von Schulden, StuB 2013, 1; *Benz/Placke*, Die neue gesetzliche Regelung durch das AIFM-Steuer-Anpassungsgesetz zur „angeschafften Drohverlustrückstellung" in § 4f und § 5 Abs. 7 EStG, DStR 2013, 2653; *S. Fuhrmann*, Rechtsprechungsbrechende Gesetzgebung zur steuerrechtlichen Behandlung von Verpflichtungsübernahmen durch das AIFM-StAnpG, DB 2014, 9; *Förster/Staaden*, Übertragung von Verpflichtungen mit Ansatz- und Bewertungsvorbehalten (§§ 4f, 5 Abs. 7 EStG), Ubg 2014, 1; *Schultz/Debnar*, Übertragungen von Passiva im AIFM-StAnpG: Steuerliche Anschaffungserträge und Aufwandsverteilungen sind Realität, BB 2014, 107; *Riedel*, Die Neuregelung der sog. angeschafften Rückstellungen nach § 4f und § 5 Abs. 7 EStG, FR 2014, 6; *Hörhammer/Pitzke*, Verpflichtungsübernahme: Ansatzverbote, -beschränkungen und Bewertungsvorbehalte – Der neue § 4f EStG und der neue Abs. 7 in § 5 EStG, NWB 2014, 426.

I. Bedeutung der Gesetzesänderung

Die Vorschrift wurde zusammen mit § 5 Abs. 7 EStG als Reaktion auf die Rechtsprechung des I. Senats des BFH zur Übernahme passivierungsbegrenzter Verbindlichkeiten eingeführt. Es handelt sich also um ein Nichtanwendungsgesetz. Mit Urteil v. 17. 10. 2007 – I R 61/06 (BStBl II 2008, 555) hatte der BFH nämlich entschieden:

„Bei der Berechnung des Gewinns aus einer Betriebsveräußerung sind vom Erwerber übernommene betriebliche Verbindlichkeiten, die aufgrund von Rückstellungsverboten (hier: für Jubiläumszuwendungen und für drohende Verluste aus schwebenden Geschäften) in der Steuerbilanz nicht passiviert worden sind, nicht gewinnerhöhend zum Veräußerungspreis hinzuzurechnen."

In einer weiteren Entscheidung zur Erwerberseite entschied der BFH mit Urteil v. 16. 12. 2009 – I R 102/08 (BStBl II 2011, 566):

„Betriebliche Verbindlichkeiten, welche beim Veräußerer aufgrund von Rückstellungsverboten (hier: für drohende Verluste aus schwebenden Geschäften) in der Steuerbilanz nicht bilanziert worden sind, sind bei demjenigen Erwerber, der die Verbindlichkeit im Zuge eines Betriebserwerbs gegen Schuldfreistellung übernommen hat, keinem Passivierungsverbot unterworfen, sondern als ungewisse Verbindlichkeit auszuweisen und von ihm auch an den nachfolgenden Bilanzstichtagen nach § 6 Abs. 1 Nr. 3 EStG 1997 mit ihren Anschaffungskosten oder ihrem höheren Teilwert zu bewerten."

Unternehmer dürfen also in ihrer Steuerbilanz aufgrund einkommensteuerrechtlicher Passivierungsbegrenzungen bestimmte (ungewisse) Verbindlichkeiten entweder nicht ausweisen oder sie haben die Verbindlichkeiten mit geringeren Werten anzusetzen als in ihrer Handelsbilanz.

Nach dieser Rechtsprechung können also Unternehmer stille Lasten steuermindernd realisieren, wenn Dritte die Verbindlichkeiten rechtlich oder wirtschaftlich übernehmen. Der Übernehmer der Verbindlichkeit braucht seinerseits die Passivierungsbegrenzungen nicht zu beachten. Nach Auffassung des Gesetzgebers hätte diese Rechtsprechung zu Steuerausfallsrisiken in Milliardenhöhe geführt. Insbesondere verbundenen Unternehmen ermöglicht die Rechtsprechung eine steuergünstige „Verschiebung" von Verpflichtungen und damit erhebliches Gestaltungspotenzial. Um solchen Gestaltungen vorzubeugen und die Rechtsprechung in haushaltsverträglicher Weise umzusetzen, hielt der Gesetzgeber die Neuregelung für geboten, die die Aufwandsrealisierung zeitlich streckt (BT-Drucks. 17/13562, 9). Die befürchteten Haushaltsrisiken sind im Wesentlichen bei den Pensionsrückstellungen zu sehen, weil die Bewertung nach § 6a EStG erhebliche stille Lasten birgt. Die Unterbewertung soll etwa 30 % betragen, so dass sich die stillen Lasten statistischen Erhebungen zufolge in der deutschen Wirtschaft auf 60 Mrd. € belaufen sollen. Damit wird das Haushaltsrisiko auf 20 Mrd. € veranschlagt (dazu *Hoffmann*, StuB 2013, 1).

II. Kommentierung

Mit § 5 Abs. 7 EStG betrifft auch die Neuregelung des § 4f EStG den Fall der Übertragung von Verpflichtungen, die nicht, oder nicht in voller Höhe ausgewiesen werden dürfen. Eine solche Übertragung einer Verpflichtung kann im Wege der Einzelrechtsnachfolge nach § 414 BGB oder im Wege der Sonder- oder Gesamtrechtsnachfolge nach dem Umwandlungsgesetz erfolgen. Die Vorschrift des § 4f EStG betrifft dabei die Seite des Veräußerers, also die Bilanz des Stpfl., der die Verpflichtung überträgt. § 4f EStG regelt daherVerkündung des AIFM-Steuer-Anpassungsgesetzes im Bundesgesetzblatt (BGBl I 2013, 4318) den Fall einer möglichen Verlustrealisation durch die Übertragung einer Verpflichtung auf der Seite des ursprünglich Verpflichteten. Die Vorschrift sieht vor, dass der Verlust für den Stpfl., der eine Verpflichtung „veräußert" auf 15 Jahre gestreckt wird. Hatte die übertragene Verpflichtung einem Ansatzverbot, einer Ansatzbeschränkung oder einem Bewertungsvorbehalt unterlegen, so wird der Verlust, der sich aufgrund der Übertragung und der damit einhergehenden (Teil-)Auflösung des entsprechenden Passivpostens ergibt, beim ursprünglich Verpflichteten daher nicht schon im Zeitpunkt der Übertragung berücksichtigt, sondern in Anlehnung an die Regelung in § 4e EStG durch einen außerbilanziellen Betriebsausgabenabzug über 15 Jahre gestreckt. § 4f EStG führt damit zu einer weiteren Abweichung von der Handelsbilanz.

Zweifel an der Verfassungsmäßigkeit der Vorschrift bestehen vor allem wegen der Frage, ob die befürchteten und letztlich nur behaupteten Haushaltsrisiken von 20 Mrd. € allein eine sachliche Rechtfertigung für eine steuerbilanzielle Abweichung von den Grundsätzen der Verlustrealisierung bieten (so andeutungsweise *Hoffmann*, StuB 2013, 1).

Verpflichtung, die einem Ansatzverbot unterlag (§ 4f Abs. 1 Satz 1 EStG): Durfte eine Passivierung der Verpflichtung (z. B. Drohverluste) beim Übertragenden bisher nicht erfolgen, sind die Betriebsausgaben im Wirtschaftsjahr der Übertragung und in den folgenden vierzehn Wirtschaftsjahren außerbilanziell mit jeweils 1/15-tel zu berücksichtigen.

Verpflichtung, die einem Bewertungsvorbehalt unterlag (§ 4f Abs. 1 Satz 2 EStG): War dagegen eine Verpflichtung (Verbindlichkeit oder Rückstellung) passiviert und ist diese gewinnerhöhend aufzulösen, dürfen die Betriebsausgaben in Höhe des aufgelösten Passivpostens sofort und im Übrigen mit 1/14-tel des verbleibenden Betrags verteilt in den folgenden 14 Wirtschaftsjahren außerbilanziell berücksichtigt werden.

Ausnahmen von der Verteilung: In den Fällen einer Betriebsveräußerung bzw. -aufgabe i. S. d. §§ 14, 16 Abs. 1, 3 und 3a sowie des § 18 Abs. 3 EStG ist von einer Verteilung der aus der Übertragung der Verpflichtung resultierenden Betriebsausgaben abzusehen (§ 4f Abs. 1 Satz 2 1. Halbsatz EStG). Dies gilt auch wenn ein Arbeitnehmer unter Mitnahme seiner erworbenen Pensionsansprüche zu einem neuen Arbeitgeber wechselt (§ 4f Abs. 1 Satz 2 2. Halbsatz 1. Alt. EStG). Ebenso sind kleine und mittlere Betriebe von der Verteilungsregelung ausgenommen; bei diesen nach den Größenmerkmalen für den Investitionsabzugsetrag zu bestimmenden Betrieben wirken sich die durch die Übertragung entstehenden Betriebsausgaben sofort im Wirtschaftsjahr der Übertragung aus (§ 4f Abs. 1 Satz 2 2. Halbsatz 2. Alt. EStG).

BEISPIEL 1: B übernimmt von A eine Pensionsverpflichtung und erhält dafür 30 000 €. Der pensionsberechtigte Arbeitnehmer bleibt aber bei A. Für die Verpflichtung hatte A in seiner Steuerbilanz eine Rückstellung nach § 6a EStG i. H. v. 27 000 € passiviert. Ausnahmen von der Verteilungsregelung liegen nicht vor.

Da die Pensionsverpflichtung bei A entfallen ist, hat er die bisherige Rückstellung gewinnerhöhend auszubuchen. Die Zahlung stellt eine Betriebsausgabe dar. A entsteht. A entsteht also ein Verlust von 3 000 € (30 000 € BA ./. 27 000 € Rücklageauflösung). Dieser Verlust ist im Jahr der Übertragung und in den folgenden 14 Jahren mit je 1/15 gewinnmindernd abzugsfähig. Dementsprechend sind im Übertragungsjahr 14/15 von 3 000 € = 2.800 € außerbilanziell wieder gewinnerhöhend hinzuzurechnen. Im Übertragungsjahr bleibt es dann bei einem Verlust von 200 € und in den folgenden 14 Wirtschaftsjahren sind jeweils 200 € außerbilanziell vom Bilanzgewinn abzuziehen.

Fall der Teilbetriebsveräußerung oder -aufgabe (§ 4f Abs. 1 Sätze 4 bis 6 EStG): Danach sind die Regelungen des § 4f EStG auch bei Teilbetriebsübertragungen anzuwenden. Ein Veräußerungs- oder Aufgabeverlust ist entsprechend den in Satz 1 und 2 enthaltenen Verteilungsregelungen zu berichtigen. Die Verteilung erfolgt jedoch nur insoweit, als die aus der Übertragung der Verpflichtung resultierenden Betriebsausgaben den Betriebsaufgabe- oder Betriebsveräußerungsverlust begründet oder erhöht haben. Somit kommt es nur dann zu einer Verteilung, wenn die durch den Vorgang der Betriebsaufgabe oder Betriebsveräußerung realisierten stillen Lasten die stillen Reserven übersteigen (BT-Drucks. 17/13562, 9).

Behandlung bei Rechtsnachfolge (§ 4f Abs. 1 Satz 7): Diese Regelung stellt sicher, dass beim Übertragenden noch nicht berücksichtigter Aufwand – z. B. infolge seines Todes – nicht untergeht, sondern auf die Rechtsnachfolger übergeht. Dadurch ist die vollständige steuerliche Berücksichtigung des durch die Übertragung realisierten Aufwands gewährleistet. In den Gesetzesmaterialien wird darauf hingewiesen, dass ein Untergang des Aufwands nicht als notwendig angesehen worden sei, weil lediglich im Hinblick auf die Situation der öffentlichen Haushalte eine Verteilung des Aufwands erforderlich ist.

Erfüllungsübernahme und Schuldbeitritt (§ 4f Abs. 2 EStG): Erfüllungsübernahme und Schuldbeitritt bedürfen einer gesonderten Regelung, weil die Schuld, abweichend von den Fällen des § 4f Abs. 1 EStG, nicht direkt übernommen wird, sondern sich aus dem Rechtsgeschäft eine neue Verpflichtung ergibt (Freistellungsverpflichtung). Für Gewinnminderungen, die beim ursprünglich Verpflichteten aufgrund einer für den Schuldbeitritt oder die Erfüllungsübernahme erbrachten Leistung entstehen, gelten die Regelungen zur Schuldübernahme entsprechend.

Mit Urteil v. 26. 4. 2012 - IV R 43/09, NWB DokID: QAAAE-10991 noch hatte der IV. Senat des BFH Folgendes entschieden:

1. Rückstellungen für Pensionsverpflichtungen sind nicht zu bilden, wenn eine Inanspruchnahme am maßgeblichen Bilanzstichtag infolge eines Schuldbeitritts nicht (mehr) wahrscheinlich ist.

2. Ein Freistellungsanspruch wegen des Schuldbeitritts zu den Pensionsverpflichtungen ist in einem solchen Fall nicht zu aktivieren (gegen BMF-Schreiben vom 16. 12. 2005 - IV B 2 -S 2176 - 103/05, BStBl I 2005, 1052).

Dieses Urteil wird mit dem Abs. 2 des § 4f EStG vom Gesetzgeber umgesetzt. Auch in diesem Fall kommt es zu einer Auflösung der Rückstellung beim ursprünglich Verpflichteten und folgerichtig zu einer Verteilung etwa daraus entstehender Verluste (gl.A. *Hörhammer/Pitzke*, NWB 2014, 426, 427).

Anwendungszeitraum für § 4f EStG (§ 52 Abs. 12c EStG): Nach der Entwurfsbegründung sollte die Neuregelung in § 4f erstmals für Schuldübertragungen, Schuldbeitritte und Erfüllungsübernahmen anzuwenden, die nach dem Tag der Verabschiedung im Bundestag vereinbart werden. Das Gesetz geht aber nicht von dieser vertragsbezogenen Anwendungsregelung aus, sondern bestimmt eindeutig, dass die Neuregelungen erstmals **für Übertragungen in Wirtschaftsjahren anzuwenden, die nach dem 28. 11. 2013, dem Tag des Gesetzesbeschlusses im Deutschen Bundestag, enden.** Übertragungen in früher endenden Wirtschaftsjahren führen daher noch nicht zu einer Aufwandsverteilung.

2. § 5 Abs. 7 EStG

Ansatz- und Bewertungsvorbehalte nach Verpflichtungsübernahme

...

(7) [1]Übernommene Verpflichtungen, die beim ursprünglich Verpflichteten Ansatzverboten, -beschränkungen oder Bewertungsvorbehalten unterlegen haben, sind zu den auf die Übernahme folgenden Abschlussstichtagen bei dem Übernehmer und dessen Rechtsnachfolger so zu bilanzieren, wie sie beim ursprünglich Verpflichteten ohne Übernahme zu bilanzieren wären. [2]Dies gilt in Fällen des Schuldbeitritts oder der Erfüllungsübernahme mit vollständiger oder teilweiser Schuldfreistellung für die sich aus diesem Rechtsgeschäft ergebenden Verpflichtungen sinngemäß. [3]Satz 1 ist für den Erwerb eines Mitunternehmeranteils entsprechend anzuwenden. [4]Wird eine Pensionsverpflichtung unter gleichzeitiger Übernahme von Vermögenswerten gegenüber einem Arbeitnehmer übernommen, der bisher in einem anderen Unternehmen tätig war, ist Satz 1 mit der Maßgabe anzuwenden, dass bei der Ermittlung des Teilwertes der Verpflichtung der Jahresbetrag nach § 6a Abs. 3 Satz 2 Nr. 1 so zu bemessen ist, dass zu Beginn des Wirtschaftsjahres der Übernahme der Barwert der Jahresbeträge zusammen mit den übernommenen Vermögenswerten gleich dem Barwert der künftigen Pensionsleistungen ist; dabei darf sich kein negativer Jahresbetrag ergeben. [5]Für einen Gewinn, der sich aus der Anwendung der Sätze 1 bis 3 ergibt, kann jeweils in Höhe von vierzehn Fünfzehntel eine gewinnmindernde Rücklage gebildet werden, die in den folgenden 14 Wirtschaftsjahren jeweils mit mindestens einem Vierzehntel gewinnerhöhend aufzulösen ist (Auflösungszeitraum). [6]Besteht eine Verpflichtung, für die eine Rücklage gebildet wurde, bereits vor Ablauf des maßgebenden Auflösungszeitraums nicht mehr, ist die insoweit verbleibende Rücklage erhöhend aufzulösen.

Anwendungsvorschriften:

▶ § 52 Abs. 14a EStG i. d. F. vom 18. 12. 2013 lautet:

(14a) [1]§ 5 Abs. 7 i. d. F. des Gesetzes vom 18. 12. 2013 (BGBl I 2013, 4318) ist erstmals für Wirtschaftsjahre anzuwenden, die nach dem 28. 11. 2013 enden. [2]Auf Antrag kann § 5 Abs. 7 auch für frühere Wirtschaftsjahre angewendet werden. [3]Bei Schuldübertragungen, Schuldbeitritten und Erfüllungsübernahmen, die vor dem 14. 12. 2011 vereinbart wurden, ist § 5 Abs. 7 Satz 5 mit der Maßgabe anzuwenden, dass für einen Gewinn, der sich aus der Anwendung von § 5 Abs. 7 Satz 1 bis 3 ergibt, jeweils in Höhe von neunzehn Zwanzigstel eine gewinnmindernde Rücklage gebildet werden kann, die in den folgenden 19 Wirtschaftsjahren jeweils mit mindestens einem Neunzehntel gewinnerhöhend aufzulösen ist.

Erläuterungen

(Prof. Dr. Hans-Joachim Kanzler, Rechtsanwalt und Steuerberater, Vors. Richter am BFH a. D.)

LITERATUR:

Siehe das Schrifttum zu § 4f EStG (S. 200).

I. Bedeutung der Gesetzesänderung

§ 5 Abs. 7 EStG ist die Komplementärregelung zu § 4f EStG, d. h. sie behandelt die Übertragung von Verpflichtungen auf der Erwerber- oder Übernehmerseite. Hierzu hatte der BFH mit Urteil v. 16. 12. 2009 – I R 102/08 (BStBl II 2011, 566) entschieden, dass ein beim Übertragenden bestehendes Passivierungsverbot nicht für den Übernehmenden gelten soll. Daraufhin hatte die Finanzverwaltung für den Fall der Schuldübernahme nach §§ 414 ff. BGB vorgesehen, dass in der Eröffnungsbilanz des Verpflichtungsübernehmers die übernommenen Verpflichtungen zunächst mit dem „Wert" anzusetzen sind, den die Vertragsparteien vereinbart haben, dass aber in der Schlussbilanz die bilanzsteuerlichen Ansatz- und Bewertungsvorschriften zu beachten seien (BMF-Schreiben v. 24. 6. 2011, BStBl I 2011, 627). Dies führte regelmäßig zu einem Gewinn. Der BFH verwarf jedoch diese Regelung ausdrücklich mit der Begründung, es fehle an einer entsprechenden Vorschrift, die es ermögliche, in Übertragungsfällen auch den Verpflichtungsübernehmer an die steuerlichen Ansatz- und Bewertungsvorschriften zu binden (BFH v. 14. 12. 2011 – I R 72/10, NWB DokID: GAAAE-03246 und v. 12. 12. 2012 – I R 69/11, NWB DokID: KAAAE-32296). Mit der Regelung des § 5 Abs. 7 EStG sollten daher die gesetzlich vorgesehenen Ansatz- und Bewertungsvorbehalte auch nach der Übernahme einer Verpflichtung weiter Bestand haben.

II. Kommentierung der Gesetzesänderung

Verpflichtungsübernahme (§ 5 Abs. 7 Satz 1 EStG): Die Vorschrift ordnet im Wege einer Fiktion an, dass der Übernehmer einer Verpflichtung und dessen Rechtsnachfolger in der ersten nach der Übernahme aufzustellenden Bilanz die Ansatzverbote, -beschränkungen und Bewertungsvorbehalte zu beachten hat, die auch für den ursprünglich Verpflichteten gegolten haben. Der Charakter der ursprünglichen Verpflichtung bleibt daher beim Übernehmer – trotz des erfolgten Übertragungsvorgangs – erhalten. Die Verpflichtung unterliegt dort weiterhin den entsprechenden Ansatz- und Bewertungsvorschriften (z. B. § 6a EStG, § 5 Abs. 4a EStG).

Erfüllungsübernahme und Schuldbeitritt (§ 5 Abs. 7 Satz 2 EStG): Satz 2 regelt die Fälle der Erfüllungsübernahme und des Schuldbeitritts, bei denen der Beitretende die Verpflichtung des bisherigen Schuldners im Innenverhältnis übernimmt. Es bedarf einer ergänzenden Regelung, da in diesen Fällen nicht wie in den Fällen des § 5 Abs. 7 Satz 1 EStG die ursprüngliche Schuld übernommen wird, sondern sich erst aus dem Rechtsgeschäft eine Verpflichtung ergibt (Freistellungsverpflichtung).

Entgeltliche Übertragung eines Mitunternehmeranteils (§ 5 Abs. 7 Satz 3 EStG): Satz 3 regelt den Sonderfall der entgeltlichen Übertragung eines Mitunternehmeranteils. In diesem Fall übernimmt der erwerbende Mitunternehmer zivilrechtlich nicht die bestehende Verpflichtung, weil die Personengesellschaft aus dem jeweiligen Rechtsverhältnis verpflichtet wird. Dennoch hat der Gesetzgeber auch in diesen Fällen dem Transparenzprinzip folgend eine Gleichstellung mit den Fällen des § 5 Abs. 7 Satz 1 für erforderlich gehalten (BT-Drucks. 17/13562, 9).

Bewertung übernommener Pensionsrückstellungen (§ 5 Abs. 7 Satz 4 EStG): Wortgleich mit der R 6a Abs. 13 EStR 2012 stellt diese Regelung sicher, dass bei einem Arbeitgeberwechsel die „Bemessungsgrundlage" für § 6a EStG entsprechend der bisherigen Verwaltungsauffassung übernommen wird.

Gewinnneutralisierung durch Bildung einer Rücklage (§ 5 Abs. 7 Satz 5 EStG): Nach dieser Regelung kann der durch die Anwendung der gesetzlichen Ansatz- und Bewertungsvorschriften entstehende Gewinn i.H.v. $^{14}/_{15}$ in eine gewinnmindernde Rücklage eingestellt werden. Diese Rücklage ist in den folgenden Wirtschaftsjahren jeweils mit mindestens $^{1}/_{14}$ gewinnerhöhend aufzulösen. Damit steht dem Stpfl. ein bilanzsteuerliches Wahlrecht zu, die Sofortversteuerung des Gewinns aus der Übernahme der Verpflichtung zu vermeiden und den Ertrag über einen Zeitraum bis zu 14 Jahren zu strecken.

> **BEISPIEL 2:** ▶ A überträgt B eine Drohverlustrückstellung i.H.v. 30 000 €, die A wegen § 5 Abs. 4a EStG nicht in seiner Steuerbilanz ausweisen durfte. B erhält für die Übernahme 30 000 €. Da B ebenso wie zuvor A nach § 5 Abs. 7 Satz 1 EStG die steuerlichen Ansatz- und Bewertungsregeln zu beachten hat, kann er die Drohverlustrückstellung wegen § 5 Abs. 4a EStG ebenfalls nicht in seiner Steuerbilanz ausweisen. Ihm entsteht ein a. o. Ertrag von 30 000 €, den er vom Jahr der Übertragung an über insgesamt 15 Jahre verteilen kann. Dazu bildet er Im Übertragungsjahr eine Rücklage von 14/15 = 28 000 €, die in den folgenden Wirtschaftsjahren jeweils zu mindestens 1/14 = 2 000 € gewinnerhöhend aufzulösen ist. Wählt B eine höhere Auflösung, dann verkürzt sich der Auflösungszeitraum.

Vorzeitige Auflösung der Rücklage (§ 5 Abs. 7 Satz 6 EStG): Ist die Verpflichtung vor Ablauf des maßgebenden Auflösungszeitraums bereits entfallen, dann ist die verbleibende Rücklage gewinnerhöhend aufzulösen.

Anwendungszeitraum für § 5 Abs. 7 EStG (§ 52 Abs. 14a EStG): Nach Satz 1 der Übergangsregelung des § 52 Abs. 14a EStG ist die Vorschrift des § 5 Abs. 7 EStG für Wirtschaftsjahre anzuwenden, die nach dem Tag der Verabschiedung im Bundestag enden. Entgegen dem eindeutigen Gesetzeswortlaut wird in der Entwurfsbegründung noch ausgeführt, die Neuregelung sei erstmals für Wirtschaftsjahre anzuwenden, die nach dem Tag der Verabschiedung im Bundestag beginnen. Hat der Übernehmende die Verpflichtung bisher aufgrund der o. g. Rechtsprechung des BFH ohne die Ansatzverbote, -beschränkungen oder Bewertungsvorbehalte ausgewiesen, dann hat er sie für Wirtschaftsjahre, die nach dem vorbenannten Stichtag enden, zu beachten. Er muss damit wie vor Ergehen der Rechtsprechung des BFH die Verpflichtungen unter Beachtung der Ansatzverbote, -beschränkungen oder Bewertungs-vorbehalte ausweisen. Hat der die Verpflichtung Übernehmende seiner Bilanzierung die bisherige Verwaltungsauffassung zugrunde gelegt, dann kann er diese nach Satz 2 beibehalten, um aufwendige Bilanzberichtigungen zu vermeiden (BT-Drucks. 17/13562, 10). Für sog. „Altfälle" sieht Satz 3 eine weitere Streckung des Gewinns aus der Übernahme einer Verbindlichkeit von 15 auf 20 Jahre vor. Diese Regelung betrifft Fälle, bei denen die Verpflichtung vor dem 14. 12. 2011, dem Tag der Entscheidung des BFH (Urteil v. 14. 12. 2011 – I R 72/10, NWB DokID: GAAAE-03246) übernommen wurde. In diesen Fällen verlängert sich der Verteilungszeitraum von 15 auf 20 Jahre. Eine Begründung für diese Regelung findet sich nicht in den Materialien (BT-Drucks. 18/68, 76).

3. § 9b Abs. 2 EStG

Umsatzsteuerrechtlicher Vorsteuerabzug

(1) Der Vorsteuerbetrag nach § 15 des Umsatzsteuergesetzes gehört, soweit er bei der Umsatzsteuer abgezogen werden kann, nicht zu den Anschaffungs- oder Herstellungskosten des Wirtschaftsguts, auf dessen Anschaffung oder Herstellung er entfällt.

(2) ¹Wird der Vorsteuerabzug nach § 15a des Umsatzsteuergesetzes berichtigt, so sind die **Mehrbeträge als Betriebseinnahmen oder Einnahmen zu behandeln, wenn sie im Rahmen einer der Einkunftsarten des § 2 Abs. 1 Satz 1 bezogen werden; die Minderbeträge sind als Betriebs-**

ausgaben oder Werbungskosten zu behandeln, wenn sie durch den Betrieb veranlasst sind oder der Erwerbung, Sicherung und Erhaltung von Einnahmen dienen. ²Die Anschaffungs- oder Herstellungskosten bleiben in den Fällen des Satzes 1 unberührt. *[bisher: (2) Wird der Vorsteuerabzug nach § 15a des Umsatzsteuergesetzes berichtigt, so sind die Mehrbeträge als Betriebseinnahmen oder Einnahmen, die Minderbeträge als Betriebsausgaben oder Werbungskosten zu behandeln; die Anschaffungs- oder Herstellungskosten bleiben unberührt.]*

Anwendungsvorschriften:

► § 52 Abs. 23f EStG lautet:

(23f) § 9b Abs. 2 i. d. F. des Art. 11 des Gesetzes vom 18. 12. 2013 (BGBl I 2013, 4318) ist auf Mehr- und Minderbeträge infolge von Änderungen der Verhältnisse im Sinne von § 15a des Umsatzsteuergesetzes anzuwenden, die nach dem 28. 11. 2013 eingetreten sind.

Erläuterungen

(Prof. Dr. Hans-Joachim Kanzler, Rechtsanwalt und Steuerberater, Vors. Richter am BFH a. D.)

I. Bedeutung der Gesetzesänderung

Mit der Neufassung des § 9b Abs. 2 wird geregelt, dass aufgrund einer Vorsteuerberichtigung nach § 15a UStG erstattete Vorsteuerbeträge (Mehrbeträge) nur dann als Betriebseinnahmen oder Einnahmen zu erfassen sind, wenn sie im Zusammenhang mit einer Einkunftsart bezogen werden. Stehen erstattete Vorsteuerberichtigungsbeträge dagegen nicht im Zusammenhang mit einer Einkunftsart, so vermindern sie die Anschaffungs- oder Herstellungskosten des betroffenen Wirtschaftsguts. Entsprechendes gilt für aufgrund einer Vorsteuerberichtigung zurückgezahlte Vorsteuerbeträge (Minderbeträge): Sie sind nur dann als Betriebsausgaben oder Werbungskosten abziehbar, wenn sie durch eine Einkunftsart veranlasst sind. Diese Voraussetzung ist aber nicht erfüllt, wenn die Vorsteuerberichtigungsbeträge auf für eigene Wohnzwecke genutzte Grundstücksteile entfallen (BT-Drucks. 17/13562, 15).

II. Kommentierung

§ 9b Abs. 2 EStG enthält eine Vereinfachungsregelung für die Behandlung der umsatzsteuerlichen Vorsteuerberichtigungsbeträge in der ertragsteuerlichen Gewinn- und Überschussermittlung. Sie ermöglicht, nachträgliche Korrekturen des Vorsteuerabzugs sofort erfolgswirksam zu behandeln und die ursprünglich angesetzten Anschaffungs- oder Herstellungskosten unberührt zu belassen (vgl. BT-Drucks. V/2185 v. 17. 10. 1967; grundlegend dazu *Eschenbach* in Hermann/Heuer/Raupach, § 9b EStG Anm. 4 m. w. N.).

Die Entwurfsbegründung führt hierzu aus (s. BT-Drucks. 17/13562, 15): Der Bundesfinanzhof habe mehrfach entschieden, dass die Regelung, die von ihrer Zielsetzung lediglich den Charakter einer Verfahrensvorschrift hat, als eigenständige Rechtsgrundlage für die Erfassung der Vorsteuerberichtigungsbeträge bei der Einkünfteermittlung zu beurteilen sei. Dies hatte zur Folge, dass Vorsteuersteuerberichtigungsbeträge für Grundstücksteile, die zunächst ausschließlich für umsatzsteuerpflichtige Leistungen verwendet wurden, danach aber eigenen Wohnzwecken dienen, als Betriebsausgaben oder Werbungskosten abziehbar sind, obwohl die eigenen Wohnzwecke der privaten Lebensführung des Stpfl. zuzurechnen sind. Nach den allgemeinen Grundsätzen lägen hier nachträgliche Anschaffungs- oder Herstellungskosten für Wirtschaftsgüter vor, die außerhalb der Einkünftesphäre des Steuerpflichtigen angesiedelt sind.

Verursacht wurde das Problem durch eine Änderung des Umsatzsteuerrechts im Rahmen des JStG 2010, nach der die Nutzung von Grundstückteilen, die dem Unternehmen zugeordnet und ursprünglich für umsatzsteuerpflichtige Leistungen verwendet wurden, für unternehmensfremde Zwecke nicht mehr zu einer unentgeltlichen Wertabgabe i. S. d. § 3 Abs. 9a Nr. 1 UStG führt, sondern eine Vorsteuerberichtigung nach § 15a Abs. 6a UStG auslöst.

Zeitlicher Anwendungsbereich: Der neugefasste § 9b Abs. 2 EStG ist auf alle Mehr- und Minderbeträge infolge von Änderungen der Verhältnisse i. S. v. § 15a UStG anzuwenden, die nach der Beschlussfassung des Bundestages über das AIFM-Steuer-Anpassungsgesetz eintreten. Von der Neuregelung werden daher alle Fälle erfasst, in denen der maßgebliche Berichtigungszeitraum noch läuft (BT-Drucks. 17/13562, 15).

4. §§ 15b und 32b EStG

§ 15b EStG

Steuerstundung

...

(3a) Unabhängig von den Voraussetzungen nach den Absätzen 2 und 3 liegt ein Steuerstundungsmodell im Sinne des Absatzes 1 insbesondere vor, wenn ein Verlust aus Gewerbebetrieb entsteht oder sich erhöht, indem ein Steuerpflichtiger, der nicht aufgrund gesetzlicher Vorschriften verpflichtet ist, Bücher zu führen und regelmäßig Abschlüsse zu machen, auf Grund des Erwerbs von Wirtschaftsgütern des Umlaufvermögens sofort abziehbare Betriebsausgaben tätigt, wenn deren Übereignung ohne körperliche Übergabe durch Besitzkonstitut nach § 930 des Bürgerlichen Gesetzbuchs oder durch Abtretung des Herausgabeanspruchs nach § 931 des Bürgerlichen Gesetzbuchs erfolgt.

§ 32b EStG

Progressionsvorbehalt

(1) ... [3]§ 2a Abs. 2a **und § 15b** sind sinngemäß anzuwenden.

Anwendungsvorschriften:

►Art. 16 Abs. 1 AIFM-StAnpG lautet:

(1) Dieses Gesetz tritt vorbehaltlich der Absätze 2 bis 5 am Tag nach der Verkündung in Kraft.

► § 52 Abs. 33a EStG i. d. F. des AIFM-StAnpG (Art. 11 Nr. 9 Buchst. e) lautet:

(33a) ... [5]§ 15b Abs. 3a ist erstmals auf Verluste der dort bezeichneten Steuerstundungsmodelle anzuwenden, bei denen Wirtschaftsgüter des Umlaufvermögens nach dem 28. 11. 2013 angeschafft, hergestellt oder in das Betriebsvermögen eingelegt werden. (45a) § 33a Abs. 1 Satz 1 i. d. F. des Art. 11 Nr. 7 Buchst. b des Gesetzes vom 18. 12. 2013 (BGBl I 2013, 4318) ist erstmals für den Veranlagungszeitraum 2014 anzuwenden.

►§ 52 Abs. 43a EStG i. d. F. des AIFM-StAnpG (Art. 11 Nr. 9 Buchst. f) lautet:

(43a) ... [12]§ 32b Abs. 1 Satz 3 i. d. F. des Art. 11 des Gesetzes vom 18. 12. 2013 (BGBl I 2013, 4318) ist in allen offenen Fällen anzuwenden.

Erläuterungen

(Dr. Alexander Kratzsch, Richter am FG)

LITERATUR:

Korn/Strahl in Korn/Carlé/Stahl/Strahl, Einkommensteuergesetz, Kommentar Online, AIFM-Steuer-Anpassungsgesetz; *Strahl*, KÖSDI 2013, 18491 ff.

I. Bedeutung der Neuregelung

Gründe des Gesetzgebers für die Neuregelung: In der vergangenen Legislaturperiode wurde Regierungsentwurf eines Gesetzes zur Anpassung des InvStG und anderer Gesetze an das AIFM-Umsetzungsgesetz (AIFM-Steuer-Anpassungsgesetz – AIFM-StAnpG) vorgelegt (BT-Drucks. 17/12603, 1 ff.). Der Gesetzentwurf enthielt diverse steuerliche Folgeänderungen, die sich aufgrund des Gesetzes zur Umsetzung der Richtlinie 2011/61/EU über die Verwaltung alternativer Investmentfonds (AIFM-Umsetzungsgesetz) ergeben. Die Umsetzung der EU-Richtlinie musste bis zum 23. 7. 2013 erfolgen; dementsprechend beschloss der Deutsche Bundestag am 16. 5. 2013 das AIFM-Umsetzungsgesetz (BT-Drucks. 17/13395, 1 ff.). Ebenfalls am 10. 5. 2013 verabschiedete der Bundestag auch das AIFM-StAnpG i. d. F. der Beschlussempfehlung des Finanzausschusses (BT-Drucks. 17/13522). Jedoch nahm der Bundesrat diesen Entwurf zunächst nicht an und rief den Vermittlungsausschuss an, während das (nicht zustimmungspflichtige) AIFM-Umsetzungsgesetz durch den Bundesrat gebilligt wurde (BR-Drucks. 375/13). Das AIFM-Umsetzungsgesetz wurde am 10. 7. 2013 verkündet (BGBl I 2013, 1981). Das AIFM -StAnpG kam in der vergangenen Legislaturperiode nicht zustande.

Aufgrund des Diskontinuitätsprinzips wurde der Gesetzentwurf nunmehr neu in den Bundestag eingebracht werden. Im Regierungsentwurf (BT-Drucks. 17/5125, 38) heißt es zu § 15b Abs. 3a EStG:

„Die vorliegende Regelung ergänzt die im Rahmen des Amtshilferichtlinien-Umsetzungsgesetzes enthaltene Regelung des § 32b Abs. 2 Satz 1 Nr. 2 Satz 2 Buchst. c EStG. Immer mehr Steuerpflichtige versuchen, Verluste aus Gewerbebetrieb künstlich zu generieren, um u. a. Gewinne aus der Veräußerung von Anteilen an Kapitalgesellschaften, eines Betriebs oder hohe Abfindungszahlungen zu kompensieren. Die Verluste werden dabei regelmäßig durch den Erwerb von Wirtschaftsgütern im Umlaufvermögen (z. B. Gold oder Holz) ohne körperliche Übergabe (z. B. durch Besitzkonstitut) und dem daraus resultierenden sofortigen Betriebsausgabenabzug erreicht.

Auch wenn die Steuerpflichtigen selbst die Initiative ergreifen und sich nicht an einem typischen Anlegerkonzept beteiligen, nutzen sie dabei eine bekannte und in diversen Zeitschriften beworbene vorgefertigte Modellstruktur bzw. ein vorgefertigtes Konzept, das auf langfristige Steuerstundungseffekte in beträchtlicher Höhe ausgerichtet ist. Dieser Steuerstundungseffekt wirkt nicht nur bei inländischen Gewerbebetrieben, sondern auch bei einer Beteiligung an einer grundsätzlich vermögensverwaltend tätigen, aber gewerblich geprägten ausländischen Personengesellschaft. Die Verluste aus vorstehenden Gestaltungen, die zu erheblichen Steuerausfällen führen, sind zwar nach Auffassung der Finanzverwaltung aufgrund der Verlustverrechnungsbeschränkung des § 15b EStG als nicht sofort abzugsfähig zu behandeln. Diese rechtliche

Einschätzung wird von diversen Finanzgerichten allerdings nicht geteilt. Aus diesem Grund werden die Fallgestaltungen durch § 15b Abs. 3a EStG-E nunmehr ausdrücklich als Steuerstundungsmodelle im Sinne dieser Vorschrift geregelt.

Beteiligt sich ein Steuerpflichtiger dagegen an einer ausländischen Personengesellschaft mit originär gewerblicher Tätigkeit, führt das o. g. Modell nicht zu einer Steuerstundung, sondern aufgrund der Wirkungen des sog. Progressionsvorbehalts zu einer endgültigen Steuervermeidung. Da derartige Einkünfte über das Doppelbesteuerungsabkommen regelmäßig in Deutschland steuerfrei gestellt sind, wirken sie sich über den Progressionsvorbehalt auf den persönlichen Steuersatz des an der Gesellschaft beteiligten Steuerpflichtigen aus. Werden bereits die inländischen steuerpflichtigen Einkünfte des Steuerpflichtigen mit dem Spitzensteuersatz besteuert, wirken sich positive Progressionseinkünfte (aus dem späteren Verkauf der Wirtschaftsgüter) steuerlich nicht mehr aus, während die negativen Progressionseinkünfte (aus dem Kauf der Wirtschaftsgüter) seinerzeit zu einer Steuerminderung geführt haben. Aufgrund dieser technischen Wirkungsweise des § 32b EStG ist es erforderlich, bei der Ermittlung des besonderen Steuersatzes für den Progressionsvorbehalt ebenfalls die Regelung des § 15b EStG anzuwenden. Zudem werden in- und ausländische Steuerstundungsmodelle somit steuerlich identisch behandelt.

Eine derartige Anwendung des § 15b EStG wird bereits von der Finanzverwaltung bejaht (vgl. Rn. 24 des BMF-Schreibens vom 17. 7. 2007, BStBl I 2007, 542). Um insoweit mögliche Zweifel auszuschließen, wird mit der Ergänzung des § 32b Abs. 1 Satz 3 EStG klarstellend die Anwendung geregelt."

Die Änderung in § 32b Abs. 1 Satz 3 EStG ist eine notwendige Folgeänderung zur Vermeidung der oben dargestellten Steuerstundungsmodelle bei Beteiligung an einer ausländischen Personengesellschaft mit Progressionseinkünften.

Wirtschaftliche Bedeutung der Neuregelung: Die vorgeschlagene Neuregelung in § 15b Abs. 3a EStG soll inländische Fälle des Goldfingermodells verhindern. Weiterhin wurde für die Beteiligung an ausländischen Personengesellschaften klarstellend geregelt, dass § 15b EStG (nun) auch bei Anwendung des § 32b EStG gilt. Ob dies zutrifft, war bis zur Gesetzesänderung umstritten.

Zeitlicher Anwendungsbereich: § 15b Abs. 3a EStG gilt erstmals für **An- und Verkäufe, die ab dem 29. 11. 2013 erfolgten**. Die Neuregelung des § 32b Abs. 1 Satz 3 EStG ist in **allen offenen Fällen** anzuwenden (§ 52 Abs. 33a Satz 5 EStG).

II. Kommentierung der Neuregelung

1. Steuerstundung i. S. v. § 15b EStG durch das sog. Goldfinger-Modell, § 15 Abs. 3b EStG

Durch Steuergestaltungen wurde bei Gewinnermittlung durch Einnahme-Überschussrechnung gem. § 4 Abs. 3 EStG im durch den Kauf von im Umlaufvermögen gehaltenen Edelmetallen, Rohstoffen oder Wertpapieren in einem Jahr hohe Verluste generiert, die durch den negativen Progressionsvorbehalt zu einer Steuerersparnis führten. Sofern die bei Verkauf der Güter erzielten Gewinne bei Anwendung des positiven Progressionsvorbehalts ohne Auswirkung bleiben, weil ohnehin der Spitzensteuersatz anzuwenden ist, ergaben sich definitive Steuervorteile.

Nach der Neuregelung in § 15b Abs. 3a EStG liegt unabhängig von den Voraussetzungen nach § 15b Abs. 2 und 3 EStG ein Steuerstundungsmodell i. S. d. § 15b Abs. 1 EStG „insbesondere vor, wenn ein Verlust aus Gewerbebetrieb entsteht oder sich erhöht, indem ein Steuerpflichtiger, der nicht auf Grund gesetzlicher Vorschriften verpflichtet ist, Bücher zu führen und regelmäßig Abschlüsse zu machen, auf Grund des Erwerbs von Wirtschaftsgütern des Umlaufvermögens sofort abzugsfähige Betriebsausgaben tätigt, wenn deren Übereignung oder körperliche Übergabe durch Besitzkonstitut nach § 930 des Bürgerlichen Gesetzbuchs oder durch Abtretung des Herausgabeanspruchs nach § 931 des Bürgerlichen Gesetzbuchs erfolgt".

2. Progressionsvorbehalt, § 32b Abs. 1 Satz 3 EStG

Nach § 32b Abs. 2 Satz 1 Nr. 2 Satz 2 Buchst. c EStG wurde bereits durch das AmtshilfeRLUmsG der negative Progressionsvorbehalt insbesondere zur Vermeidung sog. „ Goldfinger "-Gestaltungen eingeschränkt. Hintergrund dieser Regelung war, dass im Ausland erzielte Einkünfte, die laut dem anzuwendenden DBA in Deutschland steuerfrei gestellt sind, nach § 32b Abs. 1 Satz 1 Nr. 3 EStG bei der Ermittlung der Höhe des persönlichen Steuersatzes berücksichtigt werden konnten. Durch die Neuregelung in § 32b Abs. 2 Satz 1 Nr. 2 Satz 2 Buchst. c EStG i. d. F. des AmtshilfeRLUmsG sind bei Gewinnermittlung nach § 4 Abs. 3 EStG die Anschaffungs- oder Herstellungskosten für Wirtschaftsgüter des Umlaufvermögens erst im Zeitpunkt des Verkaufs oder der Entnahme als Betriebsausgaben zu berücksichtigen. Diese Regelung ist nach § 52 Abs. 43a Satz 11 EStG erstmals anzuwenden auf WG des Umlaufvermögens, die nach dem 28. 2. 2013 angeschafft, hergestellt oder in das Betriebsvermögen eingelegt werden.

Durch die nunmehr beschlossene Änderung in § 32b Abs. 1 Satz 3 EStG i. d. F. des AIFG hat der Gesetzgeber nunmehr ausdrücklich in § 15b Abs. 3a EStG bestimmt, dass § 15b EStG bei Anwendung des Progressionsvorbehaltes entsprechend anwendbar ist. Dies war bisher umstritten. Nach § 52 Abs. 33a EStG gilt § 15b Abs. 3a EStG für Steuerstundungsmodelle, bei denen Wirtschaftsgüter des Umlaufvermögens nach dem 28. 11. 2013 (Tag des Gesetzesbeschlusses des Bundestags zum AIFM-Steuer-Anpassungsgesetz) angeschafft, hergestellt oder in das Betriebsvermögen eingelegt werden. Die ausdrückliche Anwendung des § 15b EStG auf den Progressionsvorbehalt (§ 32b Abs. 1 Satz 3 EStG n. F.) soll nach § 52 Abs. 43a EStG rückwirkend in allen offenen Fällen erfolgen Dies würde m. E. eine unzulässige Rückwirkung darstellen, wenn der BFH zu der Auffassung kommen sollte dass § 15b EStG vor der Gesetzesänderung auf den negativen Progressionsvorbehalt nicht anwendbar war und soweit für Fallgestaltungen, in denen § 15b EStG in der bis zum 28. 11. 2013 geltenden Fassung bisher nicht eingriff, die Anwendung des Progressionsvorbehalts praktiziert würde. Nach Auffassung des FG Nürnberg (Urteil v. 28. 2. 2013 – 6 K 875/11, StE 2013, 341, Rev. BFH I R 24/13) wird ein negativer Progressionsvorbehalt von § 15b EStG nicht erfasst. Das FG Rheinland-Pfalz (Urteil v. 30. 1. 2013 – 3 K 1185/12, EFG 2013, 849, rechtskräftig) ist der Auffassung, Verluste aus einer Beteiligung an einer ausländischen Personengesellschaft seien nicht durch § 15b EStG zu erfassen, wenn der Stpfl. bei der Gründung und der Gestaltung der Personengesellschaft eigene Aktivitäten entfaltet und eine individuellen Gestaltung vorliegt. Bei verfassungskonformer Auslegung wird man § 32b Abs. 1 Satz 3 EStG n. F. in „Goldfinger-Gestaltungen" so auslegen müssen, dass die Vorschrift nur dann anwendbar ist, wenn § 15b EStG in der bis zum 28. 11. 2013 geltenden Fassung ebenfalls anwendbar ist.

III. Gestaltungsmöglichkeiten

Für Fallgestaltungen ab dem 28.11.2013 dürfte das „Goldfinger-Modell" in seiner bisherigen Form nicht mehr interessant sein, so dass sich durch dieses Modell keine Gestaltungsmöglichkeiten ergeben dürften.

5. § 33a EStG

Außergewöhnliche Belastung in besonderen Fällen

(1) [1]Erwachsen einem Steuerpflichtigen Aufwendungen für den Unterhalt und eine etwaige Berufsausbildung einer dem Steuerpflichtigen oder seinem Ehegatten gegenüber gesetzlich unterhaltsberechtigten Person, so wird auf Antrag die Einkommensteuer dadurch ermäßigt, dass die Aufwendungen bis zu **[Fassung ab VZ 2013: 8 130 Euro] [Fassung ab VZ 2014: 8 354 Euro]** *[bisher: 8 004 Euro]* im Kalenderjahr vom Gesamtbetrag der Einkünfte abgezogen werden. [2]Der Höchstbetrag nach Satz 1 erhöht sich um den Betrag der im jeweiligen Veranlagungszeitraum nach § 10 Abs. 1 Nr. 3 für die Absicherung der unterhaltsberechtigten Person aufgewandten Beiträge; dies gilt nicht für Kranken- und Pflegeversicherungsbeiträge, die bereits nach § 10 Abs. 1 Nr. 3 Satz 1 anzusetzen sind. [3]Der gesetzlich unterhaltsberechtigten Person gleichgestellt ist eine Person, wenn bei ihr zum Unterhalt bestimmte inländische öffentliche Mittel mit Rücksicht auf die Unterhaltsleistungen des Steuerpflichtigen gekürzt werden. [4]Voraussetzung ist, dass weder der Steuerpflichtige noch eine andere Person Anspruch auf einen Freibetrag nach § 32 Abs. 6 oder auf Kindergeld für die unterhaltene Person hat und die unterhaltene Person kein oder nur ein geringes Vermögen besitzt; ein angemessenes Hausgrundstück im Sinne von § 90 Abs. 2 Nr. 8 des Zwölften Buches Sozialgesetzbuch bleibt unberücksichtigt. [5]Hat die unterhaltene Person andere Einkünfte oder Bezüge, so vermindert sich die Summe der nach Satz 1 und Satz 2 ermittelten Beträge um den Betrag, um den diese Einkünfte und Bezüge den Betrag von 624 Euro im Kalenderjahr übersteigen, sowie um die von der unterhaltenen Person als Ausbildungshilfe aus öffentlichen Mitteln oder von Förderungseinrichtungen, die hierfür öffentliche Mittel erhalten, bezogenen Zuschüsse; zu den Bezügen gehören auch steuerfreie Gewinne nach den §§ 14, 16 Abs. 4, § 17 Abs. 3 und § 18 Abs. 3, die nach § 19 Abs. 2 steuerfrei bleibenden Einkünfte sowie Sonderabschreibungen und erhöhte Absetzungen, soweit sie die höchstmöglichen Absetzungen für Abnutzung nach § 7 übersteigen. [6]Ist die unterhaltene Person nicht unbeschränkt einkommensteuerpflichtig, so können die Aufwendungen nur abgezogen werden, soweit sie nach den Verhältnissen des Wohnsitzstaates der unterhaltenen Person notwendig und angemessen sind, höchstens jedoch der Betrag, der sich nach den Sätzen 1 bis 5 ergibt; ob der Steuerpflichtige zum Unterhalt gesetzlich verpflichtet ist, ist nach inländischen Maßstäben zu beurteilen. [7]Werden die Aufwendungen für eine unterhaltene Person von mehreren Steuerpflichtigen getragen, so wird bei jedem der Teil des sich hiernach ergebenden Betrags abgezogen, der seinem Anteil am Gesamtbetrag der Leistungen entspricht. [8]Nicht auf Euro lautende Beträge sind entsprechend dem für Ende September des Jahres vor dem Veranlagungszeitraum von der Europäischen Zentralbank bekannt gegebenen Referenzkurs umzurechnen.

. . .

Anwendungsvorschriften:

▶ Art. 16 Abs. 1 AIFM-StAnpG lautet:

(1) Dieses Gesetz tritt vorbehaltlich der Absätze 2 bis 5 am Tag nach der Verkündung in Kraft.

▶ § 52 Abs. 45 und 45a EStG i. d. F. des AIFM-StAnpG (Art. 11 Buchst. g und h) lautet:

(45) Für den Veranlagungszeitraum 2013 ist § 33a Abs. 1 Satz 1 i. d. F. des Art. 11 Nr. 7 Buchst. a des Gesetzes vom 18. 12. 2013 (BGBl I 2013, 4318) anzuwenden.

(45a) § 33a Abs. 1 Satz 1 i. d. F. des Art. 11 Nr. 7 Buchst. b des Gesetzes vom 18. 12. 2013 (BGBl I 2013, 4318) ist erstmals für den Veranlagungszeitraum 2014 anzuwenden.

Erläuterungen

(Dr. Alois Th. Nacke, Richter am FG)

Da sich der Grundfreibetrag in den Veranlagungszeiträumen 2013 und 2014 durch das Gesetz zum Abbau der kalten Progression erhöht hat, erfolgte auch die Anpassung in § 33a EStG.

Zeitlicher Anwendungsbereich: Die Anpassung in § 33a Abs. 1 Satz 1 EStG i. H. v. **8 130 €** gilt für den **VZ 2013. Ab dem VZ 2014** gilt der Betrag von **8 354 €** (§ 52 Abs. 45 und 45a EStG i. d. F. des 1 AIFM-StAnpG).

6. § 43 Abs. 2 Satz 2 EStG

Kapitalerträge mit Steuerabzug

...

(2) [1]Der Steuerabzug ist außer in den Fällen des Absatzes 1 Satz 1 Nr. 1a und 7c nicht vorzunehmen, wenn Gläubiger und Schuldner der Kapitalerträge (Schuldner) oder die auszahlende Stelle im Zeitpunkt des Zufließens dieselbe Person sind. [2]Der Steuerabzug ist außerdem nicht vorzunehmen, wenn in den Fällen des Absatzes 1 Satz 1 Nr. 6, 7 und 8 bis 12 Gläubiger der Kapitalerträge ein inländisches Kreditinstitut oder inländisches Finanzdienstleistungsinstitut nach Absatz 1 Satz 1 Nr. 7 Buchst. b oder eine inländische **Kapitalverwaltungsgesellschaft** *[bisher: Kapitalanlagegesellschaft]* ist. [3]Bei Kapitalerträgen im Sinne des Absatzes 1 Satz 1 Nr. 6 und 8 bis 12 ist ebenfalls kein Steuerabzug vorzunehmen, wenn

1. eine unbeschränkt steuerpflichtige Körperschaft, Personenvereinigung oder Vermögensmasse, die nicht unter Satz 2 oder § 44a Abs. 4 Satz 1 fällt, Gläubigerin der Kapitalerträge ist, oder

2. die Kapitalerträge Betriebseinnahmen eines inländischen Betriebs sind und der Gläubiger der Kapitalerträge dies gegenüber der auszahlenden Stelle nach amtlich vorgeschriebenem Muster erklärt; dies gilt entsprechend für Kapitalerträge aus Options- und Termingeschäften im Sinne des Absatzes 1 Satz 1 Nr. 8 und 11, wenn sie zu den Einkünften aus Vermietung und Verpachtung gehören.

[4]Im Fall des § 1 Abs. 1 Nr. 4 und 5 des Körperschaftsteuergesetzes ist Satz 3 Nr. 1 nur anzuwenden, wenn die Körperschaft, Personenvereinigung oder Vermögensmasse durch eine Bescheinigung des für sie zuständigen Finanzamts ihre Zugehörigkeit zu dieser Gruppe von Steuerpflichtigen nachweist. [5]Die Bescheinigung ist unter dem Vorbehalt des Widerrufs auszustellen. [6]Die Fälle des Satzes 3 Nr. 2 hat die auszahlende Stelle gesondert aufzuzeichnen und die Erklärung der Zugehörigkeit der Kapitalerträge zu den Betriebseinnahmen oder zu den Einnahmen aus Vermietung und Verpachtung sechs Jahre aufzubewahren; die Frist beginnt mit dem Schluss des Kalenderjahres, in dem die Freistellung letztmalig berücksichtigt wird. [7]Die auszahlende

Stelle hat in den Fällen des Satzes 3 Nr. 2 daneben die Konto- oder Depotbezeichnung oder die sonstige Kennzeichnung des Geschäftsvorgangs, Vor- und Zunamen des Gläubigers sowie die Identifikationsnummer nach § 139b der Abgabenordnung bzw. bei Personenmehrheit den Firmennamen und die zugehörige Steuernummer nach amtlich vorgeschriebenem Datensatz zu speichern und durch Datenfernübertragung zu übermitteln. [8]Das Bundesministerium der Finanzen wird den Empfänger der Datenlieferungen sowie den Zeitpunkt der erstmaligen Übermittlung durch ein im Bundessteuerblatt zu veröffentlichendes Schreiben mitteilen.

...

Anwendungsvorschriften:

►Art. 16 Abs. 1 AIFM-StAnpG lautet:

(1) Dieses Gesetz tritt vorbehaltlich der Absätze 2 bis 5 am Tag nach der Verkündung in Kraft.

Erläuterungen

(Dr. Alois Th. Nacke, Richter am FG)

Mit dem AIFM-UmsG wurde der Begriff der Kapitalanlagegesellschaft fallen gelassen und nun einheitlich durch den Begriff Kapitalverwaltungsgesellschaft ersetzt.

Zeitlicher Anwendungsbereich: Die Neuregelung gilt **ab 24.12.2013** (Art. 16 Abs. 1 AIFM-StAnpG).

III. Investmentsteuergesetz

(Dr. Martin Haisch, Rechtsanwalt)

LITERATUR:

Angsten, IWB 2013, 512 ff.; *Ebner/Jensch*, RdF 2014, 311 ff.; *Elser*, in Beckmann/Scholtz/Vollmer, Investment, vor 420 Rn 1 ff.; *Elser/Stadler*, DStR 2014, 233 ff.; *Elser/Stadler*, DStR 2013, 225 ff.; *Geurts/Faller*, DB 2012, 2898 ff.; *Gottschling/Schatz*, ISR 2014, 30 ff.; *Haisch/Helios*, BB 2013, 1687 ff.; *dies.*, FR 2014, 313 ff.; *Hechtner/Wenzel*, DStR 2013, 2370 ff.; *Jesch/Haug*, DStZ 2013, 771 ff.; *Jansen/Lübbehüsen*, RdF 2014, 28 ff.; *Kammeter/Szameitat*, RdF 2014, 130 ff.; *Kleutgens/Geißler*, IStR 2014, 280 ff.; *Neumann*, BB 2013, 669 ff.; *Neumann/Lübbehüsen*, DB 2013, 2053 ff.; *Patzner/Wiese*, IStR 2013, 73 ff.; *Simonis/Grabbe/Faller*, DB 2014, 16 ff.; *Tappen/Mehrkhah*, IWB 2013, 239 ff.; *Watrin/Eberhardt*, DB 2014, 795 ff.; *Brielmaier*, DStR 2014, 1040 ff.

Verwaltungsanweisungen:

BMF v. 18.7.2013, BStBl I 2013, 899, NWB DokID: AAAAE-41260; BMF v. 1.10.2013 - IV C 1-S 1980-1/12/10011, BeckVerw 276778; BMF v. 23.4.2014 - IV C 1-S 1980-1/13/10007 :002, NWB DokID: DAAAE-65015, n.v.; BMF v. 4.6.2014 - IV C 1-S 1980-1/13/10007 :002, DOK 2014/0500897, n.v.

Vorbemerkung

Entwicklung: Die Richtlinie 2011/61/EU des EU Parlaments und des EU-Rates vom 8.6.2011 über die Verwalter alternativer Investmentfonds (ABl. L 174 v. 1.7.2011, 1; AIFM-Richtlinie) war bis zum 22.7.2013 umzusetzen. Die AIFM-Richtlinie regelt erstmals die Anforderungen für die Zulassung von und die Aufsicht über Manager alternativer Investmentfonds zur Gewährleistung von Anleger- und Marktschutz durch ein kohärentes Vorgehen innerhalb der EU. Die Umsetzung in Deutschland erfolgte durch das AIFM-Umsetzungsgesetz. An die Stelle des Investmentgesetzes (InvG) trat mit Wirkung zum 22.7.2013 das Kapitalanlagegesetzbuch (KAGB), das eine Gesamtkodifikation der Regulierung von kollektiven Kapitalanlagen darstellt. Mit dem KAGB wird der persönliche Anwendungsbereich der regulierten Investmentanlagen ausgedehnt. Neben Organismen für gemeinsame Kapitalanlagen in Wertpapieren (OGAW) werden auch sog. Alternative Investmentfonds (AIF) erfasst. Vor diesem Hintergrund bedurfte auch das InvStG der Überarbeitung. Nach einem vorläufigen Scheitern in der letzten Legislaturperiode (vgl. BMF v. 18.7.2013, BStBl I 2013, 899 und BMF v. 1.10.2013 - IV C 1-S 1980-1/12/10011, BeckVerw 276778) ist Ende letzten Jahres das Gesetz zur Anpassung des Investmentsteuergesetzes (InvStG) und anderer Gesetze an das AIFM-Umsetzungsgesetz (AIFM-StAnpG) im Eilverfahren auf den Weg gebracht worden und am 23.12.2013 im BGBl verkündet worden. Das BMF hat mit Schreiben v. 23.4.2014 - IV C 1-S 1980-1/13/10007 :002, NWB DokID: DAAAE-65015, gegenüber bestimmten Verbänden zu ersten Auslegungsfragen Stellung genommen; am 4.6.2014 hat das BMF dieses Schreiben durch ein weiteres Schreiben mit DOK 2014/0500897 ersetzt, wobei sich keine großen Änderungen ergeben haben (sog. Verbändeschreiben).

Besteuerungsregime: Das neue InvStG unterscheidet zwei Besteuerungsregime, eines für sog. Investmentfonds und eines für sog. Investitionsgesellschaften, wobei im Rahmen des letztgenannten Regimes wiederum zwischen sog. Personen- und Kapital-Investitionsgesellschaften unterschieden wird:

▶ **Investmentfonds – §§ 1 bis 17a InvStG:** Das günstige Besteuerungsregime für Investmentfonds entspricht der aktuellen Besteuerung von Investmentvermögen mit gewissen Anpassungen bezüglich der Einkünfteermittlung, des Werbungskostenabzugs und der Ausschüttungsreihenfolge.

▶ **Personen-Investitionsgesellschaften – § 18 InvStG:** Das Besteuerungsregime für Personen-Investitionsgesellschaften entspricht einer ertragsteuerlich transparenten Besteuerung von Personengesellschaften über eine einheitlich und gesonderte Gewinnfeststellung.

▶ **Kapital-Investitionsgesellschaften – § 19 InvStG:** Das Besteuerungsregime für Kapital-Investitionsgesellschaften entspricht einer ertragsteuerlich intransparenten Besteuerung von Körperschaften.

Aufgrund der Schaffung von unterschiedlichen Besteuerungsregimen sieht das neue InvStG auch Vorschriften für Regimewechsel vor (s. unten §§ 1 Abs. 1d, 8 Abs. 8, 15 Abs. 3 und 16 Satz 8 InvStG).

Grafische Zusammenfassung

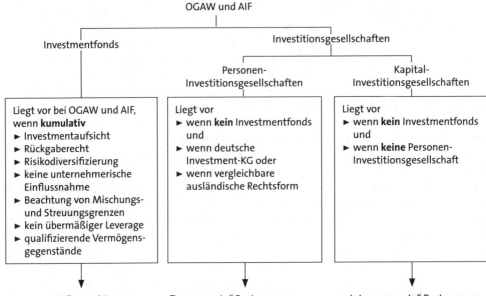

Erläuterungen zum **zeitlichen Anwendungsbereich** der kommentierten Vorschriften des InvStG finden sich ausnahmsweise gesondert unten zu §§ 21, 22 u. 23 InvStG.

1. § 1 InvStG

Anwendungsbereich und Begriffsbestimmungen

(1) [1]Dieses Gesetz ist anzuwenden auf Organismen für gemeinsame Anlagen in Wertpapieren (OGAW) im Sinne des § 1 Abs. 2 des Kapitalanlagegesetzbuchs und Alternative Investmentfonds (AIF) im Sinne des § 1 Abs. 3 des Kapitalanlagegesetzbuchs sowie auf Anteile an OGAW oder AIF. [2]Teilsondervermögen im Sinne des § 96 Abs. 2 Satz 1 des Kapitalanlagegesetzbuchs, Teilgesellschaftsvermögen im Sinne des § 117 oder des § 132 des Kapitalanlagegesetzbuchs oder ver-

gleichbare rechtlich getrennte Einheiten eines ausländischen OGAW oder AIF (Teilfonds) gelten für die Zwecke dieses Gesetzes selbst als OGAW oder AIF.

(1a) [1]Dieses Gesetz ist nicht anzuwenden auf

1. Gesellschaften, Einrichtungen oder Organisationen, für die nach § 2 Abs. 1 und 2 des Kapitalanlagegesetzbuchs das Kapitalanlagegesetzbuch nicht anwendbar ist,

2. Unternehmensbeteiligungsgesellschaften im Sinne des § 1a Abs. 1 des Gesetzes über Unternehmensbeteiligungsgesellschaften und

3. Kapitalbeteiligungsgesellschaften, die im öffentlichen Interesse mit Eigenmitteln oder mit staatlicher Hilfe Beteiligungen erwerben.

(1b) [1]Die Abschnitte 1 bis 3 und 5 sind auf Investmentfonds und Anteile an Investmentfonds anzuwenden. [2]Ein Investmentfonds ist ein OGAW oder ein AIF, der die folgenden Anlagebestimmungen erfüllt:

1. Der OGAW, der AIF oder der Verwalter des AIF ist in seinem Sitzstaat einer Aufsicht über Vermögen zur gemeinschaftlichen Kapitalanlage unterstellt. [2]Diese Bestimmung gilt in den Fällen des § 2 Abs. 3 des Kapitalanlagegesetzbuchs als erfüllt.

2. Die Anleger können mindestens einmal pro Jahr das Recht zur Rückgabe oder Kündigung ihrer Anteile, Aktien oder Beteiligung ausüben. [2]Dies gilt als erfüllt, wenn der OGAW oder der AIF an einer Börse im Sinne des § 2 Abs. 1 des Börsengesetzes oder einer vergleichbaren ausländischen Börse gehandelt wird.

3. Der objektive Geschäftszweck ist auf die Anlage und Verwaltung seiner Mittel für gemeinschaftliche Rechnung der Anteils- oder Aktieninhaber beschränkt und eine aktive unternehmerische Bewirtschaftung der Vermögensgegenstände ist ausgeschlossen. [2]Eine aktive unternehmerische Bewirtschaftung ist bei Beteiligungen an Immobilien-Gesellschaften im Sinne des § 1 Abs. 19 Nr. 22 des Kapitalanlagegesetzbuchs nicht schädlich.

4. Das Vermögen wird nach dem Grundsatz der Risikomischung angelegt. [2]Eine Risikomischung liegt regelmäßig vor, wenn das Vermögen in mehr als drei Vermögensgegenstände mit unterschiedlichen Anlagerisiken angelegt ist. [3]Der Grundsatz der Risikomischung gilt als gewahrt, wenn der OGAW oder der AIF in nicht nur unerheblichem Umfang Anteile an einem oder mehreren anderen Vermögen hält und diese anderen Vermögen unmittelbar oder mittelbar nach dem Grundsatz der Risikomischung angelegt sind.

5. Die Vermögensanlage erfolgt zu mindestens 90 Prozent des Wertes des OGAW oder des AIF in die folgenden Vermögensgegenstände:

   a) Wertpapiere,

   b) Geldmarktinstrumente,

   c) Derivate,

   d) Bankguthaben,

   e) Grundstücke, grundstücksgleiche Rechte und vergleichbare Rechte nach dem Recht anderer Staaten,

f) Beteiligungen an Immobilien-Gesellschaften im Sinne des § 1 Abs. 19 Nr. 22 des Kapitalanlagegesetzbuchs,

g) Betriebsvorrichtungen und andere Bewirtschaftungsgegenstände im Sinne des § 231
Abs. 3 des Kapitalanlagegesetzbuchs,

h) Anteile oder Aktien an inländischen und ausländischen Investmentfonds,

i) Beteiligungen an ÖPP-Projektgesellschaften im Sinne des § 1 Abs. 19 Nr. 28 des Kapitalanlagegesetzbuchs, wenn der Verkehrswert dieser Beteiligungen ermittelt werden kann
und

j) Edelmetalle, unverbriefte Darlehensforderungen und Beteiligungen an Kapitalgesellschaften, wenn der Verkehrswert dieser Beteiligungen ermittelt werden kann.

6. Höchstens 20 Prozent seines Wertes werden in Beteiligungen an Kapitalgesellschaften investiert, die weder zum Handel an einer Börse zugelassen noch in einem anderen organisierten Markt zugelassen oder in diesen einbezogen sind. [2]OGAW oder AIF, die nach ihren Anlagebedingungen das bei ihnen eingelegte Geld in Immobilien anlegen, dürfen bis zu 100 Prozent ihres Wertes in Immobilien-Gesellschaften investieren. [3]Innerhalb der Grenzen des Satzes 1 dürfen auch Unternehmensbeteiligungen gehalten werden, die vor dem 28. 11. 2013
erworben wurden.

7. Die Höhe der Beteiligung an einer Kapitalgesellschaft liegt unter 10 Prozent des Kapitals der
Kapitalgesellschaft. [2]Dies gilt nicht für Beteiligungen eines OGAW oder eines AIF an

a) Immobilien-Gesellschaften,

b) ÖPP-Projektgesellschaften und

c) Gesellschaften, deren Unternehmensgegenstand auf die Erzeugung erneuerbarer Energien im Sinne des § 3 Nr. 3 des Gesetzes über den Vorrang erneuerbarer Energien gerichtet ist.

8. Ein Kredit darf nur kurzfristig und nur bis zur Höhe von 30 Prozent des Wertes des OGAW
oder des AIF aufgenommen werden. [2]AIF, die nach den Anlagebedingungen das bei ihnen
eingelegte Geld in Immobilien anlegen, dürfen kurzfristige Kredite bis zu einer Höhe von
30 Prozent des Wertes des Investmentfonds und im Übrigen Kredite bis zu einer Höhe von
50 Prozent des Verkehrswertes der im AIF unmittelbar oder mittelbar gehaltenen Immobilien aufnehmen.

9. Die vorstehenden Anlagebestimmungen oder die für OGAW geltenden Anlagebestimmungen des Kapitalanlagegesetzbuchs gehen aus seinen Anlagebedingungen hervor.

(1c) [1]OGAW und AIF, die nicht die Voraussetzungen der Absätze 1b und 1f erfüllen, sind Investitionsgesellschaften. [2]Auf Investitionsgesellschaften sind die Absätze 1, 1a und 2 sowie die Abschnitte 4 und 5 anzuwenden.

(1d) [1]Ändert ein Investmentfonds seine Anlagebedingungen in der Weise ab, dass die Anlagebestimmungen des Absatzes 1b nicht mehr erfüllt sind, oder liegt in der Anlagepraxis ein wesentlicher Verstoß gegen die Anlagebestimmungen des Absatzes 1b vor, so hat bei inländischen
Investmentfonds das nach § 13 Abs. 5 zuständige Finanzamt und bei ausländischen Investmentfonds das Bundeszentralamt für Steuern das Fehlen der Anlagebestimmungen festzustellen.

[2]Die §§ 164, 165 und 172 bis 175a der Abgabenordnung sind auf die Feststellung nicht anzuwenden. [3]Nach Ablauf des Geschäftsjahres des Investmentfonds, in dem der Feststellungsbescheid unanfechtbar geworden ist, gilt der Investmentfonds für einen Zeitraum von mindestens drei Jahren als Investitionsgesellschaft. [4]Unanfechtbare Feststellungsbescheide sind vom zuständigen Finanzamt dem Bundeszentralamt für Steuern mitzuteilen. [5]Das Bundeszentralamt für Steuern hat die Bezeichnung des Investmentfonds, die Wertpapieridentifikationsnummer ISIN, soweit sie erteilt wurde, und den Zeitpunkt, ab dem der Investmentfonds als Investitionsgesellschaft gilt, im Bundesanzeiger zu veröffentlichen.

(1e) Bei einer Überschreitung der zulässigen Beteiligungshöhe an Kapitalgesellschaften nach Abs. 1b Nr. 7 sind für den Investmentfonds oder für dessen Anleger keine Besteuerungsregelungen anzuwenden, die eine über dieser Grenze liegende Beteiligungshöhe voraussetzen.

(1f) Inländische Investmentfonds können gebildet werden

1. in Form eines Sondervermögens im Sinne des § 1 Abs. 10 des Kapitalanlagegesetzbuchs, das von einer

   a) externen Kapitalverwaltungsgesellschaft im Sinne des § 17 Abs. 2 Nr. 1 des Kapitalanlagegesetzbuchs verwaltet wird,

   b) inländischen Zweigniederlassung einer EU-Verwaltungsgesellschaft im Sinne des § 1 Abs. 17 des Kapitalanlagegesetzbuchs verwaltet wird, oder

   c) EU-Verwaltungsgesellschaft im Sinne des § 1 Abs. 17 Nr. 1 des Kapitalanlagegesetzbuchs mittels der grenzüberschreitenden Dienstleistung verwaltet wird,

2. in Form einer Investmentaktiengesellschaft mit veränderlichem Kapital im Sinne des Kapitels 1 Abschnitt 4 Unterabschnitt 3 des Kapitalanlagegesetzbuchs, oder

3. in Form einer offenen Investmentkommanditgesellschaft im Sinne des Kapitels 1 Abschnitt 4 Unterabschnitt 4 des Kapitalanlagegesetzbuchs, die nach ihrem Gesellschaftsvertrag nicht mehr als 100 Anleger hat, die nicht natürliche Personen sind und deren Gesellschaftszweck unmittelbar und ausschließlich der Abdeckung von betrieblichen Altersvorsorgeverpflichtungen dient. [2]Die Voraussetzungen des Satzes 1 gelten nicht als erfüllt, wenn der Wert der Anteile, die ein Anleger erwirbt, den Wert der betrieblichen Altersvorsorgeverpflichtung übersteigt. [3]Die Anleger haben schriftlich nach amtlichem Muster gegenüber der offenen Investmentkommanditgesellschaft zu bestätigen, dass sie ihren Anteil unmittelbar und ausschließlich zur Abdeckung von betrieblichen Altersvorsorgeverpflichtungen halten.

(1g) [1]Für die Anwendung der Abschnitte 1 bis 3 und 5 zählt ein EU-Investmentfonds der Vertragsform, der von einer externen Kapitalverwaltungsgesellschaft im Sinne des § 17 Abs. 2 Nr. 1 des Kapitalanlagegesetzbuchs oder einer inländischen Zweigniederlassung einer EU-Verwaltungsgesellschaft im Sinne des § 1 Abs. 17 des Kapitalanlagegesetzbuchs verwaltet wird, zu den ausländischen Investmentfonds. [2]Ist nach dem Recht des Herkunftsstaates eines Investmentfonds nach Satz 1 auf Grund des Sitzes der Kapitalverwaltungsgesellschaft im Inland oder der inländischen Zweigniederlassung der EU-Verwaltungsgesellschaft die Bundesrepublik Deutschland dazu berufen, die Besteuerung des Investmentfonds umfassend zu regeln, so gilt dieser Investmentfonds für die Anwendung dieses Gesetzes abweichend von Satz 1 als inländischer Investmentfonds. [3]Anteile an einem Investmentfonds nach Satz 2 gelten als Anteile an einem inländischen Investmentfonds. [4]Anteile an einem Investmentfonds nach Satz 1 zählen zu den ausländischen Anteilen.

(2) [1]Die Begriffsbestimmungen des Kapitalanlagegesetzbuchs gelten entsprechend, soweit sich keine abweichende Begriffsbestimmung aus diesem Gesetz ergibt. [2]Anleger sind die Inhaber von Anteilen an Investmentfonds und Investitionsgesellschaften, unabhängig von deren rechtlicher Ausgestaltung. [3]Inländische Investmentfonds oder inländische Investitionsgesellschaften sind OGAW oder AIF, die dem inländischen Aufsichtsrecht unterliegen. [4]EU-Investmentfonds und EU-Investitionsgesellschaften sind OGAW oder AIF, die dem Aufsichtsrecht eines anderen Mitgliedstaates der Europäischen Union oder eines anderen Vertragsstaates des Abkommens über den Europäischen Wirtschaftsraum unterliegen. [5]Ausländische Investmentfonds und ausländische Investitionsgesellschaften sind EU-Investmentfonds oder EU-Investitionsgesellschaften oder AIF, die dem Recht eines Drittstaates unterliegen. [6]Als Anlagebedingungen im Sinne dieses Gesetzes gelten auch die Satzung, der Gesellschaftsvertrag oder vergleichbare konstituierende Dokumente eines OGAW oder eines AIF.

(2a) [1]Inländische Investmentfonds sind zugleich inländische Investmentgesellschaften im Sinne dieses Gesetzes. [2]Ausländische Investmentfonds sind zugleich ausländische Investmentgesellschaften im Sinne dieses Gesetzes. [3]Inländische Investmentfonds werden bei der Geltendmachung von Rechten und der Erfüllung von Pflichten wie folgt vertreten:

1. bei Sondervermögen nach Abs. 1f Nr. 1

   a) Buchstabe a durch die Kapitalverwaltungsgesellschaft,

   b) Buchstabe b durch die inländische Zweigniederlassung der EU-Verwaltungsgesellschaft,

   c) Buchstabe c durch die inländische Verwahrstelle im Sinne des § 68 Abs. 3 des Kapitalanlagegesetzbuchs, wenn es sich um inländische OGAW handelt, oder durch die inländische Verwahrstelle im Sinne des § 80 Abs. 6 des Kapitalanlagegesetzbuchs, wenn es sich um inländische AIF handelt, und

2. bei Gesellschaften nach Abs. 1g durch die Kapitalverwaltungsgesellschaft.

[2]Während der Abwicklung eines inländischen Investmentfonds tritt die inländische Verwahrstelle für die Anwendung des Satzes 2 an die Stelle der Kapitalverwaltungsgesellschaft.

(3) [1]Ausschüttungen sind die dem Anleger tatsächlich gezahlten oder gutgeschriebenen Beträge einschließlich der einbehaltenen Kapitalertragsteuer. [2]Ausgeschüttete Erträge sind die von einem **Investmentfonds** zur Ausschüttung verwendeten Kapitalerträge, Erträge aus der Vermietung und Verpachtung von Grundstücken und grundstücksgleichen Rechten, sonstige Erträge und Gewinne aus Veräußerungsgeschäften. [3]Ausschüttungsgleiche Erträge sind die von einem **Investmentfonds** nach Abzug der abziehbaren Werbungskosten nicht zur Ausschüttung verwendeten

...

(4) Zwischengewinn ist das Entgelt für die dem Anleger noch nicht zugeflossenen oder als zugeflossen geltenden

1. Einnahmen des **Investmentfonds** im Sinne des § 20 Abs. 1 Nr. 7 und des Abs. 2 Satz 1 Nr. 2 Buchstabe b sowie des § 20 Abs. 2 Satz 1 Nr. 7 des Einkommensteuergesetzes, soweit sie zu den ausschüttungsgleichen Erträgen im Sinne des Absatzes 3 Satz 3 gehören, sowie für die

angewachsenen Ansprüche des **Investmentfonds** auf derartige Einnahmen; die Ansprüche sind auf der Grundlage des § 20 Abs. 2 des Einkommensteuergesetzes zu bewerten;

2. Einnahmen aus Anteilen an anderen **Investmentfonds**, soweit darin Erträge des anderen **Investmentfonds** im Sinne des § 20 Abs. 1 Nr. 7 und des Abs. 2 Satz 1 Nr. 2 Buchst. b sowie des § 20 Abs. 2 Satz 1 Nr. 7 des Einkommensteuergesetzes, soweit sie zu den ausschüttungsgleichen Erträgen im Sinne des Absatzes 3 Satz 3 gehören, enthalten sind;

3. Zwischengewinne des **Investmentfonds**;

4. zum Zeitpunkt der Rückgabe oder Veräußerung des Investmentanteils veröffentlichte Zwischengewinne oder stattdessen anzusetzende Werte für Anteile an anderen **Investmentfonds**, die **der Investmentfonds** hält.

Erläuterungen

(Dr. Martin Haisch, Rechtsanwalt)

Absatz 1: Dieser Absatz definiert den sachlichen Anwendungsbereich des InvStG neu. Danach ist das InvStG auf OGAW i. S. d. § 1 Abs. 2 KAGB und AIF i. S. d. § 1 Abs. 3 KAGB (Investmentvermögen) sowie auf Anteile an OGAW oder AIF (Investmentanteile) anzuwenden. OGAW sind dabei Investmentvermögen, die die Anforderungen der Richtlinie 2009/65/EG des EU-Parlamentes und des EU-Rates vom 13. 7. 2009 zur Koordinierung der Rechts- und Verwaltungsvorschriften betreffend OGAW (*„OGAW-RL"*; ABl. L 302 v. 17. 11. 2009, 32) erfüllen. Nach § 1 Abs. 3 KAGB sind AIF wiederum alle Investmentvermögen, die keine OGAW sind.

Unter Investmentvermögen ist schließlich nach § 1 Abs. 1 Satz 1 KAGB jeder Organismus für gemeinsame Anlagen zu verstehen, der von einer Anzahl von Anlegern Kapital einsammelt, um es gemäß einer festgelegten Anlagestrategie zum Nutzen dieser Anleger zu investieren und der kein operativ tätiges Unternehmen außerhalb des Finanzsektors ist. Diese unbestimmten Rechtsbegriffe werden im Final Report der ESMA vom 24. 3. 2013 „Guidelines on key concepts of the AIFMD" und im Auslegungsschreiben der BaFin 03/2013, WA 41-Wp 2137-2013/0001, v. 14. 6. 2013 „Anwendungsbereich des KAGB-E/Auslegung des Begriffs Investmentvermögen" teilweise näher konkretisiert. Nach wie vor sind in der Praxis jedoch zahlreiche Zweifelsfragen ungeklärt, die aufgrund der Anknüpfung an aufsichtsrechtliche Begriffe auch steuerlich nachwirken.

Nach Satz 2 dieses Absatzes gelten Teilsondervermögen i. S. d. § 96 Abs. 2 Satz 1 des KAGB, Teilgesellschaftsvermögen i. S. d. §§ 117 oder 132 KAGB oder vergleichbare rechtlich getrennte Einheiten eines ausländischen OGAW oder AIF (Teilfonds) für die Zwecke des InvStG selbst als OGAW oder AIF. Nach Tz. 1 des Verbändeschreibens sind hingegen Anteilsklassen und ihre Bezugsvermögen nicht getrennt zu behandeln, selbst wenn für sie separate Besteuerungsgrundlagen nach § 5 InvStG ermittelt werden.

Absatz 1a: Dieser Absatz sieht Ausnahmen vom sachlichen Anwendungsbereich des InvStG vor. Namentlich sind folgende Entitäten ausgeschlossen mit der Folge, dass auf sie die normalen ertragsteuerlichen Regeln Anwendung finden:

Non-AIFs: Entitäten i. Sv. § 2 Abs. 1 und 2 KAGB, auf die das KAGB keine Anwendung findet; hingegen führt die Beachtung der Schwellenwerte des § 2 Abs. 4 KAGB nicht dazu, dass das InvStG keine Anwendung findet;

► **UBGs:** Unternehmensbeteiligungsgesellschaften i. S. d. § 1a Abs. 1 UBGG; sowie

► **Beteiligungsgesellschaften:** Kapitalbeteiligungsgesellschaften, die im öffentlichen Interesse mit Eigenmitteln oder mit staatlicher Hilfe Beteiligungen erwerben.

Ungeschriebene Ausnahmen bestehen daneben nicht. Bei bestimmten Strukturen (z. B. Joint Venture, Familiy Offices) ist aber zu prüfen, ob überhaupt die Voraussetzungen für Investmentvermögen gegeben sind.

Absatz 1b: Dieser Absatz enthält die Weichenstellung zwischen der Besteuerung als Investmentfonds und als Investitionsgesellschaft (s. oben Vorbemerkung zum InvStG). Die Regeln der Besteuerung von Investmentfonds und Anteilen an Investmentfonds gemäß §§ 1 bis 17 InvStG sind nur auf OGAW oder AIF anzuwenden, die die nachfolgenden genannten Voraussetzungen kumulativ erfüllen. Es handelt sich um das „Herzstück" der steuerlichen Produktregulierung.

Investmentaufsicht: Erstens muss der OGAW, der AIF oder der Verwalter des AIF in seinem Sitzstaat einer Aufsicht über Vermögen zur gemeinschaftlichen Kapitalanlage unterstellt sein. Wegen der Wortlautidentität mit § 2 Abs. 9 InvG und des gesetzgeberischen Willens, den bisherigen steuerrechtlichen Status Quo von Investmentfonds aufrecht zu erhalten (BT-Drucks. 18/68, 35 und 40), sollte die Auslegung des Kriteriums der Investmentaufsicht unverändert geblieben sein.

Folglich ist für das Vorliegen einer Investmentaufsicht konstitutiv, dass diese gerade auch dem Schutz der Investmentanleger dienen soll (vgl. BaFin RS 14/2008 v. 22. 12. 2008, WA 41-Wp 2136-2008/0001, Tz. I.3.). Eine anlegerschutzorientierte staatliche Investmentaufsicht liegt danach stets vor, wenn kumulativ vor der Auflegung die Bonität der Investmentgesellschaft, die Zuverlässigkeit und die fachliche Eignung der leitenden Personen sowie nach der Auflegung die Beachtung der Vorgaben aus dem Gesetz, der Satzung, den Vertragsbedingungen und/oder den Anlagebedingungen zur Zusammensetzung des Portfolios kontrolliert werden. Hingegen reicht eine bloße Registrierungspflicht ohne materielle Prüfungsmaßstäbe nicht aus.

Schließlich wird bei konzerneigenen AIF i. S. d. § 2 Abs. 3 KAGB InvStG das Bestehen einer Investmentaufsicht fingiert.

„Offenheit" des Vermögens: Zweitens ist nach neuem Recht die „Offenheit" des Vermögens prägendes Element für einen Investmentfonds (BT-Drucks. 18/68, 40). Diese kann durch ein Rückgaberecht oder einen Börsenhandel der Investmentanteile sichergestellt werden:

► **Rückgaberecht:** Entweder müssen die Anleger mindestens einmal pro Jahr das Recht zur Rückgabe oder Kündigung ihrer Anteile, Aktien oder Beteiligung ausüben dürfen. Auch die Auslegung des Kriteriums des Rückgaberechts sollte unverändert geblieben sein. Dementsprechend sollten zwingende Mindesthaltefristen, unter bestimmten Umständen sog. *„Lockup"*-Perioden und marktübliche Abschläge von bis zu 15 % auf den Net Asset Value (NAV) einem Rückgaberecht nicht entgegenstehen (vgl. BaFin RS 14/2008 v. 22. 12. 2008, WA 41-Wp 2136-2008/0001, Tz. I.2.). Das BMF hat dies in Tz. 2.1. des Verbändescheibens bestätigt und weiter konkretisiert.

► **Börsenhandel:** Oder die Investmentanteile müssen an einer Börse i. S. d. § 2 Abs. 1 BörsenG oder einer vergleichbaren ausländischen Börse (vgl. BaFin v. 16. 2. 2011, zuletzt geändert am 19. 8. 2013, WA 43-Wp 2100-2013/0003) gehandelt werden. Dann wird ein Rückgaberecht unwiderleglich vermutet. Nach dem Gesetzeswortlaut erfüllt eine sog. „bloß Notierung" nicht die Anforderungen der Fiktion. Im Rahmen der sog. Börsenklausel des § 7 Abs. 6 Satz 2 AStG ist allerdings anerkannt, dass es ausreicht, wenn Aktien an einer anerkannten Börse „ohne Weiteres gehandelt werden können" (vgl. BMF v. 14. 5. 2004, BStBl I 2004 Sondernr. 1, 3, Tz. 7.6.2.).

Vermögensverwaltung für gemeinschaftliche Rechnung: Drittens muss das Vermögen seinem objektiven Geschäftszweck nach auf die Anlage und Verwaltung seiner Mittel für gemeinschaftliche Rechnung seiner Anleger beschränkt und eine aktive unternehmerische Bewirtschaftung der Vermögensgegenstände muss ausgeschlossen sein.

Grundregel: Laut der Gesetzesbegründung (BT-Drucks. 18/68, 34 und 40) soll dadurch verhindert werden, dass ein Investmentfonds eine gewerbliche Tätigkeit ausübt. U.E. kann trotz dieser Aussage der Begriff der unternehmerischen Bewirtschaftung nicht mit dem Begriff der gewerblichen Tätigkeit i. S. v. § 15 Abs. 2 EStG gleichgesetzt werden. Vielmehr ist unter dem Begriff das unternehmerische Einwirken auf Vermögensgegenstände mit dem Ziel der Wertsteigerung zu verstehen. U. E. stellt demgegenüber das Wirtschaften mit Vermögensgegenständen unter Aufgabe der jeweiligen Position durch Veräußerung oder Übertragung im Grundsatz keine Bewirtschaftung dar. Z. B. kann deshalb auch das Überschreiten der sog. Drei-Objekt-Grenze für gewerblichen Grundstückshandel nicht zur Annahme einer aktiven unternehmerischen Bewirtschaftung führen. Innerhalb der Finanzverwaltung wird die Auslegung des Kriteriums der unternehmerischen Bewirtschaftung dem Vernehmen nach weiterhin strittig diskutiert. Allerdings hat das BMF in Tz. 2.2 des Verbändeschreibens schon klargestellt, dass ein offener Immobilienfonds, der neben laufenden Miet- und anderen Erträgen auch Veräußerungsgewinne aus Immobilien zu erzielen beabsichtigt, die Vorgaben des § 1 Abs. 1b Satz 2 Nr. 3 Satz 1 InvStG erfüllt.

Ausnahme: Im Fall von Beteiligungen an Immobilien-Gesellschaften i. S. d. § 1 Abs. 19 Nr. 22 KAGB ist in Ausnahme von der Grundregel eine aktive unternehmerische Bewirtschaftung nicht schädlich; gleiches gilt u. E. für eine unternehmerische Einflussnahme. Fraglich ist hingegen, ob eine direkt unternehmerische Bewirtschaftung des Immobilienvermögens demgegenüber schädlich ist (s. dazu soeben).

Risikomischung: Viertens ist erforderlich, dass das Vermögen nach dem Grundsatz der Risikomischung angelegt wird, wobei das InvStG erstmals die Anforderungen hieran festlegt. Risikomischung soll regelmäßig gegeben sein, wenn das Vermögen in mehr als drei Vermögensgegenstände (quantitative Risikomischung) mit unterschiedlichen Anlagerisiken (qualitative Risikomischung) angelegt ist. Laut der Gesetzesbegründung (BT-Drucks. 18/68, 40) ist im Übrigen auch für steuerliche Zwecke auf die bisherige BaFin-Praxis zurückzugreifen. Nach Tz. 2.3 des Verbändeschreibens kann bei OGAW in der Regel vom Bestehen einer Risikomischung ausgegangen werden; zudem wird die Verwaltung ein Fehlen der Risikomischung in der Anfangs- und Liquidationsphase von AIF im Grundsatz nicht beanstanden.

Weiterhin kann der Grundsatz der Risikomischung auch mittelbar erfüllt werden. Ausreichend ist danach, dass das betrachtete Vermögen in nicht nur unerheblichem Umfang Anteile an einem oder mehreren anderen Vermögen hält, die ihrerseits unmittelbar oder mittelbar nach dem Grundsatz der Risikomischung angelegt sind. Nach der bisherigen in der Gesetzesbegründung (BT-Drucks. 18/68, 41) in Bezug genommenen BaFin-Ansicht kann es sich bei diesen anderen Vermögen um Investmentvermögen, um Immobilien-Gesellschaften oder um ÖPP-Gesellschaften handeln. U. E. fallen unter den Begriff der Investmentvermögen sämtliche Investmentvermögen i. S. d. § 1 Abs. 1 KAGB, die risikogemischt angelegt sind; hingegen ist es nicht erforderlich, dass es sich um Investmentfonds i. S. d. § 1 Abs. 1b InvStG handelt. Nach Tz. 2.3 des Verbändeschreibens erfordert der Begriff des „nicht nur unerheblichen Umfangs", dass wenigstens zu 50 % in ein oder mehrere risikodiversifizierte Vermögen investiert wird.

Zu beachten ist aber, dass das Merkmal der Risikomischung zwar ein erforderliches aber kein hinreichendes Kriterium für einen Investmentfonds ist. Hält ein Vermögen Anteile an einem risikogemischten (Investment-)Vermögen könnte das zwar nach der hier vertretenen Ansicht zu einer mittelbaren Risikomischung führen. Jedoch kann eine Einstufung des (Ober-)Vermögen als Investmentfonds dennoch ausscheiden, weil dieses Vermögen mit dem Halten der Anteile am (Unter-)Vermögen – insbesondere wenn dies kein Investmentfonds i. S. d. § 1 Abs. 1b InvStG ist – die übrigen Vorgaben des § 1 Abs. 1b InvStG verletzt.

Qualifizierende Vermögensgegenstände: Fünftens haben Investmentfonds zu mindestens 90 % ihre Wertes in qualifizierende Vermögensgegenstände zu investieren. 10 % können damit im Rahmen der sog. Schmutzgrenze in nicht qualifizierende Vermögensgegenstände investiert werden. Eine weitere Begrenzung sieht das Gesetz nicht vor, so dass innerhalb der Schmutzgrenze insbesondere auch in Anteile an gewerblichen Personengesellschaften investiert werden kann (so auch Tz. 2.4 des Verbändeschreibens); das ist u. E. auch nicht durch § 1 Abs. 1b Nr. 3 InvStG ausgeschlossen. Allgemein zulässige Vermögensgegenstände sollen nach der Gesetzesbegründung (BT-Drucks. 18/68, 41) Anteile an vermögensverwaltenden Personengesellschaften sein, sofern diese nur qualifizierende Vermögensgegenstände halten oder insgesamt betrachtet die Schmutzgrenze beachten (vgl. auch Tz. 2.4 des Verbändeschreibens, wonach eine Durchschau zu erfolgen hat).

Im Hinblick auf die qualifizierenden Vermögensgegenstände sind u. E. grundsätzlich die Begriffsbestimmungen des KAGB maßgebend, denn das InvStG enthält diesbezüglich keine eigenständigen Definitionen, § 1 Abs. 2 Satz 1 InvStG. Gegenteiliges gilt nur im Bezug auf die Anteile an Investmentfonds i. S. d. § 1 Abs. 1b Nr. 5 Buchst. h InvStG, die zur Voraussetzung haben, dass die Fonds selbst als Investmentfonds qualifizieren. Zu weiteren Einzelheiten im Bezug auf bestimmte Vermögensgegenstände s. Tz. 2.4 und 8 des Verbändeschreibens.

Abgrenzung: Allgemein stellt sich die Frage, wie zwischen qualifizierenden und nicht qualifizierenden Vermögensgegenständen abzugrenzen ist. Speziell fraglich ist die Abgrenzung zwischen Anteilen an geschlossenen Fonds und Wertpapieren. Im Ausgangspunkt ist hier festzustellen, dass Anteile an geschlossenen Fonds nicht unter § 1 Abs. 1b Nr. 5 Buchst. h InvStG fallen. Fondsanteile an Fonds in der Form der Kapitalgesellschaft können aber von § 1 Abs. 1b Nr. 5 Buchst. j InvStG erfasst sein. Hingegen sind Fondanteile an Fonds in der Form von gewerblichen Personengesellschaften und Sondervermögen nur im Rahmen der 10 %igen Schmutzgrenze zu erwerben. Jedoch ist zu beachten, dass nach § 193 Abs. 1 Nr. 7 KAGB sogar von OGAW-Fonds Wertpapiere in Form von Anteilen an geschlossenen Fonds erworben werden dürfen. Wegen der erheblichen Anforderungen, die § 193 Abs. 1 Nr. 7 KAGB an Wertpapiere an geschlossenen Fonds stellt, handelt es sich hierbei um die denkbar speziellste Vermögensgegenstands-Kategorie (vgl. BaFin RS 14/2008 v. 22. 12. 2008, WA 41-Wp 2136-2008/0001, Tz. I.1.c); BaFin v. 22. 7. 2013, WA 41-Wp 2137-2013/0001, Teil I. Frage 13). Tz. 2.4 des Verbändeschreibens bestätigt dies auch für das InvStG. U.E. sind aber auch Wertpapiere an sich aufgrund der Anforderungen an ihrer Standardisierung, Übertragbarkeit und Handelbarkeit spezieller als (Unternehmens-)Beteiligungen.

Konkurrenz: Ferner stellt sich die Frage, wie Konkurrenzverhältnisse zu lösen sind. In Betracht kommt hier insbesondere, dass einzelnen Anlagen sowohl in die Kategorien der Wertpapiere, der Anteile an Investmentfonds und/oder der Beteiligungen an Kapitalgesellschaften einzuordnen sind. U. E. ist eine Zuordnung nach dem Spezialitätsprinzip durchzuführen. Konkret auf einzelnen Vermögensgegenstands-Kategorien bezogen deutet das u. E., dass für Anteile an Investmentfonds, die als Kapitalgesellschaften qualifizieren, die 20 % Beteiligungsgrenze und 10 % Einzelemittentengrenze nicht gilt, da es sich bei Investmentfondanteilen um die spezielle Kategorie handelt; im Übrigen sind Master-Feeder-Strukturen ausdrücklich gesetzgeberisch gewollt (so auch Tz. 2.5 und 2.6 des Verbändeschreibens). M. E. können für Anteile an Kapitalgesellschaften, wenn sie als Wertpapiere ausgestaltet sind ebensowenig die vorstehend genannten Grenzen gelten, weil die Kategorie der Wertpapiere die speziellere ist. Voraussetzung für eine Anwendung der Grenze ist ohnehin, dass es sich bei den verbrieften Anteilen um eine Beteiligung handelt. Aufsichtsrechtlich setzt eine Beteiligung einen Beteiligungswillen voraus, was bei einem Erwerb von verbrieften Anteilen zur Vermögensanlage gerade nicht gegeben ist.

20 %-Beteiligungsgrenze: Sechstens darf ein Investmentfonds höchstens 20 % seines Wertes in Beteiligungen an Kapitalgesellschaften investieren, die weder zum Handel an einer Börse zugelassen noch in einem anderen organisierten Markt zugelassen oder in diesen einbezogen sind.

Grundregel: Kapitalgesellschaften sind AGs, KGaAs, GmbHs und SEs sowie ausländische Entitäten, die nach dem Typenvergleich mit den o. g. Gesellschaften vergleichbar sind; andere Körperschaften i. S. d. § 1 Abs. 1 Nr. 2 bis 6 KStG sind hingegen nicht erfasst. Was die Auslegung des Begriffs der Börse angeht, kann auf die obigen Ausführungen (s. oben Börsenhandel) verwiesen werden. Nach § 1 Abs. 29 KAGB ist ein organisierter Markt ein Markt, der anerkannt und für das Publikum offen ist und dessen Funktionsweise ordnungsgemäß ist, § 1 Abs. 2 Satz 1 InvStG. Im Gegensatz zu § 1 Abs. 1b Nr. 2 InvStG erfolgt der Ausschluss der 20 %-Beteiligungsgrenze unzweifelhaft bereits bei einer „bloß Notierung".

Ausnahme: OGAW oder AIF, die nach ihren Anlagebedingungen das bei ihnen eingelegte Geld in Immobilien anlegen, dürfen bis zu 100 % ihres Wertes in Immobilien-Gesellschaften investieren.

Bestandsschutz: Ferner dürfen aus Bestandschutzgesichtspunkten innerhalb der 20 % Beteiligungsgrenze auch Unternehmensbeteiligungen gehalten werden, die vor dem 28. 11. 2013 erworben wurden. Maßgebend für den zeitlich unbegrenzten Bestandschutz ist der Erwerb des – im Zweifel wirtschaftlichen – Eigentums (so im Grundsatz auch Tz. 7 des Verbändeschreibens).

10 %-Einzelemittentengrenze: Siebtens muss die Höhe der Beteiligung an einer Kapitalgesellschaft auf Ebene des Vermögens unter 10 % des Kapitals der Kapitalgesellschaft liegen. Die Grenze findet wiederum ausschließlich auf Beteiligungen an Kapitalgesellschaften Anwendung. Sie gilt nicht für Beteiligungen eines OGAW oder eines AIF an Immobilien-Gesellschaften, ÖPP-Gesellschaften und EEG-Gesellschaften i. Sv. § 3 Nr. 3 EEG. Fraglich ist, ob die 10 %-Grenze auch im Hinblick auf „notierte Anteile" zu beachten ist (so Tz. 2.6 des Verbändeschreibens). Nicht abschließend geklärt ist zudem, welche Rechtsfolgen sich aus einer Überschreitung der Einzelemittentengrenze ergeben. Gemäß § 1 Abs. 1e InvStG entfallen bei ihrer Verletzung alle Besteuerungsregelungen, die eine über dieser Grenze liegende Beteiligungshöhe voraussetzen. U.E. ist hingegen ein Entfallen des Investmentfonds-Status insgesamt nach § 1 Abs. 1d InvStG u. a. aufgrund des *ultima ratio*-Prinzips (BT-Drucks. 18/68, 43) nicht gerechtfertigt. Dem Vernehmen nach sieht das die Finanzverwaltung aber möglicherweise anders.

Kreditaufnahmegrenze: Achtens darf ein Investmentfonds Kredit nur kurzfristig und nur bis zur Höhe von 30 % des Wertes des OGAW oder des AIF aufnehmen. Der Begriff der Kreditaufnahme ist von dem des Leverage i. S.v. § 1 Abs. 19 Nr. 25 KAGB abzugrenzen, der als Überbegriff neben Kreditaufnahme auch Wertpapierdarlehen und in Derivate eingebettete Hebelfinanzierungen u. ä. umfasst. Kurzfristigkeit soll laut der Gesetzesbegründung (BT-Drucks. 18/68, 42) bei einer Kreditlaufzeit von unter einem Jahr gegeben sein. In Ausnahme hierzu dürfen AIF, die nach den Anlagebedingungen das bei ihnen eingelegte Geld in Immobilien anlegen, kurzfristige Kredite bis zu einer Höhe von 30 % des Wertes des Investmentfonds und im Übrigen Kredite bis zu einer Höhe von 50 % des Verkehrswertes der im AIF unmittelbar oder mittelbar gehaltenen Immobilie aufnehmen.

Anlagebedingungen: Schließlich müssen die vorstehenden Anlagebestimmungen oder die für OGAW geltenden Anlagebestimmungen des KAGB aus den Anlagebedingungen selbst hervorgehen.

Absatz 1c: Dieser Absatz erklärt OGAW und AIF, die nicht die Voraussetzungen der § 1 Abs. 1b und 1f InvStG erfüllen, zu Investitionsgesellschaften. Auf diese sind der § 1 Abs. 1, 1a und 2 InvStG sowie die §§ 18 und 19 InvStG anzuwenden.

Absatz 1d: Aufgrund der Einführung verschiedener Besteuerungsregime sind auch Regel über Regimewechsel (s. oben Vorbemerkungen zum InvStG) erforderlich. Dieser Absatz regelt den Fall eines Wechsels eines Investmentfonds in eine Investitionsgesellschaft. Zu einem solchen Regimewechsel mittels eines Verstoß gegen § 1 Abs. 1b InvStG kommt es durch eine Änderung der Anlagebedingungen oder wenn der Investmentfonds in tatsächlicher Hinsicht in wesentlichem Umfang die o. g. Anlagebestimmungen missachtet. Fraglich ist, wann ein Verstoß einen wesentlichen Umfang aufweist. Im Rahmen der Auslegung ist zu beachten, dass die Entziehung des Rechtsstatus als Investmentfonds nur als *ultima ratio* gedacht ist. U. E. dürfte ein Verstoß gegen das Prinzip der Risikomischung, der Passivität der Anlage sowie eine Anlage in nicht qualifizierende Vermögensgegenstände außerhalb der sog. Schmutzgrenze im Grundsatz wesentlichen Umfang haben. Laut der Gesetzesbegründung (BT-Drucks. 18/68, 43) kommt es auf die Gesamtumstände des Einzelfalles an, wobei insbesondere zwischen einem passiven und einem aktiven Verstoß zu unterscheiden sein soll. Nach Tz. 3 des Verbändeschreibens soll insbesondere der Steuerstatuswechsel eines Zielfonds grundsätzlich einen passiven Verstoß darstellen. Der Regimewechsel ist durch die zuständige Finanzbehörde festzustellen und erfolgt nach Ablauf des Geschäftsjahres des Investmentfonds, in dem der Feststellungsbescheid unanfechtbar geworden ist. Der Regimewechsel gilt für einen Zeitraum von mindestens drei Jahren. Dadurch soll ein missbräuchlicher Regimewechsel verhindern und Besteuerungskontinuität sichergestellt werden. Schließlich regelt der Absatz entsprechende Bekanntmachungserfordernisse im Bundesanzeiger in diesem Zusammenhang.

Absatz 1e: Dieser Absatz regelt die Überschreitung der 10 %-Einzelemittentengrenze. Danach entfallen bei ihrer Verletzung alle Besteuerungsregelungen, die eine über dieser Grenze liegende Beteiligungshöhe voraussetzen. Weitergehende Rechtsfolgen sind u. E. nicht gerechtfertigt (s. oben 10 %-Einzelemittentengrenze).

Absatz 1f: Dieser Abschnitt regelt abschließend die Formen, in denen inländische Investmentvermögen gebildet werden können (vgl. aber auch § 1 Abs. 1g Satz 2 InvStG). Dies sind (i) Sondervermögen, die (a) durch eine deutsche Kapitalverwaltungsgesellschaft (*„KVG"*), (b) eine inländische Zweigniederlassung einer EU-Verwaltungsgesellschaft oder (c) eine EU-Verwaltungsgesellschaft grenzüberschreitend verwaltet werden, (ii) die Investmentaktiengesellschaft und (iii) die neu eingeführte offene Investmentkommanditgesellschaft, soweit ihre Anlegerzahl auf nicht mehr als 100 nicht natürliche Personen vertraglich begrenzt ist und ihr Gesellschaftszweck unmittelbar und ausschließlich der Abdeckung von betrieblichen Altersvorsorgeverpflichtungen dient (Letzteres ist durch die Anleger zu bestätigen). Ein Dienen für die Abdeckung von Altersversorgungsverpflichtungen liegt vor, wenn der Wert der Anteile, die ein Anleger erwirbt oder aufstockt, den Wert der betrieblichen Altersvorsorgeverpflichtung in diesem Zeitpunkt übersteigt; nachträgliche Wertänderungen sind hingegen irrelevant (vgl. BT-Drucks. 18/88, 43). Fraglich ist, ob für die Wertermittlung an wirtschaftliche bzw. handelsrechtliche oder die niedrigeren steuerlichen Werte anzuknüpfen ist. U.E. ist eine Anknüpfung an § 6b EStG nicht zwingend, weil das EStG ohne Verweis im InvStG keine Anwendung findet (vgl. *Lübbehüsen*, in Berger/Steck/Lübbehüsen, InvG/InvStG, Vor §§ 1 ff. InvStG Rn. 25, m.w.N.).

Absatz 1g: Dieser Absatz enthält die bisherigen Regelungen des Abs. 1a. Er wurde überdies redaktionell an neue Begrifflichkeiten und das KAGB angepasst. Er regelt Aspekte der grenzüberschreitenden Verwaltung von Investmentfonds in der Vertragsform.

Absatz 2: Dieser Absatz enthält verschiedene Begriffsbestimmungen. Grundsätzlich gelten die Definitionen des KAGB, soweit sich keine abweichenden Begriffsbestimmungen aus dem InvStG ergeben. Solche finden sich in den Sätzen 2 bis 6 dieses Absatzes, namentlich die Definitionen für (i) Anleger, (ii) inländische Investmentfonds und Investitionsgesellschaften, (iii) EU-Investmentfonds und Investitionsgesellschaften, (iv) ausländische Investmentfonds und Investitionsgesellschaften und (v) Anlagebedingungen. Soweit diese eigenständigen Definitionen wiederum Elemente enthalten, die das InvStG nicht definiert, ist u.E. wiederum insoweit auf das KAGB zurückzugreifen.

Absatz 2a: Die Regelungen zur gesetzlichen Vertretung von Investmentfonds wurden in diesen Absatz überführt und redaktionell angepasst. Im neuen Satz 3 wird ergänzend bestimmt, dass im Falle einer Abwicklung eines inländischen Investmentfonds die Verwahrstelle an die Stelle KVG tritt. Bisher gab es keine ausdrücklich steuerliche Vertretungsregel (vgl. BT-Drucks. 16/68, 45).

Absatz 3 und 4: Die Änderungen in diesen Absätzen sind redaktionelle Anpassungen an den neuen Begriff des Investmentfonds i.S.d. § 1 Abs. 1b InvStG.

2. § 2 InvStG

Erträge aus Investmentanteilen

(1) [1]Die auf Investmentanteile ausgeschütteten sowie die ausschüttungsgleichen Erträge und der Zwischengewinn gehören zu den Einkünften aus Kapitalvermögen im Sinne des § 20 Abs. 1 Nr. 1 des Einkommensteuergesetzes, wenn sie nicht Betriebseinnahmen des Anlegers, Leistungen nach § 22 Nr. 1 Satz 3 Buchst. a Doppelbuchst. aa des Einkommensteuergesetzes in Verbindung mit § 10 Abs. 1 Nr. 2 Buchst. b des Einkommensteuergesetzes oder Leistungen im Sinne des § 22 Nr. 5 des Einkommensteuergesetzes sind; § 3 Nr. 40 des Einkommensteuergesetzes und § 8b Abs. 1 des Körperschaftsteuergesetzes sind außer in den Fällen des Absatzes 2 nicht anzuwenden. [2]Die ausschüttungsgleichen Erträge gelten außer in den Fällen des § 22 Nr. 1 Satz 3

Buchst. a Doppelbuchst. aa des Einkommensteuergesetzes in Verbindung mit § 10 Abs. 1 Nr. 2 Buchst. b des Einkommensteuergesetzes oder des § 22 Nr. 5 des Einkommensteuergesetzes mit dem Ablauf des Geschäftsjahres, in dem sie vereinnahmt worden sind, als zugeflossen. [3]Bei Teilausschüttung der in § 1 Abs. 3 genannten Erträge sind die ausschüttungsgleichen Erträge dem Anleger im Zeitpunkt der Teilausschüttung zuzurechnen. [4]Reicht im Falle der Teilausschüttung die Ausschüttung nicht aus, um die Kapitalertragsteuer gemäß § 7 Abs. 1 bis 3 einschließlich der bundes- oder landesgesetzlich geregelten Zuschlagsteuern zur Kapitalertragsteuer (Steuerabzugsbeträge) einzubehalten, gilt auch die Teilausschüttung dem Anleger mit dem Ablauf des Geschäftsjahres, in dem die Erträge gemäß § 3 Abs. 1 vom **Investmentfonds** erzielt worden sind, als zugeflossen und für den Steuerabzug als ausschüttungsgleicher Ertrag. [5]Der Zwischengewinn gilt als in den Einnahmen aus der Rückgabe oder Veräußerung des Investmentanteils enthalten.

(1a) [1]Erwirbt ein Anleger einen Anteil an einem ausschüttenden **Investmentfonds** unter Einschluss des Rechts zum Bezug der Ausschüttung, erhält er ihn aber ohne dieses Recht, so gelten die Einnahmen anstelle der Ausschüttung als vom **Investmentfonds** an den Anleger ausgeschüttet. [2]Hat **der Investmentfonds** auf den erworbenen Anteil eine Teilausschüttung im Sinne des Absatzes 1 Satz 3 geleistet, sind dem Anleger neben den Einnahmen anstelle der Ausschüttung auch Beträge in Höhe der ausschüttungsgleichen Erträge zuzurechnen. [3]Die Bekanntmachungen nach § 5 gelten auch für diese Einnahmen und Beträge. [4]Für die Anwendung dieses Gesetzes stehen die Einnahmen anstelle der Ausschüttung auf den Investmentanteil und die Beträge nach Satz 2 den ausschüttungsgleichen Erträgen gleich. [5]Die auszahlende Stelle nach § 7 Abs. 1 oder der Entrichtungspflichtige nach § 7 Abs. 3a und 3c hat die Einnahmen nach Satz 1 vom Veräußerer des Anteils einzuziehen.

(1b) [1]Erwirbt ein Anleger einen Anteil an einem inländischen thesaurierenden **Investmentfonds** im Laufe des Geschäftsjahres, erhält er ihn aber nach Ablauf des Geschäftsjahres, so gilt dem Anleger ein Betrag zum Ende des Geschäftsjahres als zugeflossen, der in Höhe und Zusammensetzung den ausschüttungsgleichen Erträgen entspricht. [2]Leistet **der Investmentfonds** auf den erworbenen Anteil eine Teilausschüttung im Sinne des Absatzes 1 Satz 4, ist der Betrag nach Satz 1 um diese Teilausschüttung zu erhöhen. [3]Die Bekanntmachungen nach § 5 gelten auch für den Betrag nach Satz 1 und Teilausschüttungen. [4]Für die Anwendung dieses Gesetzes stehen die Beträge nach Satz 1 den ausschüttungsgleichen Erträgen und etwaige Einnahmen anstelle der Teilausschüttung nach Satz 2 der Ausschüttung auf den Investmentanteil gleich. [5]Der Entrichtungspflichtige nach § 7 Abs. 3b, 3d und 4 hat die Steuerabzugsbeträge und eine etwaige Erhöhung nach Satz 2 vom Veräußerer des Anteils einzuziehen.

(1c) Die Investmentgesellschaft hat in Abstimmung mit der **Verwahrstelle** dafür Sorge zu tragen, dass durch Anteilsrückgaben, die vor dem Tag verlangt oder vereinbart werden, an dem der Nettoinventarwert **des Investmentfonds** um die von der auszahlenden Stelle oder dem Entrichtungspflichtigen zu erhebenden Steuerabzugsbeträge vermindert wird, und die nach diesem Tag erfüllt werden, nicht von einem zu niedrigen Umfang **des Investmentfonds** ausgegangen wird und Ausschüttungen an die Anleger oder als Steuerabzugsbeträge zur Verfügung zu stellende Beträge nur in dem Umfang **den Investmentfonds** belasten, der den Berechnungen der Investmentgesellschaft entspricht.

...

(2a) Ausgeschüttete oder ausschüttungsgleiche Erträge des **Investmentfonds**, die aus Zinserträgen im Sinne des § 4h Abs. 3 Satz 3 des Einkommensteuergesetzes stammen, sind beim Anleger im Rahmen des § 4h Abs. 1 des Einkommensteuergesetzes als Zinserträge zu berücksichtigen.

...

(5) Negative Kapitalerträge aus Zwischengewinnen auf Grund des Erwerbs von während des laufenden Geschäftsjahres **des Investmentfonds** ausgegebenen Anteilen werden nur berücksichtigt, wenn **der Investmentfonds** einen Ertragsausgleich nach § 9 durchführt.

Erläuterungen

(*Dr. Martin Haisch, Rechtsanwalt*)

Die Änderungen in den o. g. Absätzen sind Anpassungen an den neuen Begriff des Investmentfonds i. S. d. § 1 Abs. 1b InvStG und der Verwahrstelle i. S. d. KAGB.

3. § 3 InvStG

Ermittlung der Erträge

(1) Bei der Ermittlung der Erträge des **Investmentfonds** ist **§ 2 Abs. 2 Satz 1 Nr. 2** des Einkommensteuergesetzes sinngemäß anzuwenden.

(1a) [1]Wird ein Zinsschein oder eine Zinsforderung vom Stammrecht abgetrennt, gilt dies als Veräußerung der Schuldverschreibung und als Anschaffung der durch die Trennung entstandenen Wirtschaftsgüter. [2]Eine Trennung gilt als vollzogen, wenn dem Inhaber der Schuldverschreibung die Wertpapierkennnummern für die durch die Trennung entstandenen Wirtschaftsgüter zugehen. [3]Als Veräußerungserlös der Schuldverschreibung gilt deren gemeiner Wert zum Zeitpunkt der Trennung. [4]Für die Ermittlung der Anschaffungskosten der neuen Wirtschaftsgüter ist der Wert nach Satz 3 entsprechend dem gemeinen Wert der neuen Wirtschaftsgüter aufzuteilen. [5]Die Erträge des Stammrechts sind in sinngemäßer Anwendung des Absatzes 2 Satz 1 Nr. 2 periodengerecht abzugrenzen.

...

(3) [1]Werbungskosten des Investmentfonds, die in einem unmittelbaren wirtschaftlichen Zusammenhang mit Einnahmen stehen, sind bei den jeweiligen Einnahmen abzuziehen. [2]Zu den unmittelbaren Werbungskosten gehören auch Absetzungen für Abnutzung oder Substanzverringerung, soweit diese die nach § 7 des Einkommensteuergesetzes zulässigen Beträge nicht übersteigen. [3]Die nach Satz 1 verbleibenden, in einem mittelbaren wirtschaftlichen Zusammenhang mit Einnahmen der in § 1 Abs. 3 Satz 3 Nr. 1 und 2 genannten Art (laufende Einnahmen) sowie mit sonstigen Gewinnen und Verlusten aus Veräußerungsgeschäften stehenden Werbungskosten sind ausschließlich nach den nachfolgenden Maßgaben abziehbar:

1. Den ausländischen laufenden Einnahmen oder sonstigen ausländischen Gewinnen und Verlusten aus Veräußerungsgeschäften, für die der Bundesrepublik Deutschland auf Grund eines Abkommens zur Vermeidung der Doppelbesteuerung kein Besteuerungsrecht zusteht, sind Werbungskosten im Verhältnis des durchschnittlichen Vermögens des vorangegangenen Geschäftsjahres, das Quelle dieser laufenden Einnahmen und dieser sonstigen Gewinne und Verluste aus Veräußerungsgeschäften ist, zu dem durchschnittlichen Gesamtvermögen

des vorangegangenen Geschäftsjahres zu zuordnen. [2]Zur Berechnung des durchschnittlichen Vermögens sind die monatlichen Endwerte des vorangegangenen Geschäftsjahres zugrunde zu legen.

2. Bei der Ermittlung der Erträge, auf die beim Anleger

a) § 3 Nr. 40 des Einkommensteuergesetzes anwendbar ist, sind die nach Anwendung der Nr. 1 verbleibenden abziehbaren Werbungskosten den laufenden Einnahmen, die auch § 3 Nr. 40 des Einkommensteuergesetzes unterfallen, sowie den sonstigen Gewinnen im Sinne des § 3 Nr. 40 des Einkommensteuergesetzes und den sonstigen Gewinnminderungen im Sinne des § 3c Abs. 2 des Einkommensteuergesetzes des laufenden Geschäftsjahres im Verhältnis des durchschnittlichen Vermögens des vorangegangenen Geschäftsjahres, das Quelle dieser Einnahmen ist, zu dem durchschnittlichen Gesamtvermögen des vorangegangenen Geschäftsjahres zuzuordnen, das um das Vermögen im Sinne der Nr. 1 vermindert ist. [2]Nummer 1 Satz 2 gilt entsprechend;

b) § 8b Abs. 1 des Körperschaftsteuergesetzes anwendbar ist oder, ungeachtet des § 8b Abs. 4 des Körperschaftsteuergesetzes in Verbindung mit § 15 Abs. 1a dieses Gesetzes, anwendbar wäre, sind die nach Anwendung der Nr. 1 verbleibenden abziehbaren Werbungskosten den laufenden Einnahmen im Sinne des § 15 Abs. 1a dieses Gesetzes in Verbindung mit § 8b Abs. 1 des Körperschaftsteuergesetzes, den laufenden Einnahmen im Sinne des § 2 Abs. 2 Satz 1 dieses Gesetzes sowie den sonstigen Gewinnen und Verlusten aus Veräußerungsgeschäften im Sinne des § 8b Abs. 2 und 3 des Körperschaftsteuergesetzes des laufenden Geschäftsjahres im Verhältnis des durchschnittlichen Vermögens des vorangegangenen Geschäftsjahrs, das Quelle dieser Einnahmen ist, zu dem durchschnittlichen Gesamtvermögen des vorangegangenen Geschäftsjahres zuzuordnen, das um das Vermögen im Sinne der Nr. 1 vermindert ist. [2]Nummer 1 Satz 2 gilt entsprechend.

3. Die abziehbaren Werbungskosten, die nach Anwendung des Satzes 1 und des Satzes 3 Nr. 1 und 2 noch nicht zugeordnet wurden, sind von den verbleibenden laufenden Einnahmen sowie den verbleibenden sonstigen Gewinnen und Verlusten aus Veräußerungsgeschäften des laufenden Geschäftsjahres abzuziehen.

[4]Die nach Satz 3 zuzuordnenden Werbungskosten sind innerhalb der jeweiligen Nr. 1 bis 3 den jeweiligen laufenden Einnahmen oder den sonstigen Gewinnen und Verlusten aus Veräußerungsgeschäften nach dem Verhältnis der positiven Salden der laufenden Einnahmen des vorangegangenen Geschäftsjahres einerseits und der positiven Salden der sonstigen Gewinne und Verluste aus Veräußerungsgeschäften des vorangegangenen Geschäftsjahres andererseits zuzuordnen. [5]Hierbei bleiben Gewinn- und Verlustvorträge unberücksichtigt. [6]Nach Zuordnung der Werbungskosten nach den Sätzen 1 bis 5 erfolgt eine weitere Zuordnung der Werbungskosten in dem Verhältnis der positiven laufenden Einnahmen des vorangegangenen Geschäftsjahres zueinander auf die jeweiligen laufenden Einnahmen. [7]Den laufenden Einnahmen nach Satz 3 Nr. 2 Buchst. b sind die Werbungskosten nach dem Verhältnis des positiven Saldos der laufenden Einnahmen im Sinne des § 15 Abs. 1a dieses Gesetzes in Verbindung mit § 8b Absatz 1 des Körperschaftsteuergesetzes des vorangegangenen Geschäftsjahres einerseits und des positiven Saldos der laufenden Einnahmen im Sinne des § 2 Abs. 2 Satz 1 dieses Gesetzes des vorangegangenen Geschäftsjahres andererseits zuzuordnen; Satz 6 gilt entsprechend. [8]Satz 6 ist auf die sonstigen Gewinne und Verluste aus Veräußerungsgeschäften entsprechend anzu-

wenden. [9]Bei Fehlen positiver Salden auf beiden Seiten erfolgt die Zuordnung der Werbungskosten jeweils hälftig zu den laufenden Einnahmen sowie zu den sonstigen Gewinnen und Verlusten aus Veräußerungsgeschäften.

(4) [1]Negative Erträge **des Investmentfonds** sind bis zur Höhe der positiven Erträge gleicher Art mit diesen zu verrechnen. [2]Nicht ausgeglichene negative Erträge sind in den folgenden Geschäftsjahren auszugleichen.

(5) Erträge aus Gewinnanteilen des **Investmentfonds** an einer Personengesellschaft gehören zu den Erträgen des Geschäftsjahres, in dem das Wirtschaftsjahr der Personengesellschaft endet.

Erläuterungen

(Dr. Martin Haisch, Rechtsanwalt)

Absatz 1: Die Änderungen in diesen Absätzen ist eine redaktionelle Anpassung an den neuen Begriff des Investmentfonds i. S. d. § 1 Abs. 1b InvStG sowie eine orthographische Anpassung.

Absatz 1a: Dieser Absatz regelt die Behandlung des sog. Bond-Stripping in Investmentfonds, wodurch in der Vergangenheit angeblich die Verlustabzugsbeschränkung des § 8c KStG vermieden wurde. Dazu fingiert er im Zeitpunkt der Trennung (Zugang der neuen Wertpapierkennnummern) der Zinsscheine von dem dazugehörigen Stammrecht eine Veräußerung der „Anleihe cum" zum gemeinen Wert (vgl. § 9 BewG) und zugleich eine Anschaffung (zu den entsprechenden gemeinen Werten) der nach der Abtrennung selbständigen Wirtschaftsgüter (Kapitalstrip und Zinsstrip). Hierdurch kommt es zu einer Allokation von anteiligen Anschaffungskosten der „Anleihe cum" zu den Zinsstrips. Für die Abgrenzung der Erträge aus dem „neuen" Wirtschaftsgut Zinsstrips soll § 3 Abs. 2 Nr. 2 InvStG sinngemäß Anwendung finden (s. auch Tz. 4 des Verbändeschreibens zur Reichweite der Vorschrift). Schließlich lässt die Vorschrift die einkommensteuerliche Behandlung des Bond-Stripping im Privatvermögen unverändert (vgl. *Haisch/Bindl*, Corporate Finance Law 2010, 319, m. w. N.).

Absatz 3: Der Werbungskostenabzug auf Investmentfondsebene wurde in diesem Absatz neu geregelt. Ziel der Neuregelung ist, eine übermäßige Zuordnung von Allgemeinkosten zu laufenden Erträgen zu vermeiden. Hierdurch konnten temporäre und u. U. definitive Steuervorteile genutzt werden. Im Zuge der Neuregelung wurde auch das bisherige 10 %ige pauschale Abzugsverbot gestrichen. Die Regelung unterscheidet nunmehr ausdrücklich zwischen in unmittelbarem wirtschaftlichen Zusammenhang mit Einnahmen stehenden Kosten und Allgemeinkosten.

Unmittelbare Kosten: In Übereinstimmung mit der bisherigen Verwaltungspraxis (BMF v. 18. 8. 2009, BStBl I 2009, 931 Tz. 57) bestimmt Satz 1, dass im unmittelbaren wirtschaftlichen Zusammenhang mit Einnahmen stehende Werbungskosten von diesen abzuziehen sind. Satz 2 erklärt auch die AfA, soweit sie die gem. § 7 EStG zulässigen Beträge nicht übersteigen, zu unmittelbaren Kosten.

Allgemeinkosten: Gemäß Satz 3 sind Werbungskosten, die in einem nur mittelbaren wirtschaftlichen Zusammenhang mit Einkünften stehen, in drei Schritten zuzuordnen:

► **Schritt 1:** Zunächst sind die Allgemeinkosten den DBA-steuerbefreiten Einnahmen zuzuordnen. Der Umfang der Zuordnung bestimmt sich dabei nach dem Verhältnis des durchschnittlichen Vermögens, das Quelle der Einnahmen ist, zum durchschnittlichen Gesamtvermögen jeweils im vorangegangenen Fondsgeschäftsjahr unter Zugrundelegung von Monatsendwerten.

► **Schritt 2:** Danach verbleibende Kosten werden den laufenden Erträgen i. S. d. § 8b Abs. 1 KStG (einschließlich Streubesitz) bzw. § 3 Nr. 40 EStG und den Gewinnen und Verlusten i. S. d. § 8b Abs. 2 und 3 KStG bzw. §§ 3 Nr. 40, 3c Abs. 2 EStG zugewiesen. Der Umfang der Zuordnung bestimmt sich nach den o. g. Grundsätzen, wobei das Gesamtvermögen um DBA-steuerbefreite Einnahmen zu mindern ist.

► **Schritt 3:** Schließlich sind die restlichen mittelbaren Kosten von den verbleibenden laufenden Erträgen und Gewinnen und Verlusten aus Veräußerungsgeschäften abzuziehen.

Nach den Sätzen 4 ff. sind die Allgemeinkosten innerhalb jeder der drei Stufen der ersten Ebene auf der zweiten Ebene den laufenden Einnahmen und den sonstigen Gewinnen und Verlusten aus Veräußerungsgeschäften zuzuordnen. Hierbei handelt es sich um die wesentliche Abweichung von der bisherigen Werbungskostenverteilung, die im Ergebnis zu einer Erhöhung der ausschüttungsgleichen Erträge führt. Den Maßstab für die Aufteilung bilden die positiven Salden der laufenden Einnahmen auf der einen und der sonstigen Gewinne und Verluste aus Veräußerungsgeschäften auf der anderen Seite (50/50-Aufteilung als Default). Auf der zweiten Aufteilungsebene werden damit zum einem die Definition der laufenden Einnahmen und zum anderen die Bildung von Ertragskategorien relevant. In Rahmen der Bildung von Ertragskategorien sind dann auch Streubesitzdividenden separat zu berücksichtigen (vgl. *Kammeter/Szameitat*, RdF 2014, 130 ff., *Wolf/Brielmaier*, DStR 2014, 1040 ff., jeweils m. w. N. sowie Berechnungsbeispiele, und Tz. 5 des Verbändeschreibens).

Absatz 4 und 5: Die Änderungen in diesen Absätzen sind redaktionelle Anpassungen an den neuen Begriff des Investmentfonds i. S. d. § 1 Abs. 1b InvStG.

4. § 3a InvStG

Ausschüttungsreihenfolge

[1]**Für eine Ausschüttung gelten die Substanzbeträge erst nach Ausschüttung sämtlicher Erträge des laufenden und aller vorherigen Geschäftsjahre als verwendet.**

Erläuterungen

(Dr. Martin Haisch, Rechtsanwalt)

In Übereinstimmung mit der bisherigen Verwaltungsansicht (BMF v. 18. 8. 2009, BStBl I 2009, 931, Tz. 16) legt die Vorschrift fest, dass Substanzbeträge erst an letzter Stelle für Ausschüttung zur Verfügung stehen; auf sie kann daher im Ausschüttungsbeschluss gem. § 12 InvStG nicht direkt zugegriffen werden. Hingegen kann und muss weiterhin im Ausschüttungsbeschluss bestimmt werden, welche Einkünftepositionen ausgeschüttet werden. So ist es u. a. möglich, vorrangig ausschüttungsgleiche Erträge auszuschütten (vgl. auch BT-Drucks. 17/13036, 7) und auch im Übrigen die Ausschüttungspolitik über einen entsprechenden Beschluss zu steuern. Schließlich sollen nach der Gesetzesbegründung für Ausschüttungen von Liquiditätsüberhängen, die auf AfA oder AfS beruhen, und Weiterausschüttungen von Einlagerückgewährungen i. S. d. § 27 Abs. 8 KStG die bisherigen Verwaltungsregeln fort gelten (so auch Tz. 6 des Verbändeschreibens).

5. § 4 InvStG

Ausländische Einkünfte

(1) [1]Die auf Investmentanteile ausgeschütteten sowie die ausschüttungsgleichen Erträge sind bei der Veranlagung der Einkommensteuer oder Körperschaftsteuer insoweit außer Betracht zu lassen, als sie aus einem ausländischen Staat stammende Einkünfte enthalten, für die die Bundesrepublik Deutschland auf Grund eines Abkommens zur Vermeidung der Doppelbesteuerung auf die Ausübung des Besteuerungsrechts verzichtet hat. **[2]Gehören die ausgeschütteten oder ausschüttungsgleichen Erträge aus einem Investmentanteil nicht zu den Einkünften aus Kapitalvermögen, so ist bei den nach Satz 1 befreiten Einkünften der Steuersatz anzuwenden, der sich ergibt, wenn bei der Berechnung der Einkommensteuer das nach § 32a des Einkommensteuergesetzes zu versteuernde Einkommen um die in Satz 1 genannten Einkünfte vermehrt oder vermindert wird, wobei die darin enthaltenen außerordentlichen Einkünfte mit einem Fünftel zu berücksichtigen sind. [3]§ 32b Abs. 1 Satz 2 des Einkommensteuergesetzes gilt entsprechend.** [4]§ 32b Abs. 1a des Einkommensteuergesetzes ist anzuwenden.

(2) [1]Sind in den auf Investmentanteile ausgeschütteten sowie den ausschüttungsgleichen Erträgen aus einem ausländischen Staat stammende Einkünfte enthalten, die in diesem Staat zu einer nach § 34c Abs. 1 des Einkommensteuergesetzes oder § 26 Abs. 1 des Körperschaftsteuergesetzes oder nach einem Abkommen zur Vermeidung der Doppelbesteuerung auf die Einkommensteuer oder Körperschaftsteuer anrechenbaren Steuer herangezogen werden, so ist bei unbeschränkt steuerpflichtigen Anlegern die festgesetzte und gezahlte und keinem Ermäßigungsanspruch unterliegende ausländische Steuer auf den Teil der Einkommensteuer oder Körperschaftsteuer anzurechnen, der auf diese ausländischen um die anteilige ausländische Steuer erhöhten Einkünfte entfällt. [2]Dieser Teil ist in der Weise zu ermitteln, dass die sich bei der Veranlagung des zu versteuernden Einkommens — einschließlich der ausländischen Einkünfte — nach den §§ 32a, 32b, 34 und 34b des Einkommensteuergesetzes ergebende Einkommensteuer oder nach § 23 des Körperschaftsteuergesetzes ergebende Körperschaftsteuer im Verhältnis dieser ausländischen Einkünfte zur Summe der Einkünfte aufgeteilt wird. [3]Der Höchstbetrag der anrechenbaren ausländischen Steuern ist für die ausgeschütteten sowie ausschüttungsgleichen Erträge aus jedem einzelnen **Investmentfonds** zusammengefasst zu berechnen. [4]§ 34c Abs. 1 Satz 3 und 4, Abs. 2, 3, 6 und 7 des Einkommensteuergesetzes ist sinngemäß anzuwenden. [5]Wird von auf ausländische Investmentanteile ausgeschütteten Erträgen in dem Staat, in dem **der ausschüttende ausländische Investmentfonds** ansässig ist, eine Abzugsteuer erhoben, gelten die Sätze 1 bis 4 mit der Maßgabe, dass für die Ermittlung des Höchstbetrags der anrechenbaren ausländischen Steuern Satz 3 entsprechend gilt. [6]Der Anrechnung der ausländischen Steuer nach § 34c Abs. 1 des Einkommensteuergesetzes steht bei ausländischen Investmentanteilen § 34c Abs. 6 Satz 1 des Einkommensteuergesetzes nicht entgegen. [7]Sind in den auf ausländische Investmentanteile ausgeschütteten sowie den ausschüttungsgleichen Erträgen Einkünfte enthalten, die mit deutscher Ertragsteuer belastet sind, so gelten diese Einkünfte und die darauf entfallende deutsche Steuer für Zwecke der Anrechnung und bei der Anwendung des § 7 Abs. 1 als ausländische Einkünfte und ausländische Steuer im Sinne des Satzes 1. [8]Abweichend von den Sätzen 1 bis 6 sind bei Erträgen, die Einkünfte im Sinne des § 20 Abs. 1 Satz 1 Nr. 1 des Einkommensteuergesetzes sind, § 32d Abs. 5 und § 43a Abs. 3 Satz 1 des Einkommensteuergesetzes sinngemäß anzuwenden.

...

(4) [1]Der Investmentfonds kann die nach Absatz 2 beim Anleger anrechenbaren oder abziehbaren ausländischen Steuern bei der Ermittlung der Erträge (§ 3) als Werbungskosten abziehen. [2]In diesem Fall hat der Anleger keinen Anspruch auf Anrechnung oder Abzug dieser Steuern nach Absatz 2.

Erläuterungen

(Dr. Martin Haisch, Rechtsanwalt)

Absatz 1: Dieser Absatz enthält eine Klarstellung dahin gehend, dass DBA-steuerfreie Einkünfte (insb. Immobilieneinkünfte) nur beim betrieblichen Anleger, nicht jedoch auch beim Privatanleger dem Progressionsvorbehalt unterliegen. In der Praxis war die für Privatanleger zuletzt zweifelhaft gewesen (vgl. BT-Drucks. 18/68, 53).

Absatz 2 und 4: Die Änderungen in diesen Absätzen sind redaktionelle Anpassungen an den neuen Begriff des Investmentfonds i. S. d. § 1 Abs. 1b InvStG.

6. § 5 InvStG

Besteuerungsgrundlagen

...

1. die Investmentgesellschaft den Anlegern bei jeder Ausschüttung bezogen auf einen Investmentanteil unter Angabe der Wertpapieridentifikationsnummer ISIN **des Investmentfonds** und des Zeitraums, auf den sich die Angaben beziehen, folgende Besteuerungsgrundlagen in deutscher Sprache bekannt macht:

...

    mm) (aufgehoben)

....

    cc) im Sinne des § 7 Abs. 1 **Satz 4**, soweit in Doppelbuchst. aa enthalten,

...

  i) (aufgehoben)

...

3. die Investmentgesellschaft die in den Nummern 1 und 2 genannten Angaben in Verbindung mit dem Jahresbericht im Sinne **der §§ 101, 120, 135, 298 Abs. 1 Satz 1 Nr. 1 sowie § 299 Abs. 1 Nr. 3 des Kapitalanlagegesetzbuchs** spätestens vier Monate nach Ablauf des Geschäftsjahres im Bundesanzeiger bekannt macht; die Angaben sind mit der Bescheinigung eines zur geschäftsmäßigen Hilfeleistung befugten Berufsträgers im Sinne des § 3 des Steuerberatungsgesetzes, einer behördlich anerkannten Wirtschaftsprüfungsstelle oder einer vergleichbaren Stelle zu versehen, dass die Angaben nach den Regeln des deutschen Steuerrechts ermittelt wurden; die Bescheinigung muss eine Aussage enthalten, ob in die Ermittlung der Angaben Werte aus einem Ertragsausgleich eingegangen sind; § 323 des Handelsgesetzbuchs ist sinngemäß anzuwenden. [2]Wird innerhalb von vier Monaten nach Ablauf des

Geschäftsjahres ein Ausschüttungsbeschluss für dieses abgelaufene Geschäftsjahr gefasst, sind abweichend von Satz 1 die in den Nummern 1 und 2 genannten Angaben spätestens vier Monate nach dem Tag des Beschlusses bekannt zu machen. [3]Wird der Jahresbericht nach den Bestimmungen des **Kapitalanlagegesetzbuchs** nicht im Bundesanzeiger veröffentlicht, ist auch die Fundstelle bekannt zu machen, in der der Rechenschaftsbericht in deutscher Sprache bekannt gemacht ist;

4. die ausländische Investmentgesellschaft oder die ein **EU-Investmentfonds** der Vertragsform verwaltende **Kapitalverwaltungsgesellschaft** die Summe der nach dem 31.12.1993 dem Inhaber der ausländischen Investmentanteile als zugeflossen geltenden, noch nicht dem Steuerabzug unterworfenen Erträge ermittelt und mit dem Rücknahmepreis bekannt macht;

5. die ausländische Investmentgesellschaft oder die einen **EU-Investmentfonds** der Vertragsform verwaltende **Kapitalverwaltungsgesellschaft** auf Anforderung gegenüber dem Bundeszentralamt für Steuern innerhalb von drei Monaten die Richtigkeit der in den Nummern 1, 2 und 4 genannten Angaben vollständig nachweist. [2]Sind die Urkunden in einer fremden Sprache abgefasst, so kann eine beglaubigte Übersetzung in die deutsche Sprache verlangt werden. [3]Hat die ausländische Investmentgesellschaft oder die **einen EU-Investmentfonds** der Vertragsform verwaltende **Kapitalverwaltungsgesellschaft** Angaben in unzutreffender Höhe bekannt gemacht, so hat sie die Unterschiedsbeträge eigenverantwortlich oder auf Verlangen des Bundeszentralamtes für Steuern in der Bekanntmachung für das laufende Geschäftsjahr zu berücksichtigen.

[2]Liegen die in Satz 1 Nr. 1 Buchst. c oder f genannten Angaben nicht vor, werden die Erträge insoweit nach § 2 Abs. 1 Satz 1 besteuert und § 4 findet insoweit keine Anwendung. [3]**Eine Bekanntmachung zu Satz 1 Nr. 1 Buchst. c Doppelbuchst. aa und gg ist nur zulässig, wenn die Veröffentlichung nach § 5 Abs. 2 Satz 4 erfolgt ist.**

…

(3) [1]Die Investmentgesellschaft hat bewertungstäglich den Zwischengewinn zu ermitteln und mit dem Rücknahmepreis zu veröffentlichen; dabei ist anzugeben, ob bei der Ermittlung des Zwischengewinns nach § 9 Satz 2 verfahren wurde. [2]Sind die Voraussetzungen des Satzes 1 nicht erfüllt, sind 6 Prozent des Entgelts für die Rückgabe oder Veräußerung des Investmentanteils anzusetzen; negative Kapitalerträge aus Zwischengewinnen auf Grund des Erwerbs von während des laufenden Geschäftsjahres **des Investmentfonds** ausgegebenen Anteilen werden nicht berücksichtigt. [3]Absatz 1 Satz 1 Nr. 5 gilt entsprechend. [4]Die Sätze 1 und 2 finden bei inländischen **Investmentfonds** im Sinne **des § 225 des Kapitalanlagegesetzbuchs** und bei ausländischen Investmentfonds, die hinsichtlich ihrer Anlagepolitik vergleichbaren Anforderungen unterliegen, keine Anwendung.

Erläuterungen

(Dr. Martin Haisch, Rechtsanwalt)

Diese Vorschrift, die nach wie vor die Informations- und Veröffentlichungspflichten für eine transparente Besteuerung des Investmentfondsanleger regelt, enthält zunächst redaktionelle Anpassungen an die neuen Begrifflichkeit des Investmentfonds und der KVG sowie das KAGB. In Abs. 1 Satz 1 Nr. 1 Buchst. a, Doppelbuchst. cc InvStG wird zudem ein Redaktionsversehen behoben.

Die Streichung des Abs. 1 Satz 1 Nr. 1 Buchst. c, Doppelbuchst. mm erfolgt, weil diese zwischen-zeitlich obsolet ist. Er enthielt eine Besteuerungsgrundlage, die für das Geschäftsjahr, in dem die Steuerbesitzregelung des § 8b Abs. 4 KStG eingeführt wurde, relevant war. Die Streichung des Abs. 1 Satz 1 Nr. 1 Buchst. i ist eine Konsequenz der Abschaffung des 10 %igen Werbungs-abzugsverbot in § 3 Abs. 3 Satz 2 Nr. 2 InvStG.

Schließlich wurde § 5 Abs. 1 Satz 3 InvStG neu eingeführt. Er regelt, dass eine Bekanntmachung des Aktien- bzw. Immobiliengewinns im Rahmen der § 5 InvStG-Bescheinigung nur erfolgen darf, wenn der Aktien- bzw. Immobiliengewinn tatsächlich bewertungstäglich veröffentlicht wurde. Hintergrund ist laut der Gesetzesbegründung, dass es in der Vergangenheit zu Bekannt-machungen kam, obwohl keine bewertungstägliche Veröffentlichung vorlag, und hieraus unzu-treffende Steuerfolgen gezogen wurden (BT-Drucks. 18/68, 55).

7. § 7 InvStG

Kapitalertragsteuer

(1) [1]Ein Steuerabzug vom Kapitalertrag wird erhoben von

1. ausgeschütteten Erträgen im Sinne des § 2 Abs. 1, soweit sie nicht enthalten:

...

   b) Gewinne aus der Veräußerung von Wertpapieren und Bezugsrechten auf Anteile an Kapi-talgesellschaften, aus Termingeschäften im Sinne des **§ 21 Abs. 1 Satz 2** sowie aus der Veräußerung von Grundstücken und grundstücksgleichen Rechten im Sinne des § 2 Abs. 3 sowie Erträge im Sinne des § 4 Abs. 1,

...

(3) [1]Eine Kapitalertragsteuer wird von den Erträgen aus einem Anteil an einem inländischen **Investmentfonds** erhoben,

...

[2]Der Steuerabzug obliegt dem Entrichtungspflichtigen. [3]Dieser hat die auszuschüttenden Beträ-ge einschließlich der Steuerabzugsbeträge bei der **Verwahrstelle** einzuziehen, soweit er sie nicht nach § 2 Abs. 1a und 1b vom Veräußerer des Anteils einzuziehen hat. [4]**Der Investmentfonds** hat der **Verwahrstelle** die Beträge für die Ausschüttungen und den Steuerabzug zur Verfügung zu stellen, die sich nach seinen Berechnungen unter Verwendung der von der **Verwahrstelle** ermit-telten Zahl der Investmentanteile ergeben.

(3a) [1]Entrichtungspflichtiger ist bei ausgeschütteten Erträgen im Sinne von Abs. 3 Satz 1 Nr. 1 Buchst. a als auszahlende Stelle

1. das inländische Kredit- oder Finanzdienstleistungsinstitut im Sinne des § 43 Abs. 1 Satz 1 Nr. 7 Buchst. b des Einkommensteuergesetzes oder das inländische Wertpapierhandelsunter-nehmen, welches, oder die inländische Wertpapierhandelsbank, welche

   a) die Anteile an dem **Investmentfonds** verwahrt oder verwaltet und

      aa) die Erträge im Sinne des Satzes 1 auszahlt oder gutschreibt oder bb) die Erträge im Sinne des Satzes 1 an eine ausländische Stelle auszahlt oder

  b) die Anteile an dem **Investmentfonds** nicht verwahrt oder verwaltet und

    aa) die Erträge im Sinne des Satzes 1 auszahlt oder gutschreibt oder

...

2. die Wertpapiersammelbank, der die Anteile an dem **Investmentfonds** zur Sammelverwahrung anvertraut wurden, wenn sie die Erträge im Sinne des Satzes 1 an eine ausländische Stelle auszahlt.

...

(3b) [1]Entrichtungspflichtiger ist bei ausschüttungsgleichen Erträgen im Sinne des Absatzes 3 Satz 1 Nr. 1 Buchst. b die inländische Stelle, die im Falle einer Ausschüttung auszahlende Stelle nach Abs. 3a Satz 1 wäre. [2]Die **Verwahrstelle** hat die Steuerabzugsbeträge den inländischen Stellen nach Satz 1 auf deren Anforderung zur Verfügung zu stellen, soweit nicht die inländische Stelle Beträge nach § 2 Abs. 1b einzuziehen hat; nicht angeforderte Steuerabzugsbeträge hat die **Verwahrstelle** nach Ablauf des zweiten Monats seit dem Ende des Geschäftsjahres **des Investmentfonds** zum 10. des Folgemonats anzumelden und abzuführen. [3]**Der Investmentfonds**, die **Verwahrstelle** und die sonstigen inländischen Stellen haben das zur Verfügungstellen und etwaige Rückforderungen der Steuerabzugsbeträge nach denselben Regeln abzuwickeln, die für ausgeschüttete Beträge nach Abs. 3 Satz 1 Nr. 1 Buchst. a gelten würden. [4]Die inländische Stelle hat die Kapitalertragsteuer spätestens mit Ablauf des ersten Monats seit dem Ende des Geschäftsjahres **des Investmentfonds** einzubehalten und zum 10. des Folgemonats anzumelden und abzuführen. [5]Ergänzend sind die für den Steuerabzug von Kapitalerträgen im Sinne des § 43 Abs. 1 Satz 1 Nr. 1a des Einkommensteuergesetzes geltenden Vorschriften des Einkommensteuergesetzes entsprechend anzuwenden.

...

(4) [1]Von den ausschüttungsgleichen Erträgen eines inländischen **Investmentfonds** mit Ausnahme der in Abs. 3 Satz 1 Nr. 1 Buchst. b und Nr. 2 Buchst. b genannten hat als Entrichtungspflichtiger die inländische Stelle einen Steuerabzug vorzunehmen, die bei Erträgen im Sinne des Absatzes 3 Satz 1 Nr. 2 Buchst. b nach Abs. 3d Satz 1 als auszahlende Stelle hierzu verpflichtet wäre. [2]Im Übrigen gilt Abs. 1 entsprechend. [3]Absatz 3b Satz 2 bis 4 ist entsprechend anzuwenden. [3]Absatz 3b Satz 2 bis 4 und § 44a Abs. 10 Satz 4 bis 7 des Einkommensteuergesetzes sind entsprechend anzuwenden.

(5) [1]Wird bei ausschüttungsgleichen Erträgen nach Abs. 3 Satz 1 Nr. 1 Buchst. b und Nr. 2 Buchst. b sowie nach Abs. 4 von der inländischen Stelle weder vom Steuerabzug abgesehen noch ganz oder teilweise Abstand genommen, wird auf Antrag die einbehaltene Kapitalertragsteuer unter den Voraussetzungen **des § 44a Abs. 4 und 10 Satz 1** des Einkommensteuergesetzes in dem dort vorgesehenen Umfang von der inländischen Investmentgesellschaft erstattet. [2]Der Anleger hat der Investmentgesellschaft eine Bescheinigung der inländischen Stelle im Sinne der Absätze 3b, 3d und 4 vorzulegen, aus der hervorgeht, dass diese die Erstattung nicht vorgenommen hat und auch nicht vornehmen wird. [3]Im Übrigen sind die für die Anrechnung und Erstattung der Kapitalertragsteuer geltenden Vorschriften des Einkommensteuergesetzes entsprechend anzuwenden. [4]Die erstattende inländische Investmentgesellschaft haftet in sinngemäßer Anwendung des § 44 Abs. 5 des Einkommensteuergesetzes für zu Unrecht vorgenommene Erstattungen; für die Zahlungsaufforderung gilt § 219 der Abgabenordnung entsprechend. [5]Für

die Überprüfung der Erstattungen sowie für die Geltendmachung der Rückforderung von Erstattungen oder der Haftung ist das Finanzamt zuständig, das für die Besteuerung der inländischen Investmentgesellschaft nach dem Einkommen zuständig ist.

Erläuterungen

(Dr. Martin Haisch, Rechtsanwalt)

Die Vorschrift über die Kapitalertragsteuer auf der sog. Ausgangsseite von Investmentfonds enthält zunächst eine Verweisänderung sowie redaktionelle Anpassungen an die neuen Begriffe des Investmentfonds und der Verwahrstelle. Die Verweisänderung in § 7 Abs. 5 InvStG ist schließlich dem Wegfall des § 44b Abs. 1 bis 4 EStG durch das Amtshilferichtlinien-Umsetzungsgesetz v. 26. 6. 2013 (AmtshilfeRLUmsG) und der Verweisung auf § 43 Abs. 1 Satz 1 Nr. 1a EStG in § 7 Abs. 3b letzter Satz InvStG geschuldet.

8. § 8 InvStG

Veräußerung von Investmentanteilen; Vermögensminderung

(1) [1]Auf die Einnahmen aus der Rückgabe, Veräußerung oder Entnahme von Investmentanteilen sind § 3 Nr. 40 des Einkommensteuergesetzes, § 4 Abs. 1 dieses Gesetzes sowie § 19 des REIT-Gesetzes anzuwenden, soweit sie dort genannte, dem Anleger noch nicht zugeflossene oder als zugeflossen geltende Einnahmen enthalten oder auf bereits realisierte oder noch nicht realisierte Gewinne aus der Beteiligung **des Investmentfonds** an Körperschaften, Personenvereinigungen oder Vermögensmassen entfallen, deren Leistungen beim Empfänger zu den Einnahmen im Sinne des § 20 Abs. 1 Nr. 1 des Einkommensteuergesetzes gehören (positiver Aktiengewinn). [2]Auf die Einnahmen aus der Rückgabe, Veräußerung oder Entnahme von Investmentanteilen im Betriebsvermögen sind § 8b des Körperschaftsteuergesetzes sowie § 19 des REIT-Gesetzes anzuwenden, soweit sie auf bereits realisierte oder noch nicht realisierte Gewinne aus der Beteiligung **des Investmentfonds** an Körperschaften, Personenvereinigungen oder Vermögensmassen entfallen, deren Leistungen beim Empfänger zu den Einnahmen im Sinne des § 20 Abs. 1 Nr. 1 des Einkommensteuergesetzes gehören. [3]§ 15 Abs. 1a und § 16 Abs. 3 bleiben unberührt. [4]Bei Beteiligungen **des Investmentfonds** sind die Sätze 1 bis 3 entsprechend anzuwenden. [5]Bei dem Ansatz des in § 6 Abs. 1 Nr. 2 Satz 3 des Einkommensteuergesetzes bezeichneten Wertes sind die Sätze 1 bis 4 entsprechend anzuwenden.

(2) [1]Auf Vermögensminderungen innerhalb **des Investmentfonds** sind beim Anleger § 3c Abs. 2 des Einkommensteuergesetzes und § 8b des Körperschaftsteuergesetzes anzuwenden, soweit die Vermögensminderungen auf Beteiligungen **des Investmentfonds** an Körperschaften, Personenvereinigungen oder Vermögensmassen entfallen, deren Leistungen beim Empfänger zu den Einnahmen im Sinne des § 20 Abs. 1 Nr. 1 des Einkommensteuergesetzes gehören; Vermögensminderungen, die aus Wirtschaftsgütern herrühren, auf deren Erträge § 4 Abs. 1 anzuwenden ist, dürfen das Einkommen nicht mindern (negativer Aktiengewinn). [2]Bei Beteiligungen **des Investmentfonds** an anderen **Investmentfonds** ist Satz 1 entsprechend anzuwenden. [3]Die Sätze 1 und 2 gelten nicht für Beteiligungen **des Investmentfonds** an inländischen REIT-Aktiengesellschaften oder anderen REIT-Körperschaften, -Personenvereinigungen oder -Vermögensmassen im Sinne des REIT-Gesetzes.

...

(5) [1]Gewinne aus der Rückgabe oder Veräußerung von Investmentanteilen, die weder zu einem Betriebsvermögen gehören noch zu den Einkünften nach § 22 Nr. 1 oder Nr. 5 des Einkommensteuergesetzes gehören, gehören zu den Einkünften aus Kapitalvermögen im Sinne des § 20 Abs. 2 Satz 1 Nr. 1 des Einkommensteuergesetzes; § 3 Nr. 40 und § 17 des Einkommensteuergesetzes und § 8b des Körperschaftsteuergesetzes sind nicht anzuwenden. [2]Negative Einnahmen gemäß § 2 Abs. 1 Satz 1 sind von den Anschaffungskosten des Investmentanteils, erhaltener Zwischengewinn ist vom Veräußerungserlös des Investmentanteils abzusetzen. [3]Der Veräußerungserlös ist ferner um die während der Besitzzeit als zugeflossen geltenden ausschüttungsgleichen Erträge zu mindern sowie um die hierauf entfallende, seitens der Investmentgesellschaft gezahlte und um einen entstandenen Ermäßigungsanspruch gekürzte Steuer im Sinne des § 4 Abs. 2, § 7 Abs. 3 und 4 zu erhöhen. [4]Sind ausschüttungsgleiche Erträge in einem späteren Geschäftsjahr innerhalb der Besitzzeit ausgeschüttet worden, sind diese dem Veräußerungserlös hinzuzurechnen. [5]Der Gewinn aus der Veräußerung oder Rückgabe ist um die während der Besitzzeit des Anlegers ausgeschütteten Beträge zu erhöhen, die nach **§ 21 Abs. 1 Satz 2** in Verbindung mit § 2 Abs. 3 Nr. 1 in der am 31.12.2008 anzuwendenden Fassung des Gesetzes steuerfrei sind. [6]Des Weiteren ist der Veräußerungsgewinn um die während der Besitzzeit des Anlegers zugeflossene Substanzauskehrung sowie um die Beträge zu erhöhen, die während der Besitzzeit auf Grund der Absetzung für Abnutzung oder Substanzverringerung im Sinne des § 3 Abs. 3 **Satz 2** steuerfrei ausgeschüttet wurden. [7]Ferner bleiben bei der Ermittlung des Gewinns die Anschaffungskosten und der Veräußerungserlös mit dem Prozentsatz unberücksichtigt, den die Investmentgesellschaft für den jeweiligen Stichtag nach § 5 Abs. 2 für die Anwendung des Absatzes 1 in Verbindung mit § 4 Abs. 1 veröffentlicht hat.

...

(8) [1]Ein Investmentanteil gilt mit Ablauf des Geschäftsjahres, in dem ein Feststellungsbescheid nach § 1 Abs. 1d Satz 1 unanfechtbar geworden ist, als veräußert. [2]Ein Anteil an einer Investitionsgesellschaft gilt zum selben Zeitpunkt als angeschafft. [3]Als Veräußerungserlös des Investmentanteils und als Anschaffungskosten des Investitionsgesellschaftsanteils ist der Rücknahmepreis am Ende des Geschäftsjahres anzusetzen, in dem der Feststellungsbescheid unanfechtbar geworden ist. [4]Wird kein Rücknahmepreis festgesetzt, tritt an seine Stelle der Börsen- oder Marktpreis. [5]Kapitalertragsteuer ist nicht einzubehalten und abzuführen. [6]Im Übrigen sind die vorstehenden Absätze anzuwenden. [7]Die festgesetzte Steuer gilt bis zur tatsächlichen Veräußerung des Anteils als zinslos gestundet.

Erläuterungen

(Dr. Martin Haisch, Rechtsanwalt)

Absätze 1, 2 und 5: Diese Absätze enthalten redaktionelle Anpassungen an den neuen Begriff des Investmentfonds sowie Verweisungsänderungen.

Absatz 8: Dieser Absatz regelt die Besteuerung eines Regimewechsels von einem Publikums-Investmentfonds in eine Investitionsgesellschaft auf Anlegerebene. In diesem Fall gilt mit Ablauf des Geschäftsjahrs, in dem der Feststellungsbescheid nach § 1 Abs. 1d Satz 1 InvStG unanfechtbar geworden ist, der Anteil am in- oder ausländischen Publikums-Investmentfonds durch den Anleger als veräußert und ein Investitionsgesellschaftsanteil als angeschafft. Der Rücknahmepreis bzw. – bei dessen Fehlen – der Börsen- und Marktpreis (jeweils am Ende des Geschäftsjahres, in dem der Feststellungsbescheid unanfechtbar geworden ist), ist der Veräußerungserlös des Investmentanteils und zugleich die Anschaffungskosten des Investitionsgesellschaftsanteils. Unrealisierte Wertzuwächse bzw. -verluste werden dadurch zwangsweise aufgedeckt und gemäß der Absätze 1 bis 7 der Besteuerung unterworfen. Diese Schlussbesteuerung löst allerdings keine Kapitalertragsteuer aus, sondern sie erfolgt im Veranlagungsverfahren. Schließlich gilt die festgesetzte Steuer bis zur tatsächlichen Veräußerung der Anteile als zinslos gestundet.

9. § 10 InvStG

Dach-Investmentfonds

[1]Bei Erträgen eines Anlegers aus Investmentanteilen, die aus Erträgen **des Investmentfonds** aus Anteilen an anderen **Investmentfonds** stammen, findet § 6 entsprechende Anwendung, soweit die Besteuerungsgrundlagen **des Dach-Investmentfonds** im Sinne des § 5 Abs. 1 nicht nachgewiesen werden. [2]Soweit **Ziel-Investmentfonds** die Voraussetzungen des § 5 Abs. 1 nicht erfüllen, sind die nach § 6 zu ermittelnden Besteuerungsgrundlagen des **Ziel-Investmentfonds** den steuerpflichtigen Erträgen **des Dach-Investmentfonds** zuzurechnen. [3]Die vorstehenden Sätze sind auch auf Master-Feeder-Strukturen im Sinne **der §§ 171 bis 180 des Kapitalanlagegesetzbuchs** anzuwenden.

Erläuterungen

(Dr. Martin Haisch, Rechtsanwalt)

Die Vorschrift über Dach-Fonds enthält redaktionelle Anpassungen an die Begriffe des Investment- bzw. Dach- und Zielfonds sowie das KAGB.

10. § 11 InvStG

Steuerbefreiung und Außenprüfung

(1) [1]Das inländische Sondervermögen gilt als Zweckvermögen im Sinne des § 1 Abs. 1 Nr. 5 des Körperschaftsteuergesetzes und als sonstige juristische Person des privaten Rechts im Sinne des § 2 Abs. 3 des Gewerbesteuergesetzes. [2]Ein inländischer Investmentfonds in der Rechtsform eines Sondervermögens oder einer Investmentaktiengesellschaft mit veränderlichem Kapital ist von der Körperschaftsteuer und der Gewerbesteuer befreit. [3]Ein inländischer Investmentfonds in der Rechtsform einer offenen Investmentkommanditgesellschaft ist von der Gewerbesteuer befreit.

[4]Satz 2 gilt nicht für

1. Einkünfte, die die Investmentaktiengesellschaft mit veränderlichem Kapital oder deren Teilgesellschaftsvermögen aus der Verwaltung des Vermögens erzielt, oder

2. Einkünfte der Investmentaktiengesellschaft mit veränderlichem Kapital oder deren Teilgesellschaftsvermögen, die auf Unternehmensaktien entfallen, es sei denn, es wurde nach § 109 Abs. 1 Satz 1 des Kapitalanlagesetzbuchs auf die Begebung von Anlageaktien verzichtet.

Die Sätze 1 und 2 gelten auch für Investmentfonds im Sinne des § 1 Abs. 1g Satz 2.

(2) [1]Die von den Kapitalerträgen des inländischen **Investmentfonds** einbehaltene und abgeführte Kapitalertragsteuer wird dem **Investmentfonds** unter Einschaltung der **Verwahrstelle** erstattet, soweit nicht nach § 44a des Einkommensteuergesetzes vom Steuerabzug Abstand zu nehmen ist; dies gilt auch für den als Zuschlag zur Kapitalertragsteuer einbehaltenen und abgeführten Solidaritätszuschlag. [2]Bei Kapitalerträgen im Sinne des § 43 Abs. 1 Satz 1 Nr. 1 und 2 des Einkommensteuergesetzes wendet die **Verwahrstelle** § 44b Abs. 6 des Einkommensteuergesetzes entsprechend an; bei den übrigen Kapitalerträgen außer Kapitalerträgen im Sinne des § 43 Abs. 1 Satz 1 Nr. 1a des Einkommensteuergesetzes erstattet das Finanzamt, an das die Kapitalertragsteuer abgeführt worden ist, die Kapitalertragsteuer und den Solidaritätszuschlag auf Antrag an die **Verwahrstelle**. [3]Im Übrigen sind die Vorschriften des Einkommensteuergesetzes über die Abstandnahme vom Steuerabzug und über die Erstattung von Kapitalertragsteuer bei unbeschränkt einkommensteuerpflichtigen Gläubigern sinngemäß anzuwenden. [4]An die Stelle der nach dem Einkommensteuergesetz erforderlichen Nichtveranlagungs-Bescheinigung tritt eine Bescheinigung des für **den Investmentfonds** zuständigen Finanzamts, in der bestätigt wird, dass ein Zweckvermögen oder eine Investmentaktiengesellschaft im Sinne des Absatzes 1 vorliegt.

(3) Beim inländischen **Investmentfonds** ist eine Außenprüfung im Sinne der §§ 194 ff. der Abgabenordnung zulässig zur Ermittlung der steuerlichen Verhältnisse des **Investmentfonds**, zum Zwecke der Prüfung der Berichte **nach §§ 101, 120 und 135 des Kapitalanlagegesetzbuchs** und der Besteuerungsgrundlagen nach § 5.

Erläuterungen

(Dr. Martin Haisch, Rechtsanwalt)

Absatz 2: Dieser Absatz regelt die Einstufung von Investmentfonds, deren Steuerbefreiung und Ausnahmen hierzu.

Inländische Investmentfonds: Gemäß Satz 1 gilt ein inländischer Investmentfonds in der Form eines Sondervermögens als Zweckvermögen i. S. d. § 1 Abs. 1 Nr. 5 KStG und als sonstige juristische Person des privaten Rechts i. S. d. § 2 Abs. 3 GewStG und damit als Körperschaft- und Gewerbesteuersubjekt; für Investmentaktiengesellschaften („Investment-AG") ist das bereits aufgrund der Rechtsform der Fall. Satz 2 enthält dann aber eine persönliche Befreiung von der Körperschaft- und Gewerbesteuer für inländische Investmentfonds in der Form eines Sondervermögens und einer Investment-AG. Nach Satz 3 besteht ferner eine Gewerbesteuerbefreiung für offene Investment-KGs, die als Investmentfonds qualifizieren (s. auch unten § 15a InvStG).

Ausländische Investmentfonds, die als inländisch qualifizieren: Sofern ausländische Investmentfonds gem. § 1 Abs. 1g Satz 2 InvStG ausnahmsweise als inländische Investmentfonds gelten, erklärt Satz 5 die Sätze 1 und 2 (d. h. die Zweckvermögensfiktion und Steuerbefreiung) für entsprechend anwendbar.

Ausnahme für die Investment-AG: Mit Satz 4 werden partielle Ausnahmen von der Steuerbefreiung für Investment-AGs eingeführt. Zum einen werden Einkünfte aus der internen Verwaltung einer Investment-AG ausgenommen. Zum anderen werden Einkünfte, die auf die Unternehmensaktien entfallen, der Besteuerung unterworfen, es sei denn es bestehen daneben überhaupt keine Anlageaktien. Ein grundlegende Änderung der Besteuerungssituation von Investment-AGs als Investmentfonds ergibt sich dadurch nicht (vgl. auch *Neumann*, BB 2013, 669 ff., m. w. N.).

Absatz 2 und 3: Dieser Absatz enthält redaktionelle Anpassungen an die neuen Begriffe des Investmentfonds und der Verwahrstelle sowie an das KAGB.

11. § 12 InvStG

Ausschüttungsbeschluss

[1]Die inländische Investmentgesellschaft hat über die Verwendung der zur Ausschüttung zur Verfügung stehenden Beträge zu beschließen und den Beschluss schriftlich zu dokumentieren. [2]Der Beschluss hat Angaben zur Zusammensetzung der Ausschüttung zu enthalten. [3]Er hat außerdem Angaben zu den noch nicht ausgeschütteten Beträgen, die nicht unter § 23 Abs. 1 fallen, zu enthalten.

Erläuterungen

(Dr. Martin Haisch, Rechtsanwalt)

Die Vorschrift regelt nach wie vor den Ausschüttungsbeschluss, in dem die auszuschüttenden Einkünftepositionen zu bestimmen sind (s. auch oben § 3a InvStG). Bei der Änderung handelt es sich um eine redaktionelle Verweisanpassung.

12. § 13 InvStG

Gesonderte Feststellung der Besteuerungsgrundlagen

. . .

(2) [1]Die Investmentgesellschaft hat spätestens vier Monate nach Ablauf des Geschäftsjahres eine Erklärung zur gesonderten Feststellung der Besteuerungsgrundlagen abzugeben. [2]Wird innerhalb von vier Monaten nach Ablauf des Geschäftsjahres ein Beschluss über eine Ausschüttung gefasst, ist die Erklärung nach Satz 1 spätestens vier Monate nach dem Tag des Beschlusses abzugeben. **[3]Der Feststellungserklärung sind der Jahresbericht, die Bescheinigung nach § 5 Abs. 1 Satz 1 Nr. 3, der Ausschüttungsbeschluss gemäß § 12 und eine Überleitungsrechnung, aus der hervorgeht, wie aus der investmentrechtlichen Rechnungslegung die Besteuerungsgrundlagen ermittelt wurden, beizufügen.**

. . .

(5) Örtlich zuständig ist das Finanzamt, in dessen Bezirk sich die Geschäftsleitung der Kapitalverwaltungsgesellschaft des Investmentfonds befindet, oder in den Fällen des § 1 Abs. 2a Satz 3 Nr. 1 Buchst. b, in dessen Bezirk die Zweigniederlassung besteht, oder in den Fällen des § 1 Absatz 2a Satz 3 Nummer 1 Buchstabe c, in dessen Bezirk sich die Geschäftsleitung der inländischen Verwahrstelle befindet.

Erläuterungen

(Dr. Martin Haisch, Rechtsanwalt)

Absatz 2: Dieser Absatz regelt in Satz 3, dass der gesonderten Feststellung der Besteuerungsgrundlagen auch eine Überleitungsrechnung beizufügen ist. Aus ihr hat hervorzugehen, wie aus der investmentrechtlichen Rechnungsregelung die Besteuerungsgrundlagen ermittelt wurden.

In der Praxis hat die Finanzverwaltung auch bislang bereits die Vorlage einer solchen Überleitungsrechnung verlangt. Die Änderung sichert diese Praxis durch eine ausdrückliche Rechtsgrundlage ab.

Absatz 5: Dieser Absatz bestimmt die Zuständigkeit des Finanzamts für das Feststellungsverfahren dergestalt, dass hierfür der Ort der Geschäftsleistung der KVG, der Zweigniederlassung bzw. der Verwahrstelle zuständig ist. Dadurch sollen Zweifelsfragen in der Praxis beseitigt werden. Im Übrigen erfolgen redaktionelle Anpassungen an den neuen Begriff der Verwahrstellung und Verweisänderungen.

13. § 14 InvStG

Verschmelzung von Investmentfonds und Teilen von Investmentfonds

(1) Die folgenden Absätze 2 bis 6 gelten nur für die Verschmelzung im Sinne des **§ 189 des Kapitalanlagegesetzbuchs** unter alleiniger Beteiligung inländischer Sondervermögen.

(2) [1]Das übertragende Sondervermögen hat die zu übertragenden Vermögensgegenstände und Verbindlichkeiten, die Teil des Nettoinventars sind, mit den Anschaffungskosten abzüglich Absetzungen für Abnutzungen oder Substanzverringerung (fortgeführte Anschaffungskosten) zu seinem Geschäftsjahresende (Übertragungsstichtag) anzusetzen. [2]Ein nach **§ 189 Abs. 2 Satz 1 des Kapitalanlagegesetzbuchs** bestimmter Übertragungsstichtag gilt als Geschäftsjahresende des übertragenden Sondervermögens.

...

(4) [1]Die Ausgabe der Anteile am übernehmenden Sondervermögen an die Anleger des übertragenden Sondervermögens gilt nicht als Tausch. [2]Die erworbenen Anteile an dem übernehmenden Sondervermögen treten an die Stelle der Anteile an dem übertragenden Sondervermögen. [3]Erhalten die Anleger des übertragenden Sondervermögens eine Barzahlung im Sinne des **§ 190 des Kapitalanlagegesetzbuchs**, gilt diese als Ertrag im Sinne des § 20 Abs. 1 Nr. 1 des Einkommensteuergesetzes, wenn sie nicht Betriebseinnahme des Anlegers, eine Leistung nach § 22 Nr. 1 Satz 3 Buchst. a Doppelbuchst. aa des Einkommensteuergesetzes oder eine Leistung nach § 22 Nr. 5 des Einkommensteuergesetzes ist; § 3 Nr. 40 des Einkommensteuergesetzes und § 8b Abs. 1 des Körperschaftsteuergesetzes und § 5 sind nicht anzuwenden. [4]Die Barzahlung ist als Ausschüttung eines sonstigen Ertrags oder als Teil der Ausschüttung nach § 6 zu behandeln.

...

(7) [1]Die Absätze 2 bis 6 sind entsprechend anzuwenden, wenn bei einer nach dem Investmentgesetz zulässigen Übertragung von allen Vermögensgegenständen im Wege der Sacheinlage sämtliche Vermögensgegenstände

1. eines Sondervermögens auf eine Investmentaktiengesellschaft **mit veränderlichem Kapital** oder auf ein Teilgesellschaftsvermögen einer Investmentaktiengesellschaft **mit veränderlichem Kapital**,

2. eines Teilgesellschaftsvermögens einer Investmentaktiengesellschaft **mit veränderlichem Kapital** auf ein anderes Teilgesellschaftsvermögen derselben Investmentaktiengesellschaft **mit veränderlichem Kapital**,

3. eines Teilgesellschaftsvermögens einer Investmentaktiengesellschaft **mit veränderlichem Kapital** auf ein Teilgesellschaftsvermögen einer anderen Investmentaktiengesellschaft **mit veränderlichem Kapital,**

4. einer Investmentaktiengesellschaft **mit veränderlichem Kapital** oder eines Teilgesellschaftsvermögens einer Investmentaktiengesellschaft **mit veränderlichem Kapital** auf ein Sondervermögen oder

5. einer Investmentaktiengesellschaft **mit veränderlichem Kapital** auf eine andere Investmentaktiengesellschaft **mit veränderlichem Kapital** oder ein Teilgesellschaftsvermögen einer anderen Investmentaktiengesellschaft **mit veränderlichem Kapital**

übertragen werden. [2]**Satz 1 ist nicht anzuwenden, wenn ein Spezial-Sondervermögen nach § 1 Abs. 6 und 10 des Kapitalanlagegesetzbuchs oder ein Teilinvestmentvermögen eines solchen Sondervermögens oder eine Spezial-Investmentaktiengesellschaft mit veränderlichem Kapital nach § 1 Abs. 6 in Verbindung mit Kapitel 1 Abschn. 4 Unterabschn. 3 des Kapitalanlagegesetzbuchs oder ein Teilgesellschaftsvermögen einer solchen Investmentaktiengesellschaft als übertragender oder aufnehmender Investmentfonds beteiligt ist.**

(8) Die gleichzeitige Übertragung aller Vermögensgegenstände mehrerer Sondervermögen, Teilgesellschaftsvermögen oder Investmentaktiengesellschaften **mit veränderlichem Kapital** auf dasselbe Sondervermögen oder Teilgesellschaftsvermögen oder dieselbe Investmentaktiengesellschaft **mit veränderlichem Kapital** ist zulässig.

Erläuterungen

(Dr. Martin Haisch, Rechtsanwalt)

Die Vorschrift über Fondsverschmelzung enthält redaktionelle Anpassungen an den neuen Begriff des Investmentfonds sowie das KAGB.

14. § 15 InvStG

Inländische Spezial-Investmentfonds

(1) [1]**Bei inländischen Sondervermögen oder Investmentaktiengesellschaften mit veränderlichem Kapital, die auf Grund einer schriftlichen Vereinbarung mit der Kapitalverwaltungsgesellschaft oder auf Grund ihrer Satzung nicht mehr als 100 Anleger oder Aktionäre haben, die nicht natürliche Personen sind (Spezial-Investmentfonds), sind § 1 Abs. 1d, § 4 Abs. 4, § 5 Abs. 1, § 6 sowie § 8 Abs. 4 und 8 nicht anzuwenden.** [2]**§ 5 Abs. 2 Satz 1 ist mit der Maßgabe anzuwenden, dass die Investmentgesellschaft verpflichtet ist, den Aktiengewinn für Körperschaften, Personenvereinigungen oder Vermögensmassen bei jeder Bewertung des Investmentfonds zu ermitteln; die Veröffentlichung des Aktiengewinns entfällt.** [3]**Für die Feststellung der Besteuerungsgrundlagen gilt § 180 Abs. 1 Nr. 2 Buchst. a der Abgabenordnung entsprechend; die Feststellungserklärung steht einer gesonderten und einheitlichen Feststellung unter dem Vorbehalt der Nachprüfung gleich, eine berichtigte Feststellungserklärung gilt als Antrag auf Änderung.** [4]**§ 13 Abs. 1, 3 und 4 ist nicht anzuwenden.** [5]**Nicht ausgeglichene negative Erträge im Sinne des § 3 Abs. 4 Satz 2 entfallen, soweit ein Anleger seine Investmentanteile veräußert oder zurückgibt.** [6]**In den Fällen des § 14 gilt dies auch, soweit sich jeweils die Beteiligungsquote des Anlegers an den beteiligten Sondervermögen reduziert.** [7]**§ 32 Abs. 3 des Körperschaftsteuergesetzes gilt entsprechend; die**

Investmentgesellschaft hat den Kapitalertragsteuerabzug vorzunehmen. [8]Die Kapitalertragsteuer nach Satz 7 und nach § 7 ist durch die Investmentgesellschaft innerhalb eines Monats nach der Entstehung zu entrichten. [9]Die Investmentgesellschaft hat bis zu diesem Zeitpunkt eine Steueranmeldung nach amtlich vorgeschriebenem Datensatz auf elektronischem Weg nach Maßgabe der Steuerdaten-Übermittlungsverordnung vom 28. 1. 2003 (BGBl I S. 139), die zuletzt durch Artikel 8 der Verordnung vom 17. 11. 2010 (BGBl I S. 1544) geändert worden ist, in der jeweils geltenden Fassung zu übermitteln. [10]Im Rahmen der ergänzenden Anwendung der Vorschriften des Einkommensteuergesetzes über den Steuerabzug sind § 44a Abs. 6 und § 45a Abs. 3 des Einkommensteuergesetzes nicht anzuwenden.

...

(3) [1]Ein Investmentanteil an einem Spezial-Investmentfonds gilt mit Ablauf des vorangegangenen Geschäftsjahres des Spezial-Investmentfonds als veräußert, in dem der Spezial-Investmentfonds seine Anlagebedingungen in der Weise abgeändert hat, dass die Voraussetzungen des § 1 Abs. 1b nicht mehr erfüllt sind oder in dem ein wesentlicher Verstoß gegen die Anlagebestimmungen des § 1 Abs. 1b vorliegt. [2]Als Veräußerungserlös des Investmentanteils und als Anschaffungskosten des Anteils an der Investitionsgesellschaft ist der Rücknahmepreis anzusetzen. [3]Wird kein Rücknahmepreis festgesetzt, tritt an seine Stelle der Börsen- oder Marktpreis. [4]Kapitalertragsteuer ist nicht einzubehalten und abzuführen. [5]Der Spezial-Investmentfonds gilt mindestens für einen Zeitraum von drei Jahren als Investitionsgesellschaft.

Erläuterungen

(*Dr. Martin Haisch, Rechtsanwalt*)

Absatz 1: Dieser Absatz enthält zunächst redaktionelle Anpassungen an den neuen Begriff des Investmentfonds. Ferner wird hierin der Begriff des Spezial-Investmentfonds legaldefiniert, d. h. Begrenzung auf 100 Anleger, die nicht natürliche Personen sind. Schließlich erklärt der Absatz bestimmte allgemeine Vorschriften, die auf Publikums-Investmentvermögen zugeschnitten sind, im Hinblick auf Spezial-Investmentvermögen für unanwendbar. Dieser Ausschluss betrifft auch die neu eingeführten Vorschriften für Regimewechsel gemäß §§ 1 Abs. 1d und 8 Abs. 8 InvStG. Hierfür werden vergleichbare Regeln in Absatz 3 getroffen.

Absatz 3: Dieser Absatz regelt die Besteuerung eines Regimewechsels von einem Spezial-Investmentfonds in eine Investitionsgesellschaft. Hierzu kommt es, wenn der Fonds seine Anlagebedingungen in einer Weise abändert, dass die Voraussetzungen des § 1 Abs. 1b InvStG nicht mehr erfüllt sind oder ein wesentlicher Verstoß gegen diese Vorschrift vorliegt.

Dann regelt der Absatz die Rechtsfolgen auf Anlegerebene mit folgenden Abweichung zu §§ 1 Abs. 1d und 8 Abs. 8 InvStG: Die fingierte Veräußerung erfolgt mit Ablauf des vorangegangenen Geschäftsjahres des Fonds, in dem das schädliche Ereignis eintritt; ein Feststellungsverfahren ist aufgrund der Natur von Spezial-Investmentfonds nicht vorgesehen. Ebenso wenig kommt es zu einer automatischen Steuerstundung bis zur tatsächlichen Veräußerung.

Im Übrigen entsprechen sich aber die Rechtsfolgen des Absatzes 3 und der §§ 1 Abs. 1d und 8 Abs. 8 InvStG (s. oben §§ 1 Abs. 1d und 8 Abs. 8 InvStG); insbesondere gilt der betroffene Spezial-Investmentfonds mindestens für drei Jahre als Investitionsgesellschaft.

15. § 15a InvStG

Offene Investmentkommanditgesellschaft

(1) [1]§ 15 gilt für offene Investmentkommanditgesellschaften im Sinne des § 1 Abs. 1f Nr. 3 entsprechend. [2]§ 15 Abs. z 3 ist entsprechend anzuwenden, wenn die Voraussetzungen des § 1 Abs. 1f Nr. 3 nicht mehr erfüllt sind.

(2) [1]Die für die Ermittlung von Einkünften eines Anlegers eines Spezial-Investmentfonds geltenden Regelungen sind für die Anleger von offenen Investmentkommanditgesellschaften entsprechend anzuwenden. [2]Für die Bewertung eines Anteils an einer offenen Investmentkommanditgesellschaft im Sinne des Absatzes 1 gilt § 6 Abs. 1 Nr. 2 des Einkommensteuergesetzes entsprechend.

(3) [1]Die Beteiligung an einer offenen Investmentkommanditgesellschaft im Sinne des Absatzes 1 führt nicht zur Begründung oder anteiligen Zurechnung einer Betriebsstätte des Anteilseigners. [2]Die Einkünfte der offenen Investmentkommanditgesellschaft im Sinne des Absatzes 1 gelten als nicht gewerblich. [3]§ 9 Nr. 2 des Gewerbesteuergesetzes ist auf Anteile am Gewinn an einer offenen Investmentkommanditgesellschaft im Sinne des Abs. 1 nicht anzuwenden.

(4) Wird ein Wirtschaftsgut aus einem Betriebsvermögen des Anlegers in das Gesellschaftsvermögen einer offenen Investmentkommanditgesellschaft übertragen, ist bei der Übertragung der Teilwert anzusetzen.

Erläuterungen

(Dr. Martin Haisch, Rechtsanwalt)

Einführung: Mit der Einführung der Investment-KG in den §§ 124 ff. und 149 ff. KAGB soll u. a. ein Vehikel für Pension Asset Pooling geschaffen werden. Steuerlich wird diese in den §§ 1 Abs. 1f Nr. 3 und 15a InvStG aufgegriffen. Diese Vorschriften betreffen dabei ausschließlich offene Investment-KGs zur Abdeckung von betrieblichen Altersvorsorgeverpflichtungen, die auch sämtliche Anforderungen des § 1 Abs. 1b InvStG erfüllen. Für alle anderen Investment-KGs gelten über § 18 InvStG die allgemeinen ertragsteuerlichen Regeln (s. unten § 18 InvStG).

Beweggrund für die Einführung der offenen Investment-KG im o. g. Rahmen ist, ein deutsches Fondsvehikel zur Verfügung zu stellen, das nicht Besteuerungssubjekt i. S. d. DBA ist, sondern durch das für DBA-Zwecke „durchgeschaut" wird (sog. DBA-Transparenz; der DBA-Status insb. von Sondervermögen ist hingegen unklar, vgl. *Englisch*, in Berger/Steck/Lübbehüsen, InvG/InvStG, § 11 InvStG Rn. 82 ff.). Hierdurch soll vor allem erreicht werden, dass ausländische Quellensteuern zurückerstattet werden können. Es können aber Zweifel angemeldet werden, ob ein international, steuerlich effektives Pension Asset Pooling allein durch die Einführung eines steuertransparenten Vehikels erreicht werden kann.

Jedenfalls ist die Investment-KG im Vergleich zu ausländischen Pension Asset Pooling Vehikeln steuerlich suboptimal, weil die Gewerbesteuerbefreiung des Vehikels mit der Gewerbesteuerpflicht der Erträge auf CTA-Trägerebene erkauft wird; hingegen bleibt im internationalen Kontext die Kürzung nach § 9 Nr. 2 GewStG erhalten (vgl. *Gosch*, in Blümich, EStG/KStG/GewStG, § 9 GewStG Rn. 132, 136 und 140, m. w. N.).

Absatz 1: Dieser Absatz erklärt die Besteuerungsregeln für Spezial-Investmentvermögen gemäß § 15 InvStG für Investment-KGs i. S. d. § 1 Abs. 1f Nr. 3 InvStG für entsprechend anwendbar. Auch

§ 15 Abs. 3 InvStG für Regimewechsel gilt entsprechend, wenn gegen die vorstehend genannte Vorschrift verstoßen wird.

Absatz 2: Dieser Absatz regelt zunächst, dass die für die Ermittlung von Einkünften eines Anlegers eines Spezial-Investmentfonds geltenden Regelungen für die Anleger von offenen Investment-KGs entsprechend anzuwenden sind. Hingegen gilt für die Bewertung eines Anteils an einer Investment-KG nicht die „Spiegelbildmethode", sondern der Anteil ist nach § 6 Abs. 1 Nr. 2 EStG eigenständig zu bewerten.

Absatz 3: Dieser Absatz regelt erstens, dass die Beteiligung an einer Investment-KG im o. g. Rahmen nicht zur Begründung oder anteiligen Zurechnung einer Betriebsstätte des Anteilseigners führt; dies verhindert das ausländische Investoren alleine dadurch eine inländische Betriebsstätte mit den entsprechenden steuerlichen Folgen (insb. Steuererklärungspflicht) begründen. Zweitens gelten die Einkünfte von Investment-KGs nicht als gewerblich; hierdurch wird verhindert, dass bei steuerbefreiten Investoren allein durch das Investment ein Betrieb gewerblicher Art bzw. wirtschaftlicher Geschäftsbetrieb begründet oder sogar die Steuerbefreiung insgesamt in Frage gestellt wird (vgl. BFH v. 9. 2. 2011, I R 47/09, BStBl II 2012, 601; v. 25. 5. 2011, I R 60/10, BStBl II 2011, 858 sowie KStR H 13 „Mitunternehmerschaft einer Unterstützungskasse"). Im Gegenzug ist drittens aber § 9 Nr. 2 GewStG auf Gewinnanteile von Investment-KGs nicht anzuwenden.

Absatz 4: Schließlich regelt dieser Absatz abweichend von allgemeinen Grundsätzen nach § 39 AO bzw. § 6 Abs. 5 EStG, das bei der Einbringung von Wirtschaftsgut aus einem Betriebsvermögen des Anlegers in das Gesellschaftsvermögen von Investment-KGs der Teilwert anzusetzen ist.

16. § 16 InvStG

Ausländische Spezial-Investmentfonds

[1]Bei ausländischen AIF, deren Anteile satzungsgemäß von nicht mehr als 100 Anlegern, die nicht natürliche Personen sind, gehalten werden (ausländische Spezial-Investmentfonds), sind § 1 Abs. 1d, § 4 Absatz 4, § 5 Abs. 1 Satz 1 Nr. 5 Satz 3 sowie die §§ 6 und 8 Abs. 4 und 8 nicht anzuwenden. [2]§ 5 Abs. 1 Satz 1 Nr. 3 ist mit der Maßgabe anzuwenden, dass die Investmentgesellschaft von der Bekanntmachung im Bundesanzeiger absehen kann, wenn sie den Anlegern die Daten mitteilt. [3]§ 15 Abs. 1 Satz 2 und Abs. 1a gilt entsprechend. [4]§ 15 Abs. 1 Satz 5 ist entsprechend anzuwenden. [5]§ 15 Abs. 1 Satz 6 ist in Fällen des § 17a entsprechend anzuwenden. [6]Für ausländische **Spezial-Investmentfonds** mit mindestens einem inländischen Anleger hat die ausländische Investmentgesellschaft dem Bundeszentralamt für Steuern innerhalb von vier Monaten nach Ende des Geschäftsjahres eine Bescheinigung eines zur geschäftsmäßigen Hilfeleistung befugten Berufsträgers im Sinne des § 3 des Steuerberatungsgesetzes, einer behördlich anerkannten Wirtschaftsprüfungsstelle oder einer vergleichbaren Stelle vorzulegen, aus der hervorgeht, dass die Angaben nach den Regeln des deutschen Steuerrechts ermittelt wurden. [7]Fasst das ausländische **Spezial-Investmentfonds** innerhalb von vier Monaten nach Ende des Geschäftsjahres einen Ausschüttungsbeschluss, beginnt die Frist nach Satz 6 erst mit dem Tage des Ausschüttungsbeschlusses. [8]§ 15 Abs. 3 gilt entsprechend.

Erläuterungen

(Dr. Martin Haisch, Rechtsanwalt)

Diese Vorschrift enthält zunächst eine Legaldefinition des Begriffs des ausländischen Spezial-Investmentfonds. Ferner erklärt sie bestimmte Vorschriften, die auf Publikums-Investmentvermögen zugeschnitten sind, im Hinblick auf ausländische Spezial-Investmentvermögen für unanwendbar. Von diesem Ausschluss erfasst sind auch die neu eingeführten Vorschriften für Regimewechsel gemäß §§ 1 Abs. 1d und 8 Abs. 8 InvStG; § 15 Abs. 3 InvStG wird stattdessen für entsprechend anwendbar erklärt (s. oben § 15 Abs. 3 InvStG).

17. § 17 InvStG

Repräsentant

Der Repräsentant einer ausländischen Investmentgesellschaft im Sinne des **§ 317 Abs. 1 Nr. 4 und § 319 des Kapitalanlagegesetzbuchs** gilt nicht als ständiger Vertreter im Sinne des § 49 Abs. 1 Nr. 2 Buchst. a des Einkommensteuergesetzes und des § 13 der Abgabenordnung, soweit er die ausländische Investmentgesellschaft gerichtlich oder außergerichtlich vertritt und er hierbei weder über die Anlage des eingelegten Geldes bestimmt noch bei dem Vertrieb der ausländischen Investmentanteile tätig wird.

Erläuterungen

(Dr. Martin Haisch, Rechtsanwalt)

Die Vorschrift über den Repräsentant enthält redaktionelle Anpassungen an das KAGB.

18. § 17a InvStG

Auswirkungen der Verschmelzung von ausländischen Investmentfonds und Teilen eines solchen Investmentfonds auf einen anderen ausländischen Investmentfonds oder Teile eines solchen Investmentfonds

[1]Für den Anleger eines Investmentanteils an einem **Investmentfonds, der** dem Recht eines anderen Mitgliedstaates der Europäischen Union untersteht, ist für Verschmelzungen von **Investmentfonds**, die demselben Aufsichtsrecht unterliegen, § 14 Abs. 4 bis 6 und 8 entsprechend anzuwenden, wenn

1. die dem **§ 189 des Kapitalanlagegesetzbuchs** entsprechenden Vorschriften des Sitzstaates der Sondervermögen erfüllt sind und dies durch eine Bestätigung der für die Investmentaufsicht zuständigen Stelle nachgewiesen wird und

...

[2]Den Mitgliedstaaten der Europäischen Union stehen die Staaten gleich, auf die das Abkommen über den Europäischen Wirtschaftsraum anwendbar ist, sofern zwischen der Bundesrepublik Deutschland und dem anderen Staat auf Grund der Amtshilferichtlinie gemäß § 2 Absatz 2 des EU-Amtshilfegesetzes oder einer vergleichbaren zwei- oder mehrseitigen Vereinbarung Auskünfte erteilt werden, die erforderlich sind, um die Besteuerung durchzuführen. [3]Die Bescheini-

gungen nach Satz 1 sind dem Bundeszentralamt für Steuern vorzulegen. [4]§ 5 Abs. 1 Satz 1 Nr. 5 gilt entsprechend. [5]Die Sätze 1 bis 4 sind entsprechend anzuwenden, wenn alle Vermögensgegenstände eines nach dem Investmentrecht des Sitzstaates abgegrenzten Teils eines **Investmentfonds** übertragen werden oder ein solcher Teil eines **Investmentfonds** alle Vermögensgegenstände eines anderen **Investmentfonds** oder eines nach dem Investmentrecht des Sitzstaates abgegrenzten Teils eines **Investmentfonds** übernimmt. [6]§ 14 Abs. 7 Satz 2 und Abs. 8 gilt entsprechend; dies gilt bei § 14 Abs. 7 Satz 2 nicht für die Übertragung aller Vermögensgegenstände eines Sondervermögens auf ein anderes Sondervermögen.

Erläuterungen

(Dr. Martin Haisch, Rechtsanwalt

Die Vorschrift über die Verschmelzung von ausländischen Investmentvermögen enthält redaktionelle Anpassungen an den neuen Begriff des Investmentfonds sowie das KAGB.

19. § 18 InvStG

Personen-Investitionsgesellschaften

[1]**Personen-Investitionsgesellschaften sind Investitionsgesellschaften in der Rechtsform einer Investmentkommanditgesellschaft oder einer vergleichbaren ausländischen Rechtsform.** [2]**Für diese sind die Einkünfte nach § 180 Abs. 1 Nr. 2 der Abgabenordnung gesondert und einheitlich festzustellen.** [3]**Die Einkünfte sind von den Anlegern nach den allgemeinen steuerrechtlichen Regelungen zu versteuern.**

Erläuterungen

(Dr. Martin Haisch, Rechtsanwalt)

Anwendungsbereich: Die Vorschrift findet nach Satz 1 Anwendung auf Investitionsgesellschaften in der Rechtsform einer Investment-KG oder einer vergleichbaren ausländischen Rechtsform. Voraussetzung ist somit zunächst, dass die Investment-KG und eine ausländische Gesellschaft nicht die Voraussetzungen des § 1 Abs. 1b und Abs. 1f InvStG erfüllt. Im Hinblick auf eine ausländische Gesellschaft muss noch hinzukommen, dass sie einer Investment-KG vergleichbar ist. Nach der Gesetzesbegründung (BT-Drucks. 18/68, 64) soll es dabei im Rahmen des Typenvergleichs (grundlegend RFH v. 12. 2. 1930 - VI A 899/27, RStBl 1930, 444) darauf ankommen, dass die Anleger und deren Beteiligungshöhe in ähnlicher Weise wie bei einer Investment-KG ermittelt werden können. U.E. unterscheidet sich die Investment-KG insoweit nicht von einer KG im allgemeinen Sinn, so dass für die Einstufung als Person-Investitionsgesellschaft eine Vergleichbarkeit mit einer deutschen KG ausreicht (vgl. auch *Kleutgens/Geißler*, IStR 2014, 280, 282 f.; *Watrin/Eberhardt*, DB 2014, 795, jeweils m. w. N.).

Besteuerung: Gemäß Satz 2 sind die Einkünfte von Personen-Investitionsgesellschaften nach § 180 Abs. 1 Nr. 2 AO einheitlich und gesondert festzustellen. Das entspricht der bisherigen Rechtslage der Besteuerung von in- und ausländischen Personengesellschaften außerhalb des InvStG, soweit an der Personengesellschaft mindestens zwei deutsche Stpfl. beteiligt sind. Nach der Neuregelung stellt sich die Frage, ob eine einheitliche und gesonderte Gewinnfeststellung auch für Einpersonen-Personen-Investitionsgesellschaften zu erstellen ist. Richtigerweise dürfte hier keine einheitliche und gesonderte, sondern nur eine gesonderte Feststellung i. S. v. § 180

Abs. 1 Nr. 2 Buchst. b AO erfolgen. Nach Satz 3 sind die Einkünfte von den Anlegern nach den allgemeinen steuerrechtlichen Regelungen zu versteuern. Bei mehrstufigen Fondsstrukturen kann daher wiederum das InvStG einschließlich der §§ 18 und 19 InvStG und das AStG zur Anwendung kommen. Ohne dass das Gesetz dies ausdrücklich sagt, dürfte sich auch die Besteuerung auf der Gesellschaftsebene nach den allgemeinen steuerlichen Regelungen richten mit der Folge, dass deutsche gewerbliche Personen-Investitionsgesellschaften deutscher Gewerbesteuer unterliegen.

20. § 19 InvStG

Kapital-Investitionsgesellschaften

(1) [1]Kapital-Investitionsgesellschaften sind alle Investitionsgesellschaften, die keine Personen-Investitionsgesellschaften sind. [2]Kapital-Investitionsgesellschaften in der Rechtsform eines Sondervermögens gelten als Zweckvermögen im Sinne des § 1 Abs. 1 Nr. 5 des Körperschaftsteuergesetzes und als sonstige juristische Personen des privaten Rechts im Sinne des § 2 Abs. 3 des Gewerbesteuergesetzes. [3]Ausländische Kapital-Investitionsgesellschaften, die keine Kapitalgesellschaften sind, gelten als Vermögensmassen im Sinne des § 2 Nr. 1 des Körperschaftsteuergesetzes und als sonstige juristische Person des privaten Rechts im Sinne des § 2 Abs. 3 des Gewerbesteuergesetzes.

(2) [1]Bei Anlegern, die ihren Investitionsgesellschaftsanteil im Privatvermögen halten, gelten die Ausschüttungen als Einkünfte im Sinne des § 20 Abs. 1 Nr. 1 des Einkommensteuergesetzes. [2]§ 8b des Körperschaftsteuergesetzes und § 3 Nr. 40 des Einkommensteuergesetzes sind anzuwenden, wenn der Anleger nachweist, dass die Kapital-Investitionsgesellschaft

1. in einem Mitgliedstaat der Europäischen Union oder in einem anderen Vertragsstaat des Abkommens über den Europäischen Wirtschaftsraum ansässig ist und dort der Ertragsbesteuerung für Kapitalgesellschaften unterliegt und nicht von ihr befreit ist, oder

2. in einem Drittstaat ansässig ist und dort einer Ertragsbesteuerung für Kapitalgesellschaften in Höhe von mindestens 15 Prozent unterliegt, und nicht von ihr befreit ist.

[3]Die inländische auszahlende Stelle hat von den Ausschüttungen einer Kapital-Investitionsgesellschaft Kapitalertragsteuer einzubehalten und abzuführen. [4]Die für den Steuerabzug von Kapitalerträgen im Sinne des § 43 Abs. 1 Satz 1 Nr. 1 oder Nr. 1a sowie Satz 2 des Einkommensteuergesetzes geltenden Vorschriften des Einkommensteuergesetzes sind entsprechend anzuwenden. [5]Bei Ausschüttungen von ausländischen Kapital-Investitionsgesellschaften sind die für den Steuerabzug von Kapitalerträgen im Sinne des § 43 Abs. 1 Satz 1 Nr. 6 des Einkommensteuergesetzes geltenden Vorschriften entsprechend anzuwenden.

(3) [1]Gewinne oder Verluste aus der Rückgabe oder Veräußerung von Kapital-Investitionsgesellschaftsanteilen, die nicht zu einem Betriebsvermögen gehören, sind Einkünfte im Sinne des § 20 Abs. 2 Satz 1 Nr. 1 des Einkommensteuergesetzes. [2]Als Veräußerung gilt auch die vollständige oder teilweise Liquidation der Kapital-Investitionsgesellschaft. [3]§ 8b des Körperschaftsteuergesetzes und § 3 Nr. 40 des Einkommensteuergesetzes sind unter den Voraussetzungen des Abs. 2 Satz 2 anzuwenden. [4]Die Regelungen zum Abzug der Kapitalertragsteuer nach § 8 Abs. 6 sind entsprechend anzuwenden.

(4) ¹Abweichend von § 7 Abs. 7 des Außensteuergesetzes bleiben die §§ 7 bis 14 des Außensteuergesetzes anwendbar. ²Soweit Hinzurechnungsbeträge nach § 10 Abs. 1 Satz 1 des Außensteuergesetzes angesetzt worden sind, ist auf Ausschüttungen und Veräußerungsgewinne § 3 Nr. 41 des Einkommensteuergesetzes anzuwenden. ³Im Übrigen unterliegen die Ausschüttungen und Veräußerungsgewinne der Besteuerung nach den vorstehenden Absätzen.

Erläuterungen

(Dr. Martin Haisch, Rechtsanwalt)

Absatz 1: Dieser Absatz regelt den Anwendungsbereich und die Einstufung von Kapital-Investitionsgesellschaften.

Anwendungsbereich: Er findet Anwendung auf OGAW und AIF, die nicht als Investmentfonds qualifizieren, und keine Personen-Investitionsgesellschaften sind (d. h. keine Investment-KG bzw. nicht mit solchen vergleichbar sind). Im Ergebnis wird damit der Begriff der Kapital-Investitionsgesellschaft negativ abgegrenzt.

Einstufung: Dementsprechend fingieren die Sätze 2 und 3 die Eigenschaft als Körperschaft- und Gewerbesteuersubjekt bei inländischen Sondervermögen (Zweckvermögen i. S. d. § 1 Abs. 1 Nr. 5 KStG und sonstige juristische Person des privaten Rechts i. S. d. § 2 Abs. 3 GewStG) und bei vergleichbaren ausländischen Rechtsformen (Vermögensmasse i. S. d. § 2 Nr. 1 KStG und sonstige juristische Person des privaten Rechts i. S. d. § 2 Abs. 3 GewStG).

Für Inbound-Investments hat das zur Folge, dass zukünftig ausländische Sondervermögen in den Kreis der beschränkt Stpfl. einbezogen werden und bei ihren inländischen Erträgen der beschränkten Körperschaftsteuerpflicht unterliegen. Zudem können auch Outbound-Strukturen betroffen sein, weil ausländische Sondervermögen möglicherweise auch für abkommensrechtliche Zwecke nicht mehr transparent sind.

Absatz 2: Dieser Absatz regelt die laufende Anlegerbesteuerung.

Privatanleger: Bei Anlegern, die ihren Investitionsgesellschaftsanteil im Privatvermögen halten, gelten die Ausschüttungen als Kapitaleinkünfte i. S. d. § 20 Abs. 1 Nr. 1 EStG; konsequenterweise findet hierauf die Abgeltungsteuer Anwendung.

Betriebliche Anleger: Befinden sich die Anteile im Betriebsvermögen, stellen die Ausschüttungen Betriebseinnahmen dar. Eine Anwendung des § 3 Nr. 40 EStG und § 8b KStG hängt von der Steuerbelastung der Kapital-Investitionsgesellschaft ab. Unterliegt die Kapital-Investitionsgesellschaft dem allgemeinen Unternehmenssteuersatz eines EU- oder EWR-Staates oder bei einer Ansässigkeit in einem Drittstaat einem Unternehmenssteuersatz von mindestens 15 %, sind auf die Ausschüttungen die Regelungen des § 8b KStG und § 3 Nr. 40 EStG anzuwenden. U.E. maßgebend ist die abstrakte nicht die konkrete Vorbelastung (s. aber unten sogleich), so dass nur persönliche nicht jedoch sachliche Steuerbefreiungen zum Ausschluss von § 8b KStG und § 3 Nr. 40 EStG führen. Der Anleger muss die abstrakte Vorbelastung nachweisen (vgl. auch *Watrin/Eberhardt*, DB 2014, 795 ff., m. w. N.).

Zusätzliche Beachtung von konkreter Vorbelastung und Streubesitzregel: Wegen der Änderungen in § 8b Abs. 1 Satz 2 KStG und § 3 Nr. 40d Satz 2 EStG durch das AmtshilfeRLUmsG hängt die Anwendung der Steuerbefreiungen zudem von einer konkreten Vorbelastung ab (dies übersehen *Kleutgens/Geißler*, IStR 2014, 280, 285). Zudem ist bei körperschaftlichen Anlegern die Streubesitzregelung des § 8b Abs. 4 KStG zu beachten.

Kapitalertragsteuer: Die Ausschüttungen unterliegen der Kapitalertragsteuer, die von der inländischen auszahlenden Stelle einzubehalten und abzuführen ist; § 43 Abs. 1 Satz 1 Nr. 1 oder 1a oder Nr. 6 EStG und die anderen einkommensteuerlichen Vorschriften finden Anwendung.

Absatz 3: Dieser Absatz regelt die Endbesteuerung. Gewinne und Verluste aus der Rückgabe oder Veräußerung von Kapital-Investitionsgesellschaftsanteilen, sind im Fall von im Privatvermögen gehaltenen Anteilen abgeltungsteuerpflichtige Einkünfte i. S. d. § 20 Abs. 2 Satz 1 Nr. 1 EStG. Auf Gewinne und Verluste auf Anteile im Betriebsvermögen finden wiederum § 8b KStG und § 3 Nr. 40 EStG nur Anwendung, wenn der Anleger die Nachweise zur steuerlichen Vorbelastung der ausschüttenden Kapital-Investitionsgesellschaft erbringt. Ein Veräußerungs- und Rückgabegewinn unterliegt der Kapitalertragsteuer, wenn es sich um ein depotfähiges Wirtschaftsgut handelt, das in einem Inlandsdepot verwahrt wird; § 8 Abs. 6 InvStG ist insoweit entsprechend anzuwenden. Schließlich wird die vollständige oder teilweise Liquidation einer Kapital-Investitionsgesellschaft einer Veräußerung des Anteils gleichgestellt.

Absatz 4: Schließlich regelt dieser Absatz das Verhältnis von § 19 InvStG und den §§ 7 bis 14 AStG, dergestalt, dass das AStG Vorrang hat. Um eine Doppelbesteuerung zu vermeiden, ist bei Ansatz von Hinzurechnungsbeträgen nach § 10 Abs. 1 Satz 1 AStG auf nachfolgende Ausschüttungen und Veräußerungsgewinne § 3 Nr. 41 EStG anzuwenden. Zudem ist klargestellt, dass das InvStG anwendbar bleibt, wenn eine Hinzurechnungsbesteuerung bspw. wegen § 8 Abs. 2 AStG nicht zur Anwendung kommt.

21. § 20 InvStG

Umwandlung einer Investitionsgesellschaft in einen Investmentfonds

[1]Ändert eine Investitionsgesellschaft ihre Anlagebedingungen und das tatsächliche Anlageverhalten dergestalt ab, dass die Voraussetzungen des § 1 Abs. 1b erfüllt sind, hat auf Antrag der Investitionsgesellschaft das für ihre Besteuerung nach dem Einkommen zuständige Finanzamt oder im Übrigen das Bundeszentralamt für Steuern das Vorliegen der Voraussetzungen festzustellen. [2]Dabei ist der Mindestzeitraum von drei Jahren nach § 1 Abs. 1d Satz 3 zu beachten. [3]§ 1 Abs. 1d Satz 4 und 5 ist entsprechend anzuwenden. [4]Mit Ablauf des Geschäftsjahres, in dem der Feststellungsbescheid unanfechtbar geworden ist, gilt der Anteil an der Investitionsgesellschaft als veräußert und der Anteil an einem Investmentfonds als angeschafft. [5]Kapitalertragsteuer ist nicht einzubehalten und abzuführen. [6]Als Veräußerungserlös des Investitionsgesellschaftsanteils und als Anschaffungskosten des Investmentanteils ist der Rücknahmepreis am Ende des Geschäftsjahres anzusetzen, in dem der Feststellungsbescheid unanfechtbar geworden ist. [7]Wird kein Rücknahmepreis festgesetzt, tritt an seine Stelle der Börsen- oder Marktpreis. [8]Die festgesetzte Steuer gilt bis zur tatsächlichen Veräußerung des Anteils als zinslos gestundet.

Erläuterungen

(*Dr. Martin Haisch, Rechtsanwalt*)

Diese Vorschrift regelt die Umwandlung einer Investitionsgesellschaft in einen Investmentfonds. Der sachliche Anwendungsbereich der Vorschrift erfasst sowohl Personen- als auch Kapital-Investitionsgesellschaften. Eine solche Umwandlung ist dabei in zwei Fallgruppen denkbar:

Zum einen in dem Fall, in dem eine Investitionsgesellschaft erstmalig den Investmentfonds-Status anstrebt. Hierzu hat die Investitionsgesellschaft ihre Anlagebedingungen i. S. v. § 1 Abs. 1a InvStG zu ändern und die Vorgaben an einen Investmentfonds dann auch tatsächlich zu erfüllen.

Zum anderen erfasst, aber nur unter besonderen Voraussetzungen zulässig, ist auch der Fall der Rückumwandlung eines Vehikels, das den Status als Investmentfonds aufgrund eines Verstoßes gegen § 1 Abs. 1a InvStG verloren hat, in einen Investmentfonds.

In beiden Fällen ist eine Umwandlung von einem Antrag der Investitionsgesellschaft bei dem für die Besteuerung nach dem Einkommen zuständigen Finanzamt (§§ 18 und 19 AO) bzw. beim BZSt (für ausländische Investitionsgesellschaften) abhängig. Die zuständige Finanzbehörde hat dann das Vorliegen der Voraussetzungen festzustellen. Vor Rückerlangung des Investmentfonds-Status muss allerdings das dreijährige Moratorium abgewartet werden (§ 1 Abs. 1c Satz 4 InvStG). Die (Rück-)Umwandlung in einen Investmentfonds wird wirksam mit Ablauf des Geschäftsjahres, in dem der Feststellungsbescheid bestandskräftig geworden ist; § 1 Abs. 1c Sätze 5 und 6 InvStG finden entsprechende Anwendung (s. oben § 1 Abs. 1c InvStG).

Rechtsfolge der Umwandlung ist, dass mit Ablauf des Geschäftsjahres, in dem der Feststellungsbescheid bestandskräftig geworden ist, der Anteil an der Investitionsgesellschaft als veräußert und der Anteil an einem Investmentfonds als angeschafft gilt. Zu diesem Zeitpunkt ist der Veräußerungserlös des Investitionsgesellschaftsanteils und als Anschaffungskosten des Investmentfondsanteils der Rücknahmepreis bzw. bei dessen Fehlen der Börsen- und Marktpreis des Anteils an der Investitionsgesellschaft am Ende des Geschäftsjahres anzusetzen; ein etwaiger Veräußerungsgewinn unterliegt nicht der Kapitalertragsteuer und die auf ihn anfallende Steuer wird kraft Gesetzes bis zur tatsächlichen Veräußerung des Anteils gestundet.

22. § 21 InvStG

Anwendungsvorschriften vor Inkrafttreten des AIFM-Steueranpassungsgesetzes

(1) [1]Diese Fassung des Gesetzes ist vorbehaltlich des Satzes 2 und der nachfolgenden Absätze erstmals auf die Erträge eines Investmentvermögens anzuwenden, die dem Investmentvermögen nach dem 31. 12. 2008 zufließen. [2]Auf ausgeschüttete Gewinne aus der Veräußerung von Wertpapieren, Termingeschäften und Bezugsrechten auf Anteile an Kapitalgesellschaften, bei denen das Investmentvermögen die Wertpapiere oder Bezugsrechte vor dem 1. 1. 2009 angeschafft hat oder das Investmentvermögen das Termingeschäft vor dem 1. 1. 2009 abgeschlossen hat, ist § 2 Abs. 3 Nr. 1 in der am 31. 12. 2008 anzuwendenden Fassung weiter anzuwenden. **[3]Die in § 21 verwendeten Begriffe Investmentvermögen, Publikums-Investmentvermögen, Ziel-Investmentvermögen und Dach-Investmentvermögen bestimmen sich weiterhin nach diesem Gesetz und dem Investmentgesetz in der am 21. 7. 2013 geltenden Fassung.**

...

(2a) [1]Auf die Veräußerung oder Rückgabe von Anteilen an inländischen Spezial-Sondervermögen, inländischen Spezial-Investment-Aktiengesellschaften oder ausländischen Spezial-Investmentvermögen, die nach dem 9. 11. 2007 und vor dem 1. 1. 2009 erworben werden, ist bereits § 8 Abs. 5 in der in Abs. 2 Satz 2 genannten Fassung mit Ausnahme des Satzes 5 anzuwenden. [2]Satz 1 gilt entsprechend für die Rückgabe oder Veräußerung von Anteilen an anderen Investmentvermögen, bei denen durch Gesetz, Satzung, Gesellschaftsvertrag oder **Anlagebedingungen** die Beteiligung natürlicher Personen von der Sachkunde des Anlegers abhängig oder für die Beteiligung eine Mindestanlagesumme von 100.000 Euro oder mehr vorgeschrieben ist. [3]Wann von dieser Sachkunde auszugehen ist, richtet sich nach dem Gesetz, der Satzung, dem Gesellschaftsvertrag oder den **Anlagebedingungen**. [4]Als Veräußerungsgewinn wird aber höchstens die Summe der vom Investmentvermögen thesaurierten Veräußerungsgewinne angesetzt, auf die bei Ausschüttung Abs. 1 Satz 2 nicht anzuwenden wäre; der Anleger hat diesen niedrigeren Wert nachzuweisen. [5]Auf Veräußerungsgewinne im Sinne dieses Absatzes ist § 8 Abs. 6 nicht anzuwenden; § 32d des Einkommensteuergesetzes in der nach dem 31. 12. 2008 anzuwendenden Fassung gilt entsprechend.

...

(20) [1]§ 1 Abs. 1, 1a und 2, die §§ 5, 10, 11 Abs. 1, § 13 Abs. 5, die §§ 14, 15 Abs. 1 Satz 2 und § 17a in der Fassung des Artikels 9 des Gesetzes vom 22. 6. 2011 (BGBl I S. 1126) sind erstmals auf Geschäftsjahre anzuwenden, die nach dem 30. 6. 2011 beginnen. [2]Die §§ 2, 11 Abs. 2 und § 15 Abs. 1 Satz 1 und 8 bis 10 und Abs. 2 i. d. F. des Artikels 9 des Gesetzes vom 22. 6. 2011 (BGBl I S. 1126) und § 7 i. d. F. des Artikels 22 des Gesetzes vom 7. 12. 2011 (BGBl I S. 2592) sind erstmals auf Kapitalerträge anzuwenden, die dem Anleger oder in den Fällen des § 11 Abs. 2 dem Investmentvermögen nach dem 31. 12. 2011 zufließen oder ihm als zugeflossen gelten. [3]Für vor dem 1. 1. 2013 als zugeflossen geltende Erträge hat die inländische Stelle abweichend von § 7 Abs. 3b Satz 4 und Abs. 4 die Kapitalertragsteuer spätestens mit Ablauf des zweiten Monats seit dem Ende des Geschäftsjahres des Investmentvermögens einzubehalten und zum 10. des Folgemonats anzumelden und abzuführen. [4]Steuerabzugsbeträge, die für vor dem 1. 1. 2013 als zugeflossen geltende Erträge von Entrichtungspflichtigen bei der **Verwahrstelle** nicht eingezogen wurden, hat die **Verwahrstelle** abweichend von § 7 Abs. 3b Satz 2 Halbsatz 2 spätestens mit Ablauf des dritten Monats seit dem Ende des Geschäftsjahres des Investmentvermögens einzubehalten und zum 10. des Folgemonats anzumelden und abzuführen.

...

(24) Sind in den Erträgen eines Investmentvermögens solche im Sinne des § 21 Abs. 22 Satz 4 enthalten und endet das Geschäftsjahr eines Investmentvermögens nach dem 28. 11. 2013, ist § 5 Abs. 1 Satz 1 Nr. 1 in folgender Fassung anzuwenden:

„1. die Investmentgesellschaft den Anlegern bei jeder Ausschüttung bezogen auf einen Investmentanteil unter Angabe der Wertpapieridentifikationsnummer ISIN des Investmentfonds und des Zeitraums, auf den sich die Angaben beziehen, folgende Besteuerungsgrundlagen in deutscher Sprache bekannt macht:

   a) den Betrag der Ausschüttung (mit mindestens vier Nachkommastellen) sowie

      aa) in der Ausschüttung enthaltene ausschüttungsgleiche Erträge der Vorjahre,

      bb) in der Ausschüttung enthaltene Substanzbeträge,

b) den Betrag der ausgeschütteten Erträge (mit mindestens vier Nachkommastellen),

c) die in den ausgeschütteten Erträgen enthaltenen

aa) Erträge im Sinne des § 2 Absatz 2 Satz 1 dieses Gesetzes in Verbindung mit § 3 Nr. 40 des Einkommensteuergesetzes oder im Fall des § 16 dieses Gesetzes in Verbindung mit § 8b Absatz 1 des Körperschaftsteuergesetzes,

bb) Veräußerungsgewinne im Sinne des § 2 Abs. 2 Satz 2 dieses Gesetzes in Verbindung mit § 8b Abs. 2 des Körperschaftsteuergesetzes oder § 3 Nr. 40 des Einkommensteuergesetzes,

cc) Erträge im Sinne des § 2 Abs. 2a,

dd) steuerfreie Veräußerungsgewinne im Sinne des § 2 Abs. 3 Nr. 1 Satz 1 in der am 31. 12. 2008 anzuwendenden Fassung,

ee) Erträge im Sinne des § 2 Abs. 3 Nr. 1 Satz 2 in der am 31. 12. 2008 anzuwendenden Fassung, soweit die Erträge nicht Kapitalerträge im Sinne des § 20 des Einkommensteuergesetzes sind,

ff) steuerfreie Veräußerungsgewinne im Sinne des § 2 Abs. 3 in der ab 1. 1. 2009 anzuwendenden Fassung,

gg) Einkünfte im Sinne des § 4 Abs. 1,

hh) in Doppelbuchst. gg enthaltene Einkünfte, die nicht dem Progressionsvorbehalt unterliegen,

ii) Einkünfte im Sinne des § 4 Abs. 2, für die kein Abzug nach Abs. 4 vorgenommen wurde,

jj) in Doppelbuchst. ii enthaltene Einkünfte, auf die § 2 Abs. 2 dieses Gesetzes in Verbindung mit § 8b Abs. 2 des Körperschaftsteuergesetzes oder § 3 Nummer 40 des Einkommensteuergesetzes oder im Fall des § 16 dieses Gesetzes in Verbindung mit § 8b Abs. 1 des Körperschaftsteuergesetzes anzuwenden ist,

kk) in Doppelbuchstabe ii enthaltene Einkünfte im Sinne des § 4 Abs. 2, die nach einem Abkommen zur Vermeidung der Doppelbesteuerung zur Anrechnung einer als gezahlt geltenden Steuer auf die Einkommensteuer
oder Körperschaftsteuer berechtigen,

ll) in Doppelbuchst. kk enthaltene Einkünfte, auf die § 2 Abs. 2 dieses Gesetzes in Verbindung mit § 8b Abs. 2 des Körperschaftsteuergesetzes oder § 3 Nr. 40 des Einkommensteuergesetzes oder im Fall des § 16 dieses Gesetzes in Verbindung mit § 8b Abs. 1 des Körperschaftsteuergesetzes anzuwenden ist,

mm) Erträge im Sinne des § 21 Abs. 22 Satz 4 dieses Gesetzes in Verbindung mit § 8b Abs. 1 des Körperschaftsteuergesetzes,

nn) in Doppelbuchst. ii enthaltene Einkünfte im Sinne des § 21 Abs. 22 Satz 4 dieses Gesetzes, auf die § 2 Abs. 2 dieses Gesetzes in der am 20. 3. 2013 geltenden Fassung in Verbindung mit § 8b Abs. 1 des Körperschaftsteuergesetzes anzuwenden ist, oo) in Doppelbuchst. kk enthaltene Einkünfte im Sinne des § 21 Abs. 22 Satz 4 dieses Gesetzes, auf die § 2 Abs. 2 dieses Gesetzes in der am 20. 3. 2013 geltenden Fassung in Verbindung mit § 8b Abs. 1 des Körperschaftsteuergesetzes anzuwenden ist,

d) den zur Anrechnung von Kapitalertragsteuer berechtigenden Teil der Ausschüttung

   aa) im Sinne des § 7 Abs. 1 und 2,

   bb) im Sinne des § 7 Abs. 3,

   cc) im Sinne des § 7 Abs. 1 Satz 4, soweit in Doppelbuchst. aa enthalten,

e) (weggefallen)

f) den Betrag der ausländischen Steuer, der auf die in den ausgeschütteten Erträgen enthaltenen Einkünfte im Sinne des § 4 Abs. 2 entfällt und

   aa) der nach § 4 Abs. 2 dieses Gesetzes in Verbindung mit § 32d Abs. 5 oder § 34c Abs. 1 des Einkommensteuergesetzes oder einem Abkommen zur Vermeidung der Doppelbesteuerung anrechenbar ist, wenn kein Abzug nach § 4 Abs. 4 vorgenommen wurde,

   bb) in Doppelbuchst. aa enthalten ist und auf Einkünfte entfällt, auf die § 2 Abs. 2 dieses Gesetzes in Verbindung mit § 8b Abs. 2 des Körperschaftsteuergesetzes oder § 3 Nr. 40 des Einkommensteuergesetzes oder im Fall des § 16 dieses Gesetzes in Verbindung mit § 8b Abs. 1 des Körperschaftsteuergesetzes anzuwenden ist,

   cc) der nach § 4 Abs. 2 dieses Gesetzes in Verbindung mit § 34c Abs. 3 des Einkommensteuergesetzes abziehbar ist, wenn kein Abzug nach § 4 Abs. 4 dieses Gesetzes vorgenommen wurde,

   dd) in Doppelbuchst. cc enthalten ist und auf Einkünfte entfällt, auf die § 2 Abs. 2 dieses Gesetzes in Verbindung mit § 8b Abs. 2 des Körperschaftsteuergesetzes oder § 3 Nr. 40 des Einkommensteuergesetzes oder im Fall des § 16 dieses Gesetzes in Verbindung mit § 8b Abs. 1 des Körperschaftsteuergesetzes anzuwenden ist,

   ee) der nach einem Abkommen zur Vermeidung der Doppelbesteuerung als gezahlt gilt und nach § 4 Abs. 2 in Verbindung mit diesem Abkommen anrechenbar ist,

   ff) in Doppelbuchst. ee enthalten ist und auf Einkünfte entfällt, auf die § 2 Abs. 2 dieses Gesetzes in Verbindung mit § 8b Abs. 2 des Körperschaftsteuergesetzes oder § 3 Nr. 40 des Einkommensteuergesetzes oder im Fall des § 16 dieses Gesetzes in Verbindung mit § 8b Abs. 1 des Körperschaftsteuergesetzes anzuwenden ist,

   gg) in Doppelbuchst. aa enthalten ist und auf Einkünfte im Sinne des § 21 Abs. 22 Satz 4 dieses Gesetzes entfällt, auf die § 2 Abs. 2 dieses Gesetzes in der am 20. 3. 2013 geltenden Fassung in Verbindung mit § 8b Abs. 1 des Körperschaftsteuergesetzes anzuwenden ist,

   hh) in Doppelbuchst. cc enthalten ist und auf Einkünfte im Sinne des § 21 Abs. 22 Satz 4 dieses Gesetzes entfällt, auf die § 2 Abs. 2 dieses Gesetzes in der am 20. 3. 2013 geltenden Fassung in Verbindung mit § 8b Abs. 1 des Körperschaftsteuergesetzes anzuwenden ist,

ii) in Doppelbuchst. ee enthalten ist und auf Einkünfte im Sinne des § 21 Abs. 22 Satz 4 dieses Gesetzes entfällt, auf die § 2 Abs. 2 dieses Gesetzes in der am 20. 3. 2013 geltenden Fassung in Verbindung mit § 8b Abs. 1 des Körperschaftsteuergesetzes anzuwenden ist,

g) den Betrag der Absetzungen für Abnutzung oder Substanzverringerung,

h) die im Geschäftsjahr gezahlte Quellensteuer, vermindert um die erstattete Quellensteuer des Geschäftsjahres oder früherer Geschäftsjahre;"

Erläuterungen

(Dr. Martin Haisch, Rechtsanwalt)

Absatz 1: Dieser Absatz regelt, dass sich die Begriffe Investmentvermögen, Publikums-Investmentvermögen, Ziel-Investmentvermögen und Dach-Investmentvermögen für Zwecke der Übergangsregeln weiterhin nach dem (abgeschafften) InvG und dem InvStG in der Fassung vor dem AIFM-StAnpG bestimmen. Hintergrund ist das die Begriffe Investmentvermögen und Investmentfonds u. a. nicht deckungsgleich sind.

Absatz 2a und 20: Dieser Absatz enthält redaktionelle Anpassungen an die neuen Begrifflichkeiten des KAGB.

Absatz 24: Dieser Absatz beinhaltet eine Sonderbestimmung für die Bekanntmachung der Besteuerungsgrundlage eines Publikums-Investmentfonds, wenn dessen Geschäftsjahr nach dem Tag des Gesetzesbeschlusses des BT endet und in den Erträgen des Fonds solche i. S. d. § 21 Abs. 22 Satz 4 InvStG (d. h. Steuerbesitzdividenden vor dem Inkrafttreten der Streubesitzregelung) enthalten sind. Die Regelung ist erforderlich, um eine unzutreffende Anrechnung von ausländischen Quellensteuern zu verhindern (vgl. im einzelnen BT-Drucks. 18/68, 67 f.).

23. § 22 InvStG

Anwendungsvorschriften zum AIFM-Steueranpassungsgesetz

(1) [1]Die Vorschriften dieses Gesetzes in der Fassung des Artikels 1 des Gesetzes vom 18. 12. 2013 (BGBl I S. 4318) sind ab dem 24. 12. 2013 anzuwenden, soweit im Folgenden keine abweichenden Bestimmungen getroffen werden. [2]Die Vorschriften dieses Gesetzes in der am 21. 7. 2013 geltenden Fassung sind in der Zeit vom 22. 7. 2013 bis zum 23. 12. 2013 weiterhin anzuwenden.

(2) [1]Investmentvermögen im Sinne dieses Gesetzes in der am 21. 7. 2013 geltenden Fassung gelten bis zum Ende des Geschäftsjahres, das nach dem 22. 7. 2016 endet, als Investmentfonds im Sinne des § 1 Abs. 1b Satz 2. [2]Voraussetzung für die Anwendung des Satzes 1 ist, dass die Investmentvermögen weiterhin die Voraussetzungen des § 1 Abs. 1 und 1a in der am 21. 7. 2013 geltenden Fassung sowie die Anlagebestimmungen und Kreditaufnahmegrenzen nach dem Investmentgesetz in der am 21. 7. 2013 geltenden Fassung erfüllen. [3]Anteile an Investmentvermögen im Sinne der Sätze 1 und 2 gelten als Anteile an Investmentfonds im Sinne des § 1 Abs. 1b Satz 2. [4]§ 1 Abs. 1d, § 15 Abs. 3 und § 16 Satz 8 in der am 22. 7. 2013 geltenden Fassung sind bei Investmentvermögen im Sinne des Satzes 1 sinngemäß anzuwenden, sobald das Investmentvermögen gegen die in Satz 2 genannten Voraussetzungen wesentlich verstößt. [5]Es gilt als wesentlicher Verstoß, wenn ein Investmentvermögen seine Anlagebedingungen nach dem

23. 12. 2013 in der Weise ändert, dass die für Hedgefonds geltenden Vorschriften nach § 283 des Kapitalanlagegesetzbuchs oder nach § 112 des Investmentgesetzes in der am 21. 7. 2013 geltenden Fassung erstmals anzuwenden sind.

(3) [1]§ 3 Abs. 1a ist erstmals auf Abtrennungen von Zinsscheinen bzw. Zinsforderungen von dem dazugehörigen Stammrecht anzuwenden, die nach dem 28. 11. 2013 erfolgen. [2]§ 3 Abs. 3 i. d. F. des Artikels 1 des Gesetzes vom 18. 12. 2013 (BGBl I S. 4318) ist erstmals auf Geschäftsjahre anzuwenden, die nach dem 31. 12. 2013 beginnen.

(4) § 3a ist erstmals bei Ausschüttungen anzuwenden, die nach dem 23. 8. 2014 abfließen.

(5) § 5 Abs. 3 Satz 4 in der am 21. 7. 2013 geltenden Fassung ist weiterhin anzuwenden bei Investmentvermögen im Sinne des Absatzes 2 Satz 1.

Erläuterungen

(Dr. Martin Haisch, Rechtsanwalt)

Zu den zeitlichen Anwendungsvorschriften insgesamt Tz. 7 des Verbändeschreibens.

Absatz 1: Dieser Absatz enthält die Grundregel im Hinblick auf den zeitlichen Anwendungsbereich des InvStG in der Fassung des AIFM-StAnpG. Danach ist das neue Recht im Grundsatz ab dem 24. 12. 2013 anzuwenden. Ferner wird das InvStG in der Fassung vor dem AIFM-StAnpG im Zeitraum vom 22.7. bis 23. 12. 2013 für weiterhin anwendbar erklärt. Hierdurch werden die BMF-Schreiben (s. oben Vorbemerkung zum InvStG) gesetzlich abgesichert, wonach trotz der Abschaffung des InvG zum 22. 07. 2013 das InvStG bis auf weiteres weitergelten sollte (vgl. auch *Hechtner/Wenzel*, DStR 2013, 2370 ff., m. w. N.)

Absatz 2: In Abweichung von Absatz 1 genießen Investmentvermögen, die vor dem 23. 12. 2013 aufgelegt wurden, gemäß Absatz 2 Bestandschutz bis zum Ende des ersten Geschäftsjahres des Vermögens, das nach dem 22. 7. 2016 endet; solche Investmentvermögen und Investmentanteile gelten als Investmentfonds und Anteile an solchen Fonds. Voraussetzung für den zeitlich beschränkten Bestandschutz ist aber, dass das Vermögen weiterhin die Voraussetzungen des § 1 Abs. 1 und 1a InvStG in der Fassung vor dem AIM-StAnpG sowie die Anlagebestimmungen und Kreditaufnahmegrenzen nach dem (abgeschafften) InvG erfüllen (s. auch Tz. 7 des Verbändeschreibens).

Ist das innerhalb des Bestandschutzzeitraums nicht mehr der Fall, kommt es zu einem Regimewechsel; die §§ 1 Abs. 1d, § 15 Abs. 3 und § 16 Satz 8 des neuen InvStG gelten insoweit entsprechend. Dabei liegt stets ein wesentlicher Verstoß vor, wenn das Vermögen seine Bedingungen in die eines Hedgefonds abändert. Hingegen führt alleine die Umstellung der Vertragsbedingungen eines Fonds auf die Vorgaben des KAGB nach Tz. 7 des Verbändeschreibens keinesfalls zu Entfallen des Bestandschutzes nach Absatz 2.

Wichtig ist, dass keinerlei Bestandschutz für Vehikel eingreift, die bereits nach dem InvStG in der Fassung vor dem AIFM-StAnpG keine Investmentvermögen waren. Für diese Vehikel und Anteile hieran gilt ab dem 24. 12. 2013 das neue InvStG.

Absatz 3: Laut diesem Absatz gelten die Regeln über das Bond-Stripping im Fonds gem. § 3 Abs. 1a InvStG erstmals für Abtrennungsvorgänge nach dem 28. 11. 2013 (2./3. Lesung im BT). Die neuen Regeln über den Werbungskostenabzug i. S.v. § 3 Abs. 3 InvStG gelten erstmals für Geschäftsjahre, die nach dem 31. 12. 2013 beginnen.

Absatz 4: Nach diesem Absatz gilt die Ausschüttungsreihenfolge i. S. d. § 3a InvStG bei sämtlichen Ausschüttungen, die nach dem 23. 08. 2013 abfließen.

Absatz 5: Schließlich sieht dieser Absatz vor, dass die Ausnahme von der Verpflichtung zur Ermittlung und Veröffentlichung des Zwischengewinns nach § 5 Abs. 3 Satz 4 InvStG in der Fassung vor dem AIFM-StAnpG weiterhin bei bestehenden Single-Hedgefonds anzuwenden ist.

24. § 23 InvStG

Übergangsvorschriften

(1) [1]§ 2 Abs. 3 Nr. 1 zweiter Halbsatz in der am 1. 1. 2004 geltenden Fassung und § 2 Abs. 2 Satz 2 in der Fassung des Artikels 8 des Gesetzes vom 14. 8. 2007 (BGBl I S. 1912) sind bei inländischen **Investmentfonds** auf Veräußerungen von Anteilen an unbeschränkt körperschaftsteuerpflichtigen Kapitalgesellschaften und von Bezugsrechten auf derartige Anteile anzuwenden, die nach Ablauf des ersten Wirtschaftsjahres der Gesellschaft erfolgen, deren Anteile veräußert werden, für die das Körperschaftsteuergesetz in der Fassung des Artikels 3 des Gesetzes vom 23. 10. 2000 (BGBl I S. 1433) erstmals anzuwenden ist, und auf sonstige Veräußerungen, die nach dem 31. 12. 2000 erfolgen. [2]§ 8 Abs. 1 ist hinsichtlich der in § 3 Nr. 40 des Einkommensteuergesetzes und in § 8b Abs. 2 des Körperschaftsteuergesetzes genannten Einnahmen nur anzuwenden, soweit diese auch im Falle der Ausschüttung nach § 2 Abs. 2 oder Abs. 3 Nr. 1 in der am 1. 1. 2004 geltenden Fassung und § 2 Abs. 2 in der Fassung des Artikels 8 des Gesetzes vom 14. 8. 2007 (BGBl I S. 1912) begünstigt wären.

(2) [1]Die §§ 37n bis 50d des Gesetzes über Kapitalanlagegesellschaften in der Fassung der Bekanntmachung vom 9. 9. 1998 (BGBl I S. 2726), das zuletzt durch Art. 3 des Gesetzes vom 21. 6. 2002 (BGBl I S. 2010) geändert worden ist, sind letztmals auf das Geschäftsjahr des inländischen **Investmentfonds** anzuwenden, welches vor dem 1. 1. 2004 beginnt, sowie auf Erträge, die in diesem Geschäftsjahr zufließen. [2]§ 40a des in Satz 1 genannten Gesetzes ist letztmals auf Einnahmen anzuwenden, die vor dem 1. 1. 2004 zufließen, sowie auf Gewinnminderungen, die vor dem 1. 1. 2004 entstehen. [3]Die in dem in Satz 1 genannten Gesetz enthaltenen Bestimmungen zum Zwischengewinn sind letztmals auf Veräußerungen, Erwerbe oder Abtretungen anzuwenden, die vor dem 1. 1. 2004 stattfinden.

(3) [1]Die §§ 17 bis 20 des Auslandinvestment-Gesetzes in der Fassung der Bekanntmachung vom 9. 9. 1998 (BGBl I S. 2810), das zuletzt durch Artikel 32 des Gesetzes vom 21. 8. 2002 (BGBl I S. 3322) geändert worden ist, sind letztmals auf das Geschäftsjahr des ausländischen **Investmentfonds** anzuwenden, welches vor dem 1. 1. 2004 beginnt, sowie auf Erträge, die in diesem Geschäftsjahr zufließen. [2]§ 17 Abs. 2b des in Satz 1 genannten Gesetzes ist letztmals auf Einnahmen anzuwenden, die vor dem 1. 1. 2004 zufließen. [3]Die in dem in Satz 1 genannten Gesetz enthaltenen Bestimmungen zum Zwischengewinn sind letztmals auf Veräußerungen, Erwerbe oder Abtretungen anzuwenden, die vor dem 1. 1. 2004 stattfinden.

Erläuterungen

(Dr. Martin Haisch, Rechtsanwalt)

Die Vorschrift enthält redaktionelle Anpassungen an den neuen Begriff des Investmentfonds.

IV. Körperschaftsteuergesetz

1. § 34 Abs. 10b Satz 2 KStG

Schlussvorschriften

...

(10b) [1]§ 17 Satz 2 Nr. 2 i. d. F. des Artikels 2 des Gesetzes vom 20. 2. 2013 (BGBl I 2013, 285) ist erstmals auf Gewinnabführungsverträge anzuwenden, die nach dem Tag des Inkrafttretens dieses Gesetzes abgeschlossen oder geändert werden. [2]Enthält ein Gewinnabführungsvertrag, der vor diesem Zeitpunkt wirksam abgeschlossen wurde, keinen den Anforderungen des § 17 Satz 2 Nr. 2 i. d. F. der Bekanntmachung vom 15. 10. 2002 (BGBl I 2002, 4144), das zuletzt durch Art. 4 des Gesetzes vom 7. 12. 2011 (BGBl I 2011, 2592) geändert worden ist, entsprechenden Verweis auf § 302 des Aktiengesetzes, steht dies der Anwendung der §§ 14 bis 16 für **Veranlagungszeiträume, die vor dem 1. 1. 2015 enden** [*bisher: Veranlagungszeiträume, die vor dem 31. 12. 2014 enden*], nicht entgegen, wenn eine Verlustübernahme entsprechend § 302 des Aktiengesetzes tatsächlich erfolgt ist und eine Verlustübernahme entsprechend § 17 Satz 2 Nr. 2 i. d. F. des Artikels 2 des Gesetzes vom 20. 2. 2013 (BGBl I 2013, 285) bis zum Ablauf des 31. 12. 2014 wirksam vereinbart wird. [3]Für die Anwendung des Satzes 2 ist die Vereinbarung einer Verlustübernahme entsprechend § 17 Satz 2 Nummer 2 i. d. F. des Artikels 2 des Gesetzes vom 20. 2. 2013 (BGBl I 2013, 285) nicht erforderlich, wenn die steuerliche Organschaft vor dem 1. 1. 2015 beendet wurde. [4]Die Änderung im Sinne des Satzes 2 eines bestehenden Gewinnabführungsvertrags gilt für die Anwendung des § 14 Abs. 1 Satz 1 Nr. 3 nicht als Neuabschluss.

Anwendungsvorschriften:

▶Art. 16 Abs. 1 AIFM-StAnpG lautet:

(1) Dieses Gesetz tritt vorbehaltlich der Absätze 2 bis 5 am Tag nach der Verkündung in Kraft.

Erläuterungen

(Dr. Alois Th. Nacke, Richter am FG)

Mit der Änderung wird das Fristende, für Änderungen der Gewinnabführungsverträge, die an die Neuregelung des § 17 Satz 2 Nr. 2 KStG angepasst werden müssen, eindeutiger festgelegt. So ist mit der Neuregelung der Veranlagungszeitraum 2014 vollständig erfasst. (s. BT- Drucks. 18/68, 77)

Zeitlicher Anwendungsbereich: Die Neuregelung gilt **ab 24. 12. 2013** (Art. 16 Abs. 1 AIFM-StAnpG).

V. Umsatzsteuergesetz

§ 4 Nr. 8 Buchst. h UStG

Steuerbefreiungen bei Lieferungen und sonstigen Leistungen

Von den unter § 1 Abs. 1 Nr. 1 fallenden Umsätzen sind steuerfrei:

8. ...

h) die Verwaltung von Investmentfonds im Sinne des Investmentsteuergesetzes und die Verwaltung von Versorgungseinrichtungen im Sinne des Versicherungsaufsichtsgesetzes. *[bisher: die Verwaltung von Investmentvermögen nach dem Investmentgesetz und die Verwaltung von Versorgungseinrichtungen im Sinne des Versicherungsaufsichtsgesetzes,]*

...

Anwendungsvorschriften:

►Art. 16 Abs. 1 AIFM-StAnpG lautet:

(1) Dieses Gesetz tritt vorbehaltlich der Absätze 2 bis 5 am Tag nach der Verkündung in Kraft.

Erläuterungen

(Horst G. Zaisch, Wirtschaftsprüfer und Steuerberater)

LITERATUR:

Huschens, Umsatzsteuerbefreiung der Verwaltung von Investmentvermögen, NWB 2014, 673.

Verwaltungsanweisungen:

BMF-Schreiben v. 28. 10. 2013 zur Umsatzsteuerbefreiung von Beratungsleistungen für Investmentfonds, BStBl I 2013, 1382.

I. Grund und Inhalt der Gesetzesänderung

Durch das AIFM-Umsetzungsgesetz v. 4. 7. 2013 (BGBl I 2013, 1981) ist mit Wirkung v. 22. 7. 2013 ein Kapitalanlagegesetzbuch (KAGB) geschaffen worden, mit dem u. a. das bisherige Investmentgesetz (InvG) abgeschafft wurde. Die Änderung des § 4 Nr. 8 Buchst. h UStG ist eine steuerliche Folgeänderung des AIFM-Umsetzungsgesetzes.

Der Umfang der bisher umsatzsteuerfreien Verwaltungsleistungen bzw. der begünstigten Investmentvermögen wurde durch die Neuregelung weitgehend unverändert aufrechterhalten, aber an die geänderten Begrifflichkeiten angepasst. Die Steuerbefreiung erstreckt sich hinsichtlich der Verwaltung von Investmentvermögen auf die Verwaltung von Investmentfonds i. S. d. Investmentsteuergesetzes (InvStG). Begünstigt sind somit einerseits Organismen für gemeinsame Anlagen in Wertpapiere i. S. d. § 1 Abs. 2 KAGB. Weiterhin begünstigt sind alternative Investmentfonds (AIF), die die Voraussetzungen des § 1 Abs. 1b Satz 2 InvStG erfüllen.

Wegen des allgemeinen Bezugs in der Vorschrift auf Investmentfonds i. S. d. InvG ist auch die Verwaltung von Investmentvermögen weiterhin steuerfrei, soweit diese nach der Bestandsschutzregelung in § 22 Abs. 2 InvStG übergangsweise noch als Investmentfonds gelten.

An der Steuerbefreiung der Verwaltung von Versorgungseinrichtungen i. S. d. Versicherungsaufsichtsgesetzes hat sich nichts geändert.

Zeitlicher Anwendungsbereich: Nach Art. 16 Abs. 1 ist das Gesetz am Tag nach der Verkündung in Kraft getreten, das war der **24. 12. 2013**.

II. Kommentierung

§ 4 Nr. 8 Buchst. h UStG begünstigt nur die Verwaltung von „Investmentfonds". Deshalb fällt die Verwaltung von Anteilen an OGAW oder Anteilen an AIF, auf die das InvStG auch anzuwenden ist (§ 1 Abs. 1 InvStG) nicht unter die Umsatzsteuerbefreiung. Auch die Verwaltung von Gesellschaften, Einrichtungen oder Organisationen, für die nach § 2 Abs. 1 und 2 KAGB das KAGB nicht anwendbar ist, von Unternehmensbeteiligungsgesellschaften i. S. d. § 1a Abs. 1 des Gesetzes über Unternehmensbeteiligungsgesellschaften und von Kapitalbeteiligungsgesellschaften, die im öffentlichen Interesse mit Eigenmitteln oder mit staatlicher Hilfe Beteiligungen erwerben, ist nicht begünstigt. Des Weiteren sind nicht begünstigt Arbeitnehmerbeteiligungssysteme oder Arbeitnehmersparpläne sowie Verbriefungszweckgesellschaften (vgl. § 2 Abs. 1 KAGB) und regelmäßig auch nicht Holdinggesellschaften.

§ 4 Nr. 8 Buchst. h UStG enthält keine Beschränkung hinsichtlich des Unternehmers, der die begünstigten Verwaltungsleistungen erbringt.

Nach der Bestandsschutzregelung in § 22 Abs. 2 InvStG gelten Investmentvermögen i. S. d. InvStG in der am 21. 7. 2013 geltenden Fassung bis zum Ende des Geschäftsjahres, das nach dem 22. 7. 2016 endet, als Investmentfonds i. S. d. § 1 Abs. 1b Satz 2 InvStG. Voraussetzung dafür ist, dass die Investmentvermögen weiterhin die Voraussetzungen des § 1 Abs. 1 und 1a InvStG in der bisherigen Fassung sowie die Anlagebestimmungen und Kreditaufnahmegrenzen nach dem InvG in der am 21. 7. 2013 geltenden Fassung erfüllen. Die Steuerbefreiung nach § 4 Nr. 8 Buchst. h UStG gilt somit für bisherige Investmentvermögen nur unter den Voraussetzungen dieser Bestandsschutzregelung. Mit Urteil v. 11. 4. 2013 - V R 51/10 (BStBl II 2013, 877) hatte der BFH entschieden, dass die von einem Dritten gegenüber einer Kapitalanlagegesellschaft als Verwalterin eines Sondervermögens erbrachten Beratungsleistungen für Wertpapieranlagen unter den Begriff „Verwaltung von Sondervermögen durch Kapitalanlagegesellschaften" fallen und somit nach § 4 Nr. 8 Buchst. h UStG steuerfrei sein können. Voraussetzung ist, dass die Leistungen eine enge Verbindung zu der spezifischen Tätigkeit einer Kapitalanlagegesellschaft aufweisen. Nach dem BMF-Schreiben v. 28. 10. 2013 (BStBl I 2013, 1382) ist von einer engen Verbindung zu der einer Kapitalanlagegesellschaft spezifischen Tätigkeit auszugehen, wenn

► die Empfehlung für den Kauf oder Verkauf von Vermögenswerten konkret an den rechtlichen und tatsächlichen Erfordernissen der jeweiligen Wertpapieranlage ausgerichtet ist,

► die Empfehlung für den Kauf oder Verkauf von Vermögenswerten aufgrund ständiger Beobachtung des Fondsvermögens erteilt wird und

► auf einem stets aktuellen Kenntnisstand über die Zusammenstellung des Vermögens beruht.

Das BFH-Urteil v. 11. 4. 2013 - V R 51/10, a. a. O. und die dazu ergangenen Verwaltungsanweisungen gelten unverändert auch für § 4 Nr. 8 Buchst. h UStG i. d. F. des AIFM-Steuer-Anpassungsgesetzes.

VI. Bewertungsgesetz

§ 11 Abs. 4 BewG

Wertpapiere und Anteile

. . .

(4) Anteile oder Aktien, die Rechte an einem Investmentvermögen im Sinne des Kapitalanlagegesetzbuchs verbriefen, sind mit dem Rücknahmepreis anzusetzen. *[bisher: (4) Wertpapiere, die Rechte der Einleger (Anteilinhaber) gegen eine Kapitalanlagegesellschaft oder einen sonstigen Fonds verbriefen (Anteilscheine), sind mit dem Rücknahmepreis anzusetzen.]*

Anwendungsvorschriften:

►Art. 16 Abs. 1 AIFM-StAnpG lautet:

(1) Dieses Gesetz tritt vorbehaltlich der Absätze 2 bis 5 am Tag nach der Verkündung in Kraft.

►§ 205 Abs. 5 BewG i. d. F. des AIFM-StAnpG (Art. 3 Nr. 2) lautet:

(5) § 11 Abs. 4 i. d. F. des Artikels 3 des Gesetzes vom 18. 12. 2013 (BGBl I 2013, 4318) ist auf Bewertungsstichtage ab dem 22. 7. 2013 anzuwenden.

Erläuterungen

(Dr. Alois Th. Nacke, Richter am FG)

Die Änderung basiert auf einer Anpassung an die neue Terminologie des Kapitalanlagegesetzbuchs.

Zeitlicher Anwendungsbereich: Die Neuregelung auf **Bewertungsstichtage ab dem 22. 7. 2013** anzuwenden (§ 205 Abs. 5 BewG i. d. F. des AIFM-StAnpG).

VII. Abgabenordnung

1. § 117c AO

Umsetzung innerstaatlich anwendbarer völkerrechtlicher Vereinbarungen zur Förderung der Steuerehrlichkeit bei internationalen Sachverhalten

(1) Das Bundesministerium der Finanzen wird ermächtigt, zur Erfüllung der Verpflichtungen aus innerstaatlich anwendbaren völkerrechtlichen Vereinbarungen, die der Förderung der Steuerehrlichkeit durch systematische Erhebung und Übermittlung steuerlich relevanter Daten dienen, durch Rechtsverordnungen mit Zustimmung des Bundesrates Regelungen über die Erhebung der nach diesen Vereinbarungen erforderlichen Daten durch in diesen Vereinbarungen dem Grunde nach bestimmte Dritte und ihre Übermittlung nach amtlich vorgeschriebenem Datensatz im Wege der Datenfernübertragung an das Bundeszentralamt für Steuern sowie ihre Weiterleitung an die zuständige Behörde des anderen Vertragsstaates zu treffen. § 150 Abs. 6 Satz 2, 3, 5, 8 und 9 gilt für die Übermittlung der Daten an das Bundeszentralamt für Steuern entsprechend.

(2) Bei der Übermittlung von Daten durch das Bundeszentralamt für Steuern an die zuständige Finanzbehörde des anderen Vertragsstaates nach einer auf Grund des Absatzes 1 Satz 1 erlasse-

nen Rechtsverordnung findet eine Anhörung der Beteiligten nicht statt. § 30a Absatz 2 und 3 gilt nicht.

(3) Das Bundeszentralamt für Steuern ist berechtigt, Verhältnisse, die für die Erfüllung der Pflichten zur Erhebung und Übermittlung von Daten nach einer auf Grund des Absatzes 1 erlassenen Rechtsverordnung von Bedeutung sind oder der Aufklärung bedürfen, bei den zur Erhebung dieser Daten und deren Übermittlung an das Bundeszentralamt für Steuern Verpflichteten zu prüfen. Die §§ 193 bis 203 gelten sinngemäß.

(4) Die auf Grund einer Rechtsverordnung nach Absatz 1 oder im Rahmen einer Prüfung nach Absatz 3 vom Bundeszentralamt für Steuern erhobenen Daten dürfen nur für die in den zugrunde liegenden völkerrechtlichen Vereinbarungen festgelegten Zwecke verwendet werden.

Anwendungsvorschriften:

►Art. 16 Abs. 1 AIFM-StAnpG lautet:

(1) Dieses Gesetz tritt vorbehaltlich der Absätze 2 bis 5 am Tag nach der Verkündung in Kraft.

Erläuterungen

(Dr. Alois Th. Nacke, Richter am FG)

LITERATUR:

Heil/Greve, Datenschutzkonformes Steuerrecht? Spannungsfeld zwischen Pflichten des Steuerbürgers und Informationsbefugnissen der Finanzbehörden, Zeitschrift für Datenschutz 2013, 481; *Czakert*, Aktuelle Entwicklungen im Bereich des automatischen Informationsaustauschs, ISR 2013, 409; *Beier/Schulte*, Die Auswirkungen des deutschen FATCA-Abkommens auf internationale Finanzinstitute im Kontext aktueller EU-Initiativen, RIW 2013, 527.

I. Bedeutung der Neuregelung zum automatischen Informationsaustausch

Die Umsetzung des mit den USA abgeschlossenen Foreign Account Tax Compliance Acts (FATCA-Abkommens) zur Erfassung von steuerpflichtigen Einkünften aus Vermögenswerten im US-Ausland in nationales Recht durch das Gesetz vom 10.10.2013 (BGBl II 2013, 1362) bedarf für den automatischen Informationsaustausch einer entsprechenden Regelung in der Abgabenordnung. Diese wurde in § 117c AO neu geschaffen.

Aus den Gesetzesmaterialien lässt sich der Hintergrund der Neuregelung gut entnehmen. Hier einige Auszüge aus der BT-Drucks. zum Gesetzentwurf der Bundesregierung zum AIFM-StAnpG: „... Da es – abgesehen von der Europäischen Union im Rahmen der Richtlinie 2003/48/EU (EU-Zinsrichtlinie) – international an jeglicher Koordinierung der nationalen Systeme zur Besteuerung von Kapitalerträgen fehlt, die von Gebietsfremden vereinnahmt werden, können sich Steuerpflichtige einer Besteuerung von Kapitalerträgen entziehen, die sie aus einem Staat außerhalb der Europäischen Union beziehen. Zur wirksamen Bekämpfung der Steuerhinterziehung in diesem Bereich ist daher ein effektives Zusammenwirken der betroffenen Staaten unerlässlich. Der gegenwärtige internationale Standard der Organisation für Wirtschaftliche Zusammenarbeit und Entwicklung (OECD-Standard) ermöglicht es, im Einzelfall anlassbezogen einen anderen Staat um Unterstützung bei der Beschaffung von Informationen, einschließlich Eigentümer-

und Bankinformationen, zu bitten. Für eine wirksame Bekämpfung der Steuerhinterziehung durch Kapitalanlagen im Ausland bedarf es allerdings darüber hinaus eines automatischen Informationsaustausches, d. h. einer systematischen elektronischen Übermittlung relevanter Informationen, die in Abstimmung mit anderen Staaten durch völkerrechtliche Vereinbarungen festgelegt werden. Der innerhalb der EU durch die Richtlinie 2003/48/EU eingeführte automatische Informationsaustausch für Zinserträge ist in der Bundesrepublik Deutschland durch § 45e EStG und die Zinsinformationsverordnung umgesetzt worden. Die Vereinigten Staaten von Amerika haben am 18. 3. 2010 Vorschriften erlassen, die als „Foreign Account Tax Compliance Act" (kurz: FATCA-Gesetz) bekannt sind und Finanzinstituten außerhalb der USA Prüfungs- und Meldepflichten in Bezug auf bestimmte Konten mit US-Steuerbezug auferlegen. Nach diesem Gesetz, das ab 2014 angewandt wird, sollen sich ausländische Finanzinstitute gegenüber der US-Steuerbehörde „Internal Revenue Service" verpflichten, Informationen über Kunden zur Verfügung zu stellen, die in den USA steuerpflichtig sind oder einen US-Steuerbezug aufweisen. Die Bundesrepublik Deutschland unterstützt das diesem US-Gesetz zugrunde liegende Ziel der Bekämpfung der Steuerhinterziehung. Die direkte Anwendung des FATCA-Gesetzes begegnet datenschutzrechtlichen Bedenken, weil für die Erhebung der Daten eine nach § 4 Abs. 1 Bundesdatenschutzgesetz erforderliche gesetzliche Grundlage fehlen würde. Beide Staaten haben sich vor dem Hintergrund des FATCA-Gesetzes auf eine zwischenstaatliche Vorgehensweise auf der Grundlage des Artikels 26 des deutsch-amerikanischen Doppelbesteuerungsabkommens geeinigt. Zu diesem Zweck haben beide Staaten am 21. 2. 2013 eine völkerrechtliche Vereinbarung paraphiert, die am 31. 5. 2013 unterzeichnet worden ist. In einer gemeinsamen Erklärung vom 26. 7. 2012 haben die Bundesrepublik Deutschland, Frankreich, Italien, Spanien, das Vereinigte Königreich und die Vereinigten Staaten von Amerika deutlich gemacht, dass sie eine Zusammenarbeit untereinander, mit der Organisation für Wirtschaftliche Zusammenarbeit und Entwicklung (OECD) und der Europäischen Union (EU) anstreben, um auf der Grundlage der durch das FATCA-Gesetz ausgelösten Entwicklung zu einem allgemeinen Modell für den automatischen Informationsaustausch, einschließlich der Ausarbeitung standardisierter Prüfungs- und Meldepflichten, zu kommen. Auch die G20-Staaten haben auf ihrem Gipfeltreffen in Los Cabos am 18./19. 6. 2012 vereinbart, bei der Umsetzung der Praxis des automatischen Informationsaustausches weiterhin mit gutem Beispiel voranzugehen. Für die Ermittlung der personenbezogenen Daten sowie ihre automatische Übermittlung an den anderen Vertragsstaat auf der Basis dieser geplanten völkerrechtlichen Vereinbarungen sind die dafür erforderlichen gesetzlichen Begleitregelungen zu erlassen. ...

Mit der vorliegenden Änderung ... in Verbindung mit der Änderung des Finanzverwaltungsgesetzes (Art. 2 Nr. 2) werden die gesetzlichen Begleitregelungen geschaffen, die zur Erfüllung der Verpflichtungen aus innerstaatlich anwendbaren völkerrechtlichen Vereinbarungen über einen automatischen Informationsaustausch in Steuersachen nach nationalem Recht erforderlich sind." (BT-Drucks. 18/68, 77 f.).

II. Einzelregelungen des § 117c AO

1. § 117 Abs. 1 AO

„§ 117 Abs. 2 AO ermächtigt die deutschen Finanzbehörden zur Leistung von Amtshilfe auf Grund innerstaatlich anwendbarer völkerrechtlicher Vereinbarungen. Soweit sich die im Rahmen der Amtshilfe zu leistende Unterstützung auf steuerlich relevante Daten erstreckt, über die die deutschen Finanzbehörden nicht verfügen, ist eine gesetzliche Grundlage für die Verpflichtung von Finanzinstituten zur Identifizierung und Meldung entsprechender Daten zu schaffen. § 45e EStG sowie die auf dieser Grundlage erlassene Zinsinformationsverordnung sieht diese bislang nur für den Austausch von Informationen zu Zinserträgen mit anderen EU-Mitgliedstaaten nach der EU-Zinsrichtlinie vor. **Satz 1:** Im Hinblick darauf, dass die völkerrechtlichen Vereinbarungen in diesem Bereich zwar ein einheitliches Ziel, aber möglicherweise unterschiedliche steuerliche Anknüpfungspunkte aufweisen werden, beinhaltet die vorgeschlagene Norm in § 117c Abs. 1 Satz 1 AO eine Ermächtigung des Bundesministeriums der Finanzen zum Erlass von Rechtsverordnungen, mit denen die Prüfungs-, Erhebungs- und Übermittlungspflichten unter Berücksichtigung der Besonderheiten der jeweiligen völkerrechtlichen Vereinbarung im Einzelnen ausgestaltet werden können. Im Verhältnis zu den Vereinigten Staaten von Amerika ergeben sich beispielsweise Besonderheiten dadurch, dass die Vereinigten Staaten von Amerika die Steuerpflicht nicht nur an die Ansässigkeit, sondern auch an die Staatsangehörigkeit knüpfen. Der Erlass einer solchen Rechtsverordnung bedarf der Zustimmung des Bundesrates. Die Ermächtigungsgrundlage setzt für den Erlass der Rechtsverordnung voraus, dass eine innerstaatlich anwendbare völkerrechtliche Vereinbarung vorliegt, die Vereinbarung selbst also bereits durch ein in Kraft getretenes Zustimmungsgesetz in innerstaatliches Recht umgesetzt wurde. Die Regelungsbereiche der Rechtsverordnung sind somit durch die Vereinbarung und das entsprechende Zustimmungsgesetz bereits im Wesentlichen vorgegeben, das gilt insbesondere für die zu erhebenden Daten. Die Rechtsverordnungen können keine über die in der jeweiligen innerstaatlich anwendbaren völkerrechtlichen Vereinbarung hinausgehenden Befugnisse oder Bestimmungen begründen. **Satz 2:** Die Verweisung in § 117c Abs. 1 Satz 2 AO auf § 150 Abs. 6 Satz 2, 3, 5, 8 und 9 AO stellt sicher, dass in den Rechtsverordnungen insbesondere das Nähere über Form, Inhalt, Verarbeitung und Sicherung der an das Bundeszentralamt für Steuern zu übermittelnden Daten und die Art und Weise der Übermittlung dieser Daten geregelt werden können. Zugleich wird durch die Verweisung bestimmt, dass bei der Datenübermittlung an das Bundeszentralamt für Steuern ein sicheres Verfahren zu verwenden ist, das den Absender der Daten authentifiziert und die Vertraulichkeit und Integrität des elektronisch übermittelten Datensatzes gewährleistet. Zur Regelung der Datenübermittlung kann in der Rechtsverordnung auf Veröffentlichungen sachverständiger Stellen verwiesen werden." (BT-Drucks. 18/68, 78 f.)

2. § 117c Abs. 2 AO

„In Abs. 2 wird klargestellt, dass bei den Amtshilfeverfahren auf Grund der Rechtsverordnungen nach § 117c Abs. 1 Satz 1 AO eine Anhörung, wie sie beim Auskunftsaustausch auf Ersuchen oder bei Spontanauskünften nach § 117 Abs. 4 Satz 3 AO grundsätzlich erfolgt, nicht erforderlich ist. Es handelt sich um Massenverfahren, bei denen eine Anhörung nicht praktikabel ist. Außerdem ist den betroffenen Personen (Kunden der Finanzinstitute) i. d. R. bekannt, dass ihre Daten auf Grund der einschlägigen völkerrechtlichen Vereinbarungen an die zuständige ausländische Behörde übermittelt werden. Zudem wird in Satz 2 bestimmt, dass § 117c Abs. 1 Satz 1 AO als speziellere Norm dem § 30a Abs. 2 und 3 AO vorgeht. Diese Regelung dient dabei nur der Klarstellung. Dem Schutz des Vertrauensverhältnisses zwischen Kreditinstituten und ihren Kunden wird in den hier einschlägigen Fällen durch die besondere Verwendungsbeschränkung in § 117c Abs. 4 AO Rechnung getragen." (BT-Drucks. 18/68, 79)

3. § 117c Abs. 3 AO

„Die Einhaltung der Prüfungs-, Erhebungs- und Mitteilungspflichten in den nach § 117c AO ergangenen Rechtsverordnungen wird vom Bundeszentralamt für Steuern geprüft. Die dafür vorgesehene Regelung orientiert sich an § 50b EStG, der unter anderem ein Prüfungsrecht des Bundeszentralamts für Steuern hinsichtlich der Erfüllung der Pflichten nach der Zinsinformationsverordnung vorsieht. **Die Regelung ermöglicht dabei keine Prüfung beim betroffenen Steuerpflichtigen selbst, sondern nur bei dem Erhebungs- und Übermittlungspflichtigen.** *[Hervorhebung durch Verfasser]*" (BT-Drucks. 18/68, 79)

4. § 117c Abs. 4 AO

„Mit dieser Regelung wird sichergestellt, dass die auf Grundlage einer Rechtsverordnung nach Absatz 1 erhobenen Daten den in den jeweiligen völkerrechtlichen Vereinbarungen geregelten Verwendungsbeschränkungen unterliegen. Diese Verwendungsbeschränkung gilt sowohl für die zur Datenerhebung und -weiterleitung an das Bundeszentralamt für Steuern verpflichteten Dritten als auch für das Bundeszentralamt für Steuern hinsichtlich der ihm von diesen Dritten übermittelten oder von ihm selbst bei einer Prüfung nach Abs. 3 erhobenen Daten." (BT-Drucks. 18/68, 79 f.)

III. Zeitlicher Anwendungsbereich

Die Neuregelung gilt **ab 24.12.2013** (Art. 16 Abs. 1 AIFM-StAnpG).

2. § 379 Abs. 2 Nr. 1b AO

Steuergefährdung

...

(2) Ordnungswidrig handelt, wer vorsätzlich oder leichtfertig

1. der Mitteilungspflicht nach § 138 Abs. 2 nicht, nicht vollständig oder nicht rechtzeitig nachkommt,

1a. entgegen § 144 Abs. 1 oder Abs. 2 Satz 1, jeweils auch in Verbindung mit Abs. 5, eine Aufzeichnung nicht, nicht richtig oder nicht vollständig erstellt,

1b. **einer Rechtsverordnung nach § 117c Abs. 1 oder einer vollziehbaren Anordnung auf Grund einer solchen Rechtsverordnung zuwiderhandelt, soweit die Rechtsverordnung für einen bestimmten Tatbestand auf diese Bußgeldvorschrift verweist,**

2. die Pflicht zur Kontenwahrheit nach § 154 Abs. 1 verletzt.

Anwendungsvorschriften:

►Art. 16 Abs. 1 AIFM-StAnpG lautet:

(1) Dieses Gesetz tritt vorbehaltlich der Absätze 2 bis 5 am Tag nach der Verkündung in Kraft.

Erläuterungen

(Dr. Alois Th. Nacke, Richter am FG)

„Mit dieser Regelung werden vorsätzliche oder leichtfertige Verstöße gegen die Prüfungs-, Erhebungs- und Mitteilungspflichten in den nach § 117c Abs. 1 AO ergangenen Rechtsverordnungen als Ordnungswidrigkeit mit einem **Bußgeld bis zu 5 000 €** *[Hervorhebung durch Verfasser]* bewehrt." (BT-Drucks. 18/68, 80)

Zeitlicher Anwendungsbereich: Die Neuregelung gilt **ab 24.12.2013** (Art. 16 Abs. 1 AIFM-StAnpG).

Teil C: Gesetz zur Änderung des Einkommensteuergesetzes in Umsetzung der Entscheidung des Bundesverfassungsgerichtes vom 7. 5. 2013

I. Vorbemerkung

(Dr. Alois Th. Nacke, Richter am FG)

LITERATUR:

Brosius-Gersdorf, Gleichstellung von Ehe und Lebenspartnerschaft, FamFR 2013, 169; *Elden*, Lebenspartnerschaften im Einkommensteuerrecht, FPR 2013, 262; *Frenz*, Eheschutz ade? BVerfG stärkt gleichgeschlechtliche Paare, NVwZ 2013, 1200; *Grziwotz*, Vereinbarungen der nichtehelichen Lebensgemeinschaft, FPR 2013, 326; *Kroppenberg*, Unvereinbarkeit des Verbots der sukzessiven Stiefkindadoption durch eingetragene Lebenspartner mit dem Grundgesetz, NJW 2013, 2161; *Renesse*, Ein gerechtes Steuersystem für Ehe, Lebenspartnerschaft und Familie, ZPR 2013, 87; *Sanders*, Ehegattensplitting für Lebenspartner vor dem BVerfG, NJW 2013, 2236; *Selder*, Das Bundesverfassungsgericht und die Homo-Ehe im Steuerrecht, DStR 2013, 1064; *Merkt*, Die Gleichstellung der Lebenspartnerschaften mit der Ehe im Einkommensteuerrecht, DStR 2013, 2312.

Aufgrund der Entscheidung des Bundesverfassungsgerichts vom 5. 7. 2013 (2 BvR 909/06, BGBl I 2013, 1647), wonach die Ungleichbehandlung von Verheirateten und eingetragenen Lebenspartner in den Paragrafen 26, 26b, 32a Abs. 5 EStG zum Ehegattensplitting unvereinbar mit dem allgemeinen Gleichheitssatz nach Art. 3 Abs. 1 des Grundgesetzes ist, sollte die Anwendbarkeit der genannten Vorschriften auf eingetragene Lebenspartnerschaften ausgeweitet werden. Nach der Vorgabe des Bundesverfassungsgerichts muss dies rückwirkend bis 2001 für alle Lebenspartner gelten, deren Veranlagung noch nicht bestandskräftig ist. Genau genommen sollte die Rückwirkung für alle eingetragenen Lebenspartner bei noch ausstehender Bestandskraft der steuerlichen Veranlagung mit Wirkung ab dem 1. 8. 2001 (Inkrafttreten des Gesetzes über eingetragene Lebenspartnerschaft v. 16. 2. 2001 (BGBl I 2001, 266) gelten. Der Gesetzgeber hat jedoch in dem vorliegenden Änderungsgesetz eine umfassende Gleichstellung angestrebt. Insbesondere erfolgt dies über die Generalvorschrift des § 2 Abs. 8 EStG n. F.

Daten und Gesetzesmaterialien

7. 5. 2013	Das Bundesverfassungsgericht entscheidet, dass die Ungleichbehandlung von Verheirateten und eingetragenen Lebenspartner in den Paragrafen 26, 26b, 32a Abs. 5 EStG zum Ehegattensplitting unvereinbar mit dem allgemeinen Gleichheitssatz nach Art. 3 Abs. 1 des Grundgesetzes ist (Az.: 2 BvR 909/06, BGBl I 2013, 1647).
11. 6. 2013	Gesetzentwurf zur Änderung des Einkommensteuergesetzes in Umsetzung des Urteils des BVerfG vom 7. 5. 2013 der Regierungsfraktionen (BT-Drucks. 17/13870).

TEIL C

Gesetz zur Änderung des Einkommensteuergesetzes in Umsetzung
der Entscheidung des Bundesverfassungsgerichtes vom 7. 5. 2013

14. 6. 2013	1. Lesung.
26. 6. 2013	Bericht des Haushaltsausschusses (BT-Drucks. 17/14206). Finanzausschuss empfiehlt die Annahme der Gesetzesvorlage (BT-Drucks. 17/14195).
27. 6. 2013	Bericht des Finanzausschuss (BT-Drucks. 17/14260).
27. 6. 2013	2. u. 3. Lesung
5. 7. 2013	Der Bundesrat stimmt dem Gesetzentwurf zu (BR-Drucks. 532/13 Beschluss).
18. 7. 2013	Verkündung des Gesetzes v. 15. 7. 2013 (BGBl I 2013, 2397)

II. § 2 Abs. 8 EStG

Umfang der Besteuerung, Begriffsbestimmungen

...

(8) Die Regelungen dieses Gesetzes zu Ehegatten und Ehen sind auch auf Lebenspartner und Lebenspartnerschaften anzuwenden.

Anwendungsvorschriften:

►Art. 2 des Gesetzes zur Änderung des Einkommensteuergesetzes in Umsetzung der Entscheidung des Bundesverfassungsgerichtes vom 7. 5. 2013 lautet:

(1) Dieses Gesetz tritt am Tag nach der Verkündung in Kraft.

► § 52 Abs. 2a EStG i. d. F. des Gesetzes zur Änderung des Einkommensteuergesetzes in Umsetzung der Entscheidung des Bundesverfassungsgerichtes vom 7. 5. 2013 (Art. 1 Nr. 2) lautet:

(2a) § 2 Abs. 8 i. d. F. des Art. 1 des Gesetzes vom 15. 7. 2013 (BGBl I 2013, 2397) ist in allen Fällen anzuwenden, in denen die Einkommensteuer noch nicht bestandskräftig festgesetzt ist.

Erläuterungen

(Dr. Alois Th. Nacke, Richter am FG)

Siehe zunächst die Vorbemerkung. § 2 Abs. 8 EStG führt zur **vollständigen Gleichstellung** von Lebenspartner und Lebenspartnerschaften mit Ehen und Verheirateten **im EStG**. Damit geht die Neuregelung einerseits über den verfassungsgerichtlichen Auftrag hinaus, der nur beim Ehegattensplitting eine Gleichberechtigung forderte. Andererseits bezieht sich die Gleichstellung nur auf das EStG. **Nebengesetze** – wie z. B. WoPG oder das AltZertG – werden nicht berücksichtigt. Weiterhin wurde auch nicht die verfahrensrechtliche Gleichstellung in der AO oder in der EStDV vorgenommen. Damit ergeben sich weitere Probleme auf die in der Literatur schon hingewiesen wurde (Blümich/*Ratschow*, § 2 Rz. 181; dort auch eine Übersicht über die Normen, die letztlich von der Neuregelung betroffen sind). So nimmt z. B. *Merkt* (DStR 2013, 2312) an, dass insoweit eine verfassungskonforme Auslegung zur Gleichstellung in den Fällen der Nebengesetze führe.

Die Neuregelung dürfte **verfassungsgemäß** sein (Blümich/*Ratschow*, § 2 Rz. 182; Schmidt/*Weber-Grellet*, § 2 Rz. 71). Sie ist jedoch unglücklich plaziert worden. Der Rechtsanwender wird sie nicht in § 2 EStG vermuten. Es ist daher darauf hinzuweisen, dass ohne Kenntnis des § 2 Abs. 8 EStG sich eine Gleichstellung bei den jeweiligen Einzelvorschriften aus der Lektüre dieser Vorschriften nicht ergibt. Hier weist *Ratschow* (a. a. O.) zu Recht auf das Bedürfnis einer redaktionellen Überarbeitung hin.

Zeitlicher Anwendungsbereich: Die Neuregelung gilt **ab 19. 7. 2013** (Art. 2 des Gesetzes zur Änderung des Einkommensteuergesetzes in Umsetzung der Entscheidung des Bundesverfassungsgerichtes vom 7. 5. 2013) und **erfasst alle offenen Verfahren** (§ 52 Abs. 2a EStG).

Teil D: Gesetz zur Verbesserung der steuerlichen Förderung der privaten Altersvorsorge (Altersvorsorge-Verbesserungsgesetz – AltvVerbG)

I. Vorbemerkung

(Walter Bode, Dipl.-Kfm., Richter am BFH)

LITERATUR

(Auswahl) *Franz*, Riester- und Rürup-Produkte: Änderungen durch das Altersvorsorge-Verbesserungsgesetz, DB 2013, 1988; *Myßen/Fischer*, Basisvorsorge im Alter und Wohn-Riester, NWB 2013, 1977; *Myßen/Fischer*, AltvVerbG: Mehr Transparenz bei geförderten Altersvorsorgeprodukten, NWB 2013, 2062; *Myßen/Fischer*, Steuerliche Förderung der privaten Altersvorsorge, DB 2014, 617; *Schrehardt*, Reform der geförderten privaten Altersversorgung durch das Altersvorsorge-Verbesserungsgesetz, DStR 2013, 1240; *Spieker*, Update zur einkommensteuerrechtlichen Behandlung von Vorsorgeaufwendungen und Altersbezügen, DB 2014, 683.

Verwaltungsanweisungen:

BMF v. 10.1.2014, Einkommensteuerrechtliche Behandlung von Vorsorgeaufwendungen und Altersbezügen, BStBl I 2014, 70. Das AltvVerbG ist berücksichtigt in BMF v. 13.1.2014, Steuerliche Förderung der privaten Altersvorsorge und betrieblichen Altersversorgung, BStBl I 2014, 97; BMF v. 13.3.2014, Wahl der Einmalbesteuerung und Aufgabe der Selbstnutzung in einem VZ, BStBl I 2014, 553.

Im Hinblick auf prognostizierten demografischen Veränderungen der deutschen Gesellschaft misst der Gesetzgeber der kapitalgedeckten betrieblichen und privaten Altersvorsorge neben der umlagefinanzierten gesetzlichen Rentenversicherung - jedenfalls ausweislich der Gesetzesmaterialien zum AltvVerbG (vgl. BT-Drucks. 17/10818, 13; 17/12219, 1) – weiterhin zentrale Bedeutung für die Alterssicherung zu. In diesem Zusammenhang zielt das AltvVerbG insbesondere auf eine **Stärkung der kapitalgedeckten Altersvorsorge**, eine Vereinfachung der **Eigenheimrente** i. S. des § 92a EStG („Wohn-Riester") und die Verbesserung des **Erwerbsminderungsschutzes** ab (hierzu und zum Folgenden auch BT-Drucks. 17/10818, 13; 17/12219, 2 und 33 f.). Bei der **Basisversorgung** im Alter (Basisrente/„Rürup-Rente") sollte die steuerlich begünstigte Absicherung der Berufsunfähigkeit bzw. verminderten Erwerbsfähigkeit verbessert werden und bei der nach § 10a/Abschn. XI EStG geförderten sog. „**Riester-Rente**" der Erwerbsminderungsschutz bei Altersvorsorgeverträgen. Die „Riester-Rente" soll weiterhin gefördert werden durch Meldung bei Übertragungen im Rahmen des Versorgungsausgleichs auch bei ausschließlich ungefördertem Altersvorsorgevermögen, durch Streichung der Bescheinigungspflicht der Erträge (§ 94 Abs. 1 EStG) und durch Verbesserungen beim geförderten Erwerb weiterer Geschäftsanteile an einer Wohnungsgenossenschaft für eine selbstgenutzte Genossenschaftswohnung. Die Altersvorsorge in Form von selbst genutztem **Wohneigentum**, soweit nach § 10a/Abschn. XI EStG begünstigt, soll gefördert werden durch die Möglichkeit einer jederzeitigen Kapitalentnahme für selbst genutztes Wohneigentum in der Ansparphase sowie einer jederzeitigen Einmalbesteuerung des Wohnförderkontos während der Auszahlungsphase. Außerdem hat der Gesetzgeber eine Flexibilisierung und Verlängerung des Reinvestitionszeitraums sowie die **Einbeziehung eines Umbaus** zur Reduzierung von Barrieren in oder an der Wohnung in die Eigenheimrenten-Förderung für sinnvoll erachtet.

Dem **ursprünglichen Vorhaben**, zur Erreichung der vorgenannten Ziele bei der Basisrente die Förderhöchstgrenze von 20 000 € auf 24 000 € anzuheben und bei der Eigenheimrente die jährliche Erhöhung der in das Wohnförderkonto eingestellten Beträge von 2 auf 1 % abzusenken (vgl. BT-Drucks. 17/10818, 13; 17/12219, 2), stand der Bundesrat kritisch gegenüber (vgl. BT-Drucks. 17/12628). Nach Maßgabe der Beschlussempfehlung des vom Bundesrat angerufenen **Vermittlungsausschusses** (BT-Drucks. 17/13721, 2) wurde das vom Bundestag beschlossene AltvVerbG gegenüber dem Gesetzentwurf entsprechend geändert.

Das AltvVerbG ist am 1. Juli 2013 in Kraft getreten. Auf Empfehlung des Finanzausschusses des Deutschen Bundestags wurde jedoch ein neuer § 52 Abs. 23h EStG eingefügt (BT-Drucks. 17/12219, 8). Danach sind § 10 Abs. 1 Nr. 2, § 22 Nr. 5, der die Anwendung des § 10 Abs. 1 Nr. 2 Buchst. b Doppelbuchst. aa) betreffende § 52 Abs. 24 Satz 1, § 82 Abs. 1 Satz 6 und 7, § 92 Satz 2 bis 4, die §§ 92a, 92b Abs. 1 und 3 sowie § 94 Abs. 1 Satz 4 i. d. F. des AltvVerbG erstmals ab dem Veranlagungszeitraum 2014 anzuwenden. Im Laufe des Gesetzgebungsverfahrens wurde das Inkrafttreten des AltvVerbG vom 1.1.2013 auf den 1.7.2013 verschoben. Soweit für die Anbieter und die Verwaltung Umsetzungsaufwand entsteht, sollte als Anwendungsbeginn dieser Vorschriften der **Veranlagungszeitraum 2014** gelten. Nach Auffassung des Finanzausschusses benötigten die Anbieter und die Verwaltung für die geplanten Änderungen im Bereich der zertifizierten Verträge und im Bereich der wohnungswirtschaftlichen Verwendung des Altersvorsorgevermögens einen ausreichenden Umsetzungszeitraum (BT-Drucks. 17/12219, 41).

Daten und Gesetzesmaterialien

16. 10. 2012	Gesetzentwurf der Fraktionen der CDU/CSU und FDP (BT-Drucks. 17/10818)
30. 1. 2013	Beschlussempfehlung und Bericht des Finanzausschusses (BT-Drucks. 17/12219)
30. 1. 2013	Bericht des Haushaltsausschusses (BT-Drucks. 17/12220)
8. 2. 2013	Gesetzesbeschluss des Deutschen Bundestages (BR-Drucks. 72/13)
18. 2. 2013	Bundesrat - Empfehlungen der Ausschüsse (BR-Drucks. 72/1/13)
1. 3. 2013	Anrufung des Vermittlungsausschusses durch den Bundesrat (BR-Drucks. 72/13 (Beschluss))
5. 6. 2013	Beschlussempfehlung des Vermittlungsausschusses (BT-Drucks. 17/13721)
6. 6. 2013	Beschluss des Deutschen Bundestages (BR-Drucks. 476/13)
7. 6. 2013	Beschluss des Bundesrates (BR-Drucks. 476/13 (Beschluss))
24. 6. 2013	Ausfertigung des Gesetzes zur Verbesserung der steuerlichen Förderung der privaten Altersvorsorge (Altersvorsorge-Verbesserungsgesetz – AltvVerbG)
28. 6. 2013	Verkündung im BGBl (BGBl I 2013, 1667)
1. 7. 2013	Inkrafttreten des AltvVerbG

II. Einkommensteuergesetz

1. § 10 EStG

Sonderausgaben

(1) Sonderausgaben sind die folgenden Aufwendungen, wenn sie weder Betriebsausgaben noch Werbungskosten sind oder wie Betriebsausgaben oder Werbungskosten behandelt werden:

...

2. a)
Beiträge zu den gesetzlichen Rentenversicherungen oder zur landwirtschaftlichen Alterskasse sowie zu berufsständischen Versorgungseinrichtungen, die den gesetzlichen Rentenversicherungen vergleichbare Leistungen erbringen;

b) Beiträge des Steuerpflichtigen

    aa) zum Aufbau einer eigenen kapitalgedeckten Altersversorgung, wenn der Vertrag nur die Zahlung einer monatlichen, auf das Leben des Steuerpflichtigen bezogenen lebenslangen Leibrente nicht vor Vollendung des 62. Lebensjahres oder zusätzlich die ergänzende Absicherung des Eintritts der Berufsunfähigkeit (Berufsunfähigkeitsrente), der verminderten Erwerbsfähigkeit (Erwerbsminderungsrente) oder von Hinterbliebenen (Hinterbliebenenrente) vorsieht. [2]Hinterbliebene in diesem Sinne sind der Ehegatte des Steuerpflichtigen und die Kinder, für die er Anspruch auf Kindergeld oder auf einen Freibetrag nach § 32 Abs. 6 hat. [3]Der Anspruch auf Waisenrente darf längstens für den Zeitraum bestehen, in dem der Rentenberechtigte die Voraussetzungen für die Berücksichtigung als Kind im Sinne des § 32 erfüllt;

    bb) für seine Absicherung gegen den Eintritt der Berufsunfähigkeit oder der verminderten Erwerbsfähigkeit (Versicherungsfall), wenn der Vertrag nur die Zahlung einer monatlichen, auf das Leben des Steuerpflichtigen bezogenen lebenslangen Leibrente für einen Versicherungsfall vorsieht, der bis zur Vollendung des 67. Lebensjahres eingetreten ist. [2]Der Vertrag kann die Beendigung der Rentenzahlung wegen eines medizinisch begründeten Wegfalls der Berufsunfähigkeit oder der verminderten Erwerbsfähigkeit vorsehen. [3]Die Höhe der zugesagten Rente kann vom Alter des Steuerpflichtigen bei Eintritt des Versicherungsfalls abhängig gemacht werden, wenn der Steuerpflichtige das 55. Lebensjahr vollendet hat.

[bisher: b. Beiträge des Steuerpflichtigen zum Aufbau einer eigenen kapitalgedeckten Altersversorgung, wenn der Vertrag nur die Zahlung einer monatlichen auf das Leben des Steuerpflichtigen bezogenen lebenslangen Leibrente nicht vor Vollendung des 60. Lebensjahres oder die ergänzende Absicherung des Eintritts der Berufsunfähigkeit (Berufsunfähigkeitsrente), der verminderten Erwerbsfähigkeit (Erwerbsminderungsrente) oder von Hinterbliebenen (Hinterbliebenenrente) vorsieht; Hinterbliebene in diesem Sinne sind der Ehegatte des Steuerpflichtigen und die Kinder, für die er Anspruch auf Kindergeld oder auf einen Freibetrag nach § 32 Abs. 6 hat; der Anspruch auf Waisenrente darf längstens für den Zeitraum bestehen, in dem der Rentenberechtigte die Voraussetzungen für die Berücksichtigung als Kind im Sinne des § 32 erfüllt; die genannten Ansprüche dürfen nicht vererblich, nicht übertragbar, nicht beleihbar, nicht veräußerbar und nicht kapitalisierbar sein und es darf darüber hinaus kein Anspruch auf Auszahlungen bestehen.]

²Die Ansprüche nach Buchstabe b dürfen nicht vererblich, nicht übertragbar, nicht beleihbar, nicht veräußerbar und nicht kapitalisierbar sein. ³Neben den genannten Auszahlungsformen darf kein weiterer Anspruch auf Auszahlungen bestehen. ⁴Zu den Beiträgen nach den Buchst. a und b ist der nach § 3 Nr. 62 steuerfreie Arbeitgeberanteil zur gesetzlichen Rentenversicherung und ein diesem gleichgestellter steuerfreier Zuschuss des Arbeitgebers hinzuzurechnen. ⁵Beiträge nach § 168 Abs. 1 Nr. 1b oder 1c oder nach § 172 Abs. 3 oder 3a des Sechsten Buches Sozialgesetzbuch werden abweichend von Satz 2 nur auf Antrag des Steuerpflichtigen hinzugerechnet;

…

(2a) ¹Der Steuerpflichtige hat in die Datenübermittlung nach Abs. 2 gegenüber der übermittelnden Stelle schriftlich einzuwilligen, spätestens bis zum Ablauf des zweiten Kalenderjahres, das auf das Beitragsjahr (Kalenderjahr, in dem die Beiträge geleistet worden sind) folgt; übermittelnde Stelle ist bei Vorsorgeaufwendungen nach Abs. 1 Nr. 2 Buchst. b der Anbieter, bei Vorsorgeaufwendungen nach Abs. 1 Nr. 3 das Versicherungsunternehmen, der Träger der gesetzlichen Kranken- und Pflegeversicherung oder die Künstlersozialkasse. ²Die Einwilligung gilt auch für die folgenden Beitragsjahre, es sei denn, der Steuerpflichtige widerruft diese schriftlich gegenüber der übermittelnden Stelle. ³Der Widerruf muss vor Beginn des Beitragsjahres, für das die Einwilligung erstmals nicht mehr gelten soll, der übermittelnden Stelle vorliegen. ⁴Die übermittelnde Stelle hat bei Vorliegen einer Einwilligung

1. nach Abs. 2 Satz 2 Nr. 2 die Höhe der im jeweiligen Beitragsjahr geleisteten [bisher: und erstatteten] Beiträge nach Abs. 1 Nr. 2 Buchst. b und die Zertifizierungsnummer,

2. nach Abs. 2 Satz 3 die Höhe der im jeweiligen Beitragsjahr geleisteten und erstatteten Beiträge nach Abs. 1 Nr. 3, soweit diese nicht mit der elektronischen Lohnsteuerbescheinigung oder der Rentenbezugsmitteilung zu übermitteln sind,

unter Angabe der Vertrags- oder Versicherungsdaten, des Datums der Einwilligung und der Identifikationsnummer (§ 139b der Abgabenordnung) nach amtlich vorgeschriebenem Datensatz durch Datenfernübertragung an die zentrale Stelle (§ 81) bis zum 28. 2. des dem Beitragsjahr folgenden Kalenderjahres zu übermitteln; sind Versicherungsnehmer und versicherte Person nicht identisch, sind zusätzlich die Identifikationsnummer und das Geburtsdatum des Versicherungsnehmers anzugeben. …

(3) ¹Vorsorgeaufwendungen nach Abs. 1 Nr. 2 Satz 4 sind bis zu 20 000 € zu berücksichtigen. [bisher: ¹Vorsorgeaufwendungen nach Abs. 1 Nr. 2 Satz 2 sind bis zu 20 000 € zu berücksichtigen.] ²Bei zusammenveranlagten Ehegatten verdoppelt sich der Höchstbetrag. ³Der Höchstbetrag nach Satz 1 oder 2 ist bei Steuerpflichtigen, die

1. Arbeitnehmer sind und die während des ganzen oder eines Teils des Kalenderjahres

   a) in der gesetzlichen Rentenversicherung versicherungsfrei oder auf Antrag des Arbeitgebers von der Versicherungspflicht befreit waren und denen für den Fall ihres Ausscheidens aus der Beschäftigung auf Grund des Beschäftigungsverhältnisses eine lebenslängliche Versorgung oder an deren Stelle eine Abfindung zusteht oder die in der gesetzlichen Rentenversicherung nachzuversichern sind oder

   b) nicht der gesetzlichen Rentenversicherungspflicht unterliegen, eine Berufstätigkeit ausgeübt und im Zusammenhang damit auf Grund vertraglicher Vereinbarungen Anwartschaftsrechte auf eine Altersversorgung erworben haben, oder

2. Einkünfte im Sinne des § 22 Nr. 4 erzielen und die ganz oder teilweise ohne eigene Beitrags-
leistung einen Anspruch auf Altersversorgung erwerben,

um den Betrag zu kürzen, der, bezogen auf die Einnahmen aus der Tätigkeit, die die Zugehörigkeit zum genannten Personenkreis begründen, dem Gesamtbeitrag (Arbeitgeber- und Arbeitnehmeranteil) zur allgemeinen Rentenversicherung entspricht. [4]Im Kalenderjahr **2013 sind
76 Prozent** *[bisher: 2005 sind 60 Prozent]* der nach den Sätzen 1 bis 3 ermittelten Vorsorgeaufwendungen anzusetzen. [5]Der sich danach ergebende Betrag, vermindert um den nach § 3 Nr. 62
steuerfreien Arbeitgeberanteil zur gesetzlichen Rentenversicherung und einen diesem gleichgestellten steuerfreien Zuschuss des Arbeitgebers, ist als Sonderausgabe abziehbar. [6]Der Prozentsatz in Satz 4 erhöht sich in den folgenden Kalenderjahren bis zum Kalenderjahr 2025 um
je 2 Prozentpunkte je Kalenderjahr. [7]Beiträge nach § 168 Abs. 1 Nr. 1b oder 1c oder nach § 172
Abs. 3 oder 3a des Sechsten Buches Sozialgesetzbuch vermindern den abziehbaren Betrag nach
Satz 5 nur, wenn der Steuerpflichtige die Hinzurechnung dieser Beiträge zu den Vorsorgeaufwendungen nach **Abs. 1 Nr. 2 Satz 5** *[bisher: § 10 Abs. 1 Nr. 2 Satz 3]* beantragt hat.

...

(4a) [1]Ist in den Kalenderjahren **2013** *[bisher: 2005]* bis 2019 der Abzug der Vorsorgeaufwendungen nach Abs. 1 Nr. 2 Buchst. a, Abs. 1 Nr. 3 und Nr. 3a in der für das Kalenderjahr 2004 geltenden Fassung des § 10 Abs. 3 mit folgenden Höchstbeträgen für den Vorwegabzug

Kalenderjahr	Vorwegabzug für den Steuer-pflichtigen	Vorwegabzug im Fall der Zu-sammenveranlagung von Ehe-gatten
bisher: 2005	*3 068*	*6 136*
2006	*3 068*	*6 136*
2007	*3 068*	*6 136*
2008	*3 068*	*6 136*
2009	*3 068*	*6 136*
2010	*3 068*	*6 136*
2011	*2 700*	*5 400*
2012	*2 400*	*4 800*
2013	2 100	4 200
2014	1 800	3 600
2015	1 500	3 000
2016	1 200	2 400
2017	900	1 800
2018	600	1 200
2019	300	600

zuzüglich des Erhöhungsbetrags nach Satz 3 günstiger, ist der sich danach ergebende Betrag anstelle des Abzugs nach Abs. 3 und 4 anzusetzen. [2]Mindestens ist bei Anwendung des Satzes 1 der Betrag anzusetzen, der sich ergeben würde, wenn zusätzlich noch die Vorsorgeaufwendungen nach Abs. 1 Nr. 2 Buchst. b in die Günstigerprüfung einbezogen werden würden; der Erhöhungsbetrag nach Satz 3 ist nicht hinzuzurechnen. [3]Erhöhungsbetrag sind die Beiträge nach Abs. 1 Nr. 2 Buchst. b, soweit sie nicht den um die Beiträge nach Abs. 1 Nr. 2 Buchst. a und den nach § 3 Nr. 62 steuerfreien Arbeitgeberanteil zur gesetzlichen Rentenversicherung und einen diesem gleichgestellten steuerfreien Zuschuss verminderten Höchstbetrag nach Abs. 3 Satz 1 bis 3 überschreiten; Abs. 3 Satz 4 und 6 gilt entsprechend.

Anwendungsvorschriften:

▶Art. 5 AltvVerbG lautet:

Dieses Gesetz tritt am 1. 7. 2013 in Kraft.

▶§ 52 Abs. 23h und 24 EStG i. d. F. des AltvVerbG (Art. 1 Nr. 4) lauten:

(23h) § 10 Abs. 1 Nr. 2, § 22 Nr. 5, Abs. 24 Satz 1, § 82 Abs. 1 Satz 6 und 7, § 92 Satz 2 bis 4, die §§ 92a, 92b Abs. 1 und 3 sowie § 94 Abs. 1 Satz 4 i. d. F. des Art. 1 des Gesetzes vom 24. 6. 2013 (BGBl I 2013, 1667) sind erstmals ab dem Veranlagungszeitraum 2014 anzuwenden.

(24) § 10 Abs. 1 Nr. 2 Buchst. b Doppelbuchst. aa ist für Vertragsabschlüsse vor dem 1. 1. 2012 mit der Maßgabe anzuwenden, dass der Vertrag die Zahlung der Leibrente nicht vor Vollendung des 60. Lebensjahres vorsehen darf. ...

Erläuterungen

(Dr. Alois Th. Nacke, Richter am FG)

I. § 10 Abs. 1 Nr. 2 Buchst. b EStG

Die Neuregelung ermöglicht u. a. die Beiträge für eine **isolierte Absicherung** gegen den Eintritt der Berufsunfähigkeit oder der verminderten Erwerbsfähigkeit als Sonderausgaben abzuziehen. Die bisherige Regelung zur ergänzenden Absicherung von Berufsunfähigkeit und verminderter Erwerbsfähigkeit wird nunmehr nach § 10 Abs. 1 Nr. 2 Buchst. b Doppelbuchst. aa) EStG berücksichtigt. In den Gesetzesmaterialien heißt es im Übrigen: „Die für nach dem 31. 12. 2011 abgeschlossene Basisrentenverträge maßgebliche Altersgrenze der Vollendung des 62. Lebensjahrs, die bisher in § 52 Abs. 24 Satz 1 EStG geregelt wurde, wird nunmehr als reguläre Altersgrenze in § 10 Abs. 1 Nr. 2 Buchst. b Doppelbuchst. aa EStG übernommen. Zur Erhöhung der Motivation, sich gegen das Risiko der Berufsunfähigkeit oder der verminderten Erwerbsfähigkeit abzusichern, können künftig Beiträge zur Absicherung dieses Risikos im Rahmen des Abzugsvolumens zur Basisabsicherung im Alter geltend gemacht werden. Von dieser Regelung profitieren alle unbeschränkt Einkommensteuerpflichtigen gleichermaßen. Voraussetzung für die Abzugsmöglichkeit ist, dass im Falle des Eintritts des Versicherungsfalls eine lebenslange Rente gezahlt wird. Bei einem späten Versicherungsfall kann die Höhe der Rente vom Zeitpunkt des Eintritts des Versicherungsfalls abhängig gemacht werden (z. B.: Versicherungsfall zehn Jahre vor dem Ausscheiden aus der Erwerbstätigkeit = 100 Prozent Rente, Versicherungsfall fünf Jahre vor diesem Zeitpunkt = 50 % der vertraglich versprochenen Rente)." (BT-Drucks. 17/10818)

II. § 10 Abs. 1 Nr. 2 Satz 2 und 3 EStG

Die Neuregelung regelt, dass für die Anerkennung als Beitrag zur eigenen kaitalgedeckten Altersversorgung und zur Absicherung gegen den Eintritt der Berufsunfähigkeit oder der verminderten Erwerbsfähigkeit die Ansprüche aus dem Vertrag weitere Voraussetzungen erfüllen müssen: Nichterblichkeit, Nichtübertragbarkeit, Nichtbeleihbarkeit, Nichtveräußerlichkeit und Nichtkapitalisierbarkeit (s. hierzu ausführlich BMF, BStBl I 2013, 1087, Tz. 25 ff.).

III. § 10 Abs. 2a EStG

Auf Grund der gesetzlich geregelten Produktvoraussetzungen eines Basisrentenvertrages kommen Beitragserstattungen nicht in Betracht, so dass diese im Gesetz nicht aufgenommen werden müssen (s. BT-Drucks. 17/10818).

IV. § 10 Abs. 3 EStG

Hier erfolgte eine Anpassung an die Regelungen in § 10 Abs. 1 EStG. Weiterhin erfolgte eine Aktualisierung der Berücksichtigungsquote für den Ansatz der geleisteten Beiträge zugunsten einer Basisversorgung im Alter.

V. § 10 Abs. 4a EStG

Die Höchstbeiträge für den Vorwegabzug wurden aktualisiert.

VI. Zeitlicher Anwendungsbereich

Die Änderungen sind grundsätzlich **ab VZ 2014** zu berücksichtigen (§ 52 Abs. 23h EStG). Hinsichtlich § 10 Abs. 1 Nr. 2 Buchst. b Doppelbuchst. aa EStG gilt folgende Anwendungsregel. Die Änderung aktualisiert die in § 10 Abs. 1 Nr. 2 Buchst. b Doppelbuchst. aa EStG enthaltene **Altersgrenze vom 60. auf das 62. Lebensjahr** für nach dem 31. 12. 2011 abgeschlossene Altersvorsorgeverträge. Die in § 52 Abs. 24 Satz 1 EStG geregelte Übergangsregel gilt nunmehr für **vor dem 1. 1. 2012 abgeschlossene Basisrentenverträge**.

2. § 10a EStG

Zusätzliche Altersvorsorge

(1) [1]In der inländischen gesetzlichen Rentenversicherung Pflichtversicherte können Altersvorsorgebeiträge (§ 82) zuzüglich der dafür nach Abschnitt XI zustehenden Zulage jährlich bis zu 2 100 Euro als Sonderausgaben abziehen; das Gleiche gilt für

1. Empfänger von inländischer Besoldung nach dem Bundesbesoldungsgesetz oder einem Landesbesoldungsgesetz,

2. Empfänger von Amtsbezügen aus einem inländischen Amtsverhältnis, deren Versorgungsrecht die entsprechende Anwendung des § 69e Abs. 3 und 4 des Beamtenversorgungsgesetzes vorsieht,

3. die nach § 5 Abs. 1 Satz 1 Nr. 2 und 3 des Sechsten Buches Sozialgesetzbuch versicherungsfrei Beschäftigten, die nach § 6 Abs. 1 Satz 1 Nr. 2 oder nach § 230 Abs. 2 Satz 2 des Sechsten Buches Sozialgesetzbuch von der Versicherungspflicht befreiten Beschäftigten, deren Versorgungsrecht die entsprechende Anwendung des § 69e Abs. 3 und 4 des Beamtenversorgungsgesetzes vorsieht,

4. Beamte, Richter, Berufssoldaten und Soldaten auf Zeit, die ohne Besoldung beurlaubt sind, für die Zeit einer Beschäftigung, wenn während der Beurlaubung die Gewährleistung einer Versorgungsanwartschaft unter den Voraussetzungen des § 5 Abs. 1 Satz 1 des Sechsten Buches Sozialgesetzbuch auf diese Beschäftigung erstreckt wird, und

5. Steuerpflichtige im Sinne der Nrn. 1 bis 4, die beurlaubt sind und deshalb keine Besoldung, Amtsbezüge oder Entgelt erhalten, sofern sie eine Anrechnung von Kindererziehungszeiten nach § 56 des Sechsten Buches Sozialgesetzbuch in Anspruch nehmen könnten, wenn die Versicherungsfreiheit in der inländischen gesetzlichen Rentenversicherung nicht bestehen würde,

wenn sie spätestens bis zum Ablauf des zweiten Kalenderjahres, das auf das Beitragsjahr (§ 88) folgt, gegenüber der zuständigen Stelle (§ 81a) schriftlich eingewilligt haben, dass diese der zentralen Stelle (§ 81) jährlich mitteilt, dass der Steuerpflichtige zum begünstigten Personenkreis gehört, dass die zuständige Stelle der zentralen Stelle die für die Ermittlung des Mindesteigenbeitrags (§ 86) und die Gewährung der Kinderzulage (§ 85) erforderlichen Daten übermittelt und die zentrale Stelle diese Daten für das Zulageverfahren verwenden darf. ²Bei der Erteilung der Einwilligung ist der Steuerpflichtige darauf hinzuweisen, dass er die Einwilligung vor Beginn des Kalenderjahres, für das sie erstmals nicht mehr gelten soll, gegenüber der zuständigen Stelle widerrufen kann. ³**Versicherungspflichtige nach dem Gesetz über die Alterssicherung der Landwirte stehen Pflichtversicherten gleich; dies gilt auch für Personen, die**

1. **eine Anrechnungszeit nach § 58 Abs. 1 Nr. 3 oder Nr. 6 des Sechsten Buches Sozialgesetzbuch in der gesetzlichen Rentenversicherung erhalten und**

2. **unmittelbar vor einer Anrechnungszeit nach § 58 Abs. 1 Nr. 3 oder Nr. 6 des Sechsten Buches Sozialgesetzbuch einer der im ersten Halbsatz, in Satz 1 oder in Satz 4 genannten begünstigten Personengruppen angehörten.** *[bisher: ³Versicherungspflichtige nach dem Gesetz über die Alterssicherung der Landwirte stehen Pflichtversicherten gleich; dies gilt auch für Personen, die eine Anrechnungszeit nach § 58 Abs. 1 Nr. 3 oder Nr. 6 des Sechsten Buches Sozialgesetzbuch in der gesetzlichen Rentenversicherung erhalten und unmittelbar vor der Arbeitslosigkeit einer der in Satz 1 oder der im ersten Halbsatz genannten begünstigten Personengruppen angehörten.]*

⁴Die Sätze 1 und 2 gelten entsprechend für Steuerpflichtige, die nicht zum begünstigten Personenkreis nach Satz 1 oder 3 gehören und eine Rente wegen voller Erwerbsminderung oder Erwerbsunfähigkeit oder eine Versorgung wegen Dienstunfähigkeit aus einem der in Satz 1 oder 3 genannten Alterssicherungssysteme beziehen, wenn unmittelbar vor dem Bezug der entsprechenden Leistungen der Leistungsbezieher einer der in Satz 1 oder 3 genannten begünstigten Personengruppen angehörte; dies gilt nicht, wenn der Steuerpflichtige das 67. Lebensjahr vollendet hat. ⁵Bei der Ermittlung der dem Steuerpflichtigen zustehenden Zulage nach Satz 1 bleibt die Erhöhung der Grundzulage nach § 84 Satz 2 außer Betracht.

...

(2a) ¹Der Sonderausgabenabzug setzt voraus, dass der Steuerpflichtige gegenüber dem Anbieter (übermittelnde Stelle) in die Datenübermittlung nach Abs. 5 Satz 1 eingewilligt hat. ²§ 10 Abs. 2a Satz 1 bis Satz 3 gilt entsprechend. ³In den Fällen des Absatzes 3 Satz 2 und 5 ist die Einwilligung nach Satz 1 von beiden Ehegatten abzugeben. ⁴Hat der Zulageberechtigte den Anbieter nach § 89 Abs. 1a bevollmächtigt **oder liegt dem Anbieter ein Zulageantrag nach § 89 Abs. 1 vor**, gilt die Einwilligung nach Satz 1 **für das jeweilige Beitragsjahr** als erteilt.

...

Anwendungsvorschriften:

▶Art. 5 AltvVerbG lautet:

Dieses Gesetz tritt am 1. 7. 2013 in Kraft.

Erläuterungen

(Dr. Alois Th. Nacke, Richter am FG)

1. § 10a Abs. 1 Satz 3 EStG

Die Gesetzesmaterialien führen zu den Änderungen in § 10a Abs. 1 Satz 3 EStG aus: „Unter bestimmten Voraussetzungen können auch Bezieher von Arbeitslosengeld II im Rahmen der geförderten privaten Altersvorsorge unmittelbar zulageberechtigt sein. Die Voraussetzungen der Zulageberechtigung werden insoweit klarer gefasst: Da der Bezug von Arbeitslosengeld II keine Arbeitslosigkeit im Sinne des § 119 SGB III voraussetzt, sondern lediglich eine Erwerbsfähigkeit im Sinne des § 8 SGB II, werden die Worte „unmittelbar vor der Arbeitslosigkeit" klarstellend in „unmittelbar vor einer Anrechnungszeit nach § 58 Abs. 1 Nr. 3 oder Nr. 6 SGB VI" geändert. Außerdem wird klargestellt, dass unmittelbar vor der Anrechnungszeit nach § 58 Abs. 1 Nr. 3 oder Nr. 6 SGB VI eine Zugehörigkeit zur begünstigten Personengruppe der Bezieher einer Rente wegen voller Erwerbsminderung oder Erwerbsunfähigkeit bzw. einer Versorgung wegen Dienstunfähigkeit für die Zulageberechtigung ausreicht." (BT-Drucks. 17/10818, 16)

2. § 10a Abs. 2a Satz 4 EStG

Die Ergänzung dient der Vereinfachung des Besteuerungsverfahrens. Hierzu führen die Gesetzesmaterialien aus: „Die Altersvorsorgezulage hat die Funktion einer Vorauszahlung auf die Steuerermäßigung aus dem Sonderausgabenabzug nach § 10a EStG. Beantragt der unmittelbar Zulageberechtigte die Altersvorsorgezulage bei der Finanzverwaltung, kann seine nach § 10a Absatz 2a EStG erforderliche Einwilligung zur Übermittlung der für den Sonderausgabenabzug erforderlichen Daten vom Anbieter an die Finanzverwaltung nunmehr unterstellt werden. Gleichzeitig wird der unmittelbar Zulageberechtigte davon entlastet, die in § 10a Abs. 2a EStG vorgesehene Verpflichtung zur Einwilligung selbst gegenüber dem Anbieter vornehmen zu müssen." (BT-Drucks. 17/10818, 16 f.)

3. Zeitlicher Anwendungsbereich

Die Neuregelungen gelten **ab 1. 7. 2013** (Art. 5 AltvVerbG) und sind somit **ab dem VZ 2013** anzuwenden.

3. § 22 Nr. 5 EStG

Arten der sonstigen Einkünfte

Sonstige Einkünfte sind

...

5. Leistungen aus Altersvorsorgeverträgen, Pensionsfonds, Pensionskassen und Direktversicherungen. [2]Soweit die Leistungen nicht auf Beiträgen, auf die § 3 Nr. 63, § 10a oder Abschn. XI

angewendet wurde, nicht auf Zulagen im Sinne des Abschnitts XI, nicht auf Zahlungen im Sinne des § 92a Abs. 2 Satz 4 Nr. 1 und des § 92a Abs. 3 Satz 9 Nr. 2, nicht auf steuerfreien Leistungen nach § 3 Nr. 66 und nicht auf Ansprüchen beruhen, die durch steuerfreie Zuwendungen nach § 3 Nr. 56 oder die durch die nach § 3 Nr. 55b Satz 1 oder § 3 Nr. 55c steuerfreie Leistung aus einem neu begründeten Anrecht erworben wurden,

a) ist bei lebenslangen Renten sowie bei Berufsunfähigkeits-, Erwerbsminderungs- und Hinterbliebenenrenten Nr. 1 Satz 3 Buchst. a entsprechend anzuwenden,

b) ist bei Leistungen aus Versicherungsverträgen, Pensionsfonds, Pensionskassen und Direktversicherungen, die nicht solche nach Buchstabe a sind, § 20 Abs. 1 Nr. 6 in der jeweils für den Vertrag geltenden Fassung entsprechend anzuwenden,

c) unterliegt bei anderen Leistungen der Unterschiedsbetrag zwischen der Leistung und der Summe der auf sie entrichteten Beiträge der Besteuerung; § 20 Abs. 1 Nr. 6 Satz 2 gilt entsprechend.

[3]In den Fällen des § 93 Abs. 1 Satz 1 und 2 gilt das ausgezahlte geförderte Altersvorsorgevermögen nach Abzug der Zulagen im Sinne des Abschnitts XI als Leistung im Sinne des Satzes 2. [4]Als Leistung im Sinne des Satzes 1 gilt auch der Verminderungsbetrag nach § 92a Abs. 2 Satz 5 und der Auflösungsbetrag nach § 92a Abs. 3 Satz 5. [5]Der Auflösungsbetrag nach § 92a Abs. 2 Satz 6 wird zu 70 Prozent als Leistung nach Satz 1 erfasst. [6]Tritt nach dem Beginn der Auszahlungsphase zu Lebzeiten des Zulageberechtigten der Fall des § 92a Abs. 3 Satz 1 ein, dann ist

a) innerhalb eines Zeitraums bis zum zehnten Jahr nach dem Beginn der Auszahlungsphase das Eineinhalbfache,

b) innerhalb eines Zeitraums zwischen dem zehnten und 20. Jahr nach dem Beginn der Auszahlungsphase das Einfache

des nach Satz 5 noch nicht erfassten Auflösungsbetrags als Leistung nach Satz 1 zu erfassen; § 92a Abs. 3 Satz 9 gilt entsprechend mit der Maßgabe, dass als noch nicht zurückgeführter Betrag im Wohnförderkonto der noch nicht erfasste Auflösungsbetrag gilt. [7]Bei erstmaligem Bezug von Leistungen, in den Fällen des § 93 Abs. 1 sowie bei Änderung der im Kalenderjahr auszuzahlenden Leistung hat der Anbieter (§ 80) nach Ablauf des Kalenderjahres dem Steuerpflichtigen nach amtlich vorgeschriebenem **Muster** *[bisher Vordruck]* den Betrag der im abgelaufenen Kalenderjahr zugeflossenen Leistungen im Sinne der Sätze 1 bis 6 je gesondert mitzuteilen. *[aufgehoben: [8]In den Fällen des § 92a Abs. 2 Satz 10 erster Halbsatz erhält der Steuerpflichtige die Angaben nach Satz 7 von der zentralen Stelle (§ 81).]* [8]Werden dem Steuerpflichtigen Abschluss- und Vertriebskosten eines Altersvorsorgevertrages erstattet, gilt der Erstattungsbetrag als Leistung im Sinne des Satzes 1. [9]In den Fällen des § 3 Nr. 55a richtet sich die Zuordnung zu Satz 1 oder Satz 2 bei der ausgleichsberechtigten Person danach, wie eine nur auf die Ehezeit bezogene Zuordnung der sich aus dem übertragenen Anrecht ergebenden Leistung zu Satz 1 oder Satz 2 bei der ausgleichspflichtigen Person im Zeitpunkt der Übertragung ohne die Teilung vorzunehmen gewesen wäre. [10]Dies gilt sinngemäß in den Fällen des § 3 Nr. 55 und 55e.

Anwendungsvorschriften:

►Art. 5 AltvVerbG lautet:

Dieses Gesetz tritt am 1. 7. 2013 in Kraft.

▶ § 52 Abs. 23h und 24 EStG i. d. F. des AltvVerbG (Art. 1 Nr. 4) lauten:

(23h) § 10 Abs. 1 Nr. 2, § 22 Nr. 5, Abs. 24 Satz 1, § 82 Abs. 1 Satz 6 und 7, § 92 Satz 2 bis 4, die §§ 92a, 92b Abs. 1 und 3 sowie § 94 Abs. 1 Satz 4 i. d. F. des Art. 1 des Gesetzes vom 24. 6. 2013 (BGBl I 2013, 1667) sind erstmals ab dem Veranlagungszeitraum 2014 anzuwenden.

Erläuterungen

(Dr. Alois Th. Nacke, Richter am FG)

Die Änderung in § 22 Nr. 5 Satz 7 EStG erfolgte weil eine sprachliche Anpassung an die Verwaltungspraxis erfolgen sollte. Die Aufhebung des Satzes 8 in § 22 Nr. 5 EStG erfolgte, da in Zukunft dauerhaft der Anbieter die Bescheinigungspflichten hat, so dass eine ausnahmsweise bestehende Mitteilungspflicht der zentralen Zulagenstelle an den Zulagenberechtigten nach § 22 Nr. 5 Satz 8 nicht mehr besteht.

Zeitlicher Anwendungsbereich: Die Neuregelungen gelten **ab VZ 2014.**

4. § 79 Satz 2 EStG

Zulageberechtigte

¹Die in § 10a Abs. 1 genannten Personen haben Anspruch auf eine Altersvorsorgezulage (Zulage). ²Ist nur ein Ehegatte nach Satz 1 begünstigt, so ist auch der andere Ehegatte zulageberechtigt, wenn

1. beide Ehegatten nicht dauernd getrennt leben (§ 26 Abs. 1),

2. beide Ehegatten ihren Wohnsitz oder gewöhnlichen Aufenthalt in einem Mitgliedstaat der Europäischen Union oder einem Staat haben, auf den das Abkommen über den Europäischen Wirtschaftsraum anwendbar ist,

3. ein auf den Namen des anderen Ehegatten lautender Altersvorsorgevertrag besteht,

4. der andere Ehegatte zugunsten des Altersvorsorgevertrags nach Nr. 3 im jeweiligen Beitragsjahr mindestens 60 Euro geleistet hat und

5. die Auszahlungsphase des Altersvorsorgevertrags nach Nr. 3 noch nicht begonnen hat.

[bisher: ²Leben die Ehegatten nicht dauernd getrennt (§ 26 Abs. 1) und haben sie ihren Wohnsitz oder gewöhnlichen Aufenthalt in einem Mitgliedstaat der Europäischen Union oder einem Staat, auf den das Abkommen über den Europäischen Wirtschaftsraum (EWR-Abkommen) anwendbar ist, und ist nur ein Ehegatte nach Satz 1 begünstigt, so ist auch der andere Ehegatte zulageberechtigt, wenn ein auf seinen Namen lautender Altersvorsorgevertrag besteht und er zugunsten dieses Altersvorsorgevertrages im jeweiligen Beitragsjahr mindestens 60 Euro geleistet hat.]

Anwendungsvorschriften:

▶Art. 5 AltvVerbG lautet:

Dieses Gesetz tritt am 1. 7. 2013 in Kraft.

Erläuterungen

(Walter Bode, Dipl.-Kfm., Richter am BFH)

§ 79 Satz 2 wurde „zur besseren Lesbarkeit" redaktionell überarbeitet (BT-Drucks. 17/10818, 17). Des Weiteren wurde in Nr. 5 der Vorschrift wurde geregelt, dass keine mittelbare Zulageberechtigung mehr besteht, wenn sich der Altersvorsorgevertrag des mittelbar zulageberechtigten Ehegatten bereits in der Auszahlungsphase befindet.

Zeitlicher Anwendungsbereich: Die Vorschrift ist nach der durch das AltvVerbG nicht geänderten allgemeinen Anwendungsregelung des § 52 Abs. 1 Satz 1 EStG erstmals ab dem VZ 2013 anzuwenden.

5. § 82 Abs. 1 EStG

Altersvorsorgebeiträge

(1) [1]Geförderte Altersvorsorgebeiträge sind im Rahmen **des in § 10a Abs. 1 Satz 1 genannten Höchstbetrags** *[bisher: der in § 10a genannten Grenzen]*

1. Beiträge,

2. Tilgungsleistungen,

die der Zulageberechtigte (§ 79) bis zum Beginn der Auszahlungsphase zugunsten eines auf seinen Namen lautenden Vertrags leistet, der nach § 5 des Altersvorsorgeverträge-Zertifizierungsgesetzes zertifiziert ist (Altersvorsorgevertrag). [2....5]Tilgungsleistungen nach den Sätzen 1 und 3 werden nur berücksichtigt, wenn das zugrunde liegende Darlehen für eine nach dem 31.12.2007 vorgenommene wohnungswirtschaftliche Verwendung im Sinne des § 92a Abs. 1 Satz 1 eingesetzt wurde. [6]**Bei einer Aufgabe der Selbstnutzung nach § 92a Abs. 3 Satz 1 gelten im Beitragsjahr der Aufgabe der Selbstnutzung auch die nach der Aufgabe der Selbstnutzung geleisteten Beiträge oder Tilgungsleistungen als Altersvorsorgebeiträge nach Satz 1.** [7]**Bei einer Reinvestition nach § 92a Abs. 3 Satz 9 Nr. 1 gelten im Beitragsjahr der Reinvestition auch die davor geleisteten Beiträge oder Tilgungsleistungen als Altersvorsorgebeiträge nach Satz 1.**

Anwendungsvorschriften:

►Art. 5 AltvVerbG lautet:

Dieses Gesetz tritt am 1. 7. 2013 in Kraft.

►§ 52 Abs. 23h EStG i. d. F. von Art. 1 Nr. 4 Buchst. a AltvVerbG lautet:

(23h) § 10 Abs. 1 Nr. 2, § 22 Nr. 5, Abs. 24 Satz 1, § 82 Abs. 1 Satz 6 und 7, § 92 Satz 2 bis 4, die §§ 92a, 92b Abs. 1 und 3 sowie § 94 Abs. 1 Satz 4 i. d. F. des Art. 1 des Gesetzes vom 24. 6. 2013 (BGBl I 2013, 1667) sind erstmals ab dem Veranlagungszeitraum 2014 anzuwenden.

Erläuterungen

(Walter Bode, Dipl.-Kfm., Richter am BFH)

§ 82 Abs. 1 Satz 1 EStG: Die Vorschrift wurde redaktionell bereinigt, nachdem seit dem Bürgerentlastungsgesetz Krankenversicherung nur noch ein Betrag in § 10a EStG genannt wird (BT-Drucks. 17/10818, 17).

§ 82 Abs. 1 Satz 6 und 7 EStG: Die beiden Sätze wurden neu angefügt. Die **Beiträge eines Beitragsjahres** mussten vom Anbieter in Beiträge vor der **Aufgabe der Selbstnutzung** und nach der

Aufgabe der Selbstnutzung aufgeteilt werden. Gleiches gilt für das Beitragsjahr der **Reinvestition**, in dem die Beiträge in Beiträge vor und nach der Reinvestition aufgeteilt werden mussten. Vereinfachend können nun auch die nach der Aufgabe der Selbstnutzung oder vor der Reinvestition geleisteten Beiträge gefördert werden, solange sie **im Beitragsjahr** der Aufgabe der Selbstnutzung oder der Reinvestition geleistet werden. Durch die Änderung des § 92a Abs. 3 Satz 5 EStG ist sichergestellt, dass diese Altersvorsorgebeiträge im Wohnförderkonto erfasst werden. Mit der Regelung soll außerdem eine Gleichstellung derjenigen, die ihre Beiträge oder Tilgungsleistungen monatlich und damit zum Teil vor und zum Teil nach der Aufgabe der Selbstnutzung oder der Reinvestition zahlen, mit denjenigen erfolgen, die ihre Beiträge oder Tilgungsleistungen jährlich vor der Aufgabe der Selbstnutzung oder nach der Reinvestition zahlen (BT-Drucks. 17/10818, 17).

Zeitlicher Anwendungsbereich: § 82 Abs. 1 Satz 6 und 7 EStG i. d. F. des AltvVerbG anzuwenden **ab dem VZ 2014**, die Änderungen **im Übrigen ab dem VZ 2013**.

6. § 86 EStG

Mindesteigenbeitrag

(1) ¹Die Zulage nach den §§ 84 und 85 wird gekürzt, wenn der Zulageberechtigte nicht den Mindesteigenbeitrag leistet. ²Dieser beträgt jährlich 4 Prozent der Summe der in dem dem Kalenderjahr vorangegangenen Kalenderjahr

1. erzielten beitragspflichtigen Einnahmen im Sinne des Sechsten Buches Sozialgesetzbuch,

2. . . .,

jedoch nicht mehr als **der in § 10a Absatz 1 Satz 1 genannte Höchstbetrag** *[bisher: die in § 10a Abs. 1 Satz 1 genannten Beträge]*, vermindert um die Zulage nach den §§ 84 und 85; gehört der Ehegatte zum Personenkreis nach § 79 Satz 2, berechnet sich der Mindesteigenbeitrag des nach § 79 Satz 1 Begünstigten unter Berücksichtigung der den Ehegatten insgesamt zustehenden Zulagen. . . .

(2) ¹Ein nach § 79 Satz 2 begünstigter Ehegatte hat Anspruch auf eine ungekürzte Zulage, wenn der zum begünstigten Personenkreis nach § 79 Satz 1 gehörende Ehegatte seinen geförderten Mindesteigenbeitrag unter Berücksichtigung der den Ehegatten insgesamt zustehenden Zulagen erbracht hat. ²Werden bei einer in der gesetzlichen Rentenversicherung pflichtversicherten Person beitragspflichtige Einnahmen zu Grunde gelegt, die höher sind als das tatsächlich erzielte Entgelt oder die Entgeltersatzleistung, ist das tatsächlich erzielte Entgelt oder der Zahlbetrag der Entgeltersatzleistung für die Berechnung des Mindesteigenbeitrags zu berücksichtigen. ³Satz 2 gilt auch in den Fällen, in denen im vorangegangenen Jahr keine der in Abs. 1 Satz 2 genannten Beträge bezogen wurden. ⁴**Für die nicht erwerbsmäßig ausgeübte Pflegetätigkeit einer nach § 3 Satz 1 Nr. 1a des Sechsten Buches Sozialgesetzbuch rentenversicherungspflichtigen Person ist für die Berechnung des Mindesteigenbeitrags ein tatsächlich erzieltes Entgelt von 0 Euro zu berücksichtigen.**

Anwendungsvorschriften:

▶ Art. 5 AltvVerbG lautet:

Dieses Gesetz tritt am 1. 7. 2013 in Kraft.

Erläuterungen

(Walter Bode, Dipl.-Kfm., Richter am BFH)

§ 86 Abs. 1 Satz 2 EStG: Auch hier handelt es sich um eine „redaktionelle Bereinigung", nachdem seit dem Bürgerentlastungsgesetz Krankenversicherung nur noch ein Betrag in § 10a EStG genannt wird (BT-Drucks. 17/10818, 18).

§ 86 Abs. 2 Satz 4 EStG: Der neu angefügte Satz 4 soll klarstellen, dass für nicht erwerbsmäßig tätige **Pflegepersonen** statt der bei der Rentenversicherung fiktiv angesetzten beitragspflichtigen Einnahmen ein tatsächliches Entgelt von 0 Euro für die Mindesteigenbeitragsberechnung zu berücksichtigen ist. Damit muss die Pflegeperson regelmäßig, sofern sie nicht noch andere für die Mindesteigenbeitragsberechnung relevante Einnahmen hat, nur den **Sockelbetrag** von 60 Euro pro Jahr als Mindesteigenbeitrag leisten (BT-Drucks. 17/10818, 18).

Zeitlicher Anwendungsbereich: Anzuwenden **ab dem VZ 2013.**

7. § 90 EStG

Verfahren

...

(4) ¹Eine Festsetzung der Zulage erfolgt nur auf besonderen Antrag des Zulageberechtigten. ²Der Antrag ist schriftlich innerhalb eines Jahres vom Antragsteller an den Anbieter zu richten; die Frist beginnt mit der Erteilung der Bescheinigung nach § 92, die die Ermittlungsergebnisse für das Beitragsjahr enthält, für das eine Festsetzung der Zulage erfolgen soll. *[bisher: ²Der Antrag ist schriftlich innerhalb eines Jahres nach Erteilung der Bescheinigung nach § 92 durch den Anbieter vom Antragsteller an den Anbieter zu richten.]* ³Der Anbieter leitet den Antrag der zentralen Stelle zur Festsetzung zu. 4Er hat dem Antrag eine Stellungnahme und die zur Festsetzung erforderlichen Unterlagen beizufügen.

...

Anwendungsvorschriften:

▶ Art. 5 AltvVerbG lautet:

Dieses Gesetz tritt am 1. 7. 2013 in Kraft.

Erläuterungen

(Walter Bode, Dipl.-Kfm., Richter am BFH)

Die Neufassung des **§ 90 Abs. 4 Satz 2 EStG** soll klarstellen, welche Bescheinigung für den Beginn der Jahresfrist für einen Antrag des Zulageberechtigten auf Festsetzung der Zulage maßgebend ist (BT-Drucks. 17/10818, 18).

Zeitlicher Anwendungsbereich: Anzuwenden **ab dem VZ 2013.**

8. § 92 EStG

Bescheinigung

[1]Der Anbieter hat dem Zulageberechtigten jährlich eine Bescheinigung nach amtlich vorgeschriebenem **Muster** [bisher: Vordruck] zu erteilen über

1. die Höhe der im abgelaufenen Beitragsjahr geleisteten Altersvorsorgebeiträge (Beiträge und Tilgungsleistungen),

…

6. **den Stand des Wohnförderkontos (§ 92a Abs. 2 Satz 1), sofern er diesen von der zentralen Stelle mitgeteilt bekommen hat, und** [bisher: den Stand des Wohnförderkontos (§ 92a Absatz 2 Satz 1) und]

7. die Bestätigung der durch den Anbieter erfolgten Datenübermittlung an die zentrale Stelle im Fall des § 10a Abs. 5 Satz 1.

[2]Einer jährlichen Bescheinigung bedarf es nicht, wenn zu Satz 1 Nr. 1, 2, 6 und 7 keine Angaben erforderlich sind und sich zu Satz 1 Nr. 3 bis 5 keine Änderungen gegenüber der zuletzt erteilten Bescheinigung ergeben. [3]Liegen die Voraussetzungen des Satzes 2 nur hinsichtlich der Angabe nach Satz 1 Nr. 6 nicht vor und wurde die Geschäftsbeziehung im Hinblick auf den jeweiligen Altersvorsorgevertrag zwischen Zulageberechtigtem und Anbieter beendet, weil

1. das angesparte Kapital vollständig aus dem Altersvorsorgevertrag entnommen wurde oder

2. das gewährte Darlehen vollständig getilgt wurde,

bedarf es keiner jährlichen Bescheinigung, wenn der Anbieter dem Zulageberechtigten in einer Bescheinigung im Sinne dieser Vorschrift Folgendes mitteilt: „Das Wohnförderkonto erhöht sich bis zum Beginn der Auszahlungsphase jährlich um 1 Prozent, solange Sie keine Zahlungen zur Minderung des Wohnförderkontos leisten." [4]Der Anbieter kann dem Zulageberechtigten mit dessen Einverständnis die Bescheinigung auch elektronisch bereitstellen. [bisher: [2]In den Fällen des § 92a Abs. 2 Satz 10 erster Halbsatz bedarf es keiner jährlichen Bescheinigung, wenn zu Satz 1 Nr. 1 und 2 keine Angaben erforderlich sind, sich zu Satz 1 Nr. 3 bis 5 keine Änderungen gegenüber der zuletzt erteilten Bescheinigung ergeben und der Anbieter dem Zulageberechtigten eine Bescheinigung ausgestellt hat, in der der jährliche Stand des Wohnförderkontos bis zum Beginn der vereinbarten Auszahlungsphase ausgewiesen wurde. [3]Der Anbieter kann dem Zulageberechtigten mit dessen Einverständnis die Bescheinigung auch elektronisch bereitstellen.]

Anwendungsvorschriften:

► Art. 5 AltvVerbG lautet:

Dieses Gesetz tritt am 1. 7. 2013 in Kraft.

► § 52 Abs. 23h EStG i. d. F. von Art. 1 Nr.- 4 Buchst. a AltvVerbG lautet:

(23h) § 10 Abs. 1 Nr. 2, § 22 Nr. 5, Abs. 24 Satz 1, § 82 Abs. 1 Satz 6 und 7, § 92 Satz 2 bis 4, die §§ 92a, 92b Abs. 1 und 3 sowie § 94 Abs. 1 Satz 4 i. d. F. des Art. 1 des Gesetzes vom 24. 6. 2013 (BGBl I 2013, 1667) sind erstmals ab dem Veranlagungszeitraum 2014 anzuwenden.

Erläuterungen

(Walter Bode, Dipl.-Kfm., Richter am BFH)

§ 92 Satz 1 EStG: Mit der Ersetzung von „Vordruck" durch „Muster" sollte eine sprachliche Anpassung an die Verwaltungspraxis erfolgen (BT-Drucks. 17/10818, 18). Auf Empfehlung des Finanzausschusses des Deutschen Bundestags wurde außerdem **Nr. 6** der Vorschrift neu gefasst (BT-Drucks. 17/12219, 10). Dabei wurde berücksichtigt, dass es infolge von Änderungen des § 92a EStG durch das AltvVerbG zu einer alleinigen und dauerhaften Führung des Wohnförderkontos durch die zentrale Stelle kommt (vgl. z. B. § 92a Abs. 2 Satz 1 und Satz 9 EStG n. F.), während die gesamten Bescheinigungspflichten zum Wohnförderkonto dauerhaft beim Anbieter liegen (vgl. auch BT-Drucks. 17/12219, 39 f.).

§ 92 Satz 2 bis 4 EStG: Die bisherigen Sätze 2 und 3 wurden auf Empfehlung des Finanzausschusses des Deutschen Bundestags durch die Sätze 2 bis 4 ersetzt (BT-Drucks. 17/12219, 10), wobei der ursprüngliche Satz 3 jetzt Satz 4 ist. Damit soll den Änderungen des § 92a EStG durch das AltvVerbG Rechnung getragen werden, auf die die Gesetzesbegründung verweist (BT-Drucks. 17/12219, 39). Nachdem jedoch in § 92a Abs. 2 Satz 3 EStG entsprechend der Beschlussempfehlung des Vermittlungsausschusses (BT-Drucks. 17/13721, 2) die ursprünglich vorgesehene neue Angabe von „1 Prozent" entsprechend der bisherigen Rechtslage (vgl. § 92a Abs. 2 Satz 3 EStG a. F.) durch die Angabe „2 Prozent" ersetzt worden ist (vgl. zur Begründung BT-Drucks. 17/12628), ist eine redaktionelle Anpassung von § 92 Satz 3 EStG versäumt worden.

Zeitlicher Anwendungsbereich: § 92 Satz 2 bis 4 EStG i. d. F. des AltvVerbG anzuwenden **ab dem VZ 2014**, die Änderungen **im Übrigen ab dem VZ 2013**.

9. § 92a EStG

Verwendung für eine selbst genutzte Wohnung

(1) [1]Der Zulageberechtigte kann das in einem Altersvorsorgevertrag gebildete und nach § 10a oder nach diesem Abschnitt geförderte Kapital in vollem Umfang oder, wenn das verbleibende geförderte Restkapital mindestens 3 000 Euro beträgt, teilweise wie folgt verwenden (Altersvorsorge-Eigenheimbetrag):

1. bis zum Beginn der Auszahlungsphase unmittelbar für die Anschaffung oder Herstellung einer Wohnung oder zur Tilgung eines zu diesem Zweck aufgenommenen Darlehens, wenn das dafür entnommene Kapital mindestens 3 000 Euro beträgt, oder

2. bis zum Beginn der Auszahlungsphase unmittelbar für den Erwerb von Pflicht-Geschäftsanteilen an einer eingetragenen Genossenschaft für die Selbstnutzung einer Genossenschaftswohnung oder zur Tilgung eines zu diesem Zweck aufgenommenen Darlehens, wenn das dafür entnommene Kapital mindestens 3 000 Euro beträgt, oder

3. bis zum Beginn der Auszahlungsphase für die Finanzierung eines Umbaus einer Wohnung, wenn

   a) das dafür entnommene Kapital

      aa) mindestens 6 000 Euro beträgt und für einen innerhalb eines Zeitraums von drei Jahren nach der Anschaffung oder Herstellung der Wohnung vorgenommenen Umbau verwendet wird oder

      bb) mindestens 20 000 Euro beträgt,

b) das dafür entnommene Kapital zu mindestens 50 Prozent auf Maßnahmen entfällt, die die Vorgaben der DIN 18040 Teil 2, Ausgabe September 2011, soweit baustrukturell möglich, erfüllen, und der verbleibende Teil der Kosten der Reduzierung von Barrieren in oder an der Wohnung dient; die zweckgerechte Verwendung ist durch einen Sachverständigen zu bestätigen; und

c) der Zulageberechtigte oder ein Mitnutzer der Wohnung für die Umbaukosten weder eine Förderung durch Zuschüsse noch eine Steuerermäßigung nach § 35a in Anspruch nimmt oder nehmen wird noch die Berücksichtigung als außergewöhnliche Belastung nach § 33 beantragt hat oder beantragen wird und dies schriftlich bestätigt. [2]Diese Bestätigung ist bei der Antragstellung nach § 92b Abs. 1 Satz 1 gegenüber der zentralen Stelle abzugeben. [3]Bei der Inanspruchnahme eines Darlehens im Rahmen eines Altersvorsorgevertrags nach § 1 Abs. 1a des Altersvorsorgeverträge-Zertifizierungsgesetzes hat der Zulageberechtigte die Bestätigung gegenüber seinem Anbieter abzugeben.

[2]Die DIN 18040 ist im Beuth-Verlag GmbH, Berlin und Köln, erschienen und beim Deutschen Patent- und Markenamt in München archivmäßig gesichert niedergelegt. [3]Die technischen Mindestanforderungen für die Reduzierung von Barrieren in oder an der Wohnung nach Satz 1 Nr. 3 Buchst. b werden durch das Bundesministerium für Verkehr, Bau und Stadtentwicklung im Einvernehmen mit dem Bundesministerium der Finanzen festgelegt und im Bundesbaublatt veröffentlicht. [4]Sachverständige im Sinne dieser Vorschrift sind nach Landesrecht Bauvorlageberechtigte sowie nach § 91 Abs. 1 Nr. 8 der Handwerksordnung öffentlich bestellte und vereidigte Sachverständige, die für ein Sachgebiet bestellt sind, das die Barrierefreiheit und Barrierereduzierung in Wohngebäuden umfasst, und die eine besondere Sachkunde oder ergänzende Fortbildung auf diesem Gebiet nachweisen. [5]Eine nach Satz 1 begünstigte Wohnung ist

1. eine Wohnung in einem eigenen Haus oder

2. eine eigene Eigentumswohnung oder

3. eine Genossenschaftswohnung einer eingetragenen Genossenschaft,

wenn diese Wohnung in einem Mitgliedstaat der Europäischen Union oder in einem Staat, auf den das Abkommen über den Europäischen Wirtschaftsraum (EWR-Abkommen) anwendbar ist, belegen ist und die Hauptwohnung oder den Mittelpunkt der Lebensinteressen des Zulageberechtigten darstellt. [6]Einer Wohnung im Sinne des Satzes 5 steht ein eigentumsähnliches oder lebenslanges Dauerwohnrecht nach § 33 des Wohnungseigentumsgesetzes gleich, soweit Vereinbarungen nach § 39 des Wohnungseigentumsgesetzes getroffen werden. [7]Bei der Ermittlung des Restkapitals nach Satz 1 ist auf den Stand des geförderten Altersvorsorgevermögens zum Ablauf des Tages abzustellen, an dem die zentrale Stelle den Bescheid nach § 92b ausgestellt hat. [8]Der Altersvorsorge-Eigenheimbetrag gilt nicht als Leistung aus einem Altersvorsorgevertrag, die dem Zulageberechtigten im Zeitpunkt der Auszahlung zufließt.

(2) [1]Der Altersvorsorge-Eigenheimbetrag, die Tilgungsleistungen im Sinne des § 82 Abs. 1 Satz 1 Nr. 2 und die hierfür gewährten Zulagen sind durch die zentrale Stelle in Bezug auf den zugrunde liegenden Altersvorsorgevertrag gesondert zu erfassen (Wohnförderkonto); die zentrale Stelle teilt für jeden Altersvorsorgevertrag, für den sie ein Wohnförderkonto (Altersvorsorgevertrag mit Wohnförderkonto) führt, dem Anbieter jährlich den Stand des Wohnförderkontos nach amtlich vorgeschriebenem Datensatz durch Datenfernübertragung mit. [2]Beiträge, die nach § 82 Abs. 1 Satz 3 wie Tilgungsleistungen behandelt wurden, sind im Zeitpunkt der unmittelbaren

Darlehenstilgung einschließlich der zur Tilgung eingesetzten Zulagen und Erträge in das Wohn-förderkonto aufzunehmen; zur Tilgung eingesetzte ungeförderte Beiträge einschließlich der darauf entfallenden Erträge fließen dem Zulageberechtigten in diesem Zeitpunkt zu. [3]Nach Ablauf eines Beitragsjahres, letztmals für das Beitragsjahr des Beginns der Auszahlungsphase, ist der sich aus dem Wohnförderkonto ergebende Gesamtbetrag um 2 Prozent zu erhöhen. [4]Das Wohnförderkonto ist zu vermindern um

1. Zahlungen des Zulageberechtigten auf einen auf seinen Namen lautenden zertifizierten Altersvorsorgevertrag nach § 1 Abs. 1 des Altersvorsorgeverträge-Zertifizierungsgesetzes bis zum Beginn der Auszahlungsphase zur Minderung der in das Wohnförderkonto eingestellten Beträge; der Anbieter, bei dem die Einzahlung erfolgt, hat die Einzahlung der zentralen Stelle nach amtlich vorgeschriebenem Datensatz durch Datenfernübertragung mitzuteilen; erfolgt die Einzahlung nicht auf den Altersvorsorgevertrag mit Wohnförderkonto, hat der Zulageberechtigte dem Anbieter, bei dem die Einzahlung erfolgt, die Vertragsdaten des Altersvorsorgevertrags mit Wohnförderkonto mitzuteilen; diese hat der Anbieter der zentralen Stelle zusätzlich mitzuteilen;

2. den Verminderungsbetrag nach Satz 5.

[5]Verminderungsbetrag ist der sich mit Ablauf des Kalenderjahres des Beginns der Auszahlungsphase ergebende Stand des Wohnförderkontos dividiert durch die Anzahl der Jahre bis zur Vollendung des 85. Lebensjahres des Zulageberechtigten; als Beginn der Auszahlungsphase gilt der vom Zulageberechtigten und Anbieter vereinbarte Zeitpunkt, der zwischen der Vollendung des 60. Lebensjahres und des 68. Lebensjahres des Zulageberechtigten liegen muss; ist ein Auszahlungszeitpunkt nicht vereinbart, so gilt die Vollendung des 67. Lebensjahres als Beginn der Auszahlungsphase. [6]Anstelle einer Verminderung nach Satz 5 kann der Zulageberechtigte jederzeit in der Auszahlungsphase von der zentralen Stelle die Auflösung des Wohnförderkontos verlangen (Auflösungsbetrag). [7]Der Anbieter hat im Zeitpunkt der unmittelbaren Darlehenstilgung die Beträge nach Satz 2 erster Halbsatz und der Anbieter eines Altersvorsorgevertrags mit Wohnförderkonto hat zu Beginn der Auszahlungsphase den Zeitpunkt des Beginns der Auszahlungsphase der zentralen Stelle nach amtlich vorgeschriebenem Datensatz durch Datenfernübertragung mitzuteilen. [8]Wird gefördertes Altersvorsorgevermögen nach § 93 Abs. 2 Satz 1 von einem Anbieter auf einen anderen auf den Namen des Zulageberechtigten lautenden Altersvorsorgevertrag vollständig übertragen und hat die zentrale Stelle für den bisherigen Altersvorsorgevertrag ein Wohnförderkonto geführt, so schließt sie das Wohnförderkonto des bisherigen Vertrags und führt es zu dem neuen Altersvorsorgevertrag fort. [9]Erfolgt eine Zahlung nach Satz 4 Nr. 1 oder nach Abs. 3 Satz 9 Nr. 2 auf einen anderen Altersvorsorgevertrag als auf den Altersvorsorgevertrag mit Wohnförderkonto, schließt die zentrale Stelle das Wohnförderkonto des bisherigen Vertrags und führt es ab dem Zeitpunkt der Einzahlung für den Altersvorsorgevertrag fort, auf den die Einzahlung erfolgt ist. [10]Die zentrale Stelle teilt die Schließung des Wohnförderkontos dem Anbieter des bisherigen Altersvorsorgevertrags mit Wohnförderkonto mit.

(2a) [1]Geht im Rahmen der Regelung von Scheidungsfolgen der Eigentumsanteil des Zulageberechtigten an der Wohnung im Sinne des Absatzes 1 Satz 5 ganz oder teilweise auf den anderen Ehegatten über, geht das Wohnförderkonto in Höhe des Anteils, der dem Verhältnis des übergegangenen Eigentumsanteils zum verbleibenden Eigentumsanteil entspricht, mit allen Rechten und Pflichten auf den anderen Ehegatten über; dabei ist auf das Lebensalter des anderen Ehegatten abzustellen. [2]Hat der andere Ehegatte das Lebensalter für den vertraglich vereinbarten Beginn der Auszahlungsphase oder, soweit kein Beginn der Auszahlungsphase vereinbart wurde, das 67. Lebensjahr im Zeitpunkt des Übergangs des Wohnförderkontos bereits überschritten, so gilt als Beginn der Auszahlungsphase der Zeitpunkt des Übergangs des Wohnförderkontos. [3]Der Zulageberechtigte hat den Übergang des Eigentumsanteils der zentralen Stelle nachzuweisen. [4]Dazu hat er die für die Anlage eines Wohnförderkontos erforderlichen Daten des anderen Ehegatten mitzuteilen. [5]Die Sätze 1 bis 4 gelten entsprechend für Ehegatten, die im Zeitpunkt des Todes des Zulageberechtigten

1. nicht dauernd getrennt gelebt haben (§ 26 Abs. 1) und

2. ihren Wohnsitz oder gewöhnlichen Aufenthalt in einem Mitgliedstaat der Europäischen Union oder einem Staat hatten, auf den das Abkommen über den Europäischen Wirtschaftsraum anwendbar ist.

(3) [1]Nutzt der Zulageberechtigte die Wohnung im Sinne des Absatzes 1 Satz 5, für die ein Altersvorsorge-Eigenheimbetrag verwendet oder für die eine Tilgungsförderung im Sinne des § 82 Abs. 1 in Anspruch genommen worden ist, nicht nur vorübergehend nicht mehr zu eigenen Wohnzwecken, hat er dies dem Anbieter, in der Auszahlungsphase der zentralen Stelle, unter Angabe des Zeitpunkts der Aufgabe der Selbstnutzung mitzuteilen. [2]Eine Aufgabe der Selbstnutzung liegt auch vor, soweit der Zulageberechtigte das Eigentum an der Wohnung aufgibt. [3]Die Mitteilungspflicht gilt entsprechend für den Rechtsnachfolger der begünstigten Wohnung, wenn der Zulageberechtigte stirbt. [4]Die Anzeigepflicht entfällt, wenn das Wohnförderkonto vollständig zurückgeführt worden ist, es sei denn, es liegt ein Fall des § 22 Nr. 5 Satz 6 vor. [5]Im Fall des Satzes 1 gelten die im Wohnförderkonto erfassten Beträge als Leistungen aus einem Altersvorsorgevertrag, die dem Zulageberechtigten nach letztmaliger Erhöhung des Wohnförderkontos nach Absatz 2 Satz 3 zum Ende des Veranlagungszeitraums, in dem die Selbstnutzung aufgegeben wurde, zufließen; das Wohnförderkonto ist aufzulösen (Auflösungsbetrag). [6]Verstirbt der Zulageberechtigte, ist der Auflösungsbetrag ihm noch zuzurechnen. [7]Der Anbieter hat der zentralen Stelle den Zeitpunkt der Aufgabe nach amtlich vorgeschriebenem Datensatz durch Datenfernübertragung mitzuteilen. [8]Wurde im Fall des Satzes 1 eine Tilgungsförderung nach § 82 Abs. 1 Satz 3 in Anspruch genommen und erfolgte keine Einstellung in das Wohnförderkonto nach Abs. 2 Satz 2, sind die Beiträge, die nach § 82 Abs. 1 Satz 3 wie Tilgungsleistungen behandelt wurden, sowie die darauf entfallenden Zulagen und Erträge in ein Wohnförderkonto aufzunehmen und anschließend die weiteren Regelungen dieses Absatzes anzuwenden; Abs. 2 Satz 2 zweiter Halbsatz und Satz 7 gilt entsprechend. [9]Die Sätze 5 bis 7 sind nicht anzuwenden, wenn

1. der Zulageberechtigte einen Betrag in Höhe des noch nicht zurückgeführten Betrags im Wohnförderkonto innerhalb von zwei Jahren vor dem Veranlagungszeitraum und von fünf Jahren nach Ablauf des Veranlagungszeitraums, in dem er die Wohnung letztmals zu eigenen Wohnzwecken genutzt hat, für eine weitere Wohnung im Sinne des Absatzes 1 Satz 5 verwendet,

2. der Zulageberechtigte einen Betrag in Höhe des noch nicht zurückgeführten Betrags im Wohnförderkonto innerhalb eines Jahres nach Ablauf des Veranlagungszeitraums, in dem er die Wohnung letztmals zu eigenen Wohnzwecken genutzt hat, auf einen auf seinen Namen

lautenden zertifizierten Altersvorsorgevertrag zahlt; Abs. 2 Satz 4 Nr. 1 ist entsprechend anzuwenden,

3. die Ehewohnung auf Grund einer richterlichen Entscheidung nach § 1361b des Bürgerlichen Gesetzbuchs oder nach der Verordnung über die Behandlung der Ehewohnung und des Hausrats dem anderen Ehegatten zugewiesen wird oder

4. der Zulageberechtigte krankheits- oder pflegebedingt die Wohnung nicht mehr bewohnt, sofern er Eigentümer dieser Wohnung bleibt, sie ihm weiterhin zur Selbstnutzung zur Verfügung steht und sie nicht von Dritten, mit Ausnahme seines Ehegatten, genutzt wird.

[10]Der Zulageberechtigte hat dem Anbieter, in der Auszahlungsphase der zentralen Stelle, die Reinvestitionsabsicht und den Zeitpunkt der Reinvestition im Rahmen der Mitteilung nach Satz 1 oder die Aufgabe der Reinvestitionsabsicht mitzuteilen; in den Fällen des Absatzes 2a und des Satzes 9 Nr. 3 gelten die Sätze 1 bis 9 entsprechend für den Ehegatten, wenn er die Wohnung nicht nur vorübergehend nicht mehr zu eigenen Wohnzwecken nutzt. [11]Satz 5 ist mit der Maßgabe anzuwenden, dass der Eingang der Mitteilung der aufgegebenen Reinvestitionsabsicht, spätestens jedoch der 1. 1.

1. des sechsten Jahres nach dem Jahr der Aufgabe der Selbstnutzung bei einer Reinvestitionsabsicht nach Satz 9 Nr. 1 oder

2. des zweiten Jahres nach dem Jahr der Aufgabe der Selbstnutzung bei einer Reinvestitionsabsicht nach Satz 9 Nr. 2

als Zeitpunkt der Aufgabe gilt.

[bisher: (1) [1]Der Zulageberechtigte kann das in einem Altersvorsorgevertrag gebildete und nach § 10a oder diesem Abschnitt geförderte Kapital bis zu 75 Prozent oder zu 100 Prozent wie folgt verwenden (Altersvorsorge-Eigenheimbetrag):

1. bis zum Beginn der Auszahlungsphase unmittelbar für die Anschaffung oder Herstellung einer Wohnung oder

2. zu Beginn der Auszahlungsphase zur Entschuldung einer Wohnung oder

3 bis zum Beginn der Auszahlungsphase unmittelbar für den Erwerb von Geschäftsanteilen (Pflichtanteilen) an einer eingetragenen Genossenschaft für die Selbstnutzung einer Genossenschaftswohnung.

[2]Eine nach Satz 1 begünstigte Wohnung ist

1. eine Wohnung in einem eigenen Haus oder

2. eine eigene Eigentumswohnung oder

3. eine Genossenschaftswohnung einer eingetragenen Genossenschaft,

wenn diese Wohnung in einem Mitgliedstaat der Europäischen Union oder in einem Staat, auf den das Abkommen über den Europäischen Wirtschaftsraum (EWR-Abkommen) anwendbar ist, belegen ist und die Hauptwohnung oder den Mittelpunkt der Lebensinteressen des Zulageberechtigten darstellt. [3]Der Altersvorsorge-Eigenheimbetrag nach Satz 1 gilt nicht als Leistung aus einem Altersvorsorgevertrag, die dem Zulageberechtigten im Zeitpunkt der Auszahlung zufließt. [4]Einer Wohnung im Sinne des Satzes 2 steht ein eigentumsähnliches oder lebenslanges Dauerwohnrecht nach

§ 33 des Wohnungseigentumsgesetzes gleich, soweit Vereinbarungen nach § 39 des Wohnungs-eigentumsgesetzes getroffen werden.

(2) ¹Der Altersvorsorge-Eigenheimbetrag, die Tilgungsleistungen im Sinne des § 82 Abs. 1 Satz 1 Nr. 2 und die hierfür gewährten Zulagen sind vom jeweiligen Anbieter gesondert zu erfassen (Wohnförderkonto). ²Beiträge, die nach § 82 Abs. 1 Satz 3 wie Tilgungsleistungen behandelt wurden, sind im Zeitpunkt der unmittelbaren Darlehenstilgung einschließlich der zur Tilgung eingesetzten Zulagen und Erträge in das Wohnförderkonto aufzunehmen; dies gilt nicht, wenn Abs. 3 Satz 8 anzuwenden ist. ³Nach Ablauf eines Beitragsjahres, letztmals für das Beitragsjahr des Beginns der Auszahlungsphase, ist der sich aus dem Wohnförderkonto ergebende Gesamtbetrag um 2 Prozent zu erhöhen. ⁴Das Wohnförderkonto ist zu vermindern um

1. Zahlungen des Zulageberechtigten auf einen auf seinen Namen lautenden zertifizierten Altersvorsorgevertrag nach § 1 Abs. 1 des Altersvorsorgeverträge-Zertifizierungsgesetzes bis zum Beginn der Auszahlungsphase zur Minderung der in das Wohnförderkonto eingestellten Beträge; erfolgt die Einzahlung nicht beim Anbieter, der das Wohnförderkonto führt, hat der Zulageberechtigte dies den Anbietern, in den Fällen des Satzes 10 erster Halbsatz auch der zentralen Stelle mitzuteilen,

2. den Verminderungsbetrag nach Satz 5.

⁵Verminderungsbetrag ist der sich mit Ablauf des Kalenderjahres des Beginns der Auszahlungsphase ergebende Stand des Wohnförderkontos dividiert durch die Anzahl der Jahre bis zur Vollendung des 85. Lebensjahres des Zulageberechtigten; als Beginn der Auszahlungsphase gilt der vom Zulageberechtigten und Anbieter vereinbarte Zeitpunkt, der zwischen der Vollendung des 60. Lebensjahres und des 68. Lebensjahres des Zulageberechtigten liegen muss; ist ein Auszahlungszeitpunkt nicht vereinbart, so gilt die Vollendung des 67. Lebensjahres als Beginn der Auszahlungsphase. ⁶Anstelle einer Verminderung nach Satz 5 kann der Zulageberechtigte zu Beginn der Auszahlungsphase von seinem Anbieter, in den Fällen des Satzes 10 erster Halbsatz von der zentralen Stelle die Auflösung des Wohnförderkontos verlangen (Auflösungsbetrag). ⁷Der Anbieter hat bei Einstellung in das Wohnförderkonto die Beträge nach den Sätzen 2 und 4 Nr. 1 und zu Beginn der Auszahlungsphase den vertraglich vorgesehenen Beginn der Auszahlungsphase sowie ein Verlangen nach Satz 6 der zentralen Stelle nach amtlich vorgeschriebenem Datensatz durch Datenfernübertragung mitzuteilen. ⁸Wird gefördertes Altersvorsorgevermögen nach § 93 Abs. 2 Satz 1 von einem Anbieter auf einen anderen auf den Namen des Zulageberechtigten lautenden Altersvorsorgevertrag übertragen und wird für den Zulageberechtigten zugleich ein Wohnförderkonto geführt, so ist das Wohnförderkonto beim Anbieter des bisherigen Vertrags zu schließen und vom Anbieter des neuen Altersvorsorgevertrags fortzuführen. ⁹Dies gilt entsprechend bei Übertragungen nach § 93 Abs. 1 Satz 4 Buchst. c und § 93 Abs. 1a. ¹⁰Wurde die Geschäftsbeziehung im Hinblick auf den jeweiligen Altersvorsorgevertrag zwischen dem Zulageberechtigten und dem Anbieter beendet, weil das angesparte Kapital vollständig aus dem Altersvorsorgevertrag entnommen oder das gewährte Darlehen vollständig getilgt wurde, wird das Wohnförderkonto bei diesem Anbieter geschlossen und von der zentralen Stelle weitergeführt; erfolgt eine Zahlung nach Satz 4 Nr. 1 oder nach Abs. 3 Satz 9 Nr. 2, wird das Wohnförderkonto vom Zeitpunkt der Einzahlung vom Anbieter, bei dem die Einzahlung erfolgt, weitergeführt. ¹¹Der Zulageberechtigte kann abweichend von Satz 10 bestimmen, dass das Wohnförderkonto nicht von der zentralen Stelle weitergeführt, sondern mit dem Wohnförderkonto eines weiteren Anbieters, der ebenfalls ein Wohnförderkonto für den Zulageberechtigten führt, zusammengeführt wird. ¹²Der Zulageberechtigte hat dies beiden Anbietern

schriftlich mitzuteilen. [13]In den Fällen des Satzes 10 erster Halbsatz teilt der Anbieter dem Zulage-berechtigten die beabsichtigte Übertragung des Wohnförderkontos auf die zentrale Stelle mit. [14]Erhält der Anbieter innerhalb von vier Wochen nach Übersendung der Mitteilung nach Satz 13 keine Mitteilung des Zulageberechtigten nach Satz 12, teilt der Anbieter der zentralen Stelle nach amtlich vorgeschriebenem Datensatz durch amtlich bestimmte Datenfernübertragung den Stand des Wohnförderkontos und den Zeitpunkt der Beendigung der Geschäftsbeziehung mit. [15]In den Fällen des Satzes 11 hat der Anbieter die Mitteilung des Satzes 14 ergänzt um die Angaben zu dem neuen Anbieter der zentralen Stelle zu übermitteln. [16]In den Fällen des Satzes 10 zweiter Halbsatz teilt die zentrale Stelle dem Anbieter nach amtlich vorgeschriebenem Datensatz durch amtlich be-stimmte Datenfernübertragung den Stand des Wohnförderkontos mit.

(2a) [1]Geht im Rahmen der Regelung von Scheidungsfolgen der Eigentumsanteil des Zulageberech-tigten an der Wohnung im Sinne des Absatzes 1 Satz 2 ganz oder teilweise auf den anderen Ehe-gatten über, geht das Wohnförderkonto in Höhe des Anteils, der dem Verhältnis des übergegange-nen Eigentumsanteils zum verbleibenden Eigentumsanteil entspricht, mit allen Rechten und Pflich-ten auf den anderen Ehegatten über; dabei ist auf das Lebensalter des anderen Ehegatten abzu-stellen. [2]Hat der andere Ehegatte das Lebensalter für den vertraglich vereinbarten Beginn der Aus-zahlungsphase oder, soweit kein Beginn der Auszahlungsphase vereinbart wurde, das 67. Lebens-jahr im Zeitpunkt des Übergangs des Wohnförderkontos bereits überschritten, so gilt als Beginn der Auszahlungsphase der Zeitpunkt des Übergangs des Wohnförderkontos. [3]Der Anbieter, der das Wohnförderkonto für den Zulageberechtigten führt, in den Fällen des Absatzes 2 Satz 10 erster Halbsatz die zentrale Stelle, hat auch das übergegangene Wohnförderkonto zu führen. [4]Der Zula-geberechtigte hat den Übergang des Eigentumsanteils dem Anbieter, in den Fällen des Absatzes 2 Satz 10 erster Halbsatz der zentralen Stelle, nachzuweisen. [5]Dazu hat er die für die Anlage eines Wohnförderkontos erforderlichen Daten des anderen Ehegatten mitzuteilen. [6]Der Anbieter hat der zentralen Stelle die Daten des anderen Ehegatten und den Stand des übergegangenen Wohnför-derkontos nach amtlich vorgeschriebenem Datensatz durch amtlich bestimmte Datenfernübertra-gung zu übermitteln, es sei denn, es liegt ein Fall des Absatzes 2 Satz 10 vor.

(3) [1]Nutzt der Zulageberechtigte die Wohnung im Sinne des Absatzes 1 Satz 2, für die ein Altersvor-sorge-Eigenheimbetrag verwendet oder für die eine Tilgungsförderung im Sinne des § 82 Abs. 1 in Anspruch genommen worden ist, nicht nur vorübergehend nicht mehr zu eigenen Wohnzwecken, hat er dies dem Anbieter, in der Auszahlungsphase der zentralen Stelle, unter Angabe des Zeit-punkts der Aufgabe der Selbstnutzung mitzuteilen; eine Aufgabe der Selbstnutzung liegt auch vor, soweit der Zulageberechtigte das Eigentum an der Wohnung aufgibt. [2]In den Fällen des Absatzes 2 Satz 10 erster Halbsatz besteht die Mitteilungspflicht auch in der Zeit bis zum Beginn der Auszah-lungsphase gegenüber der zentralen Stelle. [3]Die Mitteilungspflicht gilt entsprechend für den Rechtsnachfolger der begünstigten Wohnung, wenn der Zulageberechtigte stirbt. [4]Die Anzeige-pflicht entfällt, wenn das Wohnförderkonto vollständig zurückgeführt worden ist, es sei denn, es liegt ein Fall des § 22 Nr. 5 Satz 6 vor. [5]Im Fall des Satzes 1 gelten bei einem bestehenden Wohnför-derkonto die erfassten Beträge als Leistungen aus einem Altersvorsorgevertrag, die dem Zulage-berechtigten im Zeitpunkt der Aufgabe zufließen; das Wohnförderkonto ist aufzulösen (Auf-lösungsbetrag). [6]Verstirbt der Zulageberechtigte, ist der Auflösungsbetrag ihm noch zuzurechnen. [7]Der Anbieter hat den Auflösungsbetrag der zentralen Stelle nach amtlich vorgeschriebenem Da-tensatz durch Datenfernübertragung unter Angabe des Zeitpunkts der Aufgabe mitzuteilen. [8]Wur-de im Fall des Satzes 1 eine Tilgungsförderung nach § 82 Abs. 1 Satz 3 in Anspruch genommen und

erfolgte keine Einstellung in das Wohnförderkonto nach Abs. 2 Satz 2, gelten die Tilgungsleistungen sowie die darauf entfallenden Zulagen und Erträge als gefördertes Altersvorsorgevermögen. [9]Die Sätze 5 und 6 sind nicht anzuwenden, wenn

1. der Zulageberechtigte einen Betrag in Höhe des noch nicht zurückgeführten Betrags im Wohnförderkonto innerhalb eines Jahres vor und von vier Jahren nach Ablauf des Veranlagungszeitraums, in dem er die Wohnung letztmals zu eigenen Wohnzwecken genutzt hat, für eine weitere Wohnung im Sinne des Absatzes 1 Satz 2 verwendet,

2. der Zulageberechtigte einen Betrag in Höhe des noch nicht zurückgeführten Betrags im Wohnförderkonto innerhalb eines Jahres nach Ablauf des Veranlagungszeitraums, in dem er die Wohnung letztmals zu eigenen Wohnzwecken genutzt hat, auf einen auf seinen Namen lautenden zertifizierten Altersvorsorgevertrag zahlt; Abs. 2 Satz 4 Nr. 1 und Satz 7 ist entsprechend anzuwenden,

3. der Ehegatte des verstorbenen Zulageberechtigten innerhalb eines Jahres Eigentümer der Wohnung wird, er sie zu eigenen Wohnzwecken nutzt und die Ehegatten im Zeitpunkt des Todes des Zulageberechtigten nicht dauernd getrennt gelebt haben (§ 26 Abs. 1) und ihren Wohnsitz oder gewöhnlichen Aufenthalt in einem Mitgliedstaat der Europäischen Union oder einem Staat hatten, auf den das Abkommen über den Europäischen Wirtschaftsraum (EWR-Abkommen) anwendbar ist; dem vollständigen Übergang des Eigentumsanteils des verstorbenen Zulageberechtigten an den Ehegatten steht ein anteiliger Übergang gleich, wenn der Stand des Wohnförderkontos zum Todeszeitpunkt die auf den übergehenden Anteil entfallenden originären Anschaffungs- oder Herstellungskosten nicht übersteigt; in diesem Fall führt der Anbieter das Wohnförderkonto für den überlebenden Ehegatten fort und teilt dies der zentralen Stelle mit,

4. die Ehewohnung auf Grund einer richterlichen Entscheidung nach § 1361b des Bürgerlichen Gesetzbuchs oder nach der Verordnung über die Behandlung der Ehewohnung und des Hausrats dem anderen Ehegatten zugewiesen wird, oder

5. der Zulageberechtigte krankheits- oder pflegebedingt die Wohnung nicht mehr bewohnt, sofern er Eigentümer dieser Wohnung bleibt, sie ihm weiterhin zur Selbstnutzung zur Verfügung steht und sie nicht von Dritten, mit Ausnahme seines Ehegatten, genutzt wird.

[10]In den Fällen des Satzes 9 Nr. 1 und 2 hat der Zulageberechtigte dem Anbieter, in den Fällen des Absatzes 2 Satz 10 erster Halbsatz und in der Auszahlungsphase der zentralen Stelle, die Reinvestitionsabsicht und den Zeitpunkt der Reinvestition oder die Aufgabe der Reinvestitionsabsicht mitzuteilen; in den Fällen des Satzes 9 Nr. 3 und 4 gelten die Sätze 1 bis 9 entsprechend für den Ehegatten, wenn er die Wohnung nicht nur vorübergehend nicht mehr zu eigenen Wohnzwecken nutzt. [11]Satz 5 ist mit der Maßgabe anzuwenden, dass der Eingang der Mitteilung der aufgegebenen Reinvestitionsabsicht als Zeitpunkt der Aufgabe gilt.]

(4) [1]Absatz 3 ist auf Antrag des Steuerpflichtigen nicht anzuwenden, wenn er

1. die Wohnung im Sinne des **Absatzes 1 Satz 5** auf Grund eines beruflich bedingten Umzugs für die Dauer der beruflich bedingten Abwesenheit nicht selbst nutzt; wird während dieser Zeit mit einer anderen Person ein Nutzungsrecht für diese Wohnung vereinbart, ist diese Vereinbarung von vornherein entsprechend zu befristen, ...

Anwendungsvorschriften:

►Art. 5 AltvVerbG lautet:

Dieses Gesetz tritt am 1. 7. 2013 in Kraft.

►§ 52 Abs. 23h EStG i. d. F. von Art. 1 Nr. 4 Buchst. a AltvVerbG lautet:

(23h) § 10 Abs. 1 Nr. 2, § 22 Nr. 5, Abs. 24 Satz 1, § 82 Abs. 1 Satz 6 und 7, § 92 Satz 2 bis 4, die §§ 92a, 92b Abs. 1 und 3 sowie § 94 Abs. 1 Satz 4 i. d. F. des Art. 1 des Gesetzes vom 24. 6. 2013 (BGBl I 2013, 1667) sind erstmals ab dem Veranlagungszeitraum 2014 anzuwenden.

Erläuterungen

(Walter Bode, Dipl.-Kfm., Richter am BFH)

Die nachfolgenden Erläuterungen beschränken sich auf wesentliche Änderungen der umfangreichen, durch das AltvVerbG insgesamt neu gefassten Vorschrift.

§ 92a Abs. 1 EStG: Das angesparte geförderte Altersvorsorgevermögen durfte nach alter Rechtslage förderunschädlich in Höhe von bis zu 75 % oder zu 100 % bis zum Beginn der Auszahlungsphase für die unmittelbare Anschaffung oder Herstellung einer selbst genutzten Wohnung oder zu Beginn der Auszahlungsphase zur Entschuldung der selbst genutzten Wohnimmobilie entnommen werden. Ein Betrag zwischen 75 % und 100 % durfte nicht entnommen werden. Um den mit dieser Einschränkungen verbundenen Aufwand bei zentraler Stelle und Anbietern zu vermeiden und um die Eigenheimrente an dieser Stelle deutlich zu vereinfachen (näher BT-Drucks. 17/10818, 18; 17/12219, 39), wurde eine jederzeitige **Entnahmemöglichkeit** für die Anschaffung oder Herstellung einer selbst genutzten Wohnung schon **in der Ansparphase** geschaffen. Auf Empfehlung des Finanzausschusses des Deutschen Bundestags (BT-Drucks. 17/12219, 10) wurde neben einer Entnahme in vollem Umfang auch eine **teilweise Entnahme** des geförderten Kapitals unter der Bedingung zugelassen, dass das verbleibende geförderte Restkapital mindestens 3 000 € beträgt. Mit dieser Einschränkung soll die Fortführungspflicht von Mini-Verträgen mit Kleinst-Renten-Ansprüchen, bei denen die laufenden Verwaltungskosten nicht immer kostendeckend finanziert werden können, vermieden werden (BT-Drucks. 17/12219, 39). Bei der **Ermittlung des Restkapitals** nach § 92a Abs. 1 Satz 1 EStG ist auf den Stand des geförderten Altersvorsorgevermögens zum Ablauf des Tages abzustellen, an dem die zentrale Stelle den Bescheid nach § 92b ausgestellt hat (§ 92a Abs. 1 Satz 7 EStG).

Die Eigenheimrenten-Förderung kann nunmehr bis zum Beginn der Auszahlungsphase auch für die Finanzierung von **Umbaumaßnahmen** zur Reduzierung von Barrieren in oder an der Wohnung in Anspruch genommen werden. Voraussetzung ist, dass das für den Umbau entnommene Kapital mindestens 6 000 € beträgt und für einen innerhalb eines Zeitraums von drei Jahren nach der Anschaffung oder Herstellung der Wohnung vorgenommenen Umbau verwendet wird oder für ein Kalenderjahr mindestens 20 000 € (dieser Betrag folgt der Empfehlung des Finanzausschusses, BT-Drucks. 17/12219, 11 und 39) beträgt und zu mindestens 50 % auf Maßnahmen der DIN 18040 Teil 2 (barrierefreies Bauen) entfällt, soweit dies baustrukturell möglich ist, und der verbleibende Teil der Kosten der Reduzierung von Barrieren an der Wohnung (BT-Drucks. 17/10818, 18 nennt als Beispiel Rampen, Hebebühnen außerhalb der Wohnung) oder in der Wohnung dient.

Zur Entlastung der Finanzverwaltung (BT-Drucks. 17/10818, 19) muss ein **Sachverständiger** bestätigen, dass die geltend gemachten Umbaumaßnahmen die objektiven Voraussetzungen für die Inanspruchnahme des Altersvorsorge-Eigenheimbetrags, insbesondere die zweckgerechte Verwendung, erfüllen. Als Sachverständige gelten insoweit zum einen die nach Landesrecht Bauvorlageberechtigten. Um dem Zulageberechtigten die Bestätigung der zweckgerechten Verwendung für einen barrierereduzierenden Umbau durch einen Sachverständigen zu erleichtern, wurden auf Empfehlung des Finanzausschusses (BT-Drucks. 17/12219, 11 und 39) als Sachverständige zudem nach § 91 Abs. 1 Nr. 8 der Handwerksordnung öffentlich bestellte und vereidigte Sachverständige zugelassen, die hinsichtlich Barrierefreiheit und Barrierereduzierung in Wohngebäuden besonders sachkundig sind.

Zur **Vermeidung einer Doppelförderung** (BT-Drucks. 17/10818, 19) darf das Altersvorsorgevermögen nur für Umbaukosten verwendet werden, für die der Zulageberechtigte keine Förderung durch Zuschüsse oder eine steuerliche Förderung nach den §§ 33 und 35a EStG in Anspruch nimmt. Der Zulageberechtigte muss bei seinem Antrag auf Entnahme des Altersvorsorge-Eigenheimbetrags gegenüber der zentralen Stelle oder bei der Inanspruchnahme eines Darlehens im Rahmen eines Altersvorsorgevertrages gegenüber seinem Anbieter schriftlich bestätigen, dass er für die Umbaukosten keine solche Begünstigungen oder Förderungen in Anspruch nimmt und nehmen wird.

Auf Empfehlung des Finanzausschusses (BT-Drucks. 17/12219, 11 f.) wurden in § 92a Abs. 1 EStG i. d. F des AltvVerbG ergänzend zum Gesetzentwurf Regelungen zur Definition der begünstigten Wohnung und zum Dauerwohnrecht nach § 33 WEG sowie eine Klarstellung zum Altersvorsorge-Eigenheimbetrag aufgenommen (vgl. § 92a Abs. 1 Satz 5, 6 und 8 EStG n. F.); diese Regelungen waren bereits in der vorherigen Fassung des § 92a Abs. 1 EStG enthalten.

§ 92a Abs. 2 bis 3 EStG: Durch die Änderungen in Abs. 2 bis 3 kommt es zu einer alleinigen und dauerhaften **Führung des Wohnförderkontos** durch die zentrale Stelle. Im Gegenzug liegen die gesamten **Bescheinigungspflichten** zum Wohnförderkonto dauerhaft beim Anbieter. Damit sollen wesentliche Erleichterungen in der Kommunikation zwischen den Anbietern und der zentralen Stelle sowie bei der Umsetzung der Kommunikationsprozesse auf Anbieterseite erreicht werden (näher BT-Drucks. 17/12219, 39 f.).

§ 92a Abs. 2 Satz 3: Das im Rahmen der Eigenheimrente geförderte Kapital einschließlich der hierfür gewährten Zulagen wird betragsmäßig im sog. **Wohnförderkonto** erfasst. Das Wohnförderkonto wurde schon bislang jährlich um 2 % erhöht. Nach dem Gesetzentwurf zum AltvVerbG sollte sollte dieser Wert „zur Vereinfachung" auf 1 % gesenkt werden (vgl. BT-Drucks. 17/10818, 19). Dazu ist es jedoch nicht gekommen. Die Angabe „**2 Prozent**" in § 92a Abs. 2 Satz 3 EStG folgt der Beschlussempfehlung des Vermittlungsausschusses (BT-Drucks. 17/13721, 2 – dort ohne Begründung). Der Bundesrat hatte den Vermittlungsausschuss angerufen, weil das AltvVerbG das in Wohneigentum investierte Altersvorsorgekapital im Vergleich zu anderen Vertragsarten übermäßig begünstige (BT-Drucks. 17/12628, 1). Werde das Altersvorsorgekapital für eine selbstgenutzte Wohnimmobilie eingesetzt, habe der Steuerpflichtige einen Vorteil aus der steuerlich geförderten Immobiliennutzung. Dieser Vorteil werde bisher mit 2 % jährlich des eingesetzten geförderten Kapitals verzinst und insgesamt einem Wohnförderkonto zugeführt, das die **nachgelagerte Besteuerung** vergleichbar der Behandlung der anderen regelmäßig verzinslichen Altersvorsorgeprodukte sicherstelle. Worin die in der Gesetzesbegründung als Rechtfertigung für die Absenkung auf 1 % angeführte Vereinfachung liegen solle, sei nicht erkennbar.

Vielmehr handele es sich um eine Subvention für Wohneigentümer, wenn damit der Zinssatz einer alternativen langfristigen Kapitalanlage nicht erreicht werde. Dieser Auffassung wurde mit der Beschlussempfehlung des Vermittlungsausschusses genügt.

§ 92a Abs. 2 Satz 6 EStG: Der Steuerpflichtige (Zulageberechtigte) konnte nach zuvor geltendem Recht nur einmalig – zu Beginn der Auszahlungsphase – entscheiden, ob er die ratierliche Besteuerung des Wohnförderkontos bis zum 85. Lebensjahr oder die Einmalbesteuerung wählt. Bei der **Einmalbesteuerung des Wohnförderkontos** zu Beginn der Auszahlungsphase wurden 70 Prozent des in der Wohnimmobilie gebundenen steuerlich geförderten Kapitals mit dem individuellen Steuersatz besteuert. Die Möglichkeit der Besteuerung des gesamten noch vorhandenen Wohnförderkontos unter Inanspruchnahme des „Rabatts" wird auf die gesamte Auszahlungsphase ausgedehnt, d. h. es kann nun **jederzeit während der Auszahlungsphase** die Einmalbesteuerung des Wohnförderkontos verlangt werden. Damit sollen Veränderungen in der Lebenssituation des Steuerpflichtigen berücksichtigt werden (BT-Drucks. 17/10818, 19).

§ 92a Abs. 2 Satz 8 EStG: Das Wohnförderkonto soll nur dann an den neuen Anbieter übertragen werden, wenn das Altersvorsorgevermögen **vollständig** auf einen neuen Altersvorsorgevertrag **übertragen** wird. Bei einer Teilkapitalübertragung soll das Wohnförderkonto beim alten Altersvorsorgevertrag verbleiben (BT-Drucks. 17/10818, 19).

§ 92a Abs. 2a Satz 5 EStG: Zur Vereinfachung des Rechts gelten für das Wohnförderkonto beim **Tod des Zulageberechtigten** die für Scheidungsfolgen geltenden Regelungen entsprechend. Damit geht in beiden Fällen das Wohnförderkonto in Höhe des Anteils, der dem Verhältnis des übergegangenen Eigentumsanteils zum verbleibenden Anteil entspricht, auf den anderen Ehegatten über. Die Übertragung des Wohnförderkontos auf den verbleibenden Ehegatten ist auch möglich, wenn der übertragene Anteil geringer ist als die originären Anschaffungs- oder Herstellungskosten der geförderten Wohnung (z. B. bei Miterben). Der überschießende, nicht auf den Ehegatten übergegangene Anteil des Wohnförderkontos ist zum Zeitpunkt des Todes zu versteuern, da die Aufgabe der Selbstnutzung der geförderten Wohnung durch den Zulageberechtigten zu diesem Zeitpunkt erfolgt (BT-Drucks. 17/10818, 19 f.).

§ 92a Abs. 3 Satz 5 EStG: Bei der Aufgabe der Selbstnutzung der geförderten Wohnimmobilie ist das **Wohnförderkonto** nicht mehr zum Aufgabezeitpunkt **aufzulösen** und zu besteuern, sondern erst zum Ende des Veranlagungszeitraums, in dem die Selbstnutzung aufgegeben wurde. Dem Anbieter und der zentralen Stelle soll damit regelmäßig mehr Zeit zur Umsetzung verbleiben (BT-Drucks. 17/10818, 20). Auch soll eine mögliche Reinvestitionsabsicht des Zulageberechtigten besser zu berücksichtigen sein. Außerdem wird in der Regelung klargestellt, dass vor der Auflösung des Wohnförderkontos diese letztmals nach § 92a Abs. 2 Satz 3 EStG (auch insoweit gelten die „2 Prozent", anders noch BT-Drucks. 17/10818, 20) zu erhöhen ist.

§ 92a Abs. 3 Satz 9 Nr. 1 EStG: Der Zulageberechtigte kann bei Wechsel der selbst genutzten Wohnimmobilie die sofortige Besteuerung des Wohnförderkontos vermeiden, indem er einen Betrag in Höhe des noch nicht zurückgeführten Betrags im Wohnförderkonto in die neue selbst genutzte Wohnimmobilie investiert. Die bisherige **Reinvestitionsfrist** (ein Zeitraum von einem Jahr vor und von vier Jahren nach Ablauf des Veranlagungszeitraums, in dem die Wohnung letztmals zu eigenen Wohnzwecken genutzt wurde) hat der Gesetzgeber auf einen Zeitraum von zwei Jahren vor dem Veranlagungszeitraum und fünf Jahren nach Ablauf des Veranlagungszeitraums, in dem der Zulageberechtigte die Wohnung letztmals zu eigenen Wohnzwecken genutzt hat, **verlängert**.

Zeitlicher Anwendungsbereich: § 92a EStG i. d. F. des AltvVerbG anzuwenden **ab dem VZ 2014.**

10. § 92b EStG

Verfahren bei Verwendung für eine selbst genutzte Wohnung

(1) ^{1}Der Zulageberechtigte hat die Verwendung des Kapitals nach § 92a Abs. 1 Satz 1 spätestens zehn Monate vor dem Beginn der Auszahlungsphase des Altersvorsorgevertrags im Sinne des § 1 Abs. 1 Nr. 2 des Altersvorsorgeverträge-Zertifizierungsgesetzes bei der zentralen Stelle zu beantragen und dabei die notwendigen Nachweise zu erbringen. ^{2}Er hat zu bestimmen, aus welchen Altersvorsorgeverträgen der Altersvorsorge-Eigenheimbetrag ausgezahlt werden soll. ^{3}Die zentrale Stelle teilt dem Zulageberechtigten durch Bescheid und den Anbietern der in Satz 2 genannten Altersvorsorgeverträge nach amtlich vorgeschriebenem Datensatz durch Datenfernübertragung mit, bis zu welcher Höhe eine wohnungswirtschaftliche Verwendung im Sinne des § 92a Abs. 1 Satz 1 vorliegen kann. *[bisher: (1) ^{1}Der Zulageberechtigte hat die Verwendung des Kapitals nach § 92a Abs. 1 Satz 1 bei der zentralen Stelle zu beantragen und dabei die notwendigen Nachweise zu erbringen. ^{2}Er hat zu bestimmen, aus welchen Altersvorsorgeverträgen welche Beträge ausgezahlt werden sollen. ^{3}Die zentrale Stelle teilt dem Zulageberechtigten durch Bescheid und den Anbietern der in Satz 2 genannten Altersvorsorgeverträge nach amtlich vorgeschriebenem Datensatz durch Datenfernübertragung mit, welche Beträge förderunschädlich ausgezahlt werden können.]*

...

(3) ^{1}Die zentrale Stelle stellt zu Beginn der Auszahlungsphase und in den Fällen des **§ 92a Abs. 2a und 3 Satz 5** den Stand des Wohnförderkontos, soweit für die Besteuerung erforderlich, den Verminderungsbetrag und den Auflösungsbetrag von Amts wegen gesondert fest. ^{2}Die zentrale Stelle teilt die Feststellung dem Zulageberechtigten, in den Fällen des **§ 92a Abs. 2a Satz 1** *[bisher: § 92a Abs. 2a]* auch dem anderen Ehegatten, durch Bescheid und dem Anbieter nach amtlich vorgeschriebenem Datensatz durch Datenfernübertragung mit. ^{3}Der Anbieter hat auf Anforderung der zentralen Stelle die zur Feststellung erforderlichen Unterlagen vorzulegen. ^{4}Auf Antrag des Zulageberechtigten stellt die zentrale Stelle den Stand des Wohnförderkontos gesondert fest. ^{5}§ 90 Abs. 4 Satz 2 bis 5 gilt entsprechend.

Anwendungsvorschriften:

►Art. 5 AltvVerbG lautet:

Dieses Gesetz tritt am 1. 7. 2013 in Kraft.

►§ 52 Abs. 23h EStG i. d. F. von Art. 1 Nr. 4 Buchst. a AltvVerbG lautet:

(23h) § 10 Abs. 1 Nr. 2, § 22 Nr. 5, Abs. 24 Satz 1, § 82 Abs. 1 Satz 6 und 7, § 92 Satz 2 bis 4, die §§ 92a, 92b Abs. 1 und 3 sowie § 94 Abs. 1 Satz 4 i. d. F. des Artikels 1 des Gesetzes vom 24. 6. 2013 (BGBl I 2013, 1667) sind erstmals ab dem Veranlagungszeitraum 2014 anzuwenden.

Erläuterungen

(Walter Bode, Dipl.-Kfm., Richter am BFH)

§ 92b Abs. 1 Satz 1 EStG: Will der Zulageberechtigte das in einem Altersvorsorgevertrag angesparte geförderte Altersvorsorgevermögen für die Anschaffung, Herstellung oder zur Entschuldung einer selbstgenutzten Wohnung verwenden, so muss er dies bei der zentralen Stelle beantragen und dabei die notwendigen Nachweise beibringen. Um den Anbietern eine ausreichende Vorbereitungszeit einzuräumen (näher BT-Drucks. 17/10818, 20), wurde eine **Antragsfrist** eingeführt.

§ 92b Abs. 1 Satz 3 EStG: Zur Verfahrensvereinfachung (vgl. BT-Drucks. 17/12219, 40) hat die zentrale Stelle nicht mehr mitzuteilen, welche Beträge förderunschädlich ausgezahlt werden können, sondern bis zu welcher Höhe eine wohnungswirtschaftliche Verwendung i. S. d. § 92a Abs. 1 Satz 1 EStG vorliegen kann. Gegenüber dem Zulageberechtigten hat die Mitteilung jetzt ausdrücklich durch Bescheid zu ergehen.

Zeitlicher Anwendungsbereich: § 92b Abs. 1 und 3 EStG i. d. F. des AltvVerbG anzuwenden **ab dem VZ 2014.**

11. § 93 Abs. 4 EStG

Schädliche Verwendung

...

(4) [1]Wird bei einem einheitlichen Vertrag nach § 1 Abs. 1a Satz 1 Nr. 2 zweiter Halbsatz des Altersvorsorgeverträge-Zertifizierungsgesetzes das Darlehen nicht wohnungswirtschaftlich im Sinne des § 92a Abs. 1 Satz 1 verwendet, liegt zum Zeitpunkt der Darlehensauszahlung eine schädliche Verwendung des geförderten Altersvorsorgevermögens vor, es sei denn, das geförderte Altersvorsorgevermögen wird innerhalb eines Jahres nach Ablauf des Veranlagungszeitraums, in dem das Darlehen ausgezahlt wurde, auf einen anderen zertifizierten Altersvorsorgevertrag übertragen, der auf den Namen des Zulageberechtigten lautet. *[bisher: (4) [1]Wird bei einem Altersvorsorgevertrag nach § 1 Abs. 1a des Altersvorsorgeverträge-Zertifizierungsgesetzes das Darlehen nicht wohnungswirtschaftlich im Sinne des § 92a Abs. 1 Satz 1 verwendet oder tritt ein Fall des § 92a Abs. 3 Satz 8 ein, kommt es zum Zeitpunkt der Darlehensauszahlung oder in Fällen des § 92a Abs. 3 Satz 8 zum Zeitpunkt der Aufgabe der Wohnung zu einer schädlichen Verwendung des geförderten Altersvorsorgevermögens, es sei denn, das geförderte Altersvorsorgevermögen wird innerhalb eines Jahres nach Ablauf des Veranlagungszeitraums, in dem das Darlehen ausgezahlt wurde oder der Zulageberechtigte die Wohnung letztmals zu eigenen Wohnzwecken nutzte, auf einen anderen zertifizierten Altersvorsorgevertrag übertragen, der auf den Namen des Zulageberechtigten lautet.]* [2]Der Zulageberechtigte hat dem Anbieter die Absicht zur Kapitalübertragung, den Zeitpunkt der Kapitalübertragung **bis zum Zeitpunkt der Darlehensauszahlung** und die Aufgabe der Absicht zur Kapitalübertragung mitzuteilen. [3]Wird die Absicht zur Kapitalübertragung aufgegeben, tritt die schädliche Verwendung zu dem Zeitpunkt ein, zu dem die Mitteilung des Zulageberechtigten hierzu beim Anbieter eingeht, spätestens aber am 1. Januar des zweiten Jahres nach dem Jahr, in dem das Darlehen ausgezahlt wurde *[aufgehoben: oder der Zulageberechtigte die Wohnung letztmals zu eigenen Wohnzwecken nutzte].*

Anwendungsvorschriften:

►Art. 5 AltvVerbG lautet:

Dieses Gesetz tritt am 1. 7. 2013 in Kraft.

Erläuterungen

(Walter Bode, Dipl.-Kfm., Richter am BFH)

Die in **§ 93 Abs. 4 Satz 1 EStG** enthaltene Regelung zur Vermeidung einer Rückforderung der steuerlichen Förderung durch eine Kapitalübertragung auf einen anderen Altersvorsorgevertrag wurde auf die nicht wohnungswirtschaftliche Verwendung des Darlehens bei Altersvorsorgeverträgen, bestehend aus einer Spar- und einer Darlehenskomponente (z. B. Bausparvertrag), begrenzt (BT-Drucks. 17/10818, 21). Der Fall des § 92a Abs. 3 Satz 8 EStG ist nicht mehr aufgeführt. Nach § 92a Abs. 3 Satz 8 EStG i. d. F. des AltvVerbG ist ein Wohnförderkonto zu erstellen; damit gelten insoweit die Reinvestitionsregelungen des § 92a Abs. 3 Satz 9 EStG. **§ 93 Abs. 4 Satz 2 EStG** stellt auch klar, bis zu welchem Zeitpunkt der Zulageberechtigte seine Absicht zur Kapitalübertragung seinem Anbieter mitzuteilen hat.

Zeitlicher Anwendungsbereich: Anzuwenden **ab dem VZ 2013.**

12. § 94 EStG

Verfahren bei schädlicher Verwendung

(1) ¹In den Fällen des § 93 Abs. 1 hat der Anbieter der zentralen Stelle vor der Auszahlung des geförderten Altersvorsorgevermögens die schädliche Verwendung nach amtlich vorgeschriebenem Datensatz durch amtlich bestimmte Datenfernübertragung anzuzeigen. ² ⋯ ⁴Der Anbieter hat die einbehaltenen und abgeführten Beträge der zentralen Stelle nach amtlich vorgeschriebenem Datensatz durch amtlich bestimmte Datenfernübertragung mitzuteilen und diese Beträge *[aufgehoben: sowie die dem Vertrag bis zur schädlichen Verwendung gutgeschriebenen Erträge]* dem Zulageberechtigten zu bescheinigen.

⋯

Anwendungsvorschriften:

►Art. 5 AltvVerbG lautet:

Dieses Gesetz tritt am 1. 7. 2013 in Kraft.

►§ 52 Abs. 23h EStG i. d. F. von Art. 1 Nr. 4 Buchst. a AltvVerbG lautet:

(23h) § 10 Abs. 1 Nr. 2, § 22 Nr. 5, Abs. 24 Satz 1, § 82 Abs. 1 Satz 6 und 7, § 92 Satz 2 bis 4, die §§ 92a, 92b Abs. 1 und 3 sowie § 94 Abs. 1 Satz 4 i. d. F. des Artikels 1 des Gesetzes vom 24. 6. 2013 (BGBl I 2013, 1667) sind erstmals ab dem Veranlagungszeitraum 2014 anzuwenden.

Erläuterungen

(Walter Bode, Dipl.-Kfm., Richter am BFH)

In **§ 94 Abs. 1 Satz 4 EStG** ist das Erfordernis einer Bescheinigung der dem Vertrag bis zur schädlichen Verwendung gutgeschriebenen Erträge entfallen. Der Gesetzgeber geht davon aus, dass der Zulageberechtigte die Information über die Erträge nicht benötigt. Sie führe eher zu Irritationen, weil – je nach der Art der Besteuerung nach § 22 Nr. 5 EStG – die Erträge vollständig, teilweise oder gar nicht besteuert würden. Die für ihn notwendigen – die Erträge betreffenden – Informationen erhalte er bereits mit der Bescheinigung nach § 22 Nr. 5 EStG (BT-Drucks. 17/10818, 21).

Zeitlicher Anwendungsbereich: § 94 Abs. 1 Satz 4 EStG i. d. F. des AltvVerbG anzuwenden **ab dem VZ 2014.**

13. § 95 EStG

Sonderfälle der Rückzahlung

(1) Die §§ 93 und 94 gelten entsprechend, wenn

1. sich der Wohnsitz oder gewöhnliche Aufenthalt des Zulageberechtigten außerhalb der Mitgliedstaaten der Europäischen Union und der Staaten befindet, auf die das Abkommen über den Europäischen Wirtschaftsraum (EWR-Abkommen) anwendbar ist, oder wenn der Zulageberechtigte ungeachtet eines Wohnsitzes oder gewöhnlichen Aufenthaltes in einem dieser Staaten nach einem Abkommen zur Vermeidung der Doppelbesteuerung mit einem dritten Staat als außerhalb des Hoheitsgebiets dieser Staaten ansässig gilt und

2. **entweder keine Zulageberechtigung besteht oder der Vertrag in der Auszahlungsphase ist.** *[bisher: entweder die Zulageberechtigung endet oder die Auszahlungsphase des Altersvorsorgevertrags begonnen hat.]*

(2) ¹Auf Antrag des Zulageberechtigten ist der Rückzahlungsbetrag **im Sinne des § 93 Abs. 1 Satz 1** *[bisher: (§ 93 Abs. 1 Satz 1)]* zunächst bis zum Beginn der Auszahlung *[aufgehoben: (§ 1 Abs. 1 Nr. 2 des Altersvorsorgeverträge-Zertifizierungsgesetzes oder § 92a Abs. 2 Satz 5)]* zu stunden. ²Die Stundung ist zu verlängern, wenn der Rückzahlungsbetrag mit mindestens 15 Prozent der Leistungen aus dem **Vertrag** *[bisher: Altersvorsorgevertrag]* getilgt wird.

...

Anwendungsvorschriften:

►Art. 5 AltvVerbG lautet:

Dieses Gesetz tritt am 1. 7. 2013 in Kraft.

Erläuterungen

(Walter Bode, Dipl.-Kfm., Richter am BFH)

§ 95 Abs. 1 Nr. 2 EStG: Es soll klargestellt werden, dass die Riester-Förderung auch dann zurückgezahlt werden muss, wenn bei Verzug ins außereuropäische Ausland die Zulageberechtigung bereits geendet oder die Auszahlungsphase des Riester-Vertrages bereits begonnen hat (BT-Drucks. 17/10818, 21).

§ 95 Abs. 2 Satz 1 und 2 EStG: Aus Gleichbehandlungsgründen soll die Regelung des § 95 EStG auch auf Verträge der **betrieblichen** Altersversorgung Anwendung finden, die nach § 10a oder Abschnitt XI EStG gefördert wurden (BT-Drucks. 17/10818, 21). Da sich der Beginn der Auszahlungsphase bei privaten Altersvorsorgeverträgen, bei denen Kapital gebildet wurde, nach § 1 Abs. 1 Nr. 2 AltZertG und bei betrieblichen Verträgen nach den jeweiligen betriebsrechtlichen

Regelungen richtet, hielt der Gesetzgeber den Klammerzusatz zur Erläuterung des Beginns der Auszahlungsphase für entbehrlich (BT-Drucks. 17/10818, 21). Die redaktionelle Änderung in § 95 Abs. 2 Satz 2 EStG folgt aus der Erweiterung des Satzes 1 der Vorschrift.

Zeitlicher Anwendungsbereich: Anzuwenden ab dem VZ 2013.

Teil E: Gesetz zur Umsetzung des EuGH-Urteils vom 20. 10. 2011 in der Rechtssache C-284/09

I. Vorbemerkung

(Dr. Alois Th. Nacke, Richter am FG)

Das Gesetz soll die Gleichbehandlung in- und ausländischer Gesellschaften beim Streubesitz sicherstellen. Für Altfälle erfolgt dies durch Entlastung gebietsfremder EU-/EWR-Körperschaften von der Kapitalertragsteuer und für Neufälle erfolgt dies durch eine neue Steuerpflicht der Streubesitzdividenden für inländische Körperschaften. Der Handlungsbedarf ergab sich durch das Urteil des Europäischen Gerichtshofes im Vertragsverletzungsverfahren Nr. 2004/4349 (Kommission gegen Bundesrepublik Deutschland) zur unionsrechtswidrigen Abgeltungswirkung des Steuerabzugs nach § 32 KStG für Dividendenzahlungen an bestimmte gebietsfremde EU-/EWR-Körperschaften.

Daten und Gesetzesmaterialien

6. 11. 2012	Gesetzentwurf der Fraktionen der CDU/CSU und FDP (BT-Drucks. 17/11314)
9. 11. 2012	1. Lesung
28. 11. 2012	Beschlussempfehlung und Bericht des Finanzausschusses (BT-Drucks. 17/11717)
29. 11. 2012	2. u. 3. Lesung
	Anrufung des Vermittlungsausschusses durch die Bundesregierung
28. 2. 2013	Zustimmung des Bundestages zur Beschlussempfehlung des Vermittlungsausschusses
1. 3. 2013	Zustimmung des Bundesrates zur Beschlussempfehlung des Vermittlungsausschusses
28. 3. 2013	Verkündung des Gesetzes v. 21. 3. 2013 (BGBl I 2013, 561)

II. Körperschaftsteuergesetz

1. § 8b Abs. 4 und § 15 Satz 1 Nr. 2 KStG

§ 8b Abs. 4 KStG

Beteiligung an anderen Körperschaften und Personenvereinigungen

...

(4) ¹Bezüge im Sinne des Absatzes 1 sind abweichend von Abs. 1 Satz 1 bei der Ermittlung des Einkommens zu berücksichtigen, wenn die Beteiligung zu Beginn des Kalenderjahres unmittelbar weniger als 10 Prozent des Grund- oder Stammkapitals betragen hat; ist ein Grund- oder Stammkapital nicht vorhanden, ist die Beteiligung an dem Vermögen, bei Genossenschaften die Beteiligung an der Summe der Geschäftsguthaben, maßgebend. ²Für die Bemessung der Höhe der Beteiligung ist § 13 Abs. 2 Satz 2 des Umwandlungssteuergesetzes nicht anzuwenden.

[3]Überlässt eine Körperschaft Anteile an einen anderen und hat der andere diese oder gleichartige Anteile zurückzugeben, werden die Anteile für die Ermittlung der Beteiligungsgrenze der überlassenden Körperschaft zugerechnet. [4]Beteiligungen über eine Mitunternehmerschaft sind dem Mitunternehmer anteilig zuzurechnen; § 15 Abs. 1 Satz 1 Nr. 2 Satz 2 des Einkommensteuergesetzes gilt sinngemäß. [5]Eine dem Mitunternehmer nach Satz 4 zugerechnete Beteiligung gilt für die Anwendung dieses Absatzes als unmittelbare Beteiligung. [6]Für Zwecke dieses Absatzes gilt der Erwerb einer Beteiligung von mindestens 10 Prozent als zu Beginn des Kalenderjahres erfolgt. [7]Absatz 5 ist auf Bezüge im Sinne des Satzes 1 nicht anzuwenden. [8]Beteiligungen von Kreditinstituten im Sinne des § 1 Abs. 1 Satz 1 des Kreditwesengesetzes, die Mitglied einer kreditwirtschaftlichen Verbundgruppe im Sinne des § 1 Abs. 10 Nr. 13 des Zahlungsdiensteaufsichtsgesetzes sind, an anderen Unternehmen und Einrichtungen dieser Verbundgruppe sind zusammenzurechnen.

2. § 15 Satz 1 Nr. 2 KStG

Ermittlung des Einkommens bei Organschaft

[1]Bei der Ermittlung des Einkommens bei Organschaft gilt abweichend von den allgemeinen Vorschriften Folgendes:

...

2. [1]§ 8b Abs. 1 bis 6 dieses Gesetzes sowie § 4 Abs. 6 des Umwandlungssteuergesetzes sind bei der Organgesellschaft nicht anzuwenden. [2]Sind in dem dem Organträger zugerechneten Einkommen Bezüge, Gewinne oder Gewinnminderungen im Sinne des § 8b Abs. 1 bis 3 dieses Gesetzes oder mit solchen Beträgen zusammenhängende Ausgaben im Sinne des § 3c Abs. 2 des Einkommensteuergesetzes oder ein Übernahmeverlust im Sinne des § 4 Abs. 6 des Umwandlungssteuergesetzes enthalten, sind § 8b dieses Gesetzes, § 4 Abs. 6 des Umwandlungssteuergesetzes sowie § 3 Nr. 40 und § 3c Abs. 2 des Einkommensteuergesetzes bei der Ermittlung des Einkommens des Organträgers anzuwenden. [3]Satz 2 gilt nicht, soweit bei der Organgesellschaft § 8b Abs. 7, 8 oder 10 anzuwenden ist. [4]**Für die Anwendung der Beteiligungsgrenze im Sinne des § 8b Abs. 4 in der Fassung des Artikels 1 des Gesetzes vom 21. 3. 2013 (BGBl I 2013, 561) werden Beteiligungen der Organgesellschaft und Beteiligungen des Organträgers getrennt betrachtet.**

...

Anwendungsvorschriften:

▶Art. 5 des Gesetzes zur Umsetzung des EuGH-Urteils vom 20. 10. 2011 in der Rechtssache C-284/09 lautet:

Dieses Gesetz tritt am Tag nach der Verkündung in Kraft.

▶§ 34 Abs. 7a KStG i. d. F. des Gesetzes zur Umsetzung des EuGH-Urteils vom 20. 10. 2011 in der Rechtssache C-284/09 lautet:

(7a) ... § 8b Abs. 4 i. d. F. des Artikels 1 des Gesetzes vom 21. 3. 2013 (BGBl I 2013, 561) ist erstmals für Bezüge im Sinne des § 8b Abs. 1 anzuwenden, die nach dem 28. 2. 2013 zufließen. § 8b

Abs. 10 i. d. F. des Artikels 1 des Gesetzes vom 21. 3. 2013 (BGBl I 2013, 561) ist erstmals auf die Überlassung von Anteilen anzuwenden, die nach dem 28. 2. 2013 erfolgt.

Erläuterungen

(Karsten Kusch, Dipl.-Finanzwirt (FH))

LITERATUR:

Kusch, Körperschaftsteuerpflicht für Dividenden aus Streubesitz, NWB 2013, 1068; *Hechtner/ Schnitger*, Neuerungen zur Besteuerung von Streubesitzdividenden und Reaktion auf das EuGH-Urt. vom 20. 10. 2011, Ubg 2013, 269.

I. Hintergrund der Gesetzesänderung

Das Urteil des EuGH vom 20. 10. 2011 – C-284/09 (DStR 2011, 2038) in einem Vertragsverletzungsverfahren der Kommission gegen die Bundesrepublik Deutschland zwang den Gesetzgeber die steuerliche Behandlung von Dividendenempfängern teilweise neu zu regeln. Der EuGH hatte entschieden, dass es gegen die Kapitalverkehrsfreiheit verstoße, wenn Dividenden, die an Gesellschaften mit Sitz in einem anderen Mitgliedstaat ausgeschüttet werden, einer höheren Besteuerung unterworfen werden als Dividenden, die an Gesellschaften mit Sitz in der Bundesrepublik Deutschland gezahlt werden. Bei nicht unbeschränkt steuerpflichtigen Körperschaften gilt nach § 32 Abs. 1 KStG die Körperschaftsteuer durch die 25 %ige Kapitalertragsteuer als abgegolten. Unbeschränkt steuerpflichtigen Anteilseignern hingegen wird die Kapitalertragsteuer im Rahmen der Veranlagung erstattet und die Dividenden sind nach § 8b Abs. 1 KStG steuerbefreit.

Der Gesetzgeber hatte nun zwei Möglichkeiten die festgestellte Europarechtswidrigkeit zu beseitigen. Zum einen hätte dies durch einen Erstattungsanspruch für Steuerausländer hinsichtlich der gezahlten Kapitalertragsteuer erfolgen können. Zum anderen Stand zur Wahl die Steuerfreiheit für Streubesitzdividenden aufzuheben. In beiden Varianten würden Inländer und Ausländer künftig in etwa gleicher Höhe besteuert. Die erste Variante hätte jedoch jährlich zu erheblichen Steuerausfällen geführt, die zweite Variante führt dagegen zu Steuermehreinnahmen.

So war es letztlich wenig verwunderlich, dass man sich im Vermittlungsausschuss für künftige Fälle auf die profiskalische Variante geeinigt hat. Mit dem „Gesetz zur Umsetzung des EuGH-Urteils vom 20. 10. 2011 in der Rechtssache C-284/09" wurde nun mit dem neuen § 8b Abs. 4 KStG eine volle Körperschaftsteuerpflicht für Streubesitzdividenden eingeführt. Lediglich für Altfälle wurde mit § 32 Abs. 5 KStG ein Erstattungsverfahren eingeführt.

II. Inhalt der Gesetzesänderung

Gewinnausschüttungen von Tochtergesellschaften, an denen eine unmittelbare Beteiligung von unter 10 % besteht (sogenannte Streubesitzdividenden), sind nun in vollem Umfang körperschaftsteuerpflichtig. Die eigentlich bestehende Freistellung nach § 8b Abs. 1 KStG wird suspendiert.

1. Ermittlung der Beteiligungshöhe

Bei der Ermittlung der Beteiligungshöhe sind nur unmittelbare Beteiligungen zu berücksichtigen. Mittelbare Beteiligungen, die dazu führen könnten, dass durch Überschreiten der 10 %-Grenze eine Steuerfreiheit eintreten könnte, sind ausdrücklich nicht zu berücksichtigen (§ 8b Abs. 4 Satz 1 KStG n. F.). Allerdings gelten über eine Mitunternehmerschaft gehaltene Anteile ausdrücklich anteilig als eine unmittelbare Beteiligung des Mitunternehmers (§ 8b Abs. 4 Sätze 4 und 5 KStG n. F.).

Im Fall der Verschmelzung von Kapitalgesellschaften sieht § 13 Abs. 2 Satz 2 UmwStG zwar grundsätzlich vor, dass die dem Anteilseigner der untergehenden Gesellschaft gewährten Anteile an der aufnehmenden Gesellschaft vollumfänglich, also auch hinsichtlich der Beteiligungsquote, an die Stelle der Anteile der untergehenden Gesellschaft treten. Für Zwecke der Quotenermittlung des § 8b Abs. 4 KStG n. F. ist diese „Gesamtrechtsnachfolge" jedoch ausdrücklich ausgeschlossen worden (§ 8b Abs. 4 Satz 2 KStG n. F.).

In Organschaftsfällen finden die Vorschriften des § 8b KStG grundsätzlich erst auf der Ebene des Organträgers Anwendung (sog. Bruttomethode, § 15 Satz 1 Nr. 2 KStG). Für Fälle des § 8b Abs. 4 KStG n. F. werden jedoch die Beteiligungen der Organgesellschaft und Beteiligungen des Organträgers getrennt betrachtet (§ 15 Satz 1 Nr. 2 KStG n. F.). Die Beteiligungshöhe wird danach auch innerhalb einer steuerlichen Organschaft für jede Gesellschaft getrennt betrachtet. Halten Organträger und Organgesellschaften zusammen mindestens 10 %, so ist die einzelne Dividende dennoch steuerpflichtig, wenn die einzelne Beteiligung unterhalb der 10 %-Grenze liegt.

2. Kreditwirtschaftliche Verbundgruppen

Für kreditwirtschaftliche Verbundgruppen (Sparkassen, Genossenschaftsbanken) besteht eine Sonderregelung zur Ermittlung der Beteiligungshöhe (§ 8b Abs. 4 Satz 8 KStG n. F.). In diesem Bereich bestehen strukturbedingt Streubesitzbeteiligungen an anderen Mitgliedern derselben Verbundgruppe. Für die Frage, ob eine Streubesitzbeteiligung vorliegt, sind sämtliche Anteile, die Kreditinstitute innerhalb einer kreditwirtschaftlichen Verbundgruppe halten, zusammenzurechnen.

3. Maßgeblicher Stichtag für Beteiligungshöhe

Maßgeblich für die Beteiligungshöhe sind grundsätzlich die Verhältnisse zu Beginn des Kalenderjahres. Beträgt die Beteiligung am 1. 1. des Jahres weniger als 10 % des Grund- oder Stammkapitals, so sind empfangene Dividenden körperschaftsteuerpflichtig, auch wenn die Beteiligungsquote im Laufe des Jahres auf mindestens 10 % ansteigt. Andersherum bleibt es aber bei der Steuerfreiheit, auch wenn die Beteiligung im Laufe des Jahres unter 10% sinkt.

Auch für abweichende Wirtschaftsjahre sind die Verhältnisse am 1. 1. maßgebend. Bei einem abweichenden Wirtschaftsjahr sind deshalb die Verhältnisse am 1. 1. vor Beginn des Wirtschaftsjahres für den ersten Teil des Wirtschaftsjahres (Beginn des Wirtschaftsjahres bis zum 31. 12.) und die Verhältnisse des im abweichenden Wirtschaftsjahr belegenden 1. 1. für den Rest des Wirtschaftsjahres zu betrachten.

Unterjähriger Hinzuerwerb von Anteilen: Für Zwecke der Streubesitzregelung gilt der Erwerb einer Beteiligung von mindestens 10 % im Laufe des Kalenderjahres als zu Beginn des Kalenderjahres erfolgt (§ 8b Abs. 4 Satz 6 KStG). Durch diese gesetzliche Fiktion besteht insoweit eine Ausnahme von dem strengen Stichtagsprinzip.

4. Besonderheiten im Zusammenhang mit der Wertpapierleihe von Streubesitzanteilen

Die Regelung des § 8b Abs. 10 KStG zur steuerlichen Behandlung der im Rahmen einer Wertpapierleihe gezahlten Entgelte (Kompensationszahlungen) ist auf Anteile, die dem § 8b Abs. 4 KStG unterfallen, ausgeweitet worden (§ 8b Abs. 10 KStG n. F.).

Daneben sind nach § 8b Abs. 4 Satz 3 KStG n. F. die im Rahmen einer Wertpapierleihe entliehenen Anteile weiterhin dem Verleiher zuzurechnen, so dass der Entleiher aus den entliehenen Anteilen grundsätzlich steuerpflichtige Erträge erzielt, weil ihm aus den Anteilen keine Beteiligungsquote zugerechnet wird.

Erträge können aber steuerfrei vereinnahmt werden, wenn der Entleiher bereits selbst Anteile an der Kapitalgesellschaft, deren Anteile überlassen werden, hält und die Beteiligung mehr als 10 % beträgt.

5. Anwendung § 8b Abs. 4 KStG im Zusammenhang mit Genussrechtsvergütungen

Vergütungen für Genussrechte, mit denen das Recht am Gewinn und Liquidationserlös einer Kapitalgesellschaft verbunden ist (eigenkapitalähnliche Genussrechte i. S. d. § 20 Abs. 1 Nr. 1 EStG) unterliegen dem Grunde nach der Steuerbefreiung des § 8b Abs. 1 KStG.

Entsprechend der Auffassung der Bundesregierung (vgl. BT-Drucks. 17/12646, 20 und BT-Drucks. 17/13046, 9) ist § 8b Abs. 4 KStG im Zusammenhang mit Genussrechten wie folgt auszulegen (A. A. *Hechtner/Schnitger*, Ubg 2013, 269):

Nach § 8b Abs. 4 KStG ist weitere Voraussetzung für die Steuerbefreiung nach § 8b Abs. 1 KStG, dass die Beteiligung am Grund- oder Stammkapital zu Beginn des Kalenderjahres nicht weniger als 10 % betragen hat. Ein Genussrechtskapital ist für die Berechnung der Beteiligungsquote nicht einzubeziehen, da das Gesetz ausdrücklich nur auf die Beteiligung am Grund- oder Stammkapital abstellt.

BEISPIEL: ▶ Neben einer Beteiligung von 8 % am Stammkapital besteht eine Beteiligung in Form eines Genussrechts, welches mit einer Gewinnbeteiligung von 20 % ausgestattet ist.

Der Gewinnanteil aus der Beteiligung von 8 % ist nach § 8b Abs. 4 KStG steuerpflichtig, da die Beteiligung am Stammkapital weniger als 10 % beträgt. Auch die Genussrechtsvergütung ist nach § 8b Abs. 4 KStG steuerpflichtig, da auch hierfür die reine Beteiligung am Stammkapital maßgeblich ist.

Nur wenn der Genussrechtsinhaber eine zusätzliche Beteiligung am Grund- oder Stammkapital von mindestens 10 % besitzt, können die Genussrechtsvergütungen nach § 8b Abs. 1 KStG steuerfrei gestellt werden.

6. Betriebsausgaben im Zusammenhang mit einer Streubesitzbeteiligung

Die 5 %igen pauschalierten nicht abzugsfähigen Betriebsausgaben nach § 8b Abs. 5 KStG (sog. „Schachtelstrafe") sind im Fall der neuen Steuerpflicht nicht anzusetzen (§ 8b Abs. 4 Satz 7 KStG n. F.). Da bei steuerpflichtigen Dividenden keine nichtabzugsfähigen Betriebsausgaben zu ermitteln sind, bedarf es hier der Pauschalierungsregelung nicht.

7. Veräußerungsgewinne

Der Gesetzgeber hat – entgegen früherer Überlegungen – keine Steuerpflicht für Gewinne aus der Veräußerung von Streubesitzanteilen eingeführt. Diese sind auch weiterhin nach § 8b Abs. 2 KStG steuerfrei.

Ebenso bleiben Veräußerungsverluste und Teilwertabschreibungen auf Streubesitz nicht abzugsfähig (§ 8b Abs. 3 Satz 2 KStG).

8. Zeitlicher Anwendungsbereich

Diese gesetzliche Neuregelung ist erstmals auf **Gewinnausschüttungen anzuwenden, die nach dem 28.2.2013** zufließen (§ 34 Abs. 7a KStG n. F.).

3. § 32 Abs. 5 KStG

Sondervorschriften für den Steuerabzug

. . .

(5) [1]Ist die Körperschaftsteuer des Gläubigers für Kapitalerträge im Sinne des § 20 Abs. 1 Nr. 1 des Einkommensteuergesetzes nach Abs. 1 abgegolten, wird dem Gläubiger der Kapitalerträge auf Antrag die einbehaltene und abgeführte Kapitalertragsteuer nach Maßgabe des § 36 Abs. 2 Nr. 2 des Einkommensteuergesetzes erstattet, wenn

1. der Gläubiger der Kapitalerträge eine nach § 2 Nr. 1 beschränkt steuerpflichtige Gesellschaft ist, die

   a) zugleich eine Gesellschaft im Sinne des Artikels 54 des Vertrags über die Arbeitsweise der Europäischen Union oder des Artikels 34 des Abkommens über den Europäischen Wirtschaftsraum ist,

   b) ihren Sitz und Ort der Geschäftsleitung innerhalb des Hoheitsgebiets eines Mitgliedstaates der Europäischen Union oder eines Staates, auf den das Abkommen über den Europäischen Wirtschaftsraum Anwendung findet, hat,

   c) im Staat des Orts ihrer Geschäftsleitung ohne Wahlmöglichkeit einer mit § 1 vergleichbaren unbeschränkten Steuerpflicht unterliegt, ohne von dieser befreit zu sein, und

2. der Gläubiger unmittelbar am Grund- oder Stammkapital der Schuldnerin der Kapitalerträge beteiligt ist und die Mindestbeteiligungsvoraussetzung des § 43b Abs. 2 des Einkommensteuergesetzes nicht erfüllt.

[2]Satz 1 gilt nur, soweit

1. keine Erstattung der betreffenden Kapitalertragsteuer nach anderen Vorschriften vorgesehen ist,

2. die Kapitalerträge nach § 8b Abs. 1 bei der Einkommensermittlung außer Ansatz bleiben würden,

3. die Kapitalerträge aufgrund ausländischer Vorschriften keiner Person zugerechnet werden, die keinen Anspruch auf Erstattung nach Maßgabe dieses Absatzes hätte, wenn sie die Kapitalerträge unmittelbar erzielte,

4. ein Anspruch auf völlige oder teilweise Erstattung der Kapitalertragsteuer bei entsprechender Anwendung des § 50d Abs. 3 des Einkommensteuergesetzes nicht ausgeschlossen wäre und

5. die Kapitalertragsteuer nicht beim Gläubiger oder einem unmittelbar oder mittelbar am Gläubiger beteiligten Anteilseigner angerechnet oder als Betriebsausgabe oder als Werbungskosten abgezogen werden kann; die Möglichkeit eines Anrechnungsvortrags steht der Anrechnung gleich.

[3]Der Gläubiger der Kapitalerträge hat die Voraussetzungen für die Erstattung nachzuweisen. [4]Er hat insbesondere durch eine Bescheinigung der Steuerbehörden seines Ansässigkeitsstaates nachzuweisen, dass er in diesem Staat als steuerlich ansässig betrachtet wird, dort unbeschränkt körperschaftsteuerpflichtig und nicht von der Körperschaftsteuer befreit sowie der tatsächliche Empfänger der Kapitalerträge ist. [5]Aus der Bescheinigung der ausländischen Steuerverwaltung muss hervorgehen, dass die deutsche Kapitalertragsteuer nicht angerechnet, nicht abgezogen oder nicht vorgetragen werden kann und inwieweit eine Anrechnung, ein Abzug oder Vortrag auch tatsächlich nicht erfolgt ist. [6]Die Erstattung der Kapitalertragsteuer erfolgt für alle in einem Kalenderjahr bezogenen Kapitalerträge im Sinne des Satzes 1 auf der Grundlage eines Freistellungsbescheids nach § 155 Abs. 1 Satz 3 der Abgabenordnung.

Anwendungsvorschriften:

►Art. 5 des Gesetzes zur Umsetzung des EuGH-Urteils vom 20. 10. 2011 in der Rechtssache C-284/09 lautet:

Dieses Gesetz tritt am Tag nach der Verkündung in Kraft.

►§ 34 Abs. 13b KStG i. d .F. des Gesetzes zur Umsetzung des EuGH-Urteils vom 20. 10. 2011 in der Rechtssache C-284/09 lautet:

(13b) ... § 32 Abs. 5 i. d. F. des Artikels 1 des Gesetzes vom 21. 3. 2013, BGBl I 2013, 561) ist erstmals für die im Kalenderjahr 2013 zugeflossenen Kapitalerträge im Sinne des § 32 Abs. 5 Satz 1 anzuwenden. Für Kapitalerträge, die in einem Kalenderjahr vor 2013 zugeflossen sind, gilt § 32 Abs. 5 unter der Voraussetzung, dass für die Kapitalerträge im Sinne des § 32 Abs. 5 Satz 1 die Vorschriften des Vierten Teils des Körperschaftsteuergesetzes in der am 26. 7. 2001 (BGBl I 2001, 1034) geltenden Fassung keine Anwendung finden. In den Fällen des Satzes 4 gilt § 32 Abs. 5 Satz 6 erstmals für nach dem 29. 11. 2012 erlassene Freistellungsbescheide.

Erläuterungen

(Karsten Kusch, Dipl.-Finanzwirt (FH))

Durch den neuen § 8b Abs. 4 KStG ist die oben dargestellte Europarechtswidrigkeit für künftige Fälle beseitigt worden. Für die nach der alten Rechtslage europarechtswidrig behandelten Fälle ist mit dem neuen § 32 Abs. 5 KStG ein Erstattungsverfahren für Kapitalertragsteuern eingeführt worden.

Durch eine Änderung des Gesetz über die Finanzverwaltung (§ 5 Abs. 1 Nr. 39 FVG) ist für dieses neue Erstattungsverfahren in den Fällen des § 32 Abs. 5 KStG das Bundeszentralamt für Steuern sachlich zuständig geworden. Entsprechende Anträge auf Erstattung der europarechtswidrig erhobenen Kapitalertragsteuern sind deshalb beim Bundeszentralamt für Steuern zu stellen.

Ein Anwendungsfall des § 32 Abs. 5 KStG liegt vor, wenn die persönlichen Erstattungsvoraussetzungen des § 32 Abs. 5 Satz 1 KStG gegeben sind.

Diese liegen dann vor, wenn der Gläubiger der Kapitalerträge im Sinne des § 20 Abs. 1 Nr. 1 EStG eine

▶ nach § 2 Nr. 1 KStG beschränkt steuerpflichtige Gesellschaft ist,

▶ die zugleich eine EU-/EWR-Gesellschaft ist,

▶ ihren Sitz und Ort innerhalb der EU/EWR hat,

▶ im Staat des Orts der Geschäftsleitung der unbeschränkten Steuerpflicht unterliegt, ohne davon befreit zu sein,

▶ unmittelbar am Grund- oder Stammkapital der Schuldnerin der Kapitalerträge beteiligt ist und

▶ die Mindestbeteiligungsvoraussetzungen der Mutter-Tochter-Richtlinie nicht erfüllt sind.

Kein Fall des § 32 Abs. 5 Satz 1 KStG liegt deshalb u. a. dann vor, wenn der Gläubiger der Kapitalerträge eine Personengesellschaft, eine Drittstaatsgesellschaft oder eine Gesellschaft ist, die in ihrem Ansässigkeitsstaat keiner unbeschränkten Steuerpflicht unterliegt oder aber steuerbefreit ist (z. B. Investmentfonds).

Daneben sind auch Gläubiger, die nur mittelbar am Grund- oder Stammkapital der Schuldnerin der Kapitalerträge beteiligt sind oder die die Mindestbeteiligungsvoraussetzungen der Mutter-Tochter-Richtlinie erfüllten, nicht begünstigt.

Zeitlicher Anwendungsbereich: Die Neuregelung zur Erstattung von Kapitalertragsteuer nach § 32 Abs. 5 KStG ist erstmals für Kapitalertragsteuer auf im Kalenderjahr 2013 zugeflossene Kapitalerträge anwendbar. Für frühere Kalenderjahre ist die Vorschrift nur anwendbar, wenn die Gewinnausschüttung nicht im zeitlichen Anwendungsbereich des alten Anrechnungsverfahrens erfolgt ist.

III. Investmentsteuergesetz

LITERATUR:

Benz/Jetter, DStR 2013, 489 ff.; *Behrens/Faller*, DStR 2014, 219 ff.; *Haisch/Helios*, DB 2013, 724 ff.; *Haisch/Helios/Niedling*, DB 2012, 2060 ff.; *Hillebrand/Klamt/Migirov*, DStR 2013, 1646 ff.

Verwaltungsanweisungen:

BMF v. 9. 7. 2013 - IV C 1-S 1980-1/12/10014, NWB DokID: ZAAAE-42429.

Einleitung

Die Änderung des Investmentsteuergesetzes durch das EuGH-Dividendenumsetzungsgesetzes vollziehen die Einführung des § 8b Abs. 4 KStG im Rahmen der Fondsbesteuerung nach. In möglichem Widerspruch zum gesetzlichen Leitbild der transparenten Besteuerung wurde dabei die Steuerbefreiung des § 8b Abs. 1 KStG für Dividenden im Publikumsfondsbereich selbst dann ausgeschlossen, wenn die 10 % Beteiligungsgrenze im Einzelfall erreicht wäre. Lediglich im Spezialfondsbereich bleibt die 95 % Steuerbefreiung für Dividenden bei Beachtung der 10 % Grenze erhalten. Wie im Rahmen des § 8b Abs. 4 KStG sind Veräußerungsgewinne aus Anteilen, auch wenn sie über Fonds realisiert werden, weiterhin steuerlich begünstigt. Jedoch soll nach den Planungen im Koalitionsvertrag mittelfristig im Rahmen einer erneuten Reform des InvStG auch das Beteiligungsertragsprivileg für Veräußerungsgewinne entfallen (Koalitionsvertrag, S. 64 abrufbar unter: https://www.cdu.de/sites/default/files/ media/dokumente/koalitionsvertrag.pdf).

1. § 2 InvStG

Erträge aus Investmentanteilen

...

(2) ¹Soweit ausgeschüttete und ausschüttungsgleiche inländische und ausländische Erträge solche im Sinne des § 43 Abs. 1 Satz 1 Nr. 1, 1a und 6 sowie Satz 2 des Einkommensteuergesetzes enthalten, sind § 3 Nr. 40 des Einkommensteuergesetzes sowie § 19 des REIT-Gesetzes vom 28. 5. 2007 (BGBl I 2007, 914) anzuwenden. ²Soweit ausgeschüttete inländische und ausländische Erträge solche im Sinne des § 43 Abs. 1 Satz 1 Nr. 9 sowie Satz 2 des Einkommensteuergesetzes enthalten, sind § 3 Nr. 40 des Einkommensteuergesetzes, § 8b des Körperschaftsteuergesetzes sowie § 19 des REIT-Gesetzes anzuwenden. ³§ 15 Abs. 1a und § 16 Satz 3 bleiben unberührt. *[bisher: (2) Soweit ausgeschüttete und ausschüttungsgleiche inländische und ausländische Erträge solche im Sinne des § 43 Abs. 1 Satz 1 Nr. 1 und 1a sowie Satz 2 des Einkommensteuergesetzes enthalten, sind § 3 Nr. 40 des Einkommensteuergesetzes, die § 8b des Körperschaftsteuergesetzes sowie § 19 des REIT-Gesetzes v. 28. 5. 2007 (BGB. I 2007, 914) anzuwenden. Soweit ausgeschüttete inländische Erträge und ausländische Erträge solche im Sinne des § 43 Abs. 1 Satz 1 Nr. 9 sowie Satz 2 des Einkommensteuergesetzes enthalten, ist Satz 1 entsprechend anzuwenden.]*

...

Anwendungsvorschriften:

►Art. 5 des Gesetzes zur Umsetzung des EuGH-Urteils vom 20. 10. 2011 in der Rechtssache C-284/09 lautet:

Dieses Gesetz tritt am Tag nach der Verkündung in Kraft.

► § 18 Abs. 22 InvStG lautet:

(22) § 2 Abs. 2, § 8 Abs. 1, § 15 Abs. 1 Satz 2 und Abs. 1a und § 16 Satz 3 i. d. F. des Artikels 2 des Gesetzes vom 21. 3. 2013 (BGBl I 2013, 561) sind ab dem 1. 3. 2013 anzuwenden. § 5 Abs. 1 i. d. F. des Artikels 2 des Gesetzes vom 21. 3. 2013 (BGBl I 2013, 561) ist erstmals auf Geschäftsjahre anzuwenden, die nach dem 28. 2. 2013 enden. ...⁴Soweit ausgeschüttete und ausschüttungsgleiche inländische und ausländische Erträge, die dem Anleger nach dem 28. 2. 2013 zufließen oder als zugeflossen gelten, solche im Sinne des § 43 Abs. 1 Satz 1 Nr. 1, 1a und 6 sowie Satz 2 des Einkommensteuergesetzes enthalten, die dem Investmentvermögen vor dem 1. 3. 2013 zugeflossen sind, sind § 8b des Körperschaftsteuergesetzes mit Ausnahme des Absatzes 4 sowie § 19 des REIT-Gesetzes anzuwenden.

Erläuterungen

(Dr. Martin Haisch, Rechtsanwalt)

Dieser Absatz regelt die Anwendung des § 8b KStG, § 3 Nr. 40 EStG und § 19 REITG auf Dividenden und Veräußerungsgewinne aus Aktien und Anteilen bei Publikumsfonds. Die Regelungen für Spezialfonds ergeben sich aus §§ 15 Abs. 1a und 16 Satz 3 InvStG, die Satz 3 dieses Absatzes unberührt lässt.

Auf ausgeschüttete und ausschüttungsgleiche Erträge, die sich aus Erträgen i. S. d. § 43 Abs. 1 Satz 1, 1a und 6 sowie Satz 2 EStG speisen, sind nur mehr § 3 Nr. 40 EStG und § 19 REITG anwendbar. Bei natürlichen Personen als betriebliche Anleger kommt auf Dividenden somit weiterhin das Teileinkünfteverfahren zur Anwendung, während bei Körperschaften als Anleger § 8b Abs. 1 KStG ausgeschlossen und die beim Anleger zu versteuernde Erträge mithin in voller Höhe körperschaftsteuer- und gewerbesteuerpflichtig sind. Die letztgenannte Regelung gilt unabhängig davon, ob der Fonds unmittelbar oder der Anleger mittelbar eine Beteiligung von mindestens 10 % an der ausschüttenden Kapitalgesellschaft hält. Es wird typisierend unterstellt, dass Publikumsfonds regelmäßig Streubesitzbeteiligungen halten, was aufgrund der aufsichtsrechtlichen Vorgaben (§§ 64 Abs. 2 InvG und § 10 Abs. 7 KAGB) im Grundsatz zutrifft.

Hingegen sind auf ausgeschüttete Erträge, soweit ihnen Veräußerungsgewinne aus Aktien, GmbH-Anteilen und Eigenkapital-Genussrechten i. S.v. § 43 Abs. 1 Satz 1 Nr. 9 sowie Satz 2 EStG zugrunde liegen, sowohl § 3 Nr. 40 EStG und § 19 REITG als auch § 8b Abs. 2 KStG weiterhin anwendbar; für den Fall der Thesaurierung braucht die Steuerfreiheit nicht geregelt zu werden, da diese Gewinne ohnehin nicht zu den ausschüttungsgleichen Erträgen zählen. Beim betrieblichen Anleger bleibt somit insoweit das Teileinkünfteverfahren und bei Körperschaften das Beteiligungsertragsprivileg anwendbar. Jedoch soll laut dem Koalitionsvertrag mittelfristig auch das Beteiligungsertragsprivileg für Veräußerungsgewinne entfallen (s. bereits oben).

Zeitlicher Anwendungsbereich: § 2 Abs. 2 InvStG findet grundsätzlich ab dem 1. 3. 2013 Anwendung, § 18 Abs. 22 Satz 1 InvStG. Gemäß § 18 Abs. 22 Satz 4 InvStG bestehen aber besondere Vertrauensschutzregelungen. Hiernach können körperschaftliche Anleger im Rahmen einer Ausschüttung von Dividenden, die vor dem 1. 3. 2013 vereinnahmt wurden, die 95 % Steuerbefreiung des § 2 Abs. 1 Satz 1 InvStG a. F. i. V. m. § 8b Abs. 1 KStG weiterhin in Anspruch nehmen, auch ohne Beachtung der Anforderungen an eine qualifizierte Beteiligung. Maßgebend ist somit, wann die Dividenden auf Fondsebene vereinnahmt worden sind. Nach § 3 Abs. 2 Satz 1 Nr. 1 InvStG gelten Dividenden auf börsengehandelte Aktien bereits am Tag des Dividendenabschlags als zugeflossen. Im Fall von nicht börsengehandelten Aktien gilt nach herrschender Meinung (vgl. *Lübbehüsen* in Berger/Steck/Lübbehüsen, InvG/InvStG, 2010, § 3 Rn. 43) das Zuflussprinzip, wobei der Zufluss am ersten Tag, an dem der Anspruch auf die Dividende von dem Stammrecht getrennt wird, erfolgt.

2. § 5 InvStG

Besteuerungsgrundlagen

(1) [1]Die §§ 2 und 4 sind nur anzuwenden, wenn

1. die Investmentgesellschaft den Anlegern bei jeder Ausschüttung bezogen auf einen Investmentanteil unter Angabe der Wertpapieridentifikationsnummer ISIN des Investmentvermögens und des Zeitraums, auf den sich die Angaben beziehen, folgende Besteuerungsgrundlagen in deutscher Sprache bekannt macht:

   a) den Betrag der Ausschüttung (mit mindestens vier Nachkommastellen) sowie aa) in der Ausschüttung enthaltene ausschüttungsgleiche Erträge der Vorjahre,

bb) in der Ausschüttung enthaltene Substanzbeträge,

b) den Betrag der ausgeschütteten Erträge (mit mindestens vier Nachkommastellen),

c) die in den ausgeschütteten Erträgen enthaltenen

aa) Erträge im Sinne des § 2 Abs. 2 Satz 1 dieses Gesetzes in Verbindung mit § 3 Nr. 40 des Einkommensteuergesetzes oder im Fall des § 16 dieses Gesetzes in Verbindung mit § 8b Abs. 1 des Körperschaftsteuergesetzes,

...

jj) in Doppelbuchstabe ii enthaltene Einkünfte, auf die § 2 Abs. 2 dieses Gesetzes in Verbindung mit § 8b Abs. 2 des Körperschaftsteuergesetzes oder § 3 Nr. 40 des Einkommensteuergesetzes oder im Fall des § 16 dieses Gesetzes in Verbindung mit § 8b Abs. 1 des Körperschaftsteuergesetzes anzuwenden ist,

...

ll) in Doppelbuchstabe kk enthaltene Einkünfte, auf die § 2 Abs. 2 dieses Gesetzes in Verbindung mit § 8b Abs. 2 des Körperschaftsteuergesetzes oder § 3 Nr. 40 des Einkommensteuergesetzes oder im Fall des § 16 dieses Gesetzes in Verbindung mit § 8b Abs. 1 des Körperschaftsteuergesetzes anzuwenden ist,

mm) Erträge im Sinne des § 18 Abs. 22 Satz 4 dieses Gesetzes in Verbindung mit § 8b Abs. 1 des Körperschaftsteuergesetzes,

...

(2) [1]§ 8 Abs. 1 bis 4 ist nur anzuwenden, wenn die Investmentgesellschaft bewertungstäglich den positiven oder negativen Prozentsatz des Wertes des Investmentanteils, **getrennt für natürliche Personen und für Körperschaften, Personenvereinigungen oder Vermögensmassen,** ermittelt, der auf die in den Einnahmen aus der Veräußerung enthaltenen Bestandteile im Sinne des § 8 entfällt (Aktiengewinn) und mit dem Rücknahmepreis veröffentlicht. [2]Der Aktiengewinn pro Investmentanteil darf sich durch den An- und Verkauf von Investmentanteilen nicht ändern. [3]Die Investmentgesellschaft ist an ihre bei der erstmaligen Ausgabe der Anteile getroffene Entscheidung, ob sie den Aktiengewinn ermittelt oder davon absieht, gebunden. [4]§ 2 Abs. 2 und § 4 Abs. 1 sind jeweils nur anzuwenden, wenn die Investmentgesellschaft die entsprechenden Teile des Aktiengewinns bewertungstäglich veröffentlicht. [5]Abs. 1 Satz 1 Nr. 5 gilt entsprechend. *[bisher: (1) Die §§ 2 und 4 sind nur anzuwenden, wenn*

1. *die Investmentgesellschaft den Anlegern bei jeder Ausschüttung bezogen auf einen Investmentanteil unter Angabe der Wertpapieridentifikationsnummer ISIN des Investmentvermögens und des Zeitraums, auf den sich die Angaben beziehen, folgende Besteuerungsgrundlagen in deutscher Sprache bekannt macht:*

   a) *den Betrag der Ausschüttung (mit mindestens vier Nachkommastellen) sowie*

   aa) *in der Ausschüttung enthaltene ausschüttungsgleiche Erträge der Vorjahre,*

   bb) *in der Ausschüttung enthaltene Substanzbeträge,*

b) *den Betrag der ausgeschütteten Erträge (mit mindestens vier Nachkommastellen),*

c) *die in den ausgeschütteten Erträgen enthaltenen*

   aa) *Erträge im Sinne des § 2 Abs. 2 Satz 1 dieses Gesetzes in Verbindung mit § 8b Abs. 1 des Körperschaftsteuergesetzes oder § 3 Nr. 40 des Einkommensteuergesetzes,*

...

   jj) *in Doppelbuchstabe ii enthaltene Einkünfte, auf die § 2 Abs. 2 dieses Gesetzes in Verbindung mit § 8b Abs. 1 und 2 des Körperschaftsteuergesetzes oder § 3 Nr. 40 des Einkommensteuergesetzes anzuwenden ist,*

...

   ll) *in Doppelbuchstabe kk enthaltene Einkünfte, auf die § 2 Abs. 2 dieses Gesetzes in Verbindung mit § 8b Abs. 1 und 2 des Körperschaftsteuergesetzes oder § 3 Nr. 40 des Einkommensteuergesetzes anzuwenden ist,*

...

(2) § 8 Abs. 1 bis 4 ist nur anzuwenden, wenn die Investmentgesellschaft bewertungstäglich den positiven oder negativen Prozentsatz des Wertes des Investmentanteils ermittelt, der auf die in den Einnahmen aus der Veräußerung enthaltenen Bestandteile im Sinne des § 8 entfällt (Aktiengewinn) und mit dem Rücknahmepreis veröffentlicht. Der Aktiengewinn pro Investmentanteil darf sich durch den An- und Verkauf von Investmentanteilen nicht ändern. Die Investmentgesellschaft ist an ihre bei der erstmaligen Ausgabe der Anteile getroffene Entscheidung, ob sie den Aktiengewinn ermittelt oder davon absieht, gebunden. § 2 Abs. 2 und § 4 Abs. 1 sind jeweils nur anzuwenden, wenn die Investmentgesellschaft die entsprechenden Teile des Aktiengewinns bewertungstäglich veröffentlicht. Abs. 1 Satz 1 Nr. 5 gilt entsprechend.]

Anwendungsvorschriften:

▶Art. 5 des Gesetzes zur Umsetzung des EuGH-Urteils vom 20. 10. 2011 in der Rechtssache C-284/09 lautet:

Dieses Gesetz tritt am Tag nach der Verkündung in Kraft.

▶§ 18 Abs. 22 InvStG lautet:

(22 ...²§ 5 Abs. 1 i. d. F. des Artikels 2 des Gesetzes vom 21. 3. 2013 (BGBl I 2013, 561) ist erstmals auf Geschäftsjahre anzuwenden, die nach dem 28. 2. 2013 enden. § 5 Abs. 2 i. d. F. des Artikels 2 des Gesetzes vom 21. 3. 2013 (BGBl I 2013, 561) ist erstmals auf Veröffentlichungen anzuwenden, die nach dem 28. 2. 2013 erfolgen.

Erläuterungen

(Dr. Martin Haisch, Rechtsanwalt)

Die Regelung über die Besteuerungsgrundlagen wurden in Abs. 1 im Hinblick auf Angaben im Bezug auf weiterhin begünstigte Dividenden und Veräußerungsgewinne ergänzt. Ferner sind auch Angaben aufzunehmen, die die Anwendung des § 8b Abs. 1 KStG auf Anlegerebene für vor dem 1. 3. 2013 auf Fondsebene zugeflossene Dividenden und damit den Bestandschutz nach § 18 Abs. 22 InvStG sicherstellen (s. auch unten § 15 Abs. 1a InvStG). Schließlich regelt die Änderung in Abs. 2, dass § 8 Abs. 1 bis 4 InvStG nur anzuwenden ist, wenn die Aktien bewertungstäglich getrennt für natürliche Personen und für Körperschaften u. a. ermittelt werden.

Zeitlicher Anwendungsbereich: Die neuen Regelung des § 5 InvStG über die Besteuerungsgrundlage finde erstmals für Geschäftsjahre bzw. Veröffentlichungen Anwendung, die nach dem 28. 2. 2013 erfolgen, § 18 Abs. 22 Sätze 2 und 3 InvStG.

3. § 8 InvStG

Veräußerung von Investmentanteilen; Vermögensminderung

(1) [1]Auf die Einnahmen aus der Rückgabe, Veräußerung oder Entnahme von Investmentanteilen sind § 3 Nr. 40 des Einkommensteuergesetzes, § 4 Abs. 1 dieses Gesetzes sowie § 19 des REIT-Gesetzes anzuwenden, soweit sie dort genannte, dem Anleger noch nicht zugeflossene oder als zugeflossen geltende Einnahmen enthalten oder auf bereits realisierte oder noch nicht realisierte Gewinne aus der Beteiligung des Investmentvermögens an Körperschaften, Personenvereinigungen oder Vermögensmassen entfallen, deren Leistungen beim Empfänger zu den Einnahmen im Sinne des § 20 Abs. 1 Nr. 1 des Einkommensteuergesetzes gehören (positiver Aktiengewinn). [2]Auf die Einnahmen aus der Rückgabe, Veräußerung oder Entnahme von Investmentanteilen im Betriebsvermögen sind § 8b des Körperschaftsteuergesetzes sowie § 19 des REIT-Gesetzes anzuwenden, soweit sie auf bereits realisierte oder noch nicht realisierte Gewinne aus der Beteiligung des Investmentvermögens an Körperschaften, Personenvereinigungen oder Vermögensmassen entfallen, deren Leistungen beim Empfänger zu den Einnahmen im Sinne des § 20 Abs. 1 Nr. 1 des Einkommensteuergesetzes gehören. [3]§ 15 Abs. 1a und § 16 Abs. 3 bleiben unberührt. [4]Bei Beteiligungen des Investmentvermögens sind die Sätze 1 bis 3 entsprechend anzuwenden. [5]Bei dem Ansatz des in § 6 Abs. 1 Nr. 2 Satz 3 des Einkommensteuergesetzes bezeichneten Wertes sind die Sätze 1 bis 4 entsprechend anzuwenden. [*bisher: (1) Auf die Einnahmen aus der Rückgabe, Veräußerung oder Entnahme von Investmentanteilen im Betriebsvermögen sind § 3 Nr. 40 des Einkommensteuergesetzes und § 8b des Körperschaftsteuergesetzes sowie § 4 Abs. 1, aber auch § 19 des REIT-Gesetzes, anzuwenden, soweit sie dort genannte, dem Anleger noch nicht zugeflossene oder als zugeflossen geltende Einnahmen enthalten oder auf bereits realisierte oder noch nicht realisierte Gewinne aus der Beteiligung des Investmentvermögens an Körperschaften, Personenvereinigungen oder Vermögensmassen entfallen, deren Leistungen beim Empfänger zu den Einnahmen im Sinne des § 20 Abs. 1 Nr. 1 des Einkommensteuergesetzes gehören (positiver Aktiengewinn). Bei Beteiligungen des Investmentvermögens an anderen Investmentvermögen ist Satz 1 entsprechend anzuwenden. Bei dem Ansatz des in § 6 Abs. 1 Nr. 2 Satz 3 des Einkommensteuergesetzes bezeichneten Wertes sind die Sätze 1 und 2 entsprechend anzuwenden.*]

. . .

Anwendungsvorschriften:

►Art. 5 des Gesetzes zur Umsetzung des EuGH-Urteils vom 20. 10. 2011 in der Rechtssache C-284/09 lautet:

Dieses Gesetz tritt am Tag nach der Verkündung in Kraft.

► § 18 Abs. 22 InvStG lautet:

(22) § 2 Abs. 2, § 8 Abs. 1, § 15 Abs. 1 Satz 2 und Abs. 1a und § 16 Satz 3 i. d. F. des Artikels 2 des Gesetzes vom 21. 3. 2013 (BGBl I 2013, 561) sind ab dem 1. 3. 2013 anzuwenden. ...[5]Auf die Einnahmen im Sinne des § 8 Abs. 1 aus einer Rückgabe, Veräußerung oder Entnahme von Investmentanteilen, die nach dem 28. 2. 2013 erfolgt, ist § 8b des Körperschaftsteuergesetzes mit Ausnahme des Absatzes 4 anzuwenden, soweit sie dort genannte, dem Anleger noch nicht zugeflossene oder als zugeflossen geltende Einnahmen enthalten, die dem Investmentvermögen vor dem 1. 3. 2013 zugeflossen sind oder als zugeflossen gelten.

Erläuterungen

(Dr. Martin Haisch, Rechtsanwalt)

Die Änderungen in Abs. 1 bezüglich der Einnahmen aus der Rückgabe, Veräußerung oder Entnahme von Investmentanteilen spiegeln die Änderungen im Bezug auf die laufenden Einnahmen nach § 2 Abs. 2 InvStG wieder.

Der sog. positive Aktiengewinn enthält neben Wertänderungen aus Aktien, GmbH-Anteilen und Eigenkapitalgenussrechten und sonstigen unter § 8b Abs. 2 KStG fallenden Beteiligungen auch den unterjährigen Aufwuchs aus noch nicht der Zuflussfiktion des § 1 Abs. 3 Satz 3, § 2 Abs. 1 InvStG unterliegenden Dividenden, die mangels Ausschüttung noch im Rücknahmepreis repräsentiert sind. Folgerichtig wurde Abs. 1 dahin gehend geändert, dass bei der Ermittlung des Aktiengewinns die Steuerbefreiung des § 8b KStG für vereinnahmte Dividenden nicht mehr anwendbar ist Damit wird für Körperschaften als Anleger der 95 % steuerbefreite Aktiengewinn auf realisierte und nichtrealisierte Wertänderungen begrenzt. Für natürlichen Personen als betriebliche Anleger bleibt es hingegen sowohl im Hinblick auf Dividenden als auch auf Wertänderungen bei den bisherigen Regeln über den Aktiengewinn; diese unterliegen weiterhin dem Teileinkünfteverfahren (s. auch oben § 2 Abs. 2 InvStG).

Im Rahmen der Bewertung bleibt es bei einer Anwendung von § 8b Abs. 3 Satz 3 KStG i.V. mit § 8 Abs. 3 Satz 2 InvStG. Folglich sind Wertminderungen im Aktienbestand bei einer dauernden Wertminderung außerbilanziell neutralisiert, wenn sie sich auf den Bilanzansatz ausgewirkt haben. Dies ist insofern konsequent, als Verluste aus der Rückgabe oder Veräußerung von Fondsanteilen in Höhe des sog. negativen Aktiengewinns vergleichbar der Direktanlage in Streubesitzbeteiligungen steuerlich unbeachtlich bleiben.

Zeitlicher Anwendungsbereich: § 8 Abs. 1 InvStG findet grundsätzlich ab dem 1. 3. 2013 Anwendung, § 18 Abs. 22 Satz 1 InvStG. Es besteht aber entsprechend zu § 2 Abs. 2 InvStG eine Bestandsschutzregelung, wonach Gewinne aus der Rückgabe oder Veräußerung von Investmentanteilen auf Anlegerebene weiterhin 95 % steuerbefreit sind, soweit darin noch nicht ausgeschüttete Dividenden enthalten sind, die vor dem 1. 3. 2013 vereinnahmt wurden, § 18 Abs. 22 Satz 5 InvStG.

4. § 15 InvStG

Inländische Spezial-Sondervermögen

(1) [1]Bei inländischen Spezial-Sondervermögen oder Spezial-Investmentaktiengesellschaften, die aufgrund einer schriftlichen Vereinbarung mit der Kapitalanlagegesellschaft oder ihrer Satzung

nicht mehr als 100 Anleger oder Aktionäre haben, die nicht natürliche Personen sind, sind § 4 Abs. 4, § 5 Abs. 1, § 6 und § 8 Abs. 4 nicht anzuwenden. [2]§ 5 Abs. 2 Satz 1 ist mit der Maßgabe anzuwenden, dass die Investmentgesellschaft verpflichtet ist, den Aktiengewinn für **Körperschaften, Personenvereinigungen oder Vermögensmassen** bei jeder Bewertung des Sondervermögens zu ermitteln; die Veröffentlichung des Aktiengewinns entfällt. [3]Für die Feststellung der Besteuerungsgrundlagen gilt § 180 Abs. 1 Nr. 2 Buchst. a der Abgabenordnung entsprechend; die Feststellungserklärung steht einer gesonderten und einheitlichen Feststellung unter dem Vorbehalt der Nachprüfung gleich, eine berichtigte Feststellungserklärung gilt als Antrag auf Änderung. [4]§ 13 Abs. 1, 3 und 4 ist nicht anzuwenden. [5]Nicht ausgeglichene negative Erträge im Sinne des § 3 Abs. 4 Satz 2 entfallen, soweit ein Anleger seine Investmentanteile veräußert oder zurückgibt. [6]In den Fällen des § 14 gilt dies auch, soweit sich jeweils die Beteiligungsquote des Anlegers an den beteiligten Sondervermögen reduziert. [7]§ 32 Abs. 3 des Körperschaftsteuergesetzes gilt entsprechend; die Investmentgesellschaft hat den Kapitalertragsteuerabzug vorzunehmen. [8]Die Kapitalertragsteuer nach Satz 7 und nach § 7 ist durch die Investmentgesellschaft innerhalb eines Monats nach der Entstehung zu entrichten. [9]Die Investmentgesellschaft hat bis zu diesem Zeitpunkt eine Steueranmeldung nach amtlich vorgeschriebenem Datensatz auf elektronischem Weg nach Maßgabe der Steuerdaten-Übermittlungsverordnung vom 28. 1. 2003 (BGBl I 2003, 139), die zuletzt durch Artikel 8 der Verordnung vom 17. 11. 2010 (BGBl I 2010, 1544) geändert worden ist, in der jeweils geltenden Fassung zu übermitteln. [10]Im Rahmen der ergänzenden Anwendung der Vorschriften des Einkommensteuergesetzes über den Steuerabzug sind § 44a Abs. 6 und § 45a Abs. 3 des Einkommensteuergesetzes nicht anzuwenden.

(1a) [1]Bei Investmentvermögen im Sinne des Absatzes 1 Satz 1 ist abweichend von § 2 Abs. 2 Satz 1 und § 8 Abs. 1 Satz 1 § 8b des Körperschaftsteuergesetzes anzuwenden. [2]Voraussetzung für die Anwendung des Satzes 1 auf Erträge des Investmentanteils ist, dass die Beteiligung des Investmentvermögens mindestens 10 Prozent des Grund- oder Stammkapitals, des Vermögens oder der Summe der Geschäftsguthaben beträgt und der dem einzelnen Anleger zuzurechnende Anteil an dem Investmentvermögen so hoch ist, dass die auf den einzelnen Anleger anteilig entfallende Beteiligung an der Körperschaft, Personenvereinigung oder Vermögensmasse mindestens 10 Prozent des Grund- oder Stammkapitals, des Vermögens oder der Summe der Geschäftsguthaben beträgt. [3]Für die Berechnung der Beteiligungsgrenze ist für die Beteiligung des Investmentvermögens auf die Höhe der Beteiligung an der Körperschaft, Personenvereinigung oder Vermögensmasse zu dem Zeitpunkt abzustellen, zu dem die auf die Beteiligung entfallenden Erträge dem Investmentvermögen zugerechnet werden; für den Anteil des Anlegers an dem Investmentvermögen ist auf den Schluss des Geschäftsjahres abzustellen. [4]Über eine Mitunternehmerschaft gehaltene Investmentanteile sind dem Mitunternehmer anteilig nach dem allgemeinen Gewinnmaßstab zuzurechnen. [5]Eine einem Anleger über einen direkt gehaltenen Anteil an einem Investmentvermögen und über einen von einer Mitunternehmerschaft gehaltenen Anteil an demselben Investmentvermögen zuzurechnende Beteiligung an derselben Körperschaft, Personenvereinigung oder Vermögensmasse sind zusammenzurechnen. [6]Eine Zusammenrechnung von Beteiligungen an Körperschaften, Personenvereinigungen oder Vermögensmassen, die dem Anleger über andere Investmentvermögen oder ohne Einschaltung eines Investmentvermögens zuzurechnen sind, findet bei dem jeweiligen Investmentvermögen nicht statt. [7]Ist der Anleger bereits unmittelbar zu mindestens 10 Prozent an dem Grund- oder Stammkapital einer Körperschaft, Personenvereinigung oder Vermögensmasse beteiligt, gilt die

Beteiligungsgrenze auch als überschritten, soweit der Anleger an dieser Körperschaft, Personenvereinigung oder Vermögensmasse auch über ein Investmentvermögen beteiligt ist, wenn der Anleger die Höhe der unmittelbaren Beteiligung gegenüber der Investmentgesellschaft nachgewiesen hat; eine mittelbar über eine Mitunternehmerschaft gehaltene Beteiligung gilt hierbei als unmittelbare Beteiligung. [8]Vom Investmentvermögen entliehene Wertpapiere und Investmentanteile sowie vom Anleger entliehene Investmentanteile werden für die Berechnung einer Beteiligung dem Verleiher zugerechnet. [9]Teilfonds oder Teilgesellschaftsvermögen stehen für die Anwendung der vorstehenden Sätze einem Investmentvermögen gleich.

...

Anwendungsvorschriften:

►Art. 5 des Gesetzes zur Umsetzung des EuGH-Urteils vom 20. 10. 2011 in der Rechtssache C-284/09 lautet:

Dieses Gesetz tritt am Tag nach der Verkündung in Kraft.

►§ 18 Abs. 22 InvStG lautet:

(22) [1]§ 2 Abs. 2, § 8 Abs. 1, § 15 Abs. 1 Satz 2 und Abs. 1a und § 16 Satz 3 i. d. F. des Artikels 2 des Gesetzes vom 21. 3. 2013 (BGBl I 2013, 561) sind ab dem 1. 3. 2013 anzuwenden. § 5 Abs. 1 i. d. F. des Artikels 2 des Gesetzes vom 21. 3. 2013 (BGBl I 2013, 561) ist erstmals auf Geschäftsjahre anzuwenden, die nach dem 28. 2. 2013 enden.

Erläuterungen

(Dr. Martin Haisch, Rechtsanwalt)

Absatz 1: Die Änderung in Abs. 1 Satz 2 regelt, dass der Aktiengewinn bei Spezialfonds bewertungstäglich nur für Körperschaften u. a. zu ermitteln ist.

Absatz 1a: Gemäß Abs. 1a können von inländischen Spezialfonds bzw. ihren Teilfonds/Teilgesellschaftsvermögen erzielte Dividenden unter bestimmten Voraussetzungen auf Anlegerebene nach wie vor nach § 8b Abs. 1 KStG zu 95 % körperschaftsteuerfrei vereinnahmt werden; der Absatz weicht insoweit von § 2 Abs. 2 Satz 1, § 8 Abs. 1 Satz 1 InvStG ab, Satz 1.

Art und Umfang der Beteiligung: Nach Satz 2 ist der Anwendungsbereich von § 8b Abs. 1 KStG auf Körperschaften als Anleger allerdings nur eröffnet, wenn (i) die Beteiligung des Investmentvermögens mindestens 10 % des Grund- oder Stammkapitals, des Vermögens oder der Summe der Geschäftsguthaben beträgt und (ii) der dem einzelnen Anleger zuzurechnende Anteil an dem Fonds so hoch ist, dass die auf den einzelnen Anleger anteilig entfallende Beteiligung an der Körperschaft, Personenvereinigung oder Vermögensmasse mindestens 10 % des Grund- oder Stammkapitals, des Vermögens oder der Summe der Geschäftsguthaben beträgt. Aufsichtsrechtlich können diese Beteiligungsanforderungen unter bestimmten Voraussetzungen auch erfüllt werden (vgl. §§ 64 Abs. 2, 94h Abs. 4 InvG und § 10 Abs. 2 KAGB).

Laut Satz 4 sind zur Ermittlung der relevanten Beteiligungshöhe über eine Mitunternehmerschaft im Gesamthandsvermögen gehaltene Investmentanteile dem Mitunternehmer anteilig nach dem allgemeinen Gewinnmaßstab zuzurechnen. Insoweit ist auch eine Zusammenrechnung mit einem direkt gehaltenen Anteil an einem Fonds möglich, um eine qualifizierte Beteiligung zu erreichen, Satz 5. Eine weitergehende Zusammenrechnung wird jedoch weitestgehend ausgeschlossen. So ist nach dem Satz 6 weder eine Zusammenrechnung von zuzurechnenden

Beteiligungen über verschiedene Spezialfonds mit als Direktanlage gehaltenen Beteiligungen zugelassen, noch sind unmittelbar oder mittelbar über Personengesellschaften gehaltene Beteiligungen mit Fondsbeteiligungen zusammenzurechnen.

Der Regelungszweck, Ergebnisse aus qualifizierenden Beteiligungen auch beim mittelbaren Halten über Fonds steuerfrei zu stellen, wird hier verfehlt. Nach Satz 7 ist jedoch ausnahmsweise in den genannten Fallkonstellationen eine Zusammenrechnung erlaubt, wenn der körperschaftliche Anleger unmittelbar (d. h. als Direktanlage einschl. einer mittelbaren Beteiligung über eine Mitunternehmerschaft) eine qualifizierte Beteiligung zu dem zu beurteilenden Stichtag (d. h. am Schluss des Fondsgeschäftsjahres, s. sogleich) gegenüber der Investmentgesellschaft nachweist.

Zeitliche Dimensionen: Satz 3 regelt in zeitlicher Hinsicht, dass die qualifizierte Beteiligung auf Fondsebene in dem Zeitpunkt vorliegen muss, zu dem die auf die Beteiligung entfallenden Dividenden dem Fonds zugerechnet werden, d. h. also bei börsengehandelten Aktien am Tag des Dividendenabschlags, § 3 Abs. 2 Satz 1 Nr. 1 InvStG. Darüber hinaus muss die durchgerechnete mindestens 10 %-Beteiligung des körperschaftlichen Anlegers an der ausschüttenden Gesellschaft am Schluss des Fondsgeschäftsjahres vorliegen. Die beiden Zeitpunkte werden in der Praxis regelmäßig auseinanderfallen. Folglich kann die Beteiligungsgrenze zwar beim Zufluss der Dividende auf Fondsebene erreicht sein, jedoch aufgrund einer vor Schluss des Fondsgeschäftsjahres durch den Fonds erfolgenden Reduzierung der Beteiligung die Dividende auf Anlegerebene dennoch nicht dem § 8b Abs. 1 KStG unterfallen.

Entleihen von Wertpapieren und Investmentanteilen: Vom Fonds entliehene Wertpapiere und Investmentanteile oder vom Anleger entliehene Investmentanteile sind nach Satz 8 für die Berechnung der Beteiligungshöhe dem Verleiher zuzurechnen. Bei wortlautgetreuer Auslegung würde die Neuregelung nur Leihverträge mit Verpflichtung zur Rückgabe identischer Wertpapiere erfassen, welche keine Praxisrelevanz haben. Allerdings muss man unterstellen, dass der Gesetzgeber keine ins Leere gehende Regel schaffen will. Folglich muss man wohl davon ausgehen, dass der Gesetzgeber hier ansatzweise das Gleiche regeln wollte wie in § 8b Abs. 4 Satz 3 KStG. Zumindest umgangssprachlich wird der Begriff „Wertpapierleihe" für „Wertpapierdarlehen" verwendet, so dass jedenfalls diese Geschäftsart erfasst sein sollte.

Zeitlicher Anwendungsbereich: Die Änderungen in § 15 Abs. 1 und 1a InvStG finden ab dem 1. 3. 2013 Anwendung, § 18 Abs. 22 Satz 1 InvStG.

5. § 16 InvStG

Ausländische Spezial-Investmentvermögen

[1]Bei ausländischen Spezial-Investmentvermögen, deren Anteile satzungsgemäß von nicht mehr als 100 Anlegern, die nicht natürliche Personen sind, gehalten werden, sind § 4 Abs. 4, § 5 Abs. 1 Satz 1 Nr. 5 Satz 3, §§ 6 und 8 Abs. 4 nicht anzuwenden. [2]§ 5 Abs. 1 Satz 1 Nr. 3 ist mit der Maßgabe anzuwenden, dass die Investmentgesellschaft von der Bekanntmachung im Bundesanzeiger absehen kann, wenn sie den Anlegern die Daten mitteilt. [3]**§ 15 Abs. 1 Satz 2 und Abs. 1a gilt entsprechend.** *[bisher: § 15 Abs. 1 Satz 2 gilt entsprechend.]* [4]§ 15 Abs. 1 Satz 5 ist entsprechend anzuwenden. [5]§ 15 Abs. 1 Satz 6 ist in Fällen des § 17a entsprechend anzuwenden. [6]Für ausländische Spezial-Investmentvermögen mit mindestens einem inländischen Anleger hat die aus-

ländische Investmentgesellschaft dem Bundeszentralamt für Steuern innerhalb von vier Monaten nach Ende des Geschäftsjahres eine Bescheinigung eines zur geschäftsmäßigen Hilfeleistung befugten Berufsträgers im Sinne des § 3 des Steuerberatungsgesetzes, einer behördlich anerkannten Wirtschaftsprüfungsstelle oder einer vergleichbaren Stelle vorzulegen, aus der hervorgeht, dass die Angaben nach den Regeln des deutschen Steuerrechts ermittelt wurden. [7]Fasst das ausländische Spezial-Investmentvermögen innerhalb von vier Monaten nach Ende des Geschäftsjahres einen Ausschüttungsbeschluss, beginnt die Frist nach Satz 6 erst mit dem Tage des Ausschüttungsbeschlusses.

...

Anwendungsvorschriften:

▶Art. 5 des Gesetzes zur Umsetzung des EuGH-Urteils vom 20. 10. 2011 in der Rechtssache C-284/09 lautet:

Dieses Gesetz tritt am Tag nach der Verkündung in Kraft.

▶§ 18 Abs. 22 InvStG lautet:

(22) [1]§ 2 Abs. 2, § 8 Abs. 1, § 15 Abs. 1 Satz 2 und Abs. 1a und § 16 Satz 3 i. d. F. des Artikels 2 des Gesetzes vom 21. 3. 2013 (BGBl I 2013, 561) sind ab dem 1. 3. 2013 anzuwenden.

Erläuterungen

(Dr. Martin Haisch, Rechtsanwalt)

Nach der Änderung in Satz 3 gilt § 15 Abs. 1 Satz 2 und Abs. 1a InvStG entsprechend. Auch über ausländische Spezialfonds erzielte Dividenden können damit unter den Voraussetzungen, die in den entsprechend anwendbaren Vorschriften genannt sind (s. oben § 15 Abs. 1a InvStG), auf Anlegerebene weiterhin zu 95 % körperschaftsteuerfrei vereinnahmt werden.

Zeitlicher Anwendungsbereich: Die Änderungen in § 16 InvStG finden ab dem 1. 3. 2013 Anwendung, § 18 Abs. 22 Satz 1 InvStG.

IV. Umwandlungssteuergesetz

1. § 24 Abs. 5 Satz 1 UmwStG

Einbringung von Betriebsvermögen in eine Personengesellschaft

...

Soweit im Rahmen einer Einbringung nach Abs. 1 unter dem gemeinen Wert eingebrachte Anteile an einer Körperschaft, Personenvereinigung oder Vermögensmasse innerhalb eines Zeitraums von sieben Jahren nach dem Einbringungszeitpunkt durch die übernehmende Personengesellschaft veräußert oder durch einen Vorgang nach § 22 Abs. 1 Satz 6 Nr. 1 bis 5 weiter übertragen werden und soweit **beim Einbringenden der Gewinn aus der Veräußerung dieser Anteile im Einbringungszeitpunkt nicht nach § 8b Abs. 2 des Körperschaftsteuergesetzes steuerfrei gewesen wäre,** *[bisher: der Einbringende keine durch § 8b Abs. 2 Körperschaftsteuergesetz begünstigte Person ist]* ist § 22 Abs. 2, 3 und 5 bis 7 insoweit entsprechend anzuwenden, als der Gewinn aus der Veräußerung der eingebrachten Anteile auf **einen Mitunternehmer entfällt, für den in-**

soweit § 8b Abs. 2 des Körperschaftsteuergesetzes Anwendung findet *[bisher: einen von § 8b Abs. 2 des Körperschaftsteuergesetzes begünstigten Mitunternehmer entfällt.].*

Anwendungsvorschriften:

►Art. 5 des Gesetzes zur Umsetzung des EuGH-Urteils vom 20.10.2011 in der Rechtssache C-284/09 lautet:

Dieses Gesetz tritt am Tag nach der Verkündung in Kraft.

Erläuterungen

(Karsten Kusch, Dipl.-Finanzwirt (FH))

Bei der Änderung handelt es sich um eine klarstellende Änderung, die rückwirkend für alle offenen Fälle anwendbar ist. Statt wie bisher auf „einen von § 8b Abs. 2 KStG begünstigten Mitunternehmer", stellt das Gesetz nun zielgerichteter auf einen Mitunternehmer ab, für den § 8b Abs. 2 KStG tatsächlich Anwendung findet. Eine inhaltliche Änderung ist hiermit nicht verbunden.

Zeitlicher Anwendungsbereich: Die Vorschrift ist am Tag nach der Verkündung im Bundesgesetzblatt in Kraft getreten, also am 29.3.2013.

Teil F: Gesetz zur Stärkung des Ehrenamtes (Ehrenamtsstärkungsgesetz)

(Dr. Alois Th. Nacke, Richter am FG)

I. Vorbemerkung

LITERATUR:

Krüger/Tegelkamp, Der Fiskus und das Ehrenamt, ZErb 2011, 125 *Bruschke*, Entschärfung von Haftungsrisiken im Idealverein durch das "Ehrenamtsstärkungsgesetz", SteuK 2013, 243; *Klasen/Schäfer*, Betriebsrat, Vereinsorgan, Ratsmitglied: Haftungsrisiken für das wirtschaftliche Handeln in Ehrenämtern, GWR 2013, 287; *Krebbers*, Stärkt das Ehrenamtsstärkungsgesetz das Ehrenamt? Steuerliche Änderungen im Gemeinnützigkeits- und Zuwendungsrecht, BB 2013, 2071; *Roth*, Reform des Gemeinnützigkeitsrechts – "Gesetz zur Stärkung des Ehrenamtes", SteuK 2013, 136; *Runte/Schütz*, Das Ehrenamtsstärkungsgesetz - neue Impulse für den Non-Profit-Bereich? DStR 2013, 1261; *Schauhoff/Kirchhain*, Steuer- und zivilrechtliche Neuerungen für gemeinnützige Körperschaften und deren Förderer. Zum Gesetz zur Stärkung des Ehrenamtes, FR 2013, 301; *Hüttemann*, Das Gesetz zur Stärkung des Ehrenamts, DB 2013, 774; *Sielaff/Hechtner*, Zur zeitlichen Anwendung des Ehrenamtsstärkungsgesetzes - Kollateralschäden durch das Jahressteuergesetz 2013, DStR 2013, 1313; *Emser*, Erleichterungen für gemeinnützige Körperschaften und ehrenamtlich Tätige im Bereich des Steuerrechts. Gesetz zur Stärkung des Ehrenamtes, NWB 2013, 908; *Volland*, Auswirkungen des Ehrenamtsstärkungsgesetzes auf Stiftungen und (andere) gemeinnützige Organisationen, ZEV 2013, 320; *Zimmermann*, Die Entwicklung des Stiftungsrechts 2013, NJW 2013, 3557; *Heller*, Das Ehrenamtsstärkungsgesetz, StBW 2013, 367; *Fischer*, Änderungen des Gemeinnützigkeitsrechts durch das Gesetz zur Stärkung des Ehrenamts (Ehrenamtsstärkungsgesetz), jurisPR-SteuerR 12/2013 Anm. 1; *Meyering/Gröne*, Gesetz zur Stärkung des Ehrenamtes.Darstellung und Analyse der Änderungen, StuB 2013, 368; *von Oertzen/Friz*, Steuerliche Fragen der neuen (Familien-)Verbrauchsstiftung nach dem "Gesetz zur Stärkung des Ehrenamtes", BB 2014, 87.

Das Gesetz zur Stärkung des Ehrenamtes wurde als Gesetz zur Entbürokratisierung des Gemeinnützigkeitsrechts in den Bundestag eingebracht. Der Bundestag hat bereits am 1.2.2013 das Gesetz beschlossen. Das Gesetz trat rückwirkend zum 1.1.2013 in Kraft.

Die wichtigsten Änderungen betreffen die AO und das EStG. Im Einzelnen betreffen die Regelungen folgende Punkte:

Änderungen in der AO:

► Erleichterungen für die Zuführung ideeller Mittel in die freie Rücklage

► Gesetzliche Regelung einer Wiederbeschaffungsrücklage

► Verlängerung der Frist für die Verwendung ideeller Mittel

► Festlegung des Zeitraums für die Rücklagenzuführung

► Verlängerung der Frist für Vermögenszuführungen aus Erträgen bei neu gegründeten Stiftungen

► Festlegung des Zeitraums für das Ausstellen von Zuwendungsbestätigungen

► Gesonderte Feststellung der Einhaltung der satzungsmäßigen Voraussetzungen

Änderungen beim EStG:

► Entschärfung der Haftung der ehrenamtlich Tätigen

► Erhöhung der Freibeträge nach § 3 Nr. 26 EStG (Übungsleiterpauschale) und § 3 Nr. 26a EStG (Ehrenamtspauschale) von derzeit 2.100 €/500 € auf 2.400 €/720 €

Daten und Gesetzesmaterialien

19. 9. 2012	Referentenentwurf (http://www2.nwb.de/portal/content/ir/downloads/243697/2012-09-24-Gemeinnuetzigkeitsentbuerokratisierungsgesetz-GEG-anlage.pdf?referrer=www2.nwb.de)
24. 10. 2012	Gesetzentwurf der Bundesregierung (BT-Drucks 17/11316 u. BT-Drucks. 17/11632)
8. 11. 2012	1. Lesung Bundestag
17. 1. 2013	Beschlussempfehlung des Finanzausschusses (BT-Drucks. 17/12123)
1. 2. 2013	2. und 3. Lesung Bundestag
1. 3. 2013	Zustimmung des Bundesrates
28. 3. 2013	Verkündung des Gesetzes v. 21. 3. 2013 im BGBl I 2013, 556

II. Abgabenordnung

1. § 53 Nr. 2 AO

Mildtätige Zwecke

Eine Körperschaft verfolgt mildtätige Zwecke, wenn ihre Tätigkeit darauf gerichtet ist, Personen selbstlos zu unterstützen,

…

2. deren Bezüge nicht höher sind als das Vierfache des Regelsatzes der Sozialhilfe im Sinne des § 28 des Zwölften Buches Sozialgesetzbuch; beim Alleinstehenden oder Alleinerziehenden tritt an die Stelle des Vierfachen das Fünffache des Regelsatzes. Dies gilt nicht für Personen, deren Vermögen zur nachhaltigen Verbesserung ihres Unterhalts ausreicht und denen zugemutet werden kann, es dafür zu verwenden. Bei Personen, deren wirtschaftliche Lage aus besonderen Gründen zu einer Notlage geworden ist, dürfen die Bezüge oder das Vermögen die genannten Grenzen übersteigen. Bezüge im Sinne dieser Vorschrift sind

   a) Einkünfte im Sinne des § 2 Abs. 1 des Einkommensteuergesetzes und

   b) andere zur Bestreitung des Unterhalts bestimmte oder geeignete Bezüge,

aller Haushaltsangehörigen. **Zu berücksichtigen sind auch gezahlte und empfangene Unterhaltsleistungen. Die wirtschaftliche Hilfebedürftigkeit im vorstehenden Sinne ist bei Empfän-**

gern von Leistungen nach dem Zweiten oder Zwölften Buch Sozialgesetzbuch, des Wohngeldgesetzes, bei Empfängern von Leistungen nach § 27a des Bundesversorgungsgesetzes oder nach § 6a des Bundeskindergeldgesetzes als nachgewiesen anzusehen. Die Körperschaft kann den Nachweis mit Hilfe des jeweiligen Leistungsbescheids, der für den Unterstützungszeitraum maßgeblich ist, oder mit Hilfe der Bestätigung des Sozialleistungsträgers führen. Auf Antrag der Körperschaft kann auf einen Nachweis der wirtschaftlichen Hilfebedürftigkeit verzichtet werden, wenn auf Grund der besonderen Art der gewährten Unterstützungsleistung sichergestellt ist, dass nur wirtschaftlich hilfebedürftige Personen im vorstehenden Sinne unterstützt werden; für den Bescheid über den Nachweisverzicht gilt § 60a Abs. 3 bis 5 entsprechend. *[bisher: Zu den Bezügen zählen nicht Leistungen der Sozialhilfe, Leistungen zur Sicherung des Lebensunterhalts nach dem Zweiten Buch Sozialgesetzbuch und bis zur Höhe der Leistungen der Sozialhilfe Unterhaltsleistungen an Personen, die ohne die Unterhaltsleistungen sozialhilfeberechtigt wären, oder Anspruch auf Leistungen zur Sicherung des Lebensunterhalts nach dem Zweiten Buch Sozialgesetzbuch hätten. Unterhaltsansprüche sind zu berücksichtigen].*

Anwendungsvorschriften:

▶ Art. 12 Abs. 1 Ehrenamtsstärkungsgesetz lautet:

(1) Dieses Gesetz tritt vorbehaltlich der Absätze 2 bis 4 mit Wirkung vom 1. 1. 2013 in Kraft.

Erläuterungen

(Dr. Alois Th. Nacke, Richter am FG)

Ausgangspunkt der Änderungen in der AO ist, das Verfahren zur Feststellung, ob eine Körperschaft die satzungsmäßigen Voraussetzungen für steuerbegünstigte Zwecke erfüllt, zu standardisieren und rechtssicherer zu gestalten. So fehlten bisher Vorschriften über den Nachweis der wirtschaftlichen Hilfsbedürftigkeit einer unterstützten Person. Im Anwendungserlass wurde zwar klargestellt, dass es u. U. auf einen gesonderten Nachweis nicht ankommt. Die hier geregelte Verwaltungspraxis wurde nun gesetzlich festgeschrieben. So kann auf einen gesonderten Nachweis verzichtet werden, wenn die unterstützten Personen Sozialleistungen nach dem SGB II (Hartz IV) oder dem SGB XII (Sozialhilfe) beziehen. Die Vorlage entsprechender Leistungsbescheide genügt auch in den Fällen, in denen die Bedürftigen Sozialleistungen wie Wohngeld, Erziehungsbeihilfe oder Kinderzuschläge erhalten.

Zur Änderung führen die Gesetzesmaterialien im Einzelnen aus: „Gezahlte und empfangene Unterhaltsleistungen sind gleichermaßen bei der Beurteilung der finanziellen Situation der unterstützten Personen zu berücksichtigen. Dadurch entfällt auch die Prüfung, ob die unterstützen Personen ohne die Unterhaltsleistungen einen Anspruch auf Sozialleistungen hätten und auf welche Höhe sich diese Ansprüche belaufen würden. Da die wirtschaftliche Notlage bei Empfängern von Leistungen nach dem Zweiten und Zwölften Buch Sozialgesetzbuch, Leistungen nach § 27a des Bundesversorgungsgesetzes oder eines Kinderzuschlags nach § 6a des Bundeskindergeldgesetzes als nachgewiesen anzusehen ist (§ 53 Nr. 2 Satz 6 – neu – AO) muss die Regelung zur Nichtberücksichtigung der Leistungen nach dem Zweiten und Zwölften Buch Sozialgesetzbuch entfallen. … Die Beurteilung der wirtschaftlichen Notlage der unterstützten Personen ist für mildtätige Organisationen mit erheblichem Aufwand behaftet. Da sichergestellt sein muss, dass die ideellen Mittel auch für mildtätige Zwecke verwandt werden, ist eine Überprüfung grundsätzlich erforderlich. Künftig wird dazu auf die Prüfung einer anderen amtlichen Stelle abgestellt. Ist die wirtschaftliche Lage der unterstützten Person bereits festgestellt, dann bedarf es keiner zusätzlichen Kontrolle seitens der mildtätigen Organisation." (BT-Drucks. 17/11316, 13)

Überdies kann auf einen Nachweis verzichtet werden, wenn auf Grund der besonderen Art der gewährten Unterstützungsleistung sichergestellt ist, dass nur wirtschaftlich hilfebedürftige Personen unterstützt werden. Dies ist insbesondere der Fall, in dem Kleider oder Essen ausgegeben werden (z. B. durch eine sog. Tafel oder Kleiderkammer) (s. im Einzelnen *Hüttemann*, DB 2013, 774).

Zeitlicher Anwendungsbereich: Die Neuregelung gilt **ab 1. 1. 2013** (Art. 12 Abs. 1 Ehrenamtsstärkungsgesetz).

2. § 55 Abs. 1 Nr. 5 AO

Selbstlosigkeit

(1) Eine Förderung oder Unterstützung geschieht selbstlos, wenn dadurch nicht in erster Linie eigenwirtschaftliche Zwecke - zum Beispiel gewerbliche Zwecke oder sonstige Erwerbszwecke - verfolgt werden und wenn die folgenden Voraussetzungen gegeben sind:

...

5. Die Körperschaft muss ihre Mittel **vorbehaltlich des § 62** grundsätzlich zeitnah für ihre steuerbegünstigten satzungsmäßigen Zwecke verwenden. Verwendung in diesem Sinne ist auch die Verwendung der Mittel für die Anschaffung oder Herstellung von Vermögensgegenständen, die satzungsmäßigen Zwecken dienen. Eine zeitnahe Mittelverwendung ist gegeben, wenn die Mittel spätestens in den **auf den Zufluss folgenden zwei Kalender- oder Wirtschaftsjahren** *[bisher: dem auf den Zufluss folgenden Kalender- oder Wirtschaftsjahr]* für die steuerbegünstigten satzungsmäßigen Zwecke verwendet werden.

Anwendungsvorschriften:

▶Art. 12 Ehrenamtsstärkungsgesetz lautet:

(1) Dieses Gesetz tritt vorbehaltlich der Absätze 2 bis 4 mit Wirkung vom 1. 1. 2013 in Kraft.

...

(3) Artikel 1 Nr. 1 Buchst. b, Nr. 3 Buchst. a, Nr. 4 und 6 tritt am 1. 1. 2014 in Kraft.

Erläuterungen

(Dr. Alois Th. Nacke, Richter am FG)

Grundsätzlich müssen gemeinnützige Institutionen ihre Mittel zeitnah für die satzungsmäßigen Zwecke verwenden. Dies war bisher dann der Fall, wenn die Verwendung im auf den Zufluss der Mittel folgenden Wirtschaftsjahr erfolgte. Diese Frist ist nun von einem auf **zwei Jahre** erweitert worden.

BEISPIEL ▶ Wer also eine Zuwendung am 1. 6. 2013 erhalten hat, muss diese erst spätestens am 31. 12. 2015 verwendet haben.

Auch die Bildung von Rücklagen ist ausgeweitet worden. Hierzu nimmt der Gesetzeswortlaut auf § 62 AO Bezug, die die Vorschrift zur Rücklagenbildung betrifft. Es kann zwischen Rücklagen unterschieden werden, die an die satzungsmäßigen Zwecke der Körperschaft geknüpft wird und solchen, die hiervon grundsätzlich unabhängig sind (s. im Einzelnen § 60 AO).

Zeitlicher Anwendungsbereich: Die Neuregelung gilt **ab 1. 1. 2013** (Art. 12 Abs. 1 Ehrenamtsstärkungsgesetz); jedoch soweit die Änderung den Bezug auf § 62 AO betrifft, kommt diese Regelung erst **ab 1. 1. 2014** zur Anwendung (Art. 12 Abs. 3 Ehrenamtsstärkungsgesetz). Nach Ansicht von *Hüttemann* gilt die neue Verwendungsfrist auch für Zuwendungen des Jahres 2012 (*Hüttemann*, DB 2013, 774).

> **BEISPIEL** Eine Zuwendung vom 1. 3. 2012 ist am 1. 1. 2013 noch nicht verwendet worden. Sie kann daher noch bis Ende 2014 verwendet werden.

3. § 58 AO

Steuerlich unschädliche Betätigungen

Die Steuervergünstigung wird nicht dadurch ausgeschlossen, dass

...

3. eine Körperschaft ihre Überschüsse der Einnahmen über die Ausgaben aus der Vermögensverwaltung, ihre Gewinne aus den wirtschaftlichen Geschäftsbetrieben ganz oder teilweise und darüber hinaus höchstens 15 Prozent ihrer sonstigen nach § 55 Abs. 1 Nr. 5 zeitnah zu verwendenden Mittel einer anderen steuerbegünstigten Körperschaft oder einer juristischen Person des öffentlichen Rechts zur Vermögensausstattung zuwendet. Die aus den Vermögenserträgen zu verwirklichenden steuerbegünstigten Zwecke müssen den steuerbegünstigten satzungsmäßigen Zwecken der zuwendenden Körperschaft entsprechen. Die nach dieser Nummer zugewandten Mittel und deren Erträge dürfen nicht für weitere Mittelweitergaben im Sinne des ersten Satzes verwendet werden,

4. *[bisher: 3]* eine Körperschaft ihre Arbeitskräfte anderen Personen, Unternehmen, Einrichtungen oder einer juristischen Person des öffentlichen Rechts für steuerbegünstigte Zwecke zur Verfügung stellt,

5. *[bisher: 4]* eine Körperschaft ihr gehörende Räume einer anderen, ebenfalls steuerbegünstigten Körperschaft oder einer juristischen Person des öffentlichen Rechts zur Nutzung zu steuerbegünstigten Zwecken überlässt,

6. *[bisher: 5]* eine Stiftung einen Teil, jedoch höchstens ein Drittel ihres Einkommens dazu verwendet, um in angemessener Weise den Stifter und seine nächsten Angehörigen zu unterhalten, ihre Gräber zu pflegen und ihr Andenken zu ehren,

[aufgehoben: 6. eine Körperschaft ihre Mittel ganz oder teilweise einer Rücklage zuführt, soweit dies erforderlich ist, um ihre steuerbegünstigten satzungsmäßigen Zwecke nachhaltig erfüllen zu können,

7. *a) eine Körperschaft höchstens ein Drittel des Überschusses der Einnahmen über die Unkosten aus Vermögensverwaltung und darüber hinaus höchstens 10 Prozent ihrer sonstigen nach § 55 Abs. 1 Nr. 5 zeitnah zu verwendenden Mittel einer freien Rücklage zuführt,*

b) eine Körperschaft Mittel zum Erwerb von Gesellschaftsrechten zur Erhaltung der prozentualen Beteiligung an Kapitalgesellschaften ansammelt oder im Jahr des Zuflusses verwendet; diese

Beträge sind auf die nach Buchstabe a in demselben Jahr oder künftig zulässigen Rücklagen anzurechnen,]

7. *[bisher: 8]* eine Körperschaft gesellige Zusammenkünfte veranstaltet, die im Vergleich zu ihrer steuerbegünstigten Tätigkeit von untergeordneter Bedeutung sind,

8. *[bisher: 9]* ein Sportverein neben dem unbezahlten auch den bezahlten Sport fördert,

9. *[bisher: 10]*eine von einer Gebietskörperschaft errichtete Stiftung zur Erfüllung ihrer steuerbegünstigten Zwecke Zuschüsse an Wirtschaftsunternehmen vergibt,

10.**eine Körperschaft Mittel zum Erwerb von Gesellschaftsrechten zur Erhaltung der prozentualen Beteiligung an Kapitalgesellschaften im Jahr des Zuflusses verwendet. Dieser Erwerb mindert die Höhe der Rücklage nach § 62 Abs. 1 Nummer 3.** *[bisher: 11. eine Körperschaft folgende Mittel ihrem Vermögen zuführt:*

a) *Zuwendungen von Todes wegen, wenn der Erblasser keine Verwendung für den laufenden Aufwand der Körperschaft vorgeschrieben hat,*

b) *Zuwendungen, bei denen der Zuwendende ausdrücklich erklärt, dass sie zur Ausstattung der Körperschaft mit Vermögen oder zur Erhöhung des Vermögens bestimmt sind,*

c) *Zuwendungen auf Grund eines Spendenaufrufs der Körperschaft, wenn aus dem Spendenaufruf ersichtlich ist, dass Beträge zur Aufstockung des Vermögens erbeten werden,*

d) *Sachzuwendungen, die ihrer Natur nach zum Vermögen gehören,*

12.*eine Stiftung im Jahr ihrer Errichtung und in den zwei folgenden Kalenderjahren Überschüsse aus der Vermögensverwaltung und die Gewinne aus wirtschaftlichen Geschäftsbetrieben (§ 14) ganz oder teilweise ihrem Vermögen zuführt.]*

Anwendungsvorschriften:

►Art. 12 Abs. 3 Ehrenamtsstärkungsgesetz lautet:

(3) Artikel 1 Nr. 1 Buchst. b, Nr. 3 Buchst. a, Nr. 4 *[hier: Art. 1 Nr. 4]* **und 6 tritt am 1. 1. 2014 in Kraft.**

Erläuterungen

(Dr. Alois Th. Nacke, Richter am FG)

Nach **§ 58 Nr. AO** n. F. können gemeinnützige Einrichtungen Überschüsse der Einnahmen über die Ausgaben aus der Vermögensverwaltung, ihre Gewinne aus den wirtschaftlichen Geschäftsbetrieben ganz oder teilweise und darüber hinaus höchstens 15 Prozent ihrer sonstigen nach § 55 Absatz 1 Nummer 5 zeitnah zu verwendenden Mittel einer anderen steuerbegünstigten Körperschaft übergeben, ohne die Steuervergünstigung zu verlieren. Nach Satz 3 ist die Weitergabe der zugewandten Mittel nicht begünstigt. Damit soll eine „Vermögensausstattungskaskade" verhindert werden (vgl. *Hüttemann*, DB 2013, 774 f.).

Bei der Frage, ob die gleichen Zwecke auch von der Körperschaft verwirklicht werden, die die Mittel erhalten hat, sollte kein allzu strenger Maßstab angewandt werden. Die Zweckregelung in den Satzungen muss entsprechen.

Die Mittel müssen das Vermögen der Körperschaft erhöhen. Somit kommt nur dann eine Steuerbegünstigung dann in Betracht, wenn die Hingabe von Kapital bei Gründung einer neuen Körperschaft im Rahmen einer Kapitalerhöhung bzw. Zustiftung erfolgt. Der Kauf von Anteilen an einer Körperschaft reicht nicht aus (ebenso *Hüttemann*, DB 2013, 775).

Zur Änderung in **§ 58 Nr. 10 AO** führen die Gesetzesmaterialien Folgendes aus: „Die Regelung entspricht teilweise der bisherigen Regelung in § 58 Nr. 7b AO. Die Möglichkeit, eine Rücklage zum Erwerb von Gesellschaftsrechten zur Erhaltung der prozentualen Beteiligung an Kapitalgesellschaften zu bilden, wird nunmehr in § 62 Abs. 1 Nr. 4 AO geregelt. Es ist weiterhin möglich, die Mittel sowohl im Jahr des Zuflusses zum Erwerb zu verwenden als auch ein Teil der Mittel in eine Rücklage nach § 62 Abs. 1 Nr. 4 AO einzustellen."

Zeitlicher Anwendungsbereich: Die Neuregelung gilt **ab 1. 1. 2014** (Art. 12 Abs. 3 Ehrenamtsstärkungsgesetz).

4. § 60a AO

Feststellung der satzungsmäßigen Voraussetzungen

(1) Die Einhaltung der satzungsmäßigen Voraussetzungen nach den §§ 51, 59, 60 und 61 wird gesondert festgestellt. Die Feststellung der Satzungsmäßigkeit ist für die Besteuerung der Körperschaft und der Steuerpflichtigen, die Zuwendungen in Form von Spenden und Mitgliedsbeiträgen an die Körperschaft erbringen, bindend.

(2) Die Feststellung der Satzungsmäßigkeit erfolgt

1. auf Antrag der Körperschaft oder

2. von Amts wegen bei der Veranlagung zur Körperschaftsteuer, wenn bisher noch keine Feststellung erfolgt ist.

(3) Die Bindungswirkung der Feststellung entfällt ab dem Zeitpunkt, in dem die Rechtsvorschriften, auf denen die Feststellung beruht, aufgehoben oder geändert werden.

(4) Tritt bei den für die Feststellung erheblichen Verhältnissen eine Änderung ein, ist die Feststellung mit Wirkung vom Zeitpunkt der Änderung der Verhältnisse aufzuheben.

(5) Materielle Fehler im Feststellungsbescheid über die Satzungsmäßigkeit können mit Wirkung ab dem Kalenderjahr beseitigt werden, das auf die Bekanntgabe der Aufhebung der Feststellung folgt. § 176 gilt entsprechend, außer es sind Kalenderjahre zu ändern, die nach der Verkündung der maßgeblichen Entscheidung eines obersten Gerichtshofes des Bundes beginnen.

Anwendungsvorschriften:

► Art. 12 Abs. 2 Ehrenamtsstärkungsgesetz lautet:

(2) Artikel 1 Nr. 1 Buchst. a, Nr. 5 *[hier: Art. 1 Nr. 5]* und 7, Art. 3 und 6 Nr. 2 bis 5 sowie Art. 7 treten am Tag nach der Verkündung in Kraft.

Erläuterungen

(Dr. Alois Th. Nacke, Richter am FG)

„Die Regelung schafft ein neues Verfahren zur Überprüfung der Frage, ob die Satzung einer Körperschaft den Anforderungen der Abgabenordnung genügt. Die Bindungswirkung dieser Feststellung schafft Rechtssicherheit für die steuerbegünstigten Körperschaften. Diese **Feststellung** löst das bisherige Verfahren der **vorläufigen Bescheinigung** [vgl. Tz. 4 ff. zu § 59 AEAO] ab. Die Entscheidung über den Antrag ist im Gegensatz zur vorläufigen Bescheinigung ein Verwaltungsakt. Dies bedeutet ein bessere Rechtsschutzmöglichkeit für die Körperschaften, deren Antrag nicht entsprochen wurde." (BT-Drucks. 17/11316, 13) Bis zur ersten Körperschaftsteuerveranlagung dient dieser **Feststellungsbescheid nach § 60a AO** die Grundlage für Einwerbung von Spenden in der Gründungsphase (s. zum praktischen Ablauf der Gründungsphase *Hüttemann*, DB 2013, 775).

Welchen Rechtscharakter die vorläufige Bescheinigung besaß und welche Rechtschutzmöglichkeiten hiergegen bestanden, war bisher unklar. Die Finanzverwaltung vertrat – wie auch die Gesetzesbegründung – insoweit die Auffassung, dass die vorläufige Bescheinigung kein Verwaltungsakt sei. Durch den neuen § 60a AO wird nun ein **rechtsbehelfsfähiges Instrument** geschaffen, dass diese Probleme beseitigt. Darüber hinaus ist das Finanzgericht im Rahmen einer Prüfung der satzungsmäßigen Gemeinnützigkeit nach § 182 AO an die Feststellung in dem Bescheid nach § 60a AO gebunden (ebenso *Hüttemann*, DB 2013, 776). Weiterhin erstreckt sich die Feststellungswirkung auch auf die Festsetzung anderer Einzelsteuern (z. B. USt). Auch die Wohnsitzfinanzämter der Spender und Mitglieder sind an die Feststellung gebunden (*Hüttemann*, DB 2013, 776).

Auch Körperschaften mit Sitz in einem EU-Staat können diesen Feststellungsbescheid nach § 60a AO erhalten. Welches Finanzamt dann zuständig ist, wenn kein Sitz oder Geschäftsleitung im Inland vorhanden ist, ist unklar. Nach Auffassung in der Literatur richtet sich die Zuständigkeit nach § 20 Abs. 3 und 4 AO (*Schauhoff/Kirchhain*, FR 2013, 305; *Hüttemann*, DB 2013, 776).

Fischer weist in diesem Zusammenhang auf ein wichtiges Problem hin worauf sich die gemeinnützigen Körperschaften einstellen müssen: „Besondere Aufmerksamkeit verdient der Umstand, dass gem. § 60a Abs. 2 Nr. 2 AO die formelle Satzungsmäßigkeit von Amts wegen bei der Veranlagung zur Körperschaftsteuer zu prüfen ist, wenn bisher noch keine Feststellung erfolgt ist. Der Wortlaut der Norm legt somit nahe, dass sämtliche – auch bereits seit langem als steuerbegünstigt anerkannte – Körperschaften bei der jeweils künftigen Körperschaftsteuerveranlagung mit einer Überprüfung der formellen Satzungsmäßigkeit zu rechnen haben.

Dies kann dazu führen, dass in einer Vielzahl von Fällen nunmehr Verstöße gegen die formelle Satzungsmäßigkeit festgestellt werden. Hierbei ist insbesondere zu beachten, dass durch das Jahressteuergesetz 2009 (BGBl I 2009, 2794) die zuvor in der Anlage 1 zu § 60 AEAO enthaltene sog. Mustersatzung für steuerbegünstigte Körperschaften in die Anlage zu § 60 AO aufgenommen wurde und zugleich Art. 97 § 1f Abs. 2 EGAO (sowie AEAO, Tz. 3 zu § 60 AO) anordnet, dass sämtliche Formulierungen der gesetzlichen Mustersatzung nicht nur bei Neugründungen, sondern auch bei nach dem 31. 12. 2008 erfolgten Satzungsänderungen zwingend zu übernehmen sind." (*Fischer*, jurisPR-SteuerR 12/2013 Anm. 1).

Zeitlicher Anwendungsbereich: Die Neuregelung gilt **ab 29. 3. 2014** (Art. 12 Abs. 2 Ehrenamtsstärkungsgesetz).

5. § 62 AO

Rücklagen und Vermögensbildung

(1) Körperschaften können ihre Mittel ganz oder teilweise

1. einer Rücklage zuführen, soweit dies erforderlich ist, um ihre steuerbegünstigten, satzungs-mäßigen Zwecke nachhaltig zu erfüllen;

2. einer Rücklage für die beabsichtigte Wiederbeschaffung von Wirtschaftsgütern zuführen, die zur Verwirklichung der steuerbegünstigten, satzungsmäßigen Zwecke erforderlich sind (Rücklage für Wiederbeschaffung). Die Höhe der Zuführung bemisst sich nach der Höhe der regulären Absetzungen für Abnutzung eines zu ersetzenden Wirtschaftsguts. Die Vorausset-zungen für eine höhere Zuführung sind nachzuweisen;

3. der freien Rücklage zuführen, jedoch höchstens ein Drittel des Überschusses aus der Ver-mögensverwaltung und darüber hinaus höchstens 10 Prozent der sonstigen nach § 55 Abs. 1 Nr. 5 zeitnah zu verwendenden Mittel. Ist der Höchstbetrag für die Bildung der freien Rück-lage in einem Jahr nicht ausgeschöpft, kann diese unterbliebene Zuführung in den folgen-den zwei Jahren nachgeholt werden;

4. einer Rücklage zum Erwerb von Gesellschaftsrechten zur Erhaltung der prozentualen Betei-ligung an Kapitalgesellschaften zuführen, wobei die Höhe dieser Rücklage die Höhe der Rücklage nach Nr. 3 mindert.

(2) Die Bildung von Rücklagen nach Abs. 1 hat innerhalb der Frist des § 55 Abs. 1 Nr. 5 Satz 3 zu erfolgen. Rücklagen nach Abs. 1 Nr. 1, 2 und 4 sind unverzüglich aufzulösen, sobald der Grund für die Rücklagenbildung entfallen ist. Die freigewordenen Mittel sind innerhalb der Frist nach § 55 Abs. 1 Nr. 5 Satz 3 zu verwenden.

(3) Die folgenden Mittelzuführungen unterliegen nicht der zeitnahen Mittelverwendung nach § 55 Abs. 1 Nr. 5:

1. Zuwendungen von Todes wegen, wenn der Erblasser keine Verwendung für den laufenden Aufwand der Körperschaft vorgeschrieben hat;

2. Zuwendungen, bei denen der Zuwendende ausdrücklich erklärt, dass diese zur Ausstattung der Körperschaft mit Vermögen oder zur Erhöhung des Vermögens bestimmt sind;

3. Zuwendungen auf Grund eines Spendenaufrufs der Körperschaft, wenn aus dem Spenden-aufruf ersichtlich ist, dass Beträge zur Aufstockung des Vermögens erbeten werden;

4. Sachzuwendungen, die ihrer Natur nach zum Vermögen gehören.

(4) Eine Stiftung kann im Jahr ihrer Errichtung und in den drei folgenden Kalenderjahren Über-schüsse aus der Vermögensverwaltung und die Gewinne aus wirtschaftlichen Geschäftsbetrie-ben nach § 14 ganz oder teilweise ihrem Vermögen zuführen.

[bisher: § 62 weggefallen]

Anwendungsvorschriften:

▶ Art. 12 Abs. 3 Ehrenamtsstärkungsgesetz lautet:

(3) Artikel 1 Nr. 1 Buchst. b, Nr. 3 Buchst. a, Nr. 4 und 6 *[hier Art. 1 Nr. 6]* tritt am 1.1.2014 in Kraft.

Erläuterungen

(Dr. Alois Th. Nacke, Richter am FG)

Gemeinnützige Körperschaften unterliegen dem Gebot der zeitnahen Mittelverwendung. Eine Ausnahme regelt § 62 AO n. F.

Der Gesetzgeber sieht in § 62 AO n. F. einen Ausdruck der Stärkung der gemeinnützigen Körperschaft. Dort heißt es nämlich: „Rücklagenbildung und Zuführung von Mitteln zum Vermögen dient der dauerhaften Sicherung der Zweckerfüllung. Rechtlich sind die Rücklagen und Vermögenszuführungen allerdings Ausnahmen vom Grundsatz der zeitnahen Mittelverwendung. Die Verortung dieser Regelungen in § 62 AO ist die gesetzessystematische Unterstreichung dieser Einordnung als Ausnahme. Gleichzeitig wird die Bedeutung dieser Instrumentarien als Möglichkeit zur Erhaltung und Steigerung der Leistungsfähigkeit der steuerbegünstigten Körperschaften gesetzlich dokumentiert." (BT-Drucks. 17/11316, 14)

Nach der Neuregelung können unter bestimmten Bedingungen Rücklagen gebildet werden. Die gesetzliche Neuregelung beinhaltet teilweise schon bisher gesetzlich geregelte Maßnahmen. Die folgende Übersicht ermöglicht die Zuordnung der neuen Regelungen zu teilweise schon bisher vorhandenen Vorschriften (s. *Fischer*, jurisPR-SteuerR 12/2013 Anm. 1):

§ 58 a.F.	§ 58 n. F.	§ 62 n. F.
	Nr. 3: Vermögensausstattung dritter Körperschaften	
Nrn. 3-5	Nrn. 4-6	
Nr. 6		Abs. 1 Nrn. 1, 2
Nr. 7a, b		Abs. 1 Nrn. 3, 4
Nrn. 8-10	Nrn. 6-8	

Im Einzelnen sind folgende Bestimmungen von besonderer Bedeutung:

▶ § 62 Abs. 1 Nr. 2 AO n. F. bestimmt die gesetzliche Normierung der so genannten **Wiederbeschaffungsrücklage**, wonach für Ersatzinvestitionen ein Betrag in Höhe der Absetzungen der Abnutzungen der Rücklage zugeführt werden kann. Diese – pauschale – Rücklagenzuführung war in der jüngeren Verwaltungspraxis nicht mehr anerkannt worden, vgl. AEAO, Tz. 10 zu § 58 Nr. 6 AO. (s. *Fischer*, jurisPR-SteuerR 12/2013 Anm. 1)

▶ Wie in vorstehender Übersicht dargestellt, enthält § 62 Abs. 1 Nr. 3 AO n. F. die Regelung zur so genannten **freien Rücklage** und entspricht § 58 Nr. 7a AO a. F. Neu ist aber, dass steuerbegünstigte Körperschaften nunmehr das bislang nicht ausgeschöpfte Volumen für die freie Rücklage zwei Jahre vortragen können. (s. *Fischer*, jurisPR-SteuerR 12/2013 Anm. 1)

▶ Nach § 62 Abs. 4 AO n. F. wurde der Zeitraum für die Zuführungen zum Vermögen neu errichteter Stiftungen von drei auf vier Jahre erweitert.

Zeitlicher Anwendungsbereich: Die Neuregelung gilt **ab 1. 1. 2014** (Art. 12 Abs. 3 Ehrenamtsstärkungsgesetz).

6. § 63 AO

Anforderungen an die tatsächliche Geschäftsführung

...

(4) Hat die Körperschaft ohne Vorliegen der Voraussetzungen Mittel angesammelt, kann das Finanzamt ihr eine angemessene Frist für die Verwendung der Mittel setzen. *[bisher: (4) Hat die Körperschaft Mittel angesammelt, ohne dass die Voraussetzungen des § 58 Nr. 6 und 7 vorliegen, kann das Finanzamt ihr eine Frist für die Verwendung der Mittel setzen. Die tatsächliche Geschäftsführung gilt als ordnungsgemäß im Sinne des Absatzes 1, wenn die Körperschaft die Mittel innerhalb der Frist für steuerbegünstigte Zwecke verwendet.]*

(5) Körperschaften im Sinne des § 10b Abs. 1 Satz 2 Nr. 2 des Einkommensteuergesetzes dürfen Zuwendungsbestätigungen im Sinne des § 50 Abs. 1 der Einkommensteuer-Durchführungsverordnung nur ausstellen, wenn

1. das Datum der Anlage zum Körperschaftsteuerbescheid oder des Freistellungsbescheids nicht länger als fünf Jahre zurückliegt oder

2. die Feststellung der Satzungsmäßigkeit nach § 60a Abs. 1 nicht länger als drei Kalenderjahre zurückliegt und bisher kein Freistellungsbescheid oder keine Anlage zum Körperschaftsteuerbescheid erteilt wurde.

Die Frist ist taggenau zu berechnen.

Anwendungsvorschriften:

► Art. 12 Abs. 2 Ehrenamtsstärkungsgesetz lautet:

(2) Artikel 1 Nr. 1 Buchst. a, Nr. 5 und 7*[hier: Art. 1 Nr. 7]*, Art. 3 und 6 Nr. 2 bis 5 sowie Art. 7 treten am Tag nach der Verkündung in Kraft.

Erläuterungen

(Dr. Alois Th. Nacke, Richter am FG)

I. Änderung des § 63 Abs. 4 AO

Neu in der Regelung ist vor Allem, dass die Frist für die Verwendung der Mittel **angemessen** sein muss. War im Gesetzentwurf noch in Satz 2 des § 63 Abs. 4 AO geregelt, dass die Frist maximal 2 Jahre betragen darf, enthält das Gesetz nunmehr keine weitere Aussage zur Angemessenheit.

Um hier wohl dem Einzelfall gerecht zu werden, enthält das Gesetz keine weiteren Bestimmungen zur Angemessenheit. Hier ist der Literatur (*Emser*, NWB 2013, 914) zuzustimmen, dass sich die Angemessenheit an der Situation der jeweiligen Körperschaft zu orientieren hat. Einer kleineren Körperschaft wird es schwerer fallen, einen größeren Geldbetrag einzusetzen, als einer größeren Körperschaft, die viele Projekte finanziert. Die Frist ist daher bei dem gleichen Geldbetrag für die kleinere Körperschaft entsprechend länger zu bemessen (*Emser*, NWB 2013, 914).

Der Begriff der "Angemessenheit" steht für Wertungen offen. Damit ist die Grenze zur Unangemessenheit noch nicht überschritten, wenn die Betrachtung eine Abweichung vom Optimum ergibt. Vielmehr muss eine deutliche Überschreitung der äußersten Grenze des Angemessenen festzustellen sein (vgl. zur Angemessenheit einer Verfahrensdauer BFH-Urt. v. 7. 11. 2013 X K

13/12, BStBl II 2014, 179). Dies ist letztlich wegen der Einzelfallbezogenheit erst in einem gerichtlichen Verfahren feststellbar, so dass der Berater diese Unwägbarkeit bei der Entscheidung über die Einhaltung der Angemessenheit berücksichtigen sollte.

II. Ergänzung des § 63 Abs. 5 AO

„Der Zeitraum, in dem steuerbegünstigte Körperschaften im Sinne des § 10b Abs. 1 Satz 2 Nr. 2 EStG Zuwendungsbestätigungen nach § 50 der Einkommensteuer-Durchführungsverordnung (EStDV) ausstellen dürfen, wird gesetzlich definiert. Das erhöht die Rechtssicherheit sowohl für die Aussteller der Zuwendungsbestätigungen als auch für die Spender selbst. Durch die gesetzliche Regelung wird sichergestellt, dass nur die steuerbegünstigten Körperschaften Zuwendungsbestätigungen ausstellen können, die in regelmäßigem Zeitabstand die Voraussetzungen für ihre Steuerbegünstigung durch das Finanzamt überprüfen lassen. Die Regelung ermöglicht auch den Körperschaften Zuwendungsbestätigungen auszustellen, die noch keinen Freistellungsbescheid oder eine Anlage zum Körperschaftsteuerbescheid erhalten haben. Wurde bei den betroffenen Körperschaften festgestellt, dass die satzungsmäßigen Voraussetzungen eingehalten wurden, dann ist aufgrund dieser

Feststellung das Ausstellen der Zuwendungsbestätigungen für zwei Kalenderjahre möglich *[Ergänzung des Autors: Der Zeitrahmen für das Ausstellen von Zuwendungsbestätigungen nach Nr. 2 wurde im Finanzausschuss auf drei Jahre erhöht].*" (BT-Drucks. 17/11316, 14)

Zu beachten ist, dass in Zukunft ein Spendenabzug beim Empfänger nur dann in Betracht kommt, wenn die Voraussetzungen des § 63 Abs. 5 vorliegen. Dies ergibt sich aus der Änderung der EStDV durch das Ehrenamtsstärkungsgesetz (§ 50 Abs. 1 Satz 1 ESTDV n. F.).

Des Weiteren ist zu beachten, dass auch der Anwendungserlass zur AO zu § 63 AO geändert worden ist (s. zu § 63 AEAO).

III. Zeitlicher Anwendungsbereich

Die Neuregelungen sind **ab dem 29. 3. 2013** in Kraft getreten (Art. 12 Abs. 2 Ehrenamtsstärkungsgesetz).

7.   § 67a AO

Sportliche Veranstaltungen

(1) Sportliche Veranstaltungen eines Sportvereins sind ein Zweckbetrieb, wenn die Einnahmen einschließlich Umsatzsteuer insgesamt **45 000 Euro** *[bisher: 35.000 EUR]* im Jahr nicht übersteigen. Der Verkauf von Speisen und Getränken sowie die Werbung gehören nicht zu den sportlichen Veranstaltungen.

...

Anwendungsvorschriften:

▶ Art. 12 Abs. 1 Ehrenamtsstärkungsgesetz lautet:

(1) Dieses Gesetz tritt vorbehaltlich der Absätze 2 bis 4 mit Wirkung vom 1. 1. 2013 in Kraft.

Erläuterungen

(Dr. Alois Th. Nacke, Richter am FG)

Die Jahresumsatzgrenze für die Klassifizierung von sportlichen Veranstaltungen eines Sportvereins als Zweckbetrieb wurde um 10 000 € auf 45 000 € angehoben. Hintergrund ist, die eher am Breitensport orientierten Vereine über vereinfachende steuerliche Rahmenbedingungen von Bürokratielasten zu entbinden. Insbesondere entfällt die Pflicht, die Ausgaben detailliert dem steuerpflichtigen bzw. dem steuerfreien Bereich zuzuordnen. Auch der Einsatz ehrenamtlicher Helfer in dann diesem Bereich ist weiter unproblematisch möglich (vgl. BT-Drucks. 17/11316, 15)

Zeitlicher Anwendungsbereich: Die neue Grenze gilt **ab 2013**.

III. Einkommensteuergesetz

1. § 3 Nr. 26 und Nr. 26a EStG

Steuerfrei sind

...

26. Einnahmen aus nebenberuflichen Tätigkeiten als Übungsleiter, Ausbilder, Erzieher, Betreuer oder vergleichbaren nebenberuflichen Tätigkeiten, aus nebenberuflichen künstlerischen Tätigkeiten oder der nebenberuflichen Pflege alter, kranker oder behinderter Menschen im Dienst oder im Auftrag einer juristischen Person des öffentlichen Rechts, die in einem Mitgliedstaat der Europäischen Union oder in einem Staat belegen ist, auf den das Abkommen über den Europäischen Wirtschaftsraum Anwendung findet, oder einer unter § 5 Abs. 1 Nr. 9 des Körperschaftsteuergesetzes fallenden Einrichtung zur Förderung gemeinnütziger, mildtätiger und kirchlicher Zwecke (§§ 52 bis 54 der Abgabenordnung) bis zur Höhe von insgesamt **2 400 Euro** *[bisher 2 100 EUR]* im Jahr. [2]Überschreiten die Einnahmen für die in Satz 1 bezeichneten Tätigkeiten den steuerfreien Betrag, dürfen die mit den nebenberuflichen Tätigkeiten in unmittelbarem wirtschaftlichen Zusammenhang stehenden Ausgaben abweichend von § 3c nur insoweit als Betriebsausgaben oder Werbungskosten abgezogen werden, als sie den Betrag der steuerfreien Einnahmen übersteigen;

26a. Einnahmen aus nebenberuflichen Tätigkeiten im Dienst oder Auftrag einer juristischen Person des öffentlichen Rechts, die in einem Mitgliedstaat der Europäischen Union oder in einem Staat belegen ist, auf den das Abkommen über den Europäischen Wirtschaftsraum Anwendung findet, oder einer unter § 5 Abs. 1 Nr. 9 des Körperschaftsteuergesetzes fallenden Einrichtung zur Förderung gemeinnütziger, mildtätiger und kirchlicher Zwecke (§§ 52 bis 54 der Abgabenordnung) bis zur Höhe von insgesamt **720 Euro** *[bisher: 500 EUR]* im Jahr. [2]Die Steuerbefreiung ist ausgeschlossen, wenn für die Einnahmen aus der Tätigkeit – ganz oder teilweise – eine Steuerbefreiung nach § 3 Nr. 12, 26 oder 26b gewährt wird. [3]Überschreiten die Einnahmen für die in Satz 1 bezeichneten Tätigkeiten den steuerfreien Betrag, dürfen die mit den nebenberuflichen Tätigkeiten in unmittelbarem wirtschaftlichen Zusammenhang stehenden Ausgaben abweichend von § 3c nur insoweit als Betriebsausgaben oder

Werbungskosten abgezogen werden, als sie den Betrag der steuerfreien Einnahmen übersteigen;

...

Anwendungsvorschriften:

►Art. 12 Abs. 1 Ehrenamtsstärkungsgesetz lautet:

(1) Dieses Gesetz tritt vorbehaltlich der Absätze 2 bis 4 mit Wirkung vom 1. 1. 2013 in Kraft.

Erläuterungen

(Dr. Alois Th. Nacke, Richter am FG)

Mit der Erhöhung soll das ehrenamtliche Engagement der Bürger steuerlich gefördert werden. In Nr. 26 wurde daher eine Erhöhung um 300 € vorgenommen. In Nr. 26a werden die dortigen Tätigkeiten mit 60 € monatlich nunmehr steuerlich gefördert.

Zeitlicher Anwendungsbereich: Hier sieht zwar Art. 12 Abs. 1 Ehrenamtsstärkungsgesetz ein **Inkrafttreten ab 1. 1. 2013** vor; jedoch wurde mit dem Art.-Gesetz nicht § 52 Abs. 1 EStG geändert. Nach der am 1. 1. 2013 geltenden Regelung des § 52 Abs. 1 EStG kam grundsätzlich eine Anwendung der einkommensteuerlichen Regelungen **ab VZ 2012** in Betracht. Deshalb wird die Ansicht vertreten, dass die einkommensteuerlichen Änderungen schon ab VZ 2012 zur Anwendung kommen (*Hechtner/Sielaff*, DStR 2013, 1313; a. A. Bundesregierung s. Stellungnahme des Parlamentarischen Staatssekretärs Koschyk in BT-Drucks. 17/12984, 15f). *Heinicke* weist jedoch darauf hin, dass das EStG in der Fassung des StVerG 2013 v. 20. 2. 2013 durch das Ehrenamtsstärkungsgesetz geändert wurde (s. Einleitung zu Art. 2). StVerG 2013 ordnet aber in § 52 Abs. 1 EStG eine grundsätzliche Anwendung des EStG **ab VZ 2014** an (Schmidt/*Heinicke*, § 3 ABC Nebeneinkünfte a.ee.).

Da der Gesetzgeber unstreitig eine Anwendung der Neuregelungen ab VZ 2013 wollte (s. Gesetzesmaterialien und *Hechtner/Sielaff*, DStR 2013, 1313, 1315), dürfte m. E. eine Auslegung der gesetzgeberischen Regelungen im Ehrenamtsstärkungsgesetz (Einleitung zu Art. 2 und Art. 12 Abs. 1) ergeben, dass eine Anwendung **ab VZ 2013** vorzunehmen ist.

2. § 10b EStG

Steuerbegünstigte Zwecke

...

(1a) [1]Spenden zur Förderung steuerbegünstigter Zwecke im Sinne der §§ 52 bis 54 der Abgabenordnung **in das zu erhaltende Vermögen (Vermögensstock) einer Stiftung** *[bisher: in den Vermögensstock einer Stiftung]*, welche die Voraussetzungen des Absatzes 1 Satz 2 bis 6 erfüllt, können auf Antrag des Steuerpflichtigen im Veranlagungszeitraum der Zuwendung und in den folgenden neun Veranlagungszeiträumen bis zu einem Gesamtbetrag von 1 Million Euro, **bei Ehegatten, die nach den §§ 26, 26b zusammen veranlagt werden, bis zu einem Gesamtbetrag von 2 Millionen Euro**, zusätzlich zu den Höchstbeträgen nach Abs. 1 Satz 1 abgezogen werden. [2]**Nicht abzugsfähig nach Satz 1 sind Spenden in das verbrauchbare Vermögen einer Stiftung.** [3]Der besondere Abzugsbetrag nach Satz 1 bezieht sich auf den gesamten Zehnjahreszeitraum und kann der Höhe nach innerhalb dieses Zeitraums nur einmal in Anspruch genommen werden. [4]§ 10d Abs. 4 gilt entsprechend.

…

(3) [1]Als Zuwendung im Sinne dieser Vorschrift gilt auch die Zuwendung von Wirtschaftsgütern mit Ausnahme von Nutzungen und Leistungen. [2]Ist das Wirtschaftsgut unmittelbar vor seiner Zuwendung einem Betriebsvermögen entnommen worden, **so bemisst sich die Zuwendungshöhe nach dem Wert, der bei der Entnahme angesetzt wurde und nach der Umsatzsteuer, die auf die Entnahme entfällt** *[bisher: so darf bei der Ermittlung der Zuwendungshöhe der bei der Entnahme angesetzte Wert nicht überschritten werden]*. [3]Ansonsten bestimmt sich die Höhe der Zuwendung nach dem gemeinen Wert des zugewendeten Wirtschaftsguts, wenn dessen Veräußerung im Zeitpunkt der Zuwendung keinen Besteuerungstatbestand erfüllen würde. [4]In allen übrigen Fällen dürfen bei der Ermittlung der Zuwendungshöhe die fortgeführten Anschaffungs- oder Herstellungskosten nur überschritten werden, soweit eine Gewinnrealisierung stattgefunden hat. [5]Aufwendungen zugunsten einer Körperschaft, die zum Empfang steuerlich abziehbarer Zuwendungen berechtigt ist, können nur abgezogen werden, wenn ein Anspruch auf die Erstattung der Aufwendungen durch Vertrag oder Satzung eingeräumt und auf die Erstattung verzichtet worden ist. [6]Der Anspruch darf nicht unter der Bedingung des Verzichts eingeräumt worden sein.

(4) [1]Der Steuerpflichtige darf auf die Richtigkeit der Bestätigung über Spenden und Mitgliedsbeiträge vertrauen, es sei denn, dass er die Bestätigung durch unlautere Mittel oder falsche Angaben erwirkt hat oder dass ihm die Unrichtigkeit der Bestätigung bekannt oder infolge grober Fahrlässigkeit nicht bekannt war. [2]Wer vorsätzlich oder *[bisher: oder wer]* grob fahrlässig eine unrichtige Bestätigung ausstellt oder veranlasst, dass Zuwendungen nicht zu den in der Bestätigung angegebenen steuerbegünstigten Zwecken verwendet werden, haftet für die entgangene Steuer. [3]Diese ist mit 30 Prozent des zugewendeten Betrags anzusetzen. [4]In den Fällen des Satzes 2 zweite Alternative (Veranlasserhaftung) ist vorrangig der Zuwendungsempfänger in Anspruch zu nehmen; die in diesen Fällen für den Zuwendungsempfänger handelnden natürlichen Personen sind nur in Anspruch zu nehmen, wenn die entgangene Steuer nicht nach § 47 der Abgabenordnung erloschen ist und Vollstreckungsmaßnahmen gegen den Zuwendungsempfänger nicht erfolgreich sind. [5]Die Festsetzungsfrist für Haftungsansprüche nach Satz 2 läuft nicht ab, solange die Festsetzungsfrist für von dem Empfänger der Zuwendung geschuldete Körperschaftsteuer für den Veranlagungszeitraum nicht abgelaufen ist, in dem die unrichtige Bestätigung ausgestellt worden ist oder veranlasst wurde, dass die Zuwendung nicht zu den in der Bestätigung angegebenen steuerbegünstigten Zwecken verwendet worden ist; § 191 Absatz 5 der Abgabenordnung ist nicht anzuwenden.

Anwendungsvorschriften:

▶ Art. 12 Abs. 1 Ehrenamtsstärkungsgesetz lautet:

(1) Dieses Gesetz tritt vorbehaltlich der Absätze 2 bis 4 mit Wirkung vom 1. Januar 2013 in Kraft.

Erläuterungen

(Dr. Alois Th. Nacke, Richter am FG)

Die Gesetzesänderungen werden in der Gesetzesbegründung wie folgt erläutert:

I. § 10b Abs. 1a EStG

„Abziehbar nach Absatz 1a sind Spenden in den Vermögens stock einer Stiftung. Gesetzlich klargestellt wird, dass es sich bei dem Vermögensstock einer Stiftung um das zu erhaltende Vermögen einer Stiftung handelt. Ehegatten, die nach den §§ 26, 26b EStG zusammen veranlagt werden, können einen Betrag von bis zu zwei Millionen Euro als Spende in den Vermögensstock einer Stiftung steuerlich geltend machen.

Ehegatten wird damit das gesellschaftliche Engagement erleichtert, da nun nicht mehr nachgewiesen werden muss, dass die Spende aus dem gemeinsamen Vermögen bzw. aus dem Vermögen jedes Ehegatten geleistet wurde. *[Satz 2:]* Das verbrauchbare Vermögen einer Stiftung soll nach dem Willen des Stifters nicht erhalten werden, sondern der Verbrauch wurde bestimmt oder ermöglicht, so dass dieses Vermögen als Mittel – wie die ideellen Mittel bei anderen steuerbegünstigten Körperschaften – zur Verwirklichung der satzungsmäßigen Zwecke verwandt wird oder werden kann. Gesetzlich klargestellt wird, dass Spenden in das verbrauchbare Vermögen einer Stiftung nicht unter den Anwendungsbereich des § 10b Abs. 1a EStG fallen. Ziel des Absatzes 1a ist es gerade die Spenden zu begünstigen, die sicherstellen, dass Stiftungen durch ein Stiftungsvermögen, das erhalten bleibt, auf lange Sicht eine solide Basis zur Erfüllung ihrer Zwecke aus den Erträgen des Vermögens haben. Diese Voraussetzungen sind bei Spenden in das verbrauchbare Vermögen nicht erfüllt, da dieses Vermögen endgültig verbraucht werden kann oder soll und daher nicht der dauerhaften Erwirtschaftung von Erträgen dient." (BT-Drucks. 17/11316, 15)

II. § 10b Abs. 3 EStG

„Es wird klargestellt, dass bei der Zuwendung eines Wirtschaftsgutes, das unmittelbar davor aus dem Betriebsvermögen entnommen wurde, bei der Ermittlung der Zuwendungshöhe auch die auf die Entnahme entfallende Umsatzsteuer zu berücksichtigen ist. Die Umsatzsteuer ist ein eigenständiger Bestandteil der Zuwendungshöhe." (BT-Drucks. 17/11316, 15)

III. § 10b Abs. 4 EStG

„Die Haftung desjenigen, der die zweckfremde Verwendung von Spenden veranlasst, wird an die übrigen Haftungstatbestände angeglichen. Künftig haftet nur noch derjenige, der diese zweckfremde Verwendung vorsätzlich oder grob fahr lässig veranlasst hat." (BT-Drucks. 17/11316, 15)

IV. Zeitlicher Anwendungsbereich

Hier sieht zwar Art. 12 Abs. 1 Ehrenamtsstärkungsgesetz ein **Inkrafttreten ab 1. 1. 2013** vor; jedoch wurde mit dem Art.-Gesetz nicht § 52 Abs. 1 EStG geändert. Nach der am 1. 1. 2013 geltenden Regelung des § 52 Abs. 1 EStG kam grundsätzlich eine Anwendung der einkommensteuerlichen Regelungen **ab VZ 2012** in Betracht. Deshalb wird die Ansicht vertreten, dass die einkommesteuerlichen Änderungen schon ab VZ 2012 zur Anwendung kommen (*Hechtner/Sielaff*, DStR 2013, 1313; a. A. Bundesregierung s. Stellungnahme des Parlamentarischen Staatssekretärs Koschyk in BT-Drucks. 17/12984, 15f). *Heinicke* weist jedoch darauf hin, dass das EStG in der Fassung des StVerG 2013 v. 20. 2. 2013 durch das Ehrenamtsstärkungsgesetz geändert wurde (s. Einleitung zu Art. 2). StVerG 2013 ordnet aber in § 52 Abs. 1 EStG eine grundsätzliche Anwendung des EStG **ab VZ 2014** an (Schmidt/*Heinicke*, § 3 ABC Nebeneinkünfte a.ee.).

Da der Gesetzgeber unstreitig eine Anwendung der Neuregelungen ab VZ 2013 wollte (s. Gesetzesmaterialien und *Hechtner/Sielaff*, DStR 2013, 1313, 1315), dürfte m. E. eine Auslegung der gesetzgeberischen Regelungen im Ehrenamtsstärkungsgesetz (Einleitung zu Art. 2 und Art. 12 Abs. 1) ergeben, dass eine Anwendung **ab VZ 2013** vorzunehmen ist.

IV. Körperschaftsteuergesetz

§ 9 Abs. 3 KStG

Abziehbare Aufwendungen

...

(3) [1]Der Steuerpflichtige darf auf die Richtigkeit der Bestätigung über Spenden und Mitgliedsbeiträge vertrauen, es sei denn, dass er die Bestätigung durch unlautere Mittel oder falsche Angaben erwirkt hat oder dass ihm die Unrichtigkeit der Bestätigung bekannt oder infolge grober Fahrlässigkeit nicht bekannt war. [2]Wer vorsätzlich oder *[bisher: oder wer]* grob fahrlässig eine unrichtige Bestätigung ausstellt oder veranlasst, dass Zuwendungen nicht zu den in der Bestätigung angegebenen steuerbegünstigten Zwecken verwendet werden (Veranlasserhaftung), haftet für die entgangene Steuer; diese ist mit 30 Prozent des zugewendeten Betrags anzusetzen. [3]In den Fällen der Veranlasserhaftung ist vorrangig der Zuwendungsempfänger in Anspruch zu nehmen; die natürlichen Personen, die in diesen Fällen für den Zuwendungsempfänger handeln, sind nur in Anspruch zu nehmen, wenn die entgangene Steuer nicht nach § 47 der Abgabenordnung erloschen ist und Vollstreckungsmaßnahmen gegen den Zuwendungsempfänger nicht erfolgreich sind; § 10b Absatz 4 Satz 5 des Einkommensteuergesetzes gilt entsprechend.

Anwendungsvorschriften:

►Art. 12 Abs. 1 Ehrenamtsstärkungsgesetz lautet:

(1) Dieses Gesetz tritt vorbehaltlich der Absätze 2 bis 4 mit Wirkung vom 1. 1. 2013 in Kraft.

► § 34 Abs. 8a KStG i.d.F des Ehrenamtsstärkungsgesetz lautet:

(8a) ... § 9 Abs. 3 Satz 2 i. d. F. des Artikels 4 des Gesetzes vom 21. 3. 2013 (BGBl I 2013, 556) ist erstmals für den Veranlagungszeitraum 2013 anzuwenden.

Erläuterungen

(Dr. Alois Th. Nacke, Richter am FG)

Die Änderung ergibt sich aus der Änderung des § 10b Abs. 4 EStG (s. dort).

Zeitlicher Anwendungsbereich: Die Änderung gilt ab VZ 2013 (§ 34 Abs. 8a KStG).

V. Gewerbesteuergesetz

§ 9 Nr. 5 GewStG

Kürzungen

Die Summe des Gewinns und der Hinzurechnungen wird gekürzt um

...

5. die aus den Mitteln des Gewerbebetriebs geleisteten Zuwendungen (Spenden und Mitgliedsbeiträge) zur Förderung steuerbegünstigter Zwecke im Sinne der §§ 52 bis 54 der Abgabenordnung bis zur Höhe von insgesamt 20 Prozent des um die Hinzurechnungen nach § 8 Nr. 9
erhöhten Gewinns aus Gewerbebetrieb (§ 7) oder 4 Promille der Summe der gesamten Umsätze und der im Wirtschaftsjahr aufgewendeten Löhne und Gehälter. [2]Voraussetzung für
die Kürzung ist, dass diese Zuwendungen

a) an eine juristische Person des öffentlichen Rechts oder an eine öffentliche Dienststelle,
die in einem Mitgliedstaat der Europäischen Union oder in einem Staat belegen ist, auf
den das Abkommen über den Europäischen Wirtschaftsraum (EWR-Abkommen) Anwendung findet, oder

b) an eine nach § 5 Abs. 1 Nr. 9 des Körperschaftsteuergesetzes steuerbefreite Körperschaft,
Personenvereinigung oder Vermögensmasse oder

c) an eine Körperschaft, Personenvereinigung oder Vermögensmasse, die in einem Mitgliedstaat der Europäischen Union oder in einem Staat belegen ist, auf den das Abkommen
über den Europäischen Wirtschaftsraum (EWR-Abkommen) Anwendung findet, und die
nach § 5 Abs. 1 Nr. 9 des Körperschaftsteuergesetzes in Verbindung mit § 5 Abs. 2 Nr. 2
zweiter Halbsatz des Körperschaftsteuergesetzes steuerbefreit wäre, wenn sie inländische Einkünfte erzielen würde,

geleistet werden (Zuwendungsempfänger). [3]Für nicht im Inland ansässige Zuwendungsempfänger nach Satz 2 ist weitere Voraussetzung, dass durch diese Staaten Amtshilfe und Unterstützung bei der Beitreibung geleistet werden. [4]Amtshilfe ist der Auskunftsaustausch im Sinne oder
entsprechend der Amtshilferichtlinie gemäß § 2 Abs. 2 des EU-Amtshilfegesetzes. [5]Beitreibung
ist die gegenseitige Unterstützung bei der Beitreibung von Forderungen im Sinne oder entsprechend der Beitreibungsrichtlinie einschließlich der in diesem Zusammenhang anzuwendenden
Durchführungsbestimmungen in den für den jeweiligen Veranlagungszeitraum geltenden Fassungen oder eines entsprechenden Nachfolgerechtsaktes. [6]Werden die steuerbegünstigten Zwecke des Zuwendungsempfängers im Sinne von Satz 2 Buchstabe a nur im Ausland verwirklicht,
ist für eine Kürzung nach Satz 1 Voraussetzung, dass natürliche Personen, die ihren Wohnsitz
oder ihren gewöhnlichen Aufenthalt im Geltungsbereich dieses Gesetzes haben, gefördert werden oder dass die Tätigkeit dieses Zuwendungsempfängers neben der Verwirklichung der steuerbegünstigten Zwecke auch zum Ansehen der Bundesrepublik Deutschland beitragen kann. [7]In
die Kürzung nach Satz 1 sind auch Mitgliedsbeiträge an Körperschaften einzubeziehen, die
Kunst und Kultur gemäß § 52 Abs. 2 Nr. 5 der Abgabenordnung fördern, soweit es sich nicht um
Mitgliedsbeiträge nach Satz 11 Nr. 2 handelt, auch wenn den Mitgliedern Vergünstigungen gewährt werden. [8]Überschreiten die geleisteten Zuwendungen die Höchstsätze nach Satz 1, kann
die Kürzung im Rahmen der Höchstsätze nach Satz 1 in den folgenden Erhebungszeiträumen
vorgenommen werden. [9]Einzelunternehmen und Personengesellschaften können auf Antrag neben der Kürzung nach Satz 1 eine Kürzung um die im Erhebungszeitraum **in das zu erhaltende
Vermögen (Vermögensstock) einer Stiftung** [bisher: in den Vermögensstock einer Stiftung], die
die Voraussetzungen der Sätze 2 bis 6 erfüllt, geleisteten Spenden in diesem und in den folgenden neun Erhebungszeiträumen bis zu einem Betrag von 1 Million Euro vornehmen. [10]**Nicht abzugsfähig nach Satz 9 sind Spenden in das verbrauchbare Vermögen einer Stiftung.** [11]Der besondere Kürzungsbetrag nach Satz 9 kann der Höhe nach innerhalb des Zehnjahreszeitraums nur
einmal in Anspruch genommen werden. [12]Eine Kürzung nach den Sätzen 1 bis 10 ist aus-

geschlossen, soweit auf die geleisteten Zuwendungen § 8 Abs. 3 des Körperschaftsteuergesetzes anzuwenden ist oder soweit Mitgliedsbeiträge an Körperschaften geleistet werden, die

1. den Sport (§ 52 Abs. 2 Nr. 21 der Abgabenordnung),

2. kulturelle Betätigungen, die in erster Linie der Freizeitgestaltung dienen,

3. die Heimatpflege und Heimatkunde (§ 52 Abs. 2 Nr. 22 der Abgabenordnung) oder

4. Zwecke im Sinne des § 52 Abs. 2 Nr. 23 der Abgabenordnung

fördern. [13]§ 10b Abs. 3 und 4 Satz 1 sowie § 10d Abs. 4 des Einkommensteuergesetzes und § 9 Abs. 2 Satz 2 bis 5 und Abs. 3 Satz 1 des Körperschaftsteuergesetzes, **sowie die einkommensteuerrechtlichen Vorschriften zur Abziehbarkeit von Zuwendungen** gelten entsprechend. [14]Wer vorsätzlich oder *[bisher: oder wer]* grob fahrlässig eine unrichtige Bestätigung über Spenden und Mitgliedsbeiträge ausstellt oder veranlasst, dass entsprechende Zuwendungen nicht zu den in der Bestätigung angegebenen steuerbegünstigten Zwecken verwendet werden (Veranlasserhaftung), haftet für die entgangene Gewerbesteuer. [15]In den Fällen der Veranlasserhaftung ist vorrangig der Zuwendungsempfänger in Anspruch zu nehmen; die natürlichen Personen, die in diesen Fällen für den Zuwendungsempfänger handeln, sind nur in Anspruch zu nehmen, wenn die entgangene Steuer nicht nach § 47 der Abgabenordnung erloschen ist und Vollstreckungsmaßnahmen gegen den Zuwendungsempfänger nicht erfolgreich sind; § 10b Abs. 4 Satz 5 des Einkommensteuergesetzes gilt entsprechend. [16]Der Haftungsbetrag ist mit 15 Prozent der Zuwendungen anzusetzen und fließt der für den Spendenempfänger zuständigen Gemeinde zu, die durch sinngemäße Anwendung des § 20 der Abgabenordnung bestimmt wird. [17]Der Haftungsbetrag wird durch Haftungsbescheid des Finanzamts festgesetzt; die Befugnis der Gemeinde zur Erhebung der entgangenen Gewerbesteuer bleibt unberührt. [18]§ 184 Abs. 3 der Abgabenordnung gilt sinngemäß.

...

Anwendungsvorschriften:

►Art. 12 Abs. 1 Ehrenamtsstärkungsgesetz lautet:

(1) Dieses Gesetz tritt vorbehaltlich der Absätze 2 bis 4 mit Wirkung vom 1. 1. 2013 in Kraft.

►§ 36 Abs. 8b GewStG i.d.F des Ehrenamtsstärkungsgesetz lautet:

(8b) ... § 9 Nr. 5 Satz 9, 10, 13 und 14 i. d. F. des Artikels 5 des Gesetzes vom 21. 3. 2013 (BGBl I 2013, 556) ist erstmals für den Erhebungszeitraum 2013 anzuwenden.

Erläuterungen

(Dr. Alois Th. Nacke, Richter am FG)

Die Notwendigkeit der Änderung in Satz 9 ergibt sich aus der Änderung des § 10b Abs. 1a Satz 1 EStG. Der neue Satz 10 ist Folge der Änderung des § 10b Abs. 1a Satz 2 EStG.

Die Ergänzung in Satz 13 soll deutlich machen, dass die einkommensteuerlichen Voraussetzungen (hier insbesondere der Zuwendungsnachweis nach § 50 EStDV) erforderlich sind. (s. BT-Drucks. 17/11316, 16).

Die Notwendigkeit der Änderung in Satz 14 ergibt sich aus der Änderung des § 10b Abs. 4 EStG.

Zeitlicher Anwendungsbereich: Die Änderungen gelten **ab dem Erhebungszeitraum 2013** (§ 36 Abs. 8b GewStG).

VI. Bürgerliches Gesetzbuch

1. § 27 BGB

Bestellung und Geschäftsführung des Vorstands

...

(3) Auf die Geschäftsführung des Vorstands finden die für den Auftrag geltenden Vorschriften der §§ 664 bis 670 entsprechende Anwendung. **Die Mitglieder des Vorstands sind unentgeltlich tätig.**

Anwendungsvorschriften:

► Art. 12 Abs. 4 Ehrenamtsstärkungsgesetz lautet:

(4) Artikel 6 Nr. 1 tritt am 1. 1. 2015 in Kraft.

Erläuterungen

(Dr. Alois Th. Nacke, Richter am FG)

Bisher war umstritten, ob bzw. unter welchen Voraussetzungen Vorstandsmitglieder von Vereinen und Stiftungen eine (angemessene) Tätigkeitsvergütung erhalten dürfen. Dies hat nun der Gesetzgeber geklärt, so dass eine Vergütung nach der gesetzlichen Regelung nicht mehr in Betracht kommt. Die Rechtsprechung und die Finanzverwaltung haben bisher die Anerkennung von einer entsprechenden Satzungsregelung abhängig gemacht (BGH-Beschl. v. 3. 12. 2007 - II ZR 22/07, NJW-RR 2008, 842; BMF-Schreiben v. 14. 10. 2009, BStBl I 2009, 1318; zur Kritik s. *Reuter* in Münchener Kommentar zum BGB, § 27 Rz. 41). Nunmehr müssen die Satzungen der Vereine und Stiftungen überprüft werden, ob Anpassungen an diese Regelung erforderlich sind, da sonst die eindeutige gesetzliche Regelung des § 27 Abs. 3 Satz 2 BGB gilt.

Die Satzung soll nur die Entgeltlichkeit enthalten, muss aber die Höhe des Entgelts nicht regeln. Der konkrete Anspruch auf Entgeltzahlung des Vorstandsmitglieds, ergibt sich nicht aus der Satzung, sondern aus dem Anstellungsvertrag (ebenso *Schöpflin* in Bamberger/Roth, Beck'scher Online-Kommentar BGB, § 27 Rz. 25; *Reuter* npor 2013, 41, 42).

Zeitlicher Anwendungsbereich: Die Neuregelung ist **ab dem 1.1.2015** anzuwenden (Art. 12 Abs. 4 Eherenamtsstärkungsgesetz) Damit soll den Vereinen genügend Zeit für die Umstellung gegeben werden (BR-Drucks. 663/12, 26 mit Beschlussempfehlung und Bericht des Finanzausschusses, BT-Drucks. 17/12123, 23).

2. § 31a BGB

Haftung von Organmitgliedern und besonderen Vertretern

(1) Sind Organmitglieder oder besondere Vertreter unentgeltlich tätig oder erhalten sie für ihre Tätigkeit eine Vergütung, die 720 Euro jährlich nicht übersteigt, haften sie dem Verein für einen

bei der Wahrnehmung ihrer Pflichten verursachten Schaden nur bei Vorliegen von Vorsatz oder grober Fahrlässigkeit. Satz 1 gilt auch für die Haftung gegenüber den Mitgliedern des Vereins. Ist streitig, ob ein Organmitglied oder ein besonderer Vertreter einen Schaden vorsätzlich oder grob fahrlässig verursacht hat, trägt der Verein oder das Vereinsmitglied die Beweislast.

(2) Sind Organmitglieder oder besondere Vertreter nach Abs. 1 Satz 1 einem anderen zum Ersatz eines Schadens verpflichtet, den sie bei der Wahrnehmung ihrer Pflichten verursacht haben, so können sie von dem Verein die Befreiung von der Verbindlichkeit verlangen. Satz 1 gilt nicht, wenn der Schaden vorsätzlich oder grob fahrlässig verursacht wurde.

[bisher: (1) Ein Vorstand, der unentgeltlich tätig ist oder für seine Tätigkeit eine Vergütung erhält, die 500 Euro jährlich nicht übersteigt, haftet dem Verein für einen in Wahrnehmung seiner Vorstandspflichten verursachten Schaden nur bei Vorliegen von Vorsatz oder grober Fahrlässigkeit. Satz 1 gilt auch für die Haftung gegenüber den Mitgliedern des Vereins.

(2) Ist ein Vorstand nach Abs. 1 Satz 1 einem anderen zum Ersatz eines in Wahrnehmung seiner Vorstandspflichten verursachten Schadens verpflichtet, so kann er von dem Verein die Befreiung von der Verbindlichkeit verlangen. Satz 1 gilt nicht, wenn der Schaden vorsätzlich oder grob fahrlässig verursacht wurde.]

Anwendungsvorschriften:

► Art. 12 Abs. 2 Ehrenamtsstärkungsgesetz lautet:

(2) **Artikel 1 Nr 1 Buchst. a, N . und 7, Art. 3 und 6 Nr. 2 bis 5** *[hier Art. 6 Nr. 2]* **sowie Art. 7 treten am Tag nach der Verkündung in Kraft.**

Erläuterungen

(Dr. Alois Th. Nacke, Richter am FG)

Schon 2009 hat der Gesetzgeber die Haftung der **Vorstandsmitglieder** in § 31a BGB beschränkt. Nunmehr hat er diese Haftungsbeschränkung auf **Mitglieder anderer Vereinsorgane** erweitert. Hierzu gehören beispielsweise die Mitglieder von Beiräten oder von Ehrenausschüssen. Denn statt Vorstandsmitglieder heißt es nun „Organmitglieder". Die Haftungsbeschränkung gilt nur, wenn die Vergütung nicht 720 € übersteigt. Bisher galt eine Grenze von 500 €. (vgl. die ausführliche Gesetzesbegründung in BT-Drucks. 17/11316, 16 f.; 17/12123, 22 f.).

Die Erweiterung der Haftungsbeschränkung auf Organmitglieder kann nach § 40 BGB durch eine Satzungsbestimmung gegenüber den Mitgliedern abbedungen werden. Zwar hat sich der Hinweis auf § 31a Abs. 1 Satz 2 BGB in § 40 BGB inhaltlich nach seinem Wortlaut nicht geändert; gleichwohl führt dies zu einem Einschränkungsrecht durch die Satzung auch gegenüber den in § 31a Abs. 1 Satz 1 aufgenommenen weiteren Organmitgliedern.

Zeitlicher Anwendungsbereich: Die Neuregelung gilt **ab 29. 3. 2013** (Art. 12 Abs. 2 Ehrenamtsstärkungsgesetz). Abzustellen ist m. E. dabei auf die Verwirklichung des Haftungtatbestandes. Maßgeblich dürfte m. E. daher nicht der Zeitpunkt der Inanspruchnahme sein. Es dürfte daher nicht darauf ankommen, ob die gerichtliche Inanspruchnahme vor oder nach dem 29. 3. 2013 erfolgte.

3. § 31b BGB

Haftung von Vereinsmitgliedern

(1) Sind Vereinsmitglieder unentgeltlich für den Verein tätig oder erhalten sie für ihre Tätigkeit eine Vergütung, die 720 Euro jährlich nicht übersteigt, haften sie dem Verein für einen Schaden, den sie bei der Wahrnehmung der ihnen übertragenen satzungsgemäßen Vereinsaufgaben verursachen, nur bei Vorliegen von Vorsatz oder grober Fahrlässigkeit. § 31a Abs. 1 Satz 3 ist entsprechend anzuwenden.

(2) Sind Vereinsmitglieder nach Abs. 1 Satz 1 einem anderen zum Ersatz eines Schadens verpflichtet, den sie bei der Wahrnehmung der ihnen übertragenen satzungsgemäßen Vereinsaufgaben verursacht haben, so können sie von dem Verein die Befreiung von der Verbindlichkeit verlangen. Satz 1 gilt nicht, wenn die Vereinsmitglieder den Schaden vorsätzlich oder grob fahrlässig verursacht haben.

Anwendungsvorschriften:

► Art. 12 Abs. 2 Ehrenamtsstärkungsgesetz lautet:

(2) Artikel 1 Nr. 1 Buchst. a, Nr. 5 und 7, Art. 3 und 6 Nr. 2 bis 5 *[hier Art. 6 Nr. 3]* sowie Art. 7 treten am Tag nach der Verkündung in Kraft.

Erläuterungen

(Dr. Alois Th. Nacke, Richter am FG)

Die Neuregelung soll auch alle anderen Mitgliedern des Vereins den Genuss einer Haftungsbeschränkung ermöglichen. Voraussetzung ist, dass den Mitgliedern satzungsmäßige Aufgaben übertragen worden sind, bei deren Ausführung ein nicht auf grobe Fahrlässigkeit oder Vorsatz zurückzuführender Schaden verursacht wurde. Weiterhin dürfen die Vergütungen auch hier pro Jahr den Betrag von 720 EUR nicht übersteigen.

Zu beachten ist, dass § 31b BGB zwingendes Recht ist, und daher nicht durch die Satzung abbedungen werden kann. Deshalb wurde die Vorschrift nicht in § 40 BGB aufgenommen (BT-Drucks. 17/11316, 17).

Zeitlicher Anwendungsbereich: Die Neuregelung gilt **ab 29. 3. 2013** (Art. 12 Abs. 2 Ehrenamtsstärkungsgesetz). Abzustellen ist m. E. dabei auf die Verwirklichung des Haftungtatbestandes. Maßgeblich dürfte m. E. daher nicht der Zeitpunkt der Inanspruchnahme sein. Es dürfte daher nicht darauf ankommen, ob die gerichtliche Inanspruchnahme vor oder nach dem 29. 3. 2013 erfolgte.

VII. Gesetz betreffend die Gesellschaften mit beschränkter Haftung

§ 4 GmbHG

Die Firma der Gesellschaft muss, auch wenn sie nach § 22 des Handelsgesetzbuchs oder nach anderen gesetzlichen Vorschriften fortgeführt wird, die Bezeichnung "Gesellschaft mit beschränkter Haftung" oder eine allgemein verständliche Abkürzung dieser Bezeichnung enthalten. **Verfolgt die Gesellschaft ausschließlich und unmittelbar steuerbegünstigte Zwecke nach den §§ 51 bis 68 der Abgabenordnung kann die Abkürzung „gGmbH" lauten.**

Anwendungsvorschriften:

►Art. 12 Abs. 2 Ehrenamtsstärkungsgesetz lautet:

(2) Artikel 1 Nr. 1 Buchst. a, Nr. 5 und 7, Art. 3 und 6 Nr. 2 bis 5 sowie Art. 7 [hier Art. 7] treten am Tag nach der Verkündung in Kraft.

Erläuterungen

(Dr. Alois Th. Nacke, Richter am FG)

Die Gesetzesmaterialien weisen auf Folgendes hin: „Durch die Ergänzung des § 4 des Gesetzes betreffend die Gesellschaften mit beschränkter Haftung (GmbHG) soll Gesellschaften mit beschränkter Haftung, die steuerbegünstigte Zwecke nach den §§ 51 bis 68 der Abgabenordnung verfolgen, weiterhin ermöglicht werden, ihre Firma mit der Abkürzung „gGmbH" zu bilden, die bereits von zahlreichen bestehenden Gesellschaften verwendet wird. Die Abkürzung „gGmbH" ist kein besonderer Rechtsformzusatz, der auf eine besondere Form der GmbH hinweist. Der Buchstabe „g" vor der abgekürzten Bezeichnung der Rechtsform soll anzeigen, dass die Gesellschaft steuerbegünstigte Zwecke verfolgt, die auch als gemeinnützige Zwecke im weiteren Sinne bezeichnet werden. Die Firma „xyz gemeinnützige Gesellschaft mit beschränkter Haftung" ist gegenüber der Abkürzung nach § 4 Satz 2 GmbHG die Langfassung, die Firma „xyz gemeinnützige GmbH" ist die herkömmliche abkürzte Fassung nach § 4 Satz 1 GmbHG." (BT-Drucks. 17/11316, 17)

Zeitlicher Anwendungsbereich: Die Neuregelung gilt **ab dem 29. 3. 2013** (Art. 12 Abs. 2 Ehrenamtsstärkungsgesetz).

Teil G: Elfte Verordnung zur Änderung der Umsatzsteuer-Durchführungsverordnung

I. Vorbemerkung

(Horst G. Zaisch, WP/StB)

Mit Wirkung v. 1.1.2012 wurde in § 17a UStDV die sog. Gelangensbestätigung eingeführt. Diese wurde als regelmäßig einzige Möglichkeit für Unternehmer geschaffen, die Steuerbefreiungen für innergemeinschaftliche Lieferungen (§ 4 Nr. 1 Buchst. b, § 6a UStG) nachzuweisen. Die Anwendung dieser Regelung hat in der Praxis zu erheblichen Schwierigkeiten geführt.

Mit der Elften VO zur Änderung der UStDVO wurden weitere Nachweismöglichkeiten, mit denen neben der Gelangensbestätigung das Gelangen des Liefergegenstandes in den Bestimmungsmitgliedstaat nachgewiesen werden kann, geschaffen, um den Betroffenen insgesamt eine einfache und sichere Nachweismöglichkeit zu ermöglichen (§ 17a UStDV). Außerdem wurde es den Unternehmen zur Erleichterung des Übergangs auf die neuen Nachweispflichten ermöglicht, den Nachweis bis zum Inkrafttreten dieser Verordnung noch mit den bis zum 31.12.2011 geltenden Buch- und Belegnachweisen zu führen.

Eine Befristung der Regelung ist nicht erfolgt. Die Nachweispflichten sollen auf Dauer bestehen bleiben, damit für Unternehmen und Finanzverwaltung langfristig Rechtssicherheit besteht.

Daten und Materialien

15.10.2012	BMF veröffentlicht Referentenentwurf
31.1.2013	Zustimmungsanfrage an den Bundesrat (BR-Drucks. 66/13)
25.3.2013	Zustimmung des Bundesrates
28.3.2013	11. Verordnung im BGBl I 2013, 602 verkündet

II. Umsatzsteuer-Durchführungsverordnung

1. § 17a UStDV

Nachweis bei innergemeinschaftlichen Lieferungen in Beförderungs- und Versendungsfällen

(1) Bei innergemeinschaftlichen Lieferungen (§ 6a Abs. 1 des Gesetzes) hat der Unternehmer im Geltungsbereich dieser Verordnung durch Belege nachzuweisen, dass er oder der Abnehmer den Gegenstand der Lieferung in das übrige Gemeinschaftsgebiet befördert oder versendet hat. Die Voraussetzung muss sich aus den Belegen eindeutig und leicht nachprüfbar ergeben.

(2) Als eindeutig und leicht nachprüfbar nach Abs. 1 gilt insbesondere ein Nachweis, der wie folgt geführt wird:

1. durch das Doppel der Rechnung (§§ 14 und 14a des Gesetzes) und

2. durch eine Bestätigung des Abnehmers, dass der Gegenstand der Lieferung in das übrige Gemeinschaftsgebiet gelangt ist (Gelangensbestätigung), die folgende Angaben zu enthalten hat:

a) den Namen und die Anschrift des Abnehmers,

b) die Menge des Gegenstands der Lieferung und die handelsübliche Bezeichnung einschließlich der Fahrzeug-Identifikationsnummer bei Fahrzeugen im Sinne des § 1b Abs. 2 des Gesetzes,

c) im Fall der Beförderung oder Versendung durch den Unternehmer oder im Fall der Versendung durch den Abnehmer den Ort und den Monat des Erhalts des Gegenstands im übrigen Gemeinschaftsgebiet und im Fall der Beförderung des Gegenstands durch den Abnehmer den Ort und den Monat des Endes der Beförderung des Gegenstands im übrigen Gemeinschaftsgebiet,

d) das Ausstellungsdatum der Bestätigung sowie

e) die Unterschrift des Abnehmers oder eines von ihm zur Abnahme Beauftragten. Bei einer elektronischen Übermittlung der Gelangensbestätigung ist eine Unterschrift nicht erforderlich, sofern erkennbar ist, dass die elektronische Übermittlung im Verfügungsbereich des Abnehmers oder des Beauftragten begonnen hat.

Die Gelangensbestätigung kann als Sammelbestätigung ausgestellt werden. In der Sammelbestätigung können Umsätze aus bis zu einem Quartal zusammengefasst werden. Die Gelangensbestätigung kann in jeder die erforderlichen Angaben enthaltenden Form erbracht werden; sie kann auch aus mehreren Dokumenten bestehen, aus denen sich die geforderten Angaben insgesamt ergeben.

(3) In folgenden Fällen kann der Unternehmer den Nachweis auch durch folgende andere Belege als die in Abs. 2 Nr. 2 genannte Gelangensbestätigung führen:

1. bei der Versendung des Gegenstands der Lieferung durch den Unternehmer oder Abnehmer:

a) durch einen Versendungsbeleg, insbesondere durch

aa)einen handelsrechtlichen Frachtbrief, der vom Auftraggeber des Frachtführers unterzeichnet ist und die Unterschrift des Empfängers als Bestätigung des Erhalts des Gegenstands der Lieferung enthält,

bb)ein Konnossement oder

cc) Doppelstücke des Frachtbriefs oder Konnossements,

b) durch einen anderen handelsüblichen Beleg als den Belegen nach Buchstabe a, insbesondere mit einer Bescheinigung des beauftragten Spediteurs, der folgende Angaben zu enthalten hat:

aa)den Namen und die Anschrift des mit der Beförderung beauftragten Unternehmers sowie das Ausstellungsdatum,

bb)den Namen und die Anschrift des liefernden Unternehmers sowie des Auftraggebers der Versendung,

cc) die Menge des Gegenstands der Lieferung und dessen handelsübliche Bezeichnung,

dd)den Empfänger des Gegenstands der Lieferung und den Bestimmungsort im übrigen Gemeinschaftsgebiet, ee) den Monat, in dem die Beförderung des Gegenstands der Lieferung im übrigen Gemeinschaftsgebiet geendet hat,

ff) eine Versicherung des mit der Beförderung beauftragten Unternehmers, dass die Angaben in dem Beleg auf Grund von Geschäftsunterlagen gemacht wurden, die im Gemeinschaftsgebiet nachprüfbar sind, sowie

gg) *die* Unterschrift des mit der Beförderung beauftragten Unternehmers.

Bei einer elektronischen Übermittlung des Belegs an den liefernden Unternehmer ist eine Unterschrift des mit der Beförderung beauftragten Unternehmers nicht erforderlich, sofern erkennbar ist, dass die elektronische Übermittlung im Verfügungsbereich des mit der Beförderung beauftragten Unternehmers begonnen hat,

c) durch eine schriftliche oder elektronische Auftragserteilung und ein von dem mit der Beförderung Beauftragten erstelltes Protokoll, das den Transport lückenlos bis zur Ablieferung beim Empfänger nachweist, oder

d) in den Fällen von Postsendungen, in denen eine Belegnachweisführung nach Buchstabe c nicht möglich ist: durch eine Empfangsbescheinigung eines Postdienstleisters über die Entgegennahme der an den Abnehmer adressierten Postsendung und den Nachweis über die Bezahlung der Lieferung;

2. bei der Versendung des Gegenstands der Lieferung durch den Abnehmer durch einen Nachweis über die Entrichtung der Gegenleistung für die Lieferung des Gegenstands von einem Bankkonto des Abnehmers sowie durch eine Bescheinigung des beauftragten Spediteurs, die folgende Angaben zu enthalten hat:

a) den Namen und die Anschrift des mit der Beförderung beauftragten Unternehmers sowie das Ausstellungsdatum,

b) den Namen und die Anschrift des liefernden Unternehmers sowie des Auftraggebers der Versendung,

c) die Menge des Gegenstands der Lieferung und die handelsübliche Bezeichnung,

d) den Empfänger des Gegenstands der Lieferung und den Bestimmungsort im übrigen Gemeinschaftsgebiet,

e) eine Versicherung des mit der Beförderung beauftragten Unternehmers, den Gegenstand der Lieferung an den Bestimmungsort im übrigen Gemeinschaftsgebiet zu befördern, sowie

f) die Unterschrift des mit der Beförderung beauftragten Unternehmers;

3. bei der Beförderung im gemeinschaftlichen Versandverfahren in das übrige Gemeinschaftsgebiet durch eine Bestätigung der Abgangsstelle über die innergemeinschaftliche Lieferung, die nach Eingang des Beendigungsnachweises für das Versandverfahren erteilt wird, sofern sich daraus die Lieferung in das übrige Gemeinschaftsgebiet ergibt;

4. bei der Lieferung verbrauchsteuerpflichtiger Waren:

a) bei der Beförderung verbrauchsteuerpflichtiger Waren unter Steueraussetzung und Verwendung des IT-Verfahrens EMCS (Excise Movement and Control System – EDV-gestütztes Beförderungs- und Kontrollsystem für verbrauchsteuerpflichtige Waren) durch die von der zuständigen Behörde des anderen Mitgliedstaates validierte EMCS-Eingangsmeldung,

b) bei der Beförderung verbrauchsteuerpflichtiger Waren des steuerrechtlich freien Verkehrs durch die dritte Ausfertigung des vereinfachten Begleitdokuments, das dem zuständigen Hauptzollamt für Zwecke der Verbrauchsteuerentlastung vorzulegen ist;

5. bei der Lieferung von Fahrzeugen, die durch den Abnehmer befördert werden und für die eine Zulassung für den Straßenverkehr erforderlich ist, durch einen Nachweis über die Zulassung des Fahrzeugs auf den Erwerber im Bestimmungsmitgliedstaat der Lieferung.

Der Beleg nach Satz 1 muss bei der Lieferung eines Fahrzeugs im Sinne des § 1b Abs. 2 des Gesetzes zusätzlich dessen Fahrzeug-Identifikationsnummer enthalten. In den Fällen von Satz 1 Nr. 1 gilt Abs. 2 Satz 2 bis 4 entsprechend. Bestehen in den Fällen des Satzes 1 Nr. 2 begründete Zweifel, dass der Liefergegenstand tatsächlich in das übrige Gemeinschaftsgebiet gelangt ist, hat der Unternehmer den Nachweis nach Absatz 1 oder mit den übrigen Belegen nach den Absätzen 2 oder 3 zu führen. *[bisher: (1) Bei innergemeinschaftlichen Lieferungen (§ 6a Abs. 1 des Gesetzes) hat der Unternehmer im Geltungsbereich des Gesetzes durch Belege nachzuweisen, dass er oder der Abnehmer den Gegenstand der Lieferung in das übrige Gemeinschaftsgebiet befördert oder versendet hat. Dies muss sich aus den Belegen eindeutig und leicht nachprüfbar ergeben.*

(2) Der Unternehmer hat den Nachweis nach Abs. 1 wie folgt zu führen:

1. durch das Doppel der Rechnung (§§ 14 und 14a des Gesetzes) und

2. *durch eine Bestätigung des Abnehmers gegenüber dem Unternehmer oder dem mit der Beförderung beauftragten selbständigen Dritten, dass der Gegenstand der Lieferung in das übrige Gemeinschaftsgebiet gelangt ist (Gelangensbestätigung). Der Beleg hat folgende Angaben zu enthalten:*

a) *den Namen und die Anschrift des Abnehmers,*

b) *die Menge des Gegenstands der Lieferung und die handelsübliche Bezeichnung einschließlich der Fahrzeug-Identifikationsnummer bei Fahrzeugen im Sinne des § 1b Absatz 2 des Gesetzes,*

c) *im Fall der Beförderung oder Versendung durch den Unternehmer oder im Fall der Versendung durch den Abnehmer den Ort und Tag des Erhalts des Gegenstands im übrigen Gemeinschaftsgebiet und im Fall der Beförderung des Gegenstands durch den Abnehmer den Ort und Tag des Endes der Beförderung des Gegenstands im übrigen Gemeinschaftsgebiet,*

d) *das Ausstellungsdatum der Bestätigung sowie*

e) *die Unterschrift des Abnehmers.*

Bei einer Versendung ist es ausreichend, wenn sich die Gelangensbestätigung bei dem mit der Beförderung beauftragten selbständigen Dritten befindet und auf Verlangen der Finanzbehörde zeitnah vorgelegt werden kann. In diesem Fall muss der Unternehmer eine schriftliche Versicherung des mit der Beförderung beauftragten selbständigen Dritten besitzen, dass dieser über einen Beleg mit den Angaben des Abnehmers verfügt.

(3) Wird der Gegenstand der Lieferung vom Unternehmer oder Abnehmer im gemeinschaftlichen Versandverfahren in das übrige Gemeinschaftsgebiet befördert, kann der Unternehmer den Nach-

weis hierüber abweichend von Absatz 2 auch durch eine Bestätigung der Abgangsstelle über die innergemeinschaftliche Lieferung führen, die nach Eingang des Beendigungsnachweises für das Versandverfahren erteilt wird, sofern sich daraus die Lieferung in das übrige Gemeinschaftsgebiet ergibt.]

Anwendungsvorschriften:

► Art. 2 Abs. 1 Elfte Verordnung zur Änderung der UStDV lautet:

(1) Diese Verordnung tritt vorbehaltlich des Absatzes 2 am 1. 10. 2013 in Kraft.

Erläuterungen

(Horst G. Zaisch, Wirtschaftsprüfer und Steuerberater)

LITERATUR:

Huschens, Neuregelung der Nachweispflichten bei innergemeinschaftlichen Lieferungen ab 1. 10. 2013, NWB 2013, 1394; *Huschens,* Nachweispflichten bei innergemeinschaftlichen Lieferungen ab 1. 10. 2013 bzw. 1. 1. 2014, NWB 2013, 3135; *Langer/Hammerl,* Gelangensbestätigung wird auch künftig nicht einzig möglicher Belegnachweis bei innergemeinschaftlichen Lieferungen sein, DStR 2013, 1068; *Langer/von Streit,* Belegnachweise nach § 17a UStDV – BMF-Schreiben v. 16. 9. 2013 klärt diverse Zweifelsfragen zu Gelangensbestätigung und Co., DStR 2013, 2421; *Sterzinger,* Beleg- und Buchnachweispflichten bei innergemeinschaftlichen Lieferungen, UStB 2013, 326.

Verwaltungsanweisungen:

BMF-Schreiben v. 16. 9. 2013 zu Beleg- und Buchnachweispflichten bei der Steuerbefreiung für innergemeinschaftliche Lieferungen, BStBl I 2013, 1192; BMF-Schreiben v. 6. 1. 2014 zur Übermittlung von Nachweisen für die Steuerbefreiung nach § 4 Nr. 1 Buchst. a und §§ 6 und 7 UStG sowie Bescheinigungsverfahren bei der Steuerbefreiung grenzüberschreitender Güterbeförderung (§ 4 Nr. 3 Buchst. a UStG), BStBl I 2014, 152.

I. Grund und Inhalt der Verordnungsänderung

Überblick: Innergemeinschaftliche Lieferungen sind nach § 4 Nr. 1 Buchst. b, § 6a UStG steuerfrei. Jedoch müssen die Voraussetzungen hierfür vom leistenden Unternehmer nachgewiesen werden. Diese Nachweispflichten, die keine materiell-rechtlichen Voraussetzungen der Steuerbefreiung nach § 4 Nr. 1 Buchst. b und § 6a UStG darstellen, sind in den §§ 17a bis 17c UStDV festgelegt.

Nach dem mit Wirkung v. 1. 1. 2012 geänderten § 17a Abs. 2 UStDV war für innergemeinschaftliche Lieferungen sowohl in Beförderungs- als auch in Versendungsfällen der gesetzlich vorgeschriebene Belegnachweis im Gegensatz zum bis zum 31. 12. 2011 geltenden Recht mit einer sog. Gelangensbestätigung zu führen. Diese Bestätigung ersetzte die bis dahin unterschiedlichen Belegnachweise, also den Verbringungsnachweis (§ 17a Abs. 2 Nr. 4 UStDV a. F.), die Empfangsbestätigung (§ 17a Abs. 2 Nr. 3 UStDV a. F.) und – in Versendungsfällen – den handelsüblichen Beleg, aus dem sich der Bestimmungsort ergibt (§ 17a Abs. 2 Nr. 2 UStDV a. F.). Bescheinigungen der Abholperson (Verbringungsversicherung) oder des Spediteurs (Eigenbeleg) konnten nicht mehr als Belegnachweise verwendet werden. Anlass für diese Neuregelung war die Rspr. des EuGH, wonach von dem die Steuerbefreiung begehrenden Unternehmer nachgewiesen werden muss, dass der Liefergegenstand tatsächlich physisch in das übrige Gemeinschaftsgebiet gelangt ist. Die Wirtschaft hatte an der ab 1.1.2012 geltenden Gelangensbestätigung kritisiert, dass es für die Unternehmer in bestimmten Fällen schwierig sei, eine Bestätigung mit Unterschrift des tatsächlichen Abnehmers über den Empfang des Liefergegenstandes zu erhalten.

Mit der Neufassung des § 17a UStDV wurde der Kritik der Wirtschaft Rechnung getragen. Dabei wird an der Gelangensbestätigung (als einer Möglichkeit zur vereinfachten Nachweisführung) bzw. an dem Grundsatz festgehalten, dass für die USt-Befreiung einer innergemeinschaftlichen Lieferung nachgewiesen werden muss, dass der Liefergegenstand in das übrige Gemeinschaftsgebiet gelangt ist. Gleichzeitig werden jedoch bestimmte (weitere) Vereinfachungen angeboten und geregelt, die den Erhalt einer Gelangensbestätigung bzw. den Umgang mit ihr erleichtern. Insbesondere wird zugelassen, dass der Unternehmer das Vorliegen einer innergemeinschaftlichen Lieferung mit einer Bescheinigung des von ihm beauftragten Spediteurs belegen kann. Der Unternehmer kann den Nachweis (insbesondere den Nachweis über das Gelangen des Liefergegenstands in das übrige Gemeinschaftsgebiet), sofern der vereinfachte Nachweis nicht erbracht werden kann, aber auch mit allen anderen zulässigen Belegen und Beweismitteln führen, aus denen sich das Gelangen des Liefergegenstands in das übrige Gemeinschaftsgebiet an den umsatzsteuerrechtlichen Abnehmer in der Gesamtschau nachvollziehbar und glaubhaft ergibt. Die in § 17a Abs. 2 UStDV geregelte Gelangensbestätigung gilt damit nur als eine mögliche Form des Belegnachweises, mit dem die Voraussetzungen der Steuerbefreiung einer innergemeinschaftlichen Lieferung für die Finanzverwaltung eindeutig und leicht nachprüfbar sind. Gleiches gilt auch für die in § 17a Abs. 3 UStDV aufgeführten Belege, mit denen der Unternehmer anstelle der Gelangensbestätigung die Steuerbefreiung einer innergemeinschaftlichen Lieferung nachweisen kann.

Liegen dem liefernden Unternehmer Belege der in § 17a Abs. 2 und 3 UStDV genannten Art nicht vor, kann der Unternehmer die Steuerbefreiung einer innergemeinschaftlichen Lieferung auch mit anderen Belegen oder Beweismitteln nicht führen, kommt der Unternehmer seinen Nachweispflichten nicht oder nur unvollständig nach, erweisen sich die Nachweisangaben bei einer Überprüfung als unzutreffend oder bestehen zumindest berechtigte Zweifel an der inhaltlichen Richtigkeit der Angaben, die der Unternehmer nicht ausräumt, **ist von der Steuerpflicht der innergemeinschaftlichen Lieferung auszugehen. Trotz derartiger Mängel ist die Lieferung aber steuerfrei**, wenn objektiv zweifelsfrei feststeht, dass die Voraussetzungen der Steuerfreiheit (insbesondere das Gelangen des Liefergegenstands in das übrige Gemeinschaftsgebiet bei dieser Lieferung) erfüllt sind.

Die Steuerbefreiung kommt allerdings nicht in Betracht, auch nicht aufgrund des Vorliegens einer objektiven Beweislage, wenn die unrichtige Nachweisführung dazu dient, die Identität des Abnehmers der innergemeinschaftlichen Lieferung zu verschleiern, um diesem im Bestimmungsmitgliedstaat eine Mehrwertsteuerhinterziehung zu ermöglichen (vgl. BFH-Urteil v. 17.2.2011 - V R 30/10, BStBl II 2011, 769).

Absatz 1 wurde lediglich redaktionell geändert.

Absatz 2 Einleitungssatz: Mit dem neugefassten Einleitungssatz soll verdeutlicht werden, dass der Unternehmer den Belegnachweis einer innergemeinschaftlichen Lieferung nicht zwingend mit einer Gelangensbestätigung (§ 17a Abs. 2 UStDV) oder den in § 17a Abs. 3 UStDV genannten Nachweisen führen muss, sondern es ihm offensteht, den Belegnachweis mit allen zulässigen Beweismitteln zu führen. Führt der Unternehmer den Nachweis mit der Gelangensbestätigung, gilt dieser Belegnachweis als für die Finanzverwaltung eindeutig und leicht nachprüfbar.

Absatz 2 Satz 1 Nr. 1: Absatz 2 Satz 1 Nr. 1 regelt wie bisher, dass der Unternehmer zur Verbindung mit der in Nr. 2 geregelten Gelangensbestätigung über ein Doppel der Rechnung verfügen muss.

Absatz 2 Satz 1 Nr. 2 Satz 1: Die bisher in Satz 1 enthaltene Regelung, dass die Bestätigung des Abnehmers „gegenüber dem Unternehmer oder dem mit der Beförderung beauftragten selbständigen Dritten" zu erfolgen hat, ist entfallen. Entscheidend ist, dass der liefernde Unternehmer als Nachweispflichtiger über die Gelangensbestätigung verfügt. Satz 1 regelt im Übrigen die Angaben, die eine Gelangensbestätigung enthalten muss. Die Buchst. a, b und d sind unverändert.

In Buchst. c ist das Wort „Tag" jeweils durch die Worte „den Monat" ersetzt worden. Für die Angabe des Zeitpunkts des Erhalts des Liefergegenstands im übrigen Gemeinschaftsgebiet bzw. des Zeitpunkts des Endes der Beförderung **genügt die Angabe, in welchem Monat** des jeweiligen Kalenderjahres dies geschehen ist.

Die bisherige Regelung in Buchst. e ist in dem neu geschaffenen Satz 1 dahingehend erweitert worden, dass auch ein von dem Abnehmer zur Abnahme des Liefergegenstandes Beauftragter die Gelangensbestätigung unterzeichnen kann. Dies kann z. B. ein selbständiger Lagerhalter sein, der für den Abnehmer den Liefergegenstand entgegennimmt, ein anderer Unternehmer, der mit der Warenannahme beauftragt wurde, oder in einem Reihengeschäft der tatsächliche (letzte) Abnehmer. Ein mit dem Warentransport beauftragter selbständiger Dritter kann für Zwecke der Gelangensbestätigung nicht zur Abnahme der Ware beauftragt sein. Im Übrigen muss der Abnehmer die Gelangensbestätigung nicht in jedem Fall persönlich unterzeichnen; dies kann auch z. B. durch einen Arbeitnehmer geschehen.

Der neue Satz 2 Buchst. e regelt, dass bei einer elektronischen Übermittlung der Gelangensbestätigung eine Unterschrift nicht erforderlich ist. Dabei muss es für den liefernden Unternehmer erkennbar sein, dass die elektronische Übermittlung der Gelangensbestätigung im Verfügungsbereich des Abnehmers oder dessen Beauftragten begonnen hat. Dies bedeutet z. B. für den Fall, in dem die Gelangensbestätigung im Wege der E-Mail übermittelt wird, dass ihr entnommen werden kann, dass sie aus dem Verfügungsbereich des Abnehmers oder dessen Beauftragten heraus abgesendet wurde.

Absatz 2 Satz 1 Nr. 2 Satz 2 und 3: Die neuen Sätze 2 und 3 regeln, dass eine Gelangensbestätigung auch als Sammelbestätigung ausgestellt und darin die an den Aussteller der Gelangensbestätigung ausgeführten Umsätze aus bis zu einem Quartal zusammengefasst werden können.

BEISPIEL: ▶ Der liefernde Unternehmer U hat mit einem Kunden K eine ständige Geschäftsbeziehung und liefert in den Monaten Juli bis September Waren, über die in insgesamt 150 Rechnungen abgerechnet wird. K kann in einer Gelangensbestätigung den Erhalt der Waren unter Bezugnahme auf die jeweiligen Rechnungsnummern bestätigen. Als Zeitpunkt des Warenerhalts kann der jeweilige Monat angegeben werden.

Absatz 2 Satz 1 Nr. 2 Satz 4: Der neue Satz 4 regelt, dass die Gelangensbestätigung nicht zwingend aus einem einzigen Beleg bestehen muss. Sie kann in jeder die erforderlichen Angaben enthaltenen Form erbracht werden und kann aus mehreren Dokumenten bestehen, aus denen sich die geforderten Angaben insgesamt ergeben.

Absatz 3: Absatz 3 führt die Belege auf, mit denen der Unternehmer anstelle der Gelangensbestätigung den Nachweis der Steuerbefreiung einer innergemeinschaftlichen Lieferung ebenfalls führen kann. Diese Belege stellen ebenfalls – wie die Gelangensbestätigung – für die Finanzverwaltung eindeutig und leicht nachprüfbare Nachweismöglichkeiten dar.

Absatz 3 Satz 1 Nr. 1: In Nr. 1 sind die Belege aufgeführt, mit denen der Unternehmer in den Fällen, in denen er oder der Abnehmer den Liefergegenstand versendet (die Beförderung erfolgt durch einen selbständigen Dritten), den Nachweis der Steuerbefreiung einer innergemeinschaftlichen Lieferung anstelle der Gelangensbestätigung führen kann.

Absatz 3 Satz 1 Nr. 1 Buchst. a: Nach Buchst. a kann dies ein Versendungsbeleg, insbesondere ein handelsrechtlicher Frachtbrief sein, der vom Auftraggeber des Frachtführers unterzeichnet ist und der eine Unterschrift des Empfängers als Bestätigung des Erhalts des Gegenstands der Lieferung enthält, oder ein Konnossement oder ein Doppelstück des Frachtbriefs oder Konnossements.

Absatz 3 Satz 1 Nr. 1 Buchst. b: Nach Buchst. b Satz 1 kann der Belegnachweis auch mit einem anderen handelsüblichen Beleg als nach Buchst. a geführt werden. Als anderer handelsüblicher Beleg gilt insbesondere eine Bescheinigung des beauftragten Spediteurs. Diese Bescheinigung muss die in Buchst. b Satz 1 Doppelbuchst. aa bis gg aufgeführten Angaben enthalten. Diese Angaben entsprechen inhaltlich den Angaben, die für die Anerkennung einer Spediteursbescheinigung bei Ausfuhrlieferungen erforderlich sind. Satz 2 der Vorschrift regelt, dass im Falle der elektronischen Übermittlung dieses Belegs – ebenso wie bei der Gelangensbestätigung – eine Unterschrift des mit der Beförderung beauftragten Unternehmers nicht erforderlich ist. Jedoch muss auch in diesem Fall erkennbar sein, dass die elektronische Übermittlung des Belegs im Verfügungsbereich des Belegausstellers begonnen hat.

Absatz 3 Satz 1 Nr. 1 Buchst. c: Buchst. c regelt die Belegnachweismöglichkeit, wenn ein Kurierdienstleister mit der Beförderung des Liefergegenstandes beauftragt wird. In diesem Fall kann der Unternehmer den Belegnachweis mit der schriftlichen oder elektronischen Auftragserteilung und dem vom mit der Beförderung beauftragten erstellten Protokoll führen, dass den Warentransport lückenlos bis zur Ablieferung beim Empfänger nachweist (sog. tracking-and-tracing-Protokoll).

Absatz 3 Satz 1 Nr. 1 Buchst. d: Buchst. d ermöglicht bei Postsendungen eine alternative Belegnachweisführung, wenn ein Postdienstleister mit der Beförderung des Liefergegenstands beauftragt ist und der Unternehmer den Versendungsnachweis (insbesondere wegen fehlenden Protokolls über den Warentransport) nicht mit den Nachweisen entsprechend § 17a Abs. 3 Satz 1 Nr. 1 Buchst. c UStDV führen kann. In diesem Fall genügen als Belegnachweis die Empfangsbescheinigung des Postdienstleisters über die Entgegennahme der Postsendung an den Abnehmer und der Nachweis über die Bezahlung der Lieferung.

Absatz 3 Satz 1 Nr. 2: Nr. 2 regelt – neben Nr. 1 – eine weitere Belegnachweismöglichkeit für den Fall der Versendung des Liefergegenstands durch den Abnehmer. Der Unternehmer kann in diesem Fall den Belegnachweis auch mit einem Nachweis über die Bezahlung des Liefergegenstands von einem Bankkonto des Abnehmers zusammen mit einer Bescheinigung des beauftragten Spediteurs führen, die die in Nr. 2 Buchst. a bis f aufgeführten Angaben enthalten muss. Diese Angaben sind identisch mit den in Abs. 3 Satz 1 Nr. 1 Buchst. b Doppelbuchst. aa bis dd und gg geforderten Angaben. Zusätzlich wird in Buchst. e eine Versicherung des mit der Beförderung beauftragten Unternehmers gefordert, dass er den Gegenstand der Lieferung an den Bestimmungsort im übrigen Gemeinschaftsgebiet befördern wird. Durch den Nachweis der Bezahlung des Liefergegenstands unter Einbeziehung der Bankverbindung wird es der Finanzverwaltung ermöglicht, den Mitgliedstaat, in dem der innergemeinschaftliche Erwerb zu versteuern wäre, einen konkreten Anknüpfungspunkt mitteilen zu können. Durch das Anknüpfen an die Zahlung von einem Konto ist bei Bargeschäften ein Nachweis zusammen mit der Bescheinigung des beauftragten Spediteurs mit den in Nr. 2 Buchst. a bis f aufgeführten Angaben nicht möglich.

Absatz 3 Satz 1 Nr. 3: Die Regelung wurde lediglich redaktionell geändert.

Absatz 3 Satz 1 Nr. 4: Nr. 4 regelt die Belegnachweismöglichkeit anstelle einer Gelangensbestätigung bei innergemeinschaftlichen Lieferungen verbrauchsteuerpflichtiger Waren. Buchst. a regelt den Fall der Beförderung verbrauchsteuerpflichtiger Waren unter Steueraussetzung und Verwendung des IT-Verfahrens EMCS. In diesem Fall kann der Belegnachweis durch die von der zuständigen Zollbehörde des anderen Mitgliedstaats validierte EMCS-Eingangsmeldung geführt werden.

Buchst. b regelt den Fall der Beförderung verbrauchsteuerpflichtiger Waren des steuerrechtlich freien Verkehrs. In diesem Fall kann der Belegnachweis durch die dritte Ausfertigung des vereinfachten Begleitdokuments, das für Zwecke der Verbrauchsteuerentlastung dem zuständigen Hauptzollamt vorzulegen ist, geführt werden.

Absatz 3 Satz 1 Nr. 5: Nr. 5 regelt den Fall der innergemeinschaftlichen Lieferung eines für den Straßenverkehr zulassungspflichtigen Fahrzeugs, das vom Abnehmer befördert wird. In diesem Fall kann der Unternehmer anstelle der Gelangensbestätigung den Belegnachweis durch den Nachweis der Zulassung des Fahrzeugs auf den Erwerber im Bestimmungsmitgliedstaat der Lieferung führen.

Absatz 3 Satz 2: Satz 2 regelt, dass in den Fällen der innergemeinschaftlichen Lieferung eines neuen Fahrzeugs i. S. d. § 1b UStG, in denen der Unternehmer den Belegnachweis mit einem der in Abs. 3 Satz 1 aufgeführten Belege führt, dieser Beleg – ebenso wie die Gelangensbestätigung – zusätzlich die Identifikationsnummer des gelieferten Fahrzeugs enthalten muss.

Abs. 3 Satz 3: Abs. 3 regelt, dass in den Fällen, in denen der Unternehmer den Belegnachweis mit einem der in Abs. 3 Satz 1 Nr. 1 aufgeführten Belege führt, in diesem Beleg – ebenso wie bei der Gelangensbestätigung – Umsätze aus bis zu einem Quartal zusammengefasst werden können. Außerdem kann der Beleg aus mehreren Dokumenten bestehen, aus denen sich die geforderten Angaben insgesamt ergeben.

Abs. 3 Satz 4: Satz 4 regelt für die Fälle des Satzes 1 Nr. 2, in denen begründete Zweifel daran bestehen, dass der Liefergegenstand tatsächlich in das übrige Gemeinschaftsgebiet gelangt ist, dass der Unternehmer den Nachweis nach § 17a Abs. 1 oder mit den übrigen Belegen nach § 17a Abs. 2 oder 3 zu führen hat. Damit wird dem Umstand Rechnung getragen, dass einer Bescheinigung, in der der vom Abnehmer beauftragte Spediteur versichert, den Gegenstand der Lieferung in den Bestimmungsmitgliedstaat zu befördern, im Vergleich zu den übrigen in § 17a

UStDV aufgeführten Nachweisen, die allesamt das physische Gelangen des Liefergegenstands in den Bestimmungsmitgliedstaat bestätigen können, eine niedrigere Beweiskraft beigemessen werden kann.

Zeitlicher Anwendungsbereich: Die Änderungen treten **am 1. 10. 2013** in Kraft.

II. Kommentierung

Durch die Neufassung des § 17a UStDV wird der Buch- und Belegnachweis für innergemeinschaftliche Lieferungen gegenüber der ursprünglich ab 1. 1. 2012 vorgesehenen Rechtslage erheblich erleichtert. Die Möglichkeit der Nachweisführung durch die Gelangensbestätigung wird verbessert und Alternativnachweise zugelassen. Das dazu ergangene BMF-Schreiben v. 16. 9. 2013 (BStBl I 2013, 1192) enthält neben Darstellungen weitere Vereinfachungen. Trotz aller Zugeständnisse und Bemühungen bleibt die Nachweisführung zur Erlangung der Steuerbefreiung für den steuerehrlichen Wirtschaftsteilnehmer ein Hemmnis des grenzüberschreitenden innergemeinschaftlichen Warenverkehrs. Steuerunehrliche fingieren häufig die Verbringung von Waren in einen anderen Mitgliedstaat, um USt zu hinterziehen. Es ist zu befürchten, dass sie die nunmehr eingeräumten Zugeständnisse ausnutzen, um ihr steuerunehrliches Handeln zu verschleiern.

Problematisch bleiben weiterhin die sog. **Abholfälle**. Diese treten besonders häufig bei innergemeinschaftlichen Lieferungen von Fahrzeugen auf. Hierbei holt der ausländische Kunde die Ware – ohne Beauftragung einer Spedition – selbst beim Lieferanten ab. In solchen Fällen kann der Lieferant den Belegnachweis über die Voraussetzungen einer steuerbefreiten innergemeinschaftlichen Lieferung nur mittels einer Gelangensbestätigung erbringen, über die er in der Zeitspanne zwischen Übergabe des Gegenstandes in Deutschland und Eintreffen am Zielort noch nicht verfügt. Da eine Empfangsbestätigung und Versicherung zu Beginn des Transports nicht mehr ausreichen, kann der Lieferant zu einem Zeitpunkt, in dem er und sein Abnehmer noch in direktem Kontakt stehen, den Nachweis nicht führen. Er kann sich nicht unbedingt darauf verlassen, dass sein im übrigen Gemeinschaftsgebiet ansässiger Geschäftspartner ihm im Nachgang die Gelangensbestätigung übermittelt; Probleme treten insbesondere bei neuen Geschäftsbeziehungen und bei namentlich nicht näher bekannter Laufkundschaft auf. Endgültige Preisbildung und Rechnungsausstellung sind aber erst möglich, wenn dem Lieferanten die Gelangensbestätigung oder die Versicherung des Transportunternehmers vorliegt, dass der Abnehmer die Ware im übrigen Gemeinschaftsgebiet erhalten hat. Will der Lieferant sein Risiko ausschließen, hat er nur die Möglichkeit zunächst den **Bruttobetrag ohne Steuerausweis in Rechnung zu stellen** und nach Übersendung der Gelangensbestätigung und Rechnungsberichtigung die darin enthaltene USt zurück zu zahlen. Fraglich ist, ob sich die Geschäftspartner im übrigen Gemeinschaftsgebiet auf diese Verfahrensweise einlassen. Auch für **Kleinstumsätze im grenznahen Raum** über die Ladentheke gibt es keine Ausnahme- oder Vereinfachungsregelung. Die Finanzverwaltung konnte sich im BMF-Schreiben v. 16. 9. 2013 dazu nicht entschließen. Auch in diesen Fällen muss der Unternehmer die Gelangensbestätigungen einfordern und deren Eingang überwachen. Dadurch können nicht unerhebliche Verwaltungskosten entstehen, wovon der Verordnungsgeber aber offenbar nicht ausgeht (vgl. BR-Drucks. 66/13 v. 4. 2. 2013).

Bei **Fahrzeuglieferungen in Abholfällen** kann der Nachweis auch durch Zulassung des Fahrzeugs auf den Erwerber geführt werden, d. h. diese Nachweisform kann nicht genutzt werden, wenn die Zulassung auf den Endkunden und nicht auf den umsatzsteuerlichen Abnehmer der innergemeinschaftlichen Lieferung erfolgt.

2. § 74 UStDV

Übergangsvorschriften

...

(3) Für bis zum 30. 9. 2013 ausgeführte innergemeinschaftliche Lieferungen kann der Unternehmer den Nachweis der Steuerbefreiung gemäß den §§ 17a bis 17c in der am 31. 12. 2011 geltenden Fassung führen.

Anwendungsvorschriften:

► Art. 2 Abs. 2 der Verordnung lautet:

(2) Art. 1 Nr. 2 tritt am Tag nach der Verkündung in Kraft.

Erläuterungen

(Horst G. Zaisch, Wirtschaftsprüfer und Steuerberater)

Der neue § 74a Abs. 3 UStDV regelt, dass der Unternehmer für bis zum 30. 9. 2013 ausgeführte innergemeinschaftliche Lieferungen den Nachweis der Steuerbefreiung gem. den §§ 17a bis 17c UStDV in der am 31. 12. 2011 geltenden Fassung führen kann. Damit hat der Unternehmer für nach dem 31. 12. 2011 und vor dem 1. 10. 2013 ausgeführte innergemeinschaftliche Lieferungen **ein Wahlrecht**, nach welchen Regelungen er die Voraussetzungen für die Inanspruchnahme der Steuerbefreiung nach § 4 Nr. 1 Buchst. b, § 6a UStG beleg- und buchmäßig nachweist.

Die Finanzverwaltung hat dazu im BMF-Schreiben v. 16. 9. 2013 (BStBl I 2013, 1192). eine weitere **Übergangsregelung bis 31. 12. 2013** vorgesehen. Bis zu diesem Zeitpunkt können die Nachweise für innergemeinschaftliche Lieferungen noch nach der bis zum 31. 12. 2011 geltenden Rechtslage geführt werden. Das **neue Recht** ist deshalb **zwingend erst auf Umsätze** anzuwenden, **die nach dem 31. 12. 2013 ausgeführt werden.**

Macht der Unternehmer von der im Zeitraum v. 1. 1. 2012 bis 31. 12. 2013 geltenden Übergangsregelung Gebrauch sind dafür die Abschn. 6a.1 bis 6a.8 UStAE in der bis zum 30. 9. 2013 geltenden Fassung anzuwenden.

Teil H: Gesetz zur Änderung und Vereinfachung der Unternehmensbesteuerung und des steuerlichen Reisekostenrechts

I. Vorbemerkung

(Dr. Alois Th. Nacke, Richter am FG)

LITERATUR:

Merker, Änderungen des steuerlichen Reisekostenrechts und der Unternehmensbesteuerung, StW 2014, 9; *Siegers*, Steuerliche Auswirkungen des am 1.1.2014 in Kraft getretenen geänderten Reisekostenrechts, EFG 2014, 146; *Geiermann*, Kleine Reform löst große Fragen aus, StBW 2014, 107; *Roth*, Hans-Peter, Reform des steuerlichen Reisekostenrechts (Teil 2), Verpflegungspauschalen, Übernachtungskosten und doppelte Haushaltsführung, StBW 2014, 389*Goebel/Ungemach*, Neuregelungen bei der Besteuerung ertragsteuerlicher Organschaften mit Auslandsbezug, NWB 2013, 595; *Kusch*, Die Reform der ertragsteuerlichen Organschaft, NWB 2013, 3065; *Weber*, Auswirkungen auf die Erstattung von Reisekosten aus der Sicht des Arbeitgebers, NWB 2013, Beilage zu Heft 9, 21; *Wünnemann/Gödtel*, Erste Anwendungs- und Umsetzungsfragen aus der Sicht der Wirtschaft, NWB 2013, Beilage zu Heft 9, 36; *Schneider*, Übereinstimmungen und Abweichungen zur bisherigen BFH-Rechtsprechung, NWB 2013, Beilage zu Heft 9, 44; *Reinhold*, Die Reisekostenreform im internationalen Vergleich, NWB 2013, Beilage zu Heft 9, 53; *Schwenke*, Grenzüberschreitende Organschaft – Anmerkungen zu den Neuregelungen im Gesetz zur Änderung und Vereinfachung der Unternehmensbesteuerung und des steuerlichen Reisekostenrechts, ISR 2013, 41; *Paintner*, Das Gesetz zur Änderung und Vereinfachung der Unternehmensbesteuerung und des steuerlichen Reisekostenrechts im Überblick, DStR 2013, 217; *Keller*, Neuerungen bei der Organschaft durch das Gesetz zur Änderung und Vereinfachung der Unternehmensbesteuerung und des steuerlichen Reisekostenrechts, DStZ 2013, 60; *Höreth/Stelzer*, Unternehmensteuerreform, Vielleicht und wenn, dann in kleinen Schritten, StC 2013, 15; *Wünnemann*, Modelle zur Reform des Reisekostenrechts - Einstieg in eine neue Welt? Bericht des Bundesfinanzministeriums, NWB 2012, 1738; *Seifert*, Ausblick auf die Reform des steuerlichen Reisekostenrechts, DStZ 2012, 720; *Heller*, Zwölf Punkte zur Vereinfachung des Unternehmensteuerrechts, StBW 2012, 268; *v Wolfersdorff/Rödder/Schmidt-Fehrenbacher/Beisheim/Gerner*, Der Fraktionsentwurf zur "Kleinen Organschaftsreform": Guter Wille, aber doch kein wirklicher Rechtsfrieden!, DB 2012, 2241; *Plenker/Maier-Siegert*, Geplante Gesetzesänderungen im Reisekostenrecht zum 1.1.2014, BC 2012, 430; *Neufang*, Regelmäßige Arbeitsstätte – Änderung der Rechtsprechung und Auswirkungen auf die Beratungspraxis, DStR 2011, 1986; *Schiffers/Köster*, Gestaltungshinweise zur Unternehmensbesteuerung zum Jahreswechsel 2012/2013, DStZ 2012, 871; *Seifert*, Reform des Reisekostenrechts nimmt Fahrt auf: Gesetzesänderungen ab 2014 geplant!, GStB 2012, 334; *Foerster*, Gesetzentwurf zur Vereinfachung des steuerlichen Reisekostenrechts, StBW 2012, 989; *Schramm/Harder-Buschner*, Reform des steuerlichen Reisekostenrechts. Mogelpackung oder Weihnachtsgeschenk?, NWB 2012, 3848; *Geserich*, Aktuelle BFH-Rechtsprechung zur doppelten Haushaltsführung, DStR 2012, 1737; *Schöne/Heurung/Petersen*, Erforderliche Änderungen im Recht des faktischen Konzerns im Zuge der Reform der steuerlichen Organschaft, DStR 2012, 1680; *Wünnemann*, Neue Maßstäbe zur Bestimmung der regelmäßigen Arbeitsstätte, DB 2012, 421; *Seifert*, Neuausrichtung des steuerlichen Reisekostenrechts. Folgen der aktuellen BFH-Rechtsprechung, StuB 2012, 466; *Hoene*, Der grenzüberschreitende Gewinnabführungsvertrag, IStR 2012, 462; *Lenz/Adrian/Handwerker*, Geplante Neuregelung der ertragsteuerlichen Organschaft. Erläuterungen und erste Anmerkungen zum Gesetz zur Änderung und Vereinfachung der Unternehmensbesteuerung und des steuerlichen Reisekostenrechts, BB 2012, 2851; *Oesterwinter*, Aktuelle Entwicklungen im Rahmen der Reform der ertragsteuerlichen Organschaft – Punktuelle Problemlösungen anstelle der Einführung einer Gruppenbesteuerung, DStZ 2012, 867; *Wirfler*, Geplante einkommensteuerliche Änderungen durch das Gesetz zur Änderung und Vereinfachung der Unternehmensbesteuerung und des steuerlichen Reisekostenrechts, DStR 2012, 2037; *Brill*, Neues zur Organschaft und Verlustverrechnung, KÖSDI 2012, 18103; *Hechtner*, Änderungen bei der Besteuerung der Unternehmen und den Reisekosten. Überblick zur "Mini"-Reform für Unternehmen, BBK 2012, 1024; *Ismer*, Gruppenbesteuerung statt Organschaft im Ertragsteuerrecht?, DStR 2012, 821; *Rödder*, Die kleine Organschaftsreform – Nachtrag, Ubg 2012, 717; *Demuth/Eisgruber*, Ausgewählte steuerliche Überlegungen und Beratungsbrennpunkte zum Jahreswechsel 2012/2013, DStR Beihefter 2012 zu Nr 49, 133; *Burwitz*, Neuere Entwicklungen im Steuerrecht, NZG 2012, 496; *Glahe*, Grenzüberschreitende Organschaft ohne Gewinnabführungsvertrag, IStR 2012, 128; *Bergkemper*, Der Begriff der regelmäßigen Arbeitsstätte i. S. des § 9 Abs. 1 Satz 3 Nr. 4 EStG, FR 2012, 1009; *Grasmück*, Abzugsfähigkeit von Fahrtkosten nach der aktuellen Rechtsprechung, SteuK 2012, 222; *Vinken*, Praxistauglichkeit verbessern – mehr Rechtssicherheit im Steuerrecht schaffen, Beihefter zu DStR 22 2012, 81; *Strohner*, Zeitenwende im steuerlichen Reisekostenrecht, DB 2011, 2566; *Bergkemper*, Ein Arbeitnehmer kann nur eine regelmäßige Arbeitsstätte haben, FR 2011, 1107; *Geserich*, Regelmäßige Arbeitsstätte bei mehreren Tätigkeitsstätten, NWB 2011, 2921; *Bergkemper*, Auswärtstätigkeit bei Einsatz in verschiedenen Filialen, FR 2011, 1011; *Frotscher*, Grenzüberschreitende Organschaft – wo stehen wir?, IStR 2011, 697; *Rindelaub*, zu BFH: Regelmäßige Arbeitsstätte bei mehreren Tätigkeitsstätten, BB 2011, 2661; *Seifert*, Neues zur regelmäßigen Arbeitsstätte. Anmerkungen zu den BFH-Urteilen vom 9. 6. 2011, StuB 2011, 703; *Durst*, Neues zur regelmäßigen Arbeitsstätte, BeSt 2011, 33; *Rindelaub*, Kurswechsel im steuerlichen Reisekostenrecht: Abschaffung der so genannten 46-Tage-Regelung, BB 2011, 2662; *Foerster*, Aktuelle Entwicklungen im Reisekostenrecht, StBW 2011, 70.

Verwaltungsschreiben:

BMF vom 19. 9. 2012, Formulierungshilfe für die Fraktionen der CDU/CSU und FDP. Entwurf eines Gesetzes zur Änderung und Vereinfachung der Unternehmensbesteuerung und des steuerlichen Reisekostenrechts (Fundstelle: http://www.bundesfinanzministerium.de/Content/DE/Pressemitteilungen/Finanzpolitik/2012/09/2012-09-19-PM54-anlage.html); BMF-Schreiben v. 30. 9. 2013 - IV C 5 -S 2353/13/10004, BStBl I 2013, 1279, Rz 65.

Das Reformgesetz beruht auf einen Beschluss der Koalitionsfraktionen zu Beginn des Jahres Jahr 2012. Am 14. 2. 2012 beschlossen die Finanzpolitiker der Bundestagsfraktionen von CDU/CSU und FDP „Zwölf Punkte zur weiteren Modernisierung und Vereinfachung des Unternehmensteuerrechts". Das BMF hatte bereits Ende Januar 2012 einen Bericht vorgelegt, in dem verschiedene Modelle zu einer Vereinfachung der Abrechnung von Fahrtkosten, Verpflegungsmehraufwendungen und Übernachtungskosten vorgestellt wurden. Diese Vorschläge wurden Teil des Zwölf-Punkte-Programms. Am 19. 9. 2012 beschloss die Bundesregierung den Gesetzentwurf. Am 25. 10. 2012 folgte der Gesetzesbeschluss des Bundestages. Da der Bundesrat dem Gesetz nicht zustimmte, wurde der Vermittlungsausschuss angerufen. Dieser erzielte am 12. 12. 2012 eine Einigung. Daraufhin stimmte zunächst der Bundestag und dann auch am 1. 2. 2013 der Bundesrat dem Gesetz zu.

Mit dem Reformgesetz beabsichtigt der Gesetzgeber das Unternehmenssteuerrecht zu vereinfachen. Neben der Berücksichtigung europarechtlicher Belange (hier die Annäherung der Verlustvorschriften an französische Regelungen) werden neuere Entscheidungen des BFH zur Organschaft und zum Reisekostenrecht berücksichtigt. Insbesondere das Reisekostenrecht wird zum Teil neustrukturiert und vereinfacht.

Zu den Einzeländerungen im Bereich der Unternehmensbesteuerung und der Arbeitnehmerbesteuerung gehören:

▶ Im Rahmen der Verlustverrechnung nach § 10d Abs. 1 EStG wird die Höchstgrenze für den Verlustrücktrag von 511.500 € auf 1 Mio. € angehoben. Es gilt eine entsprechende Verdoppelung im Falle der Zusammenveranlagung.

▶ Des Weiteren wurden im KStG die Voraussetzungen einer Organschaft erleichtert. So soll insbesondere der Gewinnabführungsvertrag auch als durchgeführt gelten, wenn der abgeführte Gewinn oder ausgeglichene Verlust auf einem Jahresabschluss beruht, der fehlerhafte Bilanzansätze enthält. Voraussetzung ist, dass der Jahresabschluss wirksam festgestellt wurde, die Fehler nicht hätten erkannt werden können und eine Korrektur dieser Fehler sofort nach Bekanntwerden erfolgt.

▶ Weiterhin wird der doppelte Inlandsbezug als notwendige Voraussetzung aufgegeben (Geschäftsleitung in Deutschland und Sitz in einem Mitgliedstaat der Europäischen Union oder in einem Vertragsstaat des EWR-Abkommens).

▶ Des Weiteren wird das dem Organträger zuzurechnende Einkommen der Organgesellschaft gegenüber dem Organträger und der Organgesellschaft gesondert und einheitlich festgestellt.

▶ Der Arbeitsstättenbegriff im Reisekostenrecht wird neu definiert. Der Begriff der „regelmäßigen Arbeitsstätte" wird durch den neuen Begriff „erste Tätigkeitsstätte" ersetzt. Hierbei orientiert sich der Entwurf größtenteils an den von der Rechtsprechung aufgestellten Kriterien, wonach Arbeitnehmer nur noch eine erste Tätigkeitsstätte (= Arbeitsstätte) innehaben können. Dementsprechend gilt die Entfernungspauschale nur noch für die Fahrt zur ersten Tätigkeitsstätte, im Übrigen sind die tatsächlichen Kosten zu berücksichtigen. Die Bestimmung der ersten Tätigkeitsstätte wird vorrangig anhand der arbeits- oder dienstrechtlichen Festlegungen erfolgen.

▶ Weiterhin erfolgte eine Neuregelung der Pauschalen für Verpflegungsmehraufwendungen. Die bisherige Dreiteilung der Verpflegungsmehraufwendungen wurde aufgegeben. Für den An- und Abreisetag bei auswärtiger Übernachtung und für eine Abwesenheit von mehr als 8 Stunden (ohne Übernachtung) sollen die Verpflegungsmehraufwendungen 12 € betragen. Bei einer Abwesenheit von 24 Stunden sollen die Mehraufwendungen mit 24 € berücksichtigt werden können.

▶ Im Rahmen der doppelten Haushaltsführung werden in Zukunft die Kosten gedeckelt. Mehraufwendungen für eine berufsbedingte doppelte Haushaltsführung können fortan unabhängig von der Größe des Haushalts bis zu 1.000 € pro Monat berücksichtigt werden. Weiterhin soll ausdrücklich in das EStG aufgenommen werden, dass das Vorliegen eines eigenen Hausstands, das Innehaben einer Wohnung sowie eine finanzielle Beteiligung an den Kosten der Lebensführung voraussetzt.

▶ Die Mahlzeiten werden neu bewertet. Mahlzeiten mit einem Preis von bis zu 60 € werden typisierend mit dem Sachbezugswert erfasst. Die mit dem Sachbezugswert bewerteten Mahlzeiten werden generell nicht besteuert, wenn dem Arbeitnehmer für die auswärtige Tätigkeit eine Verpflegungspauschale zustehen würde. Andernfalls können die mit dem Sachbezugswert bewerteten Mahlzeiten vom Arbeitgeber vereinfacht mit 25 % pauschal besteuert werden. Der Arbeitnehmer kann dagegen einen Werbungskostenabzug (Verpflegungspauschale) nur noch für die von ihm bezahlten Mahlzeiten geltend machen.

Daten und Gesetzesmaterialien

19. 9. 2012	Bundesregierung beschließt Formulierungshilfe für die Koalitionsfraktionen
25. 9. 2012	Einbringung des Gesetzentwurfs der Fraktionen der CDU/CSU und FDP (BT-Drucks. 17/10774)
27. 9. 2012	1. Lesung im Bundestag
25. 10. 2012	Bericht des Finanzausschusses (BT-Drucks. 17/11217) 2. u. 3. Lesung im Bundestag
23. 11. 2012	Bundesrat lehnt Zustimmung ab (BR-Drucks. 633/12)
12. 12. 2012	Vermittlungsausschuss beschließt Einigungsvorschlag (BT-Drucks. 17/11841)
17. 1. 2013	Bundestag stimmt Einigung des Vermittlungsausschusses zu (BR-Drucks. 34/13)
1. 2. 2013	Bundesrat stimmt Einigung des Vermittlungsausschusses zu
25. 2. 2013	Verkündung des Gesetzes v. 20. 2. 2013 im BGBl. I 2013, 285

II. Einkommensteuergesetz

1. § 3 Nr. 13 EStG

Steuerfreie Einnahmen

[1]Steuerfrei sind

13. die aus öffentlichen Kassen gezahlten Reisekostenvergütungen, Umzugskostenvergütungen und Trennungsgelder. [2]Die als Reisekostenvergütungen gezahlten Vergütungen für Verpflegungsmehraufwendungen sind nur insoweit steuerfrei, als sie die Pauschbeträge nach **§ 9 Abs. 4a** *[bisher: § 4 Abs. 5 Satz 1 Nr. 5]* nicht übersteigen; Trennungsgelder sind nur insoweit steuerfrei, als sie die nach § 9 Abs. 1 Satz 3 Nr. 5 und **Abs. 4a** *[bisher: Abs. 5 sowie § 4 Abs. 5 Satz 1 Nr. 5]* abziehbaren Aufwendungen nicht übersteigen;

Anwendungsvorschriften:

► § 52 Abs. 1 EStG i. d. F. des UntStVerG (Art. 1 Nr. 8 Buchst. a) lautet:

(1) Diese Fassung des Gesetzes ist, soweit in den folgenden Absätzen und § 52a nichts anderes bestimmt ist, erstmals für den VZ **2014** anzuwenden. Beim Steuerabzug vom Arbeitslohn gilt Satz 1 mit der Maßgabe, dass diese Fassung erstmals auf den laufenden Arbeitslohn anzuwenden ist, der für einen nach dem 31. 12. **2013** endenden Lohnzahlungszeitraum gezahlt wird, und auf sonstige Bezüge, die nach dem 31. 12. **2013** zufließen.

Erläuterungen

(Dr. Alois Th. Nacke, Richter am FG)

LITERATUR:.

Siehe Vorbemerkung.

Hintergrund und Inhalt der Gesetzesänderung

„Es handelt sich um Folgeänderungen zu dem zukünftig in § 9 Abs. 1 Satz 3 Nr. 5 und Abs. 4a EStG neu geregelten Abzug der Mehraufwendungen für eine beruflich veranlasste doppelte Haushaltsführung sowie den Mehraufwendungen für Verpflegung. Die Vereinfachungen im Bereich des Werbungskostenabzugs werden dadurch in gleicher Weise im Bereich des steuerfreien Arbeitgeberersatzes umgesetzt." (BT-Drucks. 17/10774, 12).

Zeitlicher Anwendungsbereich: Nach § 52 Abs. 1 Satz 1 EStG gelten die Änderungen erstmals für VZ **2014**.

2. § 3 Nr. 16 EStG

Steuerfreie Einnahmen

[1]Steuerfrei sind

16. die Vergütungen, die Arbeitnehmer außerhalb des öffentlichen Dienstes von ihrem Arbeitgeber zur Erstattung von Reisekosten, Umzugskosten oder Mehraufwendungen bei doppelter Haushaltsführung erhalten, soweit sie die **nach § 9 als Werbungskosten abziehbaren Aufwendungen nicht übersteigen;** *[bisher: beruflich veranlassten Mehraufwendungen, bei Verpflegungsmehraufwendungen die Pauschbeträge nach § 4 Abs. 5 Satz 1 Nr. 5 und bei Familienheimfahrten mit dem eigenen oder außerhalb des Dienstverhältnisses zur Nutzung überlassenen Kraftfahrzeug die Pauschbeträge nach § 9 Abs. 1 Satz 3 Nr. 4 nicht übersteigen; Vergütungen zur Erstattung von Mehraufwendungen bei doppelter Haushaltsführung sind nur insoweit steuerfrei, als sie die nach § 9 Abs. 1 Satz 3 Nr. 5 und Abs. 5 sowie § 4 Abs. 5 Satz 1 Nr. 5 abziehbaren Aufwendungen nicht übersteigen;]*

Anwendungsvorschriften:

▶ § 52 Abs. 1 EStG i. d. F. des UntStVerG (Art. 1 Nr. 8 Buchst. a) lautet:

(1) Diese Fassung des Gesetzes ist, soweit in den folgenden Absätzen und § 52a nichts anderes bestimmt ist, erstmals für den VZ **2014** anzuwenden. Beim Steuerabzug vom Arbeitslohn gilt Satz 1 mit der Maßgabe, dass diese Fassung erstmals auf den laufenden Arbeitslohn anzuwenden ist, der für einen nach dem 31. 12. **2013** endenden Lohnzahlungszeitraum gezahlt wird, und auf sonstige Bezüge, die nach dem 31. 12. **2013** zufließen.

Erläuterungen

(Dr. Alois Th. Nacke, Richter am FG)

LITERATUR:

Siehe Vorbemerkung.

Hintergrund und Inhalt der Gesetzesänderung

„Es handelt sich um Folgeänderungen zu dem zukünftig in § 9 EStG neu geregelten Abzug von Reisekosten, Umzugskosten oder Mehraufwendungen bei doppelter Haushaltsführung als Werbungskosten. Die Vereinfachungen im Bereich des Werbungskostenabzugs werden dadurch in gleicher Weise im Bereich des steuerfreien Arbeitgeberersatzes umgesetzt." (BT-Drucks. 17/10774, 12)

Zeitlicher Anwendungsbereich: Nach § 52 Abs. 1 Satz 1 EStG gelten die Änderungen erstmals für **VZ 2014**.

3. § 4 Abs. 5 Nr. 5 u. Nr. 6a EStG

Gewinnbegriff im Allgemeinen

(5) ¹Die folgenden Betriebsausgaben dürfen den Gewinn nicht mindern:

….

5. Mehraufwendungen für die Verpflegung des Steuerpflichtigen. **Wird der Steuerpflichtige vorübergehend von seiner Wohnung und dem Mittelpunkt seiner dauerhaft angelegten betrieblichen Tätigkeit entfernt betrieblich tätig, sind die Mehraufwendungen für Verpflegung nach Maßgabe des § 9 Abs. 4a abziehbar;** *[bisher: , soweit in den folgenden Sätzen nichts anderes bestimmt ist. ²Wird der Steuerpflichtige vorübergehend von seiner Wohnung und dem Mittelpunkt seiner dauerhaft angelegten betrieblichen Tätigkeit entfernt betrieblich tätig, ist für jeden Kalendertag, an dem der Steuerpflichtige wegen dieser vorübergehenden Tätigkeit von seiner Wohnung und seinem Tätigkeitsmittelpunkt*

   a) *24 Stunden abwesend ist, ein Pauschbetrag von 24 Euro,*

   b) *weniger als 24 Stunden, aber mindestens 14 Stunden abwesend ist, ein Pauschbetrag von 12 Euro,*

c) weniger als 14 Stunden, aber mindestens 8 Stunden abwesend ist, ein Pauschbetrag von 6 Euro

abzuziehen; eine Tätigkeit, die nach 16 Uhr begonnen und vor 8 Uhr des nachfolgenden Kalendertags beendet wird, ohne dass eine Übernachtung stattfindet, ist mit der gesamten Abwesenheitsdauer dem Kalendertag der überwiegenden Abwesenheit zuzurechnen. ³Wird der Steuerpflichtige bei seiner individuellen betrieblichen Tätigkeit typischerweise nur an ständig wechselnden Tätigkeitsstätten oder auf einem Fahrzeug tätig, gilt Satz 2 entsprechend; dabei ist allein die Dauer der Abwesenheit von der Wohnung maßgebend. ⁴Bei einer Tätigkeit im Ausland treten an die Stelle der Pauschbeträge nach Satz 2 länderweise unterschiedliche Pauschbeträge, die für die Fälle der Buchstaben a, b und c mit 120, 80 und 40 Prozent der höchsten Auslandstagegelder nach dem Bundesreisekostengesetz vom Bundesministerium der Finanzen im Einvernehmen mit den obersten Finanzbehörden der Länder aufgerundet auf volle Euro festgesetzt werden; dabei bestimmt sich der Pauschbetrag nach dem Ort, den der Steuerpflichtige vor 24 Uhr Ortszeit zuletzt erreicht, oder, wenn dieser Ort im Inland liegt nach dem letzten Tätigkeitsort im Ausland. ⁵Bei einer längerfristigen vorübergehenden Tätigkeit an derselben Tätigkeitsstätte beschränkt sich der pauschale Abzug nach Satz 2 auf die ersten drei Monate. ⁶Die Abzugsbeschränkung nach Satz 1, die Pauschbeträge nach den Sätzen 2 und 4 sowie die Dreimonatsfrist nach Satz 5 gelten auch für den Abzug von Verpflegungsmehraufwendungen bei einer aus betrieblichem Anlass begründeten doppelten Haushaltsführung; dabei ist für jeden Kalendertag innerhalb der Dreimonatsfrist, an dem gleichzeitig eine Tätigkeit im Sinne des Satzes 2 oder 3 ausgeübt wird, nur der jeweils höchste in Betracht kommende Pauschbetrag abzuziehen und die Dauer einer Tätigkeit im Sinne des Satzes 2 an dem Beschäftigungsort, der zur Begründung der doppelten Haushaltsführung geführt hat, auf die Dreimonatsfrist anzurechnen, wenn sie ihr unmittelbar vorausgegangen ist;]

6. Aufwendungen für die Wege des Steuerpflichtigen zwischen Wohnung und Betriebsstätte und für Familienheimfahrten, soweit in den folgenden Sätzen nichts anderes bestimmt ist. ²Zur Abgeltung dieser Aufwendungen ist § 9 Abs. 1 Satz 3 **Nr. 4 Satz 2 bis 6 und Nr. 5 Satz 5 bis 7** *[bisher: Nr. 4 und 5 Satz 1 bis 6]* und Abs. 2 entsprechend anzuwenden. ³Bei der Nutzung eines Kraftfahrzeugs dürfen die Aufwendungen in Höhe des positiven Unterschiedsbetrags zwischen 0,03 Prozent des inländischen Listenpreises im Sinne des § 6 Abs. 1 Nr. 4 Satz 2 des Kraftfahrzeugs im Zeitpunkt der Erstzulassung je Kalendermonat für jeden Entfernungskilometer und dem sich nach **§ 9 Abs. 1 Satz 3 Nr. 4 Satz 2 bis 6** *[bisher: § 9 Abs. 1 Satz 3 Nr. 4]* oder Abs. 2 ergebenden Betrag sowie Aufwendungen für Familienheimfahrten in Höhe des positiven Unterschiedsbetrags zwischen 0,002 Prozent des inländischen Listenpreises im Sinne des § 6 Abs. 1 Nr. 4 Satz 2 für jeden Entfernungskilometer und dem sich nach **§ 9 Abs. 1 Satz 3 Nr. 5 Satz 5 bis 7** *[bisher: § 9 Abs. 1 Satz 3 Nr. 5 Satz 4 bis 6]* oder Abs. 2 ergebenden Betrag den Gewinn nicht mindern; ermittelt der Steuerpflichtige die private Nutzung des Kraftfahrzeugs nach § 6 Abs. 1 Nr. 4 Satz 1 oder Satz 3, treten an die Stelle des mit 0,03 oder 0,002 Prozent des inländischen Listenpreises ermittelten Betrags für Fahrten zwischen Wohnung und Betriebsstätte und für Familienheimfahrten die auf diese Fahrten entfallenden tatsächlichen Aufwendungen;

6a. die Mehraufwendungen für eine betrieblich veranlasste doppelte Haushaltsführung, soweit sie die nach § 9 Absatz 1 Satz 3 Nummer 5 Satz 1 bis 7 abziehbaren Beträge und die Mehraufwendungen für betrieblich veranlasste Übernachtungen, soweit sie die nach § 9 Absatz 1 Satz 3 Nummer 5a abziehbaren Beträge übersteigen; *[bisher: weggefallen]*

Anwendungsvorschriften: § 52 Abs. 1 EStG i. d. F. des UntStVerG (Art. 1 Nr. 8 Buchst. a) lautet:

(1) Diese Fassung des Gesetzes ist, soweit in den folgenden Absätzen und § 52a nichts anderes bestimmt ist, erstmals für den VZ 2014 anzuwenden. Beim Steuerabzug vom Arbeitslohn gilt Satz 1 mit der Maßgabe, dass diese Fassung erstmals auf den laufenden Arbeitslohn anzuwenden ist, der für einen nach dem 31. 12. 2013 endenden Lohnzahlungszeitraum gezahlt wird, und auf sonstige Bezüge, die nach dem 31. 12. 2013 zufließen.

Erläuterungen

(Dr. Alois Th. Nacke, Richter am FG)

LITERATUR:

Siehe Vorbemerkung.

Hintergrund und Inhalt der Gesetzesänderung

§ 4 Abs. 5 Nr. 5 EStG n. F.:

„Es handelt sich um Folgeänderungen zu dem zukünftig in § 9 Abs. 4a EStG neu geregelten Abzug der Mehraufwendungen für Verpflegung. Die Vereinfachungen im Bereich des Werbungskostenabzugs der Arbeitnehmer werden dadurch in gleicher Weise für den Abzug von Mehraufwendungen für eine betrieblich veranlasste Verpflegung als Betriebsausgaben bei den Einkünften aus Land- und Forstwirtschaft, Gewerbebetrieb und selbständiger Arbeit angewandt." (BT-Drucks. 17/10774, 12)

§ 4 Abs. 5 Nr. 6 EStGn. F.:

Es handelt sich dabei um redaktionelle Folgeänderungen (BT-Drucks. 17/11217, 8).

§ 4 Abs. 5 Nr. 6a EStGn. F.:

„Es handelt sich um Folgeänderungen zu den zukünftig in § 9 Abs. 1 Satz 3 Nr. 5 und Nr. 5a EStG neu geregelten Abzügen für Mehraufwendungen für eine beruflich veranlasste doppelte Haushaltsführung und für beruflich veranlasste Übernachtungskosten. Die Vereinfachungen im Bereich des Werbungskostenabzugs der Arbeitnehmer werden dadurch in gleicher Weise für den Abzug von Mehraufwendungen für eine betrieblich veranlasste doppelte Haushaltsführung und für betrieblich veranlasste Übernachtungskosten als Betriebsausgaben bei den Einkünften aus Land- und Forstwirtschaft, Gewerbebetrieb und selbständiger Arbeit angewandt." (BT-Drucks. 17/10774, 12)

Zeitlicher Anwendungsbereich: Nach § 52 Abs. 1 Satz 1 EStG gelten die Änderungen erstmals für **VZ 2014**.

4. § 8 Abs. 2 EStG

Einnahmen

(2) ¹Einnahmen, die nicht in Geld bestehen (Wohnung, Kost, Waren, Dienstleistungen und sonstige Sachbezüge), sind mit den um übliche Preisnachlässe geminderten üblichen Endpreisen am

Abgabeort anzusetzen. [2]Für die private Nutzung eines betrieblichen Kraftfahrzeugs zu privaten Fahrten gilt § 6 Abs. 1 Nr. 4 Satz 2 entsprechend. [3]Kann das Kraftfahrzeug auch für **Fahrten zwischen Wohnung und erster Tätigkeitsstätte sowie Fahrten nach § 9 Abs. 1 Satz 3 Nr. 4a Satz 3** [*bisher: Fahrten zwischen Wohnung und Arbeitsstätte*] genutzt werden, erhöht sich der Wert in Satz 2 für jeden Kalendermonat um 0,03 Prozent des Listenpreises im Sinne des § 6 Abs. 1 Nr. 4 Satz 2 für jeden Kilometer der **Entfernung zwischen Wohnung und erster Tätigkeitsstätte sowie der Fahrten nach § 9 Abs. 1 Satz 3 Nr. 4a Satz 3** [*bisher: Entfernung zwischen Wohnung und Arbeitsstätte*]. [4]Der Wert nach den Sätzen 2 und 3 kann mit dem auf die private Nutzung und die Nutzung **zu Fahrten zwischen Wohnung und erster Tätigkeitsstätte sowie Fahrten nach § 9 Abs. 1 Satz 3 Nr. 4a Satz 3** [*bisher: zu Fahrten zwischen Wohnung und Arbeitsstätte*] entfallenden Teil der gesamten Kraftfahrzeugaufwendungen angesetzt werden, wenn die durch das Kraftfahrzeug insgesamt entstehenden Aufwendungen durch Belege und das Verhältnis der privaten Fahrten und **der Fahrten zwischen Wohnung und erster Tätigkeitsstätte sowie Fahrten nach § 9 Abs. 1 Satz 3 Nr. 4a Satz 3** [*bisher: der Fahrten zwischen Wohnung und Arbeitsstätte*] zu den übrigen Fahrten durch ein ordnungsgemäßes Fahrtenbuch nachgewiesen werden. [5]**Die** Nutzung des Kraftfahrzeugs zu einer Familienheimfahrt im Rahmen einer doppelten Haushaltsführung ist mit 0,002 % des Listenpreises im Sinne des § 6 Abs. 1 Nr. 4 Satz 2 für jeden Kilometer der Entfernung zwischen dem Ort des eigenen Hausstands und dem Beschäftigungsort anzusetzen; dies gilt nicht, wenn für diese Fahrt ein Abzug von Werbungskosten nach § 9 Abs. 1 Satz 3 Nr. 5 Satz 3 und 4 in Betracht käme; Satz 4 ist sinngemäß anzuwenden. [6]Bei Arbeitnehmern, für deren Sachbezüge durch Rechtsverordnung nach § 17 Abs. 1 Satz 1 Nr. 4 des Vierten Buches Sozialgesetzbuch Werte bestimmt worden sind, sind diese Werte maßgebend. [7]Die Werte nach Satz 6 sind auch bei Steuerpflichtigen anzusetzen, die nicht der gesetzlichen Rentenversicherungspflicht unterliegen. [8]**Wird dem Arbeitnehmer während einer beruflichen Tätigkeit außerhalb seiner Wohnung und ersten Tätigkeitsstätte vom Arbeitgeber oder auf dessen Veranlassung von einem Dritten eine Mahlzeit zur Verfügung gestellt, ist diese Mahlzeit mit dem Wert nach Satz 6 (maßgebender amtlicher Sachbezugswert nach der Sozialversicherungsentgeltverordnung) anzusetzen, wenn der Preis für die Mahlzeit 60 €** nicht übersteigt. [9]Der Ansatz einer nach Satz 8 bewerteten Mahlzeit unterbleibt, wenn beim Arbeitnehmer für ihm entstehende Mehraufwendungen für Verpflegung ein Werbungskostenabzug nach § 9 Abs. 4a Satz 1 bis 7 in Betracht käme.

Anwendungsvorschriften:

►Art. 6 Satz 1 des Gesetzes zur Änderung und Vereinfachung der Unternehmensbesteuerung und des steuerlichen Reisekostenrechts lautet:

Artikel 1 Nr. 1 bis 5 … bis 10 … treten am 1. 1. 2014 in Kraft.

►§ 52 Abs. 1 EStG i. d. F. des Gesetzes zur Änderung und Vereinfachung der Unternehmensbesteuerung und des steuerlichen Reisekostenrechts (Art. 1 Nr. 10 Buchst. a) lautet:

(1) [1]Diese Fassung des Gesetzes ist, soweit in den folgenden Absätzen und § 52a nichts anderes bestimmt ist, erstmals für den Veranlagungszeitraum **2014** anzuwenden. [2]Beim Steuerabzug vom Arbeitslohn gilt Satz 1 mit der Maßgabe, dass diese Fassung erstmals auf den laufenden Arbeitslohn anzuwenden ist, der für einen nach dem 31. 12. **2013** endenden Lohnzahlungszeitraum gezahlt wird, und auf sonstige Bezüge, die nach dem 31. 12. **2013** zufließen.

Erläuterungen

(Dr. Sascha Bleschick)

§ 8 Abs. 2 Satz 3 und 4 EStG: Dies sind Folgeänderungen, die sich aus der neuen gesetzlichen Definition des Begriffs „erste Tätigkeitsstätte" eines Arbeitnehmers in § 9 Abs. 4 EStG sowie der neuen Regelung für die Fahrten zu einem weiträumigen Tätigkeitsgebiet in § 9 Abs. 1 Satz 3 Nr. 4a Sätze 3 und 4 EStG n. F. ergeben. Die im § 9 EStG n. F. enthaltenen Neuerungen werden dadurch in gleicher Weise im Bereich der privaten Nutzung eines betrieblichen Kraftfahrzeugs (Dienstwagennutzung) umgesetzt.

§ 8 Abs. 2 Satz 8 und 9 EStG: In dem neu eingefügten Satz 8 wird zunächst festgelegt, dass übliche Mahlzeiten – das sind Mahlzeiten zu einem Preis bis zu 60 € einschließlich Umsatzsteuer (BMF-Schreiben v. 30. 9. 2013, BStBl I 2013, 1279, Rz 62, NWB DokID: HAAAE-42824) –, die der Arbeitgeber seinen Arbeitnehmern anlässlich einer auswärtigen Tätigkeit zur Verfügung stellt, zukünftig ebenfalls mit dem Sachbezugswert anzusetzen sind. Demgegenüber hatte der BFH noch die tatsächlichen Werte angesetzt (BFH-Urteil v. 24. 3. 2011 - VI R 11/10, BStBl II 2011, 829, NWB DokID: BAAAD-84765); diese Rechtsprechung ist insoweit überholt (*Schneider*, NWB, Beilage zu Heft 9/2013, NWB DokID: TAAAE-29371, 44, 45, m. w. N. zur BFH-Rechtsprechung; *Bergkemper*, FR 2013, 1017, 1020).

Bewertungsverzicht: In dem neuen Satz 9 wird geregelt, dass die Besteuerung des Sachbezugswertes für die entsprechende Mahlzeit zu unterbleiben hat, wenn der Arbeitnehmer für diese auswärtige Tätigkeit eine Verpflegungspauschale nach § 9 Abs. 4a Satz 1 bis 7 EStG n. F. beanspruchen könnte. Im Ergebnis unterbleibt die Erfassung der mit dem Sachbezugswert bewerteten Mahlzeit bereits immer dann, wenn der Arbeitnehmer anlässlich einer beruflich veranlassten Auswärtstätigkeit eine Verpflegungspauschale beanspruchen kann, weil er innerhalb der Dreimonatsfrist nach § 9 Abs. 4a Satz 6 EStG nachweislich mehr als acht Stunden von seiner Wohnung und der ersten Tätigkeitsstätte abwesend ist oder eine mehrtägige Auswärtstätigkeit mit Übernachtung vorliegt. Nach Ablauf der Dreimonatsfrist ist die Gestellung einer Mahlzeit grundsätzlich als Arbeitslohn zu erfassen (BMF-Schreiben v. 30. 9. 2013, BStBl I 2013, 1279, Rz 65, NWB DokID: HAAAE-42824, mit den nachfolgenden Beispiel).

> **BEISPIEL** Der Arbeitnehmer A nimmt auf Veranlassung seines Arbeitgebers an einem zweitägigen Seminar mit Übernachtung teil. Die Hotelrechnung ist auf den Arbeitgeber ausgestellt. Der Arbeitgeber erstattet die vom Arbeitnehmer verauslagten Übernachtungskosten von 100 € inkl. 20 € für ein Frühstück im Rahmen der Reisekostenabrechnung des Arbeitnehmers. Die auf den Arbeitgeber ausgestellte Rechnung des Seminarveranstalters hat der Arbeitgeber unmittelbar bezahlt. Darin enthalten ist für beide Seminartage jeweils ein für derartige Veranstaltungen typisches Mittagessen, dessen Preis in der Rechnung nicht gesondert ausgewiesen ist.
>
> Der Arbeitnehmer A erhält sowohl das Frühstück als auch die beiden Mittagessen auf Veranlassung seines Arbeitgebers. Für den An- und den Abreisetag steht ihm grundsätzlich jeweils eine Verpflegungspauschale i. H. v. 12 € zu.
>
> Obgleich der Preis der Mittagessen in der Rechnung des Seminarveranstalters nicht beziffert ist, kann aufgrund der Art und Durchführung der Seminarveranstaltung von einer üblichen Beköstigung ausgegangen werden, deren Preis 60 € nicht übersteigt. Die Mahlzeiten sind daher nicht als Arbeitslohn zu erfassen und die Verpflegungspauschale des Arbeitnehmers im Hinblick auf die zur Verfügung gestellten Mahlzeiten nach § 9 Abs. 4a Satz 8 EStG n. F. zu kürzen.

Durch den Verzicht auf die Besteuerung des geldwerten Vorteils einerseits, bei andererseits gleichzeitigem Wegfall des Werbungskostenabzugs (vgl. § 9 Abs. 4a EStG Sätze 8 bis 11 EStG

n. F.), sollen Arbeitgeber, Arbeitnehmer und Verwaltung nach Vorstellung des Gesetzgebers (BT-Drucks. 17/10774, 19) deutlich entlastet werden.

Als Arbeitslohn zu erfassende Mahlzeiten: Die vorgenannte Vereinfachung durch Bewertungsverzicht gilt allerdings nicht für sog. Belohnungsessen. Dazu zählen im Umkehrschluss zur neuen gesetzlichen Regelung des § 8 Abs. 2 Satz 8 EStG n. F. alle Mahlzeiten, deren Preis 60 € einschließlich Umsatzsteuer (vgl. BMF-Schreiben v. 30. 9. 2013, BStBl I 2013, 1279, Rz 62, NWB DokID: HAAAE-42824) übersteigt. Diese sind weiterhin nach § 8 Abs. 2 Satz 1 EStG zu bewerten und der Besteuerung nach den allgemeinen Regelungen zu unterwerfen.

Die Verwaltung geht davon aus, dass Belohnungsessen als Arbeitslohn zu erfassen seien (BMF-Schreiben v. 30. 9. 2013, BStBl I 2013, 1279, Rz 94, NWB DokID: HAAAE-42824, mit dem nachfolgenden Beispiel).

> **BEISPIEL** Der Arbeitnehmer A nimmt im Auftrag seines Arbeitgebers an einer eintägigen Podiumsdiskussion mit anschließender Abendveranstaltung teil. Die auf den Arbeitgeber ausgestellte Rechnung des Veranstalters hat der Arbeitgeber unmittelbar bezahlt. Darin enthalten sind die Kosten für ein Galadinner, das mit 80 € separat ausgewiesen ist. Der Arbeitnehmer ist mehr als acht Stunden von seiner Wohnung und seiner ersten Tätigkeitsstätte abwesend.
>
> Der Arbeitnehmer erhält das Galadinner vom Veranstalter der Podiumsdiskussion auf Veranlassung seines Arbeitgebers. Angesichts der Kosten von mehr als 60 € ist von einem Belohnungsessen auszugehen (unübliche Beköstigung gemäß § 8 Abs. 2 Satz 8 EStG n. F.), so dass die dafür berechneten 80 € als Arbeitslohn anzusetzen sind. Der Arbeitnehmer kann als Werbungskosten eine ungekürzte Verpflegungspauschale i. H. v. 12 € geltend machen.

Zeitlicher Anwendungsbereich: Art. 1 Nr. 3 des Gesetzes zur Änderung und Vereinfachung der Unternehmensbesteuerung und des steuerlichen Reisekostenrechts tritt gemäß Art. 6 Satz 1 des Gesetzes zur Änderung und Vereinfachung der Unternehmensbesteuerung und des steuerlichen Reisekostenrechts am 1. 1. 2014 in Kraft. Nach der allgemeinen Anwendungsregelung in § 52 Abs. 1 EStG i. d. F. des Art. 1 Nr. 10 Buchst. a des Gesetzes zur Änderung und Vereinfachung der Unternehmensbesteuerung und des steuerlichen Reisekostenrechts ist § 8 EStG n. F. erstmals für den **VZ 2014** anzuwenden.

5. §§ 9 Abs. 1 Satz 3 Nrn. 4, 4a, 5 und 5a, Abs. 2, Abs. 4, Abs. 4a und Abs. 5 EStG

Werbungskosten

(1) [1]Werbungskosten sind Aufwendungen zur Erwerbung, Sicherung und Erhaltung der Einnahmen. [2]Sie sind bei der Einkunftsart abzuziehen, bei der sie erwachsen sind. [3]Werbungskosten sind auch

...

(1) [1]Werbungskosten sind Aufwendungen zur Erwerbung, Sicherung und Erhaltung der Einnahmen. [2]Sie sind bei der Einkunftsart abzuziehen, bei der sie erwachsen sind. 3Werbungskosten sind auch

...

4. Aufwendungen des Arbeitnehmers für die Wege zwischen Wohnung und **erster Tätigkeits-stätte im Sinne des Absatzes 4** [*bisher: regelmäßiger Arbeitsstätte*]. [2]Zur Abgeltung dieser Aufwendungen ist für jeden Arbeitstag, an dem der Arbeitnehmer die **erste Tätigkeitsstät-te**[*bisher: regelmäßiger Arbeitsstätte*] aufsucht, eine Entfernungspauschale für jeden vollen Kilometer der Entfernung zwischen Wohnung und erster Tätigkeitsstätte von 0,30 Euro an-zusetzen, höchstens jedoch 4.500 Euro im Kalenderjahr; ein höherer Betrag als 4.500 Euro ist anzusetzen, soweit der Arbeitnehmer einen eigenen oder ihm zur Nutzung überlassenen Kraftwagen benutzt. [3]Die Entfernungspauschale gilt nicht für Flugstrecken und Strecken mit steuerfreier Sammelbeförderung nach § 3 Nr. 32. [4]Für die Bestimmung der Entfernung ist die kürzeste Straßenverbindung zwischen Wohnung und **erster Tätigkeitsstätte** [*bisher: regel-mäßiger Arbeitsstätte*] maßgebend; eine andere als die kürzeste Straßenverbindung kann zu-grunde gelegt werden, wenn diese offensichtlich verkehrsgünstiger ist und vom Arbeitneh-mer regelmäßig für die Wege zwischen Wohnung und **erster Tätigkeitsstätte** [*bisher: regel-mäßiger Arbeitsstätte*] benutzt wird. [5]Nach **§ 8 Abs. 2 Satz 11 oder** Abs. 3 steuerfreie Sachbe-züge für Fahrten zwischen Wohnung und erster Tätigkeitsstätte mindern den nach Satz 2 abziehbaren Betrag; ist der Arbeitgeber selbst der Verkehrsträger, ist der Preis anzusetzen, den ein dritter Arbeitgeber an den Verkehrsträger zu entrichten hätte. [6]Hat ein Arbeitneh-mer mehrere Wohnungen, so sind die Wege von einer Wohnung, die nicht der **ersten Tätig-keitsstätte** [*bisher: regelmäßiger Arbeitsstätte*] am nächsten liegt, nur zu berücksichtigen, wenn sie den Mittelpunkt der Lebensinteressen des Arbeitnehmers bildet und nicht nur gele-gentlich aufgesucht wird.

4a. Aufwendungen des Arbeitnehmers für beruflich veranlasste Fahrten, die nicht Fahrten zwi-schen Wohnung und erster Tätigkeitsstätte im Sinne des Absatzes 4 sowie keine Familien-heimfahrten sind. [2]Anstelle der tatsächlichen Aufwendungen, die dem Arbeitnehmer durch die persönliche Benutzung eines Beförderungsmittels entstehen, können die Fahrtkosten mit den pauschalen Kilometersätzen angesetzt werden, die für das jeweils benutzte Beför-derungsmittel (Fahrzeug) als höchste Wegstreckenentschädigung nach dem Bundesreisekos-tengesetz festgesetzt sind. [3]Hat ein Arbeitnehmer keine erste Tätigkeitsstätte (§ 9 Abs. 4) und hat er nach den dienst- oder arbeitsrechtlichen Festlegungen sowie den diese ausfüllen-den Absprachen und Weisungen zur Aufnahme seiner beruflichen Tätigkeit dauerhaft den-selben Ort oder dasselbe weiträumige Tätigkeitsgebiet typischerweise arbeitstäglich auf-zusuchen, gilt Abs. 1 Satz 3 Nr. 4 und Abs. 2 für die Fahrten von der Wohnung zu diesem Ort oder dem zur Wohnung nächstgelegenen Zugang zum Tätigkeitsgebiet entsprechend. [4]Für die Fahrten innerhalb des weiträumigen Tätigkeitsgebietes gelten die Sätze 1 und 2 entspre-chend.

5. notwendige Mehraufwendungen, die einem Arbeitnehmer wegen einer beruflich veranlass-ten doppelten Haushaltsführung entstehen [*bisher:, und zwar unabhängig davon, aus wel-chen Gründen die doppelte Haushaltsführung beibehalten wird*]. [2]Eine doppelte Haushaltsfüh-rung liegt nur vor, wenn der Arbeitnehmer **außerhalb des Ortes seiner ersten Tätigkeitsstät-te einen eigenen Hausstand unterhält** und auch am **Ort der ersten Tätigkeitsstätte** wohnt [*bisher: außerhalb des Ortes, in dem er einen eigenen Hausstand unterhält, beschäftigt ist und auch am Beschäftigungsort wohnt*]. [3]**Das Vorliegen eines eigenen Hausstands setzt das Inne-haben einer Wohnung sowie eine finanzielle Beteiligung an den Kosten der Lebensführung voraus.** [4]**Als Unterkunftskosten für eine doppelte Haushaltsführung können im Inland die**

tatsächlichen Aufwendungen für die Nutzung der Unterkunft angesetzt werden, höchstens 1.000 Euro im Monat. [5]Aufwendungen für die Wege vom **Ort der ersten Tätigkeitsstätte zum Ort des eigenen Hausstandes** [*bisher: Beschäftigungsort zum Ort des eigenen Hausstands*] und zurück (Familienheimfahrt) können jeweils nur für eine Familienheimfahrt wöchentlich abgezogen werden. [6]Zur Abgeltung der Aufwendungen für eine Familienheimfahrt ist eine Entfernungspauschale von 0,30 Euro für jeden vollen Kilometer der Entfernung zwischen dem Ort des eigenen Hausstandes und dem **Ort der ersten Tätigkeitsstätte**[*bisher: Beschäftigungsort*] anzusetzen. [7]Nummer 4 Satz 3 bis 5 ist entsprechend anzuwenden. [8]Aufwendungen für Familienheimfahrten mit einem dem Steuerpflichtigen im Rahmen einer Einkunftsart überlassenen Kraftfahrzeug werden nicht berücksichtigt.

5a. notwendige Mehraufwendungen eines Arbeitnehmers für beruflich veranlasste Übernachtungen an einer Tätigkeitsstätte, die nicht erste Tätigkeitsstätte ist. [2]Übernachtungskosten sind die tatsächlichen Aufwendungen für die persönliche Inanspruchnahme einer Unterkunft zur Übernachtung. [3]Soweit höhere Übernachtungskosten anfallen, weil der Arbeitnehmer eine Unterkunft gemeinsam mit Personen nutzt, die in keinem Dienstverhältnis zum selben Arbeitgeber stehen, sind nur diejenigen Aufwendungen anzusetzen, die bei alleiniger Nutzung durch den Arbeitnehmer angefallen wären. [4]Nach Ablauf von 48 Monaten einer längerfristigen beruflichen Tätigkeit an derselben Tätigkeitsstätte, die nicht erste Tätigkeitsstätte ist, können Unterkunftskosten nur noch bis zur Höhe des Betrags nach Nr. 5 angesetzt werden. [5]Eine Unterbrechung dieser beruflichen Tätigkeit an derselben Tätigkeitsstätte führt zu einem Neubeginn, wenn die Unterbrechung mindestens sechs Monate dauert.

(2) [1]Durch die Entfernungspauschalen sind sämtliche Aufwendungen abgegolten, die durch die Wege zwischen Wohnung und **erster Tätigkeitsstätte im Sinne des Absatzes 4** [*bisher: regelmäßiger Arbeitsstätte*] und durch die Familienheimfahrten veranlasst sind. [2]Aufwendungen für die Benutzung öffentlicher Verkehrsmittel können angesetzt werden, soweit sie den im Kalenderjahr insgesamt als Entfernungspauschale abziehbaren Betrag übersteigen. [3]Behinderte Menschen

1. deren Grad der Behinderung mindestens 70 beträgt,

2. deren Grad der Behinderung weniger als 70, aber mindestens 50 beträgt und die in ihrer Bewegungsfähigkeit im Straßenverkehr erheblich beeinträchtigt sind,

können anstelle der Entfernungspauschalen die tatsächlichen Aufwendungen für die Wege zwischen Wohnung und **erster Tätigkeitsstätte** [*bisher: regelmäßiger Arbeitsstätte*] und für Familienheimfahrten ansetzen. [4]Die Voraussetzungen der Nummern 1 und 2 sind durch amtliche Unterlagen nachzuweisen.

(3) Absatz 1 Satz 3 **Nr. 4 bis 5a sowie die Absätze 2 und 4a** [*bisher: Nr. 4 und 5 und Abs. 2*] gelten bei den Einkunftsarten im Sinne des § 2 Abs. 1 Satz 1 Nr. 5 bis 7 entsprechend.

(4) [1]Erste Tätigkeitsstätte ist die ortsfeste betriebliche Einrichtung des Arbeitgebers, eines verbundenen Unternehmens (§ 15 des Aktiengesetzes) oder eines vom Arbeitgeber bestimmten Dritten, der der Arbeitnehmer dauerhaft zugeordnet ist. [2]Die Zuordnung im Sinne des Satzes 1 wird durch die dienst- oder arbeitsrechtlichen Festlegungen sowie die diese ausfüllenden Absprachen und Weisungen bestimmt. [3]Von einer dauerhaften Zuordnung ist insbesondere auszugehen, wenn der Arbeitnehmer unbefristet, für die Dauer des Dienstverhältnisses oder über einen Zeitraum von 48 Monaten hinaus an einer solchen Tätigkeitsstätte tätig werden soll.

[4]Fehlt eine solche dienst- oder arbeitsrechtliche Festlegung auf eine Tätigkeitsstätte oder ist sie nicht eindeutig, ist erste Tätigkeitsstätte die betriebliche Einrichtung, an der der Arbeitnehmer

1. typischerweise arbeitstäglich tätig werden soll oder

2. je Arbeitswoche zwei volle Arbeitstage oder mindestens ein Drittel seiner vereinbarten regelmäßigen Arbeitszeit tätig werden soll.

[5]Je Dienstverhältnis hat der Arbeitnehmer höchstens eine erste Tätigkeitsstätte. [6]Liegen die Voraussetzungen der Sätze 1 bis 4 für mehrere Tätigkeitsstätten vor, ist diejenige Tätigkeitsstätte erste Tätigkeitsstätte, die der Arbeitgeber bestimmt. [7]Fehlt es an dieser Bestimmung oder ist sie nicht eindeutig, ist die der Wohnung örtlich am nächsten liegende Tätigkeitsstätte die erste Tätigkeitsstätte. [8]Als erste Tätigkeitsstätte gilt auch eine Bildungseinrichtung, die außerhalb eines Dienstverhältnisses zum Zwecke eines Vollzeitstudiums oder einer vollzeitigen Bildungsmaßnahme aufgesucht wird.

(4a) [1]Mehraufwendungen des Arbeitnehmers für die Verpflegung sind nur nach Maßgabe der folgenden Sätze als Werbungskosten abziehbar. [2]Wird der Arbeitnehmer außerhalb seiner Wohnung und ersten Tätigkeitsstätte beruflich tätig (auswärtige berufliche Tätigkeit), ist zur Abgeltung der ihm tatsächlich entstandenen, beruflich veranlassten Mehraufwendungen eine Verpflegungspauschale anzusetzen. [3]Diese beträgt

1. 24 € für jeden Kalendertag, an dem der Arbeitnehmer 24 Stunden von seiner Wohnung abwesend ist,

2. jeweils 12 € für den An- und Abreisetag, wenn der Arbeitnehmer an diesem, einem anschließenden oder vorhergehenden Tag außerhalb seiner Wohnung übernachtet,

3. 12 € für den Kalendertag, an dem der Arbeitnehmer ohne Übernachtung außerhalb seiner Wohnung mehr als 8 Stunden von seiner Wohnung und der ersten Tätigkeitsstätte abwesend ist; beginnt die auswärtige berufliche Tätigkeit an einem Kalendertag und endet am nachfolgenden Kalendertag ohne Übernachtung, werden 12 € für den Kalendertag gewährt, an dem der Arbeitnehmer den überwiegenden Teil der insgesamt mehr als 8 Stunden von seiner Wohnung und der ersten Tätigkeitsstätte abwesend ist.

[4]Hat der Arbeitnehmer keine erste Tätigkeitsstätte, gelten die Sätze 2 und 3 entsprechend; Wohnung im Sinne der Sätze 2 und 3 ist der Hausstand, der den Mittelpunkt der Lebensinteressen des Arbeitnehmers bildet sowie eine Unterkunft am Ort der ersten Tätigkeitsstätte im Rahmen der doppelten Haushaltsführung. [5]Bei einer Tätigkeit im Ausland treten an die Stelle der Pauschbeträge nach Satz 3 länderweise unterschiedliche Pauschbeträge, die für die Fälle der Nr. 1 mit 120 sowie der Nummern 2 und 3 mit 80 % der Auslandstagegelder nach dem Bundesreisekostengesetz vom Bundesministerium der Finanzen im Einvernehmen mit den obersten Finanzbehörden der Länder aufgerundet auf volle € festgesetzt werden; dabei bestimmt sich der Pauschbetrag nach dem Ort, den der Arbeitnehmer vor 24 Uhr Ortszeit zuletzt erreicht, oder, wenn dieser Ort im Inland liegt, nach dem letzten Tätigkeitsort im Ausland. [6]Der Abzug der Verpflegungspauschalen ist auf die ersten drei Monate einer längerfristigen beruflichen Tätigkeit an derselben Tätigkeitsstätte beschränkt. [7]Eine Unterbrechung dieser beruflichen Tätigkeit an derselben Tätigkeitsstätte führt zu einem Neubeginn, wenn sie mindestens vier Wochen dauert. [8]Wird dem Arbeitnehmer anlässlich oder während einer Tätigkeit außerhalb seiner ersten Tätigkeitsstätte vom Arbeitgeber oder auf dessen Veranlassung von einem Dritten eine Mahl-

zeit zur Verfügung gestellt, sind die nach den Sätzen 3 und 5 ermittelten Verpflegungspauschalen zu kürzen:

1. für Frühstück um 20 %,

2. für Mittag- und Abendessen um jeweils 40 %,

der nach Satz 3 Nr. 1 gegebenenfalls in Verbindung mit Satz 5 maßgebenden Verpflegungspauschale für einen vollen Kalendertag; die Kürzung darf die ermittelte Verpflegungspauschale nicht übersteigen. [9]Satz 8 gilt auch, wenn Reisekostenvergütungen wegen der zur Verfügung gestellten Mahlzeiten einbehalten oder gekürzt werden oder die Mahlzeiten nach § 40 Abs. 2 Satz 1 Nr. 1a pauschal besteuert werden. [10]Hat der Arbeitnehmer für die Mahlzeit ein Entgelt gezahlt, mindert dieser Betrag den Kürzungsbetrag nach Satz 8. [11]Erhält der Arbeitnehmer steuerfreie Erstattungen für Verpflegung, ist ein Werbungskostenabzug insoweit ausgeschlossen. [12]Die Verpflegungspauschalen nach den Sätzen 3 und 5 sowie die Dreimonatsfrist nach den Sätzen 6 und 7 gelten auch für den Abzug von Mehraufwendungen für Verpflegung, die bei einer beruflich veranlassten doppelten Haushaltsführung entstehen; dabei ist für jeden Kalendertag innerhalb der Dreimonatsfrist, an dem gleichzeitig eine Tätigkeit im Sinne des Satzes 2 oder des Satzes 4 ausgeübt wird, nur der jeweils höchste in Betracht kommende Pauschbetrag abziehbar. [13]Die Dauer einer Tätigkeit im Sinne des Satzes 2 an dem Tätigkeitsort, an dem die doppelte Haushaltsführung begründet wurde, ist auf die Dreimonatsfrist anzurechnen, wenn sie ihr unmittelbar vorausgegangen ist.

(5) [1]§ 4 Abs. 5 Satz 1 **Nr. 1 bis 4** [*bisher: Nr. 1 bis 5*], 6b bis 8a, 10, 12 und Abs. 6 gilt sinngemäß. [2]§ 6 Abs. 1 Nr. 1a gilt entsprechend.

Anwendungsvorschriften:

►Art. 6 Satz 1 des Gesetzes zur Änderung und Vereinfachung der Unternehmensbesteuerung und des steuerlichen Reisekostenrechts lautet:

Artikel 1 Nr. 1 bis 5 (...) bis 10... treten am 1. 1. 2014 in Kraft.

►§ 52 Abs. 1 EStG i. d. F. des Gesetzes zur Änderung und Vereinfachung der Unternehmensbesteuerung und des steuerlichen Reisekostenrechts (Art. 1 Nr. 10 Buchst. a) lautet:

(1) [1]Diese Fassung des Gesetzes ist, soweit in den folgenden Absätzen und § 52a nichts anderes bestimmt ist, erstmals für den Veranlagungszeitraum **2014** anzuwenden. [2]Beim Steuerabzug vom Arbeitslohn gilt Satz 1 mit der Maßgabe, dass diese Fassung erstmals auf den laufenden Arbeitslohn anzuwenden ist, der für einen nach dem 31. 12. **2013** endenden Lohnzahlungszeitraum gezahlt wird, und auf sonstige Bezüge, die nach dem 31. 12. **2013** zufließen.

Erläuterungen

(Dr. Sascha Bleschick)

LITERATUR:

Bergkemper, Das BMF-Schreiben zur Reform des steuerlichen Reisekostenrechts ab 1. 1. 2014, FR 2013, 1017; *Demuth/Eisgruber,* Ausgewählte steuerliche Überlegungen und Beratungsbrennpunkte zum Jahreswechsel 2012/2013, DStR 2012, 135; *Foerster,* Gesetzentwurf zur Vereinfachung des steuerlichen Reisekostenrechts, StBW 2012, 989; *Hechtner,* Mini-Unternehmenssteuerreform in Sicht –   Verlustverrechnung, Organschaft, Reisekostenrecht, NWB 2012, 2993, NWB DokID: TAAAE-16323 *Hechtner*, Änderungen bei der Besteuerung der Unternehmen und den Reisekosten – Überblick zur „Mini"-Reform für Unternehmen, BBK 2012, 1024, NWB DokID: EAAAE-22030 *Korn/Strahl*, Steuerliche Hinweise zum Jahresende 2012, KÖSDI 2012, 18145 f.; *Reinhold*, Die Reisekostenreform im internationalen Vergleich, NWB, Beilage zum Heft 9/2013, NWB DokID: JAAAE-29370, 53; *Schneider*, Die Reform des Reisekostenrechts: Übereinstimmungen und Abweichungen zur bisherigen BFH-Rechtsprechung, NWB, Beilage zum Heft 9/2013, NWB DokID: TAAAE-29371, 44; *Schramm/Harder-Buschner*, Reform des steuerlichen Reisekostenrechts – Mogelpackung oder Weihnachtsgeschenk?, NWB 2012, 3848; *Schramm/Harder-Buschner*, Die Reform des steuerlichen Reisekostenrechts: Darstellung der neuen gesetzlichen Regelungen, NWB, Beilage zu Heft 9/2012, NWB DokID: DAAAE-29372, 2; *Seifert*, Ausblick auf die Reform des steuerlichen Reisekostenrechts, DStZ 2012, 720, NWB DokID: AAAAE-22711; *Weber*, Die Reform des Reisekostenrechts: Auswirkungen auf die Erstattung von Reisekosten aus Sicht des Arbeitgebers, NWB, Beilage zum Heft 9/2013, NWB DokID: XAAAE-29374, 21; *Weber*, Gestaltungsmöglichkeiten des Arbeitgebers bei der ersten Tätigkeitsstätte, BBK 2013, 1181; *Wünnemann*, Modelle zur Reform des Reisekostenrechts – Einstieg in eine neue Welt?, NWB 2012, 1738, NWB DokID: CAAAE-09620; *Wünnemann/Gödtel*, Die Reform des Reisekostenrechts: Erste Anwendungs- und Umsetzungsfragen aus Sicht der Wirtschaft, NWB, Beilage zum Heft 9/2013, NWB DokID: NAAAE-29373, 36.

---

(1) Einführung des Begriffs der „ersten Tätigkeitsstätte" und damit zusammenhängende Regelungen

Insgesamt sind die Regelungen zur Einführung der ersten Tätigkeitsstätte eine erhebliche Gesetzesverschärfung zulasten der Steuerpflichtigen (*Bergkemper*, FR 2013, 1017, 1018).

§ 9 Abs. 1 Satz 3 Nr. 4 EStG: Der bisherige Begriff der „regelmäßigen Arbeitsstätte" wird durch den neuen Begriff der „ersten Tätigkeitsstätte" ersetzt. Dieser ist in § 9 Abs. 4 EStG n. F. definiert. Ansonsten sollen nach der Vorstellung des Gesetzgebers die Regelungen zur Berücksichtigung der Entfernungspauschale unverändert bestehen bleiben (BT-Drucks. 17/10774, 19).

§ 9 Abs. 1 Satz 3 Nr. 4a EStG: Die neu eingefügte Nr. 4a dient zur Abgrenzung des Ansatzes der Entfernungspauschale (§ 9 Abs. 1 Satz 3 Nr. 4 EStG) von dem Ansatz der tatsächlich entstandenen Fahraufwendungen (§ 9 Abs. 1 Satz 1 EStG).

Tatsächlich entstandene Aufwendungen: Zunächst wird in § 9 Abs. 1 Satz 3 Nr. 4a Satz 1 EStG n. F. bestimmt, dass bei beruflich veranlassten Fahrten, die nicht Fahrten zwischen Wohnung und erster Tätigkeitsstätte i. S. d. § 9 Abs. 4 EStG n. F. oder Familienheimfahrten sind, die Fahrtkosten mit den tatsächlich entstandenen Aufwendungen als Werbungskosten berücksichtigt werden können. Nach Vorstellung des Gesetzgebers (BT-Drucks. 17/10774, 20) – eine gesetzliche Regelung fehlt insoweit – sei bei der Benutzung eines eigenen oder zur Nutzung überlassenen Fahrzeugs ein Kilometersatz auf Grund der für einen Zeitraum von zwölf Monaten ermittelten Gesamtkosten für das genutzte Fahrzeug zu errechnen; dieser könne so lange angesetzt werden, bis sich die Verhältnisse wesentlich ändern.

Pauschalsätze: Statt des Ansatzes der tatsächlichen Kosten ist nach § 9 Abs. 1 Satz 3 Nr. 4a Satz 2 EStG n. F. auch der Ansatz pauschaler Kilometersätze möglich, wobei nach der Art des benutzten Verkehrsmittels unterschieden werden soll. Der Gesetzgeber nennt als Beförderungsmittel Pkw, Motorrad und das Fahrrad (BT-Drucks. 17/10774, 20). Anzusetzen sei dann der für das jeweils benutzte Beförderungsmittel als höchste Wegstreckenentschädigung nach dem Bundesreisekostengesetz festgesetzten Betrag. Nach dem Bundesreisekostenkostengesetz wird der Betrag allerdings nur für Kraftwagen und andere motorbetriebene Fahrzeuge gewährt. Für einen Kraftwagen beträgt die Wegstreckenentschädigung 0,30 €/km (§ 5 Abs. 3 des Bundesreisekostengesetzes – BRKG). Für die anderen motorbetriebenen Fahrzeuge (etwa: Mofa, Moped, Motorrad) beträgt der Kilometersatz 0,20 €/km (§ 5 Abs. 2 BRKG). Für Fahrräder wird im Reisekostenrecht auf Grundlage einer Verwaltungsanweisung nur dann eine Wegstreckenentschädigung gewährt, wenn dieses regelmäßig mindestens viermal im Monat benutzt wird (§§ 5 Abs. 3, 16 des Bundesreisekostengesetzes i.V.m. 5.3.1 Satz 1 der Allgemeinen Verwaltungsvorschrift zum Bundesreisekostengesetz). Da danach auch nur ein Monatsbetrag von 5 € gewährt wird, fehlt es für Fahrräder an der Bestimmung des eines Kilometersatzes nach dem Bundesreisekostengesetz. Der Gesetzgeber dürfte also vielmehr die Regelung des H 9.5 „Pauschale Kilometersätze", 1. Anstrich LStH 2013 im Blick gehabt haben. Danach gilt bei einem Fahrrad ein Kilometersatz von 0,05 €/km.

Sammelpunkt und weiträumiges Tätigkeitsgebiet: „Um allen Beteiligten auch für den Bereich eines weiträumigen Tätigkeitsgebietes Rechts- und Planungssicherheit zu geben sowie weitere Abgrenzungsschwierigkeiten zu vermeiden" (BT-Drucks. 17/10774, 20) sind nunmehr Regelungen zum Sammelpunkt und zum weiträumigen Tätigkeitsgebiet eines Arbeitnehmers aufgenommen worden (vgl. § 9 Abs. 1 Satz 3 Nr. 4a Sätze 3 und 4 EStG n. F.). Der Gesetzgeber unterscheidet hier zwei Fallgruppen:

(1.)	Der Arbeitnehmer hat sich zu einem vom Arbeitgeber dauerhaft festgelegten Ort regelmäßig einzufinden oder seine Tätigkeit regelmäßig aufzunehmen, sog. Sammelpunkt (etwa Fahrten zu einem Busdepot oder Fährhafen) und
(2.)	der Arbeitnehmer hat seine Tätigkeit im einem weiträumigen Arbeitsgebiet auszuüben, sog. weiträumiges Tätigkeitsgebiet (etwa Arbeitnehmer, die in einem Hafengebiet tätig sind, Schornsteinfeger, Forstarbeiter oder Briefzusteller).

Für beide Fallgruppen gilt: Die Arbeitnehmer können bis zum Erreichen des Sammelpunktes bzw. des weiträumigen Tätigkeitsgebiets die Entfernungspauschale geltend machen (§ 9 Abs. 1 Satz 3 Nr. 4a Satz 3 EStG n. F.).

Keinen Sammelpunkt sollen nach BMF-Schreiben v. 30. 9. 2013 – IV C 5 – S 2353/13/10004, BStBl I 2013, 1279, Rz 37, NWB DokID: HAAAE-42824 folgende Berufsgruppen haben:

► Bus- und Lkw-Fahrer,

► Kundendienstmonteure,

► Seeleute (Solle der Dienstantritt, die Ein- und Ausschiffung aber typischerweise arbeitstäglich von dem gleichen Anleger - wie z. B. einem Fähranleger, Liegeplatz des Seenotrettungskreuzers, Anleger des Fahrgastschiffes - erfolgen, würden die Fahrten zu diesem Ort/Sammelpunkt ebenso behandelt wie die Fahrten von der Wohnung zu einer ersten Tätigkeitsstätte) und

► angestellte Seelotsen.

Liegt die Fallgruppe des Sammelpunktes vor, sind dem Arbeitnehmer Verpflegungsmehraufwendungen zu gewähren (BMF-Schreiben v. 30. 9. 2013, BStBl I 2013, 1279, Rz 39, NWB DokID: HAAAE-42824).

Für die zweite Fallgruppe (weiträumiges Tätigkeitsgebiet) ergibt sich folgende Abgrenzung zwischen dem Ansatz der Entfernungspauschale und dem Ansatz der tatsächlichen Kosten: Hat der Arbeitnehmer das weiträumige Arbeitsgebiet stets von ein und demselben Zugang aus zu betreten oder zu befahren, ist für die Fahrten von der Wohnung bis zu diesem Zugang zu dem weiträumigen Arbeitsgebiet die Entfernungspauschale zu berücksichtigen (§ 9 Abs. 1 Satz 3 Nr. 4a Satz 3 EStG n. F.). Werde das weiträumige Arbeitsgebiet immer von verschiedenen Zugängen aus betreten oder befahren, sei *„aus Vereinfachungsgründen"* nur für die Fahrten von der Wohnung zum nächstgelegenen Zugang die Entfernungspauschale zu berücksichtigen; für die Fahrten von der Wohnung zu den weiter entfernten Zugängen könnten hingegen die tatsächlichen Kosten geltend gemacht werden (BT-Drucks. 17/10774, 20).

BEISPIEL (nach BMF-Schreiben v. 30. 9. 2013, BStBl I 2013, 1279, Rz 43, NWB DokID: HAAAE-42824)

Ein Forstarbeiter A fährt an 150 Tagen mit dem Pkw von seiner Wohnung zu dem 15 km entfernten, nächstgelegenen Zugang des von ihm täglich zu betreuenden Waldgebietes (weiträumiges Tätigkeitsgebiet). An 70 Tagen fährt A von seiner Wohnung über einen weiter entfernt gelegenen Zugang (20 km) in das Waldgebiet. Die Fahrten von der Wohnung zu dem weiträumigen Tätigkeitsgebiet werden behandelt wie die Fahrten von der Wohnung zu einer ersten Tätigkeitsstätte. A kann somit für diese Fahrten lediglich die Entfernungspauschale i. H.v. 0,30 € je Entfernungskilometer (= 15 km x 0,30 €) als Werbungskosten ansetzen. Die Fahrten innerhalb des Waldgebietes können mit den tatsächlichen Kosten oder aus Vereinfachungsgründen mit dem pauschalen Kilometersatz i. H.v. 0,30 € je tatsächlich gefahrenem Kilometer berücksichtigt werden. Bei den Fahrten zu dem weiter entfernt gelegenen Zugang werden ebenfalls nur 15 km mit der Entfernungspauschale (15 km x 0,30 €) berücksichtigt. Die jeweils zusätzlichen 5 km für den tatsächlich längeren Hin- und Rückweg, werden ebenso wie die Fahrten innerhalb des weiträumigen Tätigkeitsgebietes mit den tatsächlichen Kosten oder aus Vereinfachungsgründen mit dem pauschalen Kilometersatz i. H.v.0,30 € je gefahrenem Kilometer berücksichtigt. Somit sind für 220 Tage jeweils 15 km mit der Entfernungspauschale und die restlichen tatsächlich gefahrenen Kilometer mit den tatsächlichen Kosten oder aus Vereinfachungsgründen mit dem pauschalen Kilometersatz i. H.v. 0,30 € anzusetzen.

Zur bisherigen Rechtslage hat der BFH mit seinem Urteil v. 17. 6. 2010 – VI R 20/09, BStBl II 2012, 32, NWB DokID: LAAAD-56247 noch entschieden, dass ein weiträumiges Arbeitsgebiet ohne jede ortsfeste, dauerhafte betriebliche Einrichtung des Arbeitgebers, wie etwa ein ausgedehntes Waldgebiet, keine regelmäßige Arbeitsstätte sei. Der Arbeitnehmer (in dem Verfahren ein Forstarbeiter) könne daher (neben den tatsächlichen Aufwendungen für Fahrten) auch die Verpflegungsmehraufwendungen geltend machen. Nach der Neuregelung (§ 9 Abs. 1 Satz 3 Nr. 4a Satz 4 EStG n. F.) kann der Arbeitnehmer immerhin für sämtliche Fahrten innerhalb des weiträumigen Arbeitsgebietes oder Fahrten von der Wohnung zu einem weiter entfernten Zugang zum weiträumigen Tätigkeitsgebiet die tatsächlichen Aufwendungen oder der sich am Bundesreisekostengesetz orientierende maßgebliche pauschale Kilometersatz berücksichtigen. Die Neuregelung zum weiträumigen Tätigkeitsgebiet wirkt sich also zulasten des Steuerpflichtigen aus. *Bergkemper* (FR 2013, 1017, 1019) spricht insoweit zu Recht von einer erheblichen Verschärfung.

Ob die vom Gesetzgeber erhoffte Vereinfachung durch die Neuregelung des § 9 Abs. 1 Satz 3 Nr. 4a Satz 3 EStG n. F. erreicht wird, wird bezweifelt (*Schneider*, NWB, Beilage zum Heft 9/2013, NWB DokID: TAAAE-29371, 44, 48; *Weber*, NWB, Beilage zu Heft 9/2013, NWB DokID:

XAAAE-29374, 21, 24; *Wünnemann/Gödtel*, NWB, Beilage zu Heft 9/2013, NWB DokID: NAAAE-29373, 36, 39). Nicht geklärt ist, ob in diesen Fällen eine Auswärtstätigkeit vorliegt, die ausnahmsweise nur den Ansatz der Entfernungspauschale gestattet oder eine Innentätigkeit gegeben ist, die ausnahmsweise den Ansatz von Verpflegungsmehraufwand gestattet (*Schneider*, NWB, Beilage zum Heft 9/2013, NWB DokID: TAAAE-29371, 44, 48). Dafür, dass für den Verpflegungsaufwand im weiträumigen Tätigkeitsgebiet Verpflegungspauschalen gewährt werden können, spricht sich *Weber*, NWB, Beilage zu Heft 9/2013, NWB DokID: XAAAE-29374, 21, 24 aus. Ebenso sieht es das BMF-Schreiben v. 30.9.2013, BStBl I 2013, 1279, Rz 44, NWB DokID: HAAAE-42824.

Weber beklagt ansonsten, dass weder aus dem Gesetz noch aus der Begründung folge, was als weiträumiges Tätigkeitsgebiet anzusehen sei. Hierzu bildet sie etwa das folgende Beispiel (*Weber*, NWB, Beilage zu Heft 9/2013, NWB DokID: XAAAE-29374, 21, 24):

BEISPIEL: ▶ Ein Service-Techniker, der seine Tätigkeit nicht an einer bestimmten Tätigkeitsstätte zu erbringen hat (keine Zuordnung) und bei dem auch die zeitlichen Kriterien nach § 9 Abs. 4 Satz 4 EStG n. F. für keine Tätigkeitsstätte erfüllt sind, hat seinen Wohnsitz in Rosenheim und wird seit Jahren nur für verschiedene Kunden im Stadtgebiet von München eingesetzt. Es ist nicht beabsichtigt, hieran etwas zu ändern. Sein Kollege mit Wohnsitz in Ingolstadt (ebenfalls ohne erste Tätigkeitsstätte) wartet Anlagen für verschiedene Kunden am Flughafen München. Beide beginnen ihre Arbeit stets zu Hause, ohne den Betriebssitz des Arbeitgebers anzufahren. Es sei derzeit offen, ob für diese Mitarbeiter die Einsatzgebiete (Stadtgebiet München bzw. Flughafengelände) für die steuerliche Berücksichtigung der Fahrtkosten als erste Tätigkeitsstätte gelten würden.

§ 9 Abs. 2 EStG: Der bisherige Begriff der „regelmäßigen Arbeitsstätte" wird durch den neuen Begriff der „ersten Tätigkeitsstätte" ersetzt. Dies steht im Zusammenhang mit der Neufassung von § 9 Abs. 1 Satz 3 Nr. 4 EStG und der Einführung von § 9 Abs. 4 EStG.

§ 9 Abs. 4 EStG: Zentraler Punkt der ab 1.1.2014 in Kraft tretenden Neuregelungen ist die gesetzliche Definition der ersten Tätigkeitsstätte, die künftig an die Stelle der regelmäßigen Arbeitsstätte tritt (BMF-Schreiben v. 30.9.2013, BStBl I 2013, 1279, Rz 2, NWB DokID: HAAAE-42824).

Tätigkeitsstätte ist grundsätzlich eine ortsfeste betriebliche Einrichtung des Arbeitgebers (§ 9 Abs. 4 Satz 1 EStG n. F.). Fahrzeuge, Flugzeuge, Schiffe oder Tätigkeitsgebiete ohne ortsfeste betriebliche Einrichtungen sind keine Tätigkeitsstätten i. S. d. § 9 Abs. 4 Satz 1 EStG (BMF-Schreiben v. 30.9.2013, BStBl I 2013, 1279, Rz 3, NWB DokID: HAAAE-42824).

Abkehr von bisherigen Rechtsprechungsgrundsätzen Die bisherige BFH-Rechtsprechung betonte, dass eine regelmäßige Arbeitsstätte i. S. d. § 9 Abs. 1 Satz 3 Nr. 4 EStG ausschließlich an einer betrieblichen Einrichtung des Arbeitgebers vorliegen kann (vgl. etwa BFH, Urteil v. 10.7.2008 – VI R 21/07, BStBl 2009 II S. 818). Da die erste Tätigkeitsstätte nunmehr nach § 9 Abs. 4 Satz 1 EStG n. F. an anderen Orten als der betrieblichen Einrichtung des Arbeitgebers liegen kann, ist der Anwendungsbereich der Entfernungspauschale deutlich ausgeweitet worden (ebenso BMF-Schreiben v. 30.9.2013, BStBl I 2013, 1279, Rz 4, NWB DokID: HAAAE-42824).

Häusliches Arbeitszimmer Da die erste Tätigkeitsstätte eine Einrichtung des Arbeitgebers sein muss, kann das häusliche Arbeitszimmer des Arbeitnehmers grundsätzlich keine erste Tätigkeitsstätte sein (BT-Drucks. 17/10774, 23). Ob anderes gilt, wenn das Arbeitszimmer nicht als häuslich zu definieren ist (*Seifert*, DStZ 2012, 720, unter II. 2.) oder zu einer Einrichtung des Arbeitgebers bestimmt wird (*Schneider*, NWB, Beilage zu Heft 9/2013, NWB DokID: TAAAE-29371,

44, 47), ist fraglich. Die Finanzverwaltung ist jedenfalls der Ansicht, dass das häusliche Arbeitszimmer des Arbeitnehmers keine betriebliche Einrichtung des Arbeitgebers oder eines Dritten sei und daher auch zukünftig keine erste Tätigkeitsstätte sein könne; dies gelte auch, wenn der Arbeitgeber vom Arbeitnehmer einen oder mehrere Arbeitsräume anmietet, die der Wohnung des Arbeitnehmers zuzurechnen seien; zur Abgrenzung, welche Räume der Wohnung des Arbeitnehmers zuzurechnen sind, ist auf das Gesamtbild der Verhältnisse im Einzelfall abzustellen –z. B. unmittelbare Nähe zu den privaten Wohnräumen BMF-Schreiben v. 30. 9. 2013, BStBl I 2013, 1279, Rz 3, NWB DokID: HAAAE-42824).

Nur eine erste Tätigkeitsstätte Nach § 9 Abs. 4 Satz 5 EStG n. F. kann der Arbeitnehmer höchstens eine erste Tätigkeitsstätte haben. Danach entspricht die Neuregelung ihrer Wertung nach der jüngsten Rechtsprechung des BFH, wonach ein wiederholt verschiedene Betriebsstätten seines Arbeitgebers aufsuchender Arbeitnehmer nicht mehr als eine regelmäßige Arbeitsstätte innehaben kann (*Schneider*, NWB, Beilage zu Heft 9/2013, NWB DokID: TAAAE-29371, 44, 46 m. w. N. zur BFH-Rechtsprechung).

Prüfungsreihenfolge: Die Einordnung der ortsfesten betrieblichen Einrichtung des Arbeitgebers als erste Tätigkeitsstätte erfolgt anhand folgender Prüfungsreihenfolge:

(1.)	Arbeits- oder dienstrechtliche Festlegung durch den Arbeitgeber;
(2.)	arbeitszeitliche Festlegung;
(3.)	Maßgeblichkeit nur einer Tätigkeitsstätte bei mehreren Tätigkeitsstätten und
(4.)	Kriterium der örtlichen Nähe zum Wohnort.

Im Einzelnen gilt:

Zu (1.): Primär maßgeblich ist nach § 9 Abs. 4 Satz 1 und 2 EStG n. F. die arbeits- oder dienstrechtliche Festlegung auf eine ortsfeste betriebliche Einrichtung des Arbeitgebers oder eines vom Arbeitgeber bestimmten Dritten (wie etwa in den Fällen des „Outsourcings", BT-Drucks. 17/10774, 23). Damit ist die Festlegung der ersten Tätigkeitsstätte für arbeitsrechtliche Gestaltungen offen (*Schneider*, NWB, Beilage zu Heft 9/2013, NWB DokID: TAAAE-29371, 44, 47; ebenso Weber, BBK 2013, 1181, 1187, NWB DokID: FAAAE-50968).

Auf die Qualität und den Umfang der Tätigkeit, die der Arbeitnehmer an der bestimmten Tätigkeitsstätte ausübt, kommt es nach dem BMF-Schreiben v. 30. 9. 2013, BStBl I 2013, 1279, Rz 6 nicht an (ebenso *Weber*, BBK 2013, 1181, 1182, NWB DokID: FAAAE-50968). Dies stellt eine Neuerung zur bisherigen Rechtsprechung dar (z. B. BFH-Urteil v. 9. 6. 2011 - VI R 55/10, BStBl II 2012, 38, NWB DokID: DAAAD-89818; darauf weist ausdrücklich BMF-Schreiben v. 30. 9. 2013, BStBl I 2013, 1279, Rz 8, NWB DokID: HAAAE-42824 hin). Sofern der Arbeitnehmer in einer vom Arbeitgeber festgelegten Tätigkeitsstätte zumindest in ganz geringem Umfang tätig werden soll, z. B. Hilfs- und Nebentätigkeiten (Auftragsbestätigungen, Stundenzettel, Krank- und Urlaubsmeldung abgeben etc.), kann der Arbeitgeber nach Auffassung der Finanzverwaltung (BMF-Schreiben v. 30. 9. 2013, BStBl I 2013, 1279, Rz 6, NWB DokID: HAAAE-42824) den Arbeitnehmer zu dieser Tätigkeitsstätte zuordnen, selbst wenn für die Zuordnung letztlich tarifrechtliche, mitbestimmungsrechtliche oder organisatorische Gründe ausschlaggebend sind; vielmehr können, wie z. B. bei Festlegung einer Dienststelle/Dienststätte, auch Tätigkeiten von untergeordneter Bedeutung ausreichend sein (Vorrang des Dienst- oder Arbeitsrechts).

BEISPIEL (nach BMF-Schreiben v. 30. 9. 2013, BStBl I 2013, 1279, Rz 8, NWB DokID: HAAAE-42824)

Der Vertriebsmitarbeiter V für die Region A soll einmal wöchentlich an den Firmensitz nach B fahren, dem er zugeordnet ist. Dort soll er die anfallenden Bürotätigkeiten erledigen und an Dienstbesprechungen teilnehmen. B ist erste Tätigkeitsstätte auf Grund der arbeitsrechtlichen Zuordnung. Dabei ist unerheblich, dass V überwiegend in der Region A und nicht in B tätig werden soll.

Abwandlung: (BMF-Schreiben v. 30. 9. 2013, BStBl I 2013, 1279, Rz 8, NWB DokID: HAAAE-42824)

Ordnet der Arbeitgeber den V dem Firmensitz in B nicht oder nicht eindeutig zu, erfolgt die Prüfung, ob eine erste Tätigkeitsstätte vorliegt anhand der quantitativen Kriterien des § 9 Abs. 4 Satz 4 EStG In diesem Fall liegt in B keine erste Tätigkeitsstätte vor.

Nach BMF-Schreiben v. 30. 9. 2013, BStBl I 2013, 1279, Rz 9, NWB DokID: HAAAE-42824 sei § 42 AO zu beachten. Insbesondere bei Gesellschafter-Geschäftsführern, Arbeitnehmer-Ehegatten und sonstigen, mitarbeitenden Familienangehörigen sei entscheidend, ob die getroffenen Vereinbarungen einem Fremdvergleich standhalten.

Dies lässt steuersystematische Erwägungen außer Betracht und widerstreitet dem objektiven Nettoprinzip zumindest dann, wenn der Arbeitnehmer an der festgelegten Tätigkeitsstätte nur unwesentliche Tätigkeiten verrichtet (*Bergkemper*, FR 2013, 1017, 1018).

Dokumentation: Zur Dokumentation der arbeitsrechtlichen Zuordnung sollen alle schriftlichen, aber auch mündlichen Absprachen oder Weisungen sein (BT-Drucks. 17/10774, 23). Das BMF-Schreiben v. 30. 9. 2013, BStBl I 2013, 1279, Rz 10, NWB DokID: HAAAE-42824 nennt z. B. Regelungen im Arbeitsvertrag, im Tarifvertrag, in Protokollnotizen, dienstrechtlichen Verfügungen, Einsatzplänen, Reiserichtlinien, Reisekostenabrechnungen, der Ansatz eines geldwerten Vorteils für die Nutzung eines Dienstwagens für die Fahrten Wohnung – erste Tätigkeitsstätte oder vom Arbeitgeber als Nachweis seiner Zuordnungsentscheidung vorgelegte Organigramme. Dem Organigramm widmet das BMF-Schreiben v. 30. 9. 2013, BStBl I 2013, 1279, Rz 11, NWB DokID: HAAAE-42824 noch – besonders Detailverliebt – folgenden Passus: „Ein Organigramm kann gegen den Willen des Arbeitgebers nicht als Nachweis zur Bestimmung einer ersten Tätigkeitsstätte herangezogen werden, wenn der Arbeitgeber tatsächlich keine Zuordnung seines Arbeitnehmers zu einer Tätigkeitsstätte getroffen hat und kein anderer Nachweis über die Zuordnung erbracht wird. In diesen Fällen ist anhand der quantitativen Kriterien nach § 9 Abs. 4 Satz 4 EStG zu prüfen, ob der Arbeitnehmer eine erste Tätigkeitsstätte hat. Indiz für eine dienst- oder arbeitsrechtliche Zuordnungsentscheidung des Arbeitgebers kann auch sein, dass z. B. nach der Reiserichtlinie gerade für Tätigkeiten an dieser Tätigkeitsstätte keine Reisekosten gezahlt werden bzw. die Besteuerung eines geldwerten Vorteils für die Fahrten Wohnung - erste Tätigkeitsstätte bei Dienstwagengestellung erfolgt."

Mehrere Tätigkeitsstätten: Soll der Arbeitnehmer an mehreren Tätigkeitsstätten tätig werden und ist er einer bestimmten Tätigkeitsstätte dienst- oder arbeitsrechtlich dauerhaft zugeordnet, ist es nach dem BMF-Schreiben v. 30. 9. 2013, BStBl I 2013, 1279, Rz 7, NWB DokID: HAAAE-42824 unerheblich, in welchem Umfang er seine berufliche Tätigkeit an dieser oder an den anderen Tätigkeitsstätten ausüben soll. Auch auf die Regelmäßigkeit des Aufsuchens dieser Tätigkeitsstätten kommt es dann nicht mehr an.

Dauerhafte Zuordnung: Die Zuordnung muss nach § 9 Abs. 4 Satz 3 EStG n. F. dauerhaft erfolgen. Hierunter fällt insbesondere eine Zuordnung "bis auf Weiteres" (BMF-Schreiben v. 30. 9. 2013, BStBl I 2013, 1279, Rz 13, NWB DokID: HAAAE-42824).

BEISPIEL (BMF-Schreiben v. 30. 9. 2013, BStBl I 2013, 1279, Rz 13, NWB DokID: HAAAE-42824)

Der Arbeitnehmer A ist von der Firma Z als technischer Zeichner ausschließlich für ein Projekt befristet eingestellt worden. Das Arbeitsverhältnis von A soll vertragsgemäß nach Ablauf der Befristung enden. A hat ab dem ersten Tag der Tätigkeit bei Z aufgrund der arbeitsrechtlichen Zuordnung des Arbeitgebers seine erste Tätigkeitsstätte.

Für die Beurteilung, ob eine dauerhafte Zuordnung vorliegt, ist die auf die Zukunft gerichtete prognostische Betrachtung (Ex-ante-Betrachtung) maßgebend; die Änderung einer Zuordnung durch den Arbeitgeber ist mit Wirkung für die Zukunft zu berücksichtigen (BMF-Schreiben v. 30. 9. 2013, BStBl I 2013, 1279, Rz 14, NWB DokID: HAAAE-42824).

BEISPIEL (BMF-Schreiben v. 30. 9. 2013, BStBl I 2013, 1279, Rz 14, NWB DokID: HAAAE-42824)

Der in H wohnende Arbeitnehmer A ist bis auf Weiteres an drei Tagen in der Woche in einer Filiale seines Arbeitgebers in H und an zwei Tagen in der Woche in einer Filiale seines Arbeitgebers in S tätig. Der Arbeitgeber hatte zunächst die Filiale in S als erste Tätigkeitsstätte festgelegt. Ab 1. 7. 2014 legt er H als erste Tätigkeitsstätte fest.

Bis 30. 6. 2014 hat der Arbeitnehmer in S seine erste Tätigkeitsstätte. Ab 1. 7. 2014 ist die erste Tätigkeitsstätte in H.

BEISPIEL (BMF-Schreiben v. 30. 9. 2013, BStBl I 2013, 1279, Rz 14, NWB DokID: HAAAE-42824)

Der Arbeitnehmer A ist unbefristet beschäftigt. Für einen Zeitraum von 36 Monaten soll er überwiegend in der Filiale X arbeiten. In der Filiale Y soll er nur an Teambesprechungen, Mitarbeiterschulungen und sonstigen Firmenveranstaltungen teilnehmen. Diese finden voraussichtlich ein Mal pro Monat statt. Der Arbeitgeber hat A der Filiale Y arbeitsrechtlich dauerhaft zugeordnet. Erste Tätigkeitsstätte ist die Filiale Y, da A dort arbeitsrechtlich dauerhaft zugeordnet ist.

Abwandlung: (BMF-Schreiben v. 30. 9. 2013, BStBl I 2013, 1279, Rz 14, NWB DokID: HAAAE-42824)

Ordnet der Arbeitgeber nicht zu, liegt keine erste Tätigkeitsstätte vor; in der Filiale X soll A nicht dauerhaft tätig werden und in der Filiale Y nicht in dem nach § 9 Abs. 4 Satz 4 EStG erforderlichen quantitativen Umfang.

Eine Änderung der Zuordnung kann nach BMF-Schreiben v. 30. 9. 2013, BStBl I 2013, 1279, Rz 15, NWB DokID: HAAAE-42824 auch vorliegen, wenn sich das Berufsbild des Arbeitnehmers aufgrund der Vorgaben des Arbeitgebers dauerhaft ändert, so z. B. wenn ein Außendienstmitarbeiter auf Dauer in den Innendienst wechselt. In dem BMF-Schreiben v. 30. 9. 2013, BStBl I 2013, 1279, Rz 15, NWB DokID: HAAAE-42824 findet sich dazu folgendes Beispiel:

BEISPIEL Der Arbeitnehmer A ist von seinem Arbeitgeber unbefristet eingestellt worden, um dauerhaft in der Filiale Y zu arbeiten. In den ersten 36 Monaten seiner Beschäftigung soll A aber zunächst ausschließlich die Filiale X führen. In der Filiale Y soll er während dieser Zeit nicht, auch nicht in ganz geringem Umfang tätig werden. Die Filiale X ist keine erste Tätigkeitsstätte, da A dort lediglich für 36 Monate und damit nicht dauerhaft tätig werden soll (unabhängig vom quantitativen Umfang der Tätigkeit). Die Filiale Y wird erst nach Ablauf von 36 Monaten erste Tätigkeitsstätte, wenn A dort tätig werden soll.

Weichen die tatsächlichen Verhältnisse durch unvorhersehbare Ereignisse, wie etwa Krankheit, politische Unruhen am Tätigkeitsort, Insolvenz des Kunden o. Ä. von der ursprünglichen Festlegung (Prognose) der dauerhaften Zuordnung ab, bleibt nach dem BMF-Schreiben v. 30. 9. 2013, BStBl I 2013, 1279, Rz 16, NWB DokID: HAAAE-42824 die zuvor getroffene Prognoseentscheidung für die Vergangenheit bezüglich des Vorliegens der ersten Tätigkeitsstätte maßgebend.

Wird eine auf weniger als 48 Monate geplante Auswärtstätigkeit des Arbeitnehmers verlängert, kommt es nach dem BMF-Schreiben v. 30. 9. 2013, BStBl I 2013, 1279, Rz 17, NWB DokID:

HAAAE-42824 darauf an, ob dieser vom Zeitpunkt der Verlängerungsentscheidung an noch mehr als 48 Monate an der Tätigkeitsstätte eingesetzt werden soll. Das BMF-Schreiben v. 30. 9. 2013, BStBl I 2013, 1279, Rz 15, NWB DokID: HAAAE-42824 bildet dazu folgende Beispiele:

BEISPIEL ▶ Der unbefristet beschäftigte Arbeitnehmer A wird für eine Projektdauer von voraussichtlich 18 Monaten der betrieblichen Einrichtung in M zugeordnet. Nach 18 Monaten wird die Zuordnung um 36 Monate verlängert.

Obwohl A insgesamt 54 Monate in M tätig wird, hat er dort keine erste Tätigkeitsstätte. Die vom Gesetz vorgegebene Prognose-Betrachtung bedeutet, dass A weder im Zeitpunkt der erstmaligen Zuordnung noch im Zeitpunkt der Verlängerungsentscheidung für mehr als 48 Monate in M eingesetzt werden sollte.

Abwandlung:

Die Zuordnung von A wird bereits nach drei Monaten um 36 Monate auf insgesamt 54 Monate verlängert.

Ab dem Zeitpunkt der Verlängerungsentscheidung hat A seine erste Tätigkeitsstätte in M, da er ab diesem Zeitpunkt noch 51 Monate und somit dauerhaft in M tätig werden soll. Das gilt auch, wenn A für diese Tätigkeit neu eingestellt und eine Probezeit vereinbart wurde oder das Projekt planwidrig bereits nach 12 Monaten beendet wird. Die steuerliche Beurteilung der ersten drei Monate als beruflich veranlasste Auswärtstätigkeit bleibt von der Verlängerungsentscheidung unberührt.

Bei einer sog. Kettenabordnung ist lt. BMF-Schreiben v. 30. 9. 2013, BStBl I 2013, 1279, Rz 18, NWB DokID: HAAAE-42824 keine dauerhafte Zuordnung zu einer Tätigkeitsstätte gegeben, wenn die einzelne Abordnung jeweils einen Zeitraum von weniger als 48 Monaten umfasst. Eine dauerhafte Zuordnung liegt dagegen vor, wenn das Dienstverhältnis auf einen anderen Arbeitgeber ausgelagert wird und der Arbeitnehmer für die gesamte Dauer des neuen Beschäftigungsverhältnisses oder länger als 48 Monate weiterhin an seiner früheren Tätigkeitsstätte des bisherigen Arbeitgebers tätig werden soll (sog. Outsourcing; BMF-Schreiben v. 30. 9. 2013, BStBl I 2013, 1279, Rz 19, NWB DokID: HAAAE-42824).

Im Allgemeinen gilt bei zeitlich befristeten Zuordnungen nach dem BMF-Schreiben v. 30. 9. 2013, BStBl I 2013, 1279, Rz 20, NWB DokID: HAAAE-42824:

Dienststelle/Dienststätte i. S. d. öffentlichen Reisekosten-, Umzugskosten- und Trennungsgeldrechts ist die Stelle, bei der der Arbeitnehmer eingestellt oder zu der er versetzt, abgeordnet, zugeteilt, zugewiesen oder kommandiert worden ist. Jede dieser dienstlichen Maßnahmen führt dazu, dass diese Stelle zur neuen dienstrechtlichen Dienststelle/Dienststätte wird, unabhängig davon, ob die Maßnahme dauerhaft oder nur vorübergehend ist. Für die steuerrechtliche Beurteilung der dauerhaften Zuordnung zu einer bestimmten Tätigkeitsstätte gilt insbesondere Folgendes:

▶ Versetzung ohne zeitliche Befristung – dauerhafte Zuordnung, es wird eine neue „erste Tätigkeitsstätte" begründet.

▶ Abordnung ohne zeitliche Befristung – dauerhafte Zuordnung, es wird eine neue „erste Tätigkeitsstätte" begründet.

▶ Versetzung mit einer zeitlichen Befristung bis zu 48 Monaten – keine dauerhafte Zuordnung, damit keine neue „erste Tätigkeitsstätte".

▶ Abordnung mit einer zeitlichen Befristung bis zu 48 Monaten, ggf. auch verbunden mit dem Ziel der Versetzung – keine dauerhafte Zuordnung, damit keine neue „erste Tätigkeitsstätte".

► Entsprechendes gilt für abordnungs- oder versetzungsgleiche Maßnahmen (z. B. Kommandierung, Zuteilung, Zuweisung).

Anwendung der 48-Monatsfrist im Zusammenhang mit der Prüfung der dauerhaften Zuordnung ab 1. 1. 2014: Für die Frage, ob der Arbeitnehmer dauerhaft einer bestimmten Tätigkeitsstätte zugeordnet ist, kommt es maßgeblich auf den jeweiligen Beginn der durch den Arbeitnehmer auszuübenden Tätigkeit an (Prognose). Dieser Beurteilungszeitpunkt ist auch dann für die Anwendung der 48-Monatsfrist entscheidend, auch wenn er vor dem 1. 1. 2014 liegt. Hat der Arbeitgeber zu Beginn der Tätigkeit keine oder keine eindeutige Prognose getroffen oder eine solche nicht dokumentiert, hat er diese bis spätestens zum 1. 1. 2014 zu treffen und zu dokumentieren (BMF-Schreiben v. 30. 9. 2013 - IV C 5 -S 2353/13/10004, BStBl I 2013, 1279, Rz 24, NWB DokID: HAAAE-42824, mit den folgenden Beispielen).

> **BEISPIEL** ► Der Arbeitnehmer A hat seine Tätigkeit am 1. 7. 2010 an der Tätigkeitsstätte des Kunden K seines Arbeitgebers aufgenommen. Er soll dort bis zum 1. 3. 2014 tätig sein.
>
> Die 48-Monatsfrist beginnt am 1. 7. 2010; der Tätigkeitszeitraum beträgt weniger als 48 Monate. A hat ab 1. 1. 2014 bei dem Kunden K weiterhin keine erste Tätigkeitsstätte.
>
> **Abwandlung:**
>
> A hat seine Tätigkeit am 1. 7. 2010 an einer Tätigkeitsstätte des Kunden K seines Arbeitgebers aufgenommen und soll dort bis zum 31. 12. 2014 tätig sein.
>
> Die 48-Monatsfrist beginnt am 1. 7. 2010; der Tätigkeitszeitraum beträgt mehr als 48 Monate. Ab 1. 1. 2014 hat Arbeitnehmer A somit bei dem Kunden K seine erste Tätigkeitsstätte.

Zu (2.): Fehlt eine solche Bestimmung des Arbeitgebers oder ist sie nicht eindeutig, richtet sich die erste Tätigkeitsstätte nach der arbeitszeitlichen Festlegung (§ 9 Abs. 4 Satz 4 EStG n. F.). Hierbei ist der Umfang der an der Tätigkeitsstätte zu leistenden arbeitsvertraglichen Arbeitszeit maßgeblich (mindestens $1/_3$ der vereinbarten regelmäßigen Arbeitszeit oder zwei volle Arbeitstage wöchentlich oder arbeitstäglich). Entscheidend sind hier die vorab getroffenen Vereinbarungen („tätig werden soll"). Weichen die tatsächlichen Verhältnisse durch Krankheit oder andere unvorhergesehene Ereignisse von der vereinbarten Festlegung ab, bleibt davon die zuvor getroffene Entscheidung zum Vorliegen der ersten Tätigkeitsstätte unberührt (BT-Drucks. 17/10774, 24). Hierzu lassen sich im BMF-Schreiben v. 30. 9. 2013, BStBl I 2013, 1279, Rz 25, NWB DokID: HAAAE-42824 die folgenden zwei Beispiele finden:

> **BEISPIEL** ► Der Arbeitnehmer A ist von seinem Arbeitgeber unbefristet eingestellt worden, um dauerhaft in der Filiale Y zu arbeiten. In den ersten 36 Monaten seiner Tätigkeit arbeitet er an drei Tagen wöchentlich in der Filiale X und zwei volle Tage wöchentlich in der Filiale Y. Der Arbeitgeber hat A für die ersten 36 Monate Filiale X zugeordnet. In diesen 36 Monaten seiner Tätigkeit hat A in der Filiale X keine erste Tätigkeitsstätte, da er dort nicht dauerhaft zugeordnet ist. Erste Tätigkeitsstätte ist jedoch - auch ohne Zuordnung i. S. d. § 9 Abs. 4 Satz 1 EStG - Filiale Y, da A dort dauerhaft typischerweise an zwei vollen Tagen i. S. d. § 9 Abs. 4 Satz 4 EStG tätig werden soll.
>
> **Abwandlung:**
>
> Der Arbeitnehmer A soll in den ersten 36 Monaten seiner Tätigkeit an vier Tagen wöchentlich in der Filiale X und einen vollen Tag wöchentlich in der Filiale Y tätig werden. In diesen 36 Monaten seiner Tätigkeit hat A in der Filiale X keine erste Tätigkeitsstätte, da er dort nicht dauerhaft tätig werden soll. Erste Tätigkeitsstätte ist auch nicht die Filiale Y, da A dort die quantitativen Kriterien nach § 9 Abs. 4 Satz 4 EStG nicht erfüllt.

Nach dem BMF-Schreiben v. 30. 9. 2013 - IV C 5 -S 2353/13/10004, BStBl I 2013, 1279, Rz 26, NWB DokID: HAAAE-42824 muss der Arbeitnehmer an der betrieblichen Einrichtung seine eigentliche berufliche Tätigkeit ausüben; allein ein regelmäßiges Aufsuchen der betrieblichen Einrichtung, z. B. für kurze Rüstzeiten, zur Berichtsfertigung, zur Vorbereitung der Zustellroute, zur Wartung und Pflege des Fahrzeugs, zur Abholung oder Abgabe von Kundendienstfahrzeugen, Material, Auftragsbestätigungen, Stundenzetteln, Krankmeldungen und Urlaubsanträgen führt hier noch nicht zu einer Qualifizierung der betrieblichen Einrichtung als erste Tätigkeitsstätte. Das BMF-Schreiben a. a. O. die folgenden drei Beispiele:

BEISPIEL Der Kundendienstmonteur K, der von seinem Arbeitgeber keiner betrieblichen Einrichtung dauerhaft zugeordnet ist, sucht den Betrieb seines Arbeitgebers regelmäßig auf, um den Firmenwagen samt Material zu übernehmen, die Auftragsbestätigungen in Empfang zu nehmen und die Stundenzettel vom Vortag abzugeben. Der K hat keine erste Tätigkeitsstätte. Der Betrieb seines Arbeitgebers wird auch durch das regelmäßige Aufsuchen nicht zur ersten Tätigkeitsstätte, da er seine eigentliche berufliche Tätigkeit an diesem Ort nicht ausübt.

BEISPIEL Die Fahrer im ÖPV sollen ihr Fahrzeug immer an wechselnden Stellen im Stadtgebiet aufnehmen und in der Regel mindestens einmal wöchentlich die Kassen abrechnen. Die Kassenabrechnung sollen sie in der Geschäftsstelle oder in einem Betriebshof durchführen. Dort werden auch die Personalakten geführt oder sind Krank- und Urlaubsmeldungen abzugeben. Das bloße Abrechnen der Kassen, die Führung der Personalakten sowie die Verpflichtung zur Abgabe der Krank- und Urlaubsmeldungen führt nicht zu einer ersten Tätigkeitsstätte am Betriebshof oder in der Geschäftsstelle, es sei denn, der Arbeitgeber ordnet die Arbeitnehmer dem Betriebshof oder der Geschäftsstelle arbeitsrechtlich als erste Tätigkeitsstätte zu.

BEISPIEL Der Lkw-Fahrer L soll typischerweise arbeitstäglich den Betriebssitz des Arbeitgebers aufsuchen, um dort das Fahrzeug abzuholen sowie dessen Wartung und Pflege durchzuführen. Allein das Abholen sowie die Wartung und Pflege des Fahrzeugs, als Hilfs- und Nebentätigkeiten, führen nicht zu einer ersten Tätigkeitsstätte am Betriebssitz des Arbeitgebers; allerdings handelt es sich in diesem Fall bei dem Betriebssitz um einen sog. Sammelpunkt. Etwas anderes gilt nur, wenn der Arbeitgeber den Arbeitnehmer dem Betriebssitz arbeitsrechtlich als erste Tätigkeitsstätte zuordnet.

Prognoseentscheidung: Auch die in § 9 Abs. 4 Satz 4 EStG aufgeführten zeitlichen (= quantitativen) Kriterien sind nach dem BMF-Schreiben v. 30. 9. 2013, BStBl I 2013, 1279, Rz 27, NWB DokID: HAAAE-42824 anhand einer in die Zukunft gerichteten Prognose zu beurteilen; weichen die tatsächlichen Verhältnisse durch unvorhersehbare Ereignisse (wie z. B. Krankheit) hiervon ab, bleibt es bei der zuvor getroffenen Prognoseentscheidung bezüglich der ersten Tätigkeitsstätte. Die Prognoseentscheidung ist zu Beginn des Dienstverhältnisses zu treffen; die auf Grundlage dieser Prognose getroffene Beurteilung bleibt solange bestehen, bis sich die Verhältnisse maßgeblich ändern. Davon ist insbesondere auszugehen, wenn sich das Berufsbild des Arbeitnehmers (Außendienstmitarbeiter wechselt z. B. in den Innendienst) oder die quantitativen Zuordnungskriterien (Arbeitnehmer soll z. B. statt zwei nun drei Filialen betreuen) dauerhaft ändern oder der Arbeitgeber erstmalig eine dienst- oder arbeitsrechtliche Zuordnungsentscheidung trifft (BMF-Schreiben v. 30. 9. 2013, BStBl I 2013, 1279, Rz 27, NWB DokID: HAAAE-42824, mit den folgenden vier Beispielen).

BEISPIEL Der Arbeitnehmer A soll seine berufliche Tätigkeit an drei Tagen wöchentlich in einem häuslichen Arbeitszimmer ausüben und an zwei vollen Tagen wöchentlich in der betrieblichen Einrichtung seines Arbeitgebers in D tätig werden. Das häusliche Arbeitszimmer ist nie erste Tätigkeitsstätte. Erste Tätigkeitsstätte ist hier vielmehr die betriebliche Einrichtung des Arbeitgebers in D, da der Arbeitnehmer dort an zwei vollen Tagen wöchentlich beruflich tätig werden soll.

BEISPIEL Der Arbeitnehmer A soll seine berufliche Tätigkeit im häuslichen Arbeitszimmer ausüben und zusätzlich jeden Arbeitstag für eine Stunde in der betrieblichen Einrichtung seines Arbeitgebers in D tätig werden. Das häusliche Arbeitszimmer ist nie erste Tätigkeitsstätte. Erste Tätigkeitsstätte ist hier vielmehr die betriebliche Einrichtung des Arbeitgebers in D, da der Arbeitnehmer dort typischerweise arbeitstäglich tätig werden soll. In diesem Fall ist es unerheblich, dass dort weniger als $^1/_3$ der gesamten regelmäßigen Arbeitszeit erbracht werden soll.

BEISPIEL Der Arbeitnehmer A soll seine berufliche Tätigkeit im häuslichen Arbeitszimmer ausüben und zusätzlich jeden Tag in einer anderen betrieblichen Einrichtung seines Arbeitgebers tätig werden. Die Arbeitszeit in den verschiedenen Tätigkeitsstätten beträgt jeweils weniger als $^1/_3$ der gesamten Arbeitszeit des Arbeitnehmers. Das häusliche Arbeitszimmer ist nie erste Tätigkeitsstätte. Auch an den anderen Tätigkeitsstätten des Arbeitgebers hat der Arbeitnehmer keine erste Tätigkeitsstätte, da er diese Tätigkeitsstätten nicht arbeitstäglich aufsucht und dort jeweils weniger als $^1/_3$ seiner gesamten Arbeitszeit tätig wird.

BEISPIEL Der Arbeitnehmer A übt seine Tätigkeit nur bei wechselnden Kunden und im häuslichen Arbeitszimmer aus. Er hat keine erste Tätigkeitsstätte.

Zu (3.): Da der Arbeitnehmer höchstens eine erste Tätigkeitsstätte haben kann (§ 9 Abs. 4 Satz 5 EStG n. F.), ist bei mehreren Arbeitsstätten, die die unter (1.) oder (2.) geprüften Voraussetzungen einer ersten Tätigkeitsstätte erfüllen, die vom Arbeitgeber bestimmte Tätigkeitsstätte die erste Tätigkeitsstätte (§ 9 Abs. 4 Satz 6 EStG n. F.). Hierzu bildet das BMF-Schreiben v. 30. 9. 2013, BStBl I 2013, 1279, Rz 30, NWB DokID: HAAAE-42824 folgendes Beispiel:

BEISPIEL Der in H wohnende Filialleiter A ist an drei Tagen in der Woche in einer Filiale seines Arbeitgebers in H und an zwei Tagen in der Woche in einer Filiale seines Arbeitgebers in S tätig. Der Arbeitgeber bestimmt die Filiale in S zur ersten Tätigkeitsstätte. Durch die Bestimmung seines Arbeitgebers hat der Filialleiter A in der betrieblichen Einrichtung in S seine erste Tätigkeitsstätte. Unerheblich ist, dass er dort lediglich zwei Tage und damit nicht zeitlich überwiegend beruflich tätig ist.

Zu (4.): Fehlt eine solche Festlegung durch den Arbeitgeber, ist die der Wohnung örtlich am nächsten liegende Tätigkeitsstätte die erste Tätigkeitsstätte (§ 9 Abs. 4 Satz 7 EStG n. F.). Das BMF-Schreiben v. 30. 9. 2013, BStBl I 2013, 1279, Rz 31, NWB DokID: HAAAE-42824 nennt die folgenden Beispiele:

BEISPIEL Der in H wohnende Filialleiter A soll typischerweise arbeitstäglich in drei Filialen (X, Y und Z) seines Arbeitgebers tätig werden. Er fährt morgens mit seinem eigenen Pkw regelmäßig zur Filiale X, dann zur Filiale Y, von dort zur Filiale Z und von dieser zur Wohnung. Die Filiale in Y liegt der Wohnung am nächsten. Der Arbeitgeber ordnet A arbeitsrechtlich keine Filiale (als erste Tätigkeitsstätte) zu. Erste Tätigkeitsstätte ist die Filiale Y, da diese der Wohnung des A am nächsten liegt. Die Tätigkeit in X und Z sind beruflich veranlasste Auswärtstätigkeiten. Da A von seiner Wohnung zu einer auswärtigen Tätigkeitsstätte, von dort zur ersten Tätigkeitsstätte und von dort wieder zu einer anderen auswärtigen Tätigkeitsstätte fährt, liegen keine Fahrten zwischen Wohnung und erster Tätigkeitsstätte vor, sondern Fahrten, für die ein steuerfreier Arbeitgeberersatz bzw. Werbungskostenabzug nach Reisekostengrundsätzen in Betracht kommt.

Abwandlung:

Wie voriges Beispiel, allerdings nutzt der Filialleiter A für die arbeitstäglichen Fahrten einen ihm vom Arbeitgeber überlassenen Dienstwagen; A führt kein Fahrtenbuch, sondern ermittelt den geldwerten Vorteil nach der pauschalen Nutzungswertmethode. Grundsätzlich ist ein geldwerter Vorteil, für die Möglichkeit den Dienstwagen für Fahrten zwischen Wohnung und erster Tätigkeitsstätte zu nutzen, i. H. v. 0,03 % des Listenpreises je Entfernungskilometer anzusetzen. Weist A mittels Einzelaufzeichnungen die Zahl der tatsächlichen Fahrten zwischen Wohnung und erster Tätigkeitsstätte nach, ist stattdessen für jede Fahrt ein geldwerter Vorteil von 0,002 % des Listenpreises je Entfernungskilometer anzusetzen. Im vorliegenden Fall hat A keine unmittelbaren Fahrten zwischen Wohnung und erster Tätigkeitsstätte; daher ist - bei Nachweis der tatsächlichen Fahrten - insoweit kein geldwerter Vorteil anzusetzen.

BEISPIEL Die Pflegedienstkraft P hat täglich vier Personen zu betreuen. Hierfür wurde jeweils ein Pflegevertrag bis auf Weiteres abgeschlossen. Alle vier Pflegepersonen sollen arbeitstäglich regelmäßig betreut werden. Der Arbeitgeber hat keine dieser Pflegestellen als erste Tätigkeitsstätte bestimmt. Erste Tätigkeitsstätte der P ist die ihrer Wohnung am nächsten liegende Pflegestelle.

Abwandlung:

Die Pflegeverträge wurden jeweils für eine Dauer von bis zu zwei Jahren abgeschlossen. Die Pflegedienstkraft hat keine erste Tätigkeitsstätte, da sie an keiner der Pflegestellen dauerhaft tätig werden soll.

Vorstehende Grundsätze lassen sich in einem Schaubild wie folgt darstellen (*Weber*, NWB, Beilage zum Heft 9/2013, NWB DokID: XAAAE-29374, 21, 23):

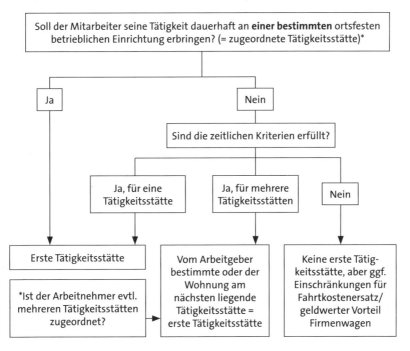

Nach *Schramm/Harder-Buschner* (NWB 2012, 3848, 3850), soll in den nachfolgenden Einzelfällen gelten:

► Bezirksleiter, die mehrere Niederlassungen oder Filialen betreuen, hätten in der Regel keine erste Tätigkeitsstätte. Etwas anderes gelte nur, wenn der Arbeitgeber einem Bezirksleiter eine der Filialen arbeits- oder dienstrechtlich als Tätigkeitsstätte zuordne oder anordne, er würde dort mindestens ein Drittel seiner regelmäßigen Arbeitszeit tätig sein müssen.

► Monteure, Bauarbeiter oder andere Außendienstmitarbeiter hätten allein durch das Aufladen von Material oder Abholen von Unterlagen noch keine erste Tätigkeitsstätte. Eine erste Tätigkeitsstätte werde in diesen Fällen nur angenommen, wenn eine Zuordnung (arbeits- bzw. dienstrechtlich oder quantitativ) durch den Arbeitgeber zu einer Tätigkeitsstätte vorliege.

► Zeit- und Leiharbeitnehmer hätten normalerweise keine erste Tätigkeitsstätte. Etwas anderes gelte nur in ganz speziellen Sonderfällen, etwa wenn von Anfang an festgelegt worden sei, dass der Arbeitnehmer beim Entleiher mehr als 48 Monate tätig werden solle.

Fahrten zur Ausbildungsstätte: Im Gegensatz zu den zur bisherigen Rechtslage ergangenen BFH-Urteilen v. 9.2.2012 - VI R 44/10, BFH/NV 2012, 854, NWB DokID: NAAAE-05753 und VI R 42/11, BFH/NV 2012, 856, NWB DokID: TAAAE-05751 wonach eine Ausbildungsstätte keine regelmäßige Arbeitsstätte ist, bestimmt § 9 Abs. 4 Satz 8 EStG n. F. nunmehr, dass eine Ausbildungsstätte, die zum Zwecke eines Vollzeitstudiums oder einer vollzeitigen Bildungsmaßnahme, eine erste Tätigkeitsstätte sein kann. Ein Vollzeitstudium oder eine vollzeitige Bildungsmaßnahme liegt nach dem BMF-Schreiben v. 30.9.2013, BStBl I 2013, 1279, Rz 33, NWB DokID: HAAAE-42824 insbesondere vor, wenn der Steuerpflichtige im Rahmen des Studiums oder im Rahmen der Bildungsmaßnahme für einen Beruf ausgebildet wird und daneben entweder keiner Erwerbstätigkeit nachgeht oder während der gesamten Dauer des Studiums oder der Bildungsmaßnahme eine Erwerbstätigkeit mit durchschnittlich bis zu 20 Stunden regelmäßiger wöchentlicher Arbeitszeit oder in Form eines geringfügigen Beschäftigungsverhältnisses i. S. d. §§ 8 und 8a SGB IV ausübt. Damit kann der Auszubildende nach neuer Rechtslage für Fahrten zur Ausbildungsstätte statt der tatsächlichen Fahraufwendungen die Entfernungspauschale als Werbungskosten in Abzug bringen. Dies soll nach *Bergkemper* (FR 2013, 1017, 1018) verfassungsrechtlich problematisch sein.

Zeitlicher Anwendungsbereich: Art. 1 Nr. 4 Buchst. a Doppelbuchst. aa, bb, Buchst. b und Buchst. d des Gesetzes zur Änderung und Vereinfachung der Unternehmensbesteuerung und des steuerlichen Reisekostenrechts tritt gemäß Art. 6 Satz 1 des Gesetzes zur Änderung und Vereinfachung der Unternehmensbesteuerung und des steuerlichen Reisekostenrechts am 1.1.2014 in Kraft. Nach der allgemeinen Anwendungsregelung in § 52 Abs. 1 EStG i. d. F. des Art. 1 Nr. 10 Buchst. a des Gesetzes zur Änderung und Vereinfachung der Unternehmensbesteuerung und des steuerlichen Reisekostenrechts sind § 9 Abs. 1 Satz 3 Nrn. 4 und 4a, Abs. 2 und Abs. 4 EStG n. F. erstmals für den VZ 2014 anzuwenden.

(2) Neuregelungen zur doppelten Haushaltsführung

LITERATUR:

Bergkemper, Das BMF-Schreiben zur Reform des steuerlichen Reisekostenrechts ab 1.1.2014, FR 2013, 1017; *Bergkemper*, jurisPR-SteuerR 3/2013 Anm. 3; *Reinhold,* Die Reisekostenreform im internationalen Vergleich, NWB, Beilage zum Heft 9/2013, NWB DokID: JAAAE-29370, 53; *Schneider,* Die Reform des Reisekostenrechts: Übereinstimmungen und Abweichungen zur bisherigen BFH-Rechtsprechung, NWB, Beilage zum Heft 9/2013, NWB DokID: TAAAE-29371, 44; *Schramm/ Harder-Buschner*, Die Reform des steuerlichen Reisekostenrechts: Darstellung der neuen gesetzlichen Regelungen, NWB, Beilage zu Heft 9/2013, NWB DokID: DAAAE-29372, 2; *Weber*, Die Reform des Reisekostenrechts: Auswirkungen auf die Erstattung von Reisekosten aus Sicht des Arbeitgebers, NWB, Beilage zum Heft 9/2013, NWB DokID: XAAAE-29374, 21; *Wünnemann/Gödtel*, Die Reform des Reisekostenrechts: Erste Anwendungs- und Umsetzungsfragen aus Sicht der Wirtschaft, NWB, Beilage zum Heft 9/2013, NWB DokID: NAAAE-29373, 36.

§ 9 Abs. 1 Satz 3 Nr. 5 EStG: Die Regelungen zur doppelten Haushaltsführung sind in mehreren Punkten geändert worden:

Betragsmäßige Höchstgrenze für die doppelte Haushaltsführung im Inland: Nach Ansicht des Gesetzgebers führt die Entscheidung der BFH v. 9.8.2007 - VI R 10/06, BStBl 2007 II S. 820 NWB

DokID: MAAAC-53704, wonach die Angemessenheit von Unterkunftskosten anhand einer flächenmäßigen Begrenzung der Wohnfläche von bis zu 60 qm zu bestimmen ist, angeblich zu Wertungswidersprüchen (BT-Drucks. 17/10774, 21): So würden Aufwendungen für ein 40 qm großes Luxusappartement voll abziehbar sein, während die Aufwendungen für eine 80 qm große Genossenschaftswohnung gekürzt werden müssten. Ein solches Verständnis der BFH-Entscheidung geht fehl. Denn der BFH hat auf die Durchschnittsmiet*kosten* einer 60 qm großen Wohnung (vgl. Leitsatz 2 der Entscheidung) und mithin ebenfalls auf eine betragsmäßige Grenze abgestellt (*Schneider*, NWB, Beilage zu Heft 9/2013, NWB DokID: XAAAE-29374, 44, 50).

Jedenfalls sind nunmehr Unterkunftskosten von höchstens 1 000 € pro Monat im Rahmen einer doppelten Haushaltsführung abgezogen werden (§ 9 Abs. 1 Satz 3 Nr. 5 Satz 4 EStG n. F.). Dieser Betrag umfasse alle für die Unterkunft oder Wohnung entstehenden Aufwendungen. Dies seien etwa Miete inklusive Betriebskosten, Miet- oder Pachtgebühren für Kfz-Stellplätze, auch in Tiefgaragen, Aufwendungen für Sondernutzung (wie Garten etc.), die vom Arbeitnehmer selbst getragen würden (BT-Drucks. 17/10774, 21; BMF-Schreiben v. 30. 9. 2013 - IV C 5 -S 2353/13/10004, BStBl 2013 I S. 1279, Rz 98, NWB DokID: HAAAE-42824). Nach dem BMF-Schreiben v. 30. 9. 2013, BStBl I 2013, 1279, Rz. 98, NWB DokID: HAAAE-42824 gilt in den Fällen der Anmietung einer möblierten Zweitwohnung oder -unterkunft, dass die Aufwendungen bis zum Höchstbetrag berücksichtigungsfähig seien; auch Aufwendungen für einen separat angemieteten Garagenstellplatz seien in den Höchstbetrag einzubeziehen und könnten nicht als „sonstige" notwendige Mehraufwendungen zusätzlich berücksichtigt werden. Die anders lautende BFH-Rechtsprechung (vgl. BFH vom 13. 11. 2012 - VI R 50/11, BStBl II 2013, 286, NWB DokID: DAAAE-29291) sei überholt.

Da für eine im Ausland geführte doppelte Haushaltsführung die Höchstgrenze von 1 000 € nicht gilt (§ 9 Abs. 1 Satz 3 Nr. 5 Satz 4 EStG n. F.: „im Inland"), ist in diesen Fällen im Einzelfall die Angemessenheit zu prüfen. Insoweit möchte der Gesetzgeber auf den Durchschnittsmietzins für eine nach Größe, Lage und Ausstattung am ausländischen Tätigkeitsort durchschnittlichen Wohnung abstellen (BT-Drucks. 17/10774, 21; BMF-Schreiben v. 30. 9. 2013, BStBl I 2013, 1279, Rz. 101, NWB DokID: HAAAE-42824).

Großzügig zeigt sich die Finanzverwaltung bei der Übertragbarkeit des Höchstbetrages auf andere Monate: „Bei der Anwendung des Höchstbetrags ist grundsätzlich § 11 EStG zu beachten. Soweit der monatliche Höchstbetrag von 1 000 € nicht ausgeschöpft wird, ist eine Übertragung des nicht ausgeschöpften Volumens in andere Monate des Bestehens der doppelten Haushaltsführung im selben Kalenderjahr möglich. Erhält der Arbeitnehmer Erstattungen z. B. für Nebenkosten, mindern diese Erstattungen im Zeitpunkt des Zuflusses die Unterkunftskosten der doppelten Haushaltsführung" (BMF-Schreiben v. 30. 9. 2013, BStBl I 2013, 1279, Rz. 99, NWB DokID: HAAAE-42824). Im Wortlaut des Gesetzes ist dies jedenfalls nicht angelegt.

Der Höchstbetrag gilt personenbezogen; vgl. insoweit die beiden Beispiele im BMF-Schreiben v. 30. 9. 2013, BStBl I 2013, 1279, Rz. 100, NWB DokID: HAAAE-42824:

BEISPIEL ▸ Die beiderseits berufstätigen Ehegatten bewohnen an ihrem Beschäftigungsort in M (jeweils Ort der ersten Tätigkeitsstätte) gemeinsam eine möblierte Unterkunft. Ihren Hausstand sowie ihren Lebensmittelpunkt haben die Eheleute nachweislich im eigenen Einfamilienhaus in B. Die Aufwendungen für die Nutzung der Unterkunft am Beschäftigungsort betragen inklusive sämtlicher Nebenkosten und Abschreibungen für notwendige Einrichtungsgegenstände 1 100 € im Monat. Diese werden auf Grund gemeinsamer Verpflichtung von beiden Ehegatten zu gleichen Anteilen gezahlt. Die tatsächlichen Aufwendungen für die Nutzung der Unterkunft können bei jedem Ehegatten jeweils i. H. v. 550 € angesetzt werden.

BEISPIEL Der Arbeitnehmer A bewohnt am Ort seiner ersten Tätigkeitsstätte in M eine Zweitwohnung. Die Aufwendungen für die Nutzung dieser Unterkunft (Miete, inkl. sämtlicher berücksichtigungsfähiger Nebenkosten und evtl. Abschreibungen für notwendige Einrichtungsgegenstände) betragen bis zum 30.6. monatlich 990 €. Ab 1.7. wird die Miete um 30 € erhöht, so dass ab diesem Zeitpunkt die monatlichen Aufwendungen für die Nutzung der Unterkunft 1 020 € betragen. In den Monaten Januar bis Juni können die Aufwendungen für die Nutzung der Unterkunft in voller Höhe vom Arbeitgeber steuerfrei erstattet bzw. von A als Werbungskosten geltend gemacht werden. Ab Juli ist grundsätzlich die Beschränkung auf den Höchstbetrag von 1 000 € zu beachten. Die den Höchstbetrag übersteigenden Aufwendungen von monatlich 20 € können allerdings mit dem noch nicht aufgebrauchten Höchstbetragsvolumen der Monate Januar - Juni (6 x 10 € = 60 €) verrechnet und insoweit steuerfrei erstattet oder als Werbungskosten geltend gemacht werden.

Erforderlichkeit der Nutzung einer Zweitunterkunft: Durch die Neufassung des § 9 Abs. 1 Satz 3 Nr. 5 Satz 2 EStG wurde die bisher im Gesetzestext vorhandene Wortfolge *„und zwar unabhängig davon, aus welchen Gründen die doppelte Haushaltsführung beibehalten wird"* entfernt. Es fragt sich, ob nunmehr eine Ursachenforschung für die Begründung des Zweithaushalts erforderlich ist. Der Gesetzgeber geht insoweit von folgender – nicht im Gesetzeswortlaut enthaltenen – Vermutung aus (BT-Drucks. 17/10774, 21): Aus Vereinfachungsgründen könne von einer Zweitunterkunft oder Zweitwohnung am Ort der ersten Tätigkeitsstätte dann noch ausgegangen werden, wenn der Weg von der Zweitunterkunft oder -wohnung zur neuen ersten Tätigkeitsstätte weniger als die Hälfte der Entfernung der kürzesten Straßenverbindung zwischen der Hauptwohnung (Mittelpunkt der Lebensinteressen) und der neuen ersten Tätigkeitsstätte betrage. Der Gesetzeber bildet hierzu folgende Beispiele (BT-Drucks. 17/10774, 21 f.):

BEISPIEL Der Arbeitnehmer hat seinen Hausstand in A und in B seine neue erste Tätigkeitsstätte. Die Entfernung von A (Mittelpunkt der Lebensinteressen) nach B beträgt 250 km. Der Arbeitnehmer findet in C sofort eine günstige Zweitwohnung. Die Entfernung von C (Zweitwohnung) nach B (neue erste Tätigkeitsstätte) beträgt 70 km. Auch wenn die Zweitwohnung 70 km von B entfernt liegt, gilt sie noch als Wohnung am Ort der ersten Tätigkeitsstätte, da sie weniger als die Hälfte der Entfernung von der Hauptwohnung in A zur neuen ersten Tätigkeitsstätte in B entfernt liegt.

BEISPIEL Wie voriges Beispiel. Allerdings beträgt die Entfernung von C (Zweitwohnung) nach B (neue erste Tätigkeitstätte) 150 km. In diesem Fall kann nicht mehr „ohne weiteres" von einer Zweitwohnung am Ort der ersten Tätigkeitsstätte ausgegangen werden.

Das BMF-Schreiben v. 30.9.2013, BStBl I 2013, 1279, Rz. 95, NWB DokID: HAAAE-42824 nennt diese Beispiele ebenfalls.

Neubestimmung des Begriffs des „eigenen Hausstands": Der Gesetzgeber hat den Begriff des „eigenen Hausstands" in § 9 Abs. 1 Satz 3 Nr. 5 Satz 3 EStG n. F. neu bestimmt. Erforderlich ist das Innehaben einer Wohnung und die finanzielle Beteiligung an den Kosten der Lebensführung. Nach dem Wortlaut ist also nicht notwendigerweise eine finanzielle Beteiligung an den „Kosten der Unterkunft" erforderlich. Unklar ist, was unter dem Merkmal *„ finanzielle Beteiligung an den Kosten der Lebensführung"* im Einzelnen zu verstehen ist (*Bergkemper*, jurisPR-SteuerR 3/2013, Anm. 3; *Schneider*, NWB, Beilage zu Heft 9/2013, NWB DokID: XAAAE-29374, 44, 49). Es wird zu klären sein, ob es auch um die Kosten der Wohnung oder nur um die Kostentragung des Haushalts im Übrigen geht (*Bergkemper*, a. a. O.; *ders.*, FR 2013, 1017, 1020). Nach der Verwaltungsauffassung geht es um die finanzielle Beteiligung an den laufenden Kosten (BMF-Schreiben v. 30.9.2013, BStBl I 2013, 1279, Rz 94, NWB DokID: HAAAE-42824). Das BMF-

Schreiben v. 30. 9. 2013, BStBl I 2013, 1279, Rz 94, NWB DokID: HAAAE-42824 quantifiziert wie folgt: "Betragen die Barleistungen des Arbeitnehmers mehr als 10 Prozent der monatlich regelmäßig anfallenden laufenden Kosten der Haushaltsführung (z. B. Miete, Mietnebenkosten, Kosten für Lebensmittel und andere Dinge des täglichen Bedarfs) ist von einer finanziellen Beteiligung oberhalb der Bagatellgrenze auszugehen. Liegen die Barleistungen darunter, kann der Arbeitnehmer eine hinreichende finanzielle Beteiligung auch auf andere Art und Weise darlegen. Bei Ehegatten oder Lebenspartnern mit den Steuerklassen III, IV oder V kann eine finanzielle Beteiligung an den Kosten der Haushaltsführung ohne entsprechenden Nachweis unterstellt werden."

Nach den Gesetzesmaterialien genügt es für einen eigenen Haushalt nicht, wenn der Arbeitnehmer etwa im Haushalt seiner Eltern lediglich ein oder mehrere Zimmer bewohnt oder wenn dem Arbeitnehmer eine Wohnung im Haus der Eltern unentgeltlich zur Nutzung überlassen werde (BT-Drucks. 17/10774, 21). Ob dies anders ist, wenn er sich an den Kosten der sonstigen Lebensführung (Nahrung usw.) beteiligt, bleibt abzuwarten. Aus dem Gesetz ergibt sich nichts Gegenteiliges (*Schneider*, NWB, Beilage zu Heft 9/2013, NWB DokID: XAAAE-29374, 44, 49). Jedenfalls gilt die BFH-Rechtsprechung nicht mehr fort, wonach eine eigene Haushaltsführung des auswärts Beschäftigten nicht zwingend ausgeschlossen ist, wenn sich dessen finanzielle Beteiligung am Haushalt nicht feststellen lässt (etwa BFH-Urteil v. 28. 3. 2012 - VI R 87/10, BStBl II 2012, 800, NWB DokID: JAAAE-10000).

Zeitlicher Anwendungsbereich: Art. 1 Nr. 4 Buchst. a Doppelbuchst. cc des Gesetzes zur Änderung und Vereinfachung der Unternehmensbesteuerung und des steuerlichen Reisekostenrechts tritt gemäß Art. 6 Satz 1 des Gesetzes zur Änderung und Vereinfachung der Unternehmensbesteuerung und des steuerlichen Reisekostenrechts am 1. 1. 2014 in Kraft. Nach der allgemeinen Anwendungsregelung in § 52 Abs. 1 EStG i. d. F. des Art. 1 Nr. 10 Buchst. a des Gesetzes zur Änderung und Vereinfachung der Unternehmensbesteuerung und des steuerlichen Reisekostenrechts ist § 9 Abs. 1 Satz 3 Nr. 5 EStG n. F. erstmals für den VZ 2014 anzuwenden.

(3) Neuregelung zu beruflich veranlassten Unterkunftskosten

§ 9 Abs. 1 Satz 3 Nr. 5a EStG: Erstmals wird der Abzug von beruflich veranlassten Unterkunftskosten außerhalb einer doppelten Haushaltsführung geregelt. Wie bei der doppelten Haushaltsführung sind nur die „notwendigen" tatsächlichen Unterkunftskosten abziehbar (§ 9 Abs. 1 Satz 3 Nr. 5a Satz 1 und 2 EStG n. F.). Damit ist in Abkehr zur bisherigen Rechtslage, nach der beruflich veranlasste Unterkunftskosten nach § 9 Abs. 1 Satz 1 EStG unbegrenzt abgezogen werden konnten, nunmehr die Angemessenheit solcher Kosten zu überprüfen. Der Wortlaut ließe durchaus die Interpretation zu, dass demnach etwa eine Kappung auf die Kosten einer bestimmten Hotelkategorie greift (*Weber*, NWB, Beilage zu Heft 9/2013, NWB DokID: XAAAE-29374, 21, 25).

Unterkunftskosten sind nach BMF-Schreiben v. 30. 9. 2013, BStBl I 2013, 1279, Rz 106, NWB DokID: HAAAE-42824 die tatsächlichen Aufwendungen für die persönliche Inanspruchnahme einer Unterkunft zur Übernachtung; hierzu zählen zum Beispiel Kosten für die Nutzung eines Hotelzimmers, Mietaufwendungen für die Nutzung eines (ggf. möblierten) Zimmers oder einer Wohnung sowie Nebenleistungen (z. B. Kultur- und Tourismusförderabgabe, Kurtaxe/Fremdenverkehrsabgabe, bei Auslandsübernachtungen die besondere Kreditkartengebühr bei Zahlungen in Fremdwährungen); im Rahmen des Werbungskostenabzugs können lediglich die tatsächlich entstandenen Übernachtungskosten und keine Pauschalen berücksichtigt werden.

Nicht zu den Unterkunftskosten gehören die Kosten einer Mahlzeit (zutreffend: BMF-Schreiben v. 30. 9. 2013, BStBl I 2013, 1279, Rz. 107, NWB DokID: HAAAE-42824, mit den folgenden Beispielen).

BEISPIEL Der Arbeitnehmer A übernachtet während einer zweitägigen inländischen Auswärtstätigkeit im Hotel. Die Rechnung des Hotels ist auf den Namen des Arbeitgebers ausgestellt. Das Hotel rechnet eine Übernachtung mit Frühstück wie folgt ab: Pauschalarrangement 70 €

Der Arbeitgeber hat folgende Möglichkeiten: Zur Ermittlung der Übernachtungskosten kann der Gesamtpreis um 4,80 € (20 % von 24 € für die auf das Frühstück entfallenden anteiligen Kosten) gekürzt werden. Der verbleibende Betrag von 65,20 € kann vom Arbeitgeber dann als Übernachtungskosten steuerfrei erstattet werden. Für den An- und Abreisetag stehen dem Arbeitnehmer Verpflegungspauschalen von 24 € (je 12 € für den An- und Abreisetag) zu. Die Verpflegungspauschale für den Abreisetag ist nicht zu kürzen (um 4,80 € für das Frühstück), wenn der Arbeitgeber dem Arbeitnehmer lediglich die 65,20 € als Übernachtungskosten erstattet. Insgesamt kann der Arbeitgeber somit 89,20 € steuerfrei erstatten (65,20 € Unterkunft plus 24 € Verpflegung).

Erstattet der Arbeitgeber dem Arbeitnehmer hingegen den Gesamtpreis von 70 € (also einschließlich Frühstück) sind die Verpflegungspauschalen zu kürzen auf einen Betrag von 19,20 € für Verpflegung. Insgesamt kann der Arbeitgeber somit 89,20 € steuerfrei erstatten (70 € Unterkunft und Frühstück plus 19,20 € Verpflegung).

Die Berechnungen führen somit zum gleichen Ergebnis, egal von welchem Betrag der pauschale Einbehalt bzw. die pauschale Kürzung erfolgt.

Abwandlung:

Die Rechnung des Hotels ist auf den Namen des Arbeitnehmers ausgestellt.

Auch in diesem Fall kann der Arbeitgeber insgesamt höchstens 89,20 € steuerfrei erstatten (65,20 € Unterkunft plus 24 € Verpflegung).

BEISPIEL Der Arbeitnehmer A übernachtet während einer zweitägigen Auswärtstätigkeit im Hotel. Die Rechnung ist auf den Namen des Arbeitgebers ausgestellt. Das Hotel rechnet eine Übernachtung mit Frühstück wie folgt ab: Übernachtung 60 € und Frühstück 10 €.

Die ausgewiesenen Übernachtungskosten von 60 € können vom Arbeitgeber steuerfrei erstattet werden. Für den An- und Abreisetag stünden dem Arbeitnehmer zusätzlich auch noch Verpflegungspauschalen von 24 € (je 12 € für den An- und Abreisetag) zu. Die Verpflegungspauschale für den Abreisetag ist nicht zu kürzen, wenn der Arbeitgeber dem Arbeitnehmer lediglich die 60 € Übernachtungskosten erstattet.

Erstattet der Arbeitgeber hingegen auch den Betrag von 10 € für das Frühstück, ist die Verpflegungspauschale für den Abreisetag um 4,80 € wegen des vom Arbeitgeber zur Verfügung gestellten Frühstücks zu kürzen. Der Arbeitgeber kann dann zusätzlich einen Betrag von 19,20 € für Verpflegung steuerfrei erstatten.

Abwandlung:

Die Rechnung des Hotels ist auf den Namen des Arbeitnehmers ausgestellt. In diesem Fall kann der Arbeitgeber insgesamt höchstens 84 € steuerfrei erstatten (60 € Unterkunft plus 24 € Verpflegung). Werden keine steuerfreien Erstattungen seitens des Arbeitgebers gezahlt, ist der Betrag von 84 € als Werbungskosten berücksichtigungsfähig.

Notwendigkeit der Mehraufwendungen: Es ist lediglich die berufliche Veranlassung zu prüfen, nicht aber die Angemessenheit der Unterkunft, d. h. bestimmte Hotelkategorie oder Größe der Unterkunft (BMF-Schreiben v. 30. 9. 2013, BStBl I 2013, 1279, Rz. 108, NWB DokID: HAAAE-42824). Die Anerkennung von Unterkunftskosten im Rahmen einer auswärtigen beruflichen Tätigkeit erfordert nach BMF-Schreiben v. 30. 9. 2013, BStBl I 2013, 1279, Rz. 108, NWB

DokID: HAAAE-42824, dass noch eine andere Wohnung besteht, an der der Arbeitnehmer seinen Lebensmittelpunkt hat, ohne dass dort jedoch ein eigener Hausstand vorliegen muss. Für die Berücksichtigung von Unterkunftskosten anlässlich einer Auswärtstätigkeit wird nach Auffassung der Finanzverwaltung a. a. O. somit –anders als bei der doppelten Haushaltsführung– nicht vorausgesetzt, dass der Arbeitnehmer eine Wohnung aus eigenem Recht oder als Mieter innehat und eine finanzielle Beteiligung an den Kosten der Lebensführung leistet; es genügt, wenn der Arbeitnehmer z. B. im Haushalt der Eltern ein Zimmer bewohnt. Ist die Unterkunft am auswärtigen Tätigkeitsort die einzige Wohnung/Unterkunft des Arbeitnehmers, soll kein beruflich veranlasster Mehraufwand vorliegen (BMF-Schreiben v. 30. 9. 2013, BStBl I 2013, 1279, Rz. 109, NWB DokID: HAAAE-42824).

Gemeinsame Nutzung der Unterkunft: Nutzt der Arbeitnehmer eine Unterkunft zusammen mit anderen Personen, die zu seinem Arbeitgeber in keinem Dienstverhältnis stehen, und entstehen insoweit höhere Kosten, ist nur der auf den Arbeitnehmer entfallende Anteil abziehbar (§ 9 Abs. 1 Satz 3 Nr. 5a Satz 3 EStG n. F.). Bei Nutzung eines Mehrbettzimmers sollen nach Ansicht des Gesetzgebers (BT-Drucks. 17/10774, 22) aus Vereinfachungsgründen die Aufwendungen angesetzt werden können, die bei Inanspruchnahme eines Einzelzimmers in demselben Haus entstanden wären. Das BMF-Schreiben v. 30. 9. 2013, BStBl I 2013, 1279, Rz. 110, NWB DokID: HAAAE-42824 bildet die folgenden Beispiele:

BEISPIEL ▸ Der Arbeitnehmer A wird aus persönlichen Gründen auf einer Auswärtstätigkeit von seiner Ehefrau begleitet. Für die Übernachtung im Doppelzimmer entstehen Kosten von 150 €. Ein Einzelzimmer hätte 90 € gekostet.

Als Werbungskosten abziehbar oder vom Arbeitgeber steuerfrei erstattungsfähig sind 90 €.

Abwandlung:

Auf einer Auswärtstätigkeit teilt sich der Arbeitnehmer A das Doppelzimmer mit seinem Kollegen B, der ihn aus betrieblichen Gründen begleitet.

Für jeden Arbeitnehmer können (150 € : 2 =) 75 € als Werbungskosten berücksichtigt oder vom Arbeitgeber steuerfrei erstattet werden.

Längerfristige Auswärtstätigkeit im Inland: Längerfristige auswärtige berufliche Tätigkeiten im Inland werden nach Ablauf von 48 Monaten mit einer beruflich begründeten doppelten Haushaltsführung teilweise gleichbehandelt (§ 9 Abs. 1 Satz 3 Nr. 5a Satz 4 EStG n. F.).

Denn es besteht eine Begrenzung der Unterbringungskosten auf monatlich 1 000 € (§ 9 Abs. 1 Satz 3 Nr. 5a Satz 4 EStG n. F. i. V. m. § 9 Abs. 1 Satz 3 Nr. 5 Satz 4 EStG n. F.; vgl. auch BMF-Schreiben v. 30. 9. 2013, BStBl I 2013, 1279, Rz. 111, NWB DokID: HAAAE-42824). Im Umkehrschluss bedeutet dies, dass bis zu einem Zeitraum von 48 Monaten beruflich veranlasste Unterkunftskosten im Rahmen einer längerfristigen Auswärtstätigkeit an derselben Tätigkeitsstätte unbeschränkt abzugsfähig sind (BT-Drucks. 17/10774, 22). Die Gleichbehandlung betrifft nach dem Wortlaut ausdrücklich nur die Unterkunftskosten, so dass eine Begrenzung der Abzugsfähigkeit von Familienheimfahrten entsprechend § 9 Abs. 1 Satz 3 Nr. 5 Satz 5 EStG n. F. ausscheidet.

Die Grenze von 48 Monaten greift nicht nur, wenn der Arbeitnehmer die Tätigkeitsstätte arbeitstäglich aufsucht. Nach dem Gesetzgeber (BT-Drucks. 17/10774, 22) soll insoweit auch das regelmäßige (etwa einmal oder mehrmals wöchentliche) Aufsuchen genügen. Dagegen fordert das BMF-Schreiben v. 30. 9. 2013, BStBl I 2013, 1279, Rz. 113, NWB DokID: HAAAE-42824 eine Anwesenheit von drei Tagen pro Woche.

Neubeginn des 48-Monats-Zeitraums: Der 48-Monats-Zeitraum beginnt bei einer Unterbrechung von mindestens sechs Monaten neu (§ 9 Abs. 1 Satz 3 Nr. 5a Satz 5 EStG n. F.). Die Prüfung des Unterbrechungszeitraums und des Ablaufs der 48-Monatsfrist erfolgt nach dem BMF-Schreiben v. 30. 9. 2013, BStBl I 2013, 1279, Rz. 113, NWB DokID: HAAAE-42824 stets im Nachhinein mit Blick auf die zurückliegende Zeit (Ex-post-Betrachtung):

BEISPIEL ▸ Der Arbeitnehmer A ist seit 1. 4. 2014 in der sich an seinem Wohnort befindlichen ersten Tätigkeitsstätte in H an zwei Tagen in der Woche tätig. An den anderen drei Tagen betreut er aufgrund arbeitsrechtlicher Festlegungen eine 200 km entfernte Filiale in B. Dort übernachtet er regelmäßig zweimal wöchentlich.

Da der Arbeitnehmer A längerfristig infolge seiner beruflichen Tätigkeit an drei Tagen in der Woche an derselben Tätigkeitsstätte in B, die nicht erste Tätigkeitsstätte ist, tätig wird und dort übernachtet, können die ihm tatsächlich entstehenden Übernachtungskosten nach Ablauf von 48 Monaten nur noch bis zur Höhe von 1 000 € monatlich als Werbungskosten geltend gemacht oder steuerfrei erstattet werden.

Abwandlung:

Wie voriges Beispiel, allerdings muss A ab 15. 7. 2014 für vier Monate nach M. Ab 16. 11. 2014 ist er dann drei Tage wöchentlich in H und zwei Tage in B.

Für die längerfristige berufliche Auswärtstätigkeit in B beginnt die 48-Monatsfrist am 1. 4. 2014 und endet voraussichtlich am 31. 3. 2018. Eine sechsmonatige Unterbrechung liegt noch nicht vor (lediglich vier Monate und dann immer nur dreitägige Unterbrechung).

Maßgeblicher Beginn für den 48-Monats-Zeitraum ist nach dem BMF-Schreiben v. 30. 9. 2013, BStBl I 2013, 1279, Rz. 115, NWB DokID: HAAAE-42824 der jeweilige Beginn der längerfristigen beruflichen Tätigkeit an derselben Tätigkeitsstätte im Inland; dies gilt auch, wenn dieser vor dem 1. 1. 2014 liegt. Aus Vereinfachungsgründen ist es allerdings nicht zu beanstanden, wenn die abziehbaren Übernachtungskosten erst ab dem ersten vollen Kalendermonat, der auf den Monat folgt, in dem die 48-Monatsfrist endet, auf 1 000 € begrenzt werden (BMF-Schreiben v. 30. 9. 2013, BStBl I 2013, 1279, Rz. 94, NWB DokID: HAAAE-42824, mit den nachfolgenden Beispielen):

BEISPIEL ▸ Der Arbeitnehmer A hat seine Tätigkeit am 15. 7. 2010 an einer auswärtigen Tätigkeitsstätte aufgenommen und soll dort bis zum 31. 12. 2015 tätig sein.

Die 48-Monatsfrist beginnt am 15. 7. 2010 und endet mit Ablauf des 14. 7. 2014. Nach Ablauf dieser Frist können grundsätzlich Übernachtungskosten nur noch bis zur Höhe von 1 000 € monatlich berücksichtigt werden. Aus Vereinfachungsgründen ist es jedoch nicht zu beanstanden, wenn diese Begrenzung der Übernachtungskosten erst ab dem ersten vollen Kalendermonat angewendet wird, der auf den Monat folgt, in dem die 48-Monatsfrist endet. Dies wäre dann ab August 2014.

Abwandlung:

Der Arbeitnehmer A wird vom 15. 3. 2014 bis 3. 10. 2014 wegen eines personellen Engpasses ausschließlich am Stammsitz der Firma tätig. Ab 4. 10. 2014 kehrt er zu der vorherigen auswärtigen Tätigkeitsstätte zurück.

Die längerfristige Auswärtstätigkeit wurde länger als sechs Monate unterbrochen. Die Übernachtungskosten können daher ab 4. 10. 2014 für die nächsten 48 Monate (bis 3. 10. 2018) grundsätzlich wieder unbeschränkt berücksichtigt werden.

Längerfristige Auswärtstätigkeit im Ausland: Bei Übernachtungen im Ausland im Rahmen einer längerfristigen Auswärtstätigkeit gelten die bisherigen Grundsätze zur beruflichen Veranlassung und Notwendigkeit der entstandenen Aufwendungen unverändert weiter; die Höchstgrenze von 1 000 € gilt hier nicht (so zu Recht BMF-Schreiben v. 30. 9. 2013, BStBl 2013 I S. 1279, Rz. 112, NWB DokID: HAAAE-42824).

Reisenebenkosten sind unbegrenzt nach § 9 Abs. 1 Satz 1 EStG abzugsfähig. Hierzu gehören (vgl. BMF-Schreiben v. 30. 9. 2013, BStBl I 2013, 1279, Rz. 117, NWB DokID: HAAAE-42824):

▶ Beförderung und Aufbewahrung von Gepäck;

▶ Ferngespräche und Schriftverkehr beruflichen Inhalts mit dem Arbeitgeber oder Geschäftspartnern;

▶ Straßen- und Parkplatzbenutzung sowie Schadensbeseitigung infolge von Verkehrsunfällen, wenn die jeweils damit verbundenen Fahrtkosten als Reisekosten anzusetzen sind;

▶ Verlust von auf der Reise abhanden gekommener oder beschädigter Gegenstände, die der Arbeitnehmer auf der Reise verwenden musste, wenn der Verlust aufgrund einer reisespezifischen Gefährdung eingetreten ist. Berücksichtigt wird der Verlust bis zur Höhe des Wertes, der dem Gegenstand zum Zeitpunkt des Verlustes beigemessen wird,

▶ private Telefongespräche, soweit sie der beruflichen Sphäre zugeordnet werden können (vgl. BFH-Urteil v. 5. 7. 2012 - VI R 50/10, BStBl II 2013, 282, NWB DokID: SAAAE-24993).

Nicht zu den Reisenebenkosten gehören nach BMF-Schreiben v. 30. 9. 2013, BStBl I 2013, 1279, Rz. 119, NWB DokID: HAAAE-42824 z. B.:

▶ Kosten für die persönliche Lebensführung wie Tageszeitungen, private Telefongespräche mit Ausnahme der Gespräche i. S. d. Rz. 117 Nr. 5, Massagen, Minibar oder Pay-TV,

▶ Ordnungs-, Verwarnungs- und Bußgelder, die auf einer Auswärtstätigkeit verhängt werden,

▶ Verlust von Geld oder Schmuck,

▶ Anschaffungskosten für Bekleidung, Koffer oder andere Reiseausrüstungsgegenstände, weil sie nur mittelbar mit einer Auswärtstätigkeit zusammenhängen,

▶ Essengutscheine, z. B. in Form von Raststätten- oder Autohof-Wertbons.

Ermittlung der steuerfreien Leistungen für Reisekosten: Zur Ermittlung der steuerfreien Leistungen für Reisekosten dürfen nach dem BMF-Schreiben v. 30. 9. 2013, BStBl I 2013, 1279, Rz. 120, NWB DokID: HAAAE-42824 die einzelnen Aufwendungsarten zusammengefasst werden; die Leistungen sind steuerfrei, soweit sie die Summe der zulässigen steuerfreien Leistungen nicht übersteigen. Hierbei können mehrere Reisen zusammengefasst abgerechnet werden. Dies gilt sinngemäß für Mehraufwendungen bei einer doppelten Haushaltsführung.

Zeitlicher Anwendungsbereich: Art. 1 Nr. 4 Buchst. a Doppelbuchst. dd des Gesetzes zur Änderung und Vereinfachung der Unternehmensbesteuerung und des steuerlichen Reisekostenrechts tritt gemäß Art. 6 Satz 1 des Gesetzes zur Änderung und Vereinfachung der Unternehmensbesteuerung und des steuerlichen Reisekostenrechts am 1. 1. 2014 in Kraft. Nach der allgemeinen Anwendungsregelung in § 52 Abs. 1 EStG i. d. F. des Art. 1 Nr. 10 Buchst. a des Gesetzes zur Änderung und Vereinfachung der Unternehmensbesteuerung und des steuerlichen Reisekostenrechts ist § 9 Abs. 1 Satz 3 Nr. 5a EStG n. F. erstmals für den VZ 2014 anzuwenden.

(4) Neuregelungen zu den Verpflegungsmehraufwendungen

§ 9 Abs. 4a EStG: Die Abzugsfähigkeit von Verpflegungsmehraufwendungen sind nicht mehr ausschließlich im § 4 Abs. 5 Satz 1 Nr. 5 EStG zu den Betriebsausgaben geregelt; gleichwohl gelten für den Bereich der Gewinn- und der Überschusseinkunftsarten dieselben Grundsätze (§ 4 Abs. 5 Satz 1 Nr. 5 Satz 2 EStG n. F.). Wie bisher ist der Verpflegungsmehraufwand der vom Gesetz typisierend festgelegte Mehraufwand anlässlich einer beruflich veranlassten Auswärtstätigkeit (BT-Drucks. 17/10774, 24). Die Regelungen zu den Verpflegungsmehraufwendungen einer Dreimonatsfrist (s. u.) gelten ausschließlich auch während einer doppelten Haushaltsführung (§ 9 Abs. 4a Satz 12 EStG n. F.).

Zwei statt drei Verpflegungspauschalen: Nunmehr bestimmt sich der Verpflegungsmehraufwand nach zwei Verpflegungspauschalen (12 € und 24 €). Die bisher in § 4 Abs. 5 Satz 1 Nr. 5 Satz 2 EStG a. F. enthaltene Dreiteilung (6 €, 12 € und 24 €) ist entfallen.

Auswärtige Tätigkeit ist nach der Legaldefinition des § 9 Abs. 4a Satz 1 EStG n. F. eine außerhalb der Wohnung und ersten Tätigkeitsstätte unternommene berufliche Tätigkeit. Dabei ist eine Wohnung nach § 9 Abs. 4a Satz 4 2. Halbsatz EStG n. F. der Hausstand, der den Mittelpunkt der Lebensinteressen des Arbeitnehmers bildet sowie eine Unterkunft am Ort der ersten Tätigkeitsstätte im Rahmen der doppelten Haushaltsführung. Das BMF-Schreiben v. 30. 9. 2013, BStBl I 2013, 1279, Rz. 49, NWB DokID: HAAAE-42824 bildet die folgenden Beispiele:

> **BEISPIEL** Wohnung in diesem Sinne kann somit z. B. bei Auszubildenden auch die elterliche Wohnung sein, wenn sich dort noch der Lebensmittelpunkt des Auszubildenden befindet.

> **BEISPIEL** Übernachtet der Arbeitnehmer aus beruflichem Anlass z. B. im Rahmen einer Auswärtstätigkeit in seinem eigenen Ferienappartement, welches er nur gelegentlich aufsucht, handelt es sich um eine mehrtägige auswärtige Tätigkeit mit Übernachtung, auch wenn für die Übernachtung selbst keine Kosten entstehen.

Mehrtägige auswärtige Tätigkeiten im Inland: Bei mehrtägigen auswärtigen Tätigkeiten beträgt die Verpflegungspauschale bei einer Abwesenheit von der Wohnung von 24 Stunden wie nach bisheriger Rechtslage 24 €. Für An- und Abreisetag kann eine Pauschale von 12 € abgezogen werden. Die bisherige Prüfung einer Mindestabwesenheitsdauer entfällt (BT-Drucks. 17/10774, 25).

Eintägige auswärtige Tätigkeiten im Inland ohne Übernachtung: Für eintägige auswärtige Tätigkeiten kann ab einer Abwesenheit von mehr als acht Stunden von der Wohnung eine Pauschale von 12 € abgezogen werden. Bei nächtlich ausgeübten Auswärtstätigkeiten wird die Pauschale von 12 € für den Tag der überwiegenden Abwesenheit gewährt (§ 9 Abs. 4a Satz 4 Nr. 3 Halbsatz 2 EStG n. F.). Nicht geregelt ist der Fall, dass sich die mehr als acht Stunden nächtlicher Abwesenheit zu gleichen Teilen auf zwei Kalendertage verteilt.

Dreimonatsfrist: Wie bisher (vgl. § 9 Abs. 5 Satz 2 EStG a. F. i. V. m. § 4 Abs. 5 Satz 1 Nr. 5 Satz 5 EStG a. F.) ist der Abzug der Verpflegungspauschalen bei einer längerfristigen Auswärtstätigkeit auf drei Monate beschränkt (§ 9 Abs. 4a Satz 6 EStG n. F.). Geht einer doppelten Haushaltsführung eine auswärtige Tätigkeit unmittelbar voraus, ist die Zeit der auswärtigen Tätigkeit auf die Dreimonatsfrist anzurechnen (§ 9 Abs. 4a Satz 13 EStG n. F.). Neu ist die Regelung zur Unterbrechung der Dreimonatsfrist in § 9 Abs. 4a Satz 7 EStG n. F.). Danach führt die Unterbrechung der beruflichen Tätigkeit an derselben Tätigkeitsstätte zu einem Neubeginn des Dreimonatszeitraums, wenn diese mindestens vier Wochen (nicht: einen Monat) dauert. Der Grund der Unterbrechung ist unerheblich; es zählt nur noch die Unterbrechungsdauer (zutreffend: BMF-Schreiben v. 30. 9. 2013, BStBl I 2013, 1279, Rz. 52, NWB DokID: HAAAE-42824). Die Grundsätze zur Unterbrechung sollen auch gelten, wenn die Unterbrechung der beruflichen Tätigkeit schon vor dem 1. 1. 2014 begonnen hat (BMF-Schreiben v. 30. 9. 2013, BStBl I 2013, 1279, Rz 53, NWB DokID: HAAAE-42824):

BEISPIEL ▶ Der Arbeitnehmer A musste seine Tätigkeit in B wegen einer Krankheit ab dem 15. 12. 2013 unterbrechen. Er nimmt seine Tätigkeit in B am 20. 1. 2014 wieder auf.

Die berufliche Tätigkeit des A in B wurde für mehr als vier Wochen unterbrochen. A kann somit für weitere drei Monate seiner Tätigkeit in B Verpflegungspauschalen als Werbungskosten geltend machen oder steuerfrei durch den Arbeitgeber ersetzt bekommen.

Eine berufliche Tätigkeit an derselben Tätigkeitsstätte soll nach dem BMF-Schreiben v. 30. 9. 2013, BStBl I 2013, 1279, Rz. 54, NWB DokID: HAAAE-42824 nur vorliegen, wenn der Arbeitnehmer an dieser mindestens an drei Tagen wöchentlich tätig wird. Die Dreimonatsfrist beginnt daher nicht, solange die auswärtige Tätigkeitsstätte an nicht mehr als zwei Tagen wöchentlich aufgesucht wird. Die Prüfung des Unterbrechungszeitraums und des Ablaufs der Dreimonatsfrist erfolgt stets im Nachhinein mit Blick auf die zurückliegende Zeit (Ex-post-Betrachtung nach dem BMF-Schreiben v. 30. 9. 2013, BStBl I 2013, 1279, Rz. 54, NWB DokID: HAAAE-42824).

BEISPIEL ▶ Der Bauarbeiter A soll ab März 2014 arbeitstäglich an der Baustelle in H für 5 Monate tätig werden. Am 1. 4. 2014 nimmt er dort seine Tätigkeit auf. Ab 20. 5. 2014 wird er nicht nur in H, sondern für einen Tag wöchentlich auch an der Baustelle in B tätig, da dort ein Kollege ausgefallen ist.

Für die Tätigkeit an der Baustelle in H beginnt die Dreimonatsfrist am 1. 4. 2014 und endet am 30. 6. 2014. Eine vierwöchige Unterbrechung liegt nicht vor (immer nur eintägige Unterbrechung).

Für die Tätigkeit an der Baustelle in B greift die Dreimonatsfrist hingegen nicht, da A dort lediglich einen Tag wöchentlich tätig wird.

Abwandlung:

Wie voriges Beispiel, allerdings wird A ab 1. 4. 2014 zwei Tage wöchentlich in H und drei Tage wöchentlich in B tätig. Ab 15. 4. 2014 muss er für zwei Wochen nach M. Ab 1. 5. 2014 ist er dann bis auf Weiteres drei Tage wöchentlich in H und zwei Tage in B tätig.

Für die Tätigkeit an der Baustelle in B beginnt die Dreimonatsfrist am 1. 4. 2014 und endet am 30. 6. 2014. Eine vierwöchige Unterbrechung liegt nicht vor (lediglich zwei Wochen und dann immer nur dreitägige Unterbrechung).

Für die Tätigkeit an der Baustelle in H beginnt die Dreimonatsfrist hingegen erst am 1. 5. 2014, da A dort erst ab diesem Tag an drei Tagen wöchentlich tätig wird.

Keine Anwendung der Dreimonatsfrist: Bei beruflichen Tätigkeiten auf mobilen, nicht ortsfesten betrieblichen Einrichtungen wie z. B. Fahrzeugen, Flugzeugen, Schiffen findet die Dreimonatsfrist ebenfalls keine Anwendung. Entsprechendes gilt für eine Tätigkeit in einem weiträumigen Tätigkeitsgebiet (BMF-Schreiben v. 30. 9. 2013, BStBl I 2013, 1279, Rz. 55, NWB DokID: HAAAE-42824).

Kürzung und Ausschluss des Werbungskostenabzugs: Die Kürzung und der Ausschluss des Werbungskostenabzugs nach § 9 Abs. 4a Satz 8 bis 11 EStG n. F. steht in unmittelbarem Zusammenhang mit dem Besteuerungsverzicht nach § 8 Abs. 2 Satz 9 EStG n. F. (BT-Drucks. 17/10774, 26).

Erhält der Arbeitnehmer vom Arbeitgeber oder auf seine Veranlassung von einem Dritten eine Mahlzeiten zur Verfügung gestellt, sind die Pauschalen bei einem gewährten Frühstück um 4,80 € (§ 9 Abs. 4a Satz 8 Nr. 1 EStG n. F.) und bei einem Mittag- und Abendessen um 9,60 € (§ 9 Abs. 4a Satz 8 Nr. 2 EStG n. F.) zu kürzen. Der Überlassung von Mahlzeiten wird es nach § 9 Abs. 4a Satz 9 EStG n. F. gleichgestellt, wenn Reisekostenvergütungen wegen der Gestellung von Mahlzeiten einbehalten oder gekürzt werden oder wenn die Mahlzeiten nach § 40 Abs. 2 Satz 1 Nr. 1 Buchst. a EStG n. F. pauschal besteuert werden.

Die Kürzung entfällt nach § 9 Abs. 4a Satz 10 EStG, wenn der Arbeitnehmer für die Mahlzeit ein Entgelt gezahlt hat. Nach dem Wortlaut dieser Vorschrift ist die Zahlung eines *angemessenen* Entgelts gerade nicht erforderlich. Erhält der Arbeitnehmer nach § 3 Nr. 13 EStG oder § 3 Nr. 16 EStG steuerfreie Erstattungen für die Verpflegung, ist der Werbungskostenabzug insoweit ausgeschlossen (§ 9 Abs. 4a Satz 11 EStG n. F.).

In dem Gesetzentwurf der Regierungsfraktionen sind folgende Beispiele zu der Kürzung und dem Ausschluss des Werbungskostenabzugs enthalten (BT-Drucks. 17/10774, 26 ff.):

BEISPIEL Der Arbeitnehmer ist auf einer dreitägigen Auswärtstätigkeit. Der Arbeitgeber hat für den Arbeitnehmer in einem Hotel zwei Übernachtungen jeweils mit Frühstück sowie je ein Mittag- und ein Abendessen gebucht und bezahlt. Der Arbeitnehmer erhält vom Arbeitgeber keine weiteren Reisekostenerstattungen.

Der Arbeitgeber muss keinen geldwerten Vorteil für die Mahlzeiten versteuern (§ 8 Abs. 2 Satz 9 EStG n. F.). Der Arbeitnehmer kann für die Auswärtstätigkeit folgende Verpflegungspauschalen als Werbungskosten geltend machen:

Anreisetag	12 €
Abreisetag	12 €
Zwischentag	24 €
gesamt	48 €
abzüglich Kürzung	28,80 € (2 x 4,80 € Frühstück, 2 x 9,60 € Mittag-/Abendessen)
Verbleiben:	19,20 € Werbungskosten

BEISPIEL Wie Beispiel 1, allerdings zahlt der Arbeitnehmer für das Mittag- und Abendessen jeweils 5 €.

Der Arbeitgeber muss keinen geldwerten Vorteil für die Mahlzeiten versteuern (§ 8 Abs. 2 Satz 9 EStG n. F.). Der Arbeitnehmer kann für die Auswärtstätigkeit folgende Verpflegungspauschalen als Werbungskosten geltend machen:

Anreisetag	12 €
Abreisetag	12 €
Zwischentag	24 €
Gesamt	48 €
abzüglich Kürzung	18,80 € (2 x 4,80 €, 2 x 4,60 € [je 9,60 € abzüglich 5 €, § 9 Abs. 4a Satz 10 EStG n. F.])
Verbleiben	9,20 € Werbungskosten

BEISPIEL Wie Beispiel 1, allerdings zahlt der Arbeitnehmer für das Mittag- und Abendessen jeweils 10 €.

Der Arbeitgeber muss keinen geldwerten Vorteil für die Mahlzeiten versteuern (§ 8 Abs. 2 Satz 9 EStG). Der Arbeitnehmer kann für die Auswärtstätigkeit folgende Verpflegungspauschalen als Werbungskosten geltend machen:

Anreisetag	12 €
Abreisetag	12 €
Zwischentag	24 €
Gesamt	48 €
abzüglich Kürzung	9,60 € (2 x 4,80 €, 2 x 0 € [9,60 € abzüglich 10 €, § 9 Abs. 4a Satz 10 EStG n. F])
Verbleiben	38,40 € Werbungskosten

BEISPIEL ▶ Der Arbeitnehmer nimmt an einer eintägigen Fortbildungsveranstaltung teil. Der Arbeitgeber hat für den Arbeitnehmer auf dieser Fortbildungsveranstaltung ein Mittagessen gebucht und bezahlt. Der Arbeitgeber besteuert das Mittagessen nach § 40 Abs. 2 Satz 1 Nr. 1a EStG n. F. pauschal, da er keine Aufzeichnungen über die Abwesenheit des Arbeitnehmers führt. Der Arbeitnehmer erhält vom Arbeitgeber keine weiteren Reisekostenerstattungen. Der Arbeitnehmer kann anhand seiner Bahntickets gegenüber dem Finanzamt nachweisen, dass er für die Fortbildung insgesamt zehn Stunden von seiner Wohnung und seiner ersten Tätigkeitsstätte abwesend war.

Der Arbeitnehmer kann für die Fortbildung folgende Verpflegungspauschalen als Werbungskosten geltend machen:

Eintägige Tätigkeit	12,00 €	
abzüglich Kürzung	9,60 €	(§ 9 Abs. 4a Satz 9 EStG)
Verbleiben	2,40 €	Werbungskosten

Hat der Arbeitnehmer steuerfreie Erstattungen für Verpflegung vom Arbeitgeber erhalten, ist im Gegenzug ein Werbungskostenabzug insoweit ausgeschlossen (§ 9 Abs. 4a Satz 11 EStG n. F.).

BEISPIEL ▶ Wie Beispiel 1, allerdings erhält der Arbeitnehmer von seinem Arbeitgeber zusätzlich zu den zur Verfügung gestellten Mahlzeiten auch noch eine steuerfreie Reisekostenerstattung für Verpflegungsmehraufwendungen von 19,20 €.

Der Arbeitgeber muss keinen geldwerten Vorteil für die Mahlzeiten versteuern (§ 8 Abs. 2 Satz 9 EStG n. F.). Der Arbeitnehmer kann für die Dienstreise im Ergebnis keine Verpflegungspauschalen mehr als Werbungskosten geltend machen:

Anreisetag	12,00 €	
Abreisetag	12,00 €	
Zwischentag	24,00 €	
Gesamt	48,00 €	
abzüglich Kürzung	28,80 €	(2 x 4,80 €, 2 x 9,60 €)
Zwischensumme	19,20 €	
abzüglich Steuerfreie Erstattung, § 9 Abs. 4a Satz 11 EStG n. F.	19,20 €	
Verbleiben	0 €	Werbungskosten

Das BMF-Schreiben v. 30. 9. 2013, BStBl I 2013, 1279, Rz 69, NWB DokID: HAAAE-42824 enthält noch die folgenden Beispiele:

BEISPIEL ▶ Der Arbeitnehmer A nimmt auf Veranlassung seines Arbeitgebers an einem zweitägigen Seminar mit Übernachtung teil. Die auf den Arbeitgeber ausgestellte Hotelrechnung von 100 € incl. 20 € für ein Frühstück wird zunächst vom Arbeitnehmer bezahlt. Der Arbeitgeber erstattet dem Arbeitnehmer die Übernachtungskosten incl. Frühstück im Rahmen der Reisekostenabrechnung.

Im Hinblick auf die Rechnungsstellung und spätere Erstattung der Auslagen durch den Arbeitgeber handelt es sich bei dem in der Hotelrechnung für das Frühstück enthaltenen Kostenanteil nicht um ein Entgelt des Arbeitnehmers. Da es sich bei den zur Verfügung gestellten Mahlzeiten um übliche Mahlzeiten handelt, sind diese nicht als Arbeitslohn zu erfassen; beim Werbungskostenabzug des Arbeitnehmers sind die Verpflegungspauschalen entsprechend zu kürzen (für den zweiten Tag zustehende Verpflegungspauschale um 4,80 €).

BEISPIEL ▶ Der Arbeitnehmer A wird für sechs Monate von seinem Arbeitgeber an einen Tochterbetrieb im Inland entsandt. Für die Zeit der Entsendung übernachtet der Arbeitnehmer während der Woche in einem Hotel in der Nähe des Tochterbetriebs. Das Hotel stellt dem Arbeitgeber pro Übernachtung 70 € zuzüglich 10 € für ein Frühstück in Rechnung, das der Arbeitnehmer zunächst verauslagt und dann im Rahmen der Reisekostenabrechnung von seinem Arbeitgeber erstattet erhält. Es liegt eine beruflich veranlasste Auswärtstätigkeit vor. Der Arbeitnehmer erhält das Frühstück jeweils auf Veranlassung seines Arbeitgebers.

Für die ersten drei Monate der Auswärtstätigkeit stehen dem Arbeitnehmer arbeitstäglich Verpflegungspauschalen zu. Da es sich bei den zur Verfügung gestellten Mahlzeiten um übliche Mahlzeiten handelt, sind diese nicht als Arbeitslohn zu erfassen und beim Werbungskostenabzug des Arbeitnehmers die Verpflegungspauschalen entsprechend zu kürzen.

Ab dem vierten Monat der Auswärtstätigkeit stehen dem Arbeitnehmer keine Verpflegungspauschalen mehr zu. Das Frühstück ist jeweils mit dem amtlichen Sachbezugswert als Arbeitslohn zu erfassen, der nach § 40 Abs. 2 Satz 1 Nr. 1a EStG pauschal besteuert werden kann.

Abwandlung:

Sachverhalt wie voriges Beispiel. Allerdings zahlt der Arbeitnehmer A für das Frühstück jeweils 3 €.

Das vom Arbeitnehmer A für das Frühstück gezahlte Entgelt ist ab dem vierten Monat auf den Sachbezugswert anzurechnen. Da das Entgelt höher ist als der Sachbezugswert, unterbleibt eine Besteuerung als Arbeitslohn. Der den Sachbezugswert übersteigende Betrag darf nicht als Werbungskosten abgezogen werden.

Weitere Voraussetzung für die Kürzung: Die Kürzung des Werbungskostenabzugs ist nach BMF-Schreiben v. 30. 9. 2013, BStBl I 2013, 1279, Rz. 72, NWB DokID: HAAAE-42824 auch dann vorzunehmen, wenn der Arbeitgeber die dem Arbeitnehmer zustehende Reisekostenvergütung lediglich gekürzt ausbezahlt. Nur ein für die Gestellung der Mahlzeit vereinbartes und vom Arbeitnehmer tatsächlich gezahltes Entgelt mindert den Kürzungsbetrag. Es ist hierbei nicht zu beanstanden, wenn der Arbeitgeber das für die Mahlzeit vereinbarte Entgelt im Rahmen eines abgekürzten Zahlungsweges unmittelbar aus dem Nettolohn des Arbeitnehmers entnimmt. Gleiches gilt, wenn der Arbeitgeber das Entgelt im Wege der Verrechnung aus der dem Arbeitnehmer dienst- oder arbeitsrechtlich zustehenden Reisekostenerstattung entnimmt (BMF-Schreiben v. 30. 9. 2013, BStBl I 2013, 1279, Rz. 72, NWB DokID: HAAAE-42824, mit den nachfolgenden Beispielen).

BEISPIEL ▶ Der Arbeitnehmer A ist auf einer dreitägigen Auswärtstätigkeit. Der Arbeitgeber hat für den Arbeitnehmer A in einem Hotel zwei Übernachtungen jeweils mit Frühstück sowie am Zwischentag ein Mittag- und ein Abendessen gebucht und bezahlt. Zusätzlich zu diesen Leistungen möchte der Arbeitgeber auch noch eine steuerfreie Reisekostenerstattung zahlen. Für die vom Arbeitgeber veranlassten und bezahlten Mahlzeiten soll jeweils ein Betrag in Höhe des geltenden Sachbezugswertes (2014: Frühstück 1,63 € und Mittag-/Abendessen 3,00 €) einbehalten werden.

Der Arbeitgeber hat keinen geldwerten Vorteil für die Mahlzeiten zu versteuern. Der Arbeitgeber kann für die Auswärtstätigkeit höchstens noch folgende Beträge zusätzlich für die Verpflegung steuerfrei auszahlen:

Anreisetag:		12,00 €
Zwischentag:	24,00 €	
Kürzung:		
Frühstück	- 4,80 €	
Mittagessen	- 9,60 €	
Abendessen	- 9,60 €	
verbleiben für den Zwischentag		0,00 €
Abreisetag:	12,00 €	

Kürzung:

Frühstück	- 4,80 €

verbleiben für den Abreisetag	7,20 €
Insgesamt steuerfrei auszahlbar	19,20 €

Zahlt der Arbeitgeber angesichts der Mahlzeitengestellung nur eine (z. B. um die amtlichen Sachbezugswerte für zwei Frühstücke je 1,63 €, ein Mittagessen je 3,00 € und ein Abendessen je 3,00 € zusammen also um 9,26 €) gekürzte steuerfreie Reisekostenerstattung von 9,94 € an seinen Arbeitnehmer, kann der Arbeitnehmer die Differenz von 9,26 € als Werbungskosten geltend machen. In diesem Fall hat der Arbeitnehmer einen arbeitsrechtlichen Anspruch (nur) auf eine gekürzte Reisekostenerstattung.

Anreisetag:		12,00 €
Zwischentag:	24,00 €	

Kürzung:

Frühstück	- 4,80 €
Mittagessen	- 9,60 €
Abendessen	- 9,60 €

verbleiben für den Zwischentag		0,00 €
Abreisetag:	12,00 €	

Kürzung:

Frühstück	- 4,80 €

verbleiben für den Abreisetag	7,20 €
Insgesamt Verpflegungspauschalen	19,20 €
abzüglich steuerfreie Reisekostenerstattung	- 9,94 €
verbleiben als Werbungskosten	9,26 €

Nimmt der Arbeitgeber den Einbehalt in Höhe der Sachbezugswerte z. B. von einen Betrag in Höhe der ungekürzten Verpflegungspauschalen (48,00 €) vor und zahlt nur eine gekürzte Reisekostenerstattung von 38,74 € (48 € - 9,26 €) an den Arbeitnehmer, können ebenfalls höchstens 19,20 € steuerfrei erstattet werden. Der darüber hinausgehende, vom Arbeitgeber ausgezahlte Betrag von 19,54 € (= 38,74 € - 19,20 €) ist pauschal (nach § 40 Abs. 2 Satz 1 Nr. 4 EStG höchstens bis zu 48,00 €) oder individuell zu besteuern.

Zahlt der Arbeitgeber eine ungekürzte steuerfreie Reisekostenerstattung von 19,20 €, zieht hiervon aber im Wege der Verrechnung ein Entgelt für die gestellten Mahlzeiten in Höhe der amtlichen Sachbezugswerte ab, ist die Kürzung der Verpflegungspauschalen um die verrechneten Entgelte zu kürzen, im Gegenzug aber die ungekürzte steuerfreie Reisekostenerstattung von 19,20 € abzuziehen. Zwar erhält der Arbeitnehmer nur 9,94 € ausgezahlt, dies ist aber wirtschaftlich die Differenz aus 19,20 € steuerfreie Reisekostenerstattung - 9,26 € Entgelt für die gestellten Mahlzeiten. In diesem Fall hat der Arbeitnehmer einen arbeitsrechtlichen Anspruch auf eine ungekürzte steuerfreie Reisekostenerstattung, die der Arbeitgeber aber im Rahmen der Erfüllung dieses Erstattungsanspruchs mit seinem Anspruch auf das für die Mahlzeiten vereinbarte Entgelt aufrechnet. Die arbeitgeberinterne Verrechnung ändert nicht den wirtschaftlichen Charakter oder die Anspruchsgrundlage der Reisekostenerstattung.

Anreisetag:	12,00 €
Zwischentag:	24,00 €

Kürzung:

Frühstück	- 3,17 € (4,80 - 1,63 €)
Mittagessen	- 6,60 € (9,60 - 3,00 €)

Abendessen	- 6,60 € (9,60 - 3,00 €)
verbleiben für den Zwischentag	7,63 €

Abreisetag:	12,00 €

Kürzung:

Frühstück	- 3,17 € (4,80 - 1,63 €)
verbleiben für den Abreisetag	8,83 €
Insgesamt Verpflegungspauschalen	28,46 €
abzüglich steuerfreie Reisekostenerstattung	19,20 €
verbleiben als Werbungskosten	9,26 €

Zahlt der Arbeitgeber eine ungekürzte Reisekostenerstattung von 48 € und zieht hiervon das für die Mahlzeiten vereinbarte Entgelt in Höhe der Sachbezugswerte im Wege der Verrechnung ab (48,00 € - 9,26 € = 38,74 €), ändert dies nichts an der Berechnung der dem Arbeitnehmer steuerlich zustehenden Verpflegungspauschalen. In diesem Fall können ebenfalls 28,46 € steuerfrei erstattet werden. Der darüber hinausgehende, dem Arbeitnehmer arbeitsrechtlich zustehende Erstattungsbetrag von 19,54 € (= 48,00 € - 28,46 €) ist pauschal (nach § 40 Abs. 2 Satz 1 Nr. 4 EStG höchstens bis zu 48,00 €) oder individuell zu besteuern.

Abwandlung 1:

Wie vorheriges Beispiel Ausgangsfall, allerdings zahlt der Arbeitnehmer A für das Frühstück je 5 € und für das Mittag- und das Abendessen je 7 €.

Anreisetag:	12,00 €
Zwischentag:	24,00 €
Kürzung:	
Frühstück	- 0,00 € (4,80 - 5,00 €)
Mittagessen	- 2,60 € (9,60 - 7,00 €)

Abendessen	- 2,60 € (9,60 - 7,00 €)
verbleiben für den Zwischentag	18,80 €
Abreisetag:	12,00 €
Kürzung:	
Frühstück	- 0,00 € (4,80 - 5,00 €)
verbleiben für den Abreisetag	12,00 €
Insgesamt steuerfrei auszahlbar	42,80 €

Abwandlung 2:

Sachverhalt wie Beispiel 38 Ausgangsfall, allerdings zahlt der Arbeitnehmer für die volle Verpflegung am Zwischentag pauschal 19,00 €.

Anreisetag:		12,00 €
Zwischentag:	24,00 €	
Kürzung: Tagesverpflegung(24 € - 19 €)	- 5,00 €	
verbleiben für den Zwischentag:		19,00 €
Abreisetag:	- 12,00 €	
Kürzung: Frühstück	- 4,80 €	
verbleiben für den Abreisetag:		7,20 €
Insgesamt steuerfrei auszahlbar:		38,20 €

Zuzahlungen des Arbeitnehmers sind jeweils vom Kürzungsbetrag derjenigen Mahlzeit abzuziehen, für die der Arbeitnehmer das Entgelt zahlt. Übersteigt das vom Arbeitnehmer für die Mahlzeit gezahlte Entgelt den Kürzungsbetrag, entfällt für diese Mahlzeit die Kürzung des Werbungskostenabzugs. Eine Verrechnung etwaiger Überzahlungen des Arbeitnehmers mit Kürzungsbeträgen für andere Mahlzeiten ist nicht zulässig (BMF-Schreiben v. 30.9.2013, BStBl I 2013, 1279, Rz. 73, NWB DokID: HAAAE-42824, mit dem nachfolgenden Beispiel).

BEISPIEL Der Arbeitnehmer A ist auf einer dreitägigen Auswärtstätigkeit. Der Arbeitgeber hat für den Arbeitnehmer in einem Hotel zwei Übernachtungen jeweils mit Frühstück sowie am Zwischentag ein Mittag- und ein Abendessen gebucht und bezahlt. Der Arbeitnehmer A zahlt für das Mittag- und Abendessen je 10 €.

Anreisetag:		12,00 €
Zwischentag:	24,00 €	
Kürzung:		
Frühstück	- 4,80 €	
Mittagessen	- 0,00 €	
	(9,60 € - 10,00 €)	
Abendessen	- 0,00 €	
	(9,60 € - 10,00 €)	
Verbleiben für den Zwischentag:		19,20 €
Abreisetag:	12,00 €	
Kürzung:		
Frühstück	- 4,80 €	
verbleiben für den Abreisetag:		7,20 €
Insgesamt Verpflegungspauschalen:		38,40 €

Die Kürzung des Werbungskostenabzugs soll auch dann vorzunehmen sein, wenn der Arbeitgeber den amtlichen Sachbezugswert der Mahlzeit pauschal besteuert hat (BMF-Schreiben v.

30. 9. 2013, BStBl I 2013, 1279, Rz. 74, NWB DokID: HAAAE-42824, mit dem nachfolgenden Beispiel).

BEISPIEL Der Arbeitnehmer A nimmt an einer eintägigen Fortbildungsveranstaltung teil. Der Arbeitgeber hat für den Arbeitnehmer A auf dieser Fortbildungsveranstaltung ein Mittagessen gebucht und bezahlt. Der Arbeitgeber besteuert das Mittagessen nach § 40 Abs. 2 Satz 1 Nr. 1a EStG pauschal, da er keine Aufzeichnungen über die Abwesenheit des Arbeitnehmers führt. Der Arbeitnehmer A erhält vom Arbeitgeber keine weiteren Reisekostenerstattungen.

Der A kann anhand seiner Bahntickets gegenüber dem Finanzamt nachweisen, dass er für die Fortbildung insgesamt zehn Stunden von seiner Wohnung und seiner ersten Tätigkeitsstätte abwesend war. Er kann für die Fortbildung folgende Verpflegungspauschalen als Werbungskosten abziehen:

eintägige Auswärtstätigkeit	12,00 €
Kürzung:	
1x Mittagessen	9,60 €
verbleiben als Verpflegungspauschale:	2,40 €

Erhält der Arbeitnehmer steuerfreie Erstattungen für Verpflegung vom Arbeitgeber, soll nach BMF-Schreiben v. 30. 9. 2013, BStBl I 2013, 1279, Rz. 75, NWB DokID: HAAAE-42824 ein Werbungskostenabzug insoweit ausgeschlossen sein, wozu es folgendes Beispiel enthält:

BEISPIEL Der Arbeitnehmer A ist auf einer dreitägigen Auswärtstätigkeit. Der Arbeitgeber hat für den Arbeitnehmer in einem Hotel zwei Übernachtungen jeweils mit Frühstück sowie am Zwischentag ein Mittag- und ein Abendessen gebucht und bezahlt. Der Arbeitnehmer A erhält von seinem Arbeitgeber zusätzlich zu den zur Verfügung gestellten Mahlzeiten noch eine steuerfreie Reisekostenerstattung für Verpflegungsmehraufwendungen i. H. v. 19,20 €.

Der Arbeitgeber muss keinen geldwerten Vorteil für die Mahlzeiten versteuern. Der A kann für die Auswärtstätigkeit keine Verpflegungspauschalen als Werbungskosten geltend machen:

Anreisetag:		12,00 €
Zwischentag:	24,00 €	
Kürzung:		
Frühstück	- 4,80 €	
Mittagessen	- 9,60 €	
Abendessen	- 9,60 €	
verbleiben für den Zwischentag		0,00 €
Abreisetag:	12,00 €	
Kürzung:		
Frühstück	- 4,80 €	
verbleiben für den Abreisetag:		7,20 €
Insgesamt Verpflegungspauschalen:		19,20 €
abzüglich steuerfreie Reisekostenerstattung:		- 19,20 €
verbleiben als Werbungskosten:		0,00 €

Ermittlung der Pauschalen bei gemischt veranlassten Veranstaltungen mit Mahlzeitengestellung: Bei gemischt veranlassten Reisen sind die Kosten in einen beruflich veranlassten Anteil und einen den Kosten der Lebensführung zuzurechnenden Anteil aufzuteilen (vgl. BFH v. 18. 8. 2005 - VI R 32/03, BStBl II 2006, 30, NWB DokID: CAAAB-67525; BMF-Schreiben v. 30. 9. 2013, BStBl I 2013, 1279, Rz. 82, NWB DokID: HAAAE-42824). Dies soll nach BMF-Schreiben v. 30. 9. 2013, a. a. O., auch für die Verpflegungsmehraufwendungen gelten:

BEISPIEL Der Arbeitnehmer A nimmt an einer einwöchigen vom Arbeitgeber organisierten und finanzierten Reise im Inland teil. Das Programm sieht morgens eine Fortbildungsmaßnahme vor, der Nachmittag steht für touristische Aktivitäten zur Verfügung. Frühstück und Abendessen sind inklusive (Halbpension). Fahrtkosten und Übernachtungskosten sind unstreitig zu 50 Prozent als Werbungskosten zu berücksichtigen. Folgende Auswirkungen ergeben sich durch die gemischte Veranlassung der Reise auf die steuerliche Berücksichtigung des Verpflegungsmehraufwands: Die Verpflegungsmehraufwendungen sind - wie die übrigen Reisekosten - nur zu 50 % beruflich veranlasst.

Anreisetag:	12,00 € x 50 % =	6,00 €
Kürzung:		9,60 €
verbleibt Verpflegungspauschale		0,00 €
5 Zwischentage je 24,00 € x 50 % =	je 12,00 €	
Kürzung je 4,80 € und je 9,60 € =	Je - 14,40 €	
verbleibt Verpflegungspauschale 5 x 0,00 € =		0,00 €
Abreisetag: 12,00 € x 50 % =		6,00 €
Kürzung:		4,80 €
verbleibt Verpflegungspauschale		1,20 €

Auswärtige Tätigkeiten im Ausland: Für im Ausland unternommene Auswärtstätigkeiten gelten künftig ebenfalls nur noch zwei Pauschalen. Länderweise gelten unterschiedliche Pauschbeträge. Auszugehen ist von den Auslandstagegeldern, die nach dem Bundesreisekostengesetz vom BMF im Einvernehmen mit den obersten Finanzbehörden festgesetzt wurden. Bei einer ganztägigen Abwesenheit wird hierauf ein Zuschlag von 20 % gewährt. In den Fällen ist ein Abschlag von 20 % vorzunehmen (§ 9 Abs. 4a Satz 5 EStG n. F.).

Zeitlicher Anwendungsbereich: Art. 1 Nr. 4 Buchst. e des Gesetzes zur Änderung und Vereinfachung der Unternehmensbesteuerung und des steuerlichen Reisekostenrechts tritt gemäß Art. 6 Satz 1 des Gesetzes zur Änderung und Vereinfachung der Unternehmensbesteuerung und des steuerlichen Reisekostenrechts am 1. 1. 2014 in Kraft. Nach der allgemeinen Anwendungsregelung in § 52 Abs. 1 EStG i. d. F. des Art. 1 Nr. 10 Buchst. a des Gesetzes zur Änderung und Vereinfachung der Unternehmensbesteuerung und des steuerlichen Reisekostenrechts ist § 9 Abs. 4a EStG n. F. **erstmals für den VZ 2014** anzuwenden.

(5) Neufassung von Verweisungsreglungen

§ 9 Abs. 3 EStG: Es handelt sich um eine Folgeänderung zu den Änderungen in § 9 EStG.

§ 9 Abs. 5 Satz 1 EStG: Es handelt sich um Anpassungen eines Verweises aufgrund der Änderung des § 4 Abs. 5 EStG.

Zeitlicher Anwendungsbereich: Art. 1 Nr. 4 Buchst. c und f des Gesetzes zur Änderung und Vereinfachung der Unternehmensbesteuerung und des steuerlichen Reisekostenrechts tritt gemäß Art. 6 Satz 1 des Gesetzes zur Änderung und Vereinfachung der Unternehmensbesteuerung und des steuerlichen Reisekostenrechts am 1. 1. 2014 in Kraft. Nach der allgemeinen Anwendungsregelung in § 52 Abs. 1 EStG i. d. F. des Art. 1 Nr. 10 Buchst. a des Gesetzes zur Änderung und Vereinfachung der Unternehmensbesteuerung und des steuerlichen Reisekostenrechts sind § 9 Abs. 3 und Abs. 5 Satz 1 EStG n. F. **erstmals für den VZ 2014** anzuwenden.

6. § 10 Abs. 1 Nr. 7 Satz 4 EStG

Sonderausgaben

(1) ¹Sonderausgaben sind die folgenden Aufwendungen, wenn sie weder Betriebsausgaben noch Werbungskosten sind oder wie Betriebsausgaben oder Werbungskosten behandelt werden:

...

7. Aufwendungen für die eigene Berufsausbildung bis zu 6 000 € im Kalenderjahr. 2Bei Ehegatten, die die Voraussetzungen des § 26 Abs. 1 Satz 1 erfüllen, gilt Satz 1 für jeden Ehegatten. 3Zu den Aufwendungen im Sinne des Satzes 1 gehören auch Aufwendungen für eine auswärtige Unterbringung. 4§ 4 Abs. 5 Satz 1 Nr. **6b** *[bisher: Nr. 5 und]*, § 9 Abs. 1 Satz 3 Nr. 4 und 5, Abs. 2, **Abs. 4 Satz 7 und Abs. 4a** *[bisher: und Abs. 2]* sind bei der Ermittlung der Aufwendungen anzuwenden;

Anwendungsvorschriften:

►Art. 6 Satz 1 des Gesetzes zur Änderung und Vereinfachung der Unternehmensbesteuerung und des steuerlichen Reisekostenrechts lautet:

Artikel 1 Nr. 1 bis 5 (...) bis 10 ... treten am 1. 1. 2014 in Kraft.

►§ 52 Abs. 1 EStG i. d. F. des Gesetzes zur Änderung und Vereinfachung der Unternehmensbesteuerung und des steuerlichen Reisekostenrechts (Art. 1 Nr. 10 Buchst. a) lautet:

(1) ¹Diese Fassung des Gesetzes ist, soweit in den folgenden Absätzen und § 52a nichts anderes bestimmt ist, erstmals für den Veranlagungszeitraum **2014** anzuwenden. ²Beim Steuerabzug vom Arbeitslohn gilt Satz 1 mit der Maßgabe, dass diese Fassung erstmals auf den laufenden Arbeitslohn anzuwenden ist, der für einen nach dem 31.12.**2013** endenden Lohnzahlungszeitraum gezahlt wird, und auf sonstige Bezüge, die nach dem 31.12.**2013** zufließen.

Erläuterungen

(Dr. Sascha Bleschick)

Es handelt sich hierbei um eine Folgeänderung, um eine gleiche Ermittlung der Aufwendungen beim Werbungskosten- und Sonderausgabenabzug zu gewährleisten.

Zeitlicher Anwendungsbereich: Art. 1 Nr. 5 des Gesetzes zur Änderung und Vereinfachung der Unternehmensbesteuerung und des steuerlichen Reisekostenrechts tritt gemäß Art. 6 Satz 1 des Gesetzes zur Änderung und Vereinfachung der Unternehmensbesteuerung und des steuerlichen Reisekostenrechts am 1. 1. 2014 in Kraft. Nach der allgemeinen Anwendungsregelung in § 52 Abs. 1 EStG i. d. F. des Art. 1 Nr. 10 Buchst. a des Gesetzes zur Änderung und Vereinfachung der Unternehmensbesteuerung und des steuerlichen Reisekostenrechts ist § 10 Abs. 1 Nr. 7 Satz 4 EStG n. F. **erstmals für den VZ 2014** anzuwenden.

7. § 10d EStG

Verlustabzug

(1) [1]Negative Einkünfte, die bei der Ermittlung des Gesamtbetrags der Einkünfte nicht ausgeglichen werden, sind bis zu einem Betrag von **1 000 000 Euro** *[bisher: 511 500 Euro]*, bei Ehegatten, die nach den §§ 26, 26b zusammenveranlagt werden, bis zu einem Betrag von **2 000 000 Euro** *[bisher: 1 023 000 Euro]* vom Gesamtbetrag der Einkünfte des unmittelbar vorangegangenen Veranlagungszeitraums vorrangig vor Sonderausgaben, außergewöhnlichen Belastungen und sonstigen Abzugsbeträgen abzuziehen (Verlustrücktrag). [2]Dabei wird der Gesamtbetrag der Einkünfte des unmittelbar vorangegangenen Veranlagungszeitraums um die Begünstigungsbeträge nach § 34a Abs: 3 Satz 1 gemindert. [3]Ist für den unmittelbar vorangegangenen Veranlagungszeitraum bereits ein Steuerbescheid erlassen worden, so ist er insoweit zu ändern, als der Verlustrücktrag zu gewähren oder zu berichtigen ist. [4]Das gilt auch dann, wenn der Steuerbescheid unanfechtbar geworden ist; die Festsetzungsfrist endet insoweit nicht, bevor die Festsetzungsfrist für den Veranlagungszeitraum abgelaufen ist, in dem die negativen Einkünfte nicht ausgeglichen werden. [5]Auf Antrag des Steuerpflichtigen ist ganz oder teilweise von der Anwendung des Satzes 1 abzusehen. 6Im Antrag ist die Höhe des Verlustrücktrags anzugeben.

Anwendungsvorschriften:

▶ § 52 Abs. 25 Satz 7 EStG i. d. F. des UntStVerG (Art. 1 Nr. 8 Buchst. a) lautet:

(25) ... [7]**§ 10d Abs: 1 Satz 1 i. d. F. des Artikels des Gesetzes vom ... (BGBl I S. ... [einsetzen: Datum und Fundstelle des vorliegenden Änderungsgesetzes]) ist erstmals auf negative Einkünfte anzuwenden, die bei der Ermittlung des Gesamtbetrags der Einkünfte des Veranlagungszeitraums 2013 nicht ausgeglichen werden können.**

Erläuterungen

(Dr. Alois Th. Nacke, Richter am FG)

LITERATUR:

Siehe Vorbemerkung.

Hintergrund und Inhalt der Gesetzesänderung

Bereits im Zwölf-Punkte-Programm wurde darauf hingewiesen, dass mit der Erhöhung des Verlustrücktrags die Liquidität der Unternehmen verbessert werden soll. In der Gesetzesbegründung heißt es hierzu: „Das deutsche System des den Veranlagungszeitraum übergreifenden Verlustabzugs entspricht internationalen Standards. Eine punktuelle Verbesserung als Anpassung an internationale Entwicklungen ist jedoch sinnvoll. So sehen die aktuellen französischen Regelungen mittelstandsfreundlichere Rücktragsmöglichkeiten für Verluste vor. Deutschland passt sich mit der Anhebung des Höchstbetrags beim Verlustrücktrag auf 1 000 000 € bzw. 2 000 000 € (Einzel- bzw. Zusammenveranlagung) an das französische Steuerrecht an. Kleine und mittlere Unternehmen werden dadurch entlastet. In Krisenzeiten können sie durch den erweiterten Verlustrücktrag kurzfristig erhöhte Liquidität gewinnen und sind dadurch in der Lage, die Krise besser zu überstehen." (BT-Drucks. 17/10774, 17 f.)

Zeitlicher Anwendungsbereich: Nach § 52 Abs. 25 Satz 7 EStGnF gelten die Änderungen erstmals für **Verluste, die bei der Ermittlung des Gesamtbetrags der Einkünfte des VZ 2013 nicht ausgeglichen werden können.** Damit können die erhöhten Verluste des Jahres 2013 in den VZ 2012 zurückgetragen werden.

Auf einem Blick kann man die Erhöhung des Verlustrücktrags in folgender Tabelle darstellen:

	Bis VZ 2012	**Ab VZ 2013**
Einzelveranlagung: Verlustrücktrag in das Vorjahr in Höhe von	511 500 €	**1 000 000 €**
Zusammenveranlagung: Verlustrücktrag in das Vorjahr in Höhe von	1 023 000 €	**2 000 000 €**

8. § 37b EStG

Pauschalierung der Einkommensteuer bei Sachzuwendungen

(2) [1]Absatz 1 gilt auch für betrieblich veranlasste Zuwendungen an Arbeitnehmer des Steuerpflichtigen, soweit sie nicht in Geld bestehen und zusätzlich zum ohnehin geschuldeten Arbeitslohn erbracht werden. [2]In den Fällen des § 8 Abs. 2 Satz 2 bis **10** *[bisher 8]*, Abs. 3, § 40 Abs. 2 sowie in Fällen, in denen Vermögensbeteiligungen überlassen werden, ist Absatz 1 nicht anzuwenden; Entsprechendes gilt, soweit die Zuwendungen nach § 40 Abs. 1 pauschaliert worden sind. [3]§ 37a Abs. 1 bleibt unberührt.

Anwendungsvorschriften:

▶ § 52 Abs. 1 EStG i. d. F. des UntStVerG (Art. 1 Nr. 8 Buchst. a) lautet:

(1) Diese Fassung des Gesetzes ist, soweit in den folgenden Absätzen und § 52a nichts anderes bestimmt ist, erstmals für den **VZ 2014** anzuwenden. Beim Steuerabzug vom Arbeitslohn gilt Satz 1 mit der Maßgabe, dass diese Fassung erstmals auf den laufenden Arbeitslohn anzuwenden ist, der für einen nach dem 31.12.**2013** endenden Lohnzahlungszeitraum gezahlt wird, und auf sonstige Bezüge, die nach dem 31.12.**2013** zufließen.

Erläuterungen

(Dr. Alois Th. Nacke, Richter am FG)

LITERATUR:

Siehe Vorbemerkung.

Es handelt sich dabei um redaktionelle Folgeänderungen (BT-Drucks. 17/11217, 9).

Zeitlicher Anwendungsbereich: Nach § 52 Abs. 1 Satz 1 EStG gelten die Änderungen erstmals für **VZ 2014**.

9. § 40 Abs. 2 EStG

Pauschalierung der Lohnsteuer in besonderen Fällen

...

(2) [1]Abweichend von Absatz 1 kann der Arbeitgeber die Lohnsteuer mit einem Pauschsteuersatz von 25 Prozent erheben, soweit er

1. arbeitstäglich Mahlzeiten im Betrieb an die Arbeitnehmer unentgeltlich oder verbilligt abgibt oder Barzuschüsse an ein anderes Unternehmen leistet, das arbeitstäglich Mahlzeiten an die Arbeitnehmer unentgeltlich oder verbilligt abgibt. [2]Voraussetzung ist, dass die Mahlzeiten nicht als Lohnbestandteile vereinbart sind,

1a. oder auf seine Veranlassung ein Dritter den Arbeitnehmern anlässlich einer beruflichen Tätigkeit außerhalb seiner Wohnung und ersten Tätigkeitsstätte Mahlzeiten zur Verfügung stellt, die nach § 8 Abs. 2 Satz 8 und 9 mit dem Sachbezugswert anzusetzen sind,

2. ...,

4. Vergütungen für Verpflegungsmehraufwendungen anlässlich einer Tätigkeit im Sinne des **§ 9 Abs. 4a Satz 3 bis 6** [*bisher: § 4 Abs. 5 Satz 1 Nr. 5 Satz 2 bis 4*]zahlt, soweit diese die dort bezeichneten **Pauschalen** [*bisher: Pauschbeträge*] um nicht mehr als 100 Prozent übersteigen,

5. ....

[2]Der Arbeitgeber kann die Lohnsteuer mit einem Pauschsteuersatz von 15 Prozent für Sachbezüge in Form der unentgeltlichen oder verbilligten Beförderung eines Arbeitnehmers zwischen Wohnung und **erster Tätigkeitsstätte** [*bisher: Arbeitsstätte*] und für zusätzlich zum ohnehin geschuldeten Arbeitslohn geleistete Zuschüsse zu den Aufwendungen des Arbeitnehmers für Fahrten zwischen Wohnung und **erster Tätigkeitsstätte** [*bisher: Arbeitsstätte*] erheben, soweit diese Bezüge den Betrag nicht übersteigen, den der Arbeitnehmer nach § 9 Abs. 1 Satz 3 Nr. 4 und Abs. 2 als Werbungskosten geltend machen könnte, wenn die Bezüge nicht pauschal besteuert würden. [3]Die nach Satz 2 pauschal besteuerten Bezüge mindern die nach § 9 Abs. 1 Satz 3 Nr. 4 und Abs. 2 abziehbaren Werbungskosten; sie bleiben bei der Anwendung des § 40a Abs. 1 bis 4 außer Ansatz. ...

Anwendungsvorschriften:

►Art. 6 Satz 1 des G v. 20. 2. 2013 lautet:

Artikel 1 Nr. ..., 7 bis 10 Buchst. a und b [*hier Art. 1 Nr. 8*] ... **treten am 1. 1. 2014 in Kraft.**

►§ 52 Abs. 1 i. d. F. von Art. 1 Nr. 10 Buchst. a des G v. 20. 2. 2013 lautet:

Diese Fassung des Gesetzes ist, soweit in den folgenden Absätzen und § 52a nichts anderes bestimmt ist, erstmals für den Veranlagungszeitraum **2014** anzuwenden. Beim Steuerabzug vom Arbeitslohn gilt Satz 1 mit der Maßgabe, dass diese Fassung erstmals auf den laufenden Arbeitslohn anzuwenden ist, der für einen nach dem 31. 12. **2013** endenden Lohnzahlungszeitraum gezahlt wird, und auf sonstige Bezüge, die nach dem 31. 12. **2013** zufließen.

Erläuterungen

(Walter Bode, Dipl.-Kfm., Richter am BFH)

§ 40 Abs. 2 Satz 1 Nr. 1a EStG: Wird dem Arbeitnehmer während einer beruflichen Tätigkeit außerhalb seiner Wohnung und ersten Tätigkeitsstätte vom Arbeitgeber oder auf dessen Veranlassung von einem Dritten eine Mahlzeit zur Verfügung gestellt, ist nach dem durch Art. 1 Nr. 3 Buchst. c des G v. 20. 2. 2013 eingefügten § 8 Abs. 2 Satz 8 EStG diese Mahlzeit - vereinfachend - mit dem Wert nach § 8 Abs. 2 Satz 6 EStG (maßgebender amtlicher Sachbezugswert nach der Sozialversicherungsentgeltverordnung) anzusetzen, wenn der Preis für die Mahlzeit 60 € nicht übersteigt. Nach dem neuen § 8 Abs. 2 Satz 9 EStG unterbleibt der Ansatz einer nach Satz 8 der Vorschrift bewerteten Mahlzeit (also des Sachbezugswerts), wenn beim Arbeitnehmer für ihm entstehende Mehraufwendungen für Verpflegung ein Werbungskostenabzug nach dem neu eingefügten § 9 Abs. 4a Satz 1 bis 7 EStG (also die Inanspruchnahme einer Verpflegungspauschale) in Betracht käme. Der durch Art. 1 Nr. 8 Buchst. a Doppelbuchst. aa des Gesetzes v. 20. 2. 2013 eingefügte § 40 Abs. 2 Satz 1 Nr. 1a EStG räumt dem Arbeitgeber zusätzlich die Möglichkeit ein, die Besteuerung von üblichen Mahlzeiten, die anlässlich einer auswärtigen Tätigkeit unentgeltlich oder verbilligt zur Verfügung gestellt werden und deren Besteuerung nicht nach § 8 Abs. 2 Satz 9 EStG unterbleiben kann, weil z. B. die Mindestabwesenheitszeit bei einer eintägigen Auswärtstätigkeit nicht eingehalten wird, pauschal durchzuführen (vgl. BT-Drucks. 17/10774, 18).

§ 40 Abs. 2 Satz 1 Nr. 4 EStG: Bei den Änderungen dieser Vorschrift handelt es sich um redaktionelle Folgeänderungen, die sich aus der Neuregelung des Abzugs der Mehraufwendungen für Verpflegung in § 9 Abs. 4a EStG ergeben.

§ 40 Abs. 2 Satz 2 EStG: Auch hier handelt es sich um redaktionelle Folgeänderungen. Sie ergeben sich aus der neuen gesetzlichen Definition des Begriffs „erste Tätigkeitsstätte" (anstelle von bisher „Arbeitsstätte") eines Arbeitnehmers in § 9 Abs. 4 EStG sowie der „klarstellenden Regelung" (BT-Drucks. 17/10774, 18) für die Fahrten zu einem „weiträumigen Tätigkeitsgebiet" in § 9 Abs. 1 Satz 3 Nr. 4a Satz 3 EStG.

Zeitlicher Anwendungsbereich: Anzuwenden auf laufenden Arbeitslohn, der für einen **nach dem 31. 12. 2013 endenden Lohnzahlungszeitraum** gezahlt wird.

10. § 41b EStG

Abschluss des Lohnsteuerabzugs

(1) [1]Bei Beendigung eines Dienstverhältnisses oder am Ende des Kalenderjahres hat der Arbeitgeber das Lohnkonto des Arbeitnehmers abzuschließen. [2]Auf Grund der Eintragungen im Lohnkonto hat der Arbeitgeber spätestens bis zum 28.2. des Folgejahres nach amtlich vorgeschriebenem Datensatz auf elektronischem Weg nach Maßgabe der Steuerdaten-Übermittlungsverordnung ... insbesondere folgende Angaben zu übermitteln (elektronische Lohnsteuerbescheinigung):

1. ... ,

8. für die dem Arbeitnehmer zur Verfügung gestellten Mahlzeiten nach § 8 Abs. 2 Satz 8 den **Großbuchstaben M** [bisher: weggefallen], ...

Anwendungsvorschriften:

►Art. 6 Satz 1 des G v. 20. 2. 2013 lautet:

Artikel 1 Nr. ..., 7 bis 10 Buchst. a und b [*hier Art. 1 Nr. 9*] **... treten am 1. 1. 2014 in Kraft.**

►§ 52 Abs. 1 i. d. F. von Art. 1 Nr. 10 Buchst. a des G v. 20. 2. 2013 lautet:

Diese Fassung des Gesetzes ist, soweit in den folgenden Absätzen und § 52a nichts anderes bestimmt ist, erstmals für den Veranlagungszeitraum **2014** anzuwenden. Beim Steuerabzug vom Arbeitslohn gilt Satz 1 mit der Maßgabe, dass diese Fassung erstmals auf den laufenden Arbeitslohn anzuwenden ist, der für einen nach dem 31. 12. **2013** endenden Lohnzahlungszeitraum gezahlt wird, und auf sonstige Bezüge, die nach dem 31. 12. **2013** zufließen.

Erläuterungen

(*Walter Bode, Dipl.-Kfm., Richter am BFH*)

Wird dem Arbeitnehmer während einer beruflichen Tätigkeit außerhalb seiner Wohnung und ersten Tätigkeitsstätte vom Arbeitgeber oder auf dessen Veranlassung von einem Dritten eine Mahlzeit zur Verfügung gestellt, ist nach dem durch Art. 1 Nr. 3 Buchst. c des G v. 20. 2. 2013 eingefügten § 8 Abs. 2 Satz 8 EStG diese Mahlzeit mit dem Wert nach § 8 Abs. 2 Satz 6 EStG (maßgebender amtlicher Sachbezugswert nach der Sozialversicherungsentgeltverordnung) anzusetzen, wenn der Preis für die Mahlzeit 60 Euro nicht übersteigt, es sich also nicht um sog. "Belohnungsessen" handelt. Durch den Verzicht auf die Besteuerung des geldwerten Vorteils bei gleichzeitigem Wegfall des Werbungskostenabzugs (vgl. § 9 Abs. 4a EStG n. F.) sollen Arbeitgeber, Arbeitnehmer und Verwaltung entlastet werden (BT-Drucks. 17/10774, 12). Im Hinblick auf jene Neuregelung wurden aufgrund der Beschlussempfehlung des Finanzausschusses des Deutschen Bundestags (vgl. BT-Drucks. 17/11180, 12, und 17/11217, 7) durch Art. 1 Nr. 9 des G v. 20. 2. 2013 die Regelungen des § 41b Abs. 1 Satz 1 EStG um eine Nr. 8 ergänzt. Danach ist der Großbuchstabe „M" auf der Lohnsteuerbescheinigung zu bescheinigen, wenn dem Arbeitnehmer anlässlich oder während einer beruflichen Auswärtstätigkeit vom Arbeitgeber oder auf dessen Veranlassung von einem Dritten Mahlzeiten zur Verfügung gestellt werden. Hierdurch soll sichergestellt werden, dass in Fällen, in denen der Arbeitnehmer noch zusätzlich eine Verpflegungspauschale (§ 9 Abs. 4a EStG n. F.) als Werbungskosten geltend macht, das Finanzamt grundsätzlich Kenntnis davon erlangt, dass die Verpflegungspauschalen ggfs. zu kürzen sind. Der Nachweis im Einzelnen soll hinsichtlich der betreffenden Mahlzeiten auf Basis der dem Arbeitnehmer erteilten Reisekostenabrechnungen erfolgen. Weitere besondere Bescheinigungen der Arbeitgeber sind nach Ansicht des Gesetzgebers nicht erforderlich.

Zeitlicher Anwendungsbereich: Anzuwenden auf laufenden Arbeitslohn, **der für einen nach dem 31. 12. 2013 endenden Lohnzahlungszeitraum** gezahlt wird.

II. Körperschaftsteuergesetz

1. § 14 KStG

(1) [1]Verpflichtet sich eine Europäische Gesellschaft, Aktiengesellschaft oder Kommanditgesellschaft auf Aktien mit Geschäftsleitung und Sitz **in einem Mitgliedstaat der Europäischen Union oder in einem Vertragsstaat des EWR-Abkommens** [*bisher: im Inland*] (Organgesellschaft) durch

einen Gewinnabführungsvertrag im Sinne des § 291 Abs. 1 des Aktiengesetzes, ihren ganzen Gewinn an ein einziges anderes gewerbliches Unternehmen abzuführen, *[bisher: so]* ist das Einkommen der Organgesellschaft, soweit sich aus § 16 nichts anderes ergibt, dem Träger des Unternehmens (Organträger) zuzurechnen, wenn die folgenden Voraussetzungen erfüllt sind:

1. [1]Der Organträger muss an der Organgesellschaft vom Beginn ihres Wirtschaftsjahrs an ununterbrochen in einem solchen Maße beteiligt sein, dass ihm die Mehrheit der Stimmrechte aus den Anteilen an der Organgesellschaft zusteht (finanzielle Eingliederung). [2]Mittelbare Beteiligungen sind zu berücksichtigen, wenn die Beteiligung an jeder vermittelnden Gesellschaft die Mehrheit der Stimmrechte gewährt.

2. [1]Der Organträger muss eine *[bisher: unbeschränkt steuerpflichtige]* natürliche Person oder eine **nicht von der Körperschaftsteuer** steuerbefreite Körperschaft, Personenvereinigung oder Vermögensmasse *[bisher: im Sinne des § 1 mit Geschäftsleitung im Inland]* sein. [2]Organträger kann auch eine Personengesellschaft im Sinne des § 15 Abs. 1 Satz 1 Nr. 2 des Einkommensteuergesetzes *[bisher: mit Geschäftsleitung im Inland]* sein, wenn sie eine Tätigkeit im Sinne des § 15 Abs. 1 Satz 1 Nr. 1 des Einkommensteuergesetzes ausübt. [3]Die Voraussetzung der Nr. 1 muss im Verhältnis zur Personengesellschaft selbst erfüllt sein. **[4]Die Beteiligung im Sinne der Nr. 1 an der Organgesellschaft oder, bei mittelbarer Beteiligung an der Organgesellschaft, die Beteiligung im Sinne der Nr. 1 an der vermittelnden Gesellschaft, müssen ununterbrochen während der gesamten Dauer der Organschaft einer inländischen Betriebsstätte im Sinne des § 12 der Abgabenordnung des Organträgers zuzuordnen sein. [5]Ist der Organträger mittelbar über eine oder mehrere Personengesellschaften an der Organgesellschaft beteiligt, gilt Satz 4 sinngemäß. [6]Das Einkommen der Organgesellschaft ist der inländischen Betriebsstätte des Organträgers zuzurechnen, der die Beteiligung im Sinne der Nr. 1 an der Organgesellschaft oder, bei mittelbarer Beteiligung an der Organgesellschaft, die Beteiligung im Sinne der Nr. 1 an der vermittelnden Gesellschaft zuzuordnen ist. [7]Eine inländische Betriebsstätte im Sinne der vorstehenden Sätze ist nur gegeben, wenn die dieser Betriebsstätte zuzurechnenden Einkünfte sowohl nach innerstaatlichem Steuerrecht als auch nach einem anzuwendenden Abkommen zur Vermeidung der Doppelbesteuerung der inländischen Besteuerung unterliegen.**

3. [1]Der Gewinnabführungsvertrag muss auf mindestens fünf Jahre abgeschlossen und während seiner gesamten Geltungsdauer durchgeführt werden. [2]Eine vorzeitige Beendigung des Vertrags durch Kündigung ist unschädlich, wenn ein wichtiger Grund die Kündigung rechtfertigt. [3]Die Kündigung oder Aufhebung des Gewinnabführungsvertrags auf einen Zeitpunkt während des Wirtschaftsjahrs der Organgesellschaft wirkt auf den Beginn dieses Wirtschaftsjahrs zurück. **[4]Der Gewinnabführungsvertrag gilt auch als durchgeführt, wenn der abgeführte Gewinn oder ausgeglichene Verlust auf einem Jahresabschluss beruht, der fehlerhafte Bilanzansätze enthält, sofern**

   a) der Jahresabschluss wirksam festgestellt ist,

   b) die Fehlerhaftigkeit bei Erstellung des Jahresabschlusses unter Anwendung der Sorgfalt eines ordentlichen Kaufmanns nicht hätte erkannt werden müssen und

   c) ein von der Finanzverwaltung beanstandeter Fehler spätestens in dem nächsten nach dem Zeitpunkt der Beanstandung des Fehlers aufzustellenden Jahresabschluss der Organgesellschaft und des Organträgers korrigiert und das Ergebnis entsprechend abgeführt oder ausgeglichen wird, soweit es sich um einen Fehler handelt, der in der Handelsbilanz zu korrigieren ist.

[5]Die Voraussetzung des Satzes 4 Buchst. b gilt bei Vorliegen eines uneingeschränkten Bestätigungsvermerks nach § 322 Abs. 3 des Handelsgesetzbuches zum Jahresabschluss, zu einem Konzernabschluss, in den der handelsrechtliche Jahresabschluss einbezogen worden ist, oder über die freiwillige Prüfung des Jahresabschlusses oder der Bescheinigung eines Steuerberaters oder Wirtschaftsprüfers über die Erstellung eines Jahresabschlusses mit umfassenden Beurteilungen als erfüllt.

4. Die Organgesellschaft darf Beträge aus dem Jahresüberschuss nur insoweit in die Gewinnrücklagen (§ 272 Abs. 3 des Handelsgesetzbuchs) mit Ausnahme der gesetzlichen Rücklagen einstellen, als dies bei vernünftiger kaufmännischer Beurteilung wirtschaftlich begründet ist.

5. **Negative Einkünfte** *[bisher: Ein negatives Einkommen]* des Organträgers **oder der Organgesellschaft** bleiben *[bisher: bleibt]* bei der inländischen Besteuerung unberücksichtigt, soweit *sie [bisher: es]* in einem ausländischen Staat im Rahmen *[bisher: einer]* der *[bisher: deutschen]* Besteuerung des Organträgers, **der Organgesellschaft oder einer anderen Person** entsprechenden Besteuerung berücksichtigt **werden** *[bisher: wird]*.

[2]Das Einkommen der Organgesellschaft ist dem Organträger erstmals für das Kalenderjahr zuzurechnen, in dem das Wirtschaftsjahr der Organgesellschaft endet, in dem der Gewinnabführungsvertrag wirksam wird.

...

(5) [1]Das dem Organträger zuzurechnende Einkommen der Organgesellschaft und damit zusammenhängende andere Besteuerungsgrundlagen werden gegenüber dem Organträger und der Organgesellschaft gesondert und einheitlich festgestellt. [2]Die Feststellungen nach Satz 1 sind für die Besteuerung des Einkommens des Organträgers und der Organgesellschaft bindend. [3]Die Sätze 1 und 2 gelten entsprechend für von der Organgesellschaft geleistete Steuern, die auf die Steuer des Organträgers anzurechnen sind. [4]Zuständig für diese Feststellungen ist das Finanzamt, das für die Besteuerung nach dem Einkommen der Organgesellschaft zuständig ist. [5]Die Erklärung zu den gesonderten und einheitlichen Feststellungen nach Satz 1 und 3 soll mit der Körperschaftsteuererklärung der Organgesellschaft verbunden werden.

Anwendungsvorschriften:

►§ 34 Abs. 1 und Abs. 9 KStG i. d. F. lautet:

(1) Diese Fassung des Gesetzes gilt, soweit in den folgenden Absätzen nicht anderes bestimmt ist, erstmals für den Veranlagungszeitraum *2012*

...

(9) § 14 ist anzuwenden (...)
...

7. Absatz 1 Satz 1 Nr. 3 i. d. F. des Artikels 2 des Gesetzes vom 20. 2. 2013 (BGBl I 2013, 285) ist in allen noch nicht bestandskräftig veranlagten Fällen anzuwenden.

8. Absatz 1 Satz 1 erster Halbsatz und Satz 1 Nr. 5 und § 17 Satz 1 i. d. F. des Artikels 2 des Gesetzes vom 20. 2. 2013 (BGBl I 2013, 285) ist in allen noch nicht bestandskräftig veranlagten Fällen anzuwenden.

9. Absatz 5 i. d. F. des Artikels 2 des Gesetzes vom 20. 2. 2013 (BGBl I 2013, 285) gilt erstmals für Feststellungszeiträume, die nach dem 31. 12. 2013 beginnen.

Erläuterungen

(Dr. Thomas Keß, Richter am FG)

LITERATUR:

Adrian, Bilanzierungsfehler und Organschaft, StB 2013, 351; *Dötsch/Pung*, Gesetz zur Änderung und Vereinfachung der Unternehmensbesteuerung und des steuerlichen Reisekostenrechts: Die Änderungen bei der Organschaft, DB 2013, 305; *Geiermann*, Kleine Reform löst große Fragen aus, StbW 2014, 107; *Goebel/Ungemach*, Neuregelung bei der Besteuerung ertragssteuerrechtlicher Organschaften mit Auslandsbezug, NWB 2013, 595; *Graw*, Ausgewählte Zweifelsfragen im Zusammenhang mit der Anwendungsregelung für § 17 Satz 2 Nr. 2 KStG i. d. F. des UntSt/RKVereinfG, Ubg 2013, 373; *Gründig/Schmidt*, Die Änderung des § 14 Abs. 1 Satz 1 Nr. 5 KStG und deren Auswirkung auf grenzüberschreitende Unternehmensstrukturen, DStR 2013, 617; *Hoffmann*, Fehlerhafte Organbilanzen, StuB 2013, 397; *Jesse*, Neuregelungen zur ertragsteuerlichen Organschaft, FR 2013, 629 und 681; *Keller*, Neuerungen bei der Organschaft durch das Gesetz zur Änderung und Vereinfachung der Unternehmensbesteuerung und des steuerlichen Reisekostenrechts, DStZ 2013, 60; *Korn*, Kleine Organschaftsreform durch das Gesetz zur Vereinfachung und Änderung der Unternehmensbesteuerung und des steuerlichen Reisekostenrechts, SteuK 2013, 111; *Kröner/Momen/Boller*, Zeitliche Anwendung des § 14 Abs. 1 Satz 1 Nr. 5 KStG n. F. und verfahrensrechtliche Konsequenzen, IStR 2013, 405 und 535; *Lenz/Adrian/Handwerker*, Geplante Neuerung der ertragsteuerlichen Organschaft, BB 2012, 2851; *Martens*, Gestaltung von Gewinnabführungsverträgen, StC 2013, 11; *Micker*, Die Aufgabe des doppelten Inlandsbezugs bei der Organschaft, IWB 2013, 309; *Middendorf/Holtrichter*, Geplante Änderungen bei der ertragsteuerlichen Organschaft, StuB 2012, 864; *Olbing*, Erste Zweifel an der (kleinen) Reform des Organschaftsrechts, AG 2013, 348; *Paintner*, Das Gesetz zur Änderung und Vereinfachung der Unternehmensbesteuerung und des steuerlichen Reisekostenrechts im Überblick, DStR 2013, 217; *Polatzky/Seitner*, Anwendung des § 14 Abs. 1 Nr. 5 KStG auf US-Inbounds-Strukturen nach Deutschland vor dem Hintergrund des US-Steuerrechts, Ubg 2013, 285; *Roth*, Gesetz zur Änderung und Vereinfachung der Unternehmensbesteuerung und des steuerlichen Reisekostenrechts, StbW 2013, 363; *Schaden/Polatzky*, Neuregelung der Verlustausgleichsbeschränkung des § 14 Abs 1 Satz 1 Nr. 5 KStG - Auswirkungen auf deutsche Inbound-Finanzierungen über KG-Holding-Strukturen, IStR 2013, 131; *Schirmer*, Holding als Organträger nach der Organschaftsreform, GmbHR 2013, 281; *Schulze zur Wiesche*, Die ertragsteuerliche Organschaft unter Berücksichtigung des Gesetzes zur Vereinfachung der Unternehmensbesteuerung und der steuerlichen Reisekosten sowie der aktuellen Rechtsprechung, DStZ 2013, 621; *Schwenke*, Grenzüberschreitende Organschaft, ISR 2013, 41; *Schneider/Schmitz*, Ausschluss der Verlustberücksichtigung bei der Organschaft, GmbHR 2013, 281; Schneider/Sommer, Organschaftsreform "light", GmbHR 2013, 22; *Stangl/Brühl*, Die „kleine Organschaftsreform", DK 2013, 77; *Teiche*, Verfahrensrechtliche Aspekte nach der Organschaftsreform, DStR 2013, 2197; *v. Wolfersdorff/*

Rödder/Schmidt-Fehrenbacher/Beisheim/Gerner, Der Fraktionsentwurf zur „Kleinen Organschaftsreform": Guter Wille, aber doch kein wirklicher Rechtsfrieden, DB 2012, 2241; *Wagner/ Liekenbrock*, Organschaft und Ausschluss der doppelten Verlustberücksichtigung im In- und Ausland nach § 14 Abs. 1 Nr. 5 KStG n. F., Ubg 2013, 133; *Walter*, Berichtigungspflicht nach rückwirkend verschärfter organschaftlicher Verlustverrechnungsbeschränkung?, IStR 2013, 535; *Weigert/Strohm*, Zu den persönlichen Voraussetzungen der ertragsteuerlichen Organschaft unter Berücksichtigung aktueller Entwicklungen, DK 2013, 249; *Wittkowski/Hielscher*, Wesentliche Gesetzesänderungen zur Unternehmensbesteuerung – insbesondere zum Jahreswechsel 2012/2013, BC 2012, 542.

I. Überblick über die Änderungen

Die Vorschriften über die steuerliche Organschaft in den §§ 14 ff. KStG sind seit Jahren Gegenstand grundlegender Kritik und Ausgangspunkt zahlreicher Reformüberlegungen.

Mit den Änderungen durch das „Gesetz zur Änderung und Vereinfachung der Unternehmensbesteuerung und des steuerlichen Reisekostenrechts" verfolgt der Gesetzgeber das Ziel, die Regelungen zur steuerlichen Organschaft zu vereinfachen und rechtssicherer zu machen. Für eine grundlegende Umgestaltung des Organschaftsrechts zu einer Gruppenbesteuerung – wie sie in der Literatur favorisiert wird (vgl. z. B. *Hey*, Steuerpolitischer Handlungsbedarf bei der Konzernbesteuerung, FR 2012, 994) – sah der Gesetzgeber dagegen kein ausreichendes Interesse bei den betroffenen Unternehmen und ließ sich auch durch die haushaltspolitischen Risiken hiervon abhalten (BT-Drucks. 17/11217, 4).

Durch die in den §§ 14, 17 und 18 KStG erfolgten Änderungen soll die Erfüllung der Voraussetzungen für die Anerkennung der Organschaft erleichtert werden, ohne die Bindung an das Handelsrecht aufzugeben. Die Voraussetzungen für den wirksamen Abschluss eines Gewinnabführungsvertrags werden vereinfacht und die Anforderungen an seine Durchführung abgesenkt.

Fehlerhafte Bilanzansätze, die auf die tatsächliche Durchführung des Gewinnabführungsvertrags durchschlagen, sowie formelle Fehler des Gewinnabführungsvertrags hinsichtlich der Vereinbarungen zur Verlustübernahme **können künftig nachträglich korrigiert** werden und führen nicht mehr wie bisher unweigerlich zu einem Wegfall der Organschaft.

In § 14 Abs. 5 KStG wird ein **Feststellungsverfahren** zur gesonderten und einheitlichen Feststellung insbesondere des dem Organträger zuzurechnenden Einkommens der Organgesellschaft eingeführt.

Schließlich wird die Rechtslage an Vorgaben der Europäischen Kommission und des Bundesfinanzhofs angepasst. Zum einen entfällt der sog. **doppelte Inlandsbezug für Organgesellschaften** in § 14 Abs. 1 Satz 1 KStG. Dabei wird die bereits aufgrund BMF-Schreibens bestehende Praxis, wonach auch EU/EWR-Gesellschaften mit Verwaltungssitz im Inland Organgesellschaft sein können, gesetzlich umgesetzt. Zum anderen wird auch für **Organträger** zukünftig nicht mehr auf einen inländischen Sitz oder Ort der Geschäftsleitung abgestellt, sondern auf die Zurechnung der Beteiligung der Organgesellschaft an eine inländische Betriebsstätte des Organträgers, die der deutschen Besteuerung unterliegt (vgl. zum Ganzen BT-Drucks. 17/11217, 2 f.).

II. Zeitlicher Anwendungsbereich

Die Änderungen des § 14 Abs. 1 Satz 1 Nr. 2 KStG, nach denen die Beteiligung der Organgesellschaft einer in Deutschland besteuerten inländischen Betriebsstätte zuzurechnen sein muss, gelten **ab dem VZ 2012** (§ 34 Abs. 1 KStG).

Die Regelung des § 14 Abs. 1 Satz 1 Nr. 3 KStG zur Durchführung des Gewinnabführungsvertrags ist **auf alle offenen Fälle anzuwenden** (§ 34 Abs. 9 Nr. 7 KStG).

Auch auf alle offenen Fälle anzuwenden ist der **Wegfall des doppelten Inlandsbezugs** im Hinblick auf die Organgesellschaft in § 14 Abs. 1 Satz 1 1. Halbsatz KStG und die damit zusammenhängende **Ausweitung der Verlustabzugsbeschränkung** in § 14 Abs. 1 Satz 1 Nr. 5 KStG (§ 34 Abs. 9 Nr. 8 KStG).

HINWEIS:

Die rückwirkende Anwendung der § 14 Abs. 1 Satz 1, 1 Halbsatz und Nr. 3 KStG ist verfassungsrechtlich unbedenklich, da es sich um Regelungen handelt, die ausschließlich begünstigend wirken. Etwas anderes gilt für die Ausweitung der Verlustabzugsbeschränkung in § 14 Abs. 1 Satz 1 Nr. 5 KStG, die sich für die betroffenen Steuerpflichtigen belastend auswirkt und deren Anwendung auf alle noch nicht bestandskräftigen Fälle zu einer echten Rückwirkung führen dürfte. Hier wird teilweise eine unzulässige echte Rückwirkung bejaht (*Keller*, DStZ 2013, 62; *Kröner/ Momen/Boller*, IStR 2013, 405; *Walter*, IStR 2013, 535; *Danelsig*, in Blümich, § 14 KStG Rz. 157).

Das **Feststellungsverfahren** gilt für Feststellungszeiträume, die **nach dem 31. 12. 2013** beginnen (§ 34 Abs. 9 Nr. 9 KStG).

III. Kommentierung

1. Aufgabe des doppelten Inlandsbezugs (§ 14 Abs. 1 Satz 1 KStG)

Nach § 14 Abs. 1 Satz 1 1. Halbsatz KStG kam als Organgesellschaft bisher nur eine Europäische Gesellschaft, Aktiengesellschaft oder Kommanditgesellschaft auf Aktien „**mit Geschäftsleitung und Sitz im Inland**" in Betracht.

In dem Vertragsverletzungsverfahren Nr. 2008/4909 gegen die Bundesrepublik Deutschland hat die Europäische Kommission diesen sog. **doppelten Inlandsbezug** aufgegriffen und darin einen Verstoß gegen die Niederlassungsfreiheit des Vertrags über die Arbeitsweise der Europäischen Union (AEUV) sowie des EWR-Abkommens erblickt.

Mit Schreiben v. 28. 3. 2011 (BStBl I 2011, 119; vgl. dazu *Keß*, StRA 2/2011, 198) ließ das BMF als Reaktion hierauf bei Vorliegen der übrigen Voraussetzungen der §§ 14 ff. KStG auch in einem anderen EU/ EWR-Staat gegründete Kapitalgesellschaften als Organgesellschaft zu, die ihre Geschäftsleitung in Deutschland hatten.

Die Aufgabe des doppelten Inlandsbezugs wird nun in das Gesetz übernommen. Nunmehr können auch Gesellschaften, die ihren Satzungssitz außerhalb Deutschlands, aber in einem anderen Mitgliedstaat der Europäischen Union oder in einem EWR-Staat haben, als Organgesellschaften fungieren.

2. Zuordnung der Beteiligung an der Organgesellschaft zu einer inländischen Betriebsstätte (§ 14 Abs. 1 Satz 1 Nr. 2 KStG)

a) Hintergrund der Änderung

In § 14 Abs. 1 Satz 1 Nr. 2 KStG werden die Vorschriften der steuerlichen Organschaft an die Rechtsprechung des BFH in seinem Urteil v. 9. 2. 2011 (I R 54, 55/10, BStBl II 2012, 106) angepasst. Der BFH hatte entschieden, dass die Beschränkung der Organträgereigenschaft auf ein Unternehmen mit Geschäftsleitung und Sitz im Inland in § 14 Abs. 1 Nr. 2 KStG nicht mit dem abkommensrechtlichen Gesellschafterdiskriminierungsverbot in Art. 24 Abs. 5 des OECD-Musterabkommens vereinbar ist.

Der neu gefasste § 14 Abs. 1 Satz 1 Nr. 2 KStG stellt nunmehr für alle an der steuerlichen Organschaft beteiligten Personen unterschiedslos darauf ab, ob die Beteiligung des Organträgers an der Organgesellschaft einer inländischen Betriebsstätte i. S. d. § 12 AO des Organträgers zuzurechnen ist (vgl. auch *Schwenke*, ISR 2013, 41 [44]).

Da damit weder auf den Sitz noch auf den Ort der Geschäftsleitung des Organträgers abgestellt wird, wird nicht mehr nach den für die Anwendung des abkommensrechtlichen Gesellschafterdiskriminierungsverbots maßgebenden ansässigkeitsbegründenden Merkmalen des Artikels 4 des OECD-Musterabkommens unterschieden. Die Neufassung der Regelung dürfte deshalb nach der vom BFH in seiner vorgenannten Entscheidung vertretenen Auslegung nicht mehr gegen das abkommensrechtliche Gesellschafterdiskriminierungsverbot verstoßen (vgl. BT-Drucks. 17/10774, 30).

b) Änderungen im Einzelnen

§ 14 Abs. 1 Satz 1 Nr. 2 Sätze 1 bis 3 KStG entsprechen weitgehend der bisherigen Fassung des § 14 Abs. 1 Satz 1 Nr. 2 KStG. Allerdings wird auf das Erfordernis ansässigkeitsbegründender Tatbestandsmerkmale i. S. d. Artikels 4 des OECD-Musterabkommens, also Sitz oder Geschäftsleitung im Inland, verzichtet.

Voraussetzung für die Anerkennung der Organschaft ist nach den **§ 14 Abs. 1 Nr. 2 Sätzen 4 und 5 KStG**, dass die Beteiligung des Organträgers an der Organgesellschaft während der gesamten Dauer der Organschaft ununterbrochen einer inländischen Betriebsstätte i. S. d. § 12 AO des Organträgers zuzuordnen ist. In den Fällen der mittelbaren Beteiligung an der Organschaft muss die Beteiligung an der vermittelnden Gesellschaft einer inländischen Betriebsstätte des Organsträgers zuzurechnen sein. Ist vermittelnde Gesellschaft eine Personengesellschaft und ist die Personengesellschaft wiederum mittelbar über eine oder mehrere Kapitalgesellschaften an der Organgesellschaft beteiligt, gilt Satz 4 bezogen auf die betreffende Kapitalgesellschaftsbeteiligung der vermittelnden Gesellschaft.

Nach **§ 14 Abs. 1 Satz 1 Nr. 2 Satz 6 KStG** ist das Einkommen der Organgesellschaft der inländischen Betriebsstätte des Organträgers zuzurechnen, der die Beteiligung an der Organgesellschaft oder - bei mittelbarer Beteiligung - an der diese Beteiligung vermittelnde Gesellschaft zuzuordnen ist. Die Zurechnungsregelung entspricht der bisherigen Rechtsfolge in dem nunmehr aufgehobenen § 18 Satz 1 KStG (s. die Anmerkungen zu § 18 KStG).

Eine **inländische Betriebsstätte** ist nach **§ 14 Abs. 1 Satz 1 Nr. 2 Satz 7 KStG** nur gegeben, wenn die dieser Betriebsstätte zuzurechnenden Einkünfte sowohl nach dem innerstaatlichen Steuerrecht als auch nach einem anzuwendenden DBA der inländischen Besteuerung unterliegen. Diese Bestimmung soll zur Sicherstellung der deutschen Besteuerung insbesondere die Fälle ausschließen, in denen wegen Unterschieden in der Definition oder Auslegung des Betriebsstättenbegriffs zwischen § 12 AO und den Vorschriften von DBA formal die Zuordnung zu einer Betriebsstätte (i. S. d. § 12 AO) gegeben ist, aber ein inländisches Besteuerungsrecht dennoch nicht besteht, weil nach den Vorschriften des jeweils anzuwendenden DBA eine Betriebsstätte nicht anzunehmen ist (BT-Drucks. 17/10774, 31).

3. Tatsächliche Durchführung des Gewinnabführungsvertrages (§ 14 Abs. 1 Satz 1 Nr. 3 KStG)

a) Hintergrund der Änderungen

Die Anerkennung einer steuerlichen Organschaft setzt nach § 14 Abs. 1 Satz 1 Nr. 3 KStG nicht nur voraus, dass zwischen dem Organträger und der Organgesellschaft ein wirksamer Gewinnabführungsvertrag i. S. d. § 291 Abs. 1 AktG abgeschlossen wurde, sondern auch, dass dieser während seiner gesamten Geltungsdauer tatsächlich durchgeführt wird.

Die sich aus dem Vertrag ergebende Verpflichtung zur Gewinnabführung bzw. zur Verlustübernahme erstreckt sich nach der Rechtsprechung des BGH auf das sich bei objektiv ordnungsgemäßer Bilanzierung ergebende Ergebnis (z. B. BGH v. 5. 6. 1989 - II ZR 172/88, BB 1989, 1518; v. 14. 2. 2005 - II ZR 361/02, DB 2005, 937). Insbesondere hinsichtlich der Verlustverrechnung beruht dies darauf, dass der Zweck des § 302 AktG, die Interessen der außenstehenden Aktionäre und der Gesellschaftsgläubiger zu schützen, nur dann erreicht werden kann, wenn der zutreffende Fehlbetrag ermittelt und ausgeglichen wird (BGH v. 11. 10. 1999 - II ZR 120/98, BGHZ 142, 382). Aufgrund der Anknüpfung der steuerlichen Organschaft an den zivilrechtlichen Gewinnabführungsvertrag sind diese zivilrechtlichen Grundsätze auch für das Steuerrecht maßgeblich.

Bei nichtigen Gewinnabführungsverträgen und bei Gewinnabführungen bzw. Verlustübernahmen, die auf offensichtlich oder wesentlich fehlerhaften Bilanzen beruhen, kann einer steuerliche Organschaft – wie schon bisher – die Anerkennung versagt werden. Die Änderungen in § 14 Abs. 1 Satz 1 Nr. 3 KStG sehen jedoch Erleichterungen für den Fall fehlerhafter Bilanzansätze vor.

b) Änderungen im Einzelnen

§ 14 Abs. 1 Satz 1 Nr. 3 Satz 4 KStG sieht vor, dass für die Frage, ob der steuerlich nicht zu beanstandende Gewinn abgeführt bzw. der zutreffende Verlust ausgeglichen worden ist, auf den handelsrechtlichen Jahresabschluss abzustellen ist, der unter gewissenhafter Würdigung aller zum Zeitpunkt seiner Erstellung vorliegenden tatsächlichen und rechtlichen Verhältnisse zutreffend erstellt worden sein muss. Wurde dieses Ergebnis der Gewinnabführung oder Verlustübernahme zugrunde gelegt, ist es für die steuerliche Beurteilung unbeachtlich, wenn sich später – z. B. im Rahmen einer Betriebsprüfung – herausstellt, dass das Jahresergebnis objektiv betrachtet unzutreffend ist, weil der Jahresabschluss fehlerhafte Bilanzansätze enthält. Der Gewinnabführungsvertrag wäre trotzdem bei Vorliegen der weiteren Voraussetzungen als tatsächlich durchgeführt anzusehen. Die Regelung knüpft damit an den Gedanken des subjektiven Fehlerbegriffs an, allerdings ohne dass es hier auf die Frage der Berichtigungsmöglichkeiten ankommt (BT-Drucks. 17/10774, 32).

Später bekannt werdende Fehler sind nach Maßgabe der handelsrechtlichen Korrekturmöglichkeiten bzw. -pflichten in dem ursprünglichen oder in einem späteren Jahresabschluss zu korrigieren (§ 14 Abs. 1 Satz 1 Nr. 3 Satz 4 Buchst. c KStG).

Zur Vermeidung von Rechtsstreitigkeiten darüber, ob das dem Vollzug eines Gewinnabführungsvertrags zugrunde gelegte Jahresergebnis unter Anwendung der erforderlichen Sorgfalt ermittelt worden ist, sieht **§ 14 Abs. 1 Satz 1 Nr. 3 Satz 5 KStG** Möglichkeiten vor, wie der Nachweis geführt werden kann. In den genannten Fällen gelten die Sorgfaltsanforderungen als erfüllt:

▶ Der Nachweis ist beim Vorliegen eines uneingeschränkten Bestätigungsvermerks nach § 322 Abs. 3 HGB zum Jahresabschluss, zu einem Konzernabschluss, in den der handelsrechtliche Jahresabschluss einbezogen worden ist, oder über die freiwillige Prüfung des Jahresabschlusses geführt. Ist die Organgesellschaft nach § 316 HGB prüfungspflichtig, dürfte die erforderliche Bestätigung stets vorliegen.

▶ Bei Unternehmen, die nicht prüfungspflichtig sind, kann der Nachweis auch durch die Bescheinigung eines Steuerberaters oder Wirtschaftsprüfers über die Erstellung eines Jahresabschlusses mit umfassenden Beurteilungen entsprechend den Grundsätzen für die Erstellung von Jahresabschlüssen gemäß IDW S 7 bzw. der entsprechenden Verlautbarung der Bundessteuerberaterkammer erbracht werden. Die Bescheinigung über eine prüferische Durchsicht ist hingegen aufgrund des eingeschränkten Umfangs im Regelfall als Nachweis nicht geeignet (BT-Drucks. 17/10774, 20).

4. Ausweitung der Verlustabzugsbeschränkung (§ 14 Abs. 1 Satz 1 Nr. 5 KStG)

Aus Anlass des Wegfalls des doppelten Inlandsbezuges in § 14 Abs. 1 Satz 1 1. Halbsatz KStG wird auch die Verlustabzugsbeschränkung in § 14 Abs. 1 Satz 1 Nr. 5 KStG ausgeweitet.

Durch § 14 Abs. 1 Satz 1 Nr. 5 KStG wird ausgeschlossen, dass Verluste des Organträgers mehrfach berücksichtigt werden können, z. B. weil der Organträger in verschiedenen Ländern in eine Gruppenbesteuerung einbezogen ist. Da als Folge der Aufgabe des doppelten Inlandsbezugs der Organgesellschaft nun auch auf der Ebene der Organgesellschaft eine doppelte Verlustnutzung denkbar ist, wird die Regelung auf Organgesellschaften ausgedehnt.

Ein Fall i. S. d. § 14 Abs. 1 Satz 1 Nr. 5 KStG liegt insbesondere dann vor, wenn die negativen Einkünfte einer doppelt ansässigen Organgesellschaft im Rahmen der Besteuerung im ausländischen Staat mit positiven Einkünften eines Gruppenträgers ausgeglichen oder abgezogen werden.

5. Einführung eines Feststellungsverfahrens (§ 14 Abs. 5 KStG)

a) Hintergrund der Änderungen

Liegen die Voraussetzungen einer körperschaftsteuerlichen Organschaft i. S. d. §§ 14 ff. KStG vor, ist das Einkommen der Organgesellschaft, soweit sich aus § 16 KStG nichts anderes ergibt, dem Organträger zuzurechnen. Die Zurechnung des Organeinkommens beim Organträger ist eine zwingende Rechtsfolge des § 14 Abs. 1 Satz 1 KStG. Bei dieser Einkommenszurechnungsvorschrift handelt es sich jedoch lediglich um eine materiell-rechtliche, nicht um eine verfahrensrechtliche Regelung. Daher war bisher die Änderung einer bestandskräftigen Veranlagung des Organträgers aufgrund einer Änderung des Einkommens der Organgesellschaft nicht ohne weiteres möglich.

Mit Urteil v. 28. 1. 2004 (I R 84/03, BStBl II 2004, 539) hat der BFH entschieden, dass ein der Organgesellschaft gegenüber ergangener Steuerbescheid für den Organträger nicht bindend ist. Diese Rechtsauffassung wurde mit Urteil des BFH v. 6. 3. 2008 (IV R 74/05, BStBl II 2008, 663) bestätigt.

Durch die Regelung des § 14 Abs. 5 KStG wird daher im Rahmen des Besteuerungsverfahren bei Organschaften ein Feststellungsverfahren eingeführt, in dem insbesondere das dem Organträger zuzurechnende Einkommen der Organgesellschaft gesondert und einheitlich festgestellt wird. Der Feststellungsbescheid soll im Interesse der Verfahrensökonomie, der Rechtssicherheit und einer gleichmäßigen Besteuerung die steuerrechtliche Bedeutung des Einkommens der Organgesellschaft sowie bestimmter anderer Besteuerungsgrundlagen mit Bindungswirkung für die Steuerbescheide der Organgesellschaft und den Organträger regeln. Aufgrund der oben dargestellten materiell-rechtlichen Systematik beinhaltet diese Feststellung gleichzeitig auch die grundlegende Feststellung darüber, dass eine steuerlich anzuerkennende Organschaft vorliegt, denn nur dann ist die Rechtsgrundlage für eine Einkommenszurechnung gegeben (vgl. BT-Drucks. 17/10774, 32 f.).

b) Änderungen im Einzelnen

Die gesonderten Feststellungen nach **§ 14 Abs. 5 Satz 1 KStG** erfolgen gegenüber dem Organträger und der Organgesellschaft einheitlich. Es handelt sich dabei nicht um mehrere rechtlich voneinander selbstständige Feststellungen gegen verschiedene Personen, die lediglich „technisch" zu einem Bescheid zusammengefasst sind, sondern um gesonderte Feststellungen, die gegenüber beiden Beteiligten inhaltlich nur einheitlich ergehen. Daher muss der Feststellungsbescheid auch beiden Beteiligten – der Organgesellschaft und dem Organträger – bekannt gegeben werden; die Bestimmung eines gemeinsamen Empfangsbevollmächtigten ist dabei möglich. Die Möglichkeit, den gesonderten und einheitlichen Feststellungsbescheid außergerichtlich oder gerichtlich anzufechten, haben sowohl der Organträger als auch die Organgesellschaft.

Der Feststellungsbescheid hat nach **§ 14 Abs. 5 Satz 2 KStG** für den Körperschaftsteuerbescheid des Organträgers und den Körperschaftsteuerbescheid der Organgesellschaft die **Funktion eines Grundlagenbescheides** i. S. d. § 171 Abs. 10 und § 175 Abs. 1 Satz 1 Nr. 1 AO. Davon sind im Regelfall der Körperschaftsteuerbescheid des Organträgers und der Körperschaftsteuerbescheid der Organgesellschaft betroffen. Handelt es sich bei dem Organträger um eine natürliche Person oder eine Personengesellschaft, besteht die Bindungswirkung des Feststellungsbescheides auch für den Einkommensteuer- bzw. Feststellungsbescheid des Organträgers. Darüber hinaus besteht die Bindungswirkung auch für andere Bescheide, in denen sich die nach Satz 1 festzustellenden mit dem Einkommen der Organgesellschaft zusammenhängenden anderen Besteuerungsgrundlagen auswirken z. B. dem Bescheid über die gesonderte Feststellung des steuerlichen Einlagekontos der Organgesellschaft hinsichtlich der Mehr-/ Minderabführungen, die ihre Ursache in organschaftlicher Zeit haben (§ 27 Abs. 6 KStG).

Nach **§ 14 Abs. 5 Satz 3 KStG** sind in Anlehnung an § 180 Abs. 5 AO auch die von der Organgesellschaft geleisteten Steuern, die auf die Steuer des Organträgers anzurechnen sind (z. B. anzurechnende Kapitalertragsteuer), gesondert und einheitlich festzustellen. Die Regelungen für die gesonderte Feststellung des Einkommens der Organgesellschaft gelten insoweit entsprechend.

Nach **§ 14 Abs. 5 Satz 4 KStG** ist das Finanzamt für die Durchführung der gesonderten und einheitlichen Feststellungen **zuständig**, das für die Einkommensbesteuerung der Organgesellschaft zuständig ist (vgl. § 20 AO).

Die Besteuerungsgrundlagen für die Ermittlung der für die Besteuerung der Organschaft notwendigen Beträge wurden bisher mit der **Körperschaftsteuererklärung der Organgesellschaft** erklärt. Da die Einführung des neuen Feststellungsverfahrens für Organschaften nicht zu einer zusätzlichen Belastung für die Beteiligten führen soll, soll die neue Feststellungserklärung nach § 14 Abs. 5 Satz 5 KStG mit der Körperschaftsteuererklärung der Organgesellschaft verbunden. Nach den allgemeinen Regelungen des § 181 Abs. 2 AO zur gesonderten Feststellung sind zwar sowohl die Organgesellschaft als auch der Organträger verpflichtet, eine Erklärung zu den gesonderten und einheitlichen Feststellungen abzugeben. Hat die Organgesellschaft aber zusammen mit ihrer Körperschaftsteuererklärung auch die Feststellungserklärung nach § 14 Abs. 5 KStG abgegeben, ist der Organträger insoweit von der Erklärungspflicht befreit (§ 181 Abs. 2 Satz 2 AO). Gibt die Organgesellschaft dagegen keine Körperschaftsteuer- und Feststellungserklärung ab, bleibt der Organträger hinsichtlich der gesonderten und einheitlichen Feststellungen erklärungspflichtig.

Eine vergleichbare Notwendigkeit für eine gesonderte Feststellung sieht der Gesetzgeber für die **Gewerbesteuer** nicht, denn durch § 35b GewStG besteht in Organschaftsfällen bereits jetzt eine Änderungsmöglichkeit für einen bestandskräftigen Gewerbesteuermessbescheides des Organträgers, wenn dies auf eine Gewinnänderung auf der Ebene der Organgesellschaft zurückzuführen ist (vgl. BFH v. 21. 10. 2009 - I R 29/09, BStBl II 2010, 644). Der wesentliche Unterschied besteht hier darin, dass die Organgesellschaft i. S. d. §§ 14 oder 17 KStG gewerbesteuerlich eine Betriebsstätte des Organträgers darstellt (vgl. BT-Drucks. 17/10774, 34).

2. § 17 KStG

¹Die §§ 14 bis 16 gelten entsprechend, wenn eine andere als die in § 14 Abs. 1 Satz 1 bezeichnete Kapitalgesellschaft mit Geschäftsleitung **im Inland** und Sitz **in einem Mitgliedstaat der Europäischen Union oder in einem Vertragsstaat des EWR-Abkommens** *[bisher: im Inland]* sich wirksam verpflichtet, ihren ganzen Gewinn an ein anderes Unternehmen im Sinne des § 14 abzuführen. ²Weitere Voraussetzung ist, dass

1. eine Gewinnabführung den in § 301 des Aktiengesetzes genannten Betrag nicht überschreitet und

2. eine Verlustübernahme **durch Verweis auf die** *[bisher: entsprechend den]* Vorschriften des § 302 des Aktiengesetzes **in seiner jeweils gültigen Fassung** vereinbart wird.

Anwendungsvorschriften:

▶ § 34 Abs. 1 und Abs. 9 KStG i. d. F. des UntStVerG lautet:

(1) Diese Fassung des Gesetzes gilt, soweit in den folgenden Absätzen nicht anderes bestimmt ist, erstmals für den Veranlagungszeitraum **2012** *[bisher: 2010]*

. . .

(9) § 14 ist anzuwenden

. . .

8. **Absatz 1 Satz 1 1. Halbsatz und Satz 1 Nr. 5 und § 17 Satz 1 i. d. F. des Artikels 2 des Gesetzes vom 20. 2. 2013 (BGBl I 2013, 285) ist in allen noch nicht bestandskräftig veranlagten Fällen anzuwenden.**

. . .

(10b) [1]§ 17 Satz 2 Nr. 2 i. d. F. des Artikels 2 des Gesetzes vom 20. 2. 2013 (BGBl I 2013, 285) ist erstmals auf Gewinnabführungsverträge anzuwenden, die nach dem Tag des Inkrafttretens dieses Gesetzes abgeschlossen oder geändert werden. [2]Enthält ein Gewinnabführungsvertrag, der vor diesem Zeitpunkt wirksam abgeschlossen wurde, keinen den Anforderungen des § 17 Satz 2 Nr. 2 i. d. F. der Bekanntmachung vom 15. 10. 2002 (BGBl I 2002, 4144), das zuletzt durch Artikel 4 des Gesetzes vom 7. 12. 2011 (BGBl I 2011, 2592) geändert worden ist, entsprechenden Verweis auf § 302 des Aktiengesetzes, steht dies der Anwendung der §§ 14 bis 16 für Veranlagungszeiträume, die vor dem 1. 1. 2015 enden, nicht entgegen, wenn eine Verlustübernahme entsprechend § 302 des Aktiengesetzes tatsächlich erfolgt ist und eine Verlustübernahme entsprechend § 17 Satz 2 Nr. 2 i. d. F. des Artikels 2 des Gesetzes vom 20. 2. 2013 (BGBl I 2013, 285) bis zum Ablauf des 31. 12. 2014 wirksam vereinbart wird. [3]Für die Anwendung des Satzes 2 ist die Vereinbarung einer Verlustübernahme entsprechend § 17 Satz 2 Nr. 2 i. d. F. des Artikels 2 des Gesetzes vom 20. 2. 2013 (BGBl I 2013, 285) nicht erforderlich, wenn die steuerliche Organschaft vor dem 1. 1. 2015 beendet wurde. [4]Die Änderung im Sinne des Satzes 2 eines bestehenden Gewinnabführungsvertrags gilt für die Anwendung des § 14 Abs. 1 Satz 1 Nr. 3 nicht als Neuabschluss.

Erläuterungen

(Dr. Thomas Keß, Richter am FG)

LITERATUR:

Siehe die Literaturangaben zu § 14 KStG.

I. Bedeutung der Gesetzesänderung

Mit der Änderung des § 17 Satz 2 Nr. 2 KStG werden die Unklarheiten über die Formulierung der Verlustübernahmeverpflichtungen in Gewinnabführungsverträgen insb. mit Gesellschaften mit beschränkter Haftung beseitigt und klargestellt, dass die Verlustübernahmeverpflichtung bei diesen Gesellschaften durch einen **dynamischen Verweis auf die Regelung des § 302 AktG** im Gewinnabführungsvertrag vereinbart werden müssen.

II. Zeitlicher Anwendungsbereich

1. Wegfall des doppelten Inlandsbezugs

Der Wegfall des bisherigen Erfordernisses des doppelten Inlandsbezugs der Organgesellschaft in § 17 Satz 1 KStG gilt **für alle offenen Fälle** (§ 34 Abs. 9 Nr. 8 KStG).

2. Verlustübernahmeverpflichtung

Zur Anerkennung einer steuerlichen Organschaft mit anderen als den in § 14 Abs. 1 Satz 1 KStG bezeichneten Kapitalgesellschaften als Organgesellschaften müssen **Gewinnabführungsverträge, die ab dem** Tag des Inkrafttretens des „Gesetzes zur Änderung und Vereinfachung der Unternehmensbesteuerung und des steuerlichen Reisekostenrechts" am 20. 2. 2013 **abgeschlossen oder** aus anderem Grunde als der Aufnahme des dynamischen Verweises **geändert werden**, zwingend einen ausdrücklichen dynamischen Verweis auf die Vorschrift des § 302 AktG zur Verlustübernahmeverpflichtung enthalten.

§ 34 Abs. 10b Satz 2 KStG stellt sicher, dass bestehende Gewinnabführungsverträge, bei denen Zweifel bestehen, ob die formellen Voraussetzungen für die Formulierung der Verlustübernahmeverpflichtung erfüllt sind, steuerlich anerkannt werden, wenn eine Verlustübernahme tatsächlich in zutreffender Höhe erfolgt ist und die Änderung durch Aufnahme des dynamischen Verweises auf § 302 AktG **bis zum 31. 12. 2014** erfolgt. Dadurch können ggf. bestehende Rechtsunsicherheiten hinsichtlich der Formulierung der Verlustübernahmeverpflichtung des § 302 AktG ohne Folgen für die steuerliche Organschaft beseitigt werden. Eine Änderung des Gewinnabführungsvertrages kann unterbleiben, wenn die steuerliche Organschaft vor dem 1. 1. 2015 beendet wird oder bereits beendet wurde. Diese Fälle sind von der Regelung erfasst, wenn die Voraussetzung der tatsächlichen Verlustübernahme erfüllt ist.

Außerhalb der Fälle des Neuabschlusses und der Änderung aus anderen Gründen enthält die Regelung keine Verpflichtung zur Anpassung von Gewinnabführungsverträgen. Unternehmen können daher auf eigenes Risiko auch die bisherigen Verweise auf § 302 AktG fortführen, wenn sie nicht von der Möglichkeit Gebrauch machen wollen, den dynamischen Verweis bis zum 31. 12. 2014 aufzunehmen (BT-Drucks. 17/11217, 11).

§ 34 Abs. 10b Satz 4 KStG stellt klar, dass die Änderung eines Gewinnabführungsvertrages zur Aufnahme des Verweises auf § 302 AktG in der jeweils gültigen Fassung nicht als Neuabschluss anzusehen ist und daher keine neue Fünf-Jahresfrist i. S. d. § 14 Abs. 1 Nr. 3 KStG in Gang setzt. Es ergeben sich entsprechend keine Auswirkungen auf die Berechnung der Mindestvertragsdauer (BT-Drucks. 17/11217, 11).

III. Kommentierung

1. Aufgabe des doppelten Inlandsbezuges (§ 17 Satz 1 KStG)

Die Änderung des § 17 Satz 1 KStG regelt die Aufgabe des Erfordernisses des doppelten Inlandsbezugs für Organgesellschaften mit Sitz innerhalb der EU oder in einem EWR-Staats, die andere Kapitalgesellschaften sind als die in § 14 Abs. 1 Satz 1 KStG genannten; sie ergänzt insofern die Änderung des § 14 Abs. 1 Satz 1 1. Halbsatz KStG (s. auch die dortigen Ausführungen).

2. Verlustübernahmeverpflichtung (§ 17 Satz 2 Nr. 2 KStG)

§ 17 KStG bestimmt, dass die Regelungen über die körperschaftsteuerliche Organschaft in den §§ 14 bis 16 KStG grds. auch für Gesellschaften gelten, die nicht unter das AktG fallen, also insbesondere die Gesellschaften mit beschränkter Haftung.

Besonderheiten gelten insb. im Hinblick auf die Verlustübernahmeverpflichtung. Während sich diese für Aktiengesellschaften ausdrücklich aus § 302 AktG ergibt, fehlt eine solche Vorschrift im Hinblick auf die anderen Gesellschaften. Zwar gilt die Verpflichtung zur Übernahme der Verluste nach der Rechtsprechung des BGH entsprechend für GmbH (vgl. z. B. BGH v. 11. 10. 1999 – II ZR 120/98, BGHZ 142, 382), dennoch bestimmte § 17 KStG bisher, dass „eine Verlustübernahme entsprechend den Vorschriften des § 302 AktG" ausdrücklich im Gewinnabführungsvertrag vereinbart wurde.

Die Formulierung der Vorschrift führte zu Unklarheiten über die korrekte Abfassung der Verlustübernahmevereinbarung, insbesondere darüber, ob auf welche Fassung des § 302 AktG verwiesen werden musste (vgl. dazu *Eisolt*, NWB 2010, 3268; *Kolbe*, StuB 2010, 811). Ungenaue Formulierungen der Verlustübernahme in den Fällen des § 17 KStG für Gewinnabführungsverträge innerhalb eines GmbH-Konzerns haben in der Vergangenheit häufig dazu geführt, dass steuerliche Organschaften gescheitert sind, selbst wenn alle Beteiligten von einem fehlerfreien Vertrag ausgegangen sind und diesen auch entsprechend vollzogen haben.

Das BMF hat mit Schreiben v. 18. 10. 2010 (BStBl I 2010, 836) zu Anwendungsfragen bei der Formulierung zur Verlustübernahme Stellung genommen. Mit der Änderung des § 17 Satz 2 Nr. 2 KStG wird nunmehr klargestellt, dass die Verlustübernahmeverpflichtung bei den anderen Gesellschaften durch einen **dynamischen Verweis auf die Regelung des § 302 AktG** im Gewinnabführungsvertrag vereinbart werden müssen. Eine entsprechende Empfehlung hatte sich bereits in R 66 Abs. 3 KStR 2004 und in dem BMF-Schreiben zu § 302 Abs. 4 AktG v. 16. 12. 2005 (BStBl I 2006, 12) befunden.

HINWEIS:

Die in R 66 Abs. 3 KStR 2004 enthaltene Möglichkeit, den Vertragstext entsprechend dem Inhalt des § 302 AktG zu gestalten, ist mit der Änderung steuerlich nicht mehr ausreichend!

3. § 18 KStG

Ausländische Organträger

(aufgehoben) *[bisher: [1]Verpflichtet sich eine Organgesellschaft, ihren ganzen Gewinn an ein ausländisches gewerbliches Unternehmen, das im Inland eine im Handelsregister eingetragene Zweigniederlassung unterhält, abzuführen, so ist das Einkommen der Organgesellschaft den beschränkt steuerpflichtigen Einkünften aus der inländischen Zweigniederlassung zuzurechnen, wenn*

1. *der Gewinnabführungsvertrag unter der Firma der Zweigniederlassung abgeschlossen ist und*

2. *die für die finanzielle Eingliederung erforderliche Beteiligung zum Betriebsvermögen der Zweigniederlassung gehört.*

[2]Im Übrigen gelten die Vorschriften der §§ 14 bis 17 sinngemäß.]

Anwendungsvorschriften:

▶ § 34 Abs. 1 KStG i. d. F. des UntStVerG lautet:

(1) Diese Fassung des Gesetzes gilt, soweit in den folgenden Absätzen nicht anderes bestimmt ist, erstmals für den Veranlagungszeitraum **2012** (…)

Erläuterungen

(Dr. Thomas Keß, Richter am FG)

LITERATUR:

Siehe die Literaturangaben zu § 14 KStG.

Bedeutung und Inhalt der Gesetzesänderung

Aufgrund der Neufassung des § 14 Abs. 1 Satz 1 Nr. 2 KStG, wonach nicht mehr zwischen in- und ausländischen Organträgern differenziert wird, ist eine gesonderte Regelung für ausländische Organträger nicht mehr erforderlich. Der neue Satz 6 in § 14 Abs. 1 Satz 1 Nr. 2 KStG stellt – wie bisher § 18 Satz 1 Nr. 2 KStG – sicher, dass das zugerechnete Einkommen dem Einkommen der inländischen Betriebsstätte des Organträgers zuzurechnen ist, der die Organbeteiligung zuzuordnen ist (s. im Einzelnen die Erläuterungen zu § 14 Abs. 1 Satz 1 Nr. 2 KStG).

Zeitlicher Anwendungsbereich: Nach § 34 Abs. 1 KStG gilt die Neufassung der Vorschriften erstmals für den **VZ 2012**.

Teil I: Gesetz zum Abbau der kalten Progression

I. Vorbemerkung

(Dr. Alois Th. Nacke, Richter am FG)

LITERATUR:

Kruhl, Gesetzesentwurf zum Abbau der kalten Progression in der parlamentarischen Beratung, StBW 2012, 170; *Broer*, Kalte Progression wegen fehlender Inflationsanpassung steuerlicher Abzugsbeträge - ein bisher in der steuerpolitischen Diskussion weitgehend vernachlässigtes Problem, DStZ 2012, 792; *Heller*, Entwurf für ein Gesetz zum Abbau der kalten Progression, StBW 2011, 1149.

Bei dem ursprünglichen Gesetzentwurf der Bundesregierung handelt es sich um die Umsetzung des Beschluss des Koalitionsausschusses vom 6. 11. 2011, wonach die Bürgerinnen und Bürger in den Jahren 2013 und 2014 von Wirkungen der kalten Progression entlastet werden sollten. Die Umsetzung hätte ein Volumen von insgesamt sechs Milliarden Euro pro Jahr gehabt. Er sollte 2013 und 2014 in zwei Schritten umgesetzt werden und verfolgte folgende Ziele:

▶ Der Grundfreibetrag sollte bis 2014 um insgesamt 350 Euro bzw. 4,4 % auf 8 354 € angehoben werden.

▶ Der Tarifverlauf sollte bis 2014 ebenfalls um insgesamt 4,4 Prozent angepasst werden.

▶ Die Bundesregierung soll künftig alle zwei Jahre überprüfen, wie die kalte Progression wirkt und ob nachgesteuert werden muss.

Diese Ziele erreichte die Bundesregierung nicht. Der Bundesrat folgte am 1. 2. 2013 den Empfehlungen des Vermittlungsausschusses vom 12. 12. 2012. Dieser hatte nach monatelangen Verhandlungen das Vermittlungsverfahren zum Abbau der kalten Progression mit einem Einigungsvorschlag abgeschlossen. Als Minimalreform sieht nunmehr das Reformgesetz die Erhöhung des Grundfreibetrags für das verfassungsrechtlich gebotene Existenzminimum in zwei Schritten vor: Für das Jahr 2013 beträgt er 8 130 €, ab 2014 erhöht er sich auf 8 354 €. Es bleibt aber jeweils beim Eingangssteuersatz von 14 %. Die ursprünglich vorgesehene Anpassung des gesamten Tarifverlaufs, die den Effekt der kalten Progression beschränken sollte, war nicht konsensfähig.

Daten und Gesetzesmaterialien

7. 12. 2011	Regierung beschließt Abbau der kalten Progression (BR-Drucks. 847/11; BT-Drucks. 17/8683)
2. 3. 2012	1. Lesung im Bundestag
28. 3. 2012	Bericht des Finanzausschusses (BT-Drucks. 17/9201)
29. 3. 2012	Bundestag beschließt Abbau der kalten Progression
11. 5. 2012	die von SPD und Grünen geführten Länder lehnen Gesetzesvorhaben im Bundesrat ab

24. 5. 2012	Bundesregierung ruft Vermittlungsausschuss an
12. 12. 2012	Vermittlungsausschuss beschließt Erhöhung des Grundfreibetrags (BT-Drucks. 17/11842)
17. 1. 2013	Bundestag stimmt Einigungsvorschlag des Vermittlungsausschusses zu
1. 2. 2013	Bundesrat stimmt Einigungsvorschlag des Vermittlungsausschusses ebenfalls zu
25. 2. 2013	Verkündung des Gesetzes v. 20. 2. 2013 im BGBl I 2013, 283

I. Einkommensteuergesetz

1. § 32a Abs. 1 EStG

Fassung für VZ 2013:

(1) Die tarifliche Einkommensteuer **im Veranlagungszeitraum 2013** bemisst sich nach dem zu versteuernden Einkommen. Sie beträgt vorbehaltlich der §§ 32b, 32d, 34, 34a, 34b und 34c jeweils in Euro für zu versteuernde Einkommen

1. bis **8 130** Euro (Grundfreibetrag): 0;

2. von **8 131** Euro bis **13 469** Euro: $(933{,}70 \cdot y + 1\,400) \cdot y$;

3. von **13 470** Euro bis **52 881** Euro: $(228{,}74 \cdot z + 2\,397) \cdot z + \mathbf{1\,014}$;

4. von **52 882** Euro bis **250 730** Euro: $0{,}42 \cdot x - \mathbf{8\,196}$;

5. von **250 731** Euro an: $0{,}45 \cdot x - \mathbf{15\,718}$.

„y" ist ein Zehntausendstel des **den Grundfreibetrag** übersteigenden Teils des auf einen vollen Euro-Betrag abgerundeten zu versteuernden Einkommens. „z" ist ein Zehntausendstel des **13 469** Euro übersteigenden Teils des auf einen vollen Euro-Betrag abgerundeten zu versteuernden Einkommens. „x" ist das auf einen vollen Euro-Betrag abgerundete zu versteuernde Einkommen. Der sich ergebende Steuerbetrag ist auf den nächsten vollen Euro-Betrag abzurunden.

Fassung ab VZ 2014:

(1) Die tarifliche Einkommensteuer in **den Veranlagungszeiträumen ab 2014** bemisst sich nach dem zu versteuernden Einkommen. Sie beträgt vorbehaltlich der §§ 32b, 32d, 34, 34a, 34b und 34c jeweils in Euro für zu versteuernde Einkommen

1. bis **8 354** Euro (Grundfreibetrag): 0;

2. von **8 355** Euro bis 13 469 Euro: $(974{,}58 \cdot y + 1\,400) \cdot y$;

3. von 13 470 Euro bis 52 881 Euro: $(228{,}74 \cdot z + 2\,397) \cdot z + 971$;

4. von 52 882 Euro bis 250 730 Euro: $0{,}42 \cdot x - \mathbf{8\,239}$;

5. von **250 731** Euro an: $0{,}45 \cdot x - \mathbf{15\,761}$.

„y" ist ein Zehntausendstel des den Grundfreibetrag übersteigenden Teils des auf einen vollen Euro-Betrag abgerundeten zu versteuernden Einkommens. „z" ist ein Zehntausendstel des 13 469 Euro übersteigenden Teils des auf einen vollen Euro-Betrag abgerundeten zu versteuernden Einkommens. „x" ist das auf einen vollen Euro-Betrag abgerundete zu versteuernde Einkommen. Der sich ergebende Steuerbetrag ist auf den nächsten vollen Euro-Betrag abzurunden.

[bisher: (1) [1]Die tarifliche Einkommensteuer bemisst sich nach dem zu versteuernden Einkommen. [2]Sie beträgt vorbehaltlich der §§ 32b, 32d, 34, 34a, 34b und 34c jeweils in Euro für zu versteuernde Einkommen

1. bis 7 834 Euro (Grundfreibetrag): 0;

2. von 7 835 Euro bis 13 139 Euro: $(939{,}68 \cdot y + 1\,400) \cdot y$;

3. von 13 140 Euro bis 52 551 Euro: $(228{,}74 \cdot z + 2\,397) \cdot z + 1\,007$;

4. von 52 552 Euro bis 250 400 Euro: $0{,}42 \cdot x - 8\,064$;

5. von 250 401 Euro an: $0{,}45 \cdot x - 15\,576$.

[3]„y" ist ein Zehntausendstel des 7 834 Euro übersteigenden Teils des auf einen vollen Euro-Betrag abgerundeten zu versteuernden Einkommens. [4]„z" ist ein Zehntausendstel des 13 139 Euro übersteigenden Teils des auf einen vollen Euro-Betrag abgerundeten zu versteuernden Einkommens. [5]„x" ist das auf einen vollen Euro-Betrag abgerundete zu versteuernde Einkommen. [6]Der sich ergebende Steuerbetrag ist auf den nächsten vollen Euro-Betrag abzurunden.]

Anwendungsvorschriften:

▶ Art. 2 Abs. 2 u. 3 des Gesetzes zum Abbau der kalten Progression lautet:

(2) Artikel 1 Nr. 1 Buchst. a, Nr. 1a Buchst. a, Nr. 1b Buchst. a und c und Nr. 2 Buchst. a Doppelbuchst. bb, Buchst. b und d tritt am 1. 1. 2013 in Kraft.

(3) Artikel 1 Nr. 1 Buchst. b, Nr. 1a Buchst. b, Nr. 1b Buchst. b und d und Nr. 2 Buchst. a Doppelbuchst. cc, Buchst. c und e tritt am 1. 1. 2014 in Kraft.

▶ § 52 Abs 41 EStG i. d. F. des Gesetzes zum Abbau der kalten Progression lautet:

(41) [1]§ 32a Abs. 1 ist **für die Veranlagungszeiträume 2010 bis 2012** [bisher: ab dem Veranlagungszeitraum 2010] in der folgenden Fassung anzuwenden:
„(1) [1]Die tarifliche Einkommensteuer bemisst sich nach dem zu versteuernden Einkommen. [2]Sie beträgt vorbehaltlich der §§ 32b, 32d, 34, 34a, 34b und 34c jeweils in Euro für zu versteuernde Einkommen

1. bis 8 004 Euro (Grundfreibetrag): 0;

2. von 8 005 Euro bis 13 469 Euro: $(912{,}17 \cdot y + 1\,400) \cdot y$;

3. von 13 470 Euro bis 52 881 Euro: $(228{,}74 \cdot z + 2\,397) \cdot z + 1\,038$;

4. von 52 882 Euro bis 250 730 Euro: $0{,}42 \cdot x - 8\,172$;

5. von 250 731 Euro an: $0{,}45 \cdot x - 15\,694$.

[3]„y" ist ein Zehntausendstel des 8 004 Euro übersteigenden Teils des auf einen vollen Euro-Betrag abgerundeten zu versteuernden Einkommens. [4]„z" ist ein Zehntausendstel des 13 469 Euro übersteigenden Teils des auf einen vollen Euro-Betrag abgerundeten zu versteuernden Einkommens. [5]„x" ist das auf einen vollen Euro-Betrag abgerundete zu versteuernde Einkommen. [6]Der sich ergebende Steuerbetrag ist auf den nächsten vollen Euro-Betrag abzurunden."

[2]Für den Veranlagungszeitraum 2013 ist § 32a Abs. 1 i. d. F. des Artikels 1 Nr. 1 Buchst. a des Gesetzes vom … (BGBl I S. … *[einsetzen: Datum und Fundstelle des vorliegenden Änderungsgesetzes]*) anzuwenden. [3]§ 32a Abs. 1 i. d. F. des Artikels 1 Nr. 1 Buchst. b des Gesetzes vom … (BGBl I S. … *[einsetzen: Datum und Fundstelle des vorliegenden Änderungsgesetzes]*) ist erstmals für den Veranlagungszeitraum 2014 anzuwenden.

Erläuterungen

(Dr. Alois Th. Nacke, Richter am FG)

LITERATUR:

Siehe Vorbemerkung.

Hintergrund und Inhalt der Gesetzesänderung

Die **Erhöhung der des Grundfreibetrags** erfolgte aufgrund des vorliegenden **achten Existenzminimumsberichtes für 2012** (BT-Drucks. 17/5550). In der Gesetzesbegründung heißt es dazu: Es ist eine Erhöhung des Grundfreibetrags in zwei Stufen vorgesehen, „die dem heute absehbaren höheren steuerlich zu verschonenden Existenzminimum für jeden Steuerpflichtigen Rechnung trägt. Hierzu erfolgte eine Abschätzung für die Jahre 2013 und 2014 analog zur Berechnungsmethode in den Existenzminimumberichten. Eine Erhöhungsnotwendigkeit des Grundfreibetrags ergibt sich schon durch den im Sozialrecht seit diesem Jahr geltenden neuen Fortschreibungsmechanismus für die Regelbedarfe. Der danach anzuwendende Mischindex berücksichtigt sowohl die bundesdurchschnittliche Entwicklung der regelbedarfsrelevanten Preise als auch die der Nettolöhne und -gehälter je Beschäftigten. Die nach den Ergebnissen im zuletzt vorgelegten Existenzminimumbericht vom 30. 5. 2011 im Jahr 2012 noch vorhandene geringe Überdeckung beim Grundfreibetrag wird die Entwicklung der für das Steuerrecht maßgeblichen Komponenten des sozialhilferechtlichen Mindest(sach)bedarfs (Regelbedarf, Miete und Heizkosten) 2013 und 2014 insgesamt nicht abdecken können (vgl. BT-Drucks. 17/5550). Eine Anhebung des Grundfreibetrags ist daher verfassungsrechtlich geboten. Dadurch wird garantiert, dass ein Erwerbseinkommen in Höhe des Existenzminimums steuerfrei bleibt." (BT-Drucks. 17/8683, 7)

Weiterhin erfolgt eine **Anpassung des Tarifsverlaufs im VZ 2013 wegen der Erhöhung des Grundfreibetrages,** damit es bei der bisherigen Steigerung der Progressionszonen bleibt. Hierzu heißt es im Gesetzentwurf: „Im Zusammenhang mit der Anhebung des Grundfreibetrags erfolgt auch eine Tarifanpassung. Ohne Anpassung des Tarifverlaufs käme es durch die alleinige Anhebung des Grundfreibetrags bei konstantem Eingangssteuersatz zu einer nicht gewollten Stauchung des Tarifs innerhalb der ersten Progressionszone und damit zu einem Anstieg der Progression." (BT-Drucks. 17/8683, 7).

Eine Tarifanpassung wegen Erhöhung des Grundfreibetrags **im VZ 2014** erfolgt dagegen nicht. Dies führt zu einer **Steigerung der Progression in der 1. Progressionszone**.

Finanzielle Auswirkung: Die finanziellen Auswirkungen der Erhöhung des Grundfreibetrages sind überschaubar. Nach Berechnungen des Bundes der Steuerzahler werden die Bürger durch den höheren Grundfreibetrag 2013 um maximal im Jahr 25 € entlastet und 2014 nochmals um 42 €.

Zeitlicher Anwendungsbereich: Nach § 52 Abs. 41 EStG i. d. F. des Gesetzes zum Abbau der kalten Progression gelten die Änderungen erstmals für **VZ 2013 bzw. ab VZ 2014**.

2. § 39b EStG

Einbehaltung der Lohnsteuer

...

(2) [1]Für die Einbehaltung der Lohnsteuer vom laufenden Arbeitslohn hat der Arbeitgeber die Höhe des laufenden Arbeitslohns im Lohnzahlungszeitraum festzustellen und auf einen Jahresarbeitslohn hochzurechnen. [2]Der Arbeitslohn eines monatlichen Lohnzahlungszeitraums ist mit zwölf, der Arbeitslohn eines wöchentlichen Lohnzahlungszeitraums mit $360/_7$ und der Arbeitslohn eines täglichen Lohnzahlungszeitraums mit 360 zu vervielfältigen. [3]Von dem hochgerechneten Jahresarbeitslohn sind ein etwaiger Versorgungsfreibetrag (§ 19 Abs. 2) und Altersentlastungsbetrag (§ 24a) abzuziehen. [4]Außerdem ist der hochgerechnete Jahresarbeitslohn um einen etwaigen als Lohnsteuerabzugsmerkmal für den Lohnzahlungszeitraum mitgeteilten Freibetrag (§ 39a Abs. 1) oder Hinzurechnungsbetrag (§ 39a Abs. 1 Satz 1 Nr. 7), vervielfältigt unter sinngemäßer Anwendung von Satz 2, zu vermindern oder zu erhöhen. [5]Der so verminderte oder erhöhte hochgerechnete Jahresarbeitslohn, vermindert um

1. den Arbeitnehmer-Pauschbetrag (§ 9a Satz 1 Nr. 1 Buchst. a) oder bei Versorgungsbezügen den Pauschbetrag (§ 9a Satz 1 Nr. 1 Buchst. b) und den Zuschlag zum Versorgungsfreibetrag (§ 19 Absatz 2) in den Steuerklassen I bis V,

2. den Sonderausgaben-Pauschbetrag (§ 10c Satz 1) in den Steuerklassen I bis V,

3. eine Vorsorgepauschale aus den Teilbeträgen

   a) für die Rentenversicherung bei Arbeitnehmern, die in der gesetzlichen Rentenversicherung pflichtversichert oder von der gesetzlichen Rentenversicherung nach § 6 Abs. 1 Nr. 1 des Sechsten Buches Sozialgesetzbuch befreit sind, in den Steuerklassen I bis VI in Höhe des Betrags, der bezogen auf den Arbeitslohn 50 Prozent des Beitrags in der allgemeinen Rentenversicherung unter Berücksichtigung der jeweiligen Beitragsbemessungsgrenzen entspricht,

   b) für die Krankenversicherung bei Arbeitnehmern, die in der gesetzlichen Krankenversicherung versichert sind, in den Steuerklassen I bis VI in Höhe des Betrags, der bezogen auf den Arbeitslohn unter Berücksichtigung der Beitragsbemessungsgrenze und den ermäßigten Beitragssatz (§ 243 des Fünften Buches Sozialgesetzbuch) dem Arbeitnehmeranteil eines pflichtversicherten Arbeitnehmers entspricht,

   c) für die Pflegeversicherung bei Arbeitnehmern, die in der sozialen Pflegeversicherung versichert sind, in den Steuerklassen I bis VI in Höhe des Betrags, der bezogen auf den Arbeitslohn unter Berücksichtigung der Beitragsbemessungsgrenze und den bundeseinheitlichen Beitragssatz dem Arbeitnehmeranteil eines pflichtversicherten Arbeitnehmers entspricht, erhöht um den Beitragszuschlag des Arbeitnehmers nach § 55 Abs. 3 des Elften Buches Sozialgesetzbuch, wenn die Voraussetzungen dafür vorliegen,

d) für die Krankenversicherung und für die private Pflege-Pflichtversicherung bei Arbeitneh-mern, die nicht unter Buchstabe b und c fallen, in den Steuerklassen I bis V in Höhe der dem Arbeitgeber mitgeteilten Beiträge im Sinne des § 10 Abs. 1 Nr. 3, etwaig vervielfältigt unter sinngemäßer Anwendung von Satz 2 auf einen Jahresbetrag, vermindert um den Betrag, der bezogen auf den Arbeitslohn unter Berücksichtigung der Beitragsbemes-sungsgrenze und den ermäßigten Beitragssatz in der gesetzlichen Krankenversicherung sowie den bundeseinheitlichen Beitragssatz in der sozialen Pflegeversicherung dem Ar-beitgeberanteil für einen pflichtversicherten Arbeitnehmer entspricht, wenn der Arbeit-geber gesetzlich verpflichtet ist, Zuschüsse zu den Kranken- und Pflegeversicherungsbei-trägen des Arbeitnehmers zu leisten; [2]Entschädigungen im Sinne des § 24 Nr. 1 sind bei Anwendung der Buchstaben a bis c nicht zu berücksichtigen; mindestens ist für die Sum-me der Teilbeträge nach den Buchstaben b und c oder für den Teilbetrag nach Buchsta-be d ein Betrag in Höhe von 12 Prozent des Arbeitslohns, höchstens 1 900 Euro in den Steuerklassen I, II, IV, V, VI und höchstens 3 000 Euro in der Steuerklasse III anzusetzen,

4. den Entlastungsbetrag für Alleinerziehende (§ 24b) in der Steuerklasse II,

ergibt den zu versteuernden Jahresbetrag. [6]Für den zu versteuernden Jahresbetrag ist die Jahres-lohnsteuer in den Steuerklassen I, II und IV nach § 32a Abs. 1 sowie in der Steuerklasse III nach § 32a Abs. 5 zu berechnen. [7]In den Steuerklassen V und VI ist die Jahreslohnsteuer zu berechnen, die sich aus dem Zweifachen des Unterschiedsbetrags zwischen dem Steuerbetrag für das Ein-einviertelfache und dem Steuerbetrag für das Dreiviertelfache des zu versteuernden Jahres-betrags nach § 32a Abs. 1 ergibt; die Jahreslohnsteuer beträgt jedoch mindestens 14 Prozent des Jahresbetrags, für den **9 550 Euro** *[bisher: 9 429 Euro;* **ab VZ 2014: 9 763 Euro**] übersteigen-den Teil des Jahresbetrags höchstens 42 Prozent und für den 26 441 Euro übersteigenden Teil des zu versteuernden Jahresbetrags jeweils 42 Prozent sowie für den 200 584 Euro übersteigen-den Teil des zu versteuernden Jahresbetrags jeweils 45 Prozent. [8]Für die Lohnsteuerberechnung ist die als Lohnsteuerabzugsmerkmal mitgeteilte Steuerklasse maßgebend. [9]Die monatliche Lohnsteuer ist $^1/_{12}$, die wöchentliche Lohnsteuer sind $^7/_{360}$ und die tägliche Lohnsteuer ist $^1/_{360}$ der Jahreslohnsteuer. [10]Bruchteile eines Cents, die sich bei der Berechnung nach den Sät-zen 2 und 9 ergeben, bleiben jeweils außer Ansatz. [11]Die auf den Lohnzahlungszeitraum entfal-lende Lohnsteuer ist vom Arbeitslohn einzubehalten. [12]Das Betriebsstättenfinanzamt kann all-gemein oder auf Antrag zulassen, dass die Lohnsteuer unter den Voraussetzungen des § 42b Abs. 1 nach dem voraussichtlichen Jahresarbeitslohn ermittelt wird, wenn gewährleistet ist, dass die zutreffende Jahreslohnsteuer (§ 38a Abs. 2) nicht unterschritten wird.

Anwendungsvorschriften:

▶Art. 2 Abs. 2 u. 3 des Gesetzes zum Abbau der kalten Progression lautet:

(2) Artikel 1 Nr. 1 Buchst. a, Nr. 1a Buchst. a, Nr. 1b Buchst. a und c und Nr. 2 Buchst. a Doppel-buchst. bb, Buchst. b und d tritt am 1. 1. 2013 in Kraft.

(3) Artikel 1 Nr. 1 Buchst. b, Nr. 1a Buchst. b, Nr. 1b Buchst. b und d und Nr. 2 Buchst. a Doppel-buchst. cc, Buchst. c und e tritt am 1. 1. 2014 in Kraft.

▶ § 52 Abs. 51c EStG und Abs. 51d i. d. F. des Gesetzes zum Abbau der kalten Progression lautet:

(51c) Für Lohnzahlungszeiträume, die nach dem 31. 12. 2012 und vor dem 1. 1. 2014 enden, ist § 39b Abs. 2 Satz 7 i. d. F. des Artikels 1 Nr. 1a Buchst. a des Gesetzes vom ...(BGBl I S. ... [einsetzen: Datum und Fundstelle des vorliegenden Änderungsgesetzes]) anzuwenden.

(51d) § 39b Abs. 2 Satz 7 i. d. F. des Artikels 1 Nr. 1a Buchst. b des Gesetzes vom ... (BGBl I S. ... [einsetzen: Datum und Fundstelle des vorliegenden Änderungsgesetzes]) ist erstmals für Lohnzahlungszeiträume anzuwenden, die nach dem 31. 12. 2013 enden.

Erläuterungen

(Dr. Alois Th. Nacke, Richter am FG)

LITERATUR:

Siehe Vorbemerkung.

Hintergrund und Inhalt der Gesetzesänderung

Die sich bei der Tarifanpassung ergebenden Änderungen werden entsprechend auch bei der Lohnsteuerbemessung berücksichtigt. Hierzu erfolgte eine Anpassung in den Steuerklassen V und VI. Es handelt sich daher um eine Folgeänderung zu den Änderungen in § 32a EStG.

Zeitlicher Anwendungsbereich: „Die Änderungen treten jeweils parallel zur Tarifanpassung in § 32a EStG am **1. 1. 2013** (Buchstabe a) und **am 1. 1. 2014** (Buchst. b) in Kraft." (BT-Drucks. 17/9201, 11). Damit sind Lohnzahlungen für den Monat Januar 2013 bereits nach der Neuregelung zu berücksichtigen. Die weitere Anpassung erfolgt dann ab dem Monat Januar 2014.

3.   § 46 EStG

Veranlagung bei Bezug von Einkünften aus nichtselbständiger Arbeit

...

(2) Besteht das Einkommen ganz oder teilweise aus Einkünften aus nichtselbständiger Arbeit, von denen ein Steuerabzug vorgenommen worden ist, so wird eine Veranlagung nur durchgeführt,

1. wenn die positive Summe der einkommensteuerpflichtigen Einkünfte, die nicht dem Steuerabzug vom Arbeitslohn zu unterwerfen waren, vermindert um die darauf entfallenden Beträge nach § 13 Abs. 3 und § 24a, oder die positive Summe der Einkünfte und Leistungen, die dem Progressionsvorbehalt unterliegen, jeweils mehr als 410 Euro beträgt;

2. wenn der Steuerpflichtige nebeneinander von mehreren Arbeitgebern Arbeitslohn bezogen hat; das gilt nicht, soweit nach § 38 Abs. 3a Satz 7 Arbeitslohn von mehreren Arbeitgebern für den Lohnsteuerabzug zusammengerechnet worden ist;

3. wenn bei einem Steuerpflichtigen die Summe der beim Steuerabzug vom Arbeitslohn nach § 39b Abs. 2 Satz 5 Nr. 3 Buchst. b bis d berücksichtigten Teilbeträge der Vorsorgepauschale größer ist als die abziehbaren Vorsorgeaufwendungen nach § 10 Abs. 1 Nr. 3 und Nr. 3a in

Verbindung mit Abs. 4 und der im Kalenderjahr insgesamt erzielte Arbeitslohn 10 500 Euro *[bisher: 10 200 Euro;* **ab VZ 2014: 10 700 Euro]** übersteigt, oder bei Ehegatten, die die Voraussetzungen des § 26 Abs. 1 erfüllen, der im Kalenderjahr von den Ehegatten insgesamt erzielte Arbeitslohn **19 700 Euro** *[bisher: 19 400 Euro;* **ab VZ 2014: 20 200 Euro]** übersteigt;

3a. wenn von Ehegatten, die nach den §§ 26, 26b zusammen zur Einkommensteuer zu veranlagen sind, beide Arbeitslohn bezogen haben und einer für den Veranlagungszeitraum oder einen Teil davon nach der Steuerklasse V oder VI besteuert oder bei Steuerklasse IV der Faktor (§ 39f) eingetragen worden ist;

4. wenn für einen Steuerpflichtigen ein Freibetrag im Sinne des § 39a Abs. 1 Satz 1 Nr. 1 bis 3, 5 oder Nr. 6 ermittelt worden ist und der im Kalenderjahr insgesamt erzielte Arbeitslohn **10 500 Euro** *[bisher: 10 200 Euro;* **ab VZ 2014: 10 700 Euro]** übersteigt oder bei Ehegatten, die die Voraussetzungen des § 26 Abs. 1 erfüllen, der im Kalenderjahr von den Ehegatten insgesamt erzielte Arbeitslohn **19 700 Euro** *[bisher: 19 400 Euro;* **ab VZ 2014: 20 200 Euro]** übersteigt; dasselbe gilt für einen Steuerpflichtigen, der zum Personenkreis des § 1 Abs. 2 gehört oder für einen beschränkt einkommensteuerpflichtigen Arbeitnehmer, wenn diese Eintragungen auf einer Bescheinigung für den Lohnsteuerabzug (§ 39 Abs. 3 Satz 1) erfolgt sind;

4a. wenn bei einem Elternpaar, bei dem die Voraussetzungen des § 26 Abs. 1 Satz 1 nicht vorliegen,

a) bis c) (weggefallen)

d) im Fall des § 33a Abs. 2 Satz 5 das Elternpaar gemeinsam eine Aufteilung des Abzugsbetrags in einem anderen Verhältnis als je zur Hälfte beantragt oder

e) im Fall des § 33b Abs. 5 Satz 3 das Elternpaar gemeinsam eine Aufteilung des Pauschbetrags für behinderte Menschen oder des Pauschbetrags für Hinterbliebene in einem anderen Verhältnis als je zur Hälfte beantragt.

²Die Veranlagungspflicht besteht für jeden Elternteil, der Einkünfte aus nichtselbständiger Arbeit bezogen hat;

5. wenn bei einem Steuerpflichtigen die Lohnsteuer für einen sonstigen Bezug im Sinne des § 34 Abs. 1 und 2 Nr. 2 und 4 nach § 39b Abs. 3 Satz 9 oder für einen sonstigen Bezug nach § 39c Abs. 3 ermittelt wurde;

5a. wenn der Arbeitgeber die Lohnsteuer von einem sonstigen Bezug berechnet hat und dabei der Arbeitslohn aus früheren Dienstverhältnissen des Kalenderjahres außer Betracht geblieben ist (§ 39b Abs. 3 Satz 2, § 41 Abs. 1 Satz 7, Großbuchst. S);

6. wenn die Ehe des Arbeitnehmers im Veranlagungszeitraum durch Tod, Scheidung oder Aufhebung aufgelöst worden ist und er oder sein Ehegatte der aufgelösten Ehe im Veranlagungszeitraum wieder geheiratet hat;

7. wenn

a) für einen unbeschränkt Steuerpflichtigen im Sinne des § 1 Abs. 1 bei der Bildung der Lohnsteuerabzugsmerkmale (§ 39) ein Ehegatte im Sinne des § 1a Abs. 1 Nr. 2 berücksichtigt worden ist oder

b) für einen Steuerpflichtigen, der zum Personenkreis des § 1 Abs. 3 oder des § 1a gehört, Lohnsteuerabzugsmerkmale nach § 39 Abs. 2 gebildet worden sind; das nach § 39 Abs. 2 Satz 2 bis 4 zuständige Betriebsstättenfinanzamt ist dann auch für die Veranlagung zuständig;

8. wenn die Veranlagung beantragt wird, insbesondere zur Anrechnung von Lohnsteuer auf die Einkommensteuer. [2]Der Antrag ist durch Abgabe einer Einkommensteuererklärung zu stellen.

Anwendungsvorschriften:

►Art. 2 Abs. 2 u. 3 des Gesetzes zum Abbau der kalten Progression lautet:

(2) Artikel 1 Nr. 1 Buchst. a, Nr. 1a Buchst. a, Nr. 1b Buchst. a und c und Nr. 2 Buchst. a Doppelbuchst. bb, Buchst. b und d tritt am 1. 1. 2013 in Kraft.

(3) Artikel 1 Nr. 1 Buchst. b, Nr. 1a Buchst. b, Nr. 1b Buchst. b und d und Nr. 2 Buchst. a Doppelbuchst. cc, Buchst. c und e tritt am 1. 1. 2014 in Kraft.

► § 52 Abs. 55j EStG und Abs. 55k i. d. F. des Gesetzes zum Abbau der kalten Progression lautet:

(55j) Für den Veranlagungszeitraum 2013 ist § 46 Abs. 2 Nr. 3 und 4 i. d. F. des Artikels 1 Nr. 1b Buchstabe a und c des Gesetzes vom …(BGBl I S. … [einsetzen: Datum und Fundstelle des vorliegenden Änderungsgesetzes]) anzuwenden.

(55k) § 46 Abs. 2 Nr. 3 und 4 i. d. F. des Artikels 1 Nr. 1b Buchst. b und d des Gesetzes vom …(BGBl I S. …[einsetzen: Datum und Fundstelle des vorliegenden Änderungsgesetzes]) ist erstmals für den Veranlagungszeitraum 2014 anzuwenden.

Erläuterungen

(Dr. Alois Th. Nacke, Richter am FG)

LITERATUR:

Siehe Vorbemerkung.

Hintergrund und Inhalt der Gesetzesänderung

Befreiung wegen geringen Arbeitslohns mit Berücksichtigung der Vorsorgepauschale (§ 46 Abs. 2 Nr. 3 EStG)

Hier werden Arbeitnehmer mit geringem Jahresarbeitslohn (bisher 10 200 € bzw. 19 400 €, wenn die Voraussetzungen für die Zusammenveranlagung vorliegen) von der Pflicht zur Abgabe einer Einkommensteuererklärung allein wegen einer zu hohen Mindestvorsorgepauschale befreit, da bei Arbeitnehmern mit den genannten Arbeitslöhnen die Einkommensteuer regelmäßig 0 € beträgt. „Die Arbeitslohngrenzen ändern sich durch die Tarifänderungen in § 32a EStG geringfügig (Folgeänderung zur Tarifänderung)." (BT-Drucks. 17/9201, 11)

Zeitlicher Anwendungsbereich: „Die Änderungen treten jeweils parallel zur Tarifanpassung in § 32a EStG am **1. 1. 2013** (Buchstabe a) und **am 1. 1. 2014** (Buchst. b) in Kraft; siehe die Absätze 2 und 3 des Artikels zum Inkrafttreten dieses Änderungsgesetzes." (BT-Drucks. 17/9201, 11)

Befreiung wegen geringen Arbeitslohn mit Berücksichtigung von Freibeträgen (§ 46 Abs. 2 Nr. 4 EStG)

Hier haben Arbeitnehmer in Fällen mit geringem Arbeitslohn (bisher 10 200 € bzw. 19 400 €, wenn die Voraussetzungen für die Zusammenveranlagung vorliegen) auch wenn beim Lohnsteuerabzug Freibeträge berücksichtigt wurden, keine Verpflichtung zur Abgabe einer Einkommensteuererklärung, da bei Arbeitnehmern mit den genannten Arbeitslöhnen die Einkommensteuer regelmäßig 0 € beträgt. „Die Arbeitslohngrenzen ändern sich durch die Tarifänderungen in § 32a EStG geringfügig (Folgeänderung zur Tarifänderung)." (BT-Drucks. 17/9201, 11)

Zeitlicher Anwendungsbereich: „Die Änderungen treten jeweils parallel zur Tarifanpassung in § 32a EStG **am 1. 1. 2013** (Buchst. c) und **am 1. 1. 2014** (Buchst. d) in Kraft; siehe die Absätze 2 und 3 des Artikels zum Inkrafttreten dieses Änderungsgesetzes." (BT-Drucks. 17/9201, 11)

Teil J: Steuerrechtliche Einzelvorschriften in nichtsteuerlichen Gesetzen

Gesetz zur Förderung der elektronischen Verwaltung sowie zur Änderung weiterer Vorschriften

I. Vorbemerkung

(Dr. Alois Th. Nacke, Richter am FG)

LITERATUR:

Baum, Änderungen der AO im Jahr 2013. Neuerungen bei der Gemeinnützigkeit und im steuerlichen Verfahrensrecht, NWB 2014, 600.

Durch das Reformgesetz soll eine weitere Öffnung der Verwaltung für elektronische Dienste zur Verbesserung von Bürgernähe, Verwaltungsmodernisierung, Bürokratieabbau und Schonung natürlicher Ressourcen erfolgen. Das Gesetz enthält Vorschriften in den Bereichen Eröffnung elektronischer Zugänge, elektronische Nachweise und Zahlungsmöglichkeiten, elektronische Erfüllung von Publikationspflichten, elektronische Aktenführungen und ersetzendes Scannen, Prozessdokumentation und Prozessanalyse, Bereitstellung maschinenlesbarer Datenbestände ("open data") sowie Ersetzung der Schriftform. Weiterhin enthält das Gesetz verschiedene Regelungen zur Verbesserung und Erweiterung von E-Government-Angeboten in einzelnen Rechtsgebieten. Es soll eine Berichterstattung nach drei und fünf Jahren erfolgen.

Kern der Änderungen ist die Zulassung zweier weiterer Verfahren der Schriftform neben der qualifizierten elektronischen Signatur. Das erste dieser zugelassenen Verfahren betrifft seitens der Verwaltung zur Verfügung gestellte Formulare, welche in Verbindung mit sicherer elektronischer Identifizierung des Erklärenden übermittelt werden. Das zweite jetzt zugelassene Verfahren ist De-Mail in Ausgestaltung der Versandoption nach § 5 Abs. 5 des De-Mail-Gesetzes, welche eine „sichere Anmeldung" (§ 4 Abs. 1 Satz 2 De-Mail-Gesetz) des Erklärenden voraussetzt. Ferner wurden die elektronische Beibringung von Nachweisen im Verwaltungsverfahren vereinfacht und klarstellende Regelungen zur elektronischen Akte geschaffen.

Daten und Gesetzesmaterialien

21.9.2012	Gesetzentwurf der Bundesregierung (BR-Drucks. 557/12; BT-Drucks. 17/11473)
21.2.2013	1. Lesung
17.4.2013	Beschlussempfehlung und Bericht des Innenausschusses (BT-Drucks. 17/13139)
18.4.2013	2. und 3. Lesung
7.6.2013	Zustimmung durch Bundesrat
31.7.2013	Verkündung des Gesetzes v. 25.7.2013 im BGBl I 2013, 2749

II. § 30 Abs. 7 AO

Steuergeheimnis

...

(7) Werden dem Steuergeheimnis unterliegende Daten durch einen Amtsträger oder diesem nach Abs. 3 gleichgestellte Personen nach Maßgabe des § 87a Abs. 4 über De-Mail-Dienste im Sinne des § 1 des De-Mail-Gesetzes versendet, liegt keine unbefugte Offenbarung, Verwertung und kein unbefugter Abruf von dem Steuergeheimnis unterliegenden Daten vor, wenn beim Versenden eine kurzzeitige automatisierte Entschlüsselung durch den akkreditierten Diensteanbieter zum Zweck der Überprüfung auf Schadsoftware und zum Zweck der Weiterleitung an den Adressaten der De-Mail-Nachricht stattfindet.

Anwendungsvorschriften:

▶Art. 31 Abs. 1 des Gesetzes zur Förderung der elektronischen Verwaltung sowie zur Änderung weiterer Vorschriften lautet:

(1) Dieses Gesetz tritt vorbehaltlich der Absätze 2 bis 5 am Tag nach der Verkündigung in Kraft.

Erläuterungen

(Dr. Alois Th. Nacke, Richter am FG)

Der neue Absatz 7 ermöglicht die Übermittlung von sensiblen Steuerdaten an den Steuerpflichtigen durch die Finanzverwaltung mittels De-Mail-Dienste. Des Weiteren ermöglicht die Regelung eine Überprüfung der übermittelten Daten ohne dass das Steuergeheimnis verletzt wird. Akkreditierte Diensteanbieter sind solche, die eine Akkreditierung nach § 17 des De-Mail-Gesetzes vorweisen können.

Zeitlicher Anwendungsbereich: Die Neuregelung gilt **ab 1. 8. 2013** (Art. 31 Abs. 1 des Gesetzes zur Förderung der elektronischen Verwaltung sowie zur Änderung weiterer Vorschriften).

III. § 87a Abs. 3 Satz 4 Nr. 2 und Abs. 4 AO

Elektronische Kommunikation

(1) Die Übermittlung elektronischer Dokumente ist zulässig, soweit der Empfänger hierfür einen Zugang eröffnet. Ein elektronisches Dokument ist zugegangen, sobald die für den Empfang bestimmte Einrichtung es in für den Empfänger bearbeitbarer Weise aufgezeichnet hat. Übermittelt die Finanzbehörde Daten, die dem Steuergeheimnis unterliegen, sind diese Daten mit einem geeigneten Verfahren zu verschlüsseln. **Die kurzzeitige automatisierte Entschlüsselung, die beim Versenden einer De-Mail-Nachricht durch den akkreditierten Diensteanbieter zum Zweck der Überprüfung auf Schadsoftware und zum Zweck der Weiterleitung an den Adressaten der De-Mail-Nachricht erfolgt, verstößt nicht gegen das Verschlüsselungsgebot des Satzes 3.**

...

(3) Eine durch Gesetz für Anträge, Erklärungen oder Mitteilungen an die Finanzbehörden angeordnete Schriftform kann, soweit nicht durch Gesetz etwas anderes bestimmt ist, durch die elektronische Form ersetzt werden. Der elektronischen Form genügt ein elektronisches Doku-

ment, das mit einer qualifizierten elektronischen Signatur nach dem Signaturgesetz versehen ist. Die Signierung mit einem Pseudonym ist nicht zulässig. Die Schriftform kann auch ersetzt werden

1. durch unmittelbare Abgabe der Erklärung in einem elektronischen Formular, das von der Behörde in einem Eingabegerät oder über öffentlich zugängliche Netze zur Verfügung gestellt wird;

2. durch Versendung eines elektronischen Dokuments an die Behörde mit der Versandart nach § 5 Abs. 5 des De-Mail-Gesetzes.

In den Fällen des Satzes 4 Nr. 1 muss bei einer Eingabe über öffentlich zugängliche Netze ein sicherer Identitätsnachweis nach § 18 des Personalausweisgesetzes oder nach § 78 Abs. 5 des Aufenthaltsgesetzes erfolgen.

(4) Eine durch Gesetz für Verwaltungsakte oder sonstige Maßnahmen der Finanzbehörden angeordnete Schriftform kann, soweit nicht durch Gesetz etwas anderes bestimmt ist, durch die elektronische Form ersetzt werden. Der elektronischen Form genügt ein elektronisches Dokument, das mit einer qualifizierten elektronischen Signatur nach dem Signaturgesetz versehen ist. Die Schriftform kann auch ersetzt werden durch Versendung einer De-Mail-Nachricht nach § 5 Abs. 5 des De-Mail-Gesetzes, bei der die Bestätigung des akkreditierten Diensteanbieters die erlassende Finanzbehörde als Nutzer des De-Mail-Kontos erkennen lässt. Für von der Finanzbehörde aufzunehmende Niederschriften gelten die Sätze 1 und 3 nur, wenn dies durch Gesetz ausdrücklich zugelassen ist.

[bisher: (3) Eine durch Gesetz für Anträge, Erklärungen oder Mitteilungen an die Finanzbehörden angeordnete Schriftform kann, soweit nicht durch Gesetz etwas anderes bestimmt ist, durch die elektronische Form ersetzt werden. In diesem Fall ist das elektronische Dokument mit einer qualifizierten elektronischen Signatur nach dem Signaturgesetz zu versehen. Die Signierung mit einem Pseudonym ist nicht zulässig.

(4) Eine durch Gesetz für Verwaltungsakte oder sonstige Maßnahmen der Finanzbehörden angeordnete Schriftform kann, soweit nicht durch Gesetz etwas anderes bestimmt ist, durch die elektronische Form ersetzt werden. In diesem Fall ist das elektronische Dokument mit einer qualifizierten elektronischen Signatur nach dem Signaturgesetz zu versehen. Für von der Finanzbehörde aufzunehmende Niederschriften gilt Satz 1 nur, wenn dies durch Gesetz ausdrücklich zugelassen ist.]

Anwendungsvorschriften:

►Art. 31 Abs. 1 des Gesetzes zur Förderung der elektronischen Verwaltung sowie zur Änderung weiterer Vorschriften lautet:

(1) Dieses Gesetz tritt vorbehaltlich der Absätze 2 bis 5 am Tag nach der Verkündigung in Kraft.

►Art. 31 Abs. 2 des Gesetzes zur Förderung der elektronischen Verwaltung sowie zur Änderung weiterer Vorschriften lautet:

(2) In Artikel 1 tritt § 2 Abs. 1 des E-Government-Gesetzes, in Art. 2 tritt Nr. 3, in Art. 3 Nr. 1 tritt § 3a Abs. 2 Satz 4 Nr. 2 und 3 des Verwaltungsverfahrensgesetzes, in Art. 4 tritt § 36a Abs. 2 Satz 4 Nr. 2 und 3 des Ersten Buches Sozialgesetzbuch, in Art. 7 Nr. 2 tritt § 87a Abs. 3 Satz 4 Nr. 2 und Abs. 4 der Abgabenordnung am 1. 7. 2014 in Kraft.

Erläuterungen

(Dr. Alois Th. Nacke, Richter am FG)

Die Änderung in Absatz 1 stellt klar, dass nicht gegen das Verschlüsselungsgebot verstoßen wird, wenn im De-Mail-Verfahren kurze Überprüfungen auf Schadsoftware erfolgen.

„§ 87a Abs. 3 AO beschreibt die Bedingungen, unter denen für Anträge, Erklärungen oder Mitteilungen an die Finanzbehörden die Schriftform durch die elektronische Form ersetzt werden kann. Die Schriftform kann nach dem neugefassten Satz 4 der Vorschrift neben der Nutzung der qualifizierten elektronischen Signatur auch ersetzt werden durch unmittelbare Abgabe der Erklärung in einem elektronischen Formular, das von der Behörde in einem Eingabegerät oder über öffentlich zugängliche Netze zur Verfügung gestellt wird. In diesen Fällen muss bei einer Eingabe über öffentlich zugängliche Netze ein sicherer Identitätsnachweis nach § 18 des Personalausweisgesetzes oder nach § 78 Abs. 5 des Aufenthaltsgesetzes erfolgen (§ 87a Abs. 3 Satz 5 AO – neu); Versendung eines elektronischen Dokuments an die Behörde mit der Versandart nach § 5 Abs. 5 des De-Mail-Gesetzes. An dieser Stelle ist darauf hinzuweisen, dass die Pflicht des § 2 Abs. 2 EGovG, den elektronischen Zugang zusätzlich durch eine De-Mail-Adresse im Sinne des De-Mail-Gesetzes zu eröffnen, nur für Bundesbehörden, aber nicht für Landesfinanzbehörden gilt." (*Braun*, NWB 2014, 603f).

Zeitlicher Anwendungsbereich: Die Änderung des Absatzes 3 Satz 4 Nr. 2 und Abs. 4 des § 87a AO treten am **1. 7. 2014** in Kraft (Art. 31 Abs. 2 des Gesetzes zur Förderung der elektronischen Verwaltung sowie zur Änderung weiterer Vorschriften). Die anderen Änderungen treten am **1. 8. 2013** in Kraft (Art. 31 Abs. 1 des Gesetzes zur Förderung der elektronischen Verwaltung sowie zur Änderung weiterer Vorschriften).

Teil K: Wirtschaftsgesetze ohne unmittelbaren steuerrechtlichen Bezug

I. Gesetz zur Änderung des Handelsgesetzbuchs

1. Vorbemerkung

(Prof. Dr. Hans-Joachim Kanzler, Rechtsanwalt und Steuerberater, Vors. Richter am BFH a. D.)

Vorbemerkung

Mit dem Gesetz über elektronische Handelsregister und Genossenschaftsregister sowie das Unternehmensregister (EHUG) im Jahre 2006 wurden grundlegende Änderungen bezüglich der Durchsetzung der Offenlegungspflicht vorgenommen. Dem Bundesamt für Justiz wurde mit diesem Gesetz die Durchsetzung der Offenlegungspflichten übertragen. Nach Auffassung des Gesetzgebers hat sich das neue Ordnungsgeldverfahren im Grundsatz bewährt (BT-Drucks. 17/13221). Nach der Überwindung technischer Anlaufschwierigkeiten legen nun seit mehreren Jahren über 90 % der mehr als 1,1 Mio. betroffenen Kapitalgesellschaften ihre Rechnungslegungsunterlagen rechtzeitig offen. Nachdem inzwischen fünf Jahre seit Einführung des EHUG verstrichen sind, hat der Deutsche Bundestag am 29. 11. 2012 eine Entschließung verabschiedet (BT-Drucks. 17/11702), nach der es an der Zeit sei, zu prüfen, ob Änderungsbedarf an dem seit 2006 geltenden Ordnungsgeldverfahren besteht.

Dabei hat der Deutsche Bundestag an Erleichterungen insbesondere bezüglich der Offenlegungspflicht angeknüpft, die durch die sogenannte Micro-Richtlinie (Richtlinie 2012/6/EU des Europäischen Parlaments und des Rates vom 14. 3. 2012 zur Änderung der Richtlinie 78/660/EWG des Rates über den Jahresabschluss von Gesellschaften bestimmter Rechtsformen hinsichtlich Kleinstbetrieben, ABl. L 81 vom 21. 3. 2012, S. 3) ermöglicht und mit dem Kleinstkapitalgesellschaften-Bilanzrechtsänderungsgesetz (MicroBilG) vom 20. 12. 2012 im deutschen Recht eingeführt wurden (BT-Drucks. 17/13221, 1).

Gesetzgebungsziel ist die behutsame Modernisierung des EHUG-Ordnungsgeldverfahrens, um einerseits das aufgrund zwingender europäischer Vorgaben notwendige effektive Verfahren weiterhin zu gewährleisten und andererseits in Einzelfällen Härten zu mildern.

Die Herabsetzung der Ordnungsgeldhöhe soll zu Mindereinnahmen des Bundes i. H. v. ca. 20 Mio. € jährlich führen, beginnend ab dem Kalenderjahr 2014. Diese Mindereinnahmen entsprechen der vom Deutschen Bundestag geforderten Minderung der Belastung des Mittelstands durch gegen ihn gerichtete Sanktionen und stärken damit die Liquidität des Mittelstands (BT-Drucks. 17/13221, 2).

Die entscheidenden Änderungen betreffen den die Festsetzung von Ordnungsgeld regelnden § 335 HGB. Die nach bisherigem Recht bereits umfangreiche Regelung des § 335 HGB war in zwei Vorschriften aufzuteilen, damit die Verständlichkeit erhöht wird. Der Inhalt des § 335 HGB wurde danach auf das Verfahren des Bundesamtes für Justiz beschränkt, während das gerichtliche Verfahren zur Überprüfung von Entscheidungen des Bundesamtes für Justiz in § 335a HGB konzentriert wurde. Die bisherigen Absätze 4 bis 5a von § 335 HGB wurden daher nach § 335a HGB verschoben. Auch § 335 Abs. 3 HGB wurde vereinfacht, indem die Regelungen zur Festsetzung von Ordnungsgeldern in einen neugestalteten Abs. 4 verschoben wurden.

Die übrigen Änderungen dienen der Korrektur von Redaktionsversehen, wie die Regelung in § 264 Abs. 2 HGB (Pflicht zur Aufstellung des Jahresabschlusses) oder enthalten Folgeänderungen zu den Vorschriften der §§ 335 und 335a HGB.

Daten und Gesetzesmaterialien

17. 4. 2013	Bundesregierung beschließt Gesetzentwurf
23. 4. 2013	Gesetzentwurf der Fraktionen der CDU/CSU und FDP (BT-Drucks. 17/13221)
26. 6. 2013	Bericht des Rechtsausschusses (BT-Drucks.17/14204)
26. 6. 2013	Beschlussempfehlung des Rechtsausschusses (BT-Drucks. 17/14203)
27. 6. 2013	Bundestag beschließt Änderung des Handelsgesetzbuches
9. 10. 2013	Verkündung des Gesetzes zur Änderung des Handelsgesetzbuchs im BGBl I 2013, 3746

2. § 335 HGB

Festsetzung von Ordnungsgeld

...

(4) Wenn die Beteiligten nicht spätestens sechs Wochen nach dem Zugang der Androhung der gesetzlichen Pflicht entsprochen oder die Unterlassung mittels Einspruchs gerechtfertigt haben, ist das Ordnungsgeld festzusetzen und zugleich die frühere Verfügung unter Androhung eines erneuten Ordnungsgeldes zu wiederholen. Haben die Beteiligten die gesetzliche Pflicht erst nach Ablauf der Sechswochenfrist erfüllt, hat das Bundesamt das Ordnungsgeld wie folgt herabzusetzen:

1. auf einen Betrag von 500 €, wenn die Beteiligten von dem Recht einer Kleinstkapitalgesellschaft nach § 326 Abs. 2 Gebrauch gemacht haben;

2. auf einen Betrag von 1 000 €, wenn es sich um eine kleine Kapitalgesellschaft im Sinne des § 267 Abs. 1 handelt;

3. auf einen Betrag von 2 500 €, wenn ein höheres Ordnungsgeld angedroht worden ist und die Voraussetzungen der Nummern 1 und 2 nicht vorliegen, oder

4. jeweils auf einen geringeren Betrag, wenn die Beteiligten die Sechswochenfrist nur geringfügig überschritten haben.

Bei der Herabsetzung sind nur Umstände zu berücksichtigen, die vor der Entscheidung des Bundesamtes eingetreten sind.

(5) Waren die Beteiligten unverschuldet gehindert, in der Sechswochenfrist nach Abs. 4 Einspruch einzulegen oder ihrer gesetzlichen Verpflichtung nachzukommen, hat ihnen das Bundesamt auf Antrag Wiedereinsetzung in den vorigen Stand zu gewähren. Das Verschulden eines Vertreters ist der vertretenen Person zuzurechnen. Ein Fehlen des Verschuldens wird vermutet, wenn eine Rechtsbehelfsbelehrung unter-blieben ist oder fehlerhaft ist. Der Antrag auf Wiedereinsetzung ist binnen zwei Wochen nach Wegfall des Hindernisses schriftlich beim Bundesamt zu stellen. Die Tatsachen zur Begründung des Antrags sind bei der Antragstellung oder im Ver-

fahren über den Antrag glaubhaft zu machen. Die versäumte Handlung ist spätestens sechs Wochen nach Wegfall des Hindernisses nachzuholen. Ist innerhalb eines Jahres seit dem Ablauf der Sechswochenfrist nach Abs. 4 weder Wiedereinsetzung beantragt noch die versäumte Handlung nachgeholt worden, kann Wiedereinsetzung nicht mehr gewährt werden. Die Wiedereinsetzung ist nicht anfechtbar. Haben die Beteiligten Wiedereinsetzung nicht beantragt oder ist die Ablehnung des Wiedereinsetzungsantrags bestandskräftig geworden, können sich die Beteiligten mit der Beschwerde nicht mehr darauf berufen, dass sie unverschuldet gehindert waren, in der Sechswochenfrist Einspruch einzulegen oder ihrer gesetzlichen Verpflichtung nachzukommen. *[bisher: (4) Gegen die Entscheidung, durch die das Ordnungsgeld festgesetzt oder der Einspruch oder der Antrag auf Wiedereinsetzung in den vorigen Stand verworfen wird, sowie gegen die Entscheidung nach Abs. 3 Satz 7 findet die Beschwerde nach den Vorschriften des Gesetzes über das Verfahren in Familiensachen und in den Angelegenheiten der freiwilligen Gerichtsbarkeit statt, soweit sich nicht aus Abs. 5 etwas anderes ergibt.*

(5) Die Beschwerde ist binnen einer Frist von zwei Wochen einzulegen; über sie entscheidet das für den Sitz des Bundesamts zuständige Landgericht. Die Landesregierung des Landes, in dem das Bundesamt seinen Sitz unterhält, wird ermächtigt, zur Vermeidung von erheblichen Verfahrensrückständen oder zum Ausgleich einer übermäßigen Geschäftsbelastung durch Rechtsverordnung die Entscheidung über die Rechtsmittel nach Satz 1 einem anderen Landgericht oder weiteren Landgerichten zu übertragen. Die Landesregierung kann diese Ermächtigung auf die Landesjustizverwaltung übertragen. Ist bei dem Landgericht eine Kammer für Handelssachen gebildet, so tritt diese Kammer an die Stelle der Zivilkammer. Entscheidet über die Beschwerde die Zivilkammer, so sind die §§ 348 und 348a der Zivilprozessordnung entsprechend anzuwenden; über eine bei der Kammer für Handelssachen anhängige Beschwerde entscheidet der Vorsitzende. Die Rechtsbeschwerde findet nicht statt. Das Landgericht kann nach billigem Ermessen bestimmen, dass die außergerichtlichen Kosten der Beteiligten, die zur zweckentsprechenden Rechtsverfolgung notwendig waren, ganz oder teilweise aus der Staatskasse zu erstatten sind. Satz 7 gilt entsprechend, wenn das Bundesamt der Beschwerde abhilft. § 91 Abs. 1 Satz 2 und die §§ 103 bis 107 der Zivilprozessordnung gelten entsprechend. Abs. 2 Satz 3 ist anzuwenden. Die sofortige Beschwerde ist bei dem Bundesamt einzulegen. Hält das Bundesamt die sofortige Beschwerde für begründet, hat es ihr abzuhelfen; anderenfalls ist die sofortige Beschwerde unverzüglich dem Beschwerdegericht vorzulegen.]

(5a) (weggefallen)

(6) [1]Liegen dem Bundesamt in einem Verfahren nach den Absätzen 1 bis 5 keine Anhaltspunkte über die Einstufung einer Gesellschaft im Sinne des § 267 Abs. 1 bis 3 oder des § 267a vor, kann es den in Abs. 1 Satz 1 und 2 bezeichneten Beteiligten aufgeben, die Bilanzsumme nach Abzug eines auf der Aktivseite ausgewiesenen Fehlbetrags (§ 268 Abs. 3), die Umsatzerlöse (§ 277 Abs. 1) und die durchschnittliche Zahl der Arbeitnehmer (§ 267 Abs. 5) für das betreffende Geschäftsjahr und für diejenigen Geschäftsjahre, die für die Einstufung erforderlich sind, anzugeben. *[bisher: [1]Liegen dem Bundesamt in einem Verfahren nach den Absätzen 1 bis 3 keine Anhaltspunkte über die Einstufung einer Gesellschaft im Sinn des § 267 Abs. 1, 2 oder Abs. 3 oder § 267a vor, ist den in Abs. 1 Satz 1 und 2 bezeichneten Beteiligten zugleich mit der Androhung des Ordnungsgeldes aufzugeben, im Fall des Einspruchs die Bilanzsumme nach Abzug eines auf der Aktivseite ausgewiesenen Fehlbetrags (§ 268 Abs. 3), die Umsatzerlöse in den ersten zwölf Monaten vor dem Abschlussstichtag (§ 277 Abs. 1) und die durchschnittliche Zahl der Arbeitnehmer (§ 267*

Abs. 5) für das betreffende Geschäftsjahr und für diejenigen vorausgehenden Geschäftsjahre, die für die Einstufung nach § 267 Abs. 1, 2 oder Abs. 3 oder § 267a erforderlich sind, anzugeben.] [2]Unterbleiben die Angaben nach Satz 1, so wird für das weitere Verfahren vermutet, dass die Erleichterungen der §§ 326 und 327 nicht in Anspruch genommen werden können. [3]Die Sätze 1 und 2 gelten für den Konzernabschluss und den Konzernlagebericht entsprechend mit der Maßgabe, dass an die Stelle der §§ 267, 326 und 327 der § 293 tritt.

Anwendungsvorschriften:

▶ Art 4 des Gesetzes zur Änderung des Handelsgesetzbuchs lautet:

Dieses Gesetz tritt am Tag nach der Verkündung in Kraft.

Erläuterungen

(Prof. Dr. Hans-Joachim Kanzler, Rechtsanwalt und Steuerberater, Vors. Richter am BFH a. D.)

LITERATUR:

Kaufmann/Kurpat, Offenlegungspflicht von Jahresabschlüssen – Das Ordnungsgeldverfahren nach § 335 HGB aus Sicht der Rechtsprechung, MDR 2014, 1.

I. Bedeutung der Gesetzesänderungen

§ 335 Abs. 4 HGB regelt künftig, wann und wie ein Ordnungsgeld wegen versäumter Offenlegung der Rechnungslegungsunterlagen festzusetzen ist.

II. Kommentierung der Gesetzesänderungen

§ 335 Abs. 4 Satz 1 HGB übernimmt die bisherige Regelung. Das Bundesamt für Justiz setzt ein Ordnungsgeld fest, wenn die Beteiligten nicht spätestens sechs Wochen nach dem Zugang der Androhung reagieren und entweder die Offenlegung nachgeholt oder die unterlassene Offenlegung mit dem Einspruch gerechtfertigt haben. Grundsätzlich setzt das Bundesamt das Ordnungsgeld in der angedrohten Höhe fest.

§ 335 Abs. 4 Satz 2 HGB weicht von diesem Grundsatz ab und lässt es zu, dass das Bundesamt ein geringeres als das angedrohte Ordnungsgeld festsetzt. Für Kleinstkapitalgesellschaften, die ihre Bilanz nach Ablauf der Sechswochenfrist verspätet hinterlegt haben, wird das Ordnungsgeld auf 500 € (Nr. 1) und für kleine Kapitalgesellschaften, die ihren Jahresabschluss verspätet offengelegt haben, auf 1 000 € herabgesetzt (Nr. 2). War bereits ein höheres Ordnungsgeld als 2 500 € angedroht worden, setzt das Bundesamt das Ordnungsgeld auf 2 500 € herab (Nr. 3). Für Kleinstkapitalgesellschaften und kleine Kapitalgesellschaften bleibt es auch in diesem Fall bei der Herabsetzung nach Nr. 1 (auf 500 €) oder Nr. 2 (auf 1 000 €). Bei geringfügiger Überschreitung der Sechswochenfrist kann das Ordnungsgeld weiter, auch unter die genannten Beträge herabgesetzt werden (Nr. 4). Das entspricht der bisherigen Regelung in § 335 Abs. 3 Satz 5 HGB a. F. und vermeidet Härten bei geringer Fristüberschreitung (BT-Drucks. 17/13221, 9).

Die Neuregelung begünstigt die Unternehmen, die zwar die Fristen nicht eingehalten haben, aber nachträglich ihre Offenlegungspflicht erfüllen. Für eine Privilegierung permanent offenlegungssäumiger Unternehmen besteht schon wegen der zwingenden europäischen Vorgaben keine Veranlassung. Die Neuregelung zu der vom Deutschen Bundestag geforderten Senkung des Sanktionsniveaus begünstigt die betroffenen kleinen und kleinsten Unternehmen, stellt aber zugleich auch weiterhin eine effektive Durchsetzung der Offenlegungspflicht sicher.

§ 335 Abs. 4 Satz 3 HGB stellt klar, dass eine Herabsetzung des Ordnungsgelds nur bis zur Entscheidung des Bundesamtes für Justiz in Betracht kommt. Bleiben die Beteiligten nach Ablauf der Sechswochenfrist weiter untätig, so besteht auch keine Veranlassung für eine Herabsetzung des Ordnungsgelds.

§ 335 Abs. 5 HGB nimmt die neue Regelung zur Wiedereinsetzung in den vorigen Stand auf. Bisher enthielt § 335 HGB a. F. Regelungen zur Wiedereinsetzung in den vorigen Stand, indem er in Abs. 2 Satz 1 auf die §§ 15 bis 19 des Gesetzes über das Verfahren in Familiensachen und in den Angelegenheiten der freiwilligen Gerichtsbarkeit verwies und in Abs. 4 a. F. die Beschwerde gegen die Verwerfung eines Antrags auf Wiedereinsetzung in den vorigen Stand für statthaft erklärte. Mit der Neuregelung kann auf diese Verweisung verzichtet werden. In der Sache entspricht die Neuregelung vergleichbaren Vorschriften zur Wiedereinsetzung in den vorigen Stand (BT-Drucks. 17/13221, 9).

§ 335 Abs. 5a HGB konnte gestrichen werden, weil die Vorschrift Teil der Regelung über das gerichtliche Verfahren in § 335a HGB wurde.

§ 335 Abs. 6 Satz 1 HGB wurde sprachlich vereinfacht und die bisherige Pflicht des Bundesamtes für Justiz zur Abfrage bestimmter Kennzahlen bei offenlegungssäumigen Unter-nehmen in eine Ermessensvorschrift umgewandelt. Damit wird eine flexible Handhabung ermöglicht, falls andere Angaben sicher ausgewertet werden können.

III. Zeitlicher Anwendungsbereich

Nach Art. 4 des Gesetzes zur Änderung des Handelsgesetzbuchs tritt das Gesetz **am Tag nach der Verkündung** in Kraft.

3. § 335a HGB

Beschwerde gegen die Festsetzung von Ordnungsgeld

(1) Gegen die Entscheidung, durch die das Ordnungsgeld festgesetzt oder der Einspruch oder der Antrag auf Wiedereinsetzung in den vorigen Stand verworfen wird, sowie gegen die Entscheidung nach § 335 Abs. 3 Satz 5 findet die Beschwerde nach den Vorschriften des Gesetzes über das Verfahren in Familiensachen und in den An-gelegenheiten der freiwilligen Gerichtsbarkeit statt, soweit sich aus den nachstehenden Absätzen nichts anderes ergibt.

(2) [1]Die Beschwerde ist binnen einer Frist von zwei Wochen einzulegen; über sie entscheidet das für den Sitz des Bundesamtes zuständige Landgericht. [2]Zur Vermeidung von erheblichen Verfahrensrückständen oder zum Ausgleich einer übermäßigen Geschäftsbelastung wird die Landesregierung des Landes, in dem das Bundesamt seinen Sitz unterhält, ermächtigt, durch Rechtsverordnung die Entscheidung über die Rechtsmittel nach Satz 1 einem anderen Landgericht oder weiteren Landgerichten zu übertragen. [3]Die Landesregierung kann diese Ermächtigung auf die Landesjustizverwaltung übertragen. [4]Ist bei dem Landgericht eine Kammer für Handelssachen gebildet, so tritt diese Kammer an die Stelle der Zivilkammer. [5]Entscheidet über die Beschwerde die Zivilkammer, so sind die §§ 348 und 348a der Zivilprozessordnung entsprechend anzuwenden; über eine bei der Kammer für Handelssachen anhängige Beschwerde ent-

scheidet der Vorsitzende. [6]Das Landgericht kann nach billigem Ermessen bestimmen, dass den Beteiligten die außergerichtlichen Kosten, die zur zweckentsprechenden Rechtsverfolgung notwendig waren, ganz oder teilweise aus der Staatskasse zu erstatten sind. [7]Satz 6 gilt entsprechend, wenn das Bundesamt der Beschwerde abhilft. [8]§ 91 Abs. 1 Satz 2 und die §§ 103 bis 107 der Zivilprozessordnung gelten entsprechend. § 335 Abs. 2 Satz 3 ist anzuwenden.

(3) [1]Gegen die Beschwerdeentscheidung ist die Rechtsbeschwerde statthaft, wenn das Landgericht sie zugelassen hat. [2]Für die Rechtsbeschwerde gelten die Vorschriften des Gesetzes über das Verfahren in Familiensachen und in den Angelegenheiten der freiwilligen Gerichtsbarkeit entsprechend, soweit sich aus diesem Absatz nichts anderes ergibt. [3]Über die Rechtsbeschwerde entscheidet das für den Sitz des Landgerichts zuständige Oberlandesgericht. [4]Die Rechtsbeschwerde steht auch dem Bundesamt zu. [5]Vor dem Oberlandesgericht müssen sich die Beteiligten durch einen Rechtsanwalt vertreten lassen; dies gilt nicht für das Bundesamt. [6]Abs. 2 Satz 6 und 8 gilt entsprechend.

(4) Für die elektronische Aktenführung des Gerichts und die Kommunikation mit dem Gericht nach den Absätzen 1 bis 3 sind § 110a Abs. 1, § 110b Abs. 1 Satz 1, Abs. 2 bis 4, § 110c Abs. 1 sowie § 110d des Gesetzes über Ordnungswidrigkeiten entsprechend anzuwenden. § 110a Abs. 2 Satz 1 und 3 sowie § 110b Abs. 1 Satz 2 und 4 des Gesetzes über Ordnungswidrigkeiten sind mit der Maßgabe anzuwenden, dass die Landesregierung des Landes, in dem das Bundesamt seinen Sitz unterhält, die Rechtsverordnung erlassen und die Ermächtigung durch Rechtsverordnung auf die Landesjustizverwaltung übertragen kann.

[bisher: § 335a (weggefallen)]

Anwendungsvorschriften:

►Art. 4 des Gesetzes zur Änderung des Handelsgesetzbuchs lautet:

Dieses Gesetz tritt am Tag nach der Verkündung in Kraft.

Erläuterungen

(Prof. Dr. Hans-Joachim Kanzler, Rechtsanwalt und Steuerberater, Vors. Richter am BFH a. D.)

LITERATUR:

Kaufmann/Kurpat, Offenlegungspflicht von Jahresabschlüssen – Das Ordnungsgeldverfahren nach § 335 HGB aus Sicht der Rechtsprechung, MDR 2014, 1.

I. Bedeutung der Gesetzesänderungen

§ 335a HGB nimmt die bisherigen Regelungen über das gerichtliche Verfahren gegen Ordnungsgeldentscheidungen des Bundesamts für Justiz auf. Abs. 1 entspricht der bisherigen Vorschrift des § 335 Abs. 4 HGB a. F. und Abs. 2 enthält die bisher in § 335 Abs. 5 HGB a. F. enthaltenen Regelungen mit Ausnahme der Sätze 11 und 12, die bereits nach Art. 66 Abs. 6 EGHGB in der Fassung des BilMoG am 1. 9. 2009 außer Kraft getreten sind. § 335a Abs. 4 HGB entspricht dem § 335 Abs. 5a HGB a. F.

II. Kommentierung der Gesetzesänderungen

Zulässigkeit der Beschwerde: Gegen Entscheidungen des Bundesamts für Justiz über die Festsetzung von Ordnungsgeldern, die Verwerfung des Einspruchs oder eines Antrags auf Wiedereinsetzung in den vorigen Stand ist wie bisher die Beschwerde zulässig. Hilft das Bundesamt der Beschwerde nicht ab, gibt es diese an das für den Sitz des Bundesamtes zuständige Landgericht ab.

Weitere Rechtsbeschwerde: In § 335a Abs. 3 HGB ist die neue, zulassungsbedürftige Rechtsbeschwerde geregelt. Damit erhalten die Beteiligten des Verfahrens die Möglichkeit, in grundsätzlichen Rechtsfragen eine Klärung durch das Oberlandesgericht zu erreichen (BT-Drucks. 17/13221, 10).

Beschwerdebefugnis des Bundesamts: Auch das Bundesamt für Justiz erhält eine Beschwerdebefugnis, um bei divergierender Rechtsprechung eine einheitliche Entscheidung der Rechtsfrage zu ermöglichen. Dies erscheint sinnvoll, weil das Bundesamt für Justiz als für Verfahren nach § 335 HGB allein zuständige Behörde an allen Beschwerdeverfahren beteiligt ist; daher kann es besser als die übrigen Beteiligten die Entwicklung der Rechtsprechung verfolgen (BT-Drucks. 17/13221, 10).

Anwaltszwang für die Rechtsbeschwerde: Die Beteiligten, mit Ausnahme des Bundesamts für Justiz, müssen sich durch einen Rechtsanwalt vertreten lassen. Denn die Rechtsbeschwerde nach § 335a Abs. 3 HGB erfordert die Einhaltung besonderer prozessualer Vorschriften über das Zulassungsrechtsmittel und damit eine hinreichende Qualifikation der Beteiligten. Der Vertretungszwang fördert daher die geordnete und konzentrierte Verfahrensführung gerade im Hinblick auf die grundsätzlich bedeutsamen Rechtsfragen, um die es geht. Der Vertretungszwang liegt damit im Interesse der Beteiligten (BT-Drucks. 17/13221, 10). Entsprechend anderen Verfahrensordnungen unterliegt das Bundesamt für Justiz keinem Vertretungszwang, weil der Gesetzgeber davon ausgeht, dass die Behörde über hinreichend qualifizierte und rechtskundige Mitarbeiter verfügt (BT-Drucks., a. a. O.).

Zuständigkeit des OLG für die Rechtsbeschwerde: § 335a Abs. 3 HGB sieht die Zuständigkeit des Oberlandesgerichts und nicht des BGH für die Entscheidung über die Rechtsbeschwerde vor. Auch das Oberlandesgericht kann in diesen Fällen eine bundesweit einheitliche Rechtsprechung sicherstellen, da bundesweit nur ein Landgericht, nämlich das für den Sitz des Bundesamtes zuständige Landgericht, für Beschwerdesachen nach § 335a HGB zuständig ist. Die Einzelheiten des Verfahrens ergeben sich in entsprechender Anwendung des Gesetzes über das Verfahren in Familiensachen und in den Angelegenheiten der freiwilligen Gerichtsbarkeit (§ 335a Abs. 3 Satz 6 i. V. m. Abs. 2 Satz 6 und 8 HGB).

III. Zeitlicher Anwendungsbereich

Nach Art. 4 des Gesetzes zur Änderung des Handelsgesetzbuchs tritt das Gesetz **am Tag nach der Verkündung** in Kraft.

4. § 335b HGB

Anwendung der Straf- und Bußgeld- sowie der Ordnungsgeldvorschriften auf bestimmte offene Handelsgesellschaften und Kommanditgesellschaften

Die Strafvorschriften der §§ 331 bis 333, die Bußgeldvorschrift des § 334 sowie die Ordnungs-geldvorschrift des § 335 gelten auch für offene Handelsgesellschaften und Kommanditgesell-schaften im Sinn des § 264a Abs. 1. **Das Verfahren nach § 335 ist in diesem Fall gegen die per-sönlich haftenden Gesellschafter oder gegen die Mitglieder der vertretungsberechtigten Organe der persönlich haftenden Gesellschafter zu richten. Es kann auch gegen die offene Handels-gesellschaft oder gegen die Kommanditgesellschaft gerichtet werden.**

Anwendungsvorschriften:

►Art. 4 des Gesetzes zur Änderung des Handelsgesetzbuchs lautet:

Dieses Gesetz tritt am Tag nach der Verkündung in Kraft.

Erläuterungen

(Prof. Dr. Hans-Joachim Kanzler, Rechtsanwalt und Steuerberater, Vors. Richter am BFH a. D.)

Für Personenhandelsgesellschaften im Sinne des § 264a HGB wird klargestellt, dass Ordnungs-geldverfahren gegen die Personengesellschaft, gegen die persönlich haftenden Gesellschafter als Vertreter nach § 125 HGB bzw. § 161 Abs. 2 HGB und gegen die Mitglieder der Vertretungs-organe der persönlich haftenden Gesellschafter eingeleitet werden können. Das betrifft nur Fäl-le, in denen keine natürliche Person für Verbindlichkeiten der Perso-nengesellschaft voll haftet. Die Regelung ist erforderlich, um bei Kapitalgesellschaften und Personenhandelsgesellschaften gleichermaßen auch die handelnden Personen zu erreichen, um so die Offenlegungspflichten wirksam durchzusetzen (BT-Drucks. 17/13221, 10).

Zeitlicher Anwendungsbereich: Nach Art. 4 des Gesetzes zur Änderung des Handelsgesetzbuchs tritt das Gesetz **am Tag nach der Verkündung** in Kraft.

II. Gesetz zur Verkürzung des Restschuldbefreiungsverfahrens und zur Stärkung der Gläubigerrechte

1. Vorbemerkung

(Dr. Alois Th. Nacke, Richter am FG)

LITERATUR:

Commandeur/Knapp, Aktuelle Entwicklungen im Insolvenzrecht, NZG 2013, 176; *Crezelius*, Aktu-elle Steuerrechtsfragen in Krise und Insolvenz, NZI 2013, 281; *Ehlers*, Die 2. Stufe der Insolvenz-rechtsreform – Gesetz zur Verkürzung des Restschuldbefreiungsverfahrens und zur Stärkung der Gläubigerrechte, DStR 2013, 1338; *Schmerbach*, Gesetz zur Verkürzung des Restschuldbefrei-ungsverfahrens und zur Stärkung der Gläubigerrechte verabschiedet – Ende gut, alles gut? NZI 2013, 566; *Sternal*, Die Rechtsprechung zum Verbraucherinsolvenz- und Restschuldbefreiungs-verfahren im Jahre 2012, NZI 2013, 417; *Vogel*, Das Gesetz zur Verkürzung des Restschuldbefreiungsverfahrens und zur Stärkung der Gläubigerrechte - Eine Chance zum Neuanfang? NJ 2013, 447.

Mit diesem Gesetz – als 2. Stufe der Insolvenzrechtsreform bezeichnet – sollen u. a. Schuldner künftig schneller- nämlich nach **drei statt bisher sechs** Jahren - von ihren Restschulden befreit werden, wenn sie zumindest einen Teil der Forderungen und die Verfahrenskosten bezahlt haben. Hiervon sollen auch die Gläubiger profitieren, die nach drei Jahren zumindest einen Teil ihrer Forderungen erhalten, anstatt nach sechs Jahren leer auszugehen.

Im Einzelnen enthält das Gesetz Regelungen zur

► Verkürzung und Umgestaltung des Restschuldbefreiungsverfahrens,

► Stärkung der Gläubigerrechte,

► insolvenzrechtlichen Stellung von Mitgliedern von Wohnungsgenossenschaften.

Insbesondere eröffnen die Neuregelungen Schuldnern die Möglichkeit, die Verkürzung des Restschuldbefreiungsverfahrens. Diese Möglichkeit besteht, wenn es dem Schuldner gelingt, innerhalb der ersten drei Jahre des Verfahrens mindestens 35% der Gläubigerforderungen und die Verfahrenskosten zu begleichen.

Daten und Gesetzesmaterialien

31. 10. 2012	Bundesregierung legt Gesetzentwurf vor (BT-Drucks. 17/11268)
29. 11. 2012	1. Lesung im Bundestag
15. 5. 2013	Bericht des Rechtsausschusses des Bundestags mit Beschlussempfehlung ab (BT-Drucks. 17/13535)
16. 5. 2013	2. und 3. Lesung (BR-Drucks. 380/13)
7. 6. 2013	Zustimmung des Bundesrates (BR-Drucks. 380/13 Beschluss)
18. 7. 2013	Verkündung des Gesetzes v. 15. 7. 2013 im BGBl I 2013, 2379

1. Wichtigsten Änderungen der InsO, insbesondere § 300 InsO

a) Verkürzung und Umgestaltung des Restschuldbefreiungsverfahrens (§ 300 InsO)

Die Neuregelungen eröffnen Schuldnern die Möglichkeit, die Dauer des Restschuldbefreiungsverfahrens von **derzeit sechs Jahren auf drei Jahre** zu verkürzen. Diese Möglichkeit besteht, wenn es dem Schuldner gelingt, innerhalb der ersten drei Jahre des Verfahrens **mindestens 35 % der Gläubigerforderungen und die Verfahrenskosten** zu begleichen (§ 300 Abs. 1 InsO n. F.).

Weiterhin sieht das Gesetz in § 300 Abs. 1 Satz 2 Nr. 3 InsO eine vorzeitige Beendigung des Restschuldbefreiungsverfahrens vor, wenn der Schuldner **innerhalb von fünf Jahren zumindest seine Verfahrenskosten begleicht**. Hierdurch soll dem Schuldner, der die Mindestbefriedigungsquote verfehlt, ein weiterer Anreiz gesetzt werden, das Verfahren durchzu stehen und durch eigene Bemühungen zu einem vorzeitigen Ende zu bringen. Ansonsten soll es bei der derzeitigen Dauer des Restschuldbefreiungsverfahrens von sechs Jahren bleiben. Die Möglichkeit der Verkürzung des Restschuldbefreiungsverfahrens soll für alle Personen gelten, sie wird demnach nicht auf bestimmte Personengruppen wie Existenzgründer oder Verbraucher beschränkt.

b) Stärkung der Gläubigerrechte

Die Wahrnehmung der Gläubigerrechte ist, gerade wenn es um die Erteilung der Restschuldbefreiung geht, teilweise beschwerlich. Die praktischen Schwierigkeiten führen dazu, dass zuweilen die Restschuldbefreiung erteilt wird, obwohl Versagungsgründe vorliegen. Mit den Maßnahmen zur Stärkung der Gläubigerrechte soll dies künftig verhindert werden. Unter anderem ermöglicht das Gesetz nunmehr den Gläubigern, einen **Antrag auf Versagung der Restschuldbefreiung** sowohl im Regelfall des schriftlichen Verfahrens, wie auch im mündlichen Verfahren jederzeit auch schriftlich zu stellen (§ 290 InsO Abs. 1 InsO). Ein solcher Antrag muss spätestens im Schlusstermin vorliegen oder gestellt werden. Damit soll auch die Akzeptanz des Instituts der Restschuldbefreiung unter den Gläubigern weiter verbessert werden.

c) Schutz von Mitgliedern von Wohnungsgenossenschaften

Mitglieder von Wohnungsgenossenschaften sollen in Zukunft in der Insolvenz weitgehend vor dem Verlust der von ihnen genutzten Genossenschaftswohnung geschützt werden. Bislang ist der Insolvenzverwalter gehalten, die Mitgliedschaft des Schuldners in der Genossenschaft zu kündigen, um dessen Geschäftsguthaben zu verwerten. Nach der Rechtsprechung des BGH genießen Mitglieder von Wohnungsgenossenschaften nicht den Schutz des § 109 Abs. 1 Satz 2 InsO (s. BGH-Urt. v. 19. 3. 2009 - IX ZR 58/08, NJW 2009, 1820). Dies führt häufig zur Kündigung des Nutzungsverhältnisses, also zum Verlust der Wohnung. Auf der anderen Seite soll die Neuregelung verhindern, dass Schuldner ihr Vermögen unbegrenzt als genossenschaftliches Geschäftsguthaben insolvenzfest anlegen können. Damit trägt sie auch den Interessen der Insolvenzgläubiger Rechnung. Daher darf der Insolvenzverwalter die Mitgliedschaft des Nutzers einer Genossenschaftswohnung künftig nicht mehr kündigen, wenn das Geschäftsguthaben nicht höher ist als das Vierfache des monatlichen Nettonutzungsentgelts oder maximal 2 000 €.

2. Zeitlicher Anwendungsbereich

Die meisten Änderungen treten erst **ab dem 1. 7. 2014** beantragten Verfahren in Kraft. Vor dem Inkratfttreten beantragte Insolvenzverfahren werden nach den bis dahin geltenden Vorschriften abgewickelt (vgl. im Einzelnen z. B. *Schmerbach*, NZI 2013, 566).

III. Gesetz gegen unseriöse Geschäftspraktiken

1. Vorbemerkung

(Dr. Alexander Kratzsch, Richter am FG)

LITERATUR:

Köhler, Das neue Gesetz gegen unseriöse Geschäftspraktiken, NJW 2013, 3473; *Timm-Wagner*, Die Umsetzung der Richtlinie über unlautere Geschäftspraktiken in Deutschland, GRUR 2013, 245; *Weiden*, Aktuelle Berichte – August 2013, GRUR 2013, 798.

Das Gesetz gegen unseriöse Geschäftspraktiken ist am 8.10.2013 im Bundesgesetzblatt verkündet worden (BGBl I 2013, 3714). Art. 1 Nr. 1 a, Nr. 2, Nr. 4 und Art. 3 traten am 1.11.2014 in Kraft, im Übrigen ist das Gesetz am 9.10.2013 in Kraft getreten.

Zweck des Gesetzes ist, dass Verbraucher vor überhöhten Abmahngebühren bei Urheberrechtsverletzungen geschützt werden. Dazu werden die Abmahngebühren für Anwälte gesenkt und damit die Kosten entsprechende Anwaltsschreiben „gedeckelt". Das Gesetz soll verhindern, dass sich Kanzleien ein Geschäftsmodell auf überzogene Massenabmahnungen bei Bagatellverstößen gegen das Urheberrecht aufbauen. Deshalb werden die Kosten für die erste Abmahnung an einen privaten Nutzer fortan regelmäßig auf 147,56 € gedeckelt.

Gewinnspiele sollen Unternehmen nicht mehr telefonisch verabreden. Eine Verpflichtung ist nur in Textform zulässig. Hintergrund ist, dass bei diesen Verträgen Verbraucher oftmals langfristige Verpflichtungen eingehen, ohne dass sie sich dessen in Gänze bewusst zu sein. Damit soll eine „Überrumpelung" von Verbrauchern verhindert werden.

Beim Vorgehen durch Inkasso-Unternehmen muss aus der Rechnung klar hervorgehen, für wen ein Inkassounternehmen arbeitet, warum es einen bestimmten Betrag einfordert und wie sich die Inkassokosten berechnen. Aufsichtsbehörden können zudem schärfere Sanktionen gegen in- und ausländische Inkassodienstleister verhängen.

Im Wettbewerbsrecht kann sich der Kläger schließlich nicht mehr das Gericht mit der für ihn günstigsten Rechtsprechung aussuchen.

Daten und Gesetzesmaterialien

13. 3. 2013	Regierungsentwurf (BT-Drucks. 17/13057)
18. 4. 2013	1. Lesung
23. 4. 2013	Empfehlungen der Ausschüsse (BR-Drucks. 219/1/13)
3. 5. 2013	Stellungnahme Bundesrat (BR-Drucks. 219/13 Beschluss)
26. 6. 2013	Beschlussempfehlung Rechtsausschuss (BT-Drucks. 17/14192) sowie seinen Bericht ab (BT-Drucks. 17/14216)
27. 6. 2013	2. und 3. Lesung
20. 9. 2013	Zustimmung Bundesrat (BR-Drucks. 638/13 Beschluss)
8. 10. 2013	Verkündung des Gesetzes v. 1.10.2013 (BGBl I 2013, 3714)

2. Zusammenfassung der wichtigsten Änderungen

a) Anwaltskosten bei Abmahnung

Kernaussage des Gesetzes ist zunächst, dass Anwaltskosten für Abmahnung grundsätzlich max. (ca.) 147,56 € betragen dürfen. An die Stelle des bisherigen § 97a Abs. 2 UrhG a. F. tritt nunmehr § 97a Abs. 3 UrhG. Die erstattungsfähigen Anwaltskosten berechnen sich künftig nach einem Gegenstandswert von 1 000 € – das sind einschließlich Auslagenpauschale und Umsatzsteuer 147,56 €, wenn der Abgemahnte

▶ eine natürliche Person ist, die urheberrechtlich geschützte Werke oder Schutzgegenstände nicht für ihre gewerbliche oder selbstständige berufliche Tätigkeit verwendet (also Fälle der privaten Nutzung) und

▶ nicht bereits vertraglich oder gerichtlich zur Unterlassung verpflichtet ist.

Das Gesetz sieht zudem vor, dass die in den Abmahnungen geltend gemachten Zahlungsansprüche ausdrücklich nach Schadensersatz- und Aufwendungsersatzansprüchen aufzuschlüsseln sind. Hierdurch soll Transparenz dahingehend geschafft werden, dass es dem Abgemahnten von vornherein ersichtlich sein soll, in welcher Höhe Schadensersatz vom Rechteinhaber geltend gemacht werde und welcher Teil des geforderten Betrages auf die geltend gemachten Anwaltskosten entfällt.

Das Gesetz sieht jedoch dann eine Ausnahme vor, wenn der Abgemahnte bereits durch eine einstweilige Verfügung verpflichtet wurde oder sich durch eine Unterlassungserklärung gegenüber dem Abmahner bereits strafbewehrt verpflichtet hat. In diesem Fall gilt eine Kostendeckelung bereits nicht.

Verbraucher können insoweit nur noch an ihrem Wohnsitz verklagt werden. Für Urheberrechtsverletzungen gilt an sich der besondere Gerichtsstand der unerlaubten Handlung (§ 32 ZPO), der dem Verletzten nach seiner Wahl zur Verfügung steht (§ 35 ZPO). Davon abweichend regelt der neue § 104a Abs. 1 UrhG zu Gunsten natürlicher Personen als Beklagte, die den Urheberrechtsverstoß nicht für ihre gewerbliche oder selbstständige berufliche Tätigkeit nutzen, dass diese am Gericht ihres Wohnsitzes zu verklagen sind. Insoweit gilt der „fliegende Gerichtsstand" daher nicht.

Achtung: Die Abmahnkanzleien haben auf die neue Lage schnell reagiert. Sie gleichen die Reduzierung der Anwaltsgebühr durch eine entsprechende Erhöhung der Schadensersatzforderung für die Rechtsverletzung aus. Außerdem machen einige Anwälte von der Möglichkeit Gebrauch, bei Mehrfachverletzungen Einzelabmahnungen auszusprechen. Manche Anwälte nutzen auch die nach dem Gesetz vorgesehene Möglichkeit, aus „Billigkeitsgründen" höhere Gebühren festzusetzen. So fordern manche Kanzleien dem Vernehmen nach für das Herunterladen ganzer Staffeln Anwaltskosten aus einem Gegenstandswert von 10 000 € und mehr. Nicht aushebeln können die Abmahnkanzleien dagegen die neue Regelung, dass eine Klage gegen den User nicht an jedem Gericht in der Bundesrepublik sondern nur noch am Wohnsitz des Users erhoben werden kann.

b) Inkassounternehmen

Zudem wird die Gebühr für Inkassounternehmen auf zulässige Gebühr bei Rechtsanwälten beschränkt (§ 4 Abs. 5 EGRDG). Zudem muss die Aufschlüsselung der Inkassogebühren erfolgen, wie durch den neuen § 11a RDG geregelt wird, der allerdings erst am 1. 11. 2014 in Kraft tritt.

Werden diese Angaben vorsätzlich oder fahrlässig „nicht, nicht richtig, nicht vollständig oder nicht rechtzeitig" gemacht, liegt eine Ordnungswidrigkeit vor, die nach § 20 Abs. 2 Nr. 1 und 2 RDG mit einer Geldbuße bis zu 50 000 € geahndet werden kann. Zivilrechtlich begründet die schuldhafte Verletzung dieser Informationspflichten einen Schadensersatzanspruch aufgrund einer Schutzgesetzverletzung (§ 823 Abs. 2 BGB), soweit hierdurch ein entsprechender Schaden verursacht wird.

c) Gewinnspiele

Gewinnspiele können nicht mehr rechtswirksam am Telefon verabredet werden.

Der Ordnungswidrigkeitstatbestand des § 20 UWG wurde auf die unerbetene Verwendung einer automatischen Anrufmaschine (§ 7 Abs. 2 Nr. 3 UWG) ausgedehnt. Einhergehend damit werden die maximalen Bußgelder für unerlaubte Werbeanrufe von 50 000 auf bis zu 300 000 € erhöht.

d) Änderungen des UWG

Der „fliegende Gerichtsstand" (§ 14 Abs. 2 UWG) wurde – anders als noch im Regierungsentwurf vorgesehen – nicht abgeschafft. Ferner wurde das ursprüngliche Vorhaben des Bundesjustizministeriums, bei geringfügigen Wettbewerbsverstößen eine kostenlose erste Abmahnung vorzusehen, nicht umgesetzt.

Nach § 8 Abs. 4 Satz 2 UWG kann der Abgemahnte in den Fällen der missbräuchlichen Abmahnung nunmehr „Ersatz der für seine Rechtsverteidigung erforderlichen Aufwendungen verlangen"; nach § 8 Abs. 4 Satz 3 UWG bleiben „weitergehende Ersatzansprüche" unberührt. Damit erhöht sich das Risiko für „gewerbsmäßige" Abmahner und deren Anwälte, die nunmehr in entsprechenden Fällen eine Inanspruchnahme befürchten müssen.

Teil L: Standesrechtliche Gesetze

Gesetz zur Einführung einer Partnerschaftsgesellschaft mit beschränkter Berufshaftung und zur Änderung des Berufsrechts der Rechtsanwälte, Patentanwälte, Steuerberater und Wirtschaftsprüfer

(Prof. Dr. Hans-Joachim Kanzler, Rechtsanwalt und Steuerberater, Vors. Richter am BFH a. D.)

1. Vorbemerkung

Durch das Gesetz zur Einführung einer Partnerschaftsgesellschaft mit beschränkter Berufshaftung wird für Angehörige Freier Berufe die Möglichkeit eröffnet, sich für eine Partnerschaftsgesellschaft mit beschränkter Berufshaftung zu entscheiden. Hierzu wird im Partnerschaftsgesellschaftsgesetz selbst eine Haftungsbeschränkung geschaffen, die eingreift, wenn bestimmte Voraussetzungen vorliegen. Die bisherige Partnerschaftsgesellschaft wird neben der Möglichkeit einer Partnerschaftsgesellschaft mit beschränkter Berufshaftung (PartG mbB) weiterbestehen.

Das Gesetz wurde für erforderlich gehalten, weil das Haftungskonzept der Partnerschaftsgesellschaft von Angehörigen Freier Berufe zum Teil als nicht befriedigend empfunden wurde. In der bisherigen Partnerschaftsgesellschaft stößt die Haftungskonzentration auf den Handelnden dort auf praktische Schwierigkeiten, wo die Gesellschaften eine gewisse Größenordnung überschreiten und Aufgaben von Teams innerhalb der Partnerschaftsgesellschaft bearbeitet werden. Die aufgrund unterschiedlicher Spezialisierung miteinander arbeitenden Partner können die Arbeitsbeiträge der anderen weder inhaltlich noch dem Umfang nach vollständig überblicken und verantworten. Da sich hier bei anwaltlichen Großkanzleien ein Trend zum Rechtsformwechsel in die Limited Liability Partnership (LLP) nach englischem Recht abgezeichnet hat, soll eine deutsche Alternative zur LLP geboten werden (BT-Drucks. 17/10487, 1).

Regelungen zur Berufshaftpflichtversicherung und zu eventuellen Pflichten gegenüber Berufskammern sind den jeweiligen Berufsgesetzen vorbehalten. Daher trifft das Gesetz auch Regelungen zur Berufshaftpflichtversicherung der Partnerschaftsgesellschaft mit beschränkter Berufshaftung für Rechtsanwälte, für Patentanwälte und Steuerberater sowie Wirtschaftsprüfer und vereidigte Buchprüfer. Im Folgenden sollen nur die Änderungen des Partnerschaftsgesellschaftsgesetzes (Art. 1 des Gesetzes), der Bundesrechtsanwaltsordnung (Art. 2 des Gesetzes) und des Steuerberatungsgesetzes (Art. 6 des Gesetzes) erörtert werden.

Bemerkenswert an den veröffentlichten Fachaufsätzen ist, dass sie alle von Anwälten stammen. Für Steuerberater scheint dieses Gesetzesvorhaben weniger von Interesse gewesen zu sein.

Anwendungsvorschriften:

Nach Art. 11 des Gesetzes zur Einführung einer Partnerschaftsgesellschaft mit beschränkter Berufshaftung und zur Änderung des Berufsrechts der Rechtsanwälte, Patentanwälte, Steuerberater und Wirtschaftsprüfer tritt das Gesetz tritt am Tag nach der Verkündung in Kraft.

Daten und Gesetzesmaterialien

15. 2. 2012	Vorlage des Referentenentwurf (Bearbeitungsstand: 3. 2. 2012: pdf-Datei) für ein Gesetz zur Einführung einer Partnerschaftsgesellschaft mit beschränkter Berufshaftung und zur Änderung des Berufsrechts der Rechts-anwälte, Patentanwälte und Steuerberater
16. 5. 2012	Vorlage eines Regierungsentwurfs (Bearbeitungsstand: 2. 5. 2012: pdf-Datei)
6. 7. 2012	Stellungnahme des Bundesrats zum Gesetzentwurf der Bundesregierung (BR-Drucks. 309/12) unter Berücksichtigung der Empfehlungen seiner Ausschüsse (BR-Drucks. 309/1/12) und Stellungnahme (BR-Drs. 309/12 [B]).
27. 9. 2012	Erste Lesung des Gesetzentwurfs (BT-Drucks. 17/10487) und Überweisung an die zuständigen Ausschüsse
7. 11. 2012	Öffentliche Anhörung des Rechtsausschusses
12. 6. 2013	Bericht und Beschlussempfehlung des Rechtsausschusses (BT-Drucks. 17/13944)
13. 6. 2013	Annahme des Entwurfs in der Ausschussfassung (BR-Drucks. 497/13)
5. 7. 2013	Beschluss des Bundesrats, den Vermittlungsausschuss nicht anzurufen (BR-Drucks. 497/13 Beschluss)
18. 7. 2013	Verkündung des Gesetzes v. 15. 7. 2013 (BGBl I 2013, 2386)

2. Partnerschaftsgesellschaftsgesetz

Im Partnerschaftsgesellschaftsgesetz wurden drei Vorschriften geändert:

§ 4 PartGG wurde ein neuer Abs. 3 angefügt, der bestimmt, dass der Anmeldung einer Partnerschaft mit beschränkter Berufshaftung nach § 8 Abs. 4 eine Versicherungsbescheinigung gemäß § 113 Abs. 2 des Gesetzes über den Versicherungsvertrag beigefügt sein muss.

§ 7 Abs. 5 PartGG wurde neu gefasst und geregelt, dass für die Angabe auf Geschäftsbriefen der Partnerschaft mit beschränkter Berufshaftung auch der von dieser gewählte Namenszusatz anzugeben ist.

§ 8 PartGG wurde folgender Abs. 4 angefügt:

„(4) Für Verbindlichkeiten der Partnerschaft aus Schäden wegen fehlerhafter Berufsausübung haftet den Gläubigern nur das Gesellschaftsvermögen, wenn

1. die Partnerschaft eine zu diesem Zweck durch Gesetz vorgegebene Berufshaftpflichtversicherung unterhält und

2. ihr Name den Zusatz „mit beschränkter Berufshaftung" oder die Abkürzung „mbB" oder eine andere allgemein verständliche Abkürzung dieser Bezeichnung enthält; anstelle der Namenszusätze nach § 2 Abs. 1 Satz 1 kann der Name der Partnerschaft mit beschränkter Berufshaftung den Zusatz „Part" oder „PartG" enthalten."

Erläuterungen

(Prof. Dr. Hans-Joachim Kanzler, Rechtsanwalt und Steuerberater, Vors. Richter am BFH a. D.)

LITERATUR:

Uwer/Roeding, Wege in die Partnerschaftsgesellschaft mit beschränkter Berufshaftung, AnwBl 2013, 309; *dies.*, Partnerschaftsgesellschaft mit beschränkter Berufshaftung kommt, AnwBl 2013, 483; *Kilian*, Die Partnerschaftsgesellschaft mit beschränkter Berufshaftung, AnwBl 2013, 14; *Seibert*, Die Partnerschaftsgesellschaft mit beschränkter Berufshaftung (PartGmbB), DB 2013, 1710; *Henssler*, Die PartGmbB - großer Wurf oder (zu) kleine Lösung? AnwBl 2014, 96; *Binnewies/Wollweber*, Der Rechtsformwechsel von der Sozietät (GbR) in die PartGmbB, AnwBl 2014, 9.

Haftungsbeschränkung nur für Schäden aus Berufsausübung: Die Neuregelung in § 8 Abs. 4 PartGG trägt dem Bedürfnis der Praxis Rechnung. Die Vorschrift sieht eine Haftungsbeschränkung nur für Verbindlichkeiten der Partnerschaft vor. Dem liegt der Lebenssachverhalt zugrunde, dass Partnerschaftsgesellschaften Auftrags- oder Mandatsverträge mit ihren Kundinnen oder Kunden abschließen und nicht die Partnerinnen oder Partner selbst. Nehmen einzelne Partner neben ihrer Tätigkeit in der Partnerschaft Mandate oder Aufträge im eigenen Namen an, so fallen hieraus entstehende Verbindlichkeiten nicht unter die Regelung zur Haftungsbeschränkung dieser Vorschrift. Ebenso wenig erfasst die Regelung deliktische Ansprüche, die sich gegen die handelnden Partner unmittelbar richten. Die Vorschrift betrifft ferner nur Verbindlichkeiten der Gesellschaft aus Schäden wegen fehlerhafter Berufsausübung. Nicht erfasst von der Haftungsbeschränkung sind also alle anderen Verbindlichkeiten der Gesellschaft, insbesondere aus Miet- oder Arbeitsverträgen. Wegen der insoweit unbeschränkten persönlichen Haftung der Partner besteht für die PartG mbB keine Insolvenzantragspflicht nach § 15a Abs. 1 Satz 2 InsO (BT-Drucks. 17/10487, 14).

Pflichtversicherung als Voraussetzung: Nach den Ausführungen in der Entwurfsbegründung erklärt sich die „Beschränkung nur auf die Verbindlichkeiten aus Berufshaftung ... aus der gesetzlichen Kompensation dieser Haftungsbeschränkung durch eine Haftpflichtversicherung (BT-Drucks. 17/10487, 14). Das Bestehen der vorgegebenen Versicherung ist Voraussetzung für die gesetzliche Haftungsbeschränkung.

Haftung auf Gesellschaftsvermögen beschränkt: Aufgrund gesetzlicher Anordnung haftet nur die Gesellschaft mit ihrem Vermögen; die Haftungsbeschränkung erfolgt also durch Gesetz und zwar durch das PartGG selbst, nicht durch die Berufsrechte. Die gesamtschuldnerische Mithaftung der Partner gem. § 8 Abs. 1 Satz 1 gilt in diesem Fall nicht. Die Beschränkung greift auch dann, wenn die vorgeschriebene Haftsumme der Versicherung im konkreten Fall überschritten ist oder die Versicherung wegen grober Fahrlässigkeit oder wegen Vorsatzes im Einzelfall nicht eintritt.

3. Bundesrechtsanwaltsordnung

Als wesentliche Änderung ist nur die Einfügung eines neuen § 51a BRAO zu nennen. Der bisherige § 51a BRAO wird zu § 52 BRAO und die weiteren Änderungen in §59j, §51 Abs. 1 bis 3 und 5 bis 7, § 59m Abs. 2, § 118a Abs. 2 Satz 2 und § 191b Abs. 3 Satz 1 BRAO sind redaktioneller Art.

§ 51a BRAO

Berufshaftpflichtversicherung einer Partnerschaftsgesellschaft mit beschränkter Berufshaftung

(1) Die Berufshaftpflichtversicherung einer Partnerschaftsgesellschaft mit beschränkter Berufshaftung (§ 8 Abs. 4 des Partnerschaftsgesellschaftsgesetzes) muss die Haftpflichtgefahren für Vermögensschäden decken, die sich aus der Beratung und Vertretung in Rechtsangelegenheiten ergeben. § 51 Abs. 1 Satz 2, Abs. 2, 3 Nr. 2 bis 5 und Abs. 5 bis 7 ist entsprechend anzuwenden. Zuständig ist die Rechtsanwaltskammer am Sitz der Gesellschaft.

(2) Die Mindestversicherungssumme beträgt 2 500 000 € für jeden Versicherungsfall. Die Leistungen des Versicherers für alle innerhalb eines Versicherungsjahres verursachten Schäden können auf den Betrag der Mindestversicherungssumme, vervielfacht mit der Zahl der Partner, begrenzt werden. Die Jahreshöchstleistung für alle in einem Versicherungsjahr verursachten Schäden muss sich jedoch mindestens auf den vierfachen Betrag der Mindestversicherungssumme belaufen.

(3) Das Bundesministerium der Justiz wird ermächtigt, durch Rechtsverordnung mit Zustimmung des Bundesrates nach Anhörung der Bundesrechtsanwaltskammer die Mindestversicherungssumme anders festzusetzen, wenn dies erforderlich ist, um bei einer Änderung der wirtschaftlichen Verhältnisse einen hinreichenden Schutz der Geschädigten sicherzustellen.

Erläuterungen

(Prof. Dr. Hans-Joachim Kanzler, Rechtsanwalt und Steuerberater, Vors. Richter am BFH a. D.)

LITERATUR:

Siehe die Nachweise zu 2. Partnerschaftsgesellschaftsgesetz.

I. Bedeutung der Gesetzesänderung

Der neue § 51a BRAO enthält die besonderen Regelungen über die Berufshaftpflichtversicherung, die nun für rechtsanwaltliche Partnerschaftsgesellschaften gelten, bei denen die Haftung für Berufsfehler gem. § 8 Abs. 4 PartGG auf das Gesellschaftsvermögen beschränkt ist.

II. Kommentierung der Gesetzesänderung

Erhöhte Mindestversicherungssumme: Die gegenüber der allgemeinen Regelung über die Berufshaftpflichtversicherung in § 51 BRAO von 250 000 € auf 2,5 Mio. € erhöhte Mindestversicherungssumme dient dem Schutz der Rechtsuchenden. Nach den Vorstellungen des Gesetzgebers soll diese Summe auch die fehlende persönliche Haftung der Berufsangehörigen ausgleichen (vgl. BVerfG v. 22. 2. 2001 – 1 BvR 337/00, NJW 2001, 1560).

Geschäftsführer bei Jahreshöchstleistung nicht berücksichtigt: § 51a Abs. 2 Satz 2 BRAO weicht insofern von der allgemeinen Regelung in § 59j Abs. 2 Satz 2 BRAO ab, als der Multiplikator für die Ermittlung der Jahreshöchstleistung (die den Mindestversicherungsschutz von 2,5 Mio. € für jeden Versicherungsfall unberührt lässt) neben den Partnern nicht auch die Geschäftsführer umfassen soll, die nicht Partnerin oder Partner sind. Für die Partnerschaftsgesellschaft mbB als Personengesellschaft gilt nämlich der Grundsatz der Selbstorganschaft, bei der die Geschäftsführung grundsätzlich den Partnern obliegt. Daher bedarf es, anders als bei Kapitalgesellschaften, keiner Bestellung geschäftsführender Organe. Geschäftsführer bleiben daher bei der Ermittlung der Jahreshöchstleistung unberücksichtigt (BT-Drucks. 17/10487, 15).

Eine Deckelung der Jahreshöchstleistung auf einen bestimmten Höchstbetrag, um die Versicherbarkeit zu gewährleisten, ist nicht vorgesehen. Denn eine solche Deckelung, die zu einer Einschränkung des Versicherungsschutzes führen würde, ist nicht erforderlich. Nach den Informationen des Gesetzgebers existieren mehrere zugelassene Rechtsanwaltsgesellschaften in Deutschland, die rund 50 bis 60 Gesellschafter einschließlich Geschäftsführern haben und die über den von § 59j geforderten Versicherungsschutz verfügen. Der Gesetzgeber geht daher davon aus, dass auch große Partnerschaftsgesellschaften mbB den geforderten Versicherungsschutz am Markt erhalten (BT-Drucks. 17/10487, 15).

Keine Regelung zu Ausfallhaftung bei Versicherungsmängeln: Eine Regelung nach dem Muster des § 59j Abs. 4 BRAO, der für die Anwalts-GmbH bei Versicherungsmängeln eine Ausfallhaftung der Gesellschafter und der Geschäftsführer in Höhe des fehlenden Versicherungsschutzes anordnet, ist für die Partnerschaftsgesellschaft mit beschränkter Berufshaftung nicht erforderlich. Denn anders als bei der Anwalts-GmbH, bei der eine fehlende oder unzureichende Berufshaftpflichtversicherung nur zum Widerruf der Zulassung führt (§ 59h Abs. 3 BRAO), führt ein Versicherungsmangel bei der Partnerschaftsgesellschaft mbB, die berufsrechtlich nicht zugelassen wird, sondern der Rechtsanwaltskammer lediglich anzuzeigen ist (vgl. § 12 der Berufsordnung der Rechtsanwälte – BORA), dazu, dass die Haftungsbeschränkung auf das Vermögen der Partnerschaftsgesellschaft automatisch entfällt und die persönliche Haftung der Partnerinnen und Partner gem. § 8 Abs. 1, 2 PartGG eingreift (BT-Drucks. 17/10487, 15).

4. Steuerberatungsgesetz

Im StBerG sind zwei Änderungen von Bedeutung. Weitere Regelungen finden sich in der Verordnung zur Durchführung der Vorschriften über Steuerberater, Steuerbevollmächtigte und Steuerberatungsgesellschaften (s. 5.). Die Änderung des § 5 Abs. 3 StBerG, der den Missbrauch von Berufsbezeichnungen regelt und die Änderung des § 67 StBerG, mit der der Gesetzgeber die Verpflichtung zum Abschluss einer angemessenen Berufshaftpflichtversicherung auf die Partnerschaftsgesellschaften erstreckt. Danach beträgt auch für die Partnerschaftsgesellschaft mbB die Mindestversicherungssumme 1 Mio. €. Nach § 67 Abs. 2 Satz 2 StBerG können die Leistungen des Versicherers für alle innerhalb eines Versicherungsjahres verursachten Schäden auf den Betrag der Mindestversicherungssumme, vervielfacht mit der Zahl der Partner, begrenzt werden. Die Jahreshöchstleistung für alle in einem Versicherungsjahr verursachten Schäden muss jedoch mindestens 4 Mio. € betragen.

5. Verordnung zur Durchführung der Vorschriften über Steuerberater, Steuerbevollmächtigte und Steuerberatungsgesellschaften (DVStB)

Die Änderungen betreffen den die Versicherungspflicht regelnden § 51 DVStB und § 55 DVStB, der den Nachweis des Versicherungsabschlusses betrifft.

Berufshaftpflichtversicherung der Partnerschaftsgesellschaft mbB: In § 51 DVStB wird die Verpflichtung zum Abschluss einer Berufshaftpflichtversicherung auf die Partnerschaftsgesellschaft erstreckt. Die ausdrückliche Erwähnung der Partnerschaft mbB im Rahmen der berufsrechtlichen Regelung zur Mindesthaftpflichtsumme ist Tatbestandsvoraussetzung für das Eingreifen der Haftungsbeschränkung auf das Partnerschaftsvermögen. Deshalb ist auf § 8 Abs. 4 PartGG verwiesen.

Freistellung der Angestellten und Partner: Durch die Neufassung des § 51 Abs. 3 DVStB werden nicht nur wie bisher die Steuerberater und Steuerbevollmächtigten, die als Angestellte nach § 58 StBerG tätig sind von der Versicherungspflicht nach Abs. 1 freigestellt, sondern auch die Partner einer Partnerschaftsgesellschaft mit beschränkter Berufshaftung, wenn die Partnerschaftsgesellschaft selbst eine eigene Berufshaftpflichtversicherung unterhält. Denn bei der Partnerschaftsgesellschaft mit beschränkter Berufshaftung ist Auftragnehmer die Gesellschaft selbst und nicht der einzelne Partner. Die Haftung für Schäden wegen fehlerhafter Berufsausübung ist nach § 8 Abs. 4 PartGG auf das Gesellschaftsvermögen beschränkt. Für Verbindlichkeiten der Gesellschaft wegen beruflicher Fehler haften die Partner nicht persönlich, so dass auch die gesamtschuldnerische Mithaftung nach § 8 Abs. 1 Satz 1 PartGG in diesem Fall nicht eingreift. Daher ist es auch nicht geboten, dass die Partner, die ausschließlich für die Partnerschaftsgesellschaft mit beschränkter Berufshaftung tätig sind, eine eigene Berufshaftpflichtversicherung abschließen (BT-Drucks. 17/10487, 17).

In § 55 DVStB wird ein neuer Abs. 3 angefügt. Dadurch soll die zuständige Steuerberaterkammer in die Lage versetzt werden, zu überprüfen, inwieweit die Partnerschaftsgesellschaft ihrer Verpflichtung zum Abschluss einer Berufshaftpflichtversicherung nachgekommen ist (BT-Drucks. 17/10487, 17).

Teil M: Geplante Änderungen

I. Gesetz zur Anpassung des nationalen Steuerrechts an den Beitritt Kroatiens zur EU und zur Änderung weiterer steuerlicher Vorschriften

(Dr. Alois Th. Nacke, Richter am FG)

LITERATUR:

Nacke, Das „Jahressteuergesetz 2015", StBW 2014, noch nicht veröffentlicht.

Das Gesetz zur Anpassung des nationalen Steuerrechts an den Beitritt Kroatiens zur EU und zur Änderung weiterer steuerlicher Vorschriften soll die Umsetzung notwendiger Änderungen durch den Beitritt im nationalen Steuerrecht ermöglichen. Weitere Maßnahmen sollen der redaktionellen Anpassung nach anderen Gesetzgebungsverfahren und der Vereinfachung dienen.

Inhaltlich handelt es sich um das Jahressteuergesetz 2014. Der Gesetzgeber beabsichtigt, sich mit dieser Gesetzesformulierung von den „monotonen" Gesetzesbezeichnungen (JStG 2008, JStG 2009 etc.) abzusetzen.

Vorgesehen sind u. a. folgende Regelungen:

Anpassungen an EU-Recht

► Umsetzung der RL 2013/13/EU (Beitritt Kroatiens zur EU und der damit einhergehende Änderungsbedarf von EU-RL) in nationales Recht (§§ 43b und 50g EStG)

► Anpassung des Umwandlungssteuergesetzes an kodifizierte Fusionsrichtlinie (§§ 1, 3, 13, 20, 21 UmwStG)

„Redaktionelle Anpassungen"

► Zusammenführung der §§ 52 und 52a des Einkommensteuergesetzes unter gleichzeitiger Straffung der Vorschriften

► Neuregelung der Anwendungsvorschriften im Körperschaft- und Gewerbesteuergesetz (§ 34 KStG, § 36 GewStG)

► Folgeänderungen nach Reisekostenreform (§§ 3, 8, 9, 10, 37b, 40, 41b EStG)

„Vereinfachungen und sonstige Maßnahmen"

► Wiedereinführung der Fifo-Methode beim Handel mit Fremdwährungsbeträgen (§ 23 Abs. 1 Nr. 2 EStG)

► Gewerbesteuerfreistellung von Einrichtungen ambulanter Rehabilitation (§ 3 Nr. 20 GewStG)

► Einführung einer eigenständigen Umsatzsteuerbefreiungsnorm für Arbeitsmarktdienstleistungen nach dem SGB II und SGB III (§ 4 Nr. 15b UStG)

Gegenüber dem Referentenentwurf enthält der Gesetzentwurf der Bundesregierung nur marginale Änderungen:

► Das EU-Programm Erasmus+ wurde in den Katalog nach § 32 Abs. 4 EStG aufgenommen.

▶ Neue Informationspflicht in § 90 Abs. 5 EStG bei Verträgen mit denen Altersvorsorgevermögen gebildet wurde.

▶ Weitere Veränderungen sind im Gesetzgebungsverfahren zu erwarten. Vor Beginn der Sommerpause soll das Gesetz noch beschlossen werden.

Daten und Gesetzesmaterialien zur Entstehung des Reformgesetzes

20. 3. 2014	Referentenentwurf (http://www.bundesfinanzministerium.de)
30. 4. 2014	Gesetzentwurf der Bundesregierung (BR-Drucks. 184/14)

II. Gesetz zur Anpassung steuerlicher Regelungen an die Rechtsprechung des Bundesverfassungsgerichts

(Dr. Alois Th. Nacke, Richter am FG)

Mit dem Gesetz zur Änderung des Einkommensteuergesetzes in Umsetzung der Entscheidung des Bundesverfassungsgerichtes vom 7. 5. 2013 (Gesetz v. 15. 7. 2013, BGBl I 2013, 2397) war zum Ende der 17. Legislaturperiode kurzfristig zunächst die steuerliche Gleichbehandlung von Lebenspartnern **nur für das Einkommensteuerrecht** umgesetzt worden. Im Rahmen des Gesetzgebungsverfahrens hatte die Bundesregierung angekündigt, einen etwaigen Bedarf an Folgeänderungen sorgfältig zu prüfen und diesen im Rahmen eines ordentlichen Gesetzgebungsverfahrens zu Beginn der 18. Legislaturperiode umzusetzen. Dies soll nun mit dem Gesetz zur Anpassung steuerlicher Regelungen an die Rechtsprechung des Bundesverfassungsgerichts erfolgen, damit auch in den **Nebengesetzen** zum Einkommensteuerrecht die Gleichbehandlung der Lebenspartnerschaften erfolgen kann.

Daten und Gesetzesmaterialien zur Entstehung des Reformgesetzes

13. 3. 2014	Referentenentwurf (http://www.bundesfinanzministerium.de)
5. 5. 2014	Gesetzentwurf der Bundesregierung (BT-Drucks. 18/1306)
8. 5. 2014	1. Lesung im Bundestag

III. Gesetz zur weiteren Vereinfachung des Steuerrechts 2013 – StVereinfG 2013

(Dr. Alois Th. Nacke, Richter am FG)

LITERATUR:

Levedag, Wiedereinbringung des Steuervereinfachungsgesetzes 2013, GmbHReport 2014, R 102.

Im Bundestag befand sich in der 17. Legislaturperiode ein Gesetzentwurf des Bundesrates, der an das Steuervereinfachungsgesetz 2011 anknüpft und weitere umfangreiche Steuervereinfachungen vorsieht. Unter anderem waren folgende Änderungen nach dem Gesetzentwurf vorgesehen (s. BT-Drucks. 17/12197):

▶ die Erhöhung des Arbeitnehmer-Pauschbetrags um 130 € auf 1 130 €,

▶ die Pauschalierung der Kosten für ein häusliches Arbeitszimmer mit 100 € pro Monat,

▶ die zweijährige Gültigkeit von Freibeträgen im Lohnsteuerabzugsverfahren, elektronische Vorab-Fassung

▶ die Erhöhung der Pauschbeträge für behinderte Menschen um 30 bis 50 % bei gleichzeitiger Neuregelung des Einzelnachweises tatsächlicher Kosten und die Dauerwirkung der Übertragung des Pauschbetrags eines behinderten Kindes auf die Eltern,

▶ die Neuregelung beim Abzug und Nachweis von Pflegekosten sowie

▶ die Neuregelung beim Abzug von Unterhaltsleistungen an Personen mit Wohnsitz in Staaten außerhalb des EU/EWR-Raumes.

▶ die Vereinfachung des Verlustabzugs nach § 15a des Einkommensteuergesetzes (EStG) bei Beteiligung an einer Kommanditgesellschaft oder vergleichbaren, in der Haftung beschränkten Beteiligungsformen,

▶ die Begrenzung der Steuerfreiheit der Arbeitgeberleistungen zur Kinderbetreuung bei Wegfall des bisherigen „Zusätzlichkeitskriteriums" sowie

▶ die Senkung der Freigrenze für Sachbezüge in § 8 Abs. 2 Satz 9 EStG von 44 € auf 20 €.

▶ Schaffung eines Sockelbetrags von 300 € bei der Steuerermäßigung für Handwerkerrechnungen,

▶ den Wegfall der steuerlichen Ausnahmen für den "Carried Interest".

Da es zu einer Gesetzgebungsverabschiedung nicht gekommen war, wurde das Steuervereinfachungsgesetz erneut in der 18. Legislaturperiode eingebracht. Der Bundesrat hat das Reformgesetz in den Bundestag eingebracht. Der Beschluss hat den Gesetzentwurf in der vom Bundesrat am 14. 12. 2012 beschlossenen Fassung zum Inhalt (BR-Drucks. 684/12 – Beschluss –). Die Gesetzesinitiative hatte bisher jedoch keinen Erfolg. Die Bundesregierung lehnte den Gesetzentwurf ab.

Die wichtigsten Daten und Gesetzesmaterialien zur Entstehung des Reformgesetzes

2. 11. 2012	Gesetzesantrag der Länder Hessen, Bremen, Rheinland-Pfalz, Schleswig-Holstein (BR-Drucks. 684/12)
31. 1. 2013	Einbringung des Gesetzentwurf des Bundesrates in den Bundestag (s. BT-Drucks. 17/12197)
14. 3. 2014	Bundesrat bringt Gesetz in den Bundestag ein (BR-Drucks. 92/14 - Beschluss)
30. 4. 2014	Ablehnung des Gesetzentwurfs durch die Bundesregierung

STICHWORTVERZEICHNIS

Notizen

Notizen

Notizen

Notizen

Nutzen Sie den Aktualitäts-Service von „Steuerrecht aktuell":

Auf Wunsch senden wir Ihnen die jeweils neueste Ausgabe von „Steuerrecht aktuell" und die beiden Spezial-Ausgaben sofort nach Erscheinen zu.

Absender

☐ Firmenanschrift   ☐ Privatanschrift (Zutreffendes bitte ankreuzen)

Firma · Kanzlei · Institution   Kundennummer

Titel · Vorname · Name   Geburtsdatum*

Funktion*

Straße · Postfach

PLZ · Ort

Tel.-Nr. · Fax-Nr.

E-Mail

Anzahl Berufsträger*   Anzahl Mitarbeiter (ca.)*

Branche*   *freiwillige Angaben

Ja, ich nutze den Aktualitäts-Service von „Steuerrecht aktuell" um keine Ausgabe zu verpassen!

☐ Senden Sie mir die neueste Ausgabe von „Steuerrecht aktuell" (36,- € pro Ausgabe) jeweils sofort nach Erscheinen zu. Neben zwei bis drei „regulären" Ausgaben im Jahr erhalte ich zum Jahresanfang die Bände „Spezial Steuererklärungen" (41,90 €) und „Spezial Steuergesetzgebung" (46,- €). **Wenn ich diesen Service nicht mehr wünsche, genügt eine kurze Mitteilung an den Verlag.**

Datum / Unterschrift   62134

Widerrufsbelehrung:
Sie können Ihre Vertragserklärung innerhalb von 14 Tagen ohne Angaben von Gründen in Textform (z. B. Brief, Fax, E-Mail) oder durch Rücksendung der Sache widerrufen. Die Frist beginnt mit Eingang der Ware bei Ihnen (bei der wiederkehrenden Lieferung gleichartiger Waren mit Eingang der ersten Teillieferung), bei Verträgen über Dienstleistungen mit Zugang unserer Annahmeerklärung bei Ihnen. Der Widerruf ist zu richten an: NWB Verlag GmbH & Co. KG, Eschstraße 22, 44629 Herne. Zur Wahrung der Widerrufsfrist genügt die rechtzeitige Absendung des Widerrufs oder der Sache. Im Falle eines Widerrufs sind beiderseits empfangene Leistungen zurückzugewähren. Kosten und Gefahr der Rücksendung tragen wir. Wir werden Ihre Daten auch zur Information über neue Produkte und Services nutzen. Der Nutzung Ihrer Daten für diese Zwecke können Sie jederzeit bei uns widersprechen.
Ihr NWB Verlag

Bestellungen über unseren Online-Shop: Lieferung auf Rechnung, Bücher versandkostenfrei.
NWB versendet Bücher, Zeitschriften und Briefe CO_2-neutral. Mehr über unseren Beitrag zum Umweltschutz unter **www.nwb.de/go/nachhaltigkeit**

 Service-Fon
02323.141-950

 Internet
www.nwb.de

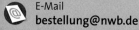 E-Mail
bestellung@nwb.de

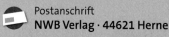 Postanschrift
NWB Verlag · 44621 Herne

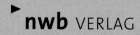 ▶ **nwb** VERLAG